Lições de Procedimento
e Processo Tributário

Lições de Procedimento e Processo Tributário

2020 • 7.ª Edição • Reimpressão

Joaquim Freitas da Rocha

**LIÇÕES DE PROCEDIMENTO
E PROCESSO TRIBUTÁRIO**

AUTOR
Joaquim Freitas da Rocha

EDITOR
EDIÇÕES ALMEDINA, S.A.
Rua Fernandes Tomás, n.ºs 76-80
3000-167 Coimbra
Tel.: 239 851 904 · Fax: 239 851 901
www.almedina.net · editora@almedina.net

Design de colecção: FBA.
Capa: Edições Almedina

PRÉ-IMPRESSÃO
EDIÇÕES ALMEDINA, SA
IMPRESSÃO E ACABAMENTO
ACD Print, S.A.
outubro, 2020
DEPÓSITO LEGAL
462256/19

Os dados e as opiniões inseridos na presente publicação são da exclusiva responsabilidade do(s) seu(s) autor(es).
Toda a reprodução desta obra, por fotocópia ou outro qualquer processo, sem prévia autorização escrita do Editor, é ilícita e passível de procedimento judicial contra o infrator.

 GRUPOALMEDINA

BIBLIOTECA NACIONAL DE PORTUGAL – CATALOGAÇÃO NA PUBLICAÇÃO

ROCHA, Joaquim

Lições de procedimento e processo
tributário. – 7ª ed. - (Manuais universitários)
ISBN 978-972-40-8085-7

CDU   336

AGRADECIMENTOS

Estamos muito gratos à Mestre Joana Polónia-Gomes pela colaboração efetiva no sentido de melhorar o conteúdo da obra.

Ao colega Hugo Flores da Silva agradecem-se os contínuos incentivos à reflexão.

PLANO DAS LIÇÕES

INTRODUÇÃO

1. O Direito tributário substantivo e o Direito tributário adjetivo
2. A atividade administrativa tributária
3. A jurisdição tributária
4. A privatização da atividade tributária. A *desadministrativização* e a intervenção dos privados
5. As garantias dos contribuintes (primeira abordagem)
6. Caracteres essenciais do Direito tributário adjetivo
7. O sistema português de Direito Tributário adjetivo

PARTE I
O PROCEDIMENTO TRIBUTÁRIO

1. A noção de procedimento
2. As fases do procedimento, em geral
3. Princípios aplicáveis ao procedimento tributário
4. Os atores do procedimento
5. Os procedimentos tributários em especial

PARTE II
O PROCESSO TRIBUTÁRIO

1. Enquadramento do processo tributário
1. Princípios estruturantes do processo tributário
2. Os atores do processo tributário
3. O objeto do processo tributário (remissão)
4. O formalismo processual
5. Os meios processuais (contencioso tributário)

6. Contencioso cautelar
7. Os recursos das decisões dos tribunais tributários (recursos jurisdicionais)

PARTE III
RESOLUÇÃO ALTERNATIVA DE LITÍGIOS EM MATÉRIA TRIBUTÁRIA
1. Desjurisdicionalização, matéria tributária e princípios constitucionais
2. Quadro tipológico dos meios alternativos de resolução da litigiosidade tributária
3. Em particular, a arbitragem tributária

PARTE IV
PRAZOS
(a relevância do tempo na prática de atos no procedimento
e processo tributário)

§ único: sequência
1. A exigência de limitação temporal das situações jurídicas
2. Prescrição
3. Caducidade

NOTAS IMPORTANTES

1 – Objetivo

Esta é uma obra destinada, em primeiro lugar, a alunos, investigadores e estudiosos, não se pretendendo, muito longe disso, um manual de funcionalismo ou um guia para a resolução de casos. A prática e a técnica não constituem missão da Universidade.

Sem prejuízo, a mesma pode ser útil para quem já exerce funções práticas, pois o estudo e o conhecimento – e não outros fatores como o "*copy-paste*", a mera antiguidade, a ajuda do colega, ou o desembaraço, – permitem sempre (sempre!) um melhor desempenho.

2 – Referências bibliográficas

As referências bibliográficas apenas abrangem obras e textos que foram efetivamente utilizados e que influíram decisivamente na construção do pensamento do autor e, tirando situações muito excecionais e perfeitamente justificadas – como, por exemplo, aquelas em que se entendem necessárias remissões imediatas para desenvolvimentos efetuados por outros –, não são vertidas ao longo do discurso, mas apenas numa listagem final. O propósito é sempre o mesmo – tornar o discurso escorreito e deixá-lo ser o que ele pretende ser: *Lições*, como reflexo de um edifício científico-analítico de pensamento (e não o mostruário de um pretensioso repositório de erudição).

3 – Jurisprudência

Os muitos acórdãos referidos ou citados poderão ser consultados em www.dgsi.pt. (acórdãos dos Tribunais da jurisdição administrativa e tributária), ou em www.tribunalconstitucional.pt. (acórdãos do Tribunal constitucional), quando outra fonte não se encontrar indicada.

Introdução

1. O Direito tributário substantivo e o Direito tributário adjetivo

1.1. Termos da distinção

O estudo juridicamente adequado do procedimento e do processo tributários não pode ser levado a efeito sem se ter presente a ideia de que estamos perante realidades de Direito adjetivo.

No contexto destas *Lições*, vamos entender por "Direito adjetivo" o conjunto de normas jurídicas que dizem respeito à *aplicação* normativa em matéria tributária, a qual, de um prisma subjetivo, pode ser levada a efeito por três entidades distintas: entidades públicas administrativas (Administração tributária *lato sensu*[1]), entidades públicas jurisdicionais (Tribunais tributários) e também entidades privadas. Todos estes atores – Administração, Tribunais e privados – podem ser convocados pelo legislador a aplicar normas tributárias a um determinado caso em concreto, embora, compreensivelmente, o sejam em circunstâncias distintas e debaixo de pressupostos também distintos, como teremos ocasião adiante de assinalar convenientemente. Por agora, importa sublinhar que estamos em presença de atuações de natureza marcadamente

---

[1] Adverte-se que, para efeitos meramente pedagógicos (e apenas estes), quando utilizada nesse sentido amplo, a Administração tributária será referida frequentemente sob a sigla "AT"; diversamente, quando utilizada num sentido mais restrito, de aparato organizatório integrado no Ministério das Finanças, será utilizada a sigla "ATA" (Autoridade tributária e aduaneira). V., *infra*, I., 4.3.1.1..

individual e concreta, em contraposição com o que sucede no quadro do *Direito Tributário substantivo* que, tendo por objeto o conjunto de normas jurídicas respeitantes à *criação* normativa em matéria tributária, é caracterizado por um conjunto de problemas de natureza marcadamente geral e abstrata (criação de tributos, interpretação das normas tributárias, critérios de aplicação das normas tributárias no tempo e no espaço, etc.).

Ora, a referência às "normas tributárias" e à "matéria tributária" exige a clarificação destas realidades, o que levanta a questão prejudicial de encontrar uma noção juridicamente adequada de *tributo*, o que procuraremos fazer de seguida.

Será pertinente realçar, desde já, que a perceção de uma conveniente noção de tributo permitirá possuir o arsenal principiológico e conceitual necessário para enfrentar de modo cabal bastantes dificuldades com as quais os aplicadores normativos se têm vindo a deparar neste domínio. Algumas dessas questões são verdadeiros nódulos problemáticos e reclamam muito tempo para a sua resolução, como por exemplo, as que dizem respeito à cobrança coerciva de dívidas a empresas concessionárias respeitantes a portagens nas vias com pórticos eletrónicos; de dívidas a empresas municipais pelo abastecimento público de águas, de saneamento de águas residuais urbanas e de gestão de resíduos urbanos; ou de dívidas a Autarquias locais pela utilização do subsolo para instalação de cabos de fibra ótica.

Em todos estes casos, o *nomen iuris* utilizado pelo criador normativo é enganador e a simples menção a uma taxa, a um preço, ou a uma tarifa não permite por si só revelar o regime jurídico-normativo aplicável (Direito tributário, Direito fiscal, Direito administrativo, Direito do consumo etc.), pelo que somente a abordagem científica e teórico-conceitual poderá constituir contributo válido[2].

1.2. Uma noção adequada de *tributo*

Por tributo entendemos toda a *prestação coativa* com *finalidades financeiras*.
Densifiquemos esta noção.

---

[2] V., por exemplo, acórdãos do STA de 17 de maio de 2017, processo n.º 01174/16; de 25 de junho de 2015, processo n.º 045/14; de 28 de outubro de 2015, processo n.º 0125/14; de 4 de novembro de 2015, processo n.º 0124/14; e de 10 de abril de 2013, processo n.º 015/12 e *infra* II, 6.5.1. e ss.

Em primeiro lugar, o tributo há-de ser uma *prestação coativa*. A coatividade da prestação, neste domínio, deve revelar-se a um duplo nível: (i) coatividade quanto à origem e (ii) coatividade quanto à conformação do conteúdo.

i) No que diz respeito à sua origem, o tributo será sempre fixado por ato normativo, o que, nesta matéria, e em face dos dados do ordenamento jurídico-constitucional português, significará uma lei, um decreto-lei –autorizado ou simples (concorrente), consoante os casos – ou um regulamento. Assim sendo, deve ser absolutamente irrelevante qualquer manifestação de vontade privada com eficácia constitutiva neste domínio, pelo que serão contrários ao ordenamento jurídico todos os supostos "tributos" criados por entidades privadas (empresas privadas prestadoras de serviços, igrejas, entidades patronais, senhorios, etc.).

ii) Mas não apenas quanto à origem as manifestações de vontade privada serão irrelevantes. Também o serão quanto à fixação do conteúdo, pois este também deverá ser imperativamente fixado por ato normativo. Com efeito, algumas posições jurídicas subjetivas protegidas por normas de direitos fundamentais poderiam ser postas em causa se o ordenamento permitisse que determinadas prestações tributárias, não obstante a sua criação por norma jurídica, pudessem ver o seu conteúdo ajustado ou fixado por acordo com entidades privadas. Pense-se, por exemplo, nas consequências que poderiam surgir ao nível do princípio da igualdade se fosse de admitir a negociação do valor das taxas de registo, das taxas de parqueamento, das taxas moderadoras na saúde, das taxas de justiça ou das propinas nas universidades públicas, podendo-se com facilidade chegar a situações de desigualdade material ou de verdadeiro *confisco*, violadoras do princípio do Estado de Direito na sua exigência de proporcionalidade ou *proibição do excesso*.

Em segundo lugar, como dissemos, o tributo há-de ser estabelecido para *prosseguir finalidades financeiras*. Tal significa que os tributos devem ser exigidos com vista à produção de bens públicos e semipúblicos, destinados a satisfazer necessidades de carácter tendencialmente coletivo e público (diplomacia, defesa, segurança, iluminação pública, saúde, educação, ordenação do trânsito, ordenação de determinado sector da atividade económica, etc.). Desta forma, ultrapassam o âmbito financeiro e jurídico dos tributos todas as receitas públicas coativas que não prossigam tais finalidades, como será o caso de prestações devidas a favor de entidades públicas com finalidades ressarcitórias (indemnizações), sancionatórias (multas, coimas) ou outras.

Por conseguinte, e tendo em atenção os requisitos acima referidos, na alçada da figura do *tributo* cairão – independentemente da sua denominação jurídica – os impostos, as taxas e as contribuições financeiras a favor de entidades públicas, incluindo as denominadas "contribuições especiais", pelo que "normas tributárias" e "matéria tributária" serão conceitos que sempre a tais realidades dirão respeito[3].

Como se verá em momento mais adiantado das presentes *Lições*, esta delimitação conceitual revelar-se-á de uma importância inafastável, atendendo, por exemplo, aos problemas relacionados com a legitimidade para intervir como exequente num processo de execução fiscal (por exemplo, quando estiverem em causa entidades concessionárias ou serviços públicos diversos não integrados na Administração Tributária e Aduaneira) ou com o objeto desse mesmo processo (por exemplo, cobrança de dívidas de portagens, propinas, taxas moderadoras, tarifas municipais e outras)[4].

1.3. Importância da denominação: Direito tributário e jurisdição tributária

A delimitação da noção de tributo e do âmbito de incidência do Direito Tributário, feita nos moldes supra descritos, assume especial importância a vários níveis, designadamente em sede de delimitação do âmbito da jurisdição dos Tribunais.

A este respeito, e em primeiro lugar, surge um problema terminológico de fundo: dever-se-á falar em "Tribunais fiscais" ou em "Tribunais tributários"? A resposta a esta questão não poderá deixar de passar pela resolução de uma outra que se afigura prévia e prejudicial que é a de saber sobre que litígios incide o seu âmbito de atuação, podendo, em abstrato, perspetivar-se uma de duas soluções possíveis:

    i) Ou se entende, por um lado, que os Tribunais em questão apenas são competentes para dirimir conflitos de pretensões que digam

---

[3] Cfr., a respeito, art.º 4.º da LGT.
[4] V., *infra*, II., 6.5.5.1. e 6.5.2..

respeito a relações jurídicas de imposto e, em tal caso, falaremos em "Tribunais fiscais". Consequentemente, os conflitos de pretensões que digam respeito a relações jurídicas de taxas ou outros tributos seriam dirimidos por outros Tribunais (v.g., Tribunais administrativos);
ii) Ou se entende, por outro lado, que tais Tribunais são competentes para dirimir conflitos de pretensões que digam respeito a todas relações jurídicas tributárias e então a denominação "Tribunais tributários" será, rigorosamente, a mais apropriada.

Neste campo, parece-nos que resulta aparentemente infeliz a redação da Constituição que, no seu art.º 212.º n.º 3 refere que "compete aos tribunais administrativos e fiscais o julgamento das ações e recursos contenciosos que tenham por objeto dirimir os litígios emergentes das relações jurídicas administrativas e fiscais". Revelando articulação com este preceito, o ETAF no seu art.º 1.º, n.º 1, prescreve que "os tribunais da jurisdição administrativa e fiscal são os órgãos de soberania com competência para administrar a justiça em nome do povo, nos litígios compreendidos pelo âmbito de jurisdição previsto no artigo 4.º deste Estatuto".

Ora, a correta delimitação do círculo de atuação do Direito Tributário (mais amplo) em face, nomeadamente, do Direito Fiscal (mais restrito) assume aqui especial importância e apresenta-se como um instrumento extremamente útil. Parece-nos que será de entender que, apesar de a Constituição e o ETAF se referirem apenas às *relações fiscais*, a referência deve ser entendida como sendo feita às relações tributárias, e isto por dois motivos:
- Em primeiro lugar, um argumento de ordem histórica – quer a redação do antigo ETAF, quer a jurisprudência, vão no sentido de considerar que os Tribunais tributários (e não os "Tribunais fiscais") são os órgãos competentes para dirimir os litígios emergentes das relações jurídicas tributárias, logo respeitantes a todos os tributos e não apenas aos impostos;
- Em segundo lugar, e não obstante a interpretação literal apontar em sentido diferente, uma interpretação sistemática dos vários preceitos induzirá essa conclusão. Por exemplo: é-nos dito no ETAF [art.º 49.º, n.º 1, alínea a) subalínea iii)] que os Tribunais *tributários* julgam todos os litígios surgidos no âmbito do processo de execução fiscal,

e no CPPT [art.º 148.º, n.º 1, alínea a)] refere-se que esse mesmo processo se aplica a todos os tributos. A conclusão parece-nos, deste modo, óbvia: os Tribunais tributários exercem a sua atividade jurisdicional no âmbito, não apenas dos impostos em particular, mas dos tributos em geral.

1.4. O conteúdo do Direito Tributário adjetivo. Sequência

Dissemos acima que o Direito tributário adjetivo tem por referência a aplicação das normas tributárias aos casos em concreto, e que tal aplicação terá como principais atores a Administração tributária, os Tribunais tributários e os sujeitos privados. Com propósitos meramente introdutórios e de um modo propositadamente superficial, atentemos apenas nos seguintes exemplos que servirão para clarificar esta afirmação simples:

i) A prática de atos de inspeção tributária, a liquidação de certos impostos, o reconhecimento de um pedido de isenção, o indeferimento de uma reclamação graciosa, a instauração de um processo de execução fiscal contra um contribuinte devedor ou a autorização para o pagamento de uma dívida tributária em prestações, são exemplos de atos praticados por órgãos da *Administração tributária*;

ii) O conhecimento de uma impugnação judicial intentada pelo contribuinte, a autorização para a Administração ter acesso aos dados bancários de certo sujeito passivo, ou a resolução de uma oposição à execução fiscal, são exemplos de atos praticados pelo *Tribunal tributário (maxime, o juiz)*;

iii) A entrega de declarações de rendimentos, a prestação de informações, a manutenção da contabilidade organizada, a liquidação do IRC, a cobrança de um imposto por retenção na fonte por parte de uma entidade patronal ou de um banco, constituem exemplos de atos praticados por *sujeitos privados*.

Este último núcleo, de resto, tem vindo a assumir uma importância crescente, na medida em que se verifica com cada vez maior frequência a atribuição de tarefas tributárias a entidades privadas, o que pode ser visto quer de um ponto de vista positivo quer de um ponto de vista negativo: por um lado, pode significar uma maior colaboração por parte dos contribuintes na importante tarefa de arrecadação de receitas públicas, atribuindo à relação jurídica tributária um carácter menos autoritário e mais conciliador, levando a que já se possa falar num *Direito tributário flexível*; por outro lado, pode significar uma desresponsabilização das entidades públicas, que "empurram" para o contribuinte um conjunto alargado de tarefas declarativas, contabilísticas, investigatórias e cobratórias, no que pode significar uma oneração desmesurada e porventura inconstitucional – por violação do princípio da proporcionalidade – da sua esfera jurídica.

Em todo o caso, a constatação desta tendência para a privatização permite afastar uma ideia que tradicionalmente fez escola e que, nos dias de hoje, parece desajustada: a de que o Direito tributário seria um sub-ramo ou uma parte do Direito administrativo. Sendo certo que a atividade administrativa, e particularmente a prática de atos administrativos, constitui uma parte significativa da atividade tributária, não é menos certo que outra parte não negligenciável resulta da prática de atos por entidades não administrativas e privadas, no que constitui uma característica marcante dos sistemas tributários atuais[5].

***

Voltando à exposição, e em termos de sequência, será tendo presente o quadro tripartido acima referido que desdobraremos o discurso subsequente, dedicando a nossa atenção introdutória sucessivamente à atividade administrativa tributária, à jurisdição tributária e à privatização da atividade tributária.

2. A atividade administrativa tributária

Pode definir-se a *atividade administrativa tributária* como o conjunto de atos da Administração tributária de aplicação das normas tributárias ao caso em concreto.

A correta compreensão desta definição implica o desenvolvimento da análise subsequente em dois segmentos distintos: primeiro procurando compreender o que se deve entender por *Administração tribu-*

---

[5] Importa salientar que a expressão "atos" utilizada no texto tem subjacente um sentido amplo e genérico, significando, quer verdadeiros atos jurídicos, quer simples operações materiais (como a entrega de declarações, a prestação de informações, a mera arrecadação e entrega de um imposto ou taxa, etc.).

tária (ponto 2.1.); depois, procurando averiguar que tipo de atos pode ela praticar (ponto 2.2.).

É o que faremos de seguida.

2.1. Noção de Administração tributária (AT) e enquadramento da sua atividade

Para estes efeitos, deve adotar-se uma noção ampla de Administração tributária (AT), que não se reduza à visão corrente de "serviços de finanças", "repartições de finanças" ou "tesourarias da fazenda pública"[6] – trata-se de muito mais do que isso. A este respeito, o próprio legislador traça uma noção bastante lata, englobando no seu perímetro de abrangência todas as "entidades públicas legalmente incumbidas da liquidação e cobrança dos tributos"[7].

A partir dessa noção, é possível afirmar que a AT *em sentido amplo* abrangerá:

i) Em primeiro lugar a Autoridade Tributária e Aduaneira (ATA ou AT *em sentido restrito*), a qual consiste num serviço da administração direta do Estado, integrado na orgânica do Ministério das finanças, e que tem por missão, designadamente "(...) administrar os impostos, direitos aduaneiros e demais tributos que lhe sejam atribuídos (...)"[8]. Aqui se tem por referência, por exemplo, os "serviços de finanças" e as "direções de finanças", os quais devem assegurar, por exemplo, a liquidação e a cobrança dos impostos sobre o rendimento, sobre o património e sobre o consumo;

ii) Em segundo lugar, outras entidades públicas, como as Autarquias locais (que podem criar, disciplinar juridicamente e cobrar taxas de saneamento, de licenciamento urbanístico, de publicidade, etc.), as Universidades públicas (taxas de propina), os Hospitais públicos (taxas moderadoras), as Conservatórias (taxas de registo), os diversos Institutos públicos sectoriais (nos sectores do vinho e da vinha, do azeite, do turismo, da navegação marítima ou aérea, do

---

[6] Importa observar que as "tesourarias" cessaram a sua existência com o DL 237/2004, diploma que determinou a sua integração nos serviços de finanças, como mais uma secção (Secção de Cobrança).

[7] Assim, art.º 1.º, n.º 3, da LGT.

[8] Cfr., para especificações, o DL n.º 118/2011, que aprova a orgânica da Autoridade Tributária e Aduaneira.

transporte ferroviário, etc.) ou as Entidades de regulação e supervisão (no sector bancário, da energia, da saúde e do medicamento, etc.). Igualmente aqui se consideram, inclusivamente, os membros do Governo, quando exerçam competências administrativas no domínio tributário (Ministro das finanças, Ministro da Economia, Ministro da agricultura, Secretário de estado dos assuntos fiscais, etc.).

Importa, contudo, antecipar que a simples *existência* das entidades referidas não basta, por si só, para que se possa afirmar que se está em presença de atividade administrativa tributária, na medida em que as mesmas podem levar à prática atos jurídicos e materiais que pouco ou nada têm a ver com Direito tributário. Pense-se, por exemplo, na emanação de uma orientação normativa sobre o pagamento dos vencimentos ou subsídios aos trabalhadores (funcionários), ou na abertura de um concurso para recrutamento.

Por aqui se depreende que a consideração da existência da *Administração tributária* (AT) pressupõe não apenas a verificação de uma dimensão subjetiva (integrar uma das entidades referidas), mas também uma dimensão objetiva (praticar atos de Direito tributário).

Ora, a atividade administrativa tributária levada à prática por todos estes sujeitos jurídicos ganha forma através da execução de atos diversos, que tanto podem ser *atos meramente materiais* (como a receção de um documento ou petição, a passagem de uma certidão, a análise da contabilidade ou da escrita de certa empresa, ou a audição de um contribuinte) como verdadeiros *atos jurídicos*, fixadores de efeitos jurídicos na esfera de determinado sujeito (como a liquidação de um tributo, a avaliação de um bem, o indeferimento de uma reclamação ou a penhora de um imóvel). Como se sabe, para estes atos individuais e concretos fixadores de efeitos jurídicos reserva-se a designação de atos *administrativos*. Contudo, sobre as espécies de atos e respetivos contornos debruçar-nos-emos num momento posterior desta análise.

Neste momento, interessa destacar que esta atividade administrativa (i) é juridicamente enquadrada – devendo obediência, nomeadamente, aos princípios da constitucionalidade, da legalidade, da proporcionalidade e da obrigatoriedade de fundamentação –, (ii) goza de uma presunção de legalidade e (iii) pode ser jurisdicionalmente impugnável.

Importa destacar igualmente que, do ponto de vista jurídico, a AT deve ser perspetivada como um verdadeiro sujeito de Direito, ao qual é reconhecida pelo legislador a titularidade de determinadas situações jurídicas subjetivas merecedoras de tutela. Entre tais situações jurídicas sobressaem não apenas direitos subjetivos (de carácter concreto e determinado) – por exemplo, o direito à perceção da receita tributária em relação *àquele* contribuinte, ou o direito a exigir-lhe juros compensatórios em determinadas situações – mas também poderes jurídicos (de natureza abstrata) – por exemplo, o poder de proceder às diligências necessárias ao apuramento da verdade material em relação a qualquer contribuinte; o poder de liquidar os tributos; de rever os atos tributários por si praticados; ou de emitir orientações genéricas no sentido da uniformização da aplicação das normas tributárias. Compreensivelmente, a cada uma destas situações subjetivas abstratas tituladas pela Administração corresponderá uma situação jurídica passiva à qual determinado sujeito (v.g., contribuinte) está adstrito: o dever de entregar a prestação tributária nos cofres do Estado; de manter a contabilidade organizada; ou de se sujeitar a inspeções.

Também não pode ser perdido de vista que a AT não tem nem prossegue interesses próprios, mas sempre interesses heteronomamente determinados – pelo legislador – e que se subsumem à ideia de *prossecução do Interesse público*. Este último não deve ser confundido com o interesse de arrecadação da receita tributária, nem a primeira pode ser perspetivada como uma mera cobradora de tributos, com "interesse" no incremento do volume de receita, antes devendo ser encarada como uma entidade imparcial que prossegue a verdade material, seja em que sentido for que esta última aponte (cobrança ou não cobrança de tributos).

Em todo o caso, prosseguindo o Interesse público (ao contrário dos contribuintes), a atuação da AT deve estar revestida de um *invólucro protetor especial* que lhe permita atuar de um modo mais célere e seguro. No quadro desse invólucro, podem destacar-se, a título meramente exemplificativo, as seguintes prerrogativas:
– Os seus atos gozam frequentemente de um *privilégio (benefício) de execução prévia*, na medida em que os respetivos efeitos podem ser levados à prática independentemente de discussão da legalidade, até porque os meios impugnatórios eventualmente interpostos

pelos contribuintes não têm efeito suspensivo (a não ser que se preste garantia adequada)[9];
- Os seus créditos gozam, em determinadas circunstâncias, de privilégio ou preferência no pagamento relativamente a outros (como salários, dívidas a fornecedores, etc.)[10];
- As suas certidões de dívida consideram-se título executivo, não necessitando de recorrer a Tribunal para obter uma sentença declaratória dizendo que os contribuintes estão em falta[11];
- As suas dívidas podem ser cobradas através de um processo de execução especial, distinto do aplicável às dívidas comuns[12];
- Esse processo de execução é célere (em regra, um ano de duração máxima)[13];
- Para determinados efeitos criminais, os funcionários da ATA, no exercício das funções que nessa qualidade lhes sejam cometidas, consideram-se investidos de poderes de autoridade pública[14].

Naturalmente que a prática de todo os atos por parte da AT não se faz de uma forma súbita ou instantânea, antes pressupondo um complexo de passos, uma série gradual de operações, de onde resulta o carácter eminentemente faseado, concatenal ou procedimental da atividade tributária.

Como veremos oportunamente, para esta sequência de atos com vista à produção de uma vontade administrativa, reserva-se a designação de *procedimento tributário*.

2.2. A automatização da vontade administrativa e a questão dos "atos informáticos"

Antes de avançar no sentido do conhecimento mais profundo das espécies de atos que a AT pode praticar – estabelecendo tipologias ade-

---

[9] Cfr., por exemplo, art.ºs 67.º, n.º 1, 69.º, alínea f) e 103.º, n.º 4 do CPPT.
[10] Cfr. art.ºs 733.º e ss. do Código civil.
[11] Cfr. art.º 162.º do CPPT.
[12] Cfr. art.º 148.º do CPPT.
[13] Cfr. art.º 177.º do CPPT.
[14] V. art.º 64.º-C da LGT. Esta especial qualificação poderá ser relevante, por exemplo, para efeitos de subsunção ao tipo criminal de desobediência, previsto no art.º 348.º do Código penal.

quadas dentro das quais os mesmos se possam subsumir –, será porventura útil fazer uma referência, ainda que breve e concisa, a uma questão que tem ganho especial relevo com os progressos da técnica e da ciência aplicada: a de saber se os atos administrativo-tributários podem ser praticados por esquemas operativos automáticos, sem a intervenção humana[15]. Por outras palavras: será possível afirmar a existência de atos desta natureza que sejam imputados à AT, mas sem que esta tenha uma intervenção "pessoal", na medida em que os mesmos foram concebidos, programados e efetivados por um computador?

A aceitar-se a resposta afirmativa, está a assumir-se uma conceção de *administração automatizada*[16], e a tomar por certa a existência de verdadeiros atos *informáticos*, no âmbito dos quais os funcionários e agentes da AT são substituídos por máquinas, produtoras de uma vontade independente e de muito difícil responsabilização futura.

Estas questões ultrapassam em muito a dimensão teorética e demonstram imensa relevância prática. Basta pensar, por exemplo, que, num quadro de massificação da atividade tributária como o que caracteriza grande parte dos sistemas atuais, uma parte significativa das notificações pode ser efetuada por via eletrónica, do mesmo modo que pode ser o próprio computador a instaurar uma execução, a ordenar a penhora de um certo bem, a solicitar o acesso a dados bancários, a apensar determinadas execuções ou a proceder à compensação entre débitos e créditos de um certo contribuinte. Naturalmente que a menção ao "próprio computador" traz assumida a ideia de que o mesmo já se encontra pré-formatado, configurado, encerrando em si os dados e as ferramentas informáticas necessários para a aferição maquinal de determinados pressupostos legais (por exemplo, prazos, valores, falta de submissão de determinados documentos, falhas no envio de dados, etc.) à prática dos mencionados atos.

---

[15] Sobre o problema, e em geral, v. a excelente abordagem de GONÇALVES, Pedro, *O ato administrativo informático*, in *Scientia Iuridica*, tomo XLVI, 1997, n.º 265/267, 47 e ss.

[16] Em termos conceptuais precisos, essa *Administração automatizada* não se confundirá com a *Administração desmaterializada*, na medida em que o conceito de "desmaterialização" está ligado intrinsecamente à substituição do suporte de arquivo e fluxo de informação. Na verdade, poderá haver automação com pouquíssima desmaterialização (caso os processos se desenrolem na sua quase totalidade em papel, mas os atos resultem de processos informáticos automatizados), do mesmo modo que poderá existir desmaterialização sem qualquer automação.

Poderá dizer-se que estes atos – alguns caracterizados como meras operações materiais, é certo, mas outros configurados como verdadeiros atos jurídicos (por exemplo, a penhora ou a compensação) – foram praticados pelo computador?

Pensa-se que não.

Um enquadramento adequado deste problema não poderá deixar de passar pela consideração de que os referidos esquemas operativos automáticos não conseguem, apenas por si mesmos, produzir uma vontade autónoma, esclarecida e ponderada como um humano consegue. Na verdade, a máquina limitar-se-á a receber as informações que *alguém* – uma pessoa biológica (ou outra máquina, mas sempre após o *input* de uma pessoa biológica) – lhe forneceu, não criando informação autonomamente. Após a inserção dos dados por esse *alguém*, a máquina pode efetuar a tarefa automática de subsunção dos factos à norma jurídica e, decorrentemente, emanar uma ordem determinada a qual, posteriormente, há-de ser "apropriada" por um agente administrativo a quem a decisão subjetivamente se imputará. Correntemente, esta apropriação poderá ser efetuada por via da assinatura do ato de notificação.

Enfim, e como bem salienta a jurisprudência[17], a automação só por si é insuscetível de produzir um ato jurídico (a máquina não decide), não se aceitando que um computador produza atos administrativo-tributários propriamente considerados.

Note-se, a finalizar, que a mencionada tarefa automática de subsunção dos factos à norma jurídica deve ser isso mesmo: automática ou silogística. Deve tratar-se de uma subsunção acrítica, no âmbito da qual não se exijam ponderações valorativas (por exemplo, situações em que o legislador utiliza cláusulas como "se entender adequado" ou "quando considere conveniente") nem escolhas em espaços abertos de graduação (por exemplo, aberturas legais para opção entre mínimos e máximos, como nos casos de agravamentos à coleta ou de coimas), pois aqui a intervenção humana nunca pode ser dispensada.

2.3. Noção e classificação dos atos da Administração tributária
Como já deixamos intuído, a Administração tributária, entendida nos moldes acima descritos, pode praticar atos de diversa natureza.

---

[17] V. acórdão STA de 9 de janeiro de 2013, processo n.º 0745/12.

Terá chegado o momento de, nestas *Lições*, estabelecer uma tipologia juridicamente adequada dos mesmos. Para este fim, adotaremos uma noção operativa de *ato administrativo tributário*: ato da Administração tributária de aplicação da norma tributária ao caso em concreto e produtor de efeitos jurídicos na esfera jurídica de determinado sujeito.

Deste modo, fora da nossa análise ficarão os simples *atos ou atuações materiais* (a *in loco* audição de uma pessoa, a receção de uma petição em mão, a entrega de um documento, a elaboração de um simples relatório, etc.) que, embora importantes no contexto do desenvolvimento da atividade administrativa, não fixam nem produzem efeitos jurídicos autónomos e não podem, por esse motivo, assumir importância jurídica de *per si* (não podendo, inclusivamente, ser autonomamente impugnados).

Do mesmo modo, e pelo mesmo motivo – não produção de efeitos jurídicos autónomos – serão desconsiderados os atos opinativos ou com natureza parecerística, não obstante a sua indiscutível relevância tributária, por exemplo ao nível da fundamentação dos *verdadeiros* atos finais[18].

***

Procuremos então conhecer melhor o universo de atos administrativos que podem ser emanados no âmbito tributário, tendo naturalmente presente que muitas destas classificações se podem "cruzar" entre si, dando origem a atos com características múltiplas.

a) Atos singulares (individuais) e atos gerais

A primeira dicotomia classificatória diz respeito ao âmbito subjetivo de abrangência do ato em causa e permite distinguir, por um lado aqueles atos que têm um destinatário individualizado – produzindo efeitos numa esfera jurídica determinada e numa situação jurídica concreta – e, por outro lado, aqueles atos que têm um campo de abrangência potencialmente geral e abstrato, sendo aptos a atingir com os seus efeitos um número indeterminado ou indeterminável de pessoas e de situações.

Como exemplos dos primeiros – que são a larga maioria – podem apontar-se os atos de liquidação (isto é, de quantificação em concreto

---

[18] Cfr. art.º 77.º, n.º 1, da LGT.

da obrigação tributária de determinado contribuinte, determinando-se quanto é que ele vai pagar ou receber de imposto), o reconhecimento de um benefício fiscal, a prestação de uma informação vinculativa ou a avaliação de um bem ou de um conjunto de bens. Já quanto aos segundos, o exemplo mais significativo materializa-se nas orientações genéricas que a Administração pode emanar para proceder à uniformização da interpretação ou aplicação das normas tributárias, nos casos em que nestas normas são utilizados, por exemplo, conceitos indeterminados ou polissémicos[19].

Esta classificação assume uma enorme importância porque, em princípio, apenas poderão ser alvo de controlo por via de reclamação, recurso ou impugnação – tanto administrativa como jurisdicionalmente – os atos individuais e concretos. Isto porque, no âmbito das garantias dos contribuintes, um dos requisitos exigidos é a legitimidade para reclamar, recorrer ou impugnar, e tal legitimidade apenas existe se um *concreto* direito ou interesse legalmente protegido tiver sido afetado.

b) Atos unilaterais e atos consensuais

Neste particular, o critério distintivo diz respeito ao modo como são fixados os efeitos jurídicos que o ato principal do procedimento vai ser apto a produzir: em alguns casos – também a larga maioria, como na classificação anterior – tal fixação é feita de um modo unilateral por parte da Administração, podendo com propriedade falar-se numa fixação autoritária de efeitos ou num ato autoritário, que se repercute ineluctavelmente na esfera jurídica do destinatário e sem que este o possa impedir. Pense-se, por exemplo, no já referido ato de liquidação, no ato de penhora de um bem no quadro de uma execução fiscal, no ato de derrogação do sigilo bancário ou ainda na revogação de uma redução de isenção.

Já em outros casos – que em matéria tributária ainda continuam a ser escassos – tal fixação de efeitos é efetuada de uma forma pactuada, convocando-se a vontade de ambos os sujeitos procedimentais (Administração e contribuinte), resultando daí um acordo sobre determinada questão tributária. A este respeito, os princípios da legalidade e tipicidade tributárias – com a consequente indisponibilidade dos direitos

---

[19] Cfr., a respeito, art.os 55.º e 56.º do CPPT.

emergentes da relação jurídica[20] – deixam pouco espaço de conformação para a vontade contratualizada, pelo que a grande maioria dos atos tributários se consubstancia em atos unilaterais. Ainda assim, é possível identificar na lei algumas situações em que se reconhece a existência de verdadeiros atos tributários bilaterais ou acordos fiscais, justificados, entre outros motivos, pelo facto de a aplicação unilateral da lei ao caso em concreto poder gerar uma multiplicidade de obrigações independentes e continuadas que poderiam acarretar alguma burocracia e insegurança[21]. Como exemplo deste segundo grupo de situações podem apontar-se ainda o acordo encontrado em sede de pedido de revisão da matéria tributável fixada por métodos indiretos – em sede do qual o Fisco e contribuinte tentam chegar a uma concordância sobre o valor da base de determinado tributo[22] – ou o acordo prévio sobre preços-transferência[23].

Em rigor, e bem vistas as coisas, aqui já não se pode falar propriamente numa vontade administrativa tributária nem num ato administrativo, ao menos exclusivamente, na medida em que o querer administrativo só por si é insuficiente para despoletar os efeitos jurídicos pretendidos e normativamente previstos.

Interessa destacar desde já a ideia de que mesmo nos atos autoritários ou unilaterais o contribuinte ou interessado não é deixado totalmente à margem do *iter* decisório, uma vez que, em muitas situações, ele pode participar na formação da decisão, exercendo o seu direito de audição (embora o ato final seja sempre um ato administrativo e não um ato consensual)[24].

Em termos de futura impugnação jurisdicional, em princípio, apenas os atos unilaterais poderão ser colocados em crise por parte do interessado, pois que nos atos consensuais este último já deu o seu assentimento à produção de efeitos, e se o ato é praticado exatamente nos

---

[20] Cfr. art.º 30.º, n.º 2, da LGT.
[21] A LGT admite (v. art.º 37.º, n.º 2) que os contratos fiscais possam ser celebrados desde que sejam respeitados os princípios da legalidade, igualdade, boa fé e indisponibilidade.
[22] Cfr. art.ºs 91.º e, particularmente, 92.º, n.º 1 da LGT, onde se pode ler que "o procedimento de revisão (...) assenta num debate contraditório (...) e visa o estabelecimento de um acordo (...)".
[23] Cfr. art.º 138.º do CIRC.
[24] Cfr. art.º 60.º da LGT.

mesmos moldes do acordado uma impugnação poderia significar um *venire contra factum proprium*[25].

c) Atos impositivos e atos não impositivos

Nesta tipologia, o que releva é o conteúdo dos efeitos jurídicos a produzir, sendo possível constatar a existência de dois tipos de atos: os atos impositivos são os que fixam ou impõem efeitos jurídicos desfavoráveis para o seu destinatário, nomeadamente mediante a restrição de direitos fundamentais, particularmente direitos, liberdades e garantias. No quadro tributário, os direitos constitucionalmente protegidos mais suscetíveis de ofensa poderão ser o direito de propriedade, o direito à reserva da vida privada, o direito ao livre exercício da profissão ou o direito de iniciativa económica, sendo que como exemplos de atos desfavoráveis podem ser apontados todos aqueles que:

- Conduzem à tributação e à exigência de determinada quantia pecuniária (ato de liquidação);
- Obrigam a um comportamento (entrega de uma declaração ou da contabilidade);
- Representam uma intromissão em dados respeitantes à sua vida privada (derrogação do sigilo bancário, inspeções nas instalações do contribuinte);
- Oneram o seu património (penhora).

Os atos não impositivos, pelo contrário, fixam efeitos jurídicos favoráveis, reconhecendo – oficiosamente ou a pedido – um determinado direito ou interesse em matéria tributária, ou alargando o seu âmbito. Será o que acontece com os atos que afastam a tributação ou deferem uma pretensão como sejam, ainda a título exemplificativo, o ato de concessão de uma redução de taxa, o de deferimento de uma reclamação, o reconhecimento de uma isenção, a autorização para o pagamento de uma dívida tributária em prestações ou o levantamento de uma penhora que havia sido constituída sobre determinado bem.

Compreensivelmente, apenas os atos desfavoráveis poderão ser alvo de censura e de sindicância administrativa ou jurisdicional, pois apenas nestes haverá um interesse legítimo para recorrer, reclamar ou impug-

---

[25] V., por exemplo, art.º 86.º, n.º 4, da LGT.

nar (ressalvados, naturalmente, os casos de atos parciais, como os deferimentos parciais de pedidos).

d) Atos definitivos e atos não definitivos

A expressão "ato definitivo" pode ser utilizada em vários sentidos, podendo-se, com base nos ensinamentos da melhor doutrina, e com efeitos meramente pedagógicos, apontar os seguintes[26]:

i) Em primeiro lugar, ato definitivo no sentido de ato fixador de efeitos jurídicos finais. Está aqui a apelar-se a um critério cronológico e a reportar à denominada *definitividade material* dos atos administrativos, devendo-se contrapor aos atos definitivos os atos precários ou provisórios[27]. Por exemplo, a liquidação administrativa dos pagamentos por conta exigidos por lei e feitos durante o ano fiscal a determinado contribuinte não constitui, neste sentido, ato tributário definitivo, na medida em que no final do ano ainda deverá ser feito o englobamento dos rendimentos e os correspondentes acertos em matéria de valor de imposto final a pagar ou a receber[28]. Por isso, os pagamentos por conta são exatamente isso: "por conta" do valor a pagar, constituindo uma espécie de adiantamento do imposto e revestindo, como tal, natureza provisória (o mesmo se dizendo a respeito de determinadas retenções na fonte[29]).

ii) Em segundo lugar, ato definitivo como sinónimo de ato decisório concludente de um procedimento (*definitividade horizontal*), ou seja, como contrário de ato intermédio ou preparatório. Aqui adota-se um critério procedimental, devendo ter-se presente a noção de que todos os atos devem ser integrados numa cadeia mais ampla da qual fazem parte (procedimento tributário) e que nem todos eles fixam de um modo último efeitos jurídicos – pense-se,

---

[26] V., a respeito, acórdão do STA de 5 de abril de 2006, processo n.º 01286/05. Quanto à abordagem doutrinal, remete-se para as referências de base administrativista constantes da listagem bibliográfica final, particularmente para as obras de MARCELLO CAETANO e de FREITAS DO AMARAL.

[27] O art.º 60.º do CPPT parece querer referir-se a esta primeira espécie de definitividade ao prescrever que "os atos tributários praticados por autoridade fiscal competente em razão da matéria são definitivos quanto à fixação dos direitos dos contribuintes, sem prejuízo da sua eventual revisão ou impugnação nos termos da lei".

[28] Cfr., por exemplo, art.º 102.º do CIRS.

[29] Cfr. por exemplo, art.ºs 98.º e ss. do CIRS.

por exemplo numa situação em que um certo contribuinte é notificado de uma avaliação da sua matéria tributável com recurso a indícios ou presunções fixando-se um valor presumido de € 5 000 (avaliação indireta), à qual se seguirá uma liquidação de imposto devido sobre essa mesma matéria. Neste caso, o ato de avaliação, embora produtor de efeitos jurídicos relevantes, não é um ato definitivo em sentido horizontal, na medida em que na cadeia procedimental vai-se-lhe seguir um outro, esse sim definitivo, que é o ato de liquidação. Do mesmo modo, quando determinado contribuinte é notificado da compensação entre um reembolso a que tem direito e uma dívida à AT, o ato definitivo será o posterior ato de liquidação, e o ato de compensação – por vezes processado informaticamente – configura-se como um ato intermédio. O mesmo se diga, finalmente, das situações de revogação de um benefício fiscal seguida de uma exigência de tributo. Importa observar que a noção de ato definitivo não tem de coincidir necessariamente com a de ato último praticado no procedimento – este, muitas vezes, é o ato de notificação o qual, como ato meramente declarativo que é, não é um ato decisório e não produz efeitos jurídicos por si mesmo, limitando-se a "atestar" uma situação pré-existente e criada por outro ato[30].

iii) Em terceiro lugar, ato definitivo como sinónimo de ato que expressa a última palavra da Administração, ou seja, a manifestação de vontade do seu mais elevado superior hierárquico (*definitividade vertical*), tendo como seu antónimo o ato "inferior". Aqui, vale o critério da hierarquia e interessa discernir se sobre aquela questão jurídica a decisão administrativa ainda é suscetível de reapreciação por parte de uma entidade superior sendo que em caso afirmativo o ato não se pode considerar verticalmente definitivo. Neste quadro, o ato de liquidação não será um ato verticalmente definitivo, considerando que posteriormente ainda é possível interpor reclamação graciosa com o objetivo de o anular.

Em termos de apreciação por parte do Tribunal, o legislador exige, salvo raras exceções, que os atos sejam horizontalmente definitivos, não

---

[30] Cfr., a respeito, art.º 77.º, n.º 6, da LGT.

se admitindo a impugnação contenciosa de atos intermédios (v.g., projetos de decisão, avaliações, compensações, relatórios de inspeção tributária). Deste modo, aquando da impugnação jurisdicional do ato final, poderão ser invocados todos os vícios anteriores ao mesmo[31].

Todavia, já não se exige como regra a definitividade material nem vertical, prevendo-se quer a impugnação de atos provisórios[32] quer a impugnação de atos inferiores (no que a este último caso diz respeito, apenas excecionalmente se exige o esgotamento das vias hierárquicas administrativas para se abrir a via contenciosa[33]).

e) Atos de primeiro grau e atos de segundo grau

Intimamente relacionada com a questão acabada de referir da definitividade vertical dos atos da Administração encontra-se a questão da distinção entre atos de primeiro e de segundo grau (idêntica distinção se poderá fazer, como veremos adiante, em relação aos procedimentos). Neste contexto, os atos de primeiro grau incorporam a primeira pronúncia decisória da Administração tributária sobre determinada questão,

---

[31] V. art.º 54.º do CPPT. De resto, nos casos em que o contribuinte ou lesado pode atacar diretamente o ato intermédio (porque o legislador em concreto o prevê), tal deve ser entendido como o exercício de uma simples ou mera faculdade e não de um dever efetivo, pois, como refere o Tribunal constitucional, está-se aqui em presença de uma possibilidade do destinatário do ato lesivo, que poderá ou não utilizá-la, "sem quaisquer repercussões futuras", isto é, sem que a sua não utilização inviabilize a impugnação da decisão final do procedimento, com base em vícios próprios daquele ato. V., a respeito, acórdão do TC n.º 410/2015. Neste acórdão, o órgão máximo da jurisdição constitucional portuguesa foi perentório (se bem que num processo de controlo concreto da constitucionalidade) ao considerar que "ao impedir que a impugnação do ato de liquidação do imposto se funde em vícios próprios do ato de cessação do benefício fiscal, a interpretação que a decisão recorrida fez do artigo 54.º do CPPT desprotege gravemente os direitos do contribuinte, assim ofendendo princípio da tutela judicial efetiva e o princípio da justiça, inscritos nos artigos 20.º e 268.º, n.º 4, da CRP". Por conseguinte, decidiu "[j]ulgar inconstitucional a interpretação do artigo 54.º do Código de Procedimento e Processo Tributário que, qualificando como um ónus e não como uma faculdade do contribuinte a impugnação judicial dos atos interlocutórios imediatamente lesivos dos seus direitos, impede a impugnação judicial das decisões finais de liquidação do imposto com fundamento em vícios daqueles (...)".
Cfr. ainda acórdãos do STA de 14 de julho de 2010, processo n.º 0375/10, e do TCA-N de 12 de maio de 2010, processo n.º 01534/09.7BEBRG.

[32] Cfr., por exemplo, art.ᵒˢ 131.º e ss. do CPPT, onde se admite, designadamente, a impugnação da liquidação administrativa dos pagamentos por conta.

[33] Cfr., por exemplo, art.ᵒˢ 86.º, n.º 5, da LGT e 117.º do CPPT.

materializando-se na primeira apreciação da situação de facto e de Direito que é colocada à sua frente. Diferentemente, os atos de segundo grau incorporam uma reapreciação de uma questão, procedendo à sindicância de uma anterior decisão. Como está bom de ver, estes atos de segundo grau são proferidos em sede de procedimentos recursivos ou impugnatórios, como as reclamações ou os recursos, no âmbito dos quais o sujeito passivo ou interessado solicita ao órgão administrativo competente que revise uma anterior decisão, anulando-a, revogando-a ou suspendendo-a.

Pode também adiantar-se desde agora a ideia de que, na maior parte dos casos, tais reclamações ou recursos têm eficácia meramente devolutiva e não eficácia suspensiva, o que significa que, não obstante a interposição do meio impugnatório, o ato impugnado continua a produzir os seus efeitos (por exemplo, não obstante a interposição de uma reclamação graciosa, o contribuinte deve pagar o imposto respetivo – sendo restituído em caso de deferimento – pois aquela não suspende a produção de efeitos da liquidação impugnada)[34].

f) Atos expressos e atos tácitos

Outra importante classificação relaciona-se com o modo como o órgão administrativo decisor manifesta a sua vontade. Em determinadas situações, ele exterioriza o seu querer através de um comportamento que revela inequivocamente um determinado sentido decisório, positivo ou negativo. Fala-se, então, em decisão expressa, que é o que acontece quando o órgão decisor responde a uma petição e evidencia de um modo direto que aceita ou que não aceita determinada pretensão do contribuinte (deferimento ou indeferimento expresso).

Em outras situações, porém, o sentido decisório resulta de um comportamento indireto, mas que revela com probabilidade um determinado sentido, falando-se em decisão tácita. Embora em abstrato várias situações de comportamentos de tal natureza possam ser apresentadas – por exemplo, duas avaliações sucessivas relativas ao mesmo facto tributário pode querer significar uma revogação tácita da primeira; ou a ausência de contestação de uma petição de impugnação judicial apre-

---

[34] Cfr., a propósito, embora em outro contexto, acórdão do STA de 16 de agosto de 2006, processo n.º 0689/06. V., ainda acórdão do STA de 8 de fevereiro de 2017, processo n.º 0177/15.

sentada pelo contribuinte pode significar aquiescência com a sua pretensão – a verdade é que em matéria tributária o exemplo mais significativo é revelado pelo **silêncio** em face de uma pretensão apresentada. Neste domínio, vale a regra do indeferimento tácito, presumindo-se que a ausência de resposta, num determinado prazo fixado na lei (4 meses) a uma petição ou a um pedido determinado faz presumir a sua não procedência[35].

g) Atos vinculados e atos não vinculados (discricionários)
Neste segmento de análise, o acento tónico será colocado na relação que se estabelece entre a norma (lei, decreto-lei ou regulamento) e o ato administrativo que procede à sua aplicação ao caso em concreto, interessando colocar o discurso nos seguintes termos:
- Em certas situações, o criador normativo fixa em termos absolutos, completos e exaustivos todos os pressupostos de aplicação da norma ao caso em concreto, restando ao agente aplicador (v.g., Administração tributária) a tarefa de simples subsunção a esse caso em concreto, sem a mínima possibilidade de conformação conteudística. É o que acontece, por exemplo, em matérias de incidência pessoal ou real dos impostos ou das respetivas taxas, em que a lei disciplina pormenorizadamente todos os aspetos da tributação e a Administração se limita a aplicar à factualidade da situação em concreto o que nela está previsto, não tendo poderes, nomeadamente, de "escolher" quem pode ou não ser considerado sujeito passivo ou se determinado rendimento está ou não está sujeito a tributação. A sua conduta, nestas situações, é absolutamente vinculada, assim como os correspondentes atos.
- Em outras situações, o criador normativo traça apenas a moldura geral de aplicação da norma ao caso em concreto, delineando os aspetos essenciais do respetivo regime jurídico, colocando nas mãos do agente administrativo uma margem decisória no momento da aplicação, concedendo-lhe uma liberdade que, em termos amplos, se pode designar por *discricionariedade* (em sentido impróprio). Nestes casos, a Administração tributária, mais do que se limitar a subsumir acriticamente, goza de verdadeiras prerrogativas de

---

[35] V. art.º 57.º, n.º 5 da LGT.

escolha e seleção, podendo conformar o conteúdo da decisão. Estas situações são particularmente frequentes por via da previsão normativa de situações de "pode" (o órgão X "pode autorizar", "pode conceder", "pode aplicar", etc. – logo, também o pode não fazer), ou quando se concede uma margem decisória dentro de determinadas balizas pré-estabelecidas (um mínimo e um máximo), em que o legislador autoriza a emanação de verdadeiros atos discricionários. A título exemplificativo, atentemos nas seguintes situações simples[36]:

→ Os art.os 28.º ou 39.º, n.º 3, do Estatuto dos benefícios fiscais (EBF) determinam que o Ministro das Finanças *pode conceder* isenção total ou parcial de IRS ou de IRC relativamente a determinados juros de capitais provenientes do estrangeiro ou auferidos por pessoas deslocadas no estrangeiro;

→ O art.º 71.º, n.º 1, do Código do IMI (CIMI) prevê que um determinado prazo pode ser prorrogado pelo Diretor de Finanças "quando as circunstâncias o justifiquem";

→ O art.º 60.º, n.º 6, da LGT estabelece que a AT *pode alargar* o prazo de exercício do direito de audição até o máximo de 25 dias em função da complexidade da matéria (na verdade, aqui, até estamos em presença de dois momentos de liberdade decisória: "pode..." e "até...")[37];

→ O art.º 68.º, n.º 13, da LGT prescreve que *quando o entender conveniente*, a Administração tributária procede à audição do requerente no âmbito de um pedido de informações vinculativas;

→ O art.º 77.º do CPPT prevê que nas situações em que o contribuinte apresenta uma reclamação sem que existam motivos que razoavelmente a fundamentem, o órgão da Administração tributária aplicará uma sanção (um agravamento à coleta) graduado *até* 5% da coleta objeto do pedido (isto é, entre 0% e 5% desta);

→ Os art.os 201.º e 202.º do CPPT preveem a possibilidade de o Ministro das finanças *autorizar ou não* o pedido de dação em pagamento apresentado pelo contribuinte;

---

[36] A respeito do tema, cfr. acórdão do STA de 12 de julho de 2006, processo n.º 01003/05.
[37] No mesmo sentido, art.º 60.º, n.º 2, do RCPITA.

Esta dicotomia classificatória assume crucial importância em sede de controlo jurisdicional das atuações administrativas, na medida em que os atos ditos *discricionários* "escapam" a tal controlo. Quer isto dizer que nas situações em que o legislador atribui ao agente aplicador prerrogativas decisórias discricionárias, o Tribunal não pode, em sede de impugnação contenciosa, sindicar a oportunidade ou a conveniência da atuação do agente – dizendo que ele "não devia" ter concedido a isenção; "não devia" ter autorizado o pagamento faseado, etc. – devendo-se limitar a exercer o controlo de legalidade, o qual nunca deixará de fazer, e que se limita a averiguar se os requisitos legais (competência, forma, tempestividade, procedimento, fundamentação) foram cumpridos. Não poderá é sobrepor-se às escolhas administrativas – que o legislador autorizou, recorde-se – e sugerir que as suas seriam melhores ou mais adequadas.

Por último, refira-se que a concessão de espaços discricionários não se confunde com a utilização pelo legislador de conceitos indeterminados ou polissémicos. Nestes casos, o agente aplicador não goza de nenhuma liberdade discricionária, pois tudo se resume a uma função de interpretação, a qual, como tarefa jurídica que é, não escapa ao controlo efetuado pelo juiz[38].

h) Atos válidos e atos inválidos. Atos eficazes e atos ineficazes

Por último, resta apreciar uma classificação de atos da Administração que se relaciona com a sua conformidade ou não com o ordenamento normativo.

---

[38] V., a propósito, o significativo acórdão do STA de 27 de novembro de 2013, processo n.º 01159/09, de 27.11.2013, no qual, em referência ao conceito de "razões económicas válidas" se pode ler: "[n]o preenchimento e concretização de conceitos indeterminados, a administração está obrigada a desenvolver uma atividade vinculada de interpretação da norma e há-de chegar, em princípio, a uma única solução para o caso concreto, não lhe sendo possível guiar-se por uma liberdade subjetiva ou por critérios de oportunidade. A indeterminação do enunciado não se traduz numa indeterminação de suas aplicações, e ao intérprete administrativo caberá identificar se a situação fáctica está ou não abrangida pelo conceito indeterminado contido na norma. Pelo que, também nesta medida, está em causa um poder vinculado, que o tribunal tem de poder sindicar". Adiante: " (...) o próprio processo de concretização do juízo administrativo e os parâmetros de avaliação utilizados não são inteiramente livres, na medida em que têm de se revelar como apropriados, coerentes e razoáveis, estando a administração legalmente vinculada a respeitar as regras técnicas para que a lei remete. E, nessa perspetiva, o tribunal não pode eximir-se ao controlo judicial desse processo".

Ora, se determinado ato tiver cumprido todos os requisitos que o ordenamento exige para que possa estar apto, em potência, a produzir efeitos jurídicos (entrar em vigor), respeitando as prescrições das normas superiores que o enquadram – a saber: ter sido emanado pela entidade competente, de acordo com a forma legalmente prevista, de acordo com o procedimento legalmente exigido e no respeito dos conteúdos superiormente impostos – diz-se que se está em presença de um *ato válido*. Pelo contrário, se o ato não respeita as exigências que o ordenamento coloca para que possa entrar em vigor, violando as prescrições normativas que o fundamentam e enquadram, será *inválido*.

Para os atos inválidos reserva-se a designação um pouco imprópria de *ilegalidade* que, em termos tributários, mais não significa do que o que acabou de se referir: desconformidade com o ordenamento. Adota-se, por isso, um conceito amplíssimo de ilegalidade que abarca a contrariedade entre o ato da Administração e *qualquer norma*, ou parâmetro normativo, que o enquadre, especificamente:
- Normas constitucionais;
- Normas de Direito internacional (v.g., normas de tratados que têm por objetivo evitar ou atenuar a dupla tributação);
- Normas de Direito da União Europeia (primário ou secundário);
- Normas legais (v.g., Códigos fiscais, como o CIRS, CIRC, CIVA, CIMI, CIMT);
- Normas regulamentares (regulamentos do Governo, das Autarquias locais, etc.); *e até*
- Outros atos administrativos em sentido amplo (informações vinculativas, avaliações prévias, etc.[39])

A consequência prescrita para os atos ilegais ou inválidos é, em regra, a anulabilidade (apenas invocável por um núcleo restrito de interessados

---

[39] Cfr., respetivamente, art.os 57.º e 58.º do CPPT. Embora tenhamos oportunidade de referir este aspeto adiante, será conveniente realçar a ideia de que a própria contrariedade entre determinado ato administrativo e um ato administrativo anterior que o enquadra poderá, para efeitos tributários, caber no conceito de ilegalidade. Pense-se na situação em que, a pedido do contribuinte, a Administração emana uma informação vinculativa dizendo que ele tem direito a determinado regime de tributação mais favorável, e a posterior liquidação é efetuada submetendo-o ao regime geral. Neste caso, o ato de liquidação poderá ser considerado ilegal por violação do ato administrativo anterior de informação vinculativa.

e dentro de limites temporais apertados), embora, nos casos mais graves – por exemplo, violação do núcleo essencial de um direito, liberdade ou garantia –, se determine a sua nulidade (a invocação pode ser efetuada por qualquer interessado e a todo o tempo)[40]. Compreende-se que assim seja pois, como refere o STA, estabelecer em matéria tributária como regra a nulidade "teria a consequência inaceitável de criar uma insustentável incerteza generalizada e perpétua no domínio das finanças públicas, cujos reflexos negativos se produziriam permanentemente nesse sector de relevo primacial para o funcionamento global do Estado e das instituições públicas que se veriam impossibilitados de qualquer programação financeira consistente a médio prazo". Por isto, não se compreenderia que se eternizasse, de forma generalizada, a possibilidade de o contribuinte questionar a legalidade dos atos de liquidação de impostos[41].

Em ambas a situações – anulação ou declaração de nulidade –, a invalidação do ato pelo órgão competente (administrativo ou jurisdicional) terá efeitos retroativos, retirando-se o ato do ordenamento desde a sua entrada em vigor, e implicará a restituição de tudo quanto haja sido prestado[42].

***

Contudo, os conceitos de validade e de invalidade não se confundem com os de *eficácia* e *ineficácia*, pois apesar de existente e válido, o ato da Administração pode ainda não estar apto a desencadear em concreto – embora o esteja em potência – os efeitos jurídicos que lhe são assacados, faltando-lhe a verificação de um requisito de eficácia, nomeadamente a publicação ou a notificação ao interessado, consoante os casos.

---

[40] Cfr., por exemplo, acórdãos do STA de 3 de maio de 2017, processo n.º 0924/16; de 14 de fevereiro de 2013, processo n.º 049/13; e de 18 de janeiro de 2006, processo n.º 0901/05. V., com interesse, SILVA, Hugo Flores da, *O impacto da reforma do CPTA e do CPA no processo e procedimento tributário*, in Procedimento e processo tributário 2016, Centro de estudos judiciários, Lisboa, 2016, http://www.cej.mj.pt/cej/recursos/ebooks/Administrativo_fiscal/eb_Procedimento_Processo_Tributario2016.pdf , pp. 51 e ss.

[41] Assim, acórdão do STA de 23 de novembro de 2005, processo n.º 0612/05.

[42] Quanto às anulações parciais, v. acórdãos do STA de 19 de abril de 2017, processo n.º 0100/17, e de 10 de abril de 2013, processo n.º 0298/12.

Por exemplo, o ato de liquidação é um ato que determina e quantifica em concreto os contornos e o montante da obrigação tributária; todavia, não produz os seus efeitos no momento em que é praticado, mas apenas com a posterior notificação ao contribuinte, o qual apenas a partir deste momento é que se encontra obrigado a pagar (aliás, só com a notificação é que começa a correr o prazo para pagamento). É neste sentido, aliás, que a própria LGT determina que "a eficácia da decisão depende da notificação"[43].

No rigor dos conceitos, e na medida em que não produzem efeitos jurídicos autónomos, os atos meramente comunicativos ou declarativos nem deverão ser qualificados como verdadeiros atos administrativos, mas sim como simples operações materiais de comunicação.

2.4. Os atos tributários em particular (noção ampla e noção restrita). Importância da autonomização

A partir de tudo quanto foi dito até ao momento, pode ensaiar-se uma primeira noção de *ato tributário*: ato da Administração tributária, produtor de efeitos jurídicos, de carácter individual e concreto, de aplicação da norma tributária substantiva a um caso determinado.

Esta é uma *noção ampla de ato tributário*, que abrange um vasto número de atuações que vão desde a liquidação de um imposto, ao reconhecimento de uma isenção, à prestação de uma informação vinculativa ou à avaliação de um bem para efeitos de cálculo de um tributo, pois em todos estes casos se verificam os elementos constitutivos da noção acima dada.

Ora, no quadro deste amplo universo de atos decisórios e produtores de efeitos jurídicos que a Administração pode praticar, torna-se imprescindível efetuar uma delimitação analítica de extrema importância, em face do regime jurídico que em concreto vai ser aplicado:

i) Por um lado, deve-se observar que um determinado tipo de atos em particular merece realce e tratamento jurídico destacado, quer por causa da sua frequência, quer pelo facto de ser considerado o ato impositivo por excelência: a *liquidação*. Esta consiste no ato de determinação em concreto do sujeito passivo tributário[44] e do

---

[43] Assim, art.º 77.º, n.º 6, da LGT.
[44] Não de definição (abstrata) desse sujeito passivo! Como se sabe, tal tarefa (substantiva) de desenho dos obrigados tributários encontra-se nas mãos do legislador ou criador normativo,

quantum do tributo, e é por via dele que determinado sujeito previsto na lei fica a saber realmente quanto é que deve pagar ou receber de tributo. Na realidade, pode dizer-se que até então – isto é, desde o nascimento da relação jurídica (com a verificação do facto tributário previsto na lei) até ao momento da liquidação –, o sujeito apenas está adstrito a uma obrigação abstrata ou ilíquida de pagamento de tributo, e é só a partir de tal momento que a sua obrigação se torna concreta, certa e determinada (naturalmente que, após o ato de liquidação, ainda surgirá um outro que é o ato de cobrança ou reembolso). A importância do ato de liquidação no domínio do Direito tributário é tal que o legislador, a doutrina e a jurisprudência lhe reservam uma especial denominação: ato *tributário*, embora agora num sentido técnico e mais preciso. Por conseguinte, o ato *tributário em sentido restrito* é o ato de determinação concreta da dívida tributária.

ii) Todos os outros atos, que se integram na noção ampla de ato tributário acima dada mas não são atos de liquidação, são *os atos administrativos em matéria tributária* (ou, para utilizar, por exemplo, a linguagem do ETAF[45], o ato administrativo "respeitante a questões fiscais"), e abrangerão, nomeadamente, os atos de prestação de informações vinculativas[46], de avaliação prévia[47], de reconhecimento de benefícios fiscais[48], de compensação entre dívidas tributárias[49], de indeferimento de um pedido de pagamento da dívida tributária em prestações[50], etc.

---

através das denominadas "normas de incidência pessoal". Cfr., em matéria de impostos, art.º 103.º, n.º 2, da CRP.

[45] Cfr. art.ºˢ 26.º, alínea c), e 38.º, alínea b).
[46] V. art.º 57.º do CPPT.
[47] V. art.º 58.º do CPPT.
[48] V. art.º 65.º do CPPT.
[49] V. art.º 89.º do CPPT.
[50] V. art.ºˢ 42.º da LGT e 196.º e ss. do CPPT.

Esquematicamente:

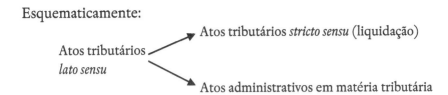

Como se constata, não se pode afirmar que as designações "ato da administração tributária", "ato administrativo em matéria tributária" e "ato tributário" sejam sinónimas, e a confusão entre elas pode conduzir, não apenas a equívocos linguísticos, mas mesmo à errada utilização das garantias dos contribuintes ou dos seus mais variados meios de defesa. Isto porque os meios administrativos e jurisdicionais apenas podem ser utilizados em referência a determinado tipo de atos e não indiscriminadamente em relação a todos. Apenas a título exemplificativo, registemos as seguintes situações:
- A *reclamação graciosa* apenas pode ser utilizada para colocar em crise a validade de atos tributários em sentido restrito, próprio ou técnico (atos de liquidação), não sendo o meio adequado para sindicar qualquer outro ato administrativo (neste último caso, estarão previstos outros meios de reação, como o recurso hierárquico ou os pedidos de revisão)[51].
- A *ação administrativa* (prevista no CPTA) apenas pode ser utilizada, em Tribunal, para proceder ao controlo de atos administrativos em matéria tributária que não comportem a apreciação da legalidade da liquidação, como o não reconhecimento de benefícios fiscais, não sendo correta a sua utilização em presença de atos tributários propriamente ditos[52].

3. A jurisdição tributária

3.1. As finalidades e o enquadramento da jurisdição tributária
Do Direito tributário adjetivo faz também parte, como dissemos, a jurisdição tributária, que compreende o conjunto de atuações levadas a efeito pelos órgãos jurisdicionais (Tribunais) em matéria tributária.

---
[51] Cfr. art.º 68.º do CPPT.
[52] Cfr. art.º 97.º, n.º 2, do CPPT.

O primeiro problema que pode aqui ser analisado é o de saber qual a finalidade desta jurisdição, e a resposta, salvo melhor opinião, não poderá deixar de ser neutra e formal: os Tribunais, bem assim como os meios processuais que perante os mesmos se desenvolvem, têm como finalidade *resolver litígios*, isto é, dar a última palavra acerca da composição de um conflito de pretensões que oporá, na maior parte das situações, o fisco e o contribuinte. O objetivo é, assim, obter a pacificação do mundo do Direito, o qual ficou alterado com a introdução de um fator de perturbação (o litígio, o diferendo, o dissídio) que urge erradicar.

É este o sentido do princípio da reserva do juiz constitucionalmente consagrado (art.º 202.º da CRP).

Por conseguinte, o julgador deve preocupar-se, em primeiro lugar, em resolver tal litígio, aquietando a situação e restaurando a normalidade jurídica, e não tanto em "proteger" o contribuinte ou "acautelar" a perceção da receita pública. Não será esse o seu papel num Estado de Direito responsável.

***

Agora, a resolução desse litígio poderá ser feita, numa segunda linha de reflexão, convocando uma postura objetivista ou uma postura subjetivista.

A este propósito, e aproveitando a lição da melhor doutrina – referente às finalidades da justiça administrativa, mas possível de transposição para este discurso –, podemos apontar duas teses:
i) Em primeiro lugar, pode ser afirmado que os esquemas organizatórios e formais de justiça tributária estão orientados à proteção do Interesse público globalmente considerado e de certos valores ou bens jurídicos valiosos, tais como a estabilidade das situação financeira pública, a legalidade da atuação dos agentes da Administração tributária, a justiça tributária em sentido substantivo ou material (reconduzida à ideia de igualdade tributária), a correta execução da política orçamental pública, entre outros;
ii) Em segundo lugar, pode ser afirmado que a orientação que preside à justiça tributária é a tutela ou proteção das posições jurídicas subjetivas dos contribuintes e outros obrigados tributários, evitando que os seus direitos fundamentais sejam violados ou restringidos ilegal ou inconstitucionalmente.

A jurisprudência e a doutrina dominantes têm-se inclinado para a segunda das orientações referidas (subjetivismo), num alinhamento que nos parece merecer algum reparo científico. Com efeito, não é incomum a referência à justiça tributária – e particularmente ao processo de impugnação judicial – como uma estrutura ancorada num "modelo subjetivista, funcionalmente estruturado para tutela jurisdicional efetiva dos direitos e interesses dos administrados (...), que não da Administração". Neste contexto – prosseguem estes sectores argumentativos –, compreende-se por exemplo que a legitimidade para a impugnação seja atribuída apenas aos particulares lesados, e não aos sujeitos ativos da relação tributária ou aos destinatários da receita fiscal (como uma Autarquia local). Isto porque "são aqueles, e não outros, os potenciais lesados com a atuação administrativa ilegal, ao menos no plano tributário, sendo por isso apenas àqueles que haverá que reconhecer legitimidade para impugnar o ato"[53].

Ora, com o devido respeito, parece-nos que se trata, esta última, de uma visão porventura redutora da questão, lateralizando dimensões constitucionais incontornáveis e adotando uma visão "paternalista" em relação aos contribuintes, carecendo de sentido normativo num Estado de Direito com quadros sólidos e bem estruturados, no qual o tributo não pode ser diabolizado e a Administração não pode deixar de estar vinculada ao princípio da imparcialidade.

A solução a adotar passará, estamos em crer, pela consideração do enquadramento constitucional que é dispensado a estas matérias e pela resolução da questão prévia – que seria nesta sede desfocada – das finalidades das normas consagradoras dos direitos fundamentais (falando-se, a este respeito, em posições ou teorias personalistas e em posições ou teorias *transpersonalistas*). De toda a forma, e apesar de não ser o lugar indicado para levar a cabo um estudo aprofundado destes temas, sempre se poderá recordar a dupla dimensão (*doppelcharakter*) que deve ancorar qualquer visão dos direitos fundamentais: a dimensão subjetiva, reveladora da ideia de que qualquer norma de direitos fundamentais incorpora uma ou mais posições abstratas juridicamente tuteladas (v.g., direito de propriedade, direito à reserva da vida privada, direito à livre iniciativa económica, etc.) e a dimensão objetiva, reveladora da ideia de

---

[53] Cfr., por exemplo, acórdão do STA de 17 de novembro de 2010, processo n.º 0624/10.

que qualquer norma de direitos fundamentais incorpora um ou vários valores a defender por uma determinada comunidade politicamente organizada (sustentabilidade, legalidade, justiça, igualdade, proporcionalidade, etc.).

Por conseguinte, e sem pretender contornar a questão, parece-nos que a pedra de toque residirá na consideração conjunta de ambas as dimensões, procedendo-se a uma tarefa de "concordância prática" entre as visões referidas, procurando-se enfatizar (i) que não apenas os contribuintes, mas também a Administração tributária[54] e outros atores podem merecer proteção do ordenamento por via do contencioso e (ii) por vezes, acima desses interesses subjetivos poderão existir outros dados constitucionalmente relevantes (verdade material, estabilidade das finanças públicas, nível de execução de direitos sociais, manutenção do serviço público de saúde, educação, segurança, ou proteção social, etc.) que devam merecer tutela jurídico-normativa.

Seja como for, reitera-se a ideia assumida: a finalidade essencial do contencioso tributário é obter a paz jurídica e não tanto – embora, reconheça-se, também – proteger posições jurídicas subjetivas ou bens jurídicos abstratamente considerados.

3.2. Dimensões constitucionais da jurisdição tributária

Por outro lado, e como se compreende, toda a justiça tributária deverá estar constitucionalmente enquadrada, pelo que o estudo dos vários mecanismos de proteção em sede tributária não ficaria completo se não fosse feita uma referência, ainda que breve, a esse enquadramento. Naturalmente que, por razões de ordem temporal e pedagógica, tal enquadramento não pode ser feito de uma forma exaustiva e intensiva, mas, pelo contrário, deve-se debruçar apenas sobre aqueles aspetos basilares que constituem as traves mestras de todo o edifício garantístico tributário, principalmente o edifício jurisdicional. Tais aspetos, no essencial, passam pela consideração de alguns princípios fundamentais e pelo desenho que o legislador constituinte dispensou às denominadas "garantias dos contribuintes"[55].

---

[54] Importa salientar que, ao contrário do preconceito comum, a AT *não tem* interesses próprios (designadamente arrecadatórios), mas interesses heteronomamente determinados pela Constituição e pela lei.

[55] Para um enquadramento histórico desta jurisdição, com a sinalização dos principais momentos do seu percurso evolutivo, v. FERREIRA, Ricardo Matos, *Autonomia e limites da Juris-*

a) O princípio da constitucionalidade

O estudo dos princípios estruturantes da justiça tributária não pode deixar de começar por ser feito com a referência ao princípio da constitucionalidade.

Como é sabido, tal princípio afirma a subordinação de todos os órgãos do Estado, e dos correspondentes atos, à Constituição[56], devendo-se retirar do ordenamento jurídico, ou pelo menos não aplicar, os atos com esta desconformes.

Os Tribunais desempenham, neste particular ponto, um importantíssimo papel de guardiães das normas fundamentais. Ao contrário do que acontece com os órgãos administrativos – que, em regra, não se podem recusar a aplicar uma norma com "simples" fundamento em inconstitucionalidade[57] –, impende sobre aqueles um verdadeiro dever *ex officio* de desaplicação da norma inconstitucional pois, nos termos da própria CRP "nos feitos submetidos a julgamento não podem os tribunais aplicar normas que infrinjam o disposto na Constituição ou os princípios nela consignados"[58]. Em consonância com este preceito, o art.º 1.º, n.º 2, do ETAF vem precisar este dever para os Tribunais da jurisdição administrativa e fiscal.

Daqui resultam duas importantes consequências:
i) O Tribunal não está – não pode estar – dependente da arguição da inconstitucionalidade por parte dos outros atores processuais (v.g., partes no processo); constatando que tem diante de si uma norma inconstitucional, deve, sem mais, desaplicá-la;
ii) A questão da inconstitucionalidade nunca surgirá diante de si a título principal, mas apenas a título incidental. Significa isto que o problema da conformidade de uma norma com a Constituição apenas será por si analisado porque suscitado no decurso de um processo em andamento, que, esse sim, levou as partes a Tribunal e no qual se está a discutir uma questão jurídica (tributária) diversa.

---

dição Tributária (dissertação de mestrado), in http://tributarium.net/teses.html, pp. 28 e ss. (último acesso em 08 de junho de 2019).
[56] Cfr. art.º 3.º, n.º 3, da CRP.
[57] V., por exemplo, acórdão do STA de 30 de janeiro de 2019, processo n.º 0564/18.2BALSB.
[58] Assim, art.º 204.º da CRP.

De salientar que o princípio em análise afirma a subordinação a *todas as normas constitucionais*. Deste modo, os Tribunais tributários devem igualmente obediência a princípios constitucionais não escritos, princípios esses que farão parte, não da *constituição formal* propriamente dita, mas antes da denominada *constituição material*.

b) O princípio da independência dos tribunais

Da leitura dos art.º 203.º da CRP e 2.º do ETAF resulta que "os tribunais da jurisdição administrativa e fiscal são independentes e apenas estão sujeitos à lei e ao Direito". Trata-se da consagração explícita do princípio da independência da função jurisdicional e dos juízes.

O que significa, neste contexto, tal *independência*?

Para que tal prerrogativa – ou melhor, garantia – possa ser plenamente compreendida, deve ser efetuada uma distinção entre *independência objetiva* e *independência subjetiva*, nos seguintes termos:

– *Independência objetiva*, ou obediência à lei, significa que os Tribunais não estão (nem podem estar, aliás) sujeitos a qualquer espécie de comando ou diretiva de que poder for, designadamente do poder político ou administrativo[59]. Por outro lado, ao dizermos que os Tribunais e os juízes estão subordinados à lei, não nos estamos a referir, evidentemente, à lei em sentido formal (ato normativo solene emanado do órgão legiferante primário), até porque tal subordinação já resultaria do princípio da constitucionalidade e da hierarquia normativa que a Constituição estabelece. Com tal referência, estamos a pretender dizer que (i) os Tribunais estão subordinados a todas as "leis", no sentido de atos normativos (normas constitucionais, leis, decretos-lei, tratados internacionais, normas de Direito da União Europeia, regulamentos) e que (ii) os Tribunais estão subordinados somente às leis, na medida em que independem de qualquer outro "constrangimento", no sentido acima referido. Obviamente que em todos estes casos, estamo-nos sempre a referir a uma subordinação a normas *favor legis*, isto é, normas legítimas, uma vez que estamos a

---

[59] Adiantando um pouco do que teremos ocasião de referir num momento mais avançado, pode-se dizer que uma das expressões ou consequências práticas dessa independência dos Tribunais em relação ao poder administrativo se materializa na não obrigatoriedade de acompanhamento das informações vinculativas prestadas pela Administração tributária aos contribuintes (cfr. art.º 68.º, n.º 14 *in fine* da LGT).

pressupor os quadros dimensionantes de um Estado de Direito, no qual os órgãos jurisdicionais devem sempre respeitar a hierarquia emergente da Constituição ou da lei, e aplicar a norma com valor hierárquico superior, preterindo a aplicação das restantes. Assim seriam de desaplicar, por exemplo, um decreto-lei autorizado que viole a respetiva lei de autorização legislativa, uma lei inconstitucional, etc.;

– A *independência subjetiva* corporiza-se nas garantias de inamovibilidade e de irresponsabilidade quanto às decisões tomadas. Com efeito, uma das garantias reais de independência dos órgãos jurisdicionais é precisamente a impossibilidade de, por exemplo, transferência por motivos que não os expressamente previstos na lei. De facto, não estariam asseguradas as necessárias garantias de imparcialidade se os juízes a todo o momento, e em virtude das suas decisões no caso concreto, pudessem ser transferidos para outras comarcas. Tal circunstância favoreceria o nascimento de um clima de suspeição e desconfiança em relação ao exercício da função. Aliás, também esta é uma exigência postulada, não apenas pelo ETAF[60], mas também pela própria CRP, ao dizer, no seu art.º 216.º n.º 1 que "os juízes são inamovíveis, não podendo ser transferidos, suspensos, aposentados ou demitidos senão nos casos previstos na lei". Por outro lado, afirmar que os Tribunais não podem ser responsabilizados pelas sentenças e acórdãos que profiram significa que não poderá ser pedida ao(s) juiz(es) qualquer espécie de "prestação de contas" derivada dessa mesma decisão. Os Tribunais são independentes, não tendo de dar satisfações a quem estiver fora e à margem do exercício da função jurisdicional[61]. É óbvio que tal exigência arrasta consigo uma outra de cariz inverso: a de responsabilização interior e consciencialização dos juízes pelas decisões que tomam. Mas este terá de ser um dado adquirido, no sentido de admitirmos que, quando um juiz toma uma decisão, teremos de partir do princípio de que a tomou no bom sentido, e motivado estritamente pela obediência à lei, no sentido atrás apurado.

---

[60] Cfr. art.º 3.º, n.º 1, do ETAF.
[61] Cfr. art.ºs 216.º, n.º 2 da CRP e 3.º, n.º 2 do ETAF.

c) O princípio da reserva da função jurisdicional em matéria tributária

Da leitura conjugada dos artigos 202.º, n.º 1, da CRP e 1.º, n.º 1, do ETAF resulta que os Tribunais da jurisdição administrativa e fiscal são os órgãos de soberania com competência para administrar a justiça em nome do povo, nos litígios emergentes das relações jurídicas administrativas e fiscais. Resulta daqui um princípio de *reserva da função jurisdicional* ou reserva do juiz, significativo da ideia de que *apenas os tribunais* podem dirimir (definitivamente) litígios e ditar Direito ou, por outras palavras, o exercício da função jurisdicional está reservado ao Tribunal, e, no âmbito deste, ao juiz[62]. Assim, só ao juiz e ao Tribunal é que podem ser atribuídas competências para praticar atos jurisdicionais, sendo inconstitucional qualquer atribuição a outros órgãos, designadamente, administrativos.

Para estes efeitos, um "ato jurisdicional" será um ato praticado exclusivamente de acordo com critérios de juridicidade (não de oportunidade ou conveniência) com o objetivo de resolver uma "questão jurídica" (um conflito de pretensões ou controvérsia sobre a violação ou não da ordem jurídica). O fim do mesmo será sempre a obtenção da paz jurídica decorrente de tal resolução.

Um dos pontos controvertidos que se poderá aqui debater prende-se com a problemática da atribuição de competências jurisdicionais a outras entidades que não o juiz – e da atribuição de tal qualificação às mesmas –, e pode-se dizer que, em abstrato, até se pode admitir a possibilidade de atribuição de competências para o exercício da função jurisdicional a certas entidades não jurisdicionais. Todavia, tal atribuição só não será inconstitucional se tiver uma finalidade meramente coadjutora. Ou seja, não poderemos, *in limine* afirmar que um ato jurisdicional praticado por um órgão administrativo origina, por si, uma inconstitucionalidade; agora, o que já consubstancia uma verdadeira contrariedade à lei fundamental é, por via de tal facto, a atribuição da categoria de *jurisdicional* ao órgão que o pratica.

Por último deve-se afastar liminarmente um critério subjetivo de consideração da função jurisdicional. Não é somente pelo facto de determinado órgão praticar um ato que, materialmente, até poderá ser

---

[62] Cfr. acórdão do TC n.º 449/93, disponível em http://www.tribunalconstitucional.pt.

considerado um ato jurisdicional, que tal órgão poderia ser considerado um órgão jurisdicional. A ser assim, teríamos um completo esvaziamento do sentido da reserva da função jurisdicional, pois de nada adiantaria reservar para determinados órgãos a competência para praticar atos jurisdicionais, se, com tal prática, esse órgão adquiriria essa qualidade. Deste modo, para que um órgão possa como tal ser qualificado – e para que, em consequência, lhe seja reservada a prática de determinado tipo de atos – torna-se imprescindível que se verifique outro apertado e exigente requisito: a independência do órgão em causa, nos termos já acima descritos.

Todas estas questões serão relevantes quando forem abordadas as temáticas da natureza de determinados processos tributários, e da qualificação dos respetivos atos como jurisdicionais ou administrativos (por exemplo, a propósito do processo de execução fiscal)[63].

d) O princípio da proteção jurídica

O *princípio da proteção jurídica* está previsto na CRP no art.º 20.º e é, nos seus vários números, densificado através das seguintes manifestações:
- Direito de acesso ao Direito;
- Direito de acesso aos Tribunais;
- Direito à informação e consulta jurídicas;
- Direito ao patrocínio judiciário;
- Direito a uma decisão jurídica em tempo razoável;
- Direito a um processo equitativo.

Em rigor, os direitos à informação e consulta jurídicas e ao patrocínio judiciário são já corolários do direito de acesso ao Direito, pelo que a sua repetição se pode afigurar eventualmente desnecessária. De qualquer forma, todas estas exigências constitucionais refletem uma vincada preocupação de operatividade prática, de modo a que a proteção jurídica efetivamente dispensada seja uma verdadeira proteção e não apenas uma manifestação teórica de um princípio abstrato. Por isso, aos mencionados, entende a jurisprudência que deve acrescer – ou consi-

---

[63] V. *supra*, II, apartado 6.5.4.

derar-se incluído – o direito à produção de prova, o qual não pode ser limitado sem justificação razoável[64].

No que particularmente à justiça tributária diz respeito, tal operatividade ganha especial significado em face dos atos da Administração tributária potencialmente lesivos de posições jurídicas subjetivas protegidas dos contribuintes em geral e só será verdadeiramente atingida se for assegurada uma "tutela jurisdicional efetiva"[65], que além do tradicional contencioso de anulação (meio jurisdicional destinado a controlar a legalidade dos atos administrativos tributários, invalidando-os[66]), consagre igualmente processos com carácter de urgência e meios de proteção em face de situações de omissão administrativa (ou seja, casos em que a Administração tributária não se pronuncia – devendo-o fazer– sobre uma pretensão que lhe foi dirigida). Como exemplos de tais meios podemos apontar a ação para reconhecimento de direitos ou interesses legalmente protegidos em matéria tributária e a intimação para comportamentos[67].

e) O princípio da reserva legal das garantias dos contribuintes

As garantias dos contribuintes, cujo elenco iremos fazer de seguida e cujo estudo mais exaustivo será feito num momento mais avançado, estão sujeitas ao princípio constitucional da reserva de lei, no duplo sentido de reserva de lei formal e reserva de lei absoluta. Significa isto que (i) as matérias a elas relativas apenas poderão ser objeto de disciplina jurídica mediante ato solene do órgão legiferante primário ou de órgão por este autorizado (o que, em termos práticos, vale por dizer que apenas poderão ser disciplinadas por lei ou por decreto-lei autorizado) e (ii) tal ato solene deve conter a sua disciplina exaustiva e completa,

---

[64] V. acórdão do STA de 19 de fevereiro de 2014, processo n.º 096/14, a respeito da inadmissibilidade de "proibições absolutas" (no caso, de prova testemunhal).

[65] V. art.º 268.º, n.º 4, da CRP. Quanto às dificuldades inerentes à salvaguarda dessas posições jurídicas subjetivas junto do Tribunal Europeu dos Direitos do Homem (TEDH), v. PALMA, Rui Camacho, *Jurisprudência recente do tribunal europeu dos direitos do homem em matéria tributária*, in *Temas de Direito Tributário 2017: insolvência, taxas, jurisprudência do TEDH e do TJ* (ebook), CEJ, Lisboa, 2017, pp. 43 e ss, disponível em formato digital em http://www.cej.mj.pt/cej/recursos/ebooks/Administrativo_fiscal/eb_TemasDireitoTributario2017_II.pdf (último acesso em 08 de abril de 2019).

[66] V., por exemplo, art.ºˢ 99.º e ss. do CPPT.

[67] V., respetivamente, art.ºˢ 145.º e 147.º do CPPT.

não se admitindo a outorga de quaisquer poderes de conformação (v.g., espaços discricionários) aos aplicadores das normas.

Desta forma, toda a atuação jurídica que não obedeça a estas exigências, além de obviamente inconstitucional, confere ao lesado um *direito de resistência*[68]. Pense-se, por exemplo, numa situação em que um órgão da Administração tributária emana um regulamento encurtando os prazos de interposição de reclamação ou de recurso, previstos na lei, ou em que é liquidado um tributo com uma taxa de imposto alterada pelo órgão administrativo.

Todavia, deve-se colocar em saliência que as possibilidades de execução de tal direito podem revelar-se fragilizadas, pois, como convenientemente se deve alertar, é difícil compatibilizar um direito a resistir com um privilégio de execução prévia que beneficia os agentes administrativos.

3.3. A força das decisões jurisdicionais e a execução de julgados

3.3.1. A inequívoca prevalência da decisão do juiz

De modo a obter-se uma compreensão inicial satisfatória de todo o Direito tributário adjetivo, e particularmente da articulação entre a atividade administrativa e a atividade jurisdicional em matéria tributária, deve efetuar-se uma sumária alusão ao problema dos efeitos das decisões jurisdicionais em face da Administração tributária.

Trata-se, esta, de uma matéria complexa e relativamente à qual o legislador tributário se demonstra bastante omisso – demasiadamente omisso, dir-se-ia – e que, por tal motivo, reclama um esforço acrescido de convocação das ferramentas jurídicas necessárias à tarefa de integração de lacunas. Em todo o caso, mediante o apelo às coordenadas constitucionais existentes sobre a matéria e, principalmente, mediante a aplicação subsidiária de normas disciplinadoras do processo administrativo (constantes do CPTA), é possível encontrar-se soluções satisfatórias ou, no mínimo, jurídico-normativamente lógicas.

Antes de avançar, impõe-se efetuar um ponto de ordem: sendo certo que o problema da execução das decisões jurisdicionais se projeta de igual modo relativamente à AT e aos obrigados tributários (contri-

---

[68] V. art.ᵒˢ 21.º e 103.º, n.º 3, da CRP.

buintes) – na medida em que em relação a ambos se pode colocar o problema da falta de seguimento de uma decisão do juiz –, a verdade é que é em relação à primeira que os mais significativos nódulos problemáticos emergem. Isto porque quando se está em presença de situações nas quais os Tribunais tributários reconhecem razão ao Fisco, este dispõe de meios adequados e *suficientemente persuasivos* para obrigar ao cumprimento, designadamente através de penhoras em processo de execução fiscal, compensações oficiosas, liquidações adicionais, etc.; pelo contrário, quando se trata de obrigar a AT a dar sequência à decisão jurisdicional a favor do contribuinte, aqui já é frequente a omissão de execução, ou pelo menos a sua delonga em termos pouco aceitáveis.

Por isso, o enfoque será colocado nos problemas atinentes à execução a favor dos contribuintes, podendo nessa medida considerar-se que se está em presença de mais uma garantia jurídica dos mesmos (a par de outras mais conhecidas e já de seguida a estudar, como os direitos de informação, audição, reclamação, recurso, etc.).

***

Nestas matérias, o enquadramento básico é fornecido logo pelo legislador constituinte, ao prescrever (art.º 205.º, n.º 2, da CRP) que "[a]s decisões dos tribunais são obrigatórias para todas as entidades públicas e privadas e prevalecem sobre as de quaisquer outras autoridades". Naturalmente – e sem qualquer espécie de dúvidas ou hesitações – que entre as "entidades públicas" referidas se inclui a Administração tributária no sentido amplo já acima estudado (ATA e outras pessoas coletivas de Direito público com competência para liquidar e cobrar tributos, como Autarquias locais, Institutos públicos, Associações públicas, Entidades públicas empresariais)[69].

De resto, e no seguimento desse normativo constitucional, o legislador ordinário determina que a prevalência daquelas decisões sobre as das autoridades administrativas "implica a nulidade de qualquer ato administrativo que desrespeite uma decisão judicial", além de fazer incorrer os respetivos infratores em eventual responsabilidade civil,

---

[69] Cf. supra apartado 2.1. [Noção de Administração tributária (AT) e enquadramento da sua atividade].

criminal e/ou disciplinar[70]. Particularmente enfática é a tipificação como *desobediência qualificada* daqueles comportamentos em que o agente administrativo se recusa a cumprir (por ação ou por omissão) uma sentença, quando expressamente notificado para o efeito, ou a cumpre de modo diverso do que foi jurisdicionalmente imposto[71].

Em termos de efeitos jurídicos, e em geral, as decisões dos Tribunais que reconhecem razão aos contribuintes ou outros obrigados tributários (deferindo as suas pretensões e dando-lhes razão) podem implicar uma ou várias das seguintes consequências:
- Anulação de um ato administrativo-tributário, expurgando-o do ordenamento jurídico com efeitos retroativos;
- Condenação da AT à realização de uma prestação de facto (e.g., entrega ou devolução de um bem) ou jurídica (como a emanação de um ato administrativo de reconhecimento);
- Condenação de AT à entrega de uma quantia pecuniária (restituindo determinada quantia indevidamente entregue, pagando juros, etc.).

Sendo a AT condenada, o cumprimento dos deveres inerentes a tal condenação não se inclui nos tradicionais poderes administrativos nem no quadro de um procedimento administrativo convencional, mas antes num *dever especial de executar o julgado*. Vale isto por dizer que as exigências clássicas que vinculam a atividade administrativa (como os prazos, a acrescida fundamentação, o dever de notificação para o exercício do direito de audição, etc.) se poderão considerar *aligeiradas*. Ponto é que o julgado esteja a ser executado nos precisos termos descritos na decisão jurisdicional respetiva.

Além disso – e este é um aspeto extremamente importante – fica o agente administrativo proibido de praticar um ato exatamente igual ao que foi declarado ilegal, sob pena de violação do caso julgado[72].

---

[70] Cf. art.º 158.º, n.º 2, do CPTA. V., ainda, art.º 161.º, n.º 2, alínea i) do Código de Procedimento Administrativo (CPA).
[71] Cf. art.º 159.º, n.º 2, do CPTA.
[72] Poderá porém, em determinadas situações – quando existam vícios materiais, formais ou procedimentais – praticar um ato equivalente expurgado dos vícios – o que não será possível em casos de vícios orgânicos –, desde que os prazos legais que balizam a sua atuação (como

Especificamente em matéria tributária, prescreve o art.º 100.º da LGT que a AT está obrigada "à imediata e plena reconstituição da situação que existiria se não tivesse sido cometida a ilegalidade". Por exemplo, a decisão do Tribunal que em sede de impugnação judicial anula o ato administrativo de liquidação de um tributo tem como efeito o afastamento deste ato do ordenamento jurídico, com eficácia retroativa e com destruição dos efeitos que ele haja eventualmente produzido. Em particular, tal implica a restituição de tudo quanto haja sido pago (e, possivelmente, o pagamento de juros indemnizatórios[73]). No mesmo alinhamento de raciocínio, a anulação de um ato administrativo de revogação de benefício fiscal implicará a manutenção deste último (benefício), desde a data em que o mesmo foi revogado, com a inerente devolução do tributo que possa eventualmente ter sido pago após isso.

Enfim, torna-se patente que as decisões jurisdicionais (sentenças e acórdãos) – ao contrário evidentemente das decisões administrativas – têm uma *força vinculativa superior* e formam *caso julgado*, não podendo as partes proceder de modo diverso do que nelas for estabelecido (salvo, naturalmente, havendo causa legítima de inexecução, nos termos que já adiante se verá). Essa força vinculativa superior permite afirmar que as decisões jurisdicionais possuem um *invólucro jurídico protetor* que um comum ato administrativo-tributário não tem, invólucro esse que lhes é reconhecido diretamente pela Constituição.

Como modo de conferir operatividade à força vinculativa superior das decisões jurisdicionais proferidas por Tribunais tributários existem meios processuais de *execução de julgados*, a correr termos perante os mesmos Tribunais[74], e cuja disciplina essencial consta do CPTA, aqui aplicável por remissão direta do CPPT (constante do art.º 146.º, n.º 1)[75].

3.3.2. A execução de julgados
A maneira como os julgados são executados obedece a regras precisas, e a correta captação destas matérias obriga ao desdobramento da expo-

---

o prazo geral de caducidade da liquidação dos tributos, constante do art.º 45.º da LGT) o permitam.
[73] Cfr. art.º 43.º da LGT
[74] Assim, art.º 146.º, n.º 3, do CPPT.
[75] V., acórdão de 15 de maio de 2013, processo n.º 01317/12.

sição em dois segmentos analíticos distintos: (i) um respeitante à execução espontânea, e (ii) outro respeitante à execução coerciva.

i) Quanto à *execução espontânea*, não é demais enfatizar esta ideia: as sentenças e os acórdãos devem (deveriam) ser espontaneamente executados pela AT, sem hesitação e sem subterfúgios ou subtilezas jurídicas. Tal decorre, como se viu, da CRP e do princípio do Estado de Direito, o qual afirma uma indubitável prevalência do caso julgado. Em termos operacionais, prescreve o CPTA – recorde-se, aqui aplicável subsidiariamente – que poderá ser a própria decisão jurisdicional a fixar o prazo para que tal se efetive, sendo que, na ausência dessa determinação valem as balizas temporais legalmente previstas (em regra, 30 ou 90 dias, consoante os casos[76]). Porém, a AT poderá opor-se à execução invocando uma causa *legítima de inexecução*, nos termos abaixo especificados. Por fim, deve salientar-se que, *legalmente*, o art.º 146.º, n.º 2, do CPPT refere que o prazo de execução espontânea das sentenças e acórdãos dos tribunais tributários conta-se a partir da data do seu trânsito em julgado.

ii) Quando a AT não dê execução espontânea à sentença no prazo jurisdicional ou legalmente estabelecido, nos termos antecedentes, pode o interessado (e.g., contribuinte, obrigado tributário, parte que teve provimento no processo) pedir, no prazo-regra de um ano, a respetiva *execução coerciva* ao tribunal que a tenha proferido[77]. Na petição, o interessado pode, consoante os casos (condenação a prestação de facto ou ao pagamento de quantia pecuniária, anulação de ato administrativo, etc.), (i) especificar os atos e operações em concreto que considera deverem ser praticados, (ii) pedir a fixação de um prazo para a concretização dos mesmos, (iii) solicitar a eventual compensação de créditos como modo de extinguir ou reduzir a sua dívida tributária e, bem assim, (iv) requerer a emissão de sentença que produza os efeitos do ato ilegalmente omitido, ou (v) demandar a imposição de uma sanção pecuniária compulsória

---

[76] Cf. art.ºˢ 162.º, n.º 1 (sentenças condenatórias à prestação de factos ou à entrega de coisas), 170.º, n.º 1 (sentenças condenatórias ao pagamento de quantia certa) e 175.º, n.º 1 (sentenças anulatórias de atos administrativos) do CPTA.
[77] Cf. art.ºˢ 164.º, n.º 1, 170.º, n.º 2, e 176.º, n.º 1, do CPTA.

aos agentes administrativos infratores[78]. Apresentada a petição, em regra segue-se a notificação da entidade relapsa para executar a sentença ou deduzir oposição (com efeito suspensivo), designadamente invocando facto superveniente, a circunstância de a execução ter sido entretanto efetuada, ou *causa legítima de inexecução*[79]. Neste último caso, trata-se de alegar uma motivação juridicamente fundada e *absolutamente excecional* no sentido de convencer que a aplicação dos efeitos daquela sentença poderá conduzir a um resultado mais nefasto do que aquele que emergiria caso tal aplicação não sucedesse, e tal motivação só pode ter na base uma de duas razões: impossibilidade absoluta (física ou legal) e o excecional prejuízo para o interesse público[80]. Contudo, tal invocação apenas é admitida em determinadas situações, designadamente quando se esteja em presença de decisões jurisdicionais que condenem à prestação de facto, ou à entrega de coisas, ou que anulem um ato administrativo[81]. Diversamente, quando se estiver face a sentenças ou acórdãos que coajam ao pagamento de uma quantia pecuniária – como sucede, por exemplo, nos processos de impugnação judicial sem efeito suspensivo –, tal invocação não será possível[82]. Importa enfatizar que a inexistência de verba ou cabimento orçamental *não constitui fundamento de oposição à execução*, sem prejuízo de poder ser causa de exclusão da ilicitude da inexecução espontânea da sentença[83]. Em situações de ausência ou improcedência da oposição,

---

[78] Nos termos do art.º 169.º do CPTA, uma sanção pecuniária compulsória materializa-se na imposição ao agente administrativo de uma quantia pecuniária – fixada "segundo critérios de razoabilidade" e dentro de determinadas balizas legais (entre 5% e 10% do salário mínimo nacional mais elevado em vigor) – por cada dia de atraso relativamente ao prazo estabelecido para a execução.

[79] Cf. art.ᵒˢ 165.º e 171.º do CPTA.

[80] V. art.º 163.º, n.º 1 do CPTA. Nos termos do n.º 3 deste preceito legal, a invocação de causa legítima de inexecução deve ser fundamentada e notificada ao interessado, com os respetivos fundamentos, e só pode reportar-se a circunstâncias supervenientes ou que a Administração não estivesse em condições de invocar no momento oportuno do processo (cf., porém, art.º 175.º, n.º 2).

[81] Cf. art.ᵒˢ 162.º, n.º 1, e 175.º, n.º 1, do CPTA.

[82] Assim, art.º 175.º, n.º 3, do CPTA.

[83] Assim, art.º 171.º, n.º 5, do CPTA. Em todo o caso, no Orçamento do Estado é anualmente inscrita uma dotação à ordem do Conselho Superior dos Tribunais Administrativos e Fiscais, afeta ao pagamento de quantias devidas a título de cumprimento de decisões jurisdicionais,

o Tribunal, após as diligências instrutórias que considere necessárias, decide em termos finais. Pelo contrário, se for considerada a existência de uma causa legítima de inexecução, o Tribunal ordena a notificação da Administração e do requerente para acordarem no montante de uma indemnização[84].

4. A privatização da atividade tributária. A *desadministrativização* e a intervenção dos privados

O correto dimensionamento do Direito tributário adjetivo requer ainda que se considere, além da atividade administrativa e da jurisdição, a intervenção dos privados no plano da aplicação das normas tributárias.

A este respeito, nos sistemas atuais não se torna difícil captar a ideia de que muitos atos tradicionalmente perspetivados como atos administrativos são hoje consignados ao próprio contribuinte ou a outras entidades privadas, podendo-se falar numa verdadeira desconsideração da vontade administrativa, *desadministrativização*, ou privatização da relação jurídica tributária. A título exemplificativo, apontemos as seguintes situações:

– No âmbito do IRC, a liquidação (ato tributário *stricto sensu*) pode ser efetuada quer pela Administração tributária, quer pelo próprio contribuinte (auto-liquidação)[85];

– No âmbito do IRS, apesar de o imposto ser liquidado pela Administração, é-o com base nos elementos declarados pelos contribuintes[86];

– A cobrança do IRS e do IRC é frequentemente efetuada por parte de entidades privadas através da retenção na fonte, por exemplo no momento em que pagam ou colocam à disposição salários aos trabalhadores ou direitos de propriedade intelectual aos respetivos titulares[87];

– Muitas entidades privadas (bancos, entidades emitentes de valores mobiliários, seguradoras, etc.) estão obrigadas a declarar o valor

---

a qual corresponde, no mínimo, ao montante acumulado das condenações decretadas no ano anterior e respetivos juros de mora (art.º 172.º, n.º 3, do mesmo diploma).

[84] Cf. art.º 178.º, n.º 1, do CPTA.
[85] Cfr. art.º 89.º do CIRC.
[86] Cfr. art.ºs 75.º e 57.º do CIRS.
[87] Cfr. art.ºs 99.º do CIRS e 94.º do CIRC.

dos rendimentos e operações que pagaram ou efetuaram, como por exemplo o valor dos juros que creditaram nas contas dos clientes ou as operações financeiras nas quais tiveram intervenção[88];
- Os notários, conservadores e as entidades profissionais (por exemplo, advogados) com competência para autenticar documentos particulares que titulem determinados atos ou contratos são obrigados a enviar à AT uma relação dos atos por si praticados[89];
- No âmbito do IMI, a primeira avaliação de um prédio urbano cabe ao chefe de finanças, com base na declaração apresentada pelos sujeitos passivos[90].

Como se pode ver, em todos estes casos, temos exemplos de obrigações tributárias – é certo que na sua maioria acessórias, mas que não deixam de integrar a respetiva relação jurídica – que estão colocadas nas mãos de entidades não públicas, pelo que o estudo do Direito tributário sem a sua consideração seria sempre um estudo deficitário ou lacunoso. E nem se diga que se trata de obrigações que continuam a materializar--se em clássicos atos administrativos, que são simplesmente devolvidos (autorizados, delegados, concessionados?) aos privados no momento da sua execução. Deve falar-se antes em "atos privados com efeitos públicos" – aos quais não se aplicam as exigências constitucionais e legais aplicáveis aos atos administrativos –, pois o ordenamento é claro no intuito privatizador: a lei determina que constituem *obrigações dos privados*, impendendo sobre estes as respetivas sanções por incumprimento.

Por outro lado, verificando-se que o procedimento tributário depende cada vez mais das iniciativas e atuações dos contribuintes – atuações essas que se presumem sempre de boa-fé[91] –, reconhece-se um direito destes a serem tributados de acordo com os dados que eles próprio fornecerem – que se presumem verdadeiros[92] – e não de acordo com outros indicadores, médias, indícios ou presunções.

Relacionada com esta temática, pode ser convocada a ideia de que a relação jurídica tributária, nos quadros de um ordenamento atual, não

---

[88] Cfr. art.ºs 119.º e 120.º do CIRS.
[89] V., por exemplo, art.ºs 52.º e ss. do Código do imposto de selo (CIS).
[90] Assim, art.º 37.º do CIMI.
[91] V. art.º 59.º, n.º 2, da LGT.
[92] Cfr. art.º 75.º, n.º 1, da LGT.

poderá deixar de ser perspetivada como uma relação complexa, sob vários pontos de vista:
- De um ponto de vista subjetivo, não se reduz ao binómio tradicional sujeito ativo/sujeito passivo, antes convoca toda uma série de outros atores que nela tomam assento e participam, podendo falar-se a respeito na *natureza poligonar ou multipolar* da relação;
- De um ponto de vista objetivo, não se circunscreve à tradicional e frequentemente referida *obrigação de pagamento* (obrigação principal), mas antes abrange um vasto feixe de outros vínculos de diversa natureza, pecuniária (v.g., juros) ou não (apresentação de declarações, emissão de recibos, faturas, etc.)[93].

5. As garantias dos contribuintes (primeira abordagem)

Estando o Direito tributário adjetivo, se não ao serviço, pelo menos intimamente ligado às pretensões dos contribuintes e constituindo a defesa destes um seu escopo, não se lhe pode negar uma função eminentemente garantística individual. Tal função garantística reclama a existência de esquemas, ordenações e instrumentos formais (ou seja, procedimentos e processos) cujo objetivo poderá ser, em relação a um determinado ato, a sua declaração de inexistência, declaração de nulidade, anulação, revogação ou confirmação. Estamos a falar das "garantias dos contribuintes"[94].

Em relação a tais instrumentos garantísticos, podemos estabelecer uma categorização bipartida, em que se consideram:
i) Instrumentos graciosos, que são aqueles que decorrem perante órgãos de natureza administrativa (garantias graciosas ou administrativas); e
ii) Instrumentos contenciosos, que são aqueles que decorrem perante órgãos de natureza jurisdicional (garantias jurisdicionais).

Vejamos de uma forma introdutória e sumária cada um deles.

---

[93] V. art.º 31.º da LGT.
[94] Além de tais instrumentos, .ºé pacífico que integra igualmente o conceito amplo de "garantias dos contribuintes" os institutos da prescrição e da caducidade. V., a respeito, acórdão do TC n.º 557/2018.

5.1. Garantias administrativas

Estamos aqui em presença daqueles instrumentos que se efetivam perante órgãos de natureza administrativa e podemos distinguir garantias administrativas impugnatórias e garantias administrativas não impugnatórias. As primeiras são meios através dos quais um sujeito põe em crise a conformidade de um determinado ato da Administração tributária com o ordenamento jurídico e têm como objetivo proceder à sindicância ou controle desse ato, enquanto as segundas não prosseguem esse objetivo.

Comecemos por estas últimas.

5.1.1. Garantias administrativas não impugnatórias

a) Direito à informação

Partindo das normas constantes do texto constitucional – nomeadamente do n.º 1 do art.º 268.º da CRP, nos termos do qual "os cidadãos têm o direito de ser informados (...) sobre o andamento dos processos em que sejam diretamente interessados, bem como o de conhecer as resoluções definitivas que sobre eles forem tomadas"–, o *legislador adjetivo* e as práticas administrativas erigiram o direito à informação (indubitavelmente, um *direito análogo* a um direito liberdade e garantia[95]) à categoria de pilar essencial do edifício de salvaguarda das posições subjetivas e colocaram ao dispor dos interessados um amplo conjunto de meios de o efetivar. Assim, para que tal direito seja efetivamente assegurado é-lhes facultado:

- O direito de arquivo aberto ou de *open file*, que se materializa no acesso aos processos (no sentido de acervo documental ou *dossiers*), arquivos e registos administrativos que lhes digam respeito[96];
- O direito ao esclarecimento em tempo útil das dúvidas que possam ter acerca da interpretação, integração e aplicação das normas tributárias[97];

---

[95] Cf. art.º 17.º da CRP.
[96] Cfr. art.º 268.º, n.º 2, da CRP. Naturalmente que tal direito deve ser sujeito a restrições, uma vez que devem ser ressalvadas as disposições respeitantes a matérias de segurança, de investigação criminal e de intimidade das pessoas.
[97] V. art.º 59.º, n.º 3, alínea f), da LGT.

- O direito a obter informação sobre a fase em que o seu procedimento se encontra e a data previsível da sua conclusão[98];
- O direito à comunicação da existência, teor e autoria de denúncias dolosas não confirmadas[99], designadamente para efeitos de eventual processo criminal contra quem as tenha levado a efeito perante os órgãos da Administração tributária;
- O direito à notificação – na forma legalmente exigida – dos atos administrativos que produzam ou possam produzir efeitos na sua esfera jurídica[100];
- O direito à fundamentação desses mesmos atos, quando afetem posições subjetivas merecedoras de tutela e proteção, nomeadamente direitos ou interesses legalmente protegidos[101];
- O direito a requerer as certidões necessárias à utilização dos meios administrativos e contenciosos[102];
- O direito à informação prévia, vinculativa para a Administração tributária, em relação ao caso em concreto objeto do pedido[103].

Enfim, sem dificuldade se constata que, amplamente considerado, o direito à informação se afirma como um "direito à transparência documental", abrangendo ou englobando na prática um "feixe" de inúmeros outros direitos, como a possibilidade de consulta de processos, de obtenção de cópias, de acesso a transcrições, de passagem de certidões, etc.[104].

---

[98] V. art.º 67.º, n.º 1, alínea a), da LGT.
[99] Cfr. art.ºs 67.º, n.º 1, alínea b) e 70, n.º 3 da LGT. V. também acórdão do TCA-Norte de 29 de outubro de 2015, processo n.º 01126/15.6BELRS.
[100] Cfr. art.º 268.º, n.º 3, da CRP.
[101] Cfr. art.º 268.º, n.º 3, *in fine* da CRP.
[102] Cfr. art.º 24.º do CPPT. Saliente-se que a não obtenção de tais certidões no prazo legalmente prescrito (demasiado curto, dir-se-ia) pode dar origem a um processo de intimação (art.º 104.º, n.º 1 do CPTA, *ex vi* 146.º do CPPT).
[103] Cfr. art.ºs 68.º da LGT e 57.º do CPPT. Acerca da consideração de uma brochura como uma informação escrita vinculativa prestada pela Administração tributária aos contribuintes sobre o cumprimento dos seus deveres, cfr. acórdão do STA de 14 de março de 2007, processo n.º 01154/06.
[104] V., com interesse, acórdão do STA de 25 de julho de 2016, processo n.º 09820/16.

b) Direito de participação

Outra importante garantia não impugnatória é o direito de participação, também se podendo dizer que se encontra prevista no texto da Constituição (art.º 267.º, n.º 1), embora de uma forma um tanto ambígua.

No âmbito do nosso estudo, significa tal direito a efetiva possibilidade de os interessados terem a faculdade de intervir no procedimento tributário ou, utilizando as palavras do legislador, de participar "na formação das decisões que lhes digam respeito"[105].

Neste particular, poder-se-ia desconsiderar o papel que, no procedimento, tal direito teria a desempenhar, por dois motivos:
- Em primeiro lugar, atento o carácter não jurisdicional do procedimento, e tendo presente uma tradição mais enraizada que aponta para a exigibilidade de participação apenas no âmbito de processos que decorram em Tribunal;
- Em segundo lugar, em face do papel de destaque que no procedimento tributário desempenha o princípio do inquisitório, nos termos do qual a Administração tributária deve realizar todas as diligências necessárias à satisfação do interesse público e à descoberta da verdade material, sem necessidade de estar subordinada a qualquer pedido[106].

No entanto, tal desconsideração não parece ser aceitável em face do enquadramento constitucional das instituições garantísticas (pense-se, designadamente, nas exigências de democracia participativa, a vários níveis) além de que, em alguns casos, a participação do contribuinte é absolutamente obrigatória: veja-se, por exemplo, os casos de aplicação de "medidas antiabuso"[107] ou de revisão da matéria tributável fixada por métodos indiretos[108].

A participação que temos vindo a referir pode efetuar-se por várias formas, nomeadamente através do *direito de audição* antes de qualquer ato procedimental tributário lesivo com o qual o destinatário não poderia razoavelmente contar, em especial antes[109]:

---

[105] Cfr. art.º 60.º, n.º 1, da LGT.
[106] Cfr. art.º 58 da LGT.
[107] Cfr. art.º 63.º, n.º 4, do CPPT.
[108] Cfr. art.º 92.º, n.º 1, da LGT.
[109] V., uma vez mais, art.º 60.º, n.º 1, da LGT.

- Da conclusão do ato tributário definitivo por excelência (o ato de liquidação);
- Do indeferimento, total ou parcial, de pedidos, reclamações, recursos ou petições;
- Da revogação de qualquer benefício fiscal ou ato administrativo constitutivo de direitos em matéria fiscal;
- Da decisão de aplicação de métodos indiretos de tributação, quando não haja lugar a relatório de inspeção;
- Da conclusão do relatório da inspeção tributária.

Tal direito poderá ser dispensado nos casos em que (i) a liquidação do tributo se efetuar com base na declaração do próprio sujeito passivo, uma vez que, por um lado, ele já "participou" na feitura do ato em causa e, por outro lado, já serão absolutamente previsíveis os seus efeitos[110]; (ii) quando a decisão final do procedimento relativo a pedido, reclamação, recurso ou petição lhe for favorável, casos em que de nada serviria ouvi-lo, pois o ato a praticar satisfaz por inteiro a sua pretensão; e (iii) a liquidação se efetuar oficiosamente com base em valores objetivos previstos na lei, desde que o contribuinte tenha sido notificado para apresentação da declaração em falta, sem que o tenha feito[111]. O que se procura nestes casos é evitar que a audição se transforme num momento meramente dilatório e inútil, e que, por causa disso, viole o princípio da celeridade e economia dos atos procedimentais.

Parece inegável que está subjacente a todos estes esquemas participativos uma certa ideia de co-responsabilização das decisões, em termos de estas poderem ser consideradas como tomadas pelos vários sujeitos envolvidos no procedimento e não apenas pela Administração tributária. Neste sentido, pode-se afirmar que estamos em presença de um

---

[110] Para que se possa falar numa liquidação efetuada com base na declaração do contribuinte será necessário que essa declaração contenha todos os elementos que, à face da respetiva lei de tributação, tornem possível a prática do ato de liquidação, sem necessidade de lançar mão de outros elementos que ela não refira (v. acórdãos do STA de 13 de novembro de 2002, processo n.º 0977/02; ou de 20 de janeiro de 2016, processo n.º 0658/15). Além disso, se a liquidação for elaborada com base em elementos factuais constantes da declaração do contribuinte, mas com diferente enquadramento jurídico, já não se poderá dispensar a audição (assim, acórdãos do STA de 15 de novembro de 2006, processo n.º 0759/06; ou do TCA-S de 4 de junho de 2015, processo n.º 02994/09).
[111] Cfr. art.º 60.º, n.º 2 da LGT.

instituto que não consubstancia, em rigor, um direito fundamental de defesa, mas só de pronúncia sobre o objeto do procedimento, garantindo a objetividade deste, implicando isto que a sua inobservância gera mera anulabilidade do ato em causa, e não a sua nulidade.

O exercício do direito de audição nos termos legalmente previstos, faz nascer na esfera jurídica da Administração o dever de considerar todos os novos elementos quer de facto quer de Direito trazidos ao procedimento [112]. Se tal não for feito, pode-se considerar que a decisão final desse procedimento, além de estar porventura deficientemente fundamentada, incorpora uma preterição de formalidades e será, como tal, suscetível de anulação [113].

A participação, contudo, em regra não é obrigatória, e o contribuinte que não quiser participar no procedimento não fica impedido de mais tarde utilizar os meios impugnatórios que entender adequados, não vigorando, portanto, nesta matéria qualquer princípio de *preclusão*.

Por outro lado, o facto de o sujeito intervir a título participativo no desenrolar do *iter* procedimental pode até significar uma diminuição das possibilidades de utilização futura dos meios processuais de impugnação. Com efeito, o sujeito que aceitou por via participativa os argumentos aduzidos pela Administração tributária não pode, mais tarde, entrar em litígio judicial com base neles (proibição do *venire contra factum proprium*).

Por último, uma importante ideia deve ser salientada: se o ato em questão, sendo praticado pela AT e sendo lesivo, se revelar materializado, não no quadro de um procedimento, mas de um processo tributário (por exemplo, uma execução fiscal), este direito de audição, de acordo com alguma jurisprudência, não é de considerar[114].

5.1.2. Garantias administrativas impugnatórias

Como já foi referido, através das garantias impugnatórias pretende-se colocar em crise, junto de órgãos administrativos, a conformidade de

---

[112] V. art.º 60.º, n.º 7 da LGT. Cfr. acórdão do STA de 07 de dezembro de 2005, processo n.º 01245/03.

[113] Cfr. art.º 99.º, alínea d) do CPPT.

[114] Neste sentido, v., por exemplo acórdão do STA de 29 de maiode 2013, processo n.º 0480/13. V., ainda, acórdão do STA de 10 de abril de 2013, Processo n.º 0441/13.

um determinado ato da Administração tributária com o ordenamento jurídico. Duas são as garantias que sobressaem neste contexto: a reclamação e o recurso.

Em abstrato, podem ser apontados dois critérios para distinguir uma figura da outra: um critério orgânico e um critério relativo à motivação.

De acordo com o primeiro, a distinção baseia-se na circunstância de a reclamação consistir no pedido de sindicância de um determinado ato de natureza administrativa junto da própria entidade que o praticou, enquanto o recurso se caracterizaria por consistir num pedido de sindicância junto de uma entidade diferente daquela que praticou o ato (e, na medida em que, muitas vezes, tal recurso é interposto junto do superior hierárquico, generalizou-se a designação "recurso hierárquico").

De acordo com o segundo critério, a reclamação seria caracterizada por analisar motivos respeitantes à legalidade do ato sindicado, enquanto o recurso já seria caracterizado por se debruçar sobre motivos respeitantes ao mérito desse ato.

Ora, em face dos dados do ordenamento jurídico-tributário português não se pode dizer que tenha sido adotado um ou outro critério pois (i) temos reclamações que são interpostas para órgãos de hierarquia superior em relação ao órgão que praticou o ato[115] e (ii) temos recursos que se debruçam sobre a legalidade do ato impugnado[116].

Assim sendo, a única maneira juridicamente adequada e segura de distinguir recursos e reclamações em matéria tributária é recorrer ao desenho que foi elaborado pelo legislador em relação a cada um deles, adotando um critério exclusivamente positivo.

Vejamos, rapidamente, em que termos.

a) Direito de reclamação

O caso mais comum de reclamação em matéria tributária é a denominada "reclamação graciosa". Trata-se de um meio impugnatório mediante o qual o sujeito passivo solicita, junto de uma entidade superior, a anulação de um ato tributário, com fundamento em qualquer ilegalidade. A maior parte das vezes, tal reclamação é facultativa, não consistindo num meio necessário e prévio de acesso a Tribunal, podendo até o su-

---

[115] Cfr., por exemplo, art.º 75.º do CPPT.
[116] V., por exemplo, art.º 76.º, n.º 1, do CPPT.

jeito passivo optar por um ou por outro. Contudo, existem exceções, ou seja, situações em que a reclamação é absolutamente necessária em relação a uma futura impugnação judicial, não podendo esta ser deduzida se não o tiver sido primeiro a reclamação. Tais casos são, nomeadamente, os seguintes[117]:
- Situações de impugnação por erro na auto-liquidação;
- Situações de impugnação por erro na retenção na fonte;
- Situações de impugnação por erro nos pagamentos por conta;
- Situações de impugnação com base em erro na quantificação da matéria tributável ou nos pressupostos de aplicação dos métodos indiretos[118].

b) Direito de recurso (administrativo)
Por outro lado, o recurso traduz-se na possibilidade de impugnação do ato junto do superior hierárquico do agente que o praticou[119]. Daí que, como se disse, se utilize a expressão, tradicional e legalmente ancorada de "recurso hierárquico".

A este propósito, cumpre desde já fazer uma breve referência a um importante princípio que vigora nesta matéria: o princípio do duplo grau de decisão. Significa tal princípio que a mesma pretensão do sujeito não pode ser apreciada mais de duas vezes, o mesmo é dizer, "por mais de dois órgãos integrando a mesma Administração tributária". Dando cumprimento a tal princípio, prescreve-se que os recursos hierárquicos devem ser dirigidos ao mais elevado superior hierárquico do autor do ato[120], ou à entidade em quem ele tenha delegado essa competência.

5.2. Garantias jurisdicionais
Diferentemente do que se passa com as garantias administrativas – que, como vimos, se efetivam perante órgãos da Administração tributária – as garantias jurisdicionais, também denominadas de "contenciosas", efetivam-se, obviamente, perante órgãos jurisdicionais, ou seja, Tribunais.

---

[117] V. art.ºˢ 131.º e ss. do CPPT.
[118] Cfr. art.º 117.º, n.º 1, do CPPT.
[119] Embora nem sempre tal aconteça. Pense-se, por exemplo, nos casos de "recurso tutelar".
[120] Cfr. art.ºˢ 47.º, n.º 1 e 66.º, n.º 2, do CPPT.

No seu seio podemos distinguir três importantes meios garantísticos: o direito de ação, o direito de oposição e o direito de recurso (jurisdicional). Analisemo-los brevemente.

a) Direito de ação judicial

O direito de ação judicial (em sentido amplo) – que é, em princípio, irrenunciável[121] – consiste na possibilidade de propor, junto de um Tribunal, uma ação destinada a proteger determinada situação emergente de normas substantivas[122]. Podemos distinguir duas situações:

i) Um primeiro grupo de situações será composto por aqueles casos em que o sujeito recorre, por assim dizer, *ex novum* a Tribunal, isto é, independentemente de qualquer atuação administrativa anterior que queira sindicar. Pode dizer-se que aqui se está perante um verdadeiro direito de ação em sentido restrito. Será o caso, por exemplo, da intimação para um comportamento em matéria tributária[123];

ii) Um segundo grupo de situações será composto por aqueles casos em que o sujeito recorre a Tribunal com o intuito de colocar em crise um ato anterior praticado pela Administração tributária. Nestes casos, em vez de "direito de ação" será mais adequada a referência a um "direito de recurso contencioso" (em sentido amplo, pois, como veremos, existe um direito de recurso contencioso em sentido próprio ou restrito).

b) Direito de oposição

Uma segunda garantia jurisdicional consubstancia-se no direito de oposição. Ora, na medida em que estamos a proceder ao estudo das "garantias dos contribuintes", interessar-nos-ão principalmente os casos em que tal oposição será efetuada por estes[124].

---

[121] Assim, art.º 96.º, n.º 1, da LGT.
[122] Naturalmente que este direito depende da existência de prazos razoáveis para o seu exercício, sendo inconstitucionais (por violação do art.º 20.º da CRP) a imposição de prazos de propositura exíguos.
[123] V. art.º 147.º do CPPT.
[124] Não será o caso, designadamente, do processo de impugnação judicial, em que o direito de oposição é exercido pelo Representante da Fazenda Pública (v. art.º 110.º do CPPT).

Será o caso, por exemplo, da oposição em sede de processo de execução fiscal. Aqui, após a execução ter sido instaurada pelo competente órgão da Administração tributária, o executado (v.g., sujeito passivo de imposto ou responsáveis subsidiários) é notificado para, entre outras coisas, contestar, respondendo ao "ataque" daquela. O estudo aprofundado desta fase processual será efetuado mais à frente quando nos debruçarmos sobre o estudo das formas processuais, mas deve ficar salientada de antemão a ideia de que em tal fase de oposição (em sede de execução, recorde-se), em princípio, não é legítimo invocar qualquer ilegalidade respeitante à liquidação da dívida exequenda.

c) Direito de recurso (jurisdicional)

Por fim, cumpre referir o direito de recurso jurisdicional (também, em princípio irrenunciável). Este recurso configura-se como um meio de impugnação das decisões dos Tribunais inferiores e visa modificar a decisão recorrida. Trata-se, por outras palavras, de sindicar uma decisão de um órgão jurisdicional por parte de um outro órgão jurisdicional superior, distinguindo-se quer do recurso hierárquico (onde se procura sindicar uma decisão administrativa dentro da própria Administração), quer do recurso contencioso (em que se procura impugnar uma decisão administrativa junto de um Tribunal).

Em matéria de recursos jurisdicionais no âmbito tributário vigora um princípio de duplo grau de decisão, não podendo a mesma decisão jurisdicional (sentença ou acórdão) ser objeto de mais de um recurso. Por exemplo, uma decisão de um Tribunal tributário de primeira instância apenas pode ser objeto de recurso ou para o Tribunal Central Administrativo (TCA) ou para o Supremo Tribunal Administrativo (STA) (recurso *per saltum*), nunca para um e depois para o outro.

5.3. A inexistência de efeito suspensivo e a necessidade de prestação de garantia adequada

Nas páginas antecedentes, procurou apresentar-se um elenco das garantias dos contribuintes que se demonstrasse minimamente esclarecedor e proveitoso do ponto de vista científico, abordando algumas das traves mestras que presidem ao seu estabelecimento jurídico-normativo sem, contudo, entrar em aspetos de regime mais profundos que uma análise posterior se encarregará de trazer à consideração e reflexão. Ainda assim, existe um ponto cujo conhecimento em modo sólido não convém deixar para mais tarde, sob pena de se avançar uma ideia errada da viabilidade prática do arsenal garantístico tributário. Trata-se do efeito paralisante que os meios impugnatórios têm ou podem ter sobre os atos impugnados e a questão conexa de saber como pode o contribuinte, sem lançar de mão de qualquer processo especial para o efeito (por exemplo, processos cautelares), neutralizar a atuação lesiva da Administração tributária.

Tem-se consciência de que se trata de um núcleo temático revestido de alguma complexidade e que pedagogicamente até pode não ser este o momento certo para o considerar, pois envolve a perceção de vários procedimentos e processos cujo estudo apenas será efetuado *infra*. Em todo o caso, avança-se com a abordagem por razões de ligação científica à matéria que se vinha tratando e pelo facto de, como se disse, a ausência de menção poder implicar o risco de se avançar uma ideia errada da viabilidade prática dos meios de defesa (pensando-se, por exemplo, que o contribuinte está irremediavelmente condenado a suportar as adversidades da atuação administrativa).

5.3.1. Enquadramento – a prestação de garantia *versus* a constituição de garantia

Em geral e em regra, as atuações da AT gozam de um *benefício de execução prévia*, em termos de os seus atos, desde que validamente notificados ao respetivo destinatário, poderem produzir os seus efeitos independentemente da discussão da legalidade ou ilegalidade dos mesmos.

Por exemplo, o credor tributário pode exigir o cumprimento da respetiva prestação mesmo que o contribuinte reclame ou impugne o ato de liquidação, do mesmo modo que o contribuinte deixa logo de beneficiar de isenção mesmo que coloque em crise o ato de revogação desse benefício. Na mesma linha de raciocínio, a interposição de meios impugnatórios na pendência de uma execução fiscal intentada para cobrança de dívidas não paralisa os efeitos desta, pois que os atos subsequentes, como a penhora por exemplo, podem continuar a ser efetivados.

A *ratio* desta opção é entendível e aceitável: entre outras considerações, basta pensar que se fosse permitido aos interessados paralisar os efeitos da atuação dos órgãos públicos simplesmente por via da interposição de um meio recursivo (*lato sensu*), o Interesse público poderia ser gravemente afetado e danificado, inviabilizando-se a perceção da receita pública e fazendo perigar dimensões axiologicamente mais elevadas, como o equilíbrio das contas públicas, a estabilidade orçamental, e, em decorrência, a própria sustentabilidade do Estado, na sua tripla vertente de Estado de Direito, Estado democrático e Estado social. Não pode ser perdido de vista que tal Estado tem custos e a diminuição injustificada das receitas públicas poderia significar o irregular funcionamento das Instituições (parlamentos, gabinetes ministeriais, serviços públicos, tribunais, polícias, hospitais, universidades, etc.), ou a dificuldade de atribuição de prestações sociais (subsídios, bolsas, complementos, comparticipações, etc.). Reitere-se que não se trata de acautelar os interesses do Estado ou da Administração – que de resto nem têm interesses próprios, mas sempre interesses coletivos, heteronomamente determinados pela Constituição e pela lei –, mas antes de efetuar uma adequada ponderação de bens jurídicos – ou, numa perspetiva axiológica, *valores jurídicos* –, em termos de fazer sobrepor o Interesse público (coletivo) ao interesse individual.

Enfim, trata-se de conferir juridicidade à máxima comum "primeiro paga e depois discute", o que é feito não reconhecendo aos meios garantísticos efeito suspensivo, mas efeito meramente devolutivo[125].

Em todo o caso, o obrigado tributário pode conseguir o pretendido efeito suspensivo, paralisando a produção de efeitos do ato impugnado, se existir *garantia adequada ou idónea*, que assegure à AT, ao menos em possibilidade, a exequibilidade futura da sua pretensão.

***

Abstratamente, as garantias podem ser *prestadas* ou *constituídas*, consoante a iniciativa caiba, respetivamente, ao obrigado tributário (contribuinte) ou à AT, com o objetivo, ainda respetivamente, de deter a atuação administrativa ou de assegurar o crédito tributário.

Na medida em que o presente passo das *Lições* tem por referência o arsenal de defesa dos contribuintes, o foco analítico incidirá primacialmente sobre o primeiro grupo de casos[126].

---

[125] Cfr., por exemplo, art.ºs 67.º, n.º 1; 69.º, alínea f); 103.º, n.º 4, e 169.º, n.º 1, do CPPT (estes três últimos lidos *a contrario sensu*).

[126] A respeito do segundo grupo, v. art.º 195.º do CPPT. Para desenvolvimentos a respeito da matéria, v. BARBOSA, Andreia, *A Prestação e a Constituição de Garantias no Procedimento e no*

INTRODUÇÃO

Antes de avançar apenas uma breve nota: a prestação de garantia pode ser dispensada quando, em requerimento apresentado para o efeito, o obrigado tributário demonstrar fundamentadamente (i) que a mesma lhe causa prejuízo irreparável ou (ii) que é manifesta a sua falta de meios económicos[127]. Essa dispensa (isenção, nas palavras do legislador) é, em princípio, válida por um ano, salvo se a dívida se encontrar a ser paga em prestações, caso em que é válida durante o período em que esteja a ser cumprido o regime prestacional autorizado[128].

Além disso, também é dispensada a prestação de garantia quando, no âmbito de um pedido de pagamento em prestações, o devedor esteja adstrito a dívidas fiscais de valor inferior a € 2500 (pessoas singulares), ou € 5000 (pessoas coletivas)[129].

5.3.2. Em especial, a prestação de garantias por parte dos contribuintes ou obrigados tributários. A questão da *idoneidade* da garantia

Como se disse, nas situações de *prestação de garantia*, o contribuinte, *tranquilizando a Administração*, tem a possibilidade de parar os efeitos de determinada atuação intrusiva desta, o que pode ser conseguido em dois contextos diferentes:

i) Em primeiro lugar, no âmbito de um meio impugnatório por ele utilizado com o fim de sindicar a legalidade de um ato administrativo-tributário (v.g., reclamação graciosa ou impugnação judicial). Nestes casos, prestando garantia adequada ou idónea, conseguirá que esse meio impugnatório tenha efeito suspensivo em relação ao ato impugnado (por exemplo, uma liquidação) e, por essa via, conseguirá "adiar" o pagamento do tributo em causa. Caso contrário, compreensivelmente, o ato impugnado continua a produzir os seus

---

Processo Tributário, Almedina, Coimbra, 2017.

[127] Para desenvolvimentos, v. art.ᵒˢ 52.º, n.º 4, da LGT e 170.º do CPPT. Acerca do arsenal probatório admissível em sede de pedido de dispensa de prestação de garantia, cfr. acórdão do STA de 19 de fevereiro de 2014, processo n.º 096/14.

[128] V. *idem*, n.º 5

[129] V. art.º 198.º, n.º 5 do CPPT. V., ainda, as possibilidades de não prestação de garantia nos casos de plano de recuperação em processo de insolvência, em processo especial de revitalização, ou em acordo extrajudicial de recuperação de empresas, nos termos do art.º 199.º, n.ᵒˢ 13, 14 e 15.

efeitos na pendência da impugnação, continuando a correr (ou tendo já corrido) o prazo para pagamento;
ii) Em segundo lugar, no âmbito de uma execução fiscal, protelando a efetivação dos respetivos trâmites (penhora, graduação de créditos, venda). Em termos simples, determina a este respeito o CPPT (art.ºs 169.º e 199.º) que o processo de execução fiscal pode ficar suspenso quando tenha sido (art.º 169.º, n.º 1) ou venha a ser (n.º 2) apresentado meio impugnatório da legalidade da dívida exequenda, oposição à execução ou requerimento para o pagamento da dívida em prestações e, em acréscimo, garantia adequada. Quando tal não ocorra, a execução segue os seus termos e "procede-se de imediato à penhora"[130].

Note-se que, num caso e no outro, não se pretende que seja apresentada uma garantia absoluta do crédito tributário, mas apenas uma *garantia adequada* ou *idónea*, a qual, atendendo aos dados fornecidos pelo art.º 199.º do CPPT – que, indubitavelmente, não deve ser interpretado no sentido de conter ou encerrar qualquer espécie de preferência ou hierarquia dos meios –, poderá consistir em:
– Garantia bancária;
– Caução;
– Seguro-caução; ou
– Qualquer meio suscetível de assegurar os créditos da Administração tributária.

A estes poderão acrescer, a requerimento do executado e mediante concordância da administração tributária, o penhor ou a hipoteca voluntária.

Ora, em face da natureza aberta da última "cláusula" referida ("qualquer meio suscetível de..."), levanta-se legitimamente a questão de saber que meios poderão ser esses.

Pela nossa parte – e num raciocínio que também tem sido seguido pela maioria das decisões jurisprudenciais – é de aceitar um entendimento lato e abrangente, aí se incluindo, entre outros possíveis instru-

---

[130] Cfr. art.ºs 169.º, n.º 7, e 199.º, n.º 8, do CPPT.

mentos, fianças[131], créditos sobre terceiros, títulos negociáveis em bolsa (e.g., ações), cartas de conforto, marcas e patentes, ou "passes" de desportistas profissionais.

Em qualquer dos casos – sejam os previstos literalmente no preceito, sejam os restantes –, deve o órgão decisor proceder a uma prudente análise da situação em causa e das específicas circunstâncias que a rodeiam, ponderando todos os valores e interesses envolvidos, sem negligenciar qualquer um deles, não considerando apenas o Interesse público de arrecadação da receita tributária, nem apenas os interesses circunstanciais de salvaguarda da esfera jurídica do contribuinte. Além disso, deve ter em conta não só dos documentos e informações fornecidas pelo contribuinte ou executado, mas também, quando possível, os elementos de que disponha ou possa dispor por sua iniciativa e que, por exemplo, constem das suas bases de dados. Trata-se, enfim, de dar seguimento aos imperativos decorrentes do princípio do inquisitório, ao qual toda a administração está vinculada.

Nessa cuidadosa análise, torna-se imprescindível atender, designadamente, às seguintes *pautas*:

i) O *grau de exequibilidade* da garantia oferecida, aferindo da respetiva liquidez e suscetibilidade de ser facilmente convertida em dinheiro. Não pode ser perdido de vista que o fim deste processo é a arrecadação do débito não realizado, de modo que não deve ser considerada idónea a garantia oferecida que consista numa possibilidade ou numa mera expectativa de aquisição (e.g., direitos derivados de contratos em regime de locação financeira[132]) ou que não outorgue ao credor tributário reais hipóteses de execução (como sucederá como bens ou direitos que já estejam previamente onerados)[133]. Do mesmo modo, no caso específico da fiança, deve

---

[131] Neste sentido, v. o importante acórdão do STA de 14 de fevereiro de 2013, processo n.º 0108/13, onde se refere expressamente que "a fiança constitui em abstrato um meio idóneo de assegurar o pagamento da dívida e do acrescido". V., ainda, acórdão do STA de 18 de junho de 2014, processo n.º 0507/14.

[132] A locação financeira consiste num contrato pelo qual uma das partes se obriga, mediante retribuição, a ceder à outra o gozo temporário de uma coisa, que o locatário poderá comprar, decorrido o período acordado (cfr. DL 149/95).

[133] Neste sentido se compreende que os bens e direitos em causa se encontrem "livres e desembaraçados". Cfr. acórdão do STA de 27 de agosto de 2014, processo n.º 0874/14.

avaliar-se a capacidade de cumprimento a curto prazo por parte da entidade garante, não bastando o "bom nome na praça" ou a "robustez económica" abstrata;

ii) O *valor* da própria garantia oferecida, e a suscetibilidade de o mesmo se alterar futuramente, pois é frequente que os critérios valorimétricos adotados num determinado momento possam conduzir a resultados que não se darão por verificados em momento posterior, o que pode levar a que, consoante os casos, se defraudem ou reforcem as expectativas do credor tributário. Basta pensar nas oscilações formais de cotação (por exemplo, ações de empresas, quotas, títulos de dívida), nas incertezas de mercado (e.g., matérias primas, imóveis com determinadas características, bens ou artigos de coleção) ou na simples depreciação decorrente do tempo (e.g., maquinarias, equipamentos), tudo fatores que podem conduzir à volatilidade valorativa;

iii) A *onerosidade* da prestação da garantia por parte do executado, pois igualmente não pode ser perdido de vista que existem algumas delas, como por exemplo a garantia bancária ou o seguro-caução, que são muito difíceis de conseguir e o são frequentemente a custos bastante elevados;

Como se disse, outras pautas existirão, consistindo as apontadas em meros índices exemplificativos.

Ademais, essa garantia deve respeitar as exigências inerentes ao princípio da proporcionalidade, devendo restringir-se ao necessário para atingir o fim em causa, o que equivale a dizer que duas balizas jurídicas fundamentais devem ser observadas[134]:

i) Em primeiro lugar, do ponto de vista quantitativo, o seu montante deve ter por referência o valor da dívida, dos juros e das custas, com um acréscimo limitado a 25%[135];

ii) Em segundo lugar, do ponto de vista temporal, não pode vigorar *ad aeternum* e onerar o contribuinte por um prazo exagerado, antes se devendo restringir a um limite razoável. Aqui o legislador determinou que a garantia prestada para suspender o processo de execução fiscal caduca:

---

[134] Quanto à indemnização em caso de prestação de garantia indevida, v. art.º 171.º do CPPT.
[135] Assim, art.º 199.º, n.º 6 do CPPT

– Se a eventual reclamação graciosa interposta não estiver decidida no prazo de um ano a contar da data da sua interposição (salvo se o atraso na decisão resultar de motivo imputável ao reclamante)[136];
– Se a eventual inpugnação judicial ou oposição forem deferidas, em primeira instância, em sentido favorável ao garantido[137].

**

Em termos de *iter* a seguir, essa garantia deverá ser apresentada sob a forma de requerimento, no prazo de 10 dias após a notificação para o efeito (pelo órgão da AT ou pelo Tribunal)[138].

Deve ainda ser relevado que, caso a garantia oferecida e aceite se venha no futuro a revelar insuficiente, é ordenada a notificação do executado para, no prazo de 15 dias, proceder ao reforço da mesma ou à prestação de nova garantia idónea, sob pena de ser levantada a suspensão da execução[139].

**

No que diz respeito aos poderes de cognição, levanta-se a questão de saber se a AT dispõe ela própria da prerrogativa de apreciar em concreto da referida adequação ou idoneidade – podendo recusar, atendendo aos seus critérios, a garantia oferecida pelo contribuinte –, na

---

[136] Cfr. art.ºs 183.º-A do CPPT. A verificação da caducidade cabe ao órgão com competência para decidir a reclamação, mediante requerimento do interessado, devendo a decisão ser proferida no prazo de 30 dias, e, não o sendo, considera-se o requerimento tacitamente deferido (n.ºs 3 e 4 do artigo 183.º-A). Em caso de deferimento expresso ou tácito, o órgão da execução fiscal deverá promover, no prazo de cinco dias, o cancelamento da garantia (n.º 5 do art.º 183.º-A). A este respeito, parece ser de entender que não é pelo simples facto de a letra da lei mencionar apenas a reclamação, que se de deve desconsiderar o recurso hierárquico ou outros modos de sindicância administrativa, devendo antes efetuar-se uma interpretação extensiva que os abarque. Em todo o caso, esta interpretação extensiva não poderá ser feita em termos de abranger o processo de impugnação judicial. V. acórdão do STA de 6 de fevereiro de 2013, processo n.º 01479/12.

[137] Cf. art.º 183.º-B do CPPT. Aqui, o cancelamento da garantia cabe *ex officio* ao órgão de execução fiscal, no prazo de 45 dias após a notificação da decisão jurisdicional.

[138] Cfr., uma vez mais, art.º 69.º, alínea f), e 103.º, n.º 4 do CPPT.

[139] Cfr. art.ºs 169.º, n.º 8 e 199.º, n.º 5 do CPPT.

medida em que se está perante um conceito impreciso e indeterminado que lhe conferiria uma margem interpretativa e valorativa autónoma.

A este respeito, o melhor entendimento parece ser o de que a AT, efetivamente, goza de uma margem autónoma de apreciação e valoração, sem que, contudo, se possa falar em autêntica discricionariedade. Isto porque, podendo aquela apreciar a garantia em causa, atendendo designadamente às pautas acima expostas – e podendo, em conformidade (e sempre de modo fundamentado), recusá-la –, a verdade é que essa decisão é sempre suscetível de *judicial review*, podendo o Tribunal sobrepor-se ao juízo administrativo, apreciando a respetiva correção formal e material, e anulando-o se for caso disso. Em algumas situações, o STA vai mesmo ao limite de considerar que a partir do momento em que a garantia oferecida cobre a totalidade do crédito, a AT *não pode recusar a sua prestação* com fundamento em aspetos qualitativos, designadamente quanto à maior ou menor liquidez imediata, ao arrepio da vontade do legislador[140].

5.4. A utilização das garantias como modo de planeamento fiscal

Antes de avançar, entende-se conveniente trazer à reflexão uma ideia que pode revelar-se proveitosa em termos de compreensão de futuros desenvolvimentos: a utilização das garantias dos contribuintes pode ser perspetivada como um modo de *planeamento fiscal*.

Tal sucede na medida em que, em determinados casos, a sua correta interposição pode, não apenas "adiar" o pagamento de uma dívida tributária, como, por si só, conduzir à obtenção de um estatuto de "situação tributária regularizada".

Na verdade, as garantias acima referidas – sejam as administrativas (reclamações, recursos hierárquicos, pedidos de revisão, etc.), sejam as jurisdicionais (e.g., impugnações judiciais, oposições à execução) – podem ser perspetivadas não apenas como modos de defesa ou de resguardo da esfera jurídica do contribuinte ou destinatário do ato lesivo, mas igualmente como *instrumentos de planeamento tributário ou fiscal*, por exemplo transferindo para momento posterior o pagamento de um dívida que se afigura inevitável. Nestes últimos casos, o contribuinte até

---

[140] V., a propósito, acórdãos do STA de 19 de setembro de 2012, processos n.º 01414/12 e 0909/12; e de 12 de setembro de 2012, processo n.º 0866/12.

assumirá que o pagamento ou sujeição em causa *têm mesmo* que ser efetivados, mas pode encontrar meios de o fazer de modo menos custoso ou em momento posterior (permitindo-lhe, designadamente, ganhar tempo e arranjar liquidez ou outra disponibilidade financeira). Assim sucederá se, por exemplo, impugnar judicialmente e prestar uma garantia idónea, transferindo para meses ou anos depois o desembolso financeiro que no momento atual se poderia revelar extremamente oneroso.

As garantias como modo de planeamento assumem uma importância ainda maior se for tido em consideração que a sua utilização dentro dos limites legais e de acordo com as regras da boa-fé levam o legislador a considerar a respetiva situação como "situação tributária regularizada", o que pode ser importante para diversíssimos fins (como, por exemplo, candidaturas a empregos, a financiamentos, subsídios ou concursos públicos).

Neste seguimento, considera-se que o contribuinte tem a respetiva situação tributária regularizada quando esteja numa das seguintes situações (além, obviamente, daquelas em que não seja devedor de quaisquer impostos ou outras prestações tributárias e respetivos juros)[141]:
- Esteja autorizado ao pagamento da dívida em prestações, desde que exista garantia constituída, nos termos legais;
- Tenha pendente meio contencioso adequado à discussão da legalidade da dívida exequenda (como a impugnação judicial) e o processo de execução fiscal tenha garantia constituída, nos termos legais;
- Tenha a execução fiscal suspensa, havendo garantia constituída, nos termos legais.

Para estes efeitos, à constituição de garantia é equiparada a sua dispensa (e a sua caducidade).

Como se adiantou, a regularização da situação tributária é relevante para diversos fins, sendo que a sua ausência (situação não regularizada) significará, entre outras consequências, a impossibilidade de[142]:
- Celebrar determinados contratos públicos (bem como renovar o prazo dos contratos já existentes);
- Concorrer à concessão de serviços públicos;

---

[141] Cfr. art.º 177.º-A do CPPT.
[142] Cfr. art.º 177.º-B do CPPT.

- Fazer cotar em bolsa de valores os títulos representativos do seu capital social;
- Lançar ofertas públicas de venda do seu capital ou alienar em subscrição pública títulos de participação, obrigações ou ações;
- Beneficiar dos apoios de fundos europeus e de outros fundos públicos;
- Distribuir lucros do exercício ou fazer adiantamentos sobre lucros no decurso do exercício.

Enfim, como será fácil de concluir, pode suceder que o contribuinte faltoso, mesmo com plena consciência da falta e com convicção interiorizada de que aquela dívida tributária *é mesmo para pagar*, pode ter vantagem em lançar mão de um dos meios referidos com o intuito de obter vantagens em outros quadrantes.

Daí – uma vez mais se salienta – a importância do adequado conhecimento do contencioso tributário.

6. Caracteres essenciais do Direito tributário adjetivo

Já deixamos vincada a ideia de que o Direito tributário adjetivo é constituído pelo conjunto de normas jurídicas que têm por objetivo executar as normas tributárias substantivas e assegurar a tutela das pretensões jurídicas e valores das mesmas emergentes.

A partir desta noção, algumas notas de destaque devem ser formuladas:

i) Em primeiro lugar, o Direito tributário adjetivo é um conjunto de normas jurídicas, o que significa que tanto fazem parte dele os princípios como as regras jurídicas e, quer uns quer outros, escritos ou não escritos, apesar da predominância das normas escritas. Esta última circunstância, aliás, leva a que se possa afirmar que o Direito tributário adjetivo é um Direito eminentemente legal, no sentido em que a grande parte das suas normas estão consagradas em diplomas desta natureza.

ii) Para além disso, é um Direito que, de certa maneira, se pode afirmar como sendo instrumental ou acessório. Esta instrumentalidade capta-se de uma forma correta se tivermos presentes as suas reais funções, uma de natureza executiva, outra de natureza garantística.

Por um lado, as normas de Direito tributário adjetivo têm por função estar ao serviço das normas substantivas, de modo a assegurar a sua execução. Estas últimas, na maior parte dos casos, não são normas auto--exequíveis, no sentido de independerem de outras para a produção dos seus efeitos. Pelo contrário, uma das suas características mais marcantes reside exatamente na hetero-exequibilidade, pois a completa e correta produção dos seus efeitos jurídicos depende da existência de outras normas que as tornem operativas e aptas a desencadear as potencialidades que o mundo do Direito lhes reserva. Tais normas são precisamente as normas de Direito adjetivo que, por isso, assumem um papel marcadamente secundário ou instrumental, ao serviço das primeiras.

Mas não apenas por isso. Também têm a importante função – e já nos estamos a referir à função garantística acima assinalada – de procurar assegurar a tutela, jurisdicional e não jurisdicional, das pretensões jurídicas emergentes das normas tributárias substantivas. A este respeito, não se pode deixar passar em claro a importância que as normas procedimentais e processuais têm ao nível da prossecução dos objetivos de qualquer ordenamento tributário: a justiça na tributação. Esta apenas será conseguida, e em toda a sua plenitude, se for observado o princípio da verdade material que, ao nível substantivo fiscal, se traduz na exigência de tributação de acordo com a real e efetiva capacidade contributiva do sujeito passivo e, como se sabe, inúmeras vezes tal objetivo não é conseguido por desconhecimento das normas adjetivas. Ou porque se deixou passar o prazo para reclamar, ou porque se utilizou o meio de reação inadequado, ou porque não se apresentou o rol de testemunhas quando se deveria, ou por inúmeras outras razões, não se consegue, no caso em concreto, uma verdadeira justiça. Daí a importância de conhecer bem este segmento do Direito.

7. O sistema português de Direito Tributário adjetivo

7.1. Evolução e antecedentes próximos
No que particularmente diz respeito à descrição da evolução que, sob o ponto de vista temporal, o sistema de fontes de Direito tributário adjetivo português sofreu, pode dizer-se sem grande margem de erro que é possível individualizar duas grandes fases: (i) uma primeira fase

caracterizada pela dispersão das disposições normativas e que durou até à entrada em vigor do Código de Processo das Contribuições e Impostos (CPCI), aprovado pelo DL 45005 de 27 de abril de 1963, e (ii) uma segunda fase caracterizada pela codificação ou, pelo menos, pela tentativa de unificação e codificação, a partir da entrada em vigor daquele diploma.

(i) A primeira fase era, então, caracterizada pela dispersão, e esta era reflexo de idêntico fenómeno que caracterizava as normas de Direito tributário substantivo, quando estas existiam, pois até se dava frequentemente a circunstância de não haver enquadramento normativo para muitas matérias. Paralelamente, e sob o ponto de vista orgânico, um sistema de cariz corporativo (inicialmente com a criação dos *vedores da fazenda*, no séc. XV, mais tarde transformados em *vedorias* propriamente ditas no séc. XVI e, depois substituídos pelo *Conselho da Fazenda* no séc. XVII) pouco incentivava ao enquadramento jurídico da atividade tributária.

Compreende-se, de facto, que, neste contexto, as tentativas de unificação dos vários diplomas respeitantes a matérias fiscais não tivesse grande sucesso. Por exemplo, no séc. XIX, a um incipiente sistema estadual de liquidação e cobrança de tributos, juntava-se um deficitário sistema garantístico, presumindo-se quase sempre como válidas as atuações dos órgãos públicos. Além disso, a própria doutrina tributária e fiscal estava a dar os primeiros passos e não se conseguia libertar das amarras de outros ramos de Direito, não se afirmando sob o ponto de vista da sua autonomia, o que também contribuiu para que raramente se questionassem as atuações dos órgãos tributários, pois não haveria "especialistas" competentes para tal.

Contudo, o aprofundamento do movimento de constitucionalização – com a introdução na consciência jurídica dominante de princípios como a tipicidade ou a proibição do excesso –, a evolução do Direito administrativo num sentido mais garantístico e a própria tentativa de autonomização do Direito tributário alertou para a necessidade de criação de instrumentos de regulamentação das atuações dos sujeitos que cobravam os tributos. Um grande marco neste sentido foi a conhecida *Abgabenordungsgesetze* alemã de 1919.

(ii) Em Portugal, contudo, e não obstante uma pretensa reforma em 1911, mediante a criação de uma orgânica nova e a aprovação do *Código das execuções fiscais*, de 23 de agosto de 1913, apenas em 1965 se assistiu à primeira tentativa séria de condensação do material respeitante a estes assuntos, com a publicação e entrada em vigor do já referido CPCI. Paralelamente, no plano da organização judiciária – estamos, portanto, a falar do processo – o CPCI deveria ser integrado e complementado com diplomas formalmente "administrativos". É o caso do DL 45006, de 27 de abril de 1963 (Organização dos serviços da justiça fiscal), o Estatuto dos Tribunais Administrativos e fiscais (ETAF), aprovado pelo DL 129/84, de 27 de abril e alguns diplomas complementares deste, a Lei de Processo no Tribunais Administrativos (aprovada pelo DL 267/85, de 16 de julho) e o próprio Código Administrativo.

No seguimento das reformas (substantivas) dos anos 80, o Código de processo tributário (CPT) procurou atualizar o já antigo CPCI, substituindo-o, embora fosse criticado por reunir num mesmo diploma, supostamente adjetivo, matérias de processo e matérias substantivas, além de colocar de parte o procedimento tributário.

Com a aprovação da Lei Geral Tributária (LGT), através do DL 398/98 de 17 de dezembro, procurou-se concentrar, clarificar e sintetizar num único diploma as "regras fundamentais do sistema fiscal", de modo a atingir uma maior segurança nas relações entre a Administração tributárias e os contribuintes[143], ganhando particular relevo algumas disposições relativas ao procedimento e ao processo tributário, realidades que foram claramente (embora nem sempre corretamente) distinguidas ao nível do Direito positivo. Em termos gerais, este diploma, e utilizando as palavras do próprio legislador, "não se limita à sistematização e aperfeiçoamento de normas já existentes, o que seria relevante tendo em conta a incoerência ou dispersão que (...) caracterizam o (...) sistema tributário, mas modifica aspetos fundamentais da relação fisco – contribuinte". Nesta linha de orientação, e com interesse para a nossa disciplina, pode--se apontar o alargamento dos deveres de colaboração da Administração com o contribuinte, a consagração da audiência prévia no procedimento tributário e a regulamentação exaustiva dos casos em que se pode recorrer à avaliação indireta.

A LGT, todavia, não conseguiu o seu intento unificador e clarificador, na medida em que não continha uma disciplina exaustiva, nem

---

[143] V., a este respeito, o preâmbulo do diploma referido.

sequer pormenorizada, das matérias de Direito tributário adjetivo, pois, por um lado, perdeu-se em inúmeros aspetos de Direito substantivo (assemelhando-se, muitas vezes a um manual didático), e, por outro lado, nem sequer previa a existência de muitos procedimentos e processos tributários (o que até se compreendia, pois estes estavam no CPT e a própria LGT não era vista como um "código" ou diploma adjetivo). A confusão nestes domínios continuou, acrescida pela existência de disposições duplicadas e/ou contraditórias em relação a outros diplomas, nomeadamente o CPT.

Tais problemas procuraram ser complementados com a entrada em vigor do Regime Complementar do Procedimento da Inspeção Tributária e Aduaneira (aprovado pelo DL n.º 413/98 de 31 de dezembro) e do Código de Procedimento e Processo Tributário (CPPT), atualmente em vigor. Este último diploma, aprovado pelo DL 433/99 de 26 de outubro, além de inovar na terminologia usada (deixou de ser um "código de processo" e passou a ser um "código de procedimento e processo"), procurou acentuar principalmente as vertentes da celeridade e simplicidade das atuações administrativas e jurisdicionais tributárias. No que diz particularmente respeito ao procedimento tributário, introduziu-se um princípio de duplo grau de decisão e desburocratizou-se o procedimento de reclamação graciosa. Além disso, algumas normas que ainda constavam de diplomas avulsos (nomeadamente no Estatuto dos Benefícios fiscais) foram nele integradas ou consagrou-se nelas a remissão imediata para este código.

No plano da organização judiciária, foi aprovado um novo ETAF e a Lei de Processo no Tribunais Administrativos deu lugar a um Código de Processo nos Tribunais Administrativos.

7.2. Fontes normativas

7.2.1. Espécies de fontes
Não obstante o conceito de fonte se prestar a inúmeros equívocos resultantes (também) da sua polissemia de significados, podemos fixar que, por razões de simplicidade, utilizaremos tal conceito no sentido de "fonte de reconhecimento", isto é, forma exteriorizada de revelação de normas jurídicas.

Assim, para os efeitos que nos interessam, podemos apontar uma classificação bipartida das fontes de Direito tributário adjetivo:
- Em primeiro lugar, podemos estar perante fontes formal e materialmente procedimentais e processuais, isto é, diplomas normativos que, além de formalmente se configurarem como diplomas "adjetivos", contêm normas atinentes a matérias de igual natureza. Será o caso, nomeadamente, do DL 433/99, de 26 de outubro, do Código de Procedimento e de Processo Tributário (CPPT), e do Regime Complementar do Procedimento de Inspeção Tributária e Aduaneira (RCPITA);
- Em segundo lugar, podemos estar perante fontes apenas materialmente procedimentais e processuais, isto é, diplomas que integram normas respeitantes a matérias adjetivas, mas esparsas por vários diplomas "substantivos", como sejam, por exemplo, a Constituição, o DL 398/98, de 17 de dezembro, a Lei Geral Tributária (LGT), o Código do IRS (CIRS), o Código do IRC (CIRC) ou o Código do IVA (CIVA). A consideração deste segundo tipo de fontes, como veremos, assumirá uma importância decisiva na resolução do problema da integração de lacunas.

7.2.2. As insuficiências da legislação tributária

Na medida em que o objetivo primordial de qualquer ordenamento impositivo passa por atingir a justiça e a verdade material na tributação, o Direito procedimental e processual deverá ser constantemente melhorado e aperfeiçoado, de forma a que seja assegurada, no quadro das normais práticas administrativas, uma cobrança uniforme dos tributos. Neste sentido, deve-se exigir uma estreita conexão entre as normas materiais e as normas adjetivas, por forma a que estas não colidam ou entrem em contradição com aquelas, pois de nada adiantaria um sistema tributário material imbuído das melhores intenções ao nível dos princípios se, posteriormente, ao nível da sua execução, tais intenções não passassem disso mesmo – de intenções.

Pode levantar-se, a este respeito, a questão jurídica da eventual violação do princípio da igualdade decorrente da omissão legislativa resultante da não concretização suficiente e adequada de um artigo de um código substantivo, pois tal omissão poderia consubstanciar um tratamento desigual para determinados sujeitos em comparação com outros, podendo ser feita referência a um "défice estrutural de concretização" (*strukturell Vollzugsdefizit*) quando existam dificuldades efetivas de cobrança do tributo, que impeçam a aplicação da norma substantiva.

Como é sabido, o significado do princípio da igualdade, em matéria fiscal, passa pela circunstância de que os sujeitos passivos de imposto devem, juridicamente e de facto, ser tributados de forma (materialmente) igual. Estamos agora a constatar que esta exigência constitucional de não discriminação deve ser observada não apenas ao nível das normas substantivas – que constituem os fundamentos (legais) da tributação –, mas também ao nível das correspondentes normas adjetivas (processuais e procedimentais), através do estabelecimento de igualitárias formas de concretização e de execução das primeiras. Por conseguinte, reclama-se da parte do legislador uma adequada densificação das normas tributárias substantivas, verificando-se uma oposição estrutural entre o *Tatbestand* substantivo e as correspondentes normas tributárias adjetivas naqueles casos em que, mediante a aplicação destas, o crédito tributário não possa ser correta e convenientemente executado. Assim, e no que à matéria de procedimento tributário diz respeito, se existir uma contradição entre o âmbito normativo da norma substantiva tributária e a não concretização desse âmbito através das adequadas regras de cobrança – por exemplo, nos casos em que os sujeitos passivos sejam objeto de distintos procedimentos de cobrança sem razão que o justifique – a primeira poderá ser considerada inconstitucional, pois impende sobre o órgão densificador-concretizador das normas substantivas "abertas" (o legislador) um especial dever de evitar estas contradições, nomeadamente através de mecanismos especiais de cobrança, como a instituição de mecanismos de retenção na fonte ou de pagamento de impostos por avença.

Nas situações em que esse especial dever não seja cumprido, corre-se o risco de uma ineficiência das normas jurídicas derivada da sua inexistente ou insuficiente concretização, falando-se, a propósito, no referido "défice de concretização" que, nos casos em que não seja meramente temporário ou conjuntural, se pode afirmar como um "défice estrutural de concretização".

O estabelecimento desse défice passa pela consideração de obstáculos de facto e jurídicos, e poderá ser feito a partir de vários parâmetros:
– Em primeiro lugar, deve-se procurar averiguar se, existindo densificação da norma tributária substantiva, as "práticas tributárias"

impedem ou colocam em causa a adequada arrecadação do tributo. Se tal acontecer, haverá uma contradição entre a norma substantiva e a norma adjetiva, que poderá inviabilizar o objetivo de atingir uma tributação justa. Interessará verificar, nomeadamente, (i) se à violação dos deveres de colaboração dos sujeitos passivos – v.g., não cumprindo as denominadas "obrigações acessórias declarativas", o que se verificará quer nas situações de ausência de declarações quer nas situações em que tais declarações, existindo, contêm todavia dados desconformes com a realidade – está ligada uma "alta probabilidade de descoberta", e (ii) se os instrumentos especiais de verificação dessas declarações são habitual e regularmente aplicados ou se, pelo contrário, assumem carácter excecional;
- Em segundo lugar, também se deverá procurar saber se as formas de cobrança e de controlo se aplicam de forma uniforme e igualitária, pois haverá também défice estrutural de concretização se a tributação de determinadas manifestações de capacidade contributiva, em comparação com outras, apresenta falhas na aplicação e arrecadação.

Parece-nos conveniente fazer uma distinção entre duas situações próximas e cuja referência poderá ser importante para a correta captação e compreensão destes problemas: por um lado, aquelas situações em que não existe intervenção do legislador, sendo tal intervenção exigida constitucionalmente (a) e, por outro lado, aquelas situações em que a intervenção existe, contudo não é suficiente e adequada e, por via disso, introduz fatores de desigualdade (b). No primeiro grupo de casos, falar-se-á em inconstitucionalidade por omissão; já no segundo, em inconstitucionalidade por ação.

Vejamos melhor estes aspetos.

(a) São bastante frequentes as situações em que os órgãos do Estado, em concreto os órgãos legislativos, são os destinatários de um comando constitucional que tem por objetivo tornar as normas da Constituição aptas a produzir os seus efeitos. Aqui, poder-se-á dizer que, face aos dados jurídico-positivos e à jurisprudência do nosso Tribunal Constitucional, são maioritariamente relevantes, em termos de verificação de inconstitucionalidade por omissão, aquelas situações em que o legislador ordinário está obrigado a agir mediante uma imposição concreta emanada pelo legislador constituinte (norma constitucional impositiva). Vale isto por dizer que apenas naqueles casos em que a própria Constituição ordena (i) a determinado órgão (ii) a emanação de uma determinada norma jurídica – em regra uma lei, sendo usual a designação de *ordens de legislar* – é possível sindicar jurisdicionalmente a omissão resultante da eventual não atuação, podendo nestes casos falar-se com propriedade em omissão constitucionalmente relevante ou em inconstitucionalidade por omissão.

Contudo, não apenas nestas situações se pode, com rigor, fazer referência à inconstitucionalidade por omissão. Também naqueles casos em que as normas constitucionais (não se configurando como normas impositivas em sentido estrito) não são, por si mesmas, suficientemente densas para que possam produzir os seus efeitos com plenitude – mas antes reclamam uma concretização nesse sentido – a figura em questão pode ter relevância jurídica. Estamos a falar, em concreto, daqueles casos em que a norma constitucional é uma norma que carece de preenchimento através da adoção de medidas várias, legislativas e não legislativas, que a tornem exequível e sem as quais correrá o risco de não passar de "letra morta". Nestas situações, ficam os órgãos estaduais obrigados a tomar medidas no sentido de evitar que os preceitos mais abstratos previstos ao nível constitucional não possam estar aptos a maximizar as suas potencialidades despoletar a produção de todos os efeitos que poderiam produzir.

(b) Diferentes de todos estes casos são aqueles em que o legislador atua e, atuando, introduz fatores de desigualdade injustificada na tributação. Ainda aqui poderemos fazer referência a uma omissão, se bem que num sentido diferente. Como tradicionalmente se assinala "o conceito jurídico-constitucional de omissão é compatível com omissões legislativas parciais (...)". Estas acontecem quando "os atos legislativos concretizadores de normas constitucionais favorecem certos grupos ou situações (...)".

7.2.3. Interpretação

a) Relevância do princípio da verdade material

É sabido que a linguagem jurídica não é um tipo de linguagem convencional, no sentido de fazer apelo a termos correntes ou comuns, e se esta constatação é evidente ao nível substantivo, ao nível adjetivo não o é menos. Pense-se, por exemplo, em termos como "reclamação", "impugnação", "avaliação", "ilegalidade", "recurso", "legitimidade" e muitos outros.

Além disso, também não é difícil constatar que o procedimento de juridificação é bastante complexo, composto por uma multifacetada série de atos, também eles complexos, e a maior parte das vezes não levados a cabo por juristas, o que contribui para a obscuridade dos textos normativos. Com efeito, é frequente que o legislador não utilize o vocábulo correto e diga mais (*plus dixit qual voluit*) ou diga menos (*minus dixit quam voluit*) do que aquilo que na realidade lhe passa no espírito.

É neste contexto que assume importante papel o desempenho do intérprete, pois como qualquer outra norma, também a norma adjetiva, e em particular a norma adjetiva tributária, necessita de ser interpretada. Interpretar significa aqui, como de resto noutros domínios, fixar o sentido da norma jurídica, para que se adote a decisão jurídica correta, e é, também ela, uma tarefa complexa, porque não linear, mas antes reclamante de regras e métodos.

É certo que o princípio do Estado de Direito, na sua vertente de segurança jurídica e proteção da confiança, exige do criador legislador clareza e determinabilidade na tarefa de redação dos arranjos linguísticos em que as normas se vão materializar. Contudo, nem sempre assim acontece. Não raras vezes utiliza ele, neste sector do Direito, conceitos polissémicos e indeterminados, cujo significado concreto carece de densificação, sob pena de se tornarem fonte de instabilidade aplicativa ou mesmo, em casos extremos, de se tornarem inaplicáveis. Ou seja: carecem de interpretação. A tarefa interpretativa – a qual, excetuando os casos de interpretação autêntica, é levada a cabo pelos aplicadores das normas – tem uma natureza complexa, na medida em que convoca toda uma série de elementos que ajudam a precisar o significado de um termo ou de um conjunto de termos, desde a inserção destes na oração em que se integram, até à intenção do órgão que criou o preceito ou às circunstâncias de tempo e lugar em que tal criação se efetuou. Perante tal diversidade de instrumentos de análise, como proceder?

Naturalmente que na interpretação de um conceito usado numa norma jurídica não podemos – ao contrário do que se passa com um conceito usado numa cláusula contratual – utilizar um critério que faça apelo ao sentido que seria dado por um normal destinatário. É que naqueles casos, ao contrário destes, o destinatário não está individualizado, atenta a natureza geral e abstrata da norma (além de que, em particular em matéria de procedimento e de processo tributários, estão em causa interesses públicos que obstam à consideração da vontade individual como relevante para efeitos de conformação das decisões, mesmo interpretativas).

Por conseguinte, os critérios a utilizar na interpretação das normas jurídicas deverão revestir natureza objetiva – no sentido de não dependentes do destinatário da norma – e, em princípio, serão fixados pelo legislador. Tais critérios estão, entendemos, previstos no art.º 9.º do Código Civil – uma autêntica norma materialmente constitucional – e dão-se aqui por conveniente e devidamente assimilados.

Ora, se as coisas se passam assim em sede de teoria geral da interpretação das normas, não se vê por que hajam de ser diferentes no domínio da interpretação das normas tributárias adjetivas. Deve ser salientada apenas a necessidade de buscar uma interpretação (mais) conforme à Constituição e aos valores por esta defendidos, já que esta deverá constituir sempre o parâmetro aferidor, não só da validade, mas também do sentido das decisões interpretativas. Neste contexto, assume particular relevância o importante princípio da verdade material, que deve nortear toda a tarefa interpretativa, assumindo-se como um referencial omnipresente em todas as conclusões a que o intérprete chegue. Todavia, nesse esforço, e na senda de atingir uma verdadeira justiça substancial, não deve ser descurado o ponto de partida, isto é, a norma jurídica, e, ao interpretar esta, nunca se pode ter em vista criar uma outra. O objetivo é sempre, em face de eventuais conceitos obscuros ou polissémicos, discernir aquele significado que mais se adequará ao que o legislador quis dizer. Daí, evidentemente, não pode resultar a produção legiferante. O intérprete não cria.

Por último, deve-se recordar que o problema da interpretação não se coloca apenas nas situações de conceitos obscuros de sentido. Coloca-se igualmente, e com idêntica importância, naquelas situações em que o legislador "reenvia" as suas formulações para conceitos provindos de outras sedes (v.g., Direito civil, comercial, administrativo). Isto porque, não obstante em matéria tributária estarmos perante um léxico especializado e muitas vezes técnico, existe a necessidade de socorro de outros sectores do saber. Também aqui o referido princípio da verdade material assume importância decisiva.

b) Interpretação e dupla dimensão dos direitos fundamentais
Já referimos que aos direitos fundamentais é geralmente reconhecida uma dupla dimensão, objetiva e subjetiva. A primeira, indiciando a ideia de que a norma jurídica consagradora de um direito fundamental tem primariamente como objetivo a proteção de determinados valores dignos de tutela constitucional; a segunda alertando para a necessidade de proteção, já não de valores, mas de determinadas posições jurídicas subjetivas constitucionalmente consagradas. Ora, se isto se passa em relação às normas consagradoras de direitos fundamentais em geral, também se passará, naturalmente, no que diz respeito às normas que prevejam direitos em matéria tributária, substantiva ou adjetiva, como sejam o caso, nomeadamente, das normas que preveem o direito de resistência a impostos ilegítimos[144], o direito de reclamação e impugnação em relação a atos tributários lesivos[145], ou o direito à proteção da família em matéria fiscal[146].

Pois bem. Antes de maiores desenvolvimentos relativamente a outras questões, importa tomar posição acerca da querela inerente ao problema de saber se deve ser dado um maior pendor à dimensão objetiva ou à dimensão subjetiva do mesmo direito. Note-se que utilizamos a expressão "maior pendor", o que significa, desde logo, que nenhuma das duas dimensões pode – porque não deve – ser afastada, devendo levar-se em atenção, relativamente à resolução de uma concreta situação jurídica, quer o(s) valor(es) que merecerá(ão) proteção, quer o(s) direito(s) que merecerá(ão) tutela, nunca afastando totalmente um dos dois. Simplesmente, situações haverá em que a decisão se impõe sendo ela absolutamente necessária e prejudicial à resolução de um litígio.

Basta ter presente que existem situações em que se podem convocar duas interpretações da mesma norma jurídica, interpretações essas que

---

[144] V. art.º 103.º, n.º 3, da CRP.
[145] Cfr. art.º 20.º da CRP.
[146] Cfr. art.º 67.º, n.º 2, da CRP.

conduzem a resultados opostos. Por exemplo, e trazendo à análise uma questão intimamente ligada ao processo de impugnação judicial, pense-se no problema da renunciabilidade, por parte da Administração tributária, do direito à contestação. Se for entendido que a norma que prevê o direito de contestação por parte da Administração consagra apenas um direito subjetivo desta – o direito de responder aos factos apresentados na petição inicial pelo sujeito passivo (contribuinte) – pode-se legitimamente pensar que estará na sua disponibilidade o exercício desse direito, podendo contestar ou não contestar, de acordo com critérios de conveniência e oportunidade vários; pelo contrário, se for entendido que essa mesma norma prevê somente um mecanismo legal destinado a proteger os valores "justiça na tributação" e "verdade material", então, como tais valores estão numa posição supra-individual, não se encontram na disponibilidade das partes do processo e estas não podem renunciar às posições jurídicas correspondentes e, no caso apresentado, a Administração tributária não poderia deixar de contestar.

Exemplo similar se pode pensar em relação ao sujeito passivo de imposto, podendo-se, por exemplo, perguntar: poderá ele renunciar ao direito a reclamar contra um ato tributário lesivo? Se entendermos que a norma que consagra a reclamação graciosa[147] prevê somente o direito a reclamar, a resposta será afirmativa, enquanto que se entendermos que essa norma prevê somente um mecanismo jurídico tendente a evitar tributações injustas, a resposta será negativa.

Naturalmente que a solução destes problemas não se compadece com uma opção redutora que considere apenas uma das dimensões consideradas. Não constitui lugar comum referir que estamos em presença de duas faces da mesma moeda, constituindo uma como que o reflexo da outra, mas compondo ambas a mesma realidade, e significa isto que dificilmente serão encontradas situações em que a opção radical pela dimensão objetiva ou subjetiva será feita de uma forma líquida. Ainda assim, nas situações extremas – e tendo em atenção que estamos perante matéria de feição marcadamente publicista –, entendemos que deve ser dada preponderância à visão objetivista, assumindo que, acima das diferentes posições jurídicas que ao nível constitucional e legal estão consagradas, existem valores (objetivos) – no âmbito dos quais a verdade

---

[147] V. art.º 68.º do CPPT.

material assumirá uma posição destacada – que não se encontram nos chãos domínios da disponibilidade e da contingência.

7.2.4. Integração

Diferente da situação em que existe polissemia de significados num conceito utilizado numa norma, é aquela em que nem sequer há norma. A ausência normativa, só por si, pode não significar uma patologia no ordenamento jurídico, se a matéria não disciplinada for entendida como matéria extrajurídica o que, em muitos casos, apela para considerações vagas que caem no âmbito da denominada *discricionariedade legislativa*.

Contudo, quando a ausência normativa atinge um determinado grau de relevância e se entende que a matéria em causa deve ser objeto de disciplina normativa não o tendo sido por manifesto lapso legislativo, diz-se que existe uma lacuna e reconhece-se a necessidade de preenchimento, falando-se, a tal propósito, em integração. As tarefas interpretativa e integrativa são ambas formas de realização do Direito vigente embora se distingam, entre outros aspetos, pela circunstância de, no primeiro caso, ainda haver uma norma e, no segundo, tal não acontecer.

Como proceder, então, em face de uma lacuna normativa?

De acordo com próprio CPPT[148], em caso de lacunas, aplica-se sucessivamente[149]:

- As normas (materialmente) procedimentais e processuais consagradas nos outros códigos e leis tributárias (LGT, CIRS, CIRC, CIVA, etc.);
- As normas sobre organização e funcionamento da Administração tributária (v.g., "Lei orgânica" do Ministério das finanças);

---

[148] Cfr. art.º 2.º, V., também, acórdão do STA de 17 de abril de 2013, processo n.º 0199/13.

[149] Cf., a propósito da convocação do Código de procedimento administrativo (CPA) para integrar uma lacuna respeitante à dilação de prazos aplicáveis a não residentes, acórdão do acórdão do STA de 30 de janeiro de 2019, processo n.º 01576/15.3BELRS 0700/18. Considera-se neste aresto que, tratando-se de um cidadão residente num outro Estado-Membro da UE que não está obrigado a ter, para efeitos fiscais, um representante em Portugal, o exercício dos seus direitos pode mostrar-se dificultado, em comparação com os contribuintes residentes, potenciando as dificuldades de organizar a sua defesa. Nesta medida, a dilação do prazo de impugnação permite mitigar "a maior dificuldade com que se defrontará num país distante". Ora, não contendo nem a LGT nem o CPPT norma sobre a matéria de dilação, impõe-se, no entendimento do acórdão, a aplicação das regras gerais constantes do CPA.

- As normas sobre organização e processo dos Tribunais administrativos e tributários (ETAF, CPTA);
- O Código de procedimento administrativo;
- O Código de processo civil.

Por outro lado, deve-se colocar em evidência o facto de que as matérias relativas ao procedimento e processo tributário estão abrangidas pelo princípio da reserva de lei[150] e, por via disso, é excluído o recurso à analogia como forma de integração de lacunas. Tal exclusão, de resto, é reforçada quer pela proibição constante do art.º 11.º, n.º 4 LGT – norma esta deficientemente colocada, pois está inserida num artigo respeitante à interpretação e não à integração – quer pela consideração do princípio da segurança jurídica em matéria aplicativa.

7.2.5. Aplicação

7.2.5.1. Aplicação no tempo

O ordenamento jurídico em geral e as normas jurídicas em particular não devem ser perspetivadas apenas sob um ponto de vista estático, que somente coloque em evidência as normas que existem num determinado momento num determinado ordenamento. Também se deve adotar uma perspetiva dinâmica, reveladora do fluir contínuo que caracteriza qualquer conjunto de normas, pois a todo o tempo podem ser criadas normas novas, da mesma forma que as normas já existentes podem ser alteradas ou ver a sua vigência extinta.

Ora, esta sucessão de normas novas e antigas, ou de redações novas e antigas da mesma norma, pode levantar problemas delicados no momento da aplicação por parte do agente administrativo ou do juiz, bem como introduzir fatores de incerteza e insegurança do lado dos restantes destinatários. Em matéria de procedimento ou de processo tributário, e em face de uma nova disposição ou de um novo conjunto de disposições que vem alterar as existentes no momento em que os direitos tributários nascem para o ordenamento jurídico pode-se, por exemplo, perguntar: deverá todo o procedimento ou processo que visa garantir tais direitos ser regulado pela lei vigente ao tempo da constituição ou

---

[150] v. art.º 8.º, n.º 2, alínea e), LGT.

do nascimento da relação material? Ou, diferentemente, deverá todo o procedimento ou processo ser regulado pela lei vigente ao tempo do seu início, nomeadamente ao tempo da iniciativa procedimental ou da propositura da ação? Ou, ainda, deverá todo o procedimento ou processo ser regulado pela lei vigente ao tempo da sua finalização, nomeadamente quando o ato administrativo se torna definitivo e suscetível de produzir os seus efeitos, ou quando a sentença seja proferida ou então quando transita em julgado? Ou cada ato do procedimento ou processo deve ser regulado pela lei vigente ao tempo da sua realização?

Em termos práticos, tudo se reconduz ao problema de saber se uma nova norma apenas projeta os seus efeitos em relação a factos futuros (prospetividade) ou se também os projeta em relação a factos passados (retroatividade) e a solução para estes problemas nem sempre é fornecida pelos dados do Direito positivo.

Quando o é, a maior parte das vezes, criam-se "disposições transitórias" que podem revestir uma de duas formas:
– Ou são "disposições transitórias" gerais, que valem para todas as normas jurídicas ou, pelo menos, para um conjunto de normas integrantes de um determinado segmento do ordenamento jurídico (como seria o caso, por exemplo, de uma norma que regulasse a aplicação de todas as leis processuais ou de todas as leis de Direito substantivo não patrimonial no tempo);
– Ou são "disposições transitórias" especiais, que valem apenas para uma determinada lei. Nestes casos, a própria norma nova incorpora – em regra no seu decreto de aprovação – uma diretiva acerca da sua abrangência temporal, dizendo algo como "...a presente lei aplica--se...", podendo abranger todas as matérias por si reguladas ou apenas algumas delas.

Quando o legislador é omisso acerca destas questões, a solução a encontrar, seja ela qual for, não pode deixar de ser emoldurada pelo substrato teórico fornecido pelo princípio constitucional da segurança jurídica e da proteção da confiança.

Como se passam, então, as coisas, em matéria tributária adjetiva?

Na ausência de uma disposição transitória geral, teremos de procurar encontrar disposições transitórias especiais nos vários diplomas que se debruçam sobre estas matérias, nomeadamente no ETAF e no CPPT.

No que ao primeiro destes diplomas diz respeito, prevê o n.º 1 do art.º 2.º da Lei 13/2002 de 19 de fevereiro (que o aprova) que "As disposições do Estatuto dos Tribunais Administrativos e Fiscais não se aplicam aos processos que se encontrem pendentes à data da sua entrada em vigor".

Já o n.º 2 do mesmo preceito refere que "As decisões que, na vigência do novo Estatuto, sejam proferidas ao abrigo das competências conferidas pelo anterior (...) são impugnáveis para o tribunal competente de acordo com o mesmo (...)."

Significa isto que naqueles casos em que se tenham verificado alterações competenciais administrativas e/ou jurisdicionais, todas as decisões proferidas ao abrigo da lei antiga são de acordo com esta mesma impugnáveis.

Por seu lado, o DL 433/99 de 26 de outubro, que aprovou o CPPT (cfr. art.º 1.º) prevê igualmente que este apenas "se aplica aos procedimentos iniciados e aos processos instaurados" após a respetiva entrada em vigor (art.º 4.º).

Em ambos os casos (ETAF e CPPT) a regra é a da eficácia prospetiva das respetivas normas, não sendo estas de aplicar aos litígios nascidos anteriormente à sua entrada em vigor e ainda pendentes[151].

Contudo, os problemas não estão ainda todos resolvidos. Na medida em que estamos perante "disposições transitórias" especiais – por conseguinte apenas aplicáveis aos diplomas a que se referem – resta saber qual a solução "geral", ou seja, a solução a dar aos problemas suscitados com a entrada em vigor de quaisquer outras normas que pretendam aplicar-se a factos ocorridos antes da sua entrada em vigor.

Parece-nos que, neste particular, a jurisprudência do Tribunal Constitucional constituirá um valioso auxiliar.

Como é sabido, o órgão máximo da jurisdição constitucional portuguesa já se debruçou por diversas vezes sobre este problema por referência às normas tributárias substantivas (*maxime*, normas fiscais), sendo paradigmático o acórdão n.º 11/83, onde se entendeu – tendo como pano de fundo o já referido *princípio da segurança jurídica* – serem inconstitucionais as leis fiscais cuja retroatividade seja intolerável, que afete de forma inadmissível e arbitrária os direitos e expectativas legitimamente fundados dos cidadãos contribuintes.

---

[151] V., ainda, por exemplo, art.º 13.º da Lei 118/2019.

Quanto às normas adjetivas, é de salientar o acórdão n.º 287/90, que aprofundou a ideia acima referida dizendo que a aferição da inadmissibilidade da afetação de expectativas legitimamente fundadas deve ser feita tendo em conta dois requisitos:
- Se a alteração normativa constitui uma mutação da ordem jurídica com que, razoavelmente, os destinatários das normas não possam contar; e,
- Se não for ditada pela necessidade de salvaguardar direitos ou interesses constitucionalmente protegidos que devam considerar-se prevalecentes.

Caso estas condições se verifiquem, a afetação dos direitos e expectativas legitimamente fundados dos cidadãos contribuintes será inadmissível e, logo, inconstitucional; caso contrário, não o será.

7.2.5.2. Aplicação no espaço

Por último, a teoria geral da norma adjetiva tributária deve debruçar-se sobre os problemas que surgem aquando da constituição e desenvolvimento de relações tributárias plurilocalizadas ou com elementos de estraneidade (isto é, relações jurídicas tributárias cujos elementos estruturantes estão dispersos por vários ordenamentos jurídicos). Em tais situações, surgem, ou podem surgir, conflitos ou concursos de normas jurídicas provenientes de ordenamentos tributários diversos. No primeiro caso (conflito), a aplicação da norma de um ordenamento afastará a aplicação de outra(s), pois que, em concreto, apenas uma delas se aplicará à situação merecedora de disciplina jurídica, enquanto no segundo (concurso) tal afastamento não se verifica, mas antes se procura obviar aos inconvenientes derivados da aplicação necessária e sucessiva de duas normas[152].

Em tais casos, dever-se-á procurar saber não apenas qual a lei aplicável à relação material subjacente – problema resolvido em sede de

---

[152] Pense-se, por exemplo, no Direito internacional tributário, em que, muitas vezes, os Estados não renunciam à possibilidade de aplicar (a situações "exteriores") as respetivas normas de tributação. O problema surgirá, posteriormente, quando se procura compatibilizar tais normas com as de outro(s) Estado(s), o que pode ser feito, designadamente, através da celebração de acordos para eliminar ou atenuar a dupla tributação.

Direito substantivo – mas igualmente qual a lei aplicável à relação adjetiva tributária, procedimental ou processual. Nomeadamente, cabe perguntar: aplicar-se-á a esta última relação a lei do ordenamento onde o procedimento foi iniciado ou o processo foi instaurado? Ou, diferentemente, aplicar-se- à a lei do ordenamento que tiver um elemento de conexão mais forte com o respetivo sujeito passivo (v.g., residência ou nacionalidade deste)?

Pense-se, por exemplo, num sujeito passivo residente num ordenamento e que pretende apresentar uma reclamação relativamente a um ato de liquidação referente a rendimentos auferidos em outro. Neste caso, a reclamação reger-se-á pelas disposições da lei da residência ou pelas disposições da *lex fori*?

Aproveitando a lição de ALBERTO XAVIER, podemos dizer que estes problemas de aplicação das normas tributárias adjetivas no espaço estão de perto relacionados com a questão do âmbito espacial de eficácia das normas tributárias – diferente do seu âmbito de incidência –, e a solução a encontrar passará pela consideração da existência ou não de uma convenção internacional entre os Estados, destinada a esse fim. Estamos a falar das convenções celebradas entre os Estados que, a maior parte das vezes, se destinam a atenuar ou eliminar a dupla tributação (vulgarmente designadas por ADT's, ou seja "acordos de dupla tributação") e que podem conter normas respeitantes a Direito adjetivo. Assim, existindo tais normas, a solução será a que delas constar; caso contrário, a regra deverá ser a da aplicação da *lex fori*, ou seja, da aplicação da lei respeitante ao ordenamento onde a questão foi levantada.

Mas, além deste problema de busca da lei aplicável à relação procedimental ou processual tributária (*primeiro momento*), um outro pode surgir, concluído o procedimento ou o processo: o da suscetibilidade de produção de efeitos de atos tributários ou sentenças em ordenamentos diferentes daqueles no qual eles foram praticados (*segundo momento*).

Por exemplo, poder-se-á, no seguimento de um processo de execução fiscal, executar o património de um sujeito passivo situado em outro Estado? Ou: poderão os órgãos da Administração tributária de um Estado solicitar um exame à contabilidade ou a outros elementos declarativos situados no território de outro Estado? Ou ainda: serão as notificações emitidas pela Administração tributária de um Estado eficazes no território de outro Estado?

Em princípio, os atos tributários e as sentenças emanadas dos órgãos competentes de um Estado apenas poderão produzir efeitos em outro se existir disposição normativa que o preveja, e se em relação ao primeiro existir uma conexão relevante (por exemplo, a residência, a existência de um estabelecimento estável, etc.). De toda a forma, poderão existir obstáculos quase intransponíveis à obtenção de uma solução, tal o patente conflito de interesses entre os vários Estados: de um lado, o Estado que praticou o ato quer, por exemplo, ter o total e pleno conhecimento da situação tributária do seu residente (e, por isso, pede informações relativas a elementos contabilísticos); do outro lado, o Estado "destinatário" do ato pode querer escudar-se num regime de sigilo ou regime análogo.

Neste domínio, e em termos operativos, as Administrações tributárias começam a recorrer com frequência aos instrumentos jurídicos de assistência internacional, no quadro de convenções internacionais ou outros modos jurídicos (protocolos de cooperação, acordos de execução, etc.), no âmbito dos quais se destacam os esquemas de troca de informações[153].

Por fim, quanto às possibilidades de conhecimento jurisdicional e quanto ao âmbito competencial dos Tribunais tributários, é de aceitar que estes últimos apenas têm competência internacional para apreciar os litígios relativos às medidas ou atos de execução praticados pelos órgãos internos do seu próprio foro[154].

---

[153] Cfr., por exemplo, art.º 26.º da Convenção Modelo da OCDE em matéria de impostos sobre o rendimento e sobre o património (CMOCDE).
[154] Em todo o caso, v. acórdão do STA de 5 de janeiro de 2015 (ou 7 de janeiro do mesmo ano, atendendo à discrepância na versão publicada), processo n.º 01570/13. A respeito, com interesse e indicações jurisprudenciais, NETO, Dulce, *A competência internacional dos tribunais tributários ao abrigo do mecanismo de assistência mútua entre Estados-membros da UE em matéria de cobrança de créditos fiscais*, in *Contraordenações tributárias e temas de direito processual tributário*, Centro de Estudos Judiciários, Lisboa, 2016, disponível em http://www.cej.mj.pt/cej/recursos/ebooks/Administrativo_fiscal/eb_contraordenacoes_tributarias_e_temas_de_direito_processual_tributario.pdf, pp. 47 e ss. (último acesso em junho de 2019).

Parte I
O procedimento tributário

1. A noção de procedimento

1.1. A necessidade de uma visão multidisciplinar

A noção de procedimento não nasceu seguramente no âmbito juspublicista, e nem se pode dizer sequer que tenha nascido no âmbito jurídico. A realidade procedimental apresenta uma natureza complexa, multifacetada, que convoca saberes e análises provenientes de vários sectores do conhecimento, e sem os quais o seu estudo nunca poderia ser seriamente levado a efeito.

Assim, e em primeiro lugar, cumpre fazer referência ao enfoque que a filosofia, enquanto *metaciência*, dele fez. Filosoficamente, o procedimento representa uma ideia pós-moderna de reação ao mito da racionalidade substantiva ou material. Significa isto que, no domínio da teoria do conhecimento, a noção de verdade (ou seja, de conhecimento verdadeiro) começa a desprender-se de considerações substantivas e procura afirmar-se como uma verdade "formal", isto é independente de qualquer conteúdo necessário.

Como é sabido, podem-se desenhar duas orientações opostas no quadro das tentativas de resolução dos problemas gnoseológicos fundamentais: uma posição "materialista", platónica ou escolástica do conhecimento e uma posição *relativista*, convencional ou analítica do mesmo. De acordo com a primeira orientação, as coisas como que têm uma existência única, possuindo propriedades substantivas que as distinguem de todas as outras e, por conseguinte, a verdade, relativamente a uma determinada realidade, só pode ser uma, apenas uma e nenhuma outra. Pelo contrário, a segunda orientação defende que as coisas, como realidades contingentes que são, não possuem propriedades inatas, mas antes representam uma certa forma de representação que um determinado sujeito delas faz. Assim sendo, existirão tantas verdades quantos os sujeitos cognoscentes e o conhecimento científico não será apenas um, mas tantos quantas as visões que sobre a mesma coisa se debrucem (relativismo).

Neste contexto, as teorias procedimentalistas representam uma abordagem relativista dos problemas do conhecimento, já que defendem uma noção de verdade menos dependente de considerações intrínsecas e mais associada a considerações formais. Por outras palavras, o conhecimento será válido se for fundado num procedimento ou num *iter* de raciocínio adequado, independentemente da bondade ou não das premissas que lhe servem de fundamento. Tentando estabelecer um nexo de ligação – para já ainda ténue – com o mundo jurídico, pode-se dizer que as teorias procedimentalistas encontraram campo fértil de proliferação no âmbito das tentativas de resposta aos problemas da legitimidade das normas jurídicas (v.g., normas constitucionais, normas legais) e defendem que uma realidade será juridicamente existente quando o seu modo de formação tenha sido juridicamente adequado. Por exemplo, uma lei existirá para o ordenamento jurídico quando – independentemente do seu conteúdo (este já será um problema de validade dessa norma) – tenha sido elaborada de acordo com um procedimento previamente estabelecido.

E aqui se encontra um ponto de contacto com as teorias procedimentalistas de feição sociológica. Para a sociologia, a ideia de procedimento apresenta uma relevância incontornável. Muitas vezes ligadas às teorias de legitimação das formas de domínio (v.g., legitimação da atuação política e estadual) tais teorias procuram divorciar-se das tradicionais teorias substanciais de legitimação sociológica, que afirmam que uma forma de domínio está justificada (legitimada) quando se revê em determinados substratos ideológicos tidos por convenientes ou dominantes. Diferentemente, as correntes procedimentalistas colocam a ênfase no modo de atuação e posterior exercício de um poder, afirmando a sua legitimidade quando tal *modus operandi* se subsume a uma forma previamente determinada.

Próximas destas orientações estão aquelas que, no âmbito da denominada "ciência da Administração", afirmam a relevância suprema do *decision making process*, para, mais uma vez, colocar em evidência o carácter faseado, por etapas, das tomadas de decisão. Naturalmente que a estes esquemas de abordagem não está alheia a consideração de uma estreita relação meio/fim e da ponderação de resultados em face dos caminhos utilizados para até eles chegar.

Contudo, e não obstante a riqueza e relevância das conceções filosóficas e sociológicas de procedimento, interessa-nos principalmente a abordagem jurídica, que empreenderemos de seguida.

1.2. O procedimento enquanto realidade jurídica

Uma noção de procedimento que se revele útil para efeitos tributários não pode ser conseguida se não se tiver presente o importante contributo que o Direito administrativo forneceu neste domínio. Embora atualmente a ideia de procedimento possa ser encarada como uma categoria geral, é certo que ela se tem quase sempre configurado como uma realidade típica da função administrativa.

Deste modo, será a partir dos valiosos dados que a doutrina administrativista tem fornecido a este respeito que procuraremos encontrar uma noção adequada de procedimento tributário. Ali, a figura do procedimento tem sido estudada e definida sobretudo a partir de dois enfoques distintos, um de feição formal e outro de natureza substancial.

i) Uma primeira abordagem da realidade procedimental pode ser feita a partir da ideia de pré-ordenação das vontades públicas, que é característica de qualquer Estado de Direito, o que redundará numa caracterização do procedimento como uma série de fases ("unidades temporais de concretização") tendentes à formação da vontade de um órgão público. Parte-se aqui da consideração de que os órgãos públicos, nomeadamente os órgãos administrativos, não manifestam nem exteriorizam a sua vontade de uma forma arbitrária e livre, mas, pelo contrário, estão subordinados a toda uma série de regras impostas ao nível legal ou constitucional. Daqui resulta um carácter regrado, ordenado, faseado das manifestações de

vontade dos órgãos da Administração Pública, sendo o procedimento a sua manifestação mais visível. Assim, neste modo de ver, que se poderá designar por *conceção formal*, o procedimento é uma sucessão, um modo de desenvolvimento, um *iter* conducente a um ato final.
ii) Num outro modo de perspetivar, o procedimento pode ser encarado, não como uma sucessão de atos, mas como um único ato. Aqui o procedimento é visto como um conjunto de elementos de uma única unidade substancial – o ato final – cuja relevância para o ordenamento jurídico não nasce instantaneamente, mas, pelo contrário, de uma forma sucessiva. Contudo, os vários momentos em que o ato final se poderia desdobrar não assumem, diferentemente do que acontece com a conceção acima indicada, relevância autónoma. Assim sendo, o procedimento é aqui encarado não como um complexo de atos, mas como um ato complexo (denominado, por vezes por "ato-procedimento").

Quer uma, quer outra das visões apontadas não está isenta de críticas, pois:
i) A conceção formal é extremamente redutora, uma vez que trata o procedimento como uma mera sucessão de momentos ou fases, sem o encarar como uma realidade autónoma e merecedora de tutela jurídica própria. Dando autonomia a todas as fases de um determinado caminho a percorrer, parece indicar a ideia de que todas essas fases assumem relevância jurídica em termos de os respetivos atos poderem ser destacados e, eventualmente, atacáveis de *per si*, o que não acontece.
ii) A conceção substancial incorre no erro oposto, na medida em que trata os diferentes atos como fazendo parte de um único agregado e como que dissolve a importância de cada um deles no ato final, procurando inculcar a ideia de que nenhum dos atos é autonomamente valorado – e, logo, seria insuscetível de controlo autónomo – o que também, em rigor, não corresponde à verdade.

Uma visão adequada desta questão passará pelo "meio termo" devendo-se falar a este propósito em *fattispecie* procedimental com duas vertentes: uma vertente formal, em que todos os momentos seriam normativamente valorados e uma vertente material ou substancial, em que esses mesmos momentos não devem deixar de ser considerados como elementos relevantes de uma realidade mais ampla e procedimentalmente conclusiva. Desta forma, reconhece-se que, por um lado, o procedimento é um conjunto de atos – cada um deles com uma relevância própria para o mundo do Direito – mas reconhece-se também, por outro lado, que ele não se resume a esse conjunto de atos, mas evidencia-se através de uma existência própria, reconhecendo-se-lhe uma importante dimensão ontológica.

De resto, esta dupla dimensão, longe de constituir uma mera projeção teórica de um problema abstrato, assume, como veremos, uma importância enorme quando se tenta buscar uma definição de procedimento tributário. Apenas através dela tal definição poderá ser adequadamente conseguida.

1.3. Posição adotada

A partir de tudo quanto foi dito no ponto anterior, e para efeitos destas *Lições*, adotaremos a seguinte noção de procedimento tributário: *conjunto de atos, provenientes de atores jurídico-tributários distintos, relativamente autónomos e organizados sequencialmente, direcionados à produção de um determinado resultado, do qual são instrumentais.*

Vejamos separada e analiticamente cada um dos elementos constitutivos desta noção.

i) *Conjunto de atos* – em primeiro lugar, um procedimento nunca pode ser constituído por um único ato, mas por uma pluralidade deles. Como já tivemos oportunidade de assinalar, um procedimento é um complexo de atos e não um ato complexo[155], de modo que nunca se materializará numa única realidade substantiva, embora se direcione para tal. Significa isto que não se deve confundir o ato final de uma cadeia procedimental – o ato administrativo, ou, em

---

[155] O ato complexo, como a própria designação pretende indiciar, traduz-se num único ato, embora se trate de um ato que apresenta especificidades ao nível da relevância que o tempo assume na sua constituição. Por outro lado, afirmar que o procedimento é um complexo de atos pode ter importância ao próprio nível da questão da busca de sentido da atuação administrativa-tributária, pois significa realçar a estrutura, o elemento intencional de tais atos, que têm subjacente uma finalidade pré-determinada, e não uma finalidade que seja determinada pela sua marcha, pelo "durante".

particular no nosso âmbito, o ato tributário – com o procedimento propriamente dito;

ii) Provenientes de atores jurídico-tributários distintos – além disso, tais atos não deverão ser todos praticados pela mesma entidade, podendo constatar-se a existência de atos procedimentais praticados por entidades administrativas ou por entidades privadas (os próprios contribuintes, por exemplo). A este propósito, convém desde já chamar a atenção para o conceito de *competência*. Para que um determinado sujeito administrativo-tributário possa praticar um ato válido e eficaz necessita de ser o sujeito competente, afirmando-se a competência como a medida de poder decisório de que um determinado sujeito é titular;

iii) Relativamente autónomos – os atos que compõem uma cadeia procedimental deverão possuir autonomia relativa, ou seja, devem ser independentes uns dos outros, embora todos conectados; tal sucede porque todos eles deverão prosseguir uma função diferente no *iter* procedimental do qual fazem parte, sob pena de se praticarem atos repetidos, inúteis ou simplesmente dilatórios;

iv) Organizados sequencialmente – significa esta exigência que os atos em que o procedimento se decompõe não devem estar configurados de uma forma desregrada ou anárquica, em termos de ser absolutamente indiferente praticar primeiro um ou praticar primeiro outro. Pelo contrário, tais atos devem estar submetidos a uma ordem e encontrar-se apresentados de uma forma pré-determinada e sequenciada. Em abstrato, esta sequência tanto pode ter por fonte um ato normativo (v.g., a lei) como a vontade do órgão decisor, embora no âmbito dos procedimentos tributários a regra seja o primeiro caso, bem assim como pode ter carácter obrigatório/imperativo (o que constituirá também a regra), ou meramente indicativo;

v) Direcionados à produção de um determinado resultado, do qual são instrumentais – em princípio, os atos do procedimento estarão orientados para a produção de uma decisão administrativa (um ato administrativo, um regulamento, um contrato administrativo), embora se deva observar que o procedimento propriamente dito pode não terminar num ato dessa natureza, pois podem-se verificar, por exemplo, atos integrativos de eficácia. Ainda assim, a orientação do procedimento deverá ser sempre no sentido da produção de um ato de natureza administrativa, na medida em que qualquer outro ato "nele conflui teleologicamente". Daqui se pode concluir que os atos do procedimento, em princípio, não produzem, eles próprios e por si mesmos, efeitos administrativos, mas efeitos meramente sequenciais, pelo que, também em regra, não são autonomamente atacados. Em todo o caso, deve-se assinalar que, como veremos melhor, o carácter instrumental dos atos procedimentais não impede que, por vezes, eles assumam carácter "principal" e possam ser destacados do procedimento e, por via disso, autonomamente impugnáveis.

1.4. Procedimento e processo

Da noção acima exposta pode-se concluir com facilidade que o procedimento não se confunde com alguns conceitos, figuras e institutos jurídicos que com ele se possam relacionar, em circunstâncias várias. A principal sede de inquietações pode resultar do cotejo com a figura do processo, tendo sido vários critérios já ensaiados para os distinguir, embora, em rigor, muitos deles se revelem absolutamente inadequados.

Contudo, antes de procurar uma forma juridicamente correta de os distinguir, será conveniente chamar a atenção para o facto de que também bastantes são os pontos de contacto ou de união.

Vejamos alguns.

Em primeiro lugar, caracteriza ambos, o procedimento e o processo, a estrita sujeição a ditames jurídicos, o que significa que todas as atuações em que ambos se materializam só podem ser levadas a cabo na medida em que se observem as exigências constitucionais e legais que lhes respeitem. Este aspeto é da maior importância, pois durante bastante tempo pensou-se que a forma e a marcha de certas atuações públicas, principalmente administrativas, estariam na disponibilidade do órgão decisor e dependentes da vontade deste, procurando inclusivamente distinguir-se procedimento e processo a partir desta ideia. Tal não é exato, porém. Quer as atuações procedimentais, quer as atuações processuais apenas adquirem relevância jurídica não patológica se forem conformes às normas prévias que as enformam, cominando-se com invalidade (anulabilidade ou nulidade, conforme os casos), senão todo o procedimento ou processo, pelo menos os atos destes que as não observem.

Pense-se, por exemplo, no ato tributário de liquidação que pode ser anulado, e o consequente procedimento "afastado" do ordenamento jurídico, nos casos em que o direito de audição do interessado – que corporiza uma das mais importantes fases do procedimento tributário – não é efetuado; ou a irregularidade do processo de impugnação judicial, quando não é dada vista ao Ministério Público.

Dessa sujeição a normas jurídicas resulta, como está claro de ver, o carácter marcadamente público das atuações procedimentais e processuais. Quer isto significar que muitas vezes os interesses em jogo não estão na disponibilidade dos atores processuais, pelo que não se pode admitir atos de confissão, desistência ou transação e também muitas vezes – mas não sempre, naturalmente – as atuações e os impulsos dessas atuações adquirem carácter oficioso. Será o caso, por exemplo, do conhecimento da incompetência absoluta – isto é, situações em que se verifique a violação das regras aferidoras da competência em razão da hierarquia e da matéria – em processo tributário.

Por fim, ambos são perpassados por uma ideia permanente de estrutura dialética, em que o *princípio do contraditório* assume uma importância inegável, mediante o binómio ação/reação. Basta fazer referência, a este propósito ao direito de contestação do representante da fazenda pública em processo de impugnação judicial ou ao direito de oposição do executado no âmbito do processo de execução fiscal.

Já em termos distintivos, como dissemos, muitos critérios foram adiantados, embora também muitos deles, criticamente, possam merecer reparos.

É o que se passa, nomeadamente com o critério que apela à espécie dos interesses que estão em causa num caso e no outro, dizendo-se que no procedimento são interesses do autor do próprio ato (entidade pública) que estão em causa – assumindo particular relevância a iniciativa pública e oficiosa do procedimento e o *princípio do inquisitório* –, enquanto no processo seriam interesses, não do autor do ato, mas do seu destinatário (que também poderia ser uma entidade pública, mas que, na maior parte das situações, seria uma entidade privada) – o que se traduziria na colocação da iniciativa e do oferecimento dos meios instrutórios nas mãos deste.

Contudo, as coisas não se passam desta forma. Não apenas existem procedimentos em que os interesses em jogo são interesses exclusivamente do destinatário do ato – pense-se nos procedimentos mediante os quais se procura obter uma informação ou o reconhecimento de um benefício[156] – como em alguns processos procura defender-se interesses de natureza pública e titulados por um órgão administrativo-tributário – como será o caso, por exemplo, do processo de execução fiscal.

Também um critério que os procure distinguir tendo em atenção a possibilidade da existência ou não de litígio se revela inoportuno. Procurar-se-ia aqui distinguir o procedimento do processo colocando em ênfase a ideia de que naquele não existe qualquer litígio, no sentido de oposição de pretensões jurídicas, enquanto neste existiria. Mais uma vez, porém, a argumentação claudica estrondosamente. É que, por um lado, verifica-se a existência de procedimentos nos quais existe um fundo litigioso entre os sujeitos respetivos – como é o caso dos denominados *procedimentos impugnatórios* (reclamações, recursos, etc.) – e, por outro lado, também existem processos, embora não em matéria tributária, nos quais a componente litigiosa não está presente – por exemplo, o "processo" de divórcio por acordo.

Da mesma forma, não é de aceitar uma distinção entre procedimento e processo que procure ser feita a partir da eventual participação dos interessados, salientando que tal participação não existe no procedimento, e existe no processo. A obviar tal critério distintivo está a simples referência à existência de um *princípio da participação* que perpassa todo o procedimento, nomeadamente tributário[157].

Desta forma, o que concluir?

Pela nossa parte, e sem embargo da valia dos contributos acima mencionados, a distinção entre procedimento e processo – para já apenas uma distinção geral, que será direcionada posteriormente para o âmbito tributário – será feita tendo em atenção uma ideia de exteriorização

---

[156] Cfr. art.os 57.º e 65.º do CPPT.
[157] V. art.º 60.º da LGT.

de vontade dos poderes públicos (ao que poderemos chamar "critério da vontade exteriorizada"). Assim, o procedimento será a forma típica de exteriorização da vontade dos poderes legislativo e administrativo, enquanto o processo será a forma típica de exteriorização de vontade do poder jurisdicional. Nesta ótica, não parecerão mais do que contradições as referências a processos administrativos ou a procedimentos judiciais.

Contudo, no seguimento do que foi dito no texto, convém não esquecer que vários critérios distintivos podem ser utilizados, pelo que outras noções de procedimento ou de processo possam ser apontadas. Basta pensarmos, por exemplo, no "processo" (legislativo) de urgência[158] ou no processo enquanto "dossier" ou conjunto de documentos, na definição acolhida pelo CPA (art.º 1.º, n.º 2).

De toda a forma, em termos legais, não é apresentada qualquer noção de procedimento ou processo tributário, limitando-se o CPPT a referir os atos que são compreendidos no procedimento (art.º 44.º) e no processo (art.º 97.º) e a referir-se, de uma forma expressa, às finalidades deste último (art.º 96.º)[159], quase o mesmo fazendo a LGT. Ainda assim, e tendo em atenção as várias dimensões da atividade e jurisdição tributárias e utilizando o critério acima referido, podemos encarar o procedimento tributário como o conjunto de atos concretizadores e exteriorizadores da vontade dos agentes administrativo-tributários (na sua globalidade denominados como "Administração tributária", "Administração fiscal", "fazenda pública", "fisco", etc.). Já o processo tributário será o conjunto de atos concretizadores e exteriorizadores da vontade dos agentes jurisdicionais tributários (Tribunais tributários)[160].

---

[158] Assim, art.º 170.º da CRP.

[159] Como resulta do que já foi dito, talvez também se possa vislumbrar uma referência às finalidades do procedimento tributário na alínea i) do n.º 1 do art.º 44.º do CPPT, ao ser feita alusão a todos os demais atos dirigidos à declaração dos direitos tributários.. V., ainda art.º 54.º da LGT.

[160] O que vai dito no texto pressupõe uma correta distinção entre as funções administrativa e jurisdicional, e um pleno respeito pelo princípio constitucional da reserva da função jurisdicional (art.º 202.º da CRP). Não cabe aqui referência àquelas situações (inconstitucionais, de resto) em que órgãos de natureza administrativa praticam atos que, materialmente, são verdadeiros atos típicos da função jurisdicional.

2. As fases do procedimento, em geral

Tendo por nós sido já várias vezes afirmado que o procedimento consiste numa série de atos integrados numa sequência ordenada previamente determinada, torna-se necessário que procuremos averiguar que fases serão essas. Não se trata, ainda, da análise dos vários momentos que compõem cada um dos procedimentos tributários cujo estudo assume relevância face aos dados do ordenamento jurídico-tributário português – tal deverá ser feito, compreensivelmente, aquando do estudo, feito em bases sistemáticas, de cada um desses procedimentos. Por agora, procuraremos apenas identificar aquelas fases que, em geral, são comuns a todos ou a quase todos os procedimentos. Duas notas prévias, contudo, deverão ser feitas:

– Em primeiro lugar, e como já foi assinalado, trata-se tão somente da identificação genérica de fases, pelo que pode dar-se a circunstância de algumas delas não se verificarem em relação a um determinado procedimento. Por outras palavras: o estudo que vamos agora levar a efeito não pretende significar que os momentos a referir sejam obrigatórios. Pode acontecer que, por exemplo, em observância do *princípio da economia dos atos* se conclua que certa atuação, em referência àquela situação em concreto, seja tida por supérflua;

– Em segundo lugar, não se trata de uma identificação exaustiva, na medida em que pode o legislador prever, em relação a determinado procedimento e tendo em atenção as exigências concretas das situações a resolver, uma atuação diversa da contida nesta abordagem geral.

Assim sendo, vejamos quais são as fases típicas de um procedimento.

2.1. Fase da iniciativa

A primeira dessas fases será, naturalmente, a fase do impulso procedimental, a denominada "fase da iniciativa". Trata-se daquele momento em que os atores procedimentais iniciam a sua caminhada em direção à prática de um ato conclusivo ou final que fixará de uma forma última – embora não necessariamente definitiva – determinados efeitos jurídicos.

Neste momento, e entre outros problemas que poderiam ser abordados, dois merecem na nossa análise particular saliência: os tipos ou espécies de iniciativa e a questão da fixação do objeto do procedimento.

A cada um deles dedicaremos as alíneas sistemáticas subsequentes.

a) Espécies de iniciativa procedimental

Em geral, a iniciativa pode ser perspetivada, principalmente, tendo em atenção os seguintes enfoques:

i) Por um lado, podemos estar perante uma *iniciativa administrativa* ou uma *iniciativa não administrativa*, consoante ela esteja nas mãos da entidade administrativa competente para a decisão (ou alguma com ela hierarquicamente relacionada), ou não. Repare-se que não está tanto em causa a natureza jurídica de quem inicia o procedimento, mas a circunstância de tal entidade ser, ela própria ou um superior sua, competente para decidir. Até pode acontecer que seja uma entidade pública a fazê-lo – v.g., uma empresa pública que reclama de um imposto mal liquidado – e a iniciativa se considere não pública. Neste sentido, exemplo de um procedimento tributário de exclusiva iniciativa administrativa é o *procedimento de orientações genéricas*, um procedimento que, como veremos melhor, se destina a procurar uma uniformização das regras de interpretação e aplicação das normas tributárias[161]; já a *reclamação graciosa* – que visa a anulação de atos tributários inválidos – é um procedimento de iniciativa não administrativa, pois ela cabe aos contribuintes [162].

ii) Por outro lado, podemos estar perante uma *iniciativa oficiosa* ou *não oficiosa*. A primeira será aquela cuja *decisão de iniciar* não está na disponibilidade do sujeito propulsor, enquanto a segunda está subordinada à vontade desse sujeito. Os procedimentos são instaurados *ex officio* sempre que estejam em causa Interesses públicos de superior relevo, como será o caso, por exemplo, da aplicação de métodos indiretos de tributação quando seja impossível comprovar direta e exatamente a matéria tributável de um contribuinte (procedimento de avaliação indireta).

iii) Relativamente aos procedimentos de iniciativa administrativa não oficiosa, ainda podemos estar perante uma iniciativa provocada ou não provocada, consoante essa iniciativa, estando na disponibili-

---

[161] V. art.º 55.º do CPPT.
[162] Assim, art.º 68.º do CPPT.

dade do sujeito propulsor (entidade administrativa), seja por ele estimulada ou não. Com efeito, poder-se-á dar o caso de o arranque procedimental, dependendo da vontade da Administração, ter sido, ainda assim, efetivado mediante pedido, petição ou proposta dos contribuintes, como por exemplo nas situações de revisão dos atos tributários[163]. Nestes casos, como regra, vale a ideia de que a Administração terá um poder discricionário de iniciar o procedimento, dando ou não seguimento à pretensão que lhe foi apresentada, se bem que se possa falar numa *discricionariedade temperada*, na medida em que o princípio do inquisitório implica a prossecução de todas as diligências no sentido da descoberta da verdade material (ainda que em eventual conflito com os interesses concretos de arrecadação da receita pública).

A consideração conjunta destas classificações leva a que possam existir procedimentos de iniciativa administrativa oficiosos e não oficiosos, provocados ou não provocados, sendo certo que os procedimentos não administrativos são não oficiosos (não fazendo sentido questionar se são ou não provocados).

Em termos esquemáticos, teremos então:

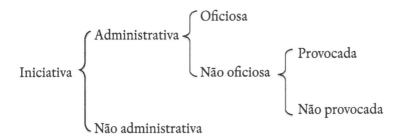

Particular saliência merece, neste âmbito, a iniciativa administrativa mediante *denúncia*. Para que esta possa dar origem ao procedimento, refere a própria lei que, tendo por objeto uma infração tributária, devem ser observados dois requisitos[164]:
— Deve o denunciante identificar-se; e

---

[163] Cfr. art.º 78.º da LGT.
[164] Cfr. art.º 70.º da LGT.

– Não pode ser manifesta a sua falta de fundamento.

Se tal se verificar, pode iniciar-se um procedimento tributário, embora o denunciante não seja considerado parte, nem lhe seja reconhecida legitimidade para reclamar, recorrer ou impugnar o ato decisório. Em todos os casos, "o contribuinte tem direito a conhecer o teor e autoria das denúncias dolosas não confirmadas sobre a sua situação tributária", numa solução que consiste numa afloração do direito à informação, já referido.

b) A questão do objeto do procedimento

A expressão "objeto do procedimento" – a exemplo do que sucede com a expressão "objeto do processo"– pode ser entendida num sentido próprio ou impróprio ou, como entendemos preferível, num sentido jurídico ou material.

Partindo desta última dicotomia classificatória, pode dizer-se que o *objeto jurídico* do procedimento tributário é questão jurídica principal sobre a qual o órgão administrativo é convocado a apreciar e decidir. Trata-se, bem entendido, sempre de um problema ou de um assunto jurídico, embora tanto possa dizer respeito a uma questão de facto, como a uma questão de Direito[165]. Neste sentido, será objeto do procedimento, por exemplo, a questão da qualificação de determinado rendimento como sujeito ou não a IRS (ou a respetiva quantificação); a questão do nível de fundamentação exigido a determinado ato de revogação

---

[165] Como teremos ocasião de referir, o problema de saber se determinada questão é uma questão de facto ou uma questão de Direito não é um problema meramente teórico – embora tal não seja só por si censurável a um nível académico e científico –, mas assume uma importância prática assinalável em vista das regras de interposição de recursos jurisdicionais. Isto porque, como salientaremos, se um recurso de uma sentença tiver por fundamento exclusivo matéria de Direito deverá ser interposto diretamente para o Supremo Tribunal Administrativo (STA – secção de contencioso tributário), enquanto que se tiver por fundamento matéria de facto, acompanhada ou não de matéria de Direito, o mesmo já deverá ser dirigido ao Tribunal Central Administrativo (TCA). Contudo, como se disse, esta é uma questão que apenas se coloca ao nível jurisdicional, portanto num momento bem mais avançado do que aquele que presentemente nos ocupa. Cfr., a propósito, e em antecipação, a alínea b) do art.º 26.º do Estatuto dos Tribunais Administrativos e Fiscais (ETAF), nos termos da qual "Compete à Secção de Contencioso Tributário do Supremo Tribunal Administrativo conhecer (...) dos recursos interpostos de decisões dos tribunais tributários com exclusivo fundamento em matéria de direito".

de benefício fiscal, em face das exigências constitucionais decorrentes do princípio da obrigatoriedade de fundamentação de atos administrativos; a determinação do local da realização de certo negócio; a questão da admissibilidade ou não do recurso a métodos indiretos de avaliação, em face dos pressupostos fixados na lei para a sua efetivação; a questão da necessidade ou desnecessidade de audição do contribuinte no âmbito de certo procedimento, em face das exigências do princípio da participação; a interpretação de um conceito indeterminado utilizado pela legislação tributária; ou a questão do modo adequado de notificação de determinado ato da Administração tributária. Importa enfatizar a ideia de que se trata aqui – ao contrário do que sucede em Tribunal, no âmbito do processo – de uma questão jurídica e não necessariamente de um *litígio* jurídico, pois podem existir procedimentos tributários sem componente litigiosa ou conflitual (pense-se, por exemplo, no procedimento de orientações genéricas ou no procedimento de pedido de informações vinculativas).

Já o objeto material consubstanciar-se-á no ato ou omissão sobre o qual incide a decisão, ou seja, e em termos práticos, o *quid* sobre o qual a decisão projeta os seus efeitos. Neste segundo sentido, já será objeto do procedimento, entre muitíssimos outros, o ato administrativo de revogação de um benefício fiscal (no caso de recurso hierárquico interposto sobre o mesmo); o pedido de informação vinculativa apresentado por um contribuinte relativamente à sua concreta situação tributária; o ato de apreensão de certa mercadoria; o ato tributário de liquidação de certo tributo, etc. Será *sobre* este ato que o órgão decisor fará projetar os efeitos da sua decisão, deferindo ou indeferindo a pretensão colocada, por exemplo.

A inclusão desta questão nesta localização sistemática – recorde-se: a propósito do estudo da fase da iniciativa do procedimento – justifica-se pelo facto de o objeto do procedimento – seja utilizado num dos sentidos apontados, seja utilizado no outro – se aferir em função da pretensão do autor no momento do impulso, pretensão essa materializada num determinado *pedido* (por exemplo, a anulação de um ato, a sua revogação ou declaração de nulidade; a avaliação de um imóvel ou de uma carteira de ações; ou a prestação de uma informação) e sustentada numa determinada *causa de pedir* (v.g., a errada quantificação de um montante de imposto a pagar; a falta de competência de um órgão para praticar certo ato; ou a caducidade de determinado direito ou pretensão).

2.2. Fase instrutória

Após a iniciativa, surge a fase na qual os órgãos administrativos tributários competentes e os restantes interessados procurarão, não apenas carrear para o procedimento os elementos de prova necessários, mas igualmente fixar os interesses a valorar, em ordem a uma adequada decisão.

2.2.1. O arsenal probatório em matéria tributária e o ónus da prova

Nesta fase, muitos atos poderão ser praticados e de natureza muito diversa – desde a exibição de documentos, a atos de inspeção, visitas a locais determinados, emissão de atos consultivos como pareceres, informações, etc. –, além de serem igualmente muitos os sujeitos que poderão intervir: órgãos administrativos, peritos, contribuintes, avaliadores, testemunhas, etc. Neste quadro de intervenções múltiplas, fixa o legislador a regra segundo a qual "a direção da instrução cabe, salvo disposição legal em sentido diferente, ao órgão da Administração tributária competente para a decisão". Contudo, se "a instrução for realizada por órgão diferente do competente para a decisão, cabe ao órgão instrutor a elaboração de um relatório definindo o conteúdo e objeto do procedimento instrutório e contendo uma proposta de decisão, cujas conclusões são obrigatoriamente notificadas aos interessados em conjunto com esta"[166].

Para os efeitos das presentes *Lições*, e procurando simplificar o arsenal linguístico e atribuir fluidez ao discurso, entende-se por elemento de prova qualquer meio legítimo de demonstração da realidade de um facto, embora se deva ter presente que, em rigor, "meio de prova" (declarações, pareceres, documentos, coisas, etc.) não se deve confundir com "meio de obtenção de prova" [exames, perícias (com recurso a conhecimentos técnicos), revistas (a pessoas), buscas (a lugares), apreensões, etc.].

Quanto ao arsenal probatório, quer a LGT, quer o CPPT negam a ideia de "prova tarifada" (limitada, tipificada) e consagram o *princípio da plenitude probatória*. Com efeito, refere o art.º 72.º do primeiro diploma que "o órgão instrutor pode utilizar para o conhecimento dos factos necessários à decisão do procedimento todos os meios de prova admitidos

---

[166] Cfr. art.º 71.º, n.ºs 1 e 2, da LGT.

em direito", enquanto o art.º 50.º do segundo prescreve que "no procedimento, o órgão instrutor utilizará todos os meios de prova legalmente previstos que sejam necessários ao correto apuramento dos factos, podendo designadamente juntar atas e documentos, tomar declarações de qualquer natureza do contribuinte ou outras pessoas e promover a realização de perícias ou inspeções oculares".

Particular saliência merece, no âmbito do procedimento tributário a prova sob a forma documental – até porque alguns procedimentos, em regra, a ela se cingem (como é o caso, por exemplo, do procedimento de reclamação graciosa) – e, no âmbito desta, os documentos e declarações apresentados pelos contribuintes. A respeito destes, prescreve a LGT que "presumem-se verdadeiras e de boa fé as declarações dos contribuintes apresentadas nos termos previstos na lei, bem como os dados e apuramentos inscritos na sua contabilidade ou escrita, quando estas estiverem organizadas de acordo com a legislação comercial e fiscal"[167]. De todo o modo, esta preponderância fáctica da forma documental não significa, nem pode significar, uma rejeição liminar de outros meios probatórios, não sendo lícito ao órgão instrutor rejeitar estes últimos sem justificação bastante. Por exemplo, os tribunais admitem mesmo que, em sede de IRC – um imposto assente em demonstrações extremamente formais –, "podem existir situações de inexistência de suporte documental sem que, por isso, fique vedada a comprovação por outro meio admissível, designadamente através de prova testemunhal (...)"[168].

---

[167] Cfr. art.º 75.º, n.º 1 da LGT. Embora também se deva assinalar que essa presunção cessa, nos termos do n.º 2 do mesmo artigo quando:
"a) as declarações, contabilidade ou escrita revelarem omissões, erros, inexatidões ou indícios fundados de que não refletem ou impeçam o conhecimento da matéria tributável real do sujeito passivo;
b) o contribuinte não cumprir os deveres que lhe couberem de esclarecimento da sua situação tributária, salvo quando nos termos da presente lei, for legítima a recusa da prestação de informações;
c) a matéria tributável do sujeito passivo se afastar significativamente para menos, sem razão justificada, dos indicadores objetivos da atividade de base técnico-científica previstos na presente lei"
d) Os rendimentos declarados em sede de IRS se afastarem significativamente para menos, sem razão justificativa, dos padrões de rendimento que razoavelmente possam permitir as manifestações de fortuna evidenciadas pelo sujeito passivo nos termos do artigo 89.º-A".
[168] V., a propósito, acórdão do TCA-S de 09 de março de 2017, processo n.º 08955/15.

Merece ainda destaque a regra prevista no n.º 1 do art.º 74.º da LGT, nos termos da qual "o ónus da prova dos factos constitutivos dos direitos da Administração tributária ou dos contribuintes recai sobre quem os invoque". Porém, podem ser identificados alguns *desvios* ao ónus probatório assim determinado, merecendo saliência os seguintes casos:
- Quando os elementos estiverem em poder da Administração tributária, o ónus da prova considera-se satisfeito caso o interessado tenha procedido à sua correta identificação junto daquela[169];
- Em caso de determinação da matéria tributável por métodos indiretos, compete à Administração o ónus da prova da verificação dos pressupostos da sua aplicação, cabendo ao sujeito passivo o ónus da prova do excesso na respetiva quantificação[170];
- Os titulares de benefícios fiscais são sempre obrigados a revelar à Administração tributária (ou a autorizar a revelação) os pressupostos da sua concessão (v.g., documentos, como atestados médicos de incapacidade ou declarações de insuficiência patrimonial)[171];
- Nos casos de acréscimos de património ou de despesa e de manifestações de fortuna não justificados, cabe ao sujeito passivo a comprovação de que correspondem à realidade os rendimentos declarados e de que é outra a fonte das manifestações de fortuna ou do acréscimo de património ou da despesa efetuada[172].

Particularmente difícil revela-se a consideração de situações de *prova diabólica*, isto é, situações nas quais impende sobre determinado sujeito o ónus da prova de um fato negativo, como sucede, por exemplo, quando se tem de provar a não receção de uma comunicação (notificação, citação), a inexistência de culpa numa determinada atuação (e.g., insolvência, insuficiência patrimonial), ou o desconhecimento de um facto. Nestes casos, é patente que a tarefa probatória se revela substancialmente mais difícil e penosa, senão mesmo a raiar o impossível, sendo expectável exigir do ordenamento um tratamento a condizer. Por conseguinte, será exigível que, tendo em vista os princípios da proporcionalidade e da igualdade, o órgão administrativo instrutor adote uma

---

[169] Assim, art.º 74.º, n.º 2, da LGT.
[170] Assim, art.º 74.º, n.º 3, da LGT.
[171] Assim, art.º 14.º, n.º 2, da LGT.
[172] Cfr. art.º 89.º-A, n.º 3, da LGT.

postura mais flexível (não complacente ou caritativa) e conceda uma menor exigência probatória. Posteriormente, ao nível do controlo jurisdicional, não é de excluir uma *regra dinâmica de distribuição do ónus da prova*, permitindo o juiz que este último seja transferido para a parte em melhores condições de suportá-lo ou cumpri-lo eficaz e eficientemente.

***

Como teremos ocasião de observar, alguns problemas poderão surgir quando se trata de articular o ónus probatório com o dever de investigação da Administração. Contudo, abordaremos esta questão aquando do estudo do princípio do inquisitório, adiante. Neste passo anteveja-se apenas a ideia de que o ónus probatório que possa impender sobre o contribuinte não exonera a AT de efetuar o seu trabalho de busca da verdade material e de prossecução da justiça, trazendo para o procedimento elementos relevantes benéficos para ele.

Por último, saliente-se um postulado que em nossa opinião é incontornável e que até já resulta do que temos vindo a defender: o objetivo das provas, da fase instrutória e de todo o procedimento não é o convencimento do órgão decisor da bondade de uma determinada versão da realidade, mas sempre e só atingir a verdade material.

Toda esta fase – em rigor, todo o procedimento – deverá estar sujeita a um *princípio de celeridade*, sendo o procedimento de iniciativa do contribuinte arquivado obrigatoriamente se "ficar parado mais de 90 dias por motivo a este imputável", devendo a Administração tributária, até 15 dias antes do termo desse prazo, notificar o contribuinte, por carta registada, e informá-lo sobre os efeitos do incumprimento dos seus deveres de cooperação[173].

2.2.2. A questão da intercomunicabilidade probatória – a especial relação de tensão entre o procedimento tributário e o processo penal

Uma questão quase inevitável aquando do estudo da fase instrutória do procedimento tributário – com particular ênfase e importância do âmbito do procedimento de inspeção, adiante analisado (embora a este se

---

[173] V. art.º 53.º do CPPT.

não reduza) – é a de saber se as provas obtidas de modo lícito no seu decurso podem posteriormente ser aproveitadas para outros procedimentos ou processos, nomeadamente de natureza infracional (criminal ou contraordenacional). Pense-se, por exemplo, numa questão que tem suscitado um relativamente aceso debate jurisprudencial: poderá o Ministério Público, no âmbito de um inquérito criminal, lançar mão de documentos ou declarações obtidas licitamente em inspeção tributária ao abrigo do dever de cooperação que impende sobre o contribuinte?

Trata-se de uma questão que pode ser designada como *intercomunicabilidade probatória*, isto é a suscetibilidade de utilização num meio investigatório, de provas [*rectius*, de meios de prova: declarações, documentos, pareceres] obtidas no decurso de um outro, anterior. O debate jurídico tem-se centrado acima de tudo na consideração bipolar dos argumentos, em termos de se poder dizer, de um modo simplista, que existe uma posição de rejeição liminar e uma posição de admissibilidade, nos seguintes termos:

i) A *tese da rejeição* entende que tais elementos de prova não podem transitar de um procedimento para o outro, e ancora-se principalmente nas ideias seguintes:
– Toda a atividade investigatória que se desenvolve no âmbito da inspeção tributária é levada à pratica sem controlo jurisdicional, violando o direito constitucionalmente consagrado a um processo justo e equitativo (art.º 20.º, n.ºs 1 e 4 da CRP) e a estrutura acusatória que deve estar subjacente a este tipo de procedimentos (art.º 32.º, n.º 5 da CRP);
– No quadro desse procedimento inspetivo tributário, o visado quase que é obrigado a prestar declarações e a apresentar documentos, na medida em que a falta de colaboração é cominada com consequências desfavoráveis, como a revogação de benefícios fiscais, o recurso a métodos indiretos de avaliação (presunções e indícios), e a aplicação de multas ou coimas. Por conseguinte, não se poderá remeter ao silêncio e poderá ser colocado numa *opção diabólica*: ou não coopera e sujeita-se à aplicação de sanções, inclusivamente criminais; ou coopera e, se as provas forem mais tarde utilizadas, pode estar a contribuir para a sua própria auto-culpabilização (sujeitando-se igualmente a sanções criminais). Daqui resultará a violação do princípio constitu-

cional (não escrito) segundo o qual ninguém tem que acusar-se a si mesmo (*nemo tenetur se ipsum accusare*) nem fornecer meios de prova que possam contribuir para a sua própria condenação;
- O inspecionado/arguido não pode ser considerado um "mero objeto" do processo investigatório, devendo ao mesmo ser garantida a prerrogativa de autodeterminação, em termos de ser titular de uma verdadeira liberdade decisória, sem constrangimentos.

Na sua consideração conjunta, estes argumentos redundariam numa violação dos princípios do Estado de Direito e da dignidade da pessoa humana e na consequência de que seria inadmissível e intolerável manter nos autos de processo crime prova que haja sido obtida sem respeito pelos princípios estruturantes do processo penal português, em especial provas recolhidas com recurso a uma "colaboração imposta" ao arguido.

ii) A *tese da admissibilidade*, pelo contrário, permite a comunicabilidade de provas e coloca o acento tónico na seguinte ordem de considerações:
- O princípio *nemo tenetur se ipsum accusare* não é absoluto, antes convive na Constituição com outras dimensões relevantes que merecem igual tutela jurídica;
- Mesmo no âmbito de outros procedimentos existem várias restrições legalmente impostas e constitucionalmente admissíveis aos direitos ao silêncio e à não autoincriminação – basta pensar, por exemplo, na obrigatoriedade de realizar determinados exames (v.g., despiste de substâncias proibidas, no domínio rodoviário, nos termos do Código da Estrada);
- Os elementos adquiridos no âmbito do procedimento tributário, e em particular na inspeção tributária, ainda que não obedecendo – porque não tinham de o fazer nesse momento – às exigências constitucionais inerentes à obtenção de provas em processo criminal não constituem prova proibida[174]. De resto, até foram obtidos de um modo legítimo (a AT tem competências para tal), e juridicamente enquadrado (a atuação da AT está subordinada à Constituição e à lei, observando, entre outros, os

---

[174] Cfr. art.º 126.º do Código de processo penal.

princípios da precedência de lei, da prossecução do Interesse público, da verdade material e da imparcialidade);
- Os elementos probatórios transitados para o processo criminal ou contraordenacional, só por si, não implicam condenação, até porque eles poderão ser amplamente contraditados, seja na fase de instrução, seja na fase de julgamento. Por tal motivo, não se pode dizer que seja desconsiderada a estrutura acusatória do processo, nem que sejam desvalorizadas as possibilidades e garantias de defesa.

Após um profícuo debate jurisprudencial[175], e em sede de recurso (art.º 280.º da CRP – processo de fiscalização sucessiva concreta da constitucionalidade), o TC debruçou-se sobre estes núcleos temáticos, tendo aderido à segunda das orientações referidas, entendendo que a utilização, em processo criminal pela prática do crime de fraude fiscal, de documentos obtidos por uma inspeção tributária não viola qualquer norma ou princípio constitucional, designadamente o direito à não autoincriminação[176]. Neste contexto, embora reconhecendo que o princípio *nemo tenetur se ipsum accusare*, é uma marca irrenunciável do processo penal de estrutura acusatória, entendeu o órgão máximo da jurisdição constitucional que o mesmo pode ser legalmente restringido em determinadas circunstâncias.

Fundamental é que – entende o TC – "se não tenha ultrapassado o ponto de compressão dos direitos de defesa constitucionalmente consagrados", o que convoca o chamamento dos pressupostos de restrição de direitos, liberdades e garantias enunciados no artigo 18.º, n.º 2, da Constituição. Por conseguinte, torna-se indispensável averiguar se as restrições em causa estão previstas na lei de forma expressa e se obedecem às exigências do princípio da proporcionalidade, o que é concluído pela afirmativa pois não apenas as restrições em análise resultam de previsão legal prévia e expressa, com caráter geral e abstrato, como igualmente têm como finalidade a salvaguarda de outros direitos ou interesses cons-

---

[175] Cfr., por todos, acórdão do Tribunal da Relação de Guimarães de 20 de janeiro de 2014, processo n.º 97/06.0IDBRG.G2.
[176] V. acórdão do TC n.º 340/2013 e, com proveito, acórdãos do Tribunal europeu dos direitos do homem aí citados e atinentes a núcleos temáticos conexos. Porém, mais recentemente, acórdão do TC n.º 298/2019.

titucionalmente garantidos e são funcionalmente destinadas à salvaguarda de outros valores constitucionais (v.g., Interesse público de satisfação das necessidades coletivas por via da cobrança de receitas fiscais – 103.º, n.º 1 da CRP).

Acresce que se acentuam as ideias de que toda a prova pode ser contraditada, gozando o sujeito passivo (arguido) de todas as garantias que o processo penal lhe concede, além de que a utilização como prova em processo penal de documentos obtidos na atividade de fiscalização tributária, não deixará de ser proibida, nos termos do Código de Processo Penal, "quando se revele que a entidade fiscalizadora tenha desencadeado ou prolongado deliberadamente a fase inspetiva (...) abusando do dever de colaboração do contribuinte".

Ficou assim aberta a porta para a possibilidade de utilização em processo penal de provas obtidas em procedimento tributário, *maxime* em procedimento de inspeção.

2.3. Fase decisória

Estamos aqui na fase em que o órgão administrativo- tributário formará a sua vontade. Em princípio, devemos estar perante um órgão competente e que manifesta uma vontade livre (não sujeita a qualquer espécie de coação), esclarecida (não perturbada por qualquer erro que interfira nos seus motivos determinantes) e ponderada (que levou em atenção, e de forma adequada, todos os elementos de prova produzidos anteriormente). Se tal não suceder, o ato tributário correspondente terá um vício e poderá ser anulado.

Contudo, antes de nos debruçarmos sobre os tipos de decisão que podem, em abstrato, ser produzidos – que darão origem, também, a diferentes tipos de atos – importa assinalar que, não obstante o procedimento estar subordinado a um princípio geral de *obrigatoriedade de decisão*, existem casos em que ela é dispensada, isto é, situações em que a Administração tributária não está obrigada a decidir. Tal sucede quando[177]:
- A Administração tributária se tiver pronunciado há menos de dois anos sobre pedido do mesmo autor com idênticos objeto e fundamentos;
- Tiver sido ultrapassado o prazo legal de revisão do ato tributário (art.º 78.º da LGT).

---

[177] Cfr. art.º 56.º, n.os 1 e 2, da LGT.

Saliente-se ainda, em termos de antecipação, que o *dever de decisão* não se confunde com o *dever de pronúncia*, sendo este bem mais abrangente do que o primeiro (teremos ocasião de voltar a este aspeto adiante).

***

Havendo lugar a decisão administrativa, é importante chamar a atenção para o facto de que o interessado deve ter oportunidade de exercer o seu direito de participação no procedimento, nomeadamente através da sua audição. O exercício de tal direito, oralmente ou por escrito, deve ser efetuado no prazo a fixar pela Administração tributária em carta registada a enviar para esse efeito para o domicílio fiscal do contribuinte, devendo-lhe ser comunicado o projeto da decisão e sua fundamentação. Todos os novos elementos suscitados na audição dos contribuintes devem ser tidos em conta na fundamentação da decisão[178].

A decisão do procedimento poderá ser expressa ou tácita. Será expressa quando feita por meio direto (palavras, escrito, etc.) de manifestação da vontade; será tácita, quando se deduz de factos que, com toda a probabilidade, a revelam[179].

Analisemos separadamente cada um destes tipos de decisão.

a) Decisão expressa – deferimento ou indeferimento expressos

Quando estamos perante procedimentos petitórios ou impugnatórios, a decisão expressa – portanto, aquela que resulta de uma vontade manifestada inequivocamente num determinado sentido – poderá assumir a forma de decisão positiva ou negativa, consoante se efetive, respetivamente, num querer ou num não querer do órgão decisor, falando-se em deferimento no primeiro caso e em indeferimento no segundo. Note-se que a decisão expressa negativa (indeferimento expresso) configura-se juridicamente como um ato negativo e nunca como um não-ato, pois não se trata de uma mera passividade do órgão em causa, mas antes de um verdadeiro *não querer* por este manifestado. Estes atos negativos as-

---

[178] Cfr. art.º 60.º, n.ºˢ 4, 5, 6 e 7 da LGT.
[179] Ou, utilizando a expressão do STA (acórdão de 23 de maio de 2002, processo n.º 0311/02, e vasta jurisprudência aí referida), se verifique a univocidade de uma conduta que permita concluir que existe um nexo incindível entre os efeitos expressamente enunciados e os não expressamente declarados.

sumem uma importância prática enorme, pois é em relação a eles que, em regra, os interessados pretendem reagir. Por isso, todo o ato negativo deve, em primeiro lugar, estar devidamente fundamentado − apresentando, nomeadamente, a motivação da decisão − e, em segundo lugar, ser suscetível de impugnação, podendo ser violado o princípio do acesso ao Direito e à justiça administrativa quando tal não aconteça.

b) Decisão tácita − deferimento ou indeferimento tácitos
Também a decisão tácita pode dar lugar a uma manifestação de vontade positiva ou negativa, fazendo-se referência, respetivamente, a um deferimento ou indeferimento tácitos. A situação que merece aqui um maior cuidado na análise relaciona-se com as situações em que o órgão decisor, estando obrigado a decidir[180], nada diz, pelo que pode legitimamente levantar-se a questão de saber se ao silêncio pode ser atribuído valor declarativo tácito.

A resposta não pode deixar de ser afirmativa, podendo encontrar-se, na lei procedimental tributária, casos, quer de indeferimento tácito, quer de deferimento tácito.

Vejamos.

A regra no âmbito dos procedimentos petitórios − isto é, nos quais o interessado solicita ou *pede* algo − é o indeferimento tácito. Depois de prescrever que "o procedimento tributário deve ser concluído no prazo de quatro meses, devendo a Administração tributária e os contribuintes abster-se da prática de atos inúteis ou dilatórios", prevê a LGT que o incumprimento de tal prazo, contado a partir da entrada da petição do contribuinte no serviço competente da Administração tributária, faz presumir o seu indeferimento para efeitos de recurso hierárquico,

---

[180] A existência de um dever de decidir é fundamental. Como refere o próprio STA (cfr., uma vez mais, acórdão de acórdão de 23 de maio de 2002, processo n.º 0311/02) a omissão ou inércia, apenas será relevante se, no caso, não se contemplar algo que tivesse que ser considerado. Em todas as outras situações, ela não tem por significado nenhuma decisão, não representa nenhum ato administrativo, devendo ter-se em atenção que, em abstrato, um silêncio pode levar a muitas conclusões: que a entidade decisora não concorda com o pedido, que entende que esse pedido é intempestivo, que inexiste uma obrigação de pronúncia, etc. Quanto à problemática situação de omissão da AT que não encerra (alegadamente, devendo--o) um procedimento de inspeção, v. acórdão do STA de 31 de janeiro de 2018, processo n.º 099/17.

recurso contencioso ou impugnação judicial"[181]. Deve-se salientar que constitui jurisprudência corrente a ideia de que esta disposição encerra uma mera ficção legal para proteção do administrado, com finalidades exclusivamente adjetivas, e não deve ser interpretada no sentido de impor ao interessado a reação contenciosa contra o indeferimento presumido (se assim fosse, o indeferimento tácito geraria caso decidido ou resolvido). Por outras palavras: a lei confere uma mera faculdade que o interessado pode usar ou não[182].

Uma densificação desta regra geral podemos encontrar no art.º 106.º do CPPT, de acordo com o qual "a reclamação graciosa presume-se indeferida para efeito de impugnação judicial após o termo do prazo legal de decisão pelo órgão competente".

Contudo, também existem casos de deferimento tácito, que apenas serão de admitir quando a lei expressamente os prever. Vejamos alguns exemplos[183].

– Um desses casos surge no âmbito do *procedimento de ilisão de presunções*[184]. Sabendo que "as presunções consagradas nas normas de incidência tributária admitem sempre prova em contrário"[185], o interessado, com o objetivo de ilidir uma dessas presunções, poderá "solicitar a abertura de procedimento contraditório próprio", mediante uma petição nesse sentido. Ora, se a esta petição não for dada qualquer resposta no prazo de 6 meses[186], a petição considera-se tacitamente deferida;

---

[181] Cfr. art.º 57.º, n.ᵒˢ 1 e 5 da LGT. V. acórdãos do STA de 9 de janeiro de 2013, processo n.º 10415/12 e de 30 de abril de 2013, Processo n.º 0122/13.

[182] Neste sentido, acórdãos do STA de 7 de março de 2007, processo n.º 06/07, e de 31 de março de 2016, processo n.º 0411/15.

[183] Situação que parece ter algum paralelismo com as agora analisadas está presente no art.º 183.º-A, n.ᵒˢ 4 e 5 do CPPT, embora aí referida ao processo tributário.

[184] V. art.º 64.º do CPPT.

[185] V. art.º 73.º da LGT.

[186] Ressalvam-se os casos em que a falta de resposta é imputável ao contribuinte. Neste quadro, levanta-se o problema de saber se devem ser considerados os 6 meses literalmente previstos no próprio artigo ou os 4 meses previstos no art.º 57.º, n.º 1 da LGT (considerando-se que o legislador se haja "esquecido" de proceder a atualização do preceito aquando da alteração introduzida neste último). Embora o bom senso prático aponte para o segundo dos sentidos (considerar os 4 meses), a verdade é que, juridico-normativamente, deve presumir-se a bondade do pensamento legislativo, de modo que a norma especial do CPPT deve ter preferência aplicativa face à norma geral da LGT.

I. O PROCEDIMENTO TRIBUTÁRIO

- Outro caso relaciona-se com a reclamação dos pagamentos por conta. Estes pagamentos poderão ser objeto de reclamação graciosa (necessária) quando o sujeito passivo entenda que são indevidos. Ora, "decorridos 90 dias após a sua apresentação sem que tenha sido indeferida, considera-se a reclamação tacitamente deferida"[187].
- Tendo o interessado, em determinados casos legalmente previstos, requerido o levantamento da garantia que prestou na execução fiscal, o pedido considera-se tacitamente deferido se não houver resposta em 30 dias[188];
- No quadro do procedimento de informações vinculativas, e caso o interessado faça o pedido com carácter de urgência apresentando uma "proposta de enquadramento jurídico-tributário", esta considera-se tacitamente "convertida" em informação vinculativa se não houver resposta no prazo legal[189];
- Finalmente, no âmbito do procedimento de inspeção tributária, o pedido de sancionamento do relatório final da inspeção considera-se tacitamente deferido se não houver resposta da Administração no prazo de 6 meses[190].

Resta acrescentar – e agora apenas nos estamos a referir à decisão expressa – que, além de um *princípio de obrigatoriedade de decisão*, existe igualmente um *princípio de obrigatoriedade de fundamentação*, nos termos do qual "a decisão de procedimento é sempre fundamentada por meio de sucinta exposição das razões de facto e de direito que a motivaram"[191].

---

[187] V. art.º 133.º, n.º 4 do CPPT.
[188] Cfr. art.º 183.º-A, n.º 4, do CPPT.
[189] Assim, art.º 68.º, n.º 8 da LGT.
[190] V. art.º 64.º, n.º 3 do RCPITA. Cfr. o que dissemos algumas notas atrás, neste mesmo apartado, a propósito do procedimento de ilisão de presunções.
[191] Cfr. art.º 77.º, n.º 1 da LGT. Essa fundamentação, de resto como refere o próprio artigo, pode consistir em mera declaração de concordância com os fundamentos de anteriores pareceres, informações ou propostas, incluindo os que integrem o relatório da fiscalização tributária. É de salientar que a falta de fundamentação ou a fundamentação viciada constitui uma ilegalidade e pode conduzir à anulação do ato mediante a interposição de uma reclamação graciosa ou de uma impugnação judicial [cfr. art.ºs 99.º, alínea c) e 70.º, n.º 1 do CPPT].

2.4. Fase integrativa de eficácia

Proferida a decisão, não está ainda o procedimento concluído. Torna-se necessário que essa decisão seja revestida de uma certa configuração jurídica acrescida que lhe permita produzir plena e integralmente os seus efeitos, ou seja, que a torne plenamente eficaz.

Não se trata aqui, como se vê, de qualquer observância que seja feita à sua existência e validade – em princípio, a decisão já existe e é válida. Contudo, não é ainda eficaz porque não está apta a desencadear os seus efeitos jurídicos de uma forma completa, devendo-lhe acrescer alguns atos que a introduzam no tráfico jurídico. Aliás, no sentido em que o ato comunicativo apenas respeita à eficácia da decisão prescreve quer o art.º 36.º do CPPT – nos termos do qual "os atos em matéria tributária que afetem os direitos e interesses legítimos dos contribuintes só produzem efeitos em relação a estes quando lhes sejam validamente notificados" – quer o art.º 77.º, n.º 6 da LGT – de acordo com o qual "a eficácia da decisão depende da notificação".

No procedimento administrativo em geral, os atos integrativos de eficácia podem revestir uma natureza muito diversa: desde a aposição de uma assinatura, à notificação do interessado, até à prestação de uma caução, ou à realização de um juramento. No procedimento tributário, contudo, o seu âmbito é bastante menos abrangente e quase se identifica com a comunicação do teor do ato decisório ao respetivo interessado.

Embora tenhamos de nos debruçar sobre estas matérias aquando do estudo do *princípio da publicidade dos atos*[192], sempre se poderá adiantar que, em procedimento tributário, os atos comunicativos podem ser analisados mediante a sua repartição em dois importantes grupos, consoante o destinatário esteja ou não individualizado. No primeiro caso, o ato decisório do procedimento será comunicado mediante uma notificação[193]; no segundo, haverá lugar a publicação[194].

---

[192] V. infra apartado 3.13.
[193] V. art.º 35.º, n.º 1, do CPPT. Diferente da notificação é a citação – cujo âmbito de aplicação se circunscreve ao processo de execução fiscal –, que consiste no ato destinado a dar conhecimento ao executado de que foi proposta contra ele determinada execução ou a chamar a esta, pela primeira vez, pessoa interessada.
[194] Um exemplo de tal publicação pode ser encontrado no art.º 56.º do CPPT, a propósito das circulares emanadas no âmbito do procedimento de orientações genéricas.

Convém chamar a atenção para o facto de que as matérias relacionadas com as notificações em sede de procedimento tributário ultrapassam em muito a mera relevância burocrática ou administrativa. Frequentemente, a existência de esquemas ardilosos para evitar o recebimento das comunicações do fisco (por exemplo, através da deslocalização de sedes ou estabelecimentos, ou por meio da não receção dos respetivos documentos) materializam verdadeiros casos de *evasão fiscal* (num sentido formal, não material).

3. Princípios aplicáveis ao procedimento tributário

Ainda antes do estudo das regras aplicáveis a cada procedimento em particular, convém estudar os princípios que enformam, ou devem enformar, tais regras. Deve-se notar que nem todos eles recebem consagração expressa da parte do legislador. Tal, contudo, não lhes retira o papel de parâmetro norteador quer das decisões legislativas, quer das decisões administrativas e jurisdicionais em concreto.

É conveniente recordar, neste ponto, que vários têm sido os critérios apontados para distinguir princípios e regras, sendo de destacar, pela sua relevância teórica e prática[195]:
- O critério da proximidade em relação à *ideia de Direito* acolhida num ordenamento, de acordo com o qual os princípios se encontram numa relação de proximidade muito mais intensa do que as regras que, enquanto densificações, encontram-se mais distanciadas;
- O critério da suscetibilidade de aplicabilidade direta, segundo o qual os princípios, tal o seu elevado grau de abstração, careceriam sempre de mediação normativa, enquanto que as regras, por natureza mais densas, seriam diretamente aplicáveis;
- O critério do carácter prescritivo, nos termos do qual os princípios teriam carácter conformador e substantivo, na medida em que incorporariam determinados valores ou bens jurídicos que, de acordo com determinadas opções de fundo, constituiriam o substrato ideológico de todo o ordenamento, mas não imporiam comportamento algum, ao passo que as regras seriam caracterizadas

---

[195] Cf. o nosso *Constituição, Ordenamento e conflitos normativos. Esboço de uma teoria analítica da ordenação normativa*, Coimbra editora, Coimbra, 2008, pp. 154 e ss.

pela sua natureza primariamente prescritiva, uma vez que imporiam, permitiriam ou proibiriam determinado comportamento; ou
- O critério da suscetibilidade de concordância, de acordo com o qual os princípios são suscetíveis de ser harmonizados e, como tal, de coexistir em situações conflituantes (constituindo "mandatos de otimização") e, pelo contrário, as regras apresentar-se-iam como normas jurídicas absolutamente excludentes, no sentido em que seria impossível a sua coexistência em casos de conflitos, estando subordinadas a uma lógica de afastamento ou de "tudo ou nada" (que seriam "mandatos definitivos").

Vejamos, então, quais são esses princípios.

3.1. O princípio da legalidade da atuação administrativa

O primeiro princípio a merecer atenção diz respeito à criação normativa em matéria procedimental e já deve ter sido objeto de estudo pormenorizado no âmbito da teoria geral do Direito Tributário e Fiscal (substantivo): o princípio da legalidade.

Sem pretender efetuar repetições desnecessárias, recordemos apenas o que referem os preceitos que lhe respeitam. A este propósito, e em particular para o que nos interessa, refere o n.º 2 do art.º 103.º da CRP que as garantias dos contribuintes são "determinadas" por lei, acrescentando o n.º 3 que a liquidação e a cobrança se devem fazer nas formas previstas também na lei.

Por outro lado, a LGT, no seu art.º 8.º – que deve ser entendido como sendo uma norma materialmente constitucional – vem, no n.º 2, alargar tal sujeição à lei às matérias respeitantes à "regulamentação das figuras da substituição e responsabilidade tributárias", "definição das obrigações acessórias", e "regras de procedimento e processo tributário".

Como dissemos, não pretendemos repetir o que já se deve ter por adquirido. Contudo, deve ser recordado que:
- O Direito positivo utiliza o termo "lei" em vários sentidos, diferentes consoante o âmbito de abrangência (lei em sentido formal, lei em sentido material);
- A reserva de lei pode ser perspetivada como sendo uma reserva de lei em sentido absoluto ou em sentido relativo, na medida do grau de vinculação do aplicador respetivo; e

- A reserva de competência legislativa da Assembleia da República, também ela, pode ser uma reserva absoluta ou relativa, consoante as matérias em causa sejam abrangidas, respetivamente, pelos art.ºs 164.º ou 165.º da CRP[196].

3.2. O princípio da verdade material

a) Enunciação
O objetivo fundamental de toda a atuação procedimental tributária deverá ser sempre a descoberta da verdade material, parecendo esta exigência estar plasmada naquilo que a LGT (art.º 55.º) designa por "princípio da justiça". Com efeito, esta justiça (material) apenas será conseguida se todos os atos em que o procedimento se decompõe – atos esses, praticados quer por entidades públicas (v.g., liquidação de um tributo, decisão de uma reclamação), quer por entidades privadas (v.g., cobrança de um imposto mediante retenção na fonte, sujeição a ações inspetivas, apresentação de documentos) – a tiverem como coordenada essencial, não sendo de admitir nem (i) condutas da Administração tributária que procurem, a todo o custo, a tributação dos rendimentos dos contribuintes, nem (ii) condutas destes que procurem, por todas as formas, obstaculizar essa tributação.

A verdade material em matéria tributária implica o conhecimento e aceitação total do princípio da igualdade (justiça) na tributação, na sua dimensão estruturante de respeito pela efetiva capacidade contributiva dos sujeitos, pois apenas o conhecimento desta permite atingir aquela. As atuações procedimentais, neste sentido, apenas deverão ter por finalidade averiguar tal capacidade contributiva e concluir pela tributação ou não tributação em função dos resultados de tal averiguação. Por conseguinte, quer a Administração, quer os contribuintes estão obrigados a cooperar no sentido referido.

A aceitação desta ideia terá como consequência, por exemplo, que, num caso de reconhecimento de benefícios fiscais, se o órgão administrativo tiver acesso a elementos que o contribuinte não tenha e que permitam concluir pela isenção de tributação, deverá carrear tais elementos

---

[196] Cfr., com muito interesse, o acórdão do TC n.º 84/2003, disponível em http://www.tribunalconstitucional.pt.

para a instrução de modo a que possam ser levados em conta na decisão final, independentemente de saber se tal atuação beneficia ou prejudica o *fisco*. O mesmo vale, *mutatis mutandis*, para os contribuintes.

b) Sub-princípio da cooperação

Por aqui já se vê que este princípio da verdade material tem como importante corolário o sub-princípio da cooperação (latamente entendido como sinónimo de "colaboração", embora se tenha presente que podem ser apontados traços distintivos), nos termos do qual "os órgãos da Administração tributária e os contribuintes estão sujeitos a um dever de colaboração recíproco", presumindo-se sempre a boa fé das suas atuações[197].

Tal dever de cooperação implica, por parte da Administração tributária, designadamente, que ela "esclarecerá os contribuintes e outros obrigados tributários sobre a necessidade de apresentação de declarações, reclamações e petições e a prática de quaisquer outros atos necessários ao exercício dos seus direitos, incluindo a correção dos erros ou omissões manifestas que se observem", do mesmo modo que deverá proceder à convolação dos procedimentos para a forma adequada quando seja apresentada uma tramitação inexata[198].

Do lado do contribuinte, este "cooperará de boa-fé na instrução do procedimento, esclarecendo de modo completo e verdadeiro os factos de que tenha conhecimento e oferecendo os meios de prova a que tenha acesso"[199], nomeadamente mediante "o cumprimento das obrigações acessórias previstas na lei e a prestação dos esclarecimentos que esta lhes solicitar sobre a sua situação tributária, bem como sobre as relações económicas que mantenham com terceiros"[200].

Por exemplo, a propósito do dever de prestação de esclarecimentos, e numa matéria extremamente sensível e muito propícia à existência

---

[197] Cfr. art.º 59.º, n.ºs 1 e 2, da LGT.
[198] Cfr. art.ºs 48.º, n.º 1, e 52.º do CPPT e, ainda, art.º 59.º, n.º 3, da LGT.
[199] Cfr. art.º 48.º, n.º 2, do CPPT.
[200] V. art.º 59.º, n.º 4, da LGT. Contudo, deve-se salientar que tal dever de cooperação não vincula apenas as partes procedimentais. Nos termos do art.º 49.º do CPPT também "estão sujeitos a um dever geral de cooperação no procedimento os serviços, estabelecimentos e organismos, ainda que personalizados, do Estado, das Regiões Autónomas e das Autarquias locais, as associações públicas, as empresas públicas ou de capital exclusivamente público, as instituições particulares de solidariedade social e as pessoas coletivas de utilidade pública".

de inverdades, o EBF prescreve no seu art.º 9.º que "as pessoas titulares do direito aos benefícios fiscais são obrigadas a declarar, no prazo de 30 dias, que cessou a situação de facto ou de direito em que se baseava o benefício, salvo quando essa cessação for de conhecimento oficioso"[201].

Por outro lado, importa colocar em evidência que estamos a falar de um verdadeiro *dever de cooperar* e não de uma mera faculdade que simplesmente esteja na disponibilidade do sujeito em questão. A enfatizar tal conclusão podem-se apontar as diversas consequências que o ordenamento jurídico faz desencadear quando tal colaboração, sendo exigida ou exigível, não é prestada, nomeadamente:
– A sujeição a inspeções tributárias;
– A suspensão dos prazos de imposição de celeridade administrativa e a consequente impossibilidade de exigir o seu respeito[202];
– A aplicação de métodos indiretos de avaliação, designadamente mediante a tributação através de indícios ou presunções[203];
– A perda de benefícios fiscais[204];
– A derrogação do sigilo bancário sem dependência de autorização do Tribunal[205];
– A aplicação de agravamentos à coleta[206];
– A manutenção das garantias prestadas para suspender o processo de execução fiscal[207];

---

[201] Já a LGT (art.º 14.º, n.º 1) havia determinado que "a atribuição de benefícios fiscais ou outras vantagens de natureza social concedidas em função dos rendimentos do beneficiário ou do seu agregado familiar depende (...) do conhecimento da situação tributária global do interessado".
[202] Cfr. art.º 57.º, n.º 4, da LGT.
[203] Cfr. art.ºs 87.º, alíneas b) e ss.; 88.º, 89.º e 89.º-A da LGT.
[204] Cfr., a propósito, art.ºs 14.º, n.º 2, da LGT e art.º 14.º, n.º 2 e n.º 4, do EBF.
[205] Cfr. art.º 63.º-B, n.º 1, da LGT
[206] Cfr. art.º 77.º do CPPT ou 91.º, n.º 9, da LGT. A determinação em concreto do montante deste agravamento, dentro dos limites legalmente estabelecidos, sendo deixada ao critério da entidade administrativa, não deixa de estar balizada pelos limites impostos pelo princípio constitucional da proporcionalidade. Particularmente, deve ter em consideração (i) o grau de censura que aos seus olhos merece a atuação do sujeito em causa e (ii) a dimensão da atividade procedimental que ele tiver provocado (o "trabalho causado"). Cfr. a respeito, acórdão do TCA-N de 11 de novembro de 2004, processo n.º 00035/04.
[207] Cfr. art.º 183.º-A n.º 2, do CPPT.

– A responsabilidade do sujeito que se nega a prestá-la, sendo de apontar uma eventual tríplice responsabilidade (i) disciplinar[208], (ii) contraordenacional[209] ou até (iii) criminal[210].

Como se vê, grande parte destas consequências são direcionadas às violações levadas a efeito pelos obrigados tributários. Em todo o caso, não deve ser perdido de vista que também a AT se encontra adstrita ao cumprimento deste dever.

c) Desvios

Contudo, o princípio da verdade material, em Direito tributário, não é um princípio absoluto, pois admite alguns desvios[211].

Entende-se que, por vezes, quando estamos a falar de normas tributárias e de sujeição ou não a imposição, não é necessário um rigoroso juízo de certeza (que se traduziria na efetiva e real verdade material), mas pode bastar um mero juízo de verosimilhança ou *verdade material aproximada*. Será o que se passa, designadamente, com a fixação da matéria tributável recorrendo a indícios ou presunções, no âmbito da denominada "avaliação indireta".

Nestes casos, como se disse, formula-se um juízo de verosimilhança – distinto do juízo de verdade que, por princípio, exclui a verdade contrária, o que não acontece com aquele – que permita ao órgão da Administração tributária "presumir", v.g., a capacidade contributiva de determinado sujeito passivo e, se for caso disso, tributá-la em conformidade. Tal sujeito, desta forma, vai ser alvo de tributação, não com base na riqueza que efetivamente auferiu, mas com base num valor que, de acordo com critérios vários, se julga que lhe é aproximado.

---

[208] Neste particular, estamos a referimo-nos, obviamente, aos "funcionários públicos", e nos termos das normas de Direito administrativo que sejam aplicáveis.
[209] Cfr. art.º s 113.º e 116.º e ss. do RGIT.
[210] Cfr., por exemplo, art.º 103.º, n.º 1, alíneas a) e b) do RGIT.
[211] Será preferível a expressão "desvios" e não exceções uma vez que, em rigor, o objetivo do procedimento continua a ser a descoberta da verdade material, apenas mudando, por razões várias (v.g., violação dos deveres contabilísticos ou declarativos, declaração de valores que se afastam de determinados padrões tidos como "normais") o instrumento adequado para a atingir.

Estes tópicos serão retomados adiante, quando se fizer referência em específico ao procedimento de avaliação indireta da matéria tributável[212].

3.3. O princípio da vinculação de forma

Constituindo o procedimento um conjunto de atos de muito diversa natureza, seguramente não será indiferente a forma como esses atos se exteriorizam e se deixam vislumbrar pelos vários atores do ordenamento jurídico-tributário.

A propósito do problema da forma dos atos procedimentais (e não do procedimento em si, como o legislador parece fazer indicar) pelos menos dois valores juridicamente relevantes e conflituantes se poderão apontar: por um lado, aparece o valor *celeridade e dinâmica procedimental*, que se manifesta na necessidade de que as diversas atuações no âmbito do procedimento se revelem temporalmente eficazes e não sejam levadas a cabo a destempo ou tardiamente; por outro lado, surge o valor *segurança jurídica*, que exige que os diversos atores do procedimento possam, com razoabilidade, ter conhecimento das posições contrárias ou diferentes da sua, de modo a poderem defender-se.

Em termos gerais, no âmbito das opções de fundo tomadas pelo legislador, parece que o segundo valor assume uma ligeira preponderância que se traduz, designadamente, na consagração de um princípio geral de vinculação de forma – os atos do procedimento devem seguir a forma escrita[213].

Em alguns casos, contudo, a celeridade impõe-se, sendo admitida a prática oral de atos procedimentais, dos quais os seguintes constituem exemplos:
- Exercício do direito de audição[214];
- Reunião no âmbito do procedimento de revisão da matéria tributável fixada por métodos indiretos[215];
- Apresentação da reclamação graciosa[216];

---

[212] V., infra apartado 5.2.3.
[213] V. art.º 54.º, n.º 3, da LGT.
[214] Cfr. art.ºs 60.º, n.º 6 da LGT e 45.º, n.º 2 do CPPT, nos termos do qual "o contribuinte é ouvido *oralmente* ou por escrito, conforme o objetivo do procedimento" (sublinhado nosso). De toda a forma, no caso de audição oral, as declarações do contribuinte serão reduzidas a termo (art.º 45.º, n.º 3 do CPPT).
[215] Cfr. art.ºs 91.º, n.º 3 e 92.º, n.º 1 da LGT.
[216] Cfr. art.º 70.º, n.º 6 do CPPT.

– Apresentação da reclamação das matrizes em sede de IMI[217].

Recorde-se, contudo, que a regra é a da vinculação à forma escrita.

3.4. O princípio da celeridade

O Interesse público na perceção da receita tributária, o interesse do contribuinte na estabilização da sua situação jurídica, e o interesse do ordenamento em conseguir a efetividade do princípio da segurança jurídica, impõem que as questões tributárias, litigiosas ou não, sejam resolvidas em tempo útil. Com efeito, de nada adianta o legislador prever a existência de um arsenal procedimental bem estruturado e bem articulado se, posteriormente, os atos em que um procedimento se desdobra não são levados a efeito ou são-no após um lapso temporal manifestamente exagerado.

Assumindo, por isso, que o Direito que tarda não é verdadeiro Direito, prevê o nosso ordenamento tributário, em matéria de procedimento, um *princípio de celeridade*, que se traduz na exigência geral de que aquele seja concluído num prazo razoável. Tal princípio comporta, nomeadamente, as seguintes dimensões:

i) Simplicidade e economia procedimental, através da prevalência das atuações desburocratizadas e da proibição da prática de atos inúteis ou dilatórios[218], sendo o procedimento da iniciativa do contribuinte obrigatoriamente arquivado se ficar parado mais de 90 dias por motivo a este imputável[219];

ii) Rapidez de atuações, mediante o estabelecimento de um prazo de duração máxima do procedimento tributário (o nosso legislador fixou tal prazo em 4 meses[220]) e de um prazo máximo para a prática de atos procedimentais (em concreto, 8 dias, salvo disposição legal em sentido contrário)[221].

---

[217] Cfr. art.º 132.º, n.º 1 do CIMI.
[218] V. art.º 57.º, n.º 1 da LGT . Cfr. também art.º 69.º, alíneas a) e b) do CPPT.
[219] V. art.º 53.º, n.º 1 do CPPT.
[220] Cfr. art.º 57.º, n.º 1 da LGT. Esse prazo, contudo, não é absoluto, pois situações existem em que outro pode ser previsto pelo legislador. Cfr., por exemplo, o art.º 66.º, n.º 5 do CPPT, nos termos do qual "os recursos hierárquicos serão decididos no prazo máximo de 60 dias", ou o art.º 92.º, n.º 2 da LGT, nos termos do qual o procedimento de revisão da matéria tributável fixada por métodos indiretos "(...) deve ser concluído no prazo de 30 dias contados do seu início (...)". Cfr., ainda, art.º 36.º, n.ºs 2 e 3 do RCPITA.
[221] V. art.º 57.º, n.º 2 da LGT.

Os prazos referidos "são contínuos e contam-se nos termos do Código Civil" e, como já referimos, "suspendem-se no caso de a dilação do procedimento ser imputável ao sujeito passivo por incumprimento dos seus deveres de cooperação"[222].

De salientar ainda que, nos casos em que o procedimento tributário petitório não seja concluído no prazo legalmente previsto – contado a partir da entrada da petição do contribuinte no serviço competente da Administração tributária – presume-se, em regra, o indeferimento da respetiva pretensão (indeferimento tácito) e o interessado poderá considerar que, a partir de então, existe um ato suscetível de impugnação, graciosa ou jurisdicional[223].

3.5. O princípio da proibição do excesso

Outro importante princípio norteador de todas as condutas inseridas no procedimento tributário é o *princípio da proibição do excesso* ou da *proporcionalidade*.

Não se pode dizer que tenha sido inteiramente feliz a redação legislativa neste particular. Com efeito, sob a epígrafe "proporcionalidade" ensacou o legislador no mesmo normativo realidades tão distintas como o próprio princípio da proporcionalidade, uma dimensão deste (a adequação) e princípios enquadráveis noutros contextos (eficiência, praticabilidade e simplicidade).

Como se sabe, o princípio constitucional da proibição do excesso tem o seu âmbito preferencial de aplicação em sede de medidas restritivas (v.g., restrição de direitos, liberdades e garantias) e faz apelo a uma ponderação meio-fim, como forma de resolver eventuais conflitos de interesses. Enquanto princípio constitucional estruturante e densificador do próprio princípio do Estado de Direito, apresenta como dimensões significativas as exigências de[224]:

i) Adequação, isto é, a medida que se vai introduzir no ordenamento jurídico deve ser qualitativamente certa para prosseguir o fim que no caso em concreto se visa;

---

[222] Assim, art.º 57.º, n.º s 3 e 4 da LGT.
[223] V. art.º 57.º, n.º 5 da LGT. Todavia, e como se sabe, nem sempre tal acontece, pois estão igualmente previstos alguns casos de deferimento tácito. Cfr., por exemplo, art.º 64.º, n.º 3 do CPPT.
[224] Entre muitos outros, v., por exemplo, acórdão do Tribunal Constitucional n.º 532/2017.

ii) Necessidade, ou seja, a intervenção restritiva apenas deverá ser feita se outra menos gravosa não puder ser levada a efeito; e
iii) Proporcionalidade em sentido restrito, que significa que a medida restritiva deve ser quantitativamente acertada (i. é, não exagerada) em relação ao fim em causa.

Em matéria de procedimento tributário, este princípio – que, naturalmente, vincula em primeira linha o legislador, devendo este abster-se de introduzir no ordenamento medidas que o violem – terá uma importância ineliminável naqueles casos em que a Administração tributária ofende a propriedade privada, restringe a liberdade de exercício de profissão ou se procura introduzir no espaço de reserva da vida privada dos contribuintes, buscando informações respeitantes, por exemplo, à sua situação económica, financeira, pessoal, profissional, etc. Nestas situações – em que nos parece indubitável que as exigências de igualdade e justiça na tributação permitem aos órgãos públicos "buscar" aspetos menos visíveis das ações dos contribuintes, – todas as atuações da Administração (por exemplo, inspeções[225], recurso a presunções, pedidos de informações e mesmo aplicação de penas, como coimas ou multas) devem ser norteadas pelas dimensões acima referidas, sob pena de inconstitucionalidade e/ou ilegalidade das mesmas.

3.6. O princípio da segurança jurídica e da proteção da confiança*

Uma das mais relevantes dimensões estruturantes de um Estado de Direito é a estabilidade das normas, dos atos e das situações jurídicas, na medida em que os diversos envolvidos nas relações jurídicas (tributárias) hão-de querer atuar com base em firmeza e no pressuposto de que podem confiar minimamente nas atuações alheias. Neste contexto, individualizam-se dois importantes vetores materiais que são a *segurança jurídica* – vocacionado para a proteção da dimensão objetiva do ordenamento e das normas (por exemplo, proibindo a sua retroatividade) – e a

---

[225] V., a respeito das inspeções, o preceituado no art.º 63.º, n.º 4 da LGT, onde, nomeadamente, se fixa a regra da tendencial proibição de inspeções sucessivas.

* Neste particular ponto, seguiremos de perto o nosso *Proteção da confiança, procedimento e processo tributários*, in *Segurança e confiança legítima do contribuinte* (coord. Manuel Pires e Rita Calçada Pires), Ed. Universidade Lusíada, Lisboa, 2013, 349 e ss., para onde remetemos maiores desenvolvimentos.

proteção da confiança legítima – mais pensado para a proteção dos sujeitos e para a estabilidade subjetiva em concreto.
Procure-se centrar a análise neste segundo vetor.

Como se compreende, trata-se de exigir aos entes públicos, e particularmente à AT, que atue sempre com base numa certa dose de previsibilidade – de razoável previsibilidade, entenda-se –, não introduzindo na esfera jurídica dos destinatários dos seus atos (v.g., contribuintes, seja em geral, seja em específico) alterações desfavoráveis com as quais eles não poderiam razoavelmente contar nem poderiam plausivelmente antever. Na verdade, não podem "andar ao sabor" das flutuações opinativas da AT, decidindo esta num certo sentido numa ocasião e, contra todas as expectativas, invertendo a orientação decisória em sentido diverso ou oposto, frustrando esperanças legítimas.

No procedimento tributário, e entre vários outros, podem ser apontados os seguintes instrumentos de previsibilidade, os quais procuram sempre assegurar a proteção da confiança que os obrigados tributários depositam na atuação dos entes públicos em matéria tributária:
i) A emanação de orientações genéricas, visando a uniformização da interpretação e aplicação das normas tributárias pela AT (art.ºs 55.º e 56.º do CPPT). A este respeito, importa salientar que o contribuinte pode ter direito a juros indemnizatórios nas situações em que entregue as suas declarações seguindo as instruções constantes das orientações genéricas legalmente emanadas (pois considera-se que houve erro imputável aos serviços)[226].
ii) A prestação de informações com carácter vinculativo (art.º 57.º do CPPT);
iii) A realização de avaliações prévia, às quais a AT fica vinculada por determinado período (art.º 58.º do CPPT);
iv) A obrigatoriedade de ouvir o contribuinte antes da emanação de qualquer ato desfavorável com o qual ele não possa razoavelmente contar (art.º 60.º da LGT);
v) A tendencial irrevogabilidade dos atos administrativos constitutivos de direitos, e em especial dos benefícios fiscais [227].

[226] Assim, art.º 43.º, n.º 2 da LGT.
[227] V., a propósito, art.ºs 167.º do Código de procedimento administrativo (CPA) e 14.º, n.º 4, do Estatuto dos benefícios fiscais (EBF),

3.7. O princípio da disponibilidade e do inquisitório

Já foi atrás referido qual deve ser o principal objetivo das atuações procedimentais tributárias – a descoberta de verdade material. Questão diferente é a de saber se, na prossecução desse objetivo, as atuações estão ou não na disponibilidade da vontade dos atores procedimentais ou, por outras palavras, se estes podem decidir de acordo com o seu arbítrio se atuam ou se não atuam, se diligenciam ou se não diligenciam, se investigam ou se não investigam. A este propósito, pode-se dizer que são dois os princípios que aqui conflituam: o *princípio da disponibilidade* (ou dispositivo) – de acordo com o qual os interessados dispõem acerca do andamento do procedimento – e o princípio do inquisitório – de acordo com o qual o procedimento está sujeito à vontade do órgão decisor, que apenas atua em termos de vinculação extrema.

A questão terá resposta diferente consoante o ator procedimental que esteja em questão, pelo que se pode falar alternativamente em um ou em outro princípio.

Saliente-se, porém, um aspeto da maior importância: a questão aqui em análise prende-se com a (in)disponibilidade das atuações procedimentais, a qual não se confunde com a disponibilidade das posições jurídicas subjetivas materiais (como os direitos subjetivos, os direitos de crédito). Estas últimas, quando tituladas pela AT, são indisponíveis[228].

a) Princípio da disponibilidade

Se estivermos a falar dos contribuintes, ou outros obrigados tributários, naturalmente que valerá o princípio da disponibilidade, o que significa que aqueles apenas atuarão no procedimento – apresentando petições, opondo-se, juntando elementos de prova, etc.– se assim o entenderem ("as partes dispõem do procedimento"). Trata-se de deixar nas mãos daqueles a decisão acerca do rumo que o procedimento deve tomar, até porque – ao contrário do que acontece com a Administração – não estão, constitucional ou legalmente, obrigados a prosseguir qualquer Interesse público, valendo uma ideia de auto-responsabilização dos interessados. As principais consequências serão:

    i) Ao nível da iniciativa, muitos procedimentos apenas se iniciam se existir um impulso voluntário da parte dos interessados. Pense-se,

---

[228] Cfr. art.º 30.º, n.º 2, da LGT.

por exemplo, nos procedimentos de informações vinculativas[229], de reconhecimento de benefícios fiscais[230], ou de reclamação graciosa[231].

ii) Ao nível da fixação do objeto do procedimento, existem muitos casos em que o *thema decidendum* – constituído, em geral, pelo mérito ou fundo da questão administrativa a decidir – é fixado a partir das peças apresentadas pelas partes interessadas (v.g., o pedido) como é o que acontece no já referido procedimento de reconhecimento de benefícios fiscais, devendo o órgão decisor pronunciar-se apenas sobre o solicitado.

iii) Ao nível da possibilidade de pôr termo ao procedimento, existem procedimentos que podem terminar mediante um ato de vontade dos interessados, nomeadamente mediante desistência ou acordo. Pense-se, por exemplo, no procedimento de revisão da matéria tributável fixada por métodos indiretos, onde o principal objetivo é a fixação de um acordo sobre o valor da matéria tributária a liquidar futuramente[232], prevalecendo uma verdade formal sobre uma eventual verdade material.

Contudo, uma tão alargada margem de aplicação conferida ao princípio da autonomia da vontade – que se verificará, principalmente, naqueles procedimentos em que estejam em causa direitos disponíveis como, por exemplo, os relativos a benefícios fiscais – poderá ter custos, podendo o legislador valorar negativamente a inércia, nomeadamente sob cominação de livre apreciação da falta, do não seguimento do procedimento, ou considerando confessados factos relativamente aos quais não houve atuação ou resposta[233].

Além disso, também deve ser fixada a ideia de que uma disponibilidade muito alargada pode conduzir a resultados perversos, permitindo aos interessados, por via dos inúmeros esquemas procedimentais que

---

[229] Cfr. art.º 57.º do CPPT.
[230] Cfr. art.º 65.º do CPPT.
[231] Cfr. art.º 68.º do CPPT.
[232] Cfr. art.ºˢ 91.º e 92.º da LGT.
[233] É o que se passa, nomeadamente, em sede de procedimento de revisão da matéria coletável fixada por métodos indiretos, no âmbito do qual vale como desistência do pedido a não comparência injustificada do perito designado pelo contribuinte (art.º 91.º, n.º 6, da LGT).

têm ao seu dispor, manipular, distorcer ou ocultar factos, contornando a realidade e fugindo à verdade material.

b) Princípio do inquisitório
Se estivermos a falar da Administração tributária, as coisas serão, naturalmente, diferentes. Prescreve a este propósito o art.º 58.º da LGT que "a Administração tributária deve, no procedimento, realizar todas as diligências necessárias à satisfação do interesse público e à descoberta da verdade material, não estando subordinada à iniciativa do autor do pedido".

Os órgãos que integram a Administração tributária estão, por incumbência constitucional e legal[234], obrigados a tudo fazer no sentido de assegurar a melhor realização possível do Interesse público, pelo que dificilmente se poderia aceitar que a marcha do procedimento pudesse estar ao sabor de uma vontade não vinculada.

As principais consequências da existência deste verdadeiro *dever de agir* são:

i) Ao nível da iniciativa, alguns procedimentos são instaurados *ex officio*. Será o que se passa, nomeadamente, no procedimento de fixação da matéria tributável por métodos indiretos[235].

ii) Ao nível da instrução, sendo certo que a indicação dos elementos de prova deve ser efetuada pelos interessados – designadamente mediante a aplicação das regras do ónus da prova –, a Administração não se deve cingir aos elementos apresentados, mas antes deve diligenciar no sentido de trazer para o procedimento todos aqueles que lhe pareçam indispensáveis à descoberta da verdade material, mesmo que desfavoráveis à atividade de arrecadação. Como já atrás se fez notar, de modo algum se pode considerar que a AT está dispensada de considerar os meios de prova que tenha em seu poder e que beneficiem a outra parte quando esta os não apresenta, do mesmo modo que é de exigir que sempre que existam dúvidas, existe igualmente um dever de investigar[236].

---

[234] Cfr. art.º 266.º da CRP.
[235] V. art.ºs 87.º e ss. da LGT.
[236] Cfr. acórdão do STA de 3 de abril de 2013, processo n.º 0393/13 e acórdão do TCA-S de 17 de março de 2016, processo n.º 06178/12.

iii) Ao nível da possibilidade de pôr termo ao procedimento, a *desistência* está, em princípio, subtraída à disponibilidade administrativa. Quer isto dizer que não deve ser admissível o abandono administrativo no âmbito do procedimento tributário.
iv) Ao nível das consequências da não atuação, comina-se com invalidade a decisão que assente num procedimento *omissivo*, pois a não atuação da Administração quando está legalmente obrigada a agir – isto é, quando a sua atuação se consubstancia num dever e não apenas num poder-dever (o que somente poderá ser aferido caso a caso) – pode consubstanciar uma violação do princípio da vinculação à verdade material[237].

Note-se que o conceito de "dever" da Administração tributária deve ser interpretado em termos hábeis, sendo importante, nomeadamente, ter em atenção que não poderá significar a obrigatoriedade de realizar todas as diligências que sejam requeridas ou mais tarde reclamadas, nem a admissibilidade absoluta e inquestionável de todos os meios probatórios, mas apenas a vinculação da Administração a realizar as diligências tendentes a alcançar o apuramento da realidade e da verdade dos factos, admitindo e valorando as provas com as quais os interessados podiam razoavelmente confiar como provas atendíveis, para em seguida decidir sobre essa base[238].

Como já salientamos, uma questão delicada será a de saber como compatibilizar esse dever de investigar com as regras relativas à repartição do ónus da prova que determinam que o ónus de provar os factos constitutivos dos direitos da Administração tributária ou dos contribuintes recai sobre quem os invoque[239]. Na verdade, perante uma situação concreta de conflito, cabe perguntar: deverá a Administração tributária investigar apenas no sentido de provar os factos constitutivos dos direitos que invoca – que, em todo o caso, não serão "seus"– ou, diferentemente, estará obrigada a diligenciar e provar todos os factos neces-

---

[237] Problemas delicados poderão surgir nos casos de iniciativa não administrativa, nos quais se levanta a questão de saber se pode a Administração tributária decidir sobre matéria não mencionada nas peças dos interessados, v.g., decidir sobre coisa mais ampla ou diversa da pedida quando o Interesse público assim o exigir.
[238] Cfr. acórdão do STA de 29 de abril de 2004, processo n.º 0191/03.
[239] Assim, art.º 74.º, n.º 1, da LGT.

sários á descoberta da verdade material, mesmo quando desconformes com o direito que invoca nesse caso em concreto?

Uma forma juridicamente adequada de dar resposta a esta questão passa por conceber as regras de ónus da prova num sentido subsidiário ou supletivo, aplicando-as apenas quando o princípio do inquisitório se afigure insuficiente. Significa isto que, em primeira linha, o agente administrativo deve proceder a todas as diligências necessárias e convenientes à descoberta da verdade material, e apenas quando tais diligências são insuficientes se deverá lançar mão das regras de ónus probatório (que assim veriam o seu campo de atuação porventura bastante reduzido, partindo do pressuposto, como não poderá deixar de ser feito, que a Administração diligenciou imparcial e devidamente).

Finalmente, refira-se que o dever de agir da Administração tem como correspetivo, na esfera jurídica do contribuinte, um *interesse legalmente protegido* à boa atuação administrativa e à correta aplicação das normas (não se tratará de um direito subjetivo, pois não se verifica aqui uma tutela direta e pessoal das suas pretensões jurídicas, não estando o princípio do inquisitório, em primeira linha, ao serviço da proteção dos contribuintes).

3.8. Os princípios da participação e do contraditório

Procurando cumprir um imperativo constitucional, o procedimento administrativo em geral e o procedimento tributário em particular são transversalmente perpassados por uma *ideia de participação* dos destinatários dos atos nos procedimentos que lhes digam respeito. Tal *ideia* de participação, que procura assegurar a co-responsabilização das decisões[240], pode ganhar dimensão jurídica de diversas formas, sendo de salientar:

i) A participação enquanto direito fundamental de qualquer administrado e contribuinte, que assume uma configuração positiva, ao exigir dos órgãos administrativos atuações e medidas que promovam a sua exequibilidade (i. é, a real e efetiva intervenção daqueles, nomeadamente promovendo a audiência, o contraditório, a oposição);

---

[240] Cfr., por exemplo, o que refere a LGT acerca da participação dos contribuintes nos procedimentos de avaliação indireta (art.º 82.º, n.º 3) e de revisão da matéria tributável fixada por métodos indiretos (92.º, n.º 1).

ii) A participação enquanto garantia dos contribuintes, que assume uma configuração negativa, ao impedir que estes sejam lesados quando, devendo pronunciar-se ou agir, não tiveram qualquer palavra a dizer;
iii) A participação enquanto princípio respeitante à estrutura do procedimento. O procedimento não pode ser perspetivado como tendo uma estrutura unilateral ou inquisitiva, mas sim bilateral, estrutura essa que será juridicamente assegurada através de mecanismos de participação diversos, no âmbito dos quais o direito de audição e de contradição (resposta e defesa) assumem uma importância incontornável.

Ora, é exatamente no âmbito destes direitos de contradição que surge um dos mais importantes princípios respeitantes à forma como o procedimento é estruturado – o *princípio do contraditório*, que se assume deste modo como uma das mais importantes densificações do princípio da participação sem que, contudo, com ele se confunda. A diferença fundamental entre ambos os princípios reside na circunstância de que o princípio da participação é muito mais abrangente do que o do contraditório, na medida em que, ao contrário deste, não tem uma função eminentemente reativa – não se revelando apenas nas situações em que se coloca o problema da resposta do interessado – mas muito mais do que isso, procura afirmar a possibilidade de influenciar, de motivar e de ajudar o órgão competente a tomar a decisão correta.

3.9. O princípio da confidencialidade
Já resulta da teoria geral dos direitos fundamentais que, em caso de conflito de dois direitos, o intérprete ou aplicador jurídico deve, num desígnio de concordância prática, procurar harmonizá-los, nunca postergando um ou outro. Ora, uma das matérias que, no âmbito do procedimento tributário, maiores dificuldades de compatibilização suscita é a que se prende com o conflito que pode surgir entre os direitos à informação[241] e o direito à reserva da vida privada[242].

---

[241] V. art.º 268.º da CRP.
[242] V. art.º 26.º da CRP.

É que, se por um lado, "os cidadãos têm (...) o direito de acesso aos arquivos e registos administrativos", por outro, a todos é reconhecidos o direito à reserva da intimidade da vida privada e familiar[243]. Assim sendo, *quid juris* se alguém (como uma entidade policial, um magistrado judicial, um advogado, um familiar ou um simples "interessado") solicita à Administração tributária informações sobre a situação de uma determinada pessoa perante o Fisco, ou dados relativos às suas declarações para efeitos de imposto? Deverá ela, ao abrigo do art.º 268.º da CRP[244], solicitar a informação prestada? Ou, pelo contrário, e dando cumprimento ao art.º 26.º, deverá recusar-se a prestá-la?

Como dissemos, tudo passa pela compatibilização dos direitos em conflito, e o próprio legislador constituinte aponta nesse sentido ao utilizar a expressão "sem prejuízo do disposto na lei em matérias relativas à segurança interna e externa, à investigação criminal e à intimidade das pessoas". Como proceder, então, a essa compatibilização?

Mediante a figura jurídica do *sigilo*.

Em inúmeras situações, o ordenamento jurídico obriga determinadas pessoas a guardar segredo relativamente a factos não públicos que tomaram conhecimento no (e por causa do) desempenho das suas fun-

---

[243] Parece indiscutível que o direito fundamental de reserva de intimidade da vida privada e familiar (art.os 26.º da CRP e 80.º do CC) – que é sustentado por outras garantias constitucionais (como os direitos à inviolabilidade do domicílio e da correspondência e à proteção dos dados informáticos) e legais (art.os 75.º a 78.º do CC) – não diz respeito a todas as esferas de atuação da vida pessoal, mas apenas às esferas privada (que abrange a vida familiar, relações de amizade, relações económicas e financeiras) e confidencial (respeitante àquilo que normalmente se quer ocultar da curiosidade alheia). Ficará assim de fora da sua abrangência a denominada esfera pública. Cfr. acórdão do TC n.º 278/95, disponível em http://www.tribunalconstitucional.pt.

[244] Em rigor, e como é sabido, o art.º 268.º da CRP consagra, quanto a esta matéria, dois distintos direitos:
– no seu n.º 1 consagra o direito de informação procedimental, titulado pelo próprio sujeito do procedimento e relativo a dados quer lhe dizem respeito. Neste caso, não poderá a Administração recusar qualquer informação solicitada, sob pena de o interessado (o próprio ator procedimental, repita-se) a poder acionar judicialmente mediante a intimação para um comportamento;
– já no seu n.º 2, vem previsto o direito de acesso ao procedimento da parte de terceiros, domínio onde, compreensivelmente, poderão existir restrições.

Naturalmente que no texto nos estamos a referir a este último sentido. Cfr., ainda, art.º 59.º, n.º 3, alínea g), da LGT.

ções, impondo-lhes um verdadeiro dever de sigilo profissional. Pense-se, por exemplo, nos sacerdotes, advogados, médicos agentes bancários e, particularmente para o que nos interessa, os funcionários da Administração tributária.

Estes últimos têm acesso a muitos factos, atos e relações que os contribuintes têm de lhes expor para efeitos de cumprimento das suas obrigações tributárias, nomeadamente nas suas declarações, livros de contabilidade, exposições, reclamações, etc., e cuja divulgação poderia implicar sérios prejuízos ao nível dos seus direitos ao bom nome, honra, imagem ou somente privacidade e tranquilidade[245]. Por esse motivo, o próprio legislador fiscal (adjetivo) prevê que "os dirigentes, funcionários e agentes da Administração tributária estão obrigados a guardar sigilo sobre os dados recolhidos sobre a situação tributária dos contribuintes e os elementos de natureza pessoal que obtenham no procedimento"[246]. Do mesmo modo prescreve o art.º 22.º do RCPITA que "o procedimento da inspeção tributária é sigiloso, devendo os funcionários que nele intervenham guardar rigoroso sigilo sobre os factos relativos à situação tributária do sujeito passivo ou de quaisquer outras entidades e outros elementos de natureza pessoal ou confidencial de que tenham conhecimento no exercício ou por causa das suas funções".

Para estes efeitos, dados sobre a "situação tributária dos contribuintes" serão aqueles que constituam elementos reveladores da sua capacidade contributiva, como os seus rendimentos, as suas despesas, ou os bens de que são titulares. Já os "elementos de natureza pessoal que obtenham no procedimento" dirão respeito àqueles que se encontram abrangidos pela reserva da vida íntima – que abrange toda a situação financeira – e que não se reconduzam aos primeiros (movimentos bancários, transações bolsistas, contratos privados, etc.). Fora do âmbito do sigilo ficam, assim, quer os dados que não se revejam nas realidades acima descritas, quer os dados que tenham natureza pública, como os

---

[245] Contudo, não apenas os funcionários da Administração tributária estão vinculados ao dever de sigilo. Este também abrange (embora sob a forma de *dever de confidencialidade*, pois o dever de sigilo tem um cunho marcadamente "profissional", obrigando apenas agentes e funcionários) qualquer outra pessoa que tenha acesso a dados protegidos (art.º 64.º, n.º 3, da LGT).
[246] Cfr. art.º 64.º, n.º 1, da LGT

que sejam livremente cognoscíveis por outras vias (v.g., registos civil, comercial, predial, etc.)[247].

Se o dever de sigilo for violado – ou o mesmo é dizer: se a Administração tributária divulgar dados relativamente aos quais deveria guardar segredo – o ordenamento jurídico reage de forma violenta, através da punição da conduta respetiva como crime, sujeita a pena de prisão ou multa[248].

Contudo, este dever de sigilo cessa – devendo a Administração tributária prestar as informações solicitadas aos devidos órgãos competentes –, nos termos do n.º 2 do art.º 64.º da LGT, nos casos de:

i) Autorização do contribuinte para a revelação da sua situação tributária (um caso legalmente previsto de renúncia a um direito fundamental);

ii) Cooperação legal da Administração tributária com outras entidades públicas (v.g., Ministério Público, Procuradoria geral da república, Assembleia da república, Ministérios, Ordem dos advogados, etc.);

iii) Assistência mútua e cooperação da Administração tributária com as Administrações tributárias de outros países, desde que tal resulte de convenção internacional a que o Estado Português esteja vinculado, e esteja assegurado o princípio da reciprocidade (i. é, em condições análogas, a Administração tributária do outro Estado contratante também esteja obrigada a prestar informações);

iv) Colaboração com a justiça nos termos do Código de Processo Civil e Código de Processo Penal, mediante despacho de uma autoridade judiciária;

v) Confirmação do número de identificação fiscal e domicílio fiscal às entidades legalmente competentes para a realização do registo comercial, predial ou automóvel.

Importa precisar que não contende com o dever de confidencialidade a divulgação de listas de contribuintes cuja situação tributária não se encontre regularizada nem a publicação de rendimentos, de acordo

---

[247] V. acórdão do STA de 20 de maio de 2003, processo n.º 0786/03. V., ainda, acórdão do TCA-S de 17 de abril de 2012, processo n.º 05200/11.
[248] Cfr. art.º 91.º do RGIT.

com listas que a administração tributária deve organizar anualmente a fim de assegurar a transparência e publicidade[249].

Uma última palavra para procurar afastar uma figura ou situação próxima da que estamos a analisar. Muitas vezes, por exemplo no âmbito de um procedimento de inspeção tributária, a Administração tributária solicita a outras entidades (onde os bancos assumem papel de relevo) informações relativas a dados que podem ser relevantes para apurar a situação tributária dos contribuintes (movimentos com contas bancárias, pagamentos, empréstimos, etc.). Estamo-nos a referir, como se pode facilmente concluir, não ao dever de sigilo que impende sobre a Administração tributária (sigilo fiscal), mas sim sobre outras entidades[250], e nestes domínios – sendo certo que os órgãos competentes podem, dentro da lei, desenvolver todas as diligências necessárias ao apuramento da situação tributária dos contribuintes – o acesso à informação protegida pelo sigilo profissional, bancário ou qualquer outro dever de sigilo legalmente regulado depende, em regra, de autorização judicial[251].

3.10. O princípio da imparcialidade – o dever de investigação da Administração tributária

Vimos atrás que a Administração tributária está, em todas as fases do procedimento tributário, sujeita a um dever geral de investigação decorrente do princípio do inquisitório. Ora, no momento de carrear para o procedimento os elementos probatórios necessários para proferir uma decisão adequada e justa – ou, o mesmo é dizer, na fase da instrução –, além da especial e agravada sujeição a tal dever, está igualmente subordinada a um dever de imparcialidade[252]. Significa isto que:

i) Em primeiro lugar, não está o órgão instrutor e/ou decisor a intervir no procedimento na qualidade de intransigente defensor da Administração, mas na qualidade diversa e mais elevada de defensor do Interesse público (verdade material, justiça na tributação);

---

[249] Assim, art.º 64.º, n.ºs 5 e 6, da LGT. Sobre o que se deve considerar "situação tributária regularizada" para estes efeitos, v. art.º 177.º-A do CPPT.
[250] A respeito das várias espécies de sigilo, cfr. acórdãos do STA de 20 de agosto de 2008, processo n.º 0715/08, e de 29 de setembro de 2010, processo n.º 0668/10.
[251] Não obstante, ver-se-á *infra* que a tendência atual do ordenamento é para a afirmação de uma certa desjurisdicionalização e para o aumento das situações em que a Administração pode aceder diretamente a essa informação.
[252] Cfr. art.º 55.º da LGT.

ii) Em segundo lugar, em termos procedimentais, deve tal órgão levar ao procedimento todos os elementos probatórios que se lhe afigurem necessários e úteis à descoberta da verdade material, mesmo que, do ponto de vista estrito dos interesses patrimoniais da Administração, tal seja desfavorável. Por exemplo, no âmbito de um procedimento de reconhecimento de benefícios fiscais, se a Administração tiver em seu poder elementos, que o contribuinte não tem, que lhe permitam concluir pela isenção de imposto, deverá ela apresentar tais elementos e levá-los em consideração na decisão final. No mesmo seguimento de raciocínio, entende que o STA que "Sendo certo que é sobre o executado que pretende a dispensa de garantia que recai o ónus de provar que se verificam as condições de que tal dispensa depende, incumbindo-lhe apresentar a prova com o requerimento, isso não dispensa a AT (...) de considerar os meios de prova que tenha em seu poder, tanto mais se o requerente alegou no requerimento que os factos alegados são conhecidos da AT"[253].

De resto, já antes da instrução tal dever de imparcialidade se manifesta, pois que em caso de erro na forma de procedimento, será o mesmo oficiosamente convolado na forma adequada (se, naturalmente, puderem ser aproveitadas as peças úteis ao apuramento dos factos – art.º 52.º do CPPT). De resto, tal dever verificar-se-á igualmente na fase da decisão, onde esta deverá refletir uma ponderação igualitária dos interesses em questão.

3.11. O princípio da obrigatoriedade de pronúncia e de decisão

Sempre que uma determinada solicitação é apresentada junto da Administração tributária é natural que o interessado espere da parte desta uma resposta (em tempo útil – cfr. o que acima dissemos acerca do cumprimento dos prazos). Por isso, e procurando dar seguimento ao direito constitucional de petição (art.º 52.º da CRP), prescreve o art.º 56.º da LGT que "a Administração tributária está obrigada a pronunciar-se sobre todos os assuntos da sua competência que lhe sejam apresentados por meio de reclamações, recursos, representações, exposições, queixas

---

[253] V., uma vez mais, acórdão de 3 de abril de 2013, processo n.º 0393/13.

ou quaisquer outros meios previstos na lei pelos sujeitos passivos ou quem tiver interesse legítimo".

Ora, como resulta do próprio artigo, a Administração tributária está obrigada a pronunciar-se (a responder) acerca de tudo o que lhe seja apresentado pelos interessados – nem que seja para dizer que não aceita o peticionado –, mas não está obrigada a decidir. Se tal acontecesse, ter-se-ia de iniciar um procedimento e proceder à audição dos interessados sempre que fosse apresentado um qualquer pedido, requerimento ou petição, o que não deixaria de acarretar sérias consequências ao nível da economia dos atos e da celeridade. Desta forma, dever de pronúncia (ou de resposta) e dever de decisão não se confundem. Este último exige, nomeadamente a observância de requisitos relativos à legitimidade de quem solicita, à competência do órgão decisor, e à tempestividade do requerido. Se quem solicita não tem legitimidade para o fazer; se o órgão em causa não é competente para se debruçar sobre aquela matéria objeto do pedido; ou se já passou o prazo para se solicitar o que está em causa, então o dever de decisão não existe (embora continue a existir o dever de responder, nomeadamente mediante a indicação do órgão competente ou da forma adequada). Tal dever também não existirá se "a Administração tributária se tiver pronunciado há menos de dois anos sobre pedido do mesmo autor com idênticos objeto e fundamentos"[254].

Vejamos agora quais as consequências da não atuação administrativa neste contexto:
i) Se houver uma mera violação do dever de pronúncia – situações em que a Administração tributária deve responder, embora não deva decidir – o interessado poderá (se a sua petição for razoável...) lançar mão de um processo judicial de "intimação para um comportamento", uma vez que houve uma prestação jurídica (resposta) omitida[255];
ii) Se houver uma violação do dever de decidir – casos em que a Administração tributária está obrigada a fazê-lo – então poderá aqui valer a presunção de indeferimento tácito que já tivemos oportunidade de referir.

---

[254] V. art.º 56.º, n.º 2, alínea a), da LGT.
[255] Cfr. art.º 147.º do CPPT.

3.12. O princípio da obrigatoriedade de fundamentação da decisão

A par da sua consideração como exigência constitucional respeitante a todos os atos administrativos (art.º 268.º, n.º 3 da CRP), a fundamentação constitui um verdadeiro princípio que preside a todo o procedimento e que ganha maior relevo na fase da decisão. Neste âmbito, impõe-se à Administração um verdadeiro dever de fundamentação das suas decisões[256].

A primeira interrogação vai precisamente nesse sentido: quais decisões? Todas as suas decisões – mesmo os denominados "atos favoráveis" (v.g., reconhecimento de um benefício fiscal) – devem ser objeto de fundamentação, no seguimento do art.º 77.º da LGT; ou sê-lo-ão apenas aquelas que afetem direitos ou interesses legalmente protegidos, como parece exigir a CRP?

A este propósito, o regime mais garantístico previsto na LGT deverá sobrepor-se ao regime constitucionalmente previsto. Isto porque parece transparecer na intenção do legislador constituinte uma clara preocupação em tornar efetivo um adequado e eficaz controlo (administrativo e jurisdicional) dos atos administrativos e tributários, exigindo que quando eles sejam lesivos para o particular/contribuinte sejam suficientemente fundamentados, de modo a que a instância de controlo (superior hierárquico ou Tribunal, consoante os casos) possa, com toda a amplitude, percorrer o itinerário decisório do agente que emanou o ato e aquilatar da sua correção jurídica ou não. Por isso se diz que a fundamentação é uma garantia do direito ao recurso.

Ora, em virtude dos interesses públicos que enformam todo o procedimento tributário, não parece que tais preocupações se devam apenas revelar nos casos de imposição tributária. Também se a Administração conceder um benefício fiscal pode o próprio agente ou superior hierárquico rever ou ordenar a revisão do ato tributário, por exemplo nos casos de injustiça grave e notória, e, para isso, deverá o ato em causa ser suficientemente fundamentado.

Em conclusão, parece que todas as decisões procedimentais tributárias devem ser fundamentadas[257], e não somente as decisões procedimentais desfavoráveis.

---

[256] Cfr. art.º 77.º, n.º 1, da LGT.

[257] A título de exemplo, v., as apertadíssimas exigências em matéria de fundamentação dos atos de correção ou de aplicação de métodos indiretos (respetivamente, n.ºs 3 e 4 do art.º 77.º da LGT). Cfr. ainda art.º 92.º, n.º 7, da LGT.

Naturalmente que a fundamentação legalmente adequada – que, em geral, abrange quer o *dever de motivação* (i. é, a exposição das razões ou motivos justificativos da decisão, nomeadamente quando existirem espaços discricionários) quer o *dever de justificação* (ou seja, a referência ordenada aos pressupostos de facto e de direito que suportam essa mesma decisão) – não é rígida e uniforme, antes será suscetível de variar "de acordo com o tipo de ato e as circunstâncias concretas em que foi proferido", e será menor naqueles casos em que a Administração emana um ato que se baseia nos dados apresentados pelo contribuinte (por exemplo, auto-liquidação) e será maior à medida que a Administração se afasta de tais dados ou elementos[258]. Em todo o caso, existem dimensões incontornáveis, podendo-se dizer que deve ser sempre feita de uma forma:

i) Oficiosa, o que significa que ela não está dependente de pedido do interessado, mas antes constitui um verdadeiro *dever de agir* da parte dos órgãos administrativos tributários, em face da vertente publicista das atuações destes;

ii) Completa, ou seja, a Administração deverá indicar todos os elementos necessários à tomada de decisão, não sendo de admitir fundamentações parciais ou incompletas (embora possa ser uma fundamentação sumária);

iii) Clara, o que significa que deverá ser formulada sem apelo a demasiados conceitos ou expressões técnicas, e não deverá conter obscuridades, ambiguidades ou contradições. Neste sentido, exige a CRP que a fundamentação seja "acessível";

iv) Atual, devendo ela ser (totalmente) efetuada no momento da comunicação da decisão e não posteriormente; e

---

[258] V., a respeito, acórdão do STA de 6 de fevereiro de 2013, processo n.º 0581/12, no qual, no contexto de um ato de quantificação, se exige que se esteja em presença de um "discurso claro e racional que dê a conhecer a um destinatário normal (colocado na situação concreta do real destinatário e no contexto circunstancial que rodeou a prática do ato) os critérios de avaliação/determinação utilizados, e as razões por que foram alcançados os valores considerados para a liquidação e não outros, tudo de forma suficientemente reveladora do percurso cognoscitivo e valorativo. Perante a flexibilidade fundamentadora não é necessário reportar, por princípio, todos os factos considerados, todas as reflexões feitas ou todas as vicissitudes ocorridas durante a deliberação. A determinação do âmbito da declaração fundamentadora pressupõe, pois a efetivação de um conteúdo adequado, que seja, o suficiente para suportar formalmente a decisão administrativa/tributária".

v) Expressa, o que quer dizer que deverá ser emitida de modo direto e concludente, não podendo ser implícita ou *tácita*. Contudo, pode ser feita por remissão – cautelosa e esclarecedora – para anteriores atos (v.g., pareceres, relatórios, antecedente informação prestada pelos serviços)[259].

Trata-se, como se pode ver, de permitir a um "destinatário normal" a reconstituição do itinerário cognoscitivo e valorativo seguido pelo autor do ato para proferir a decisão[260]. A falta destes requisitos – fundamentações incompletas, obscuras, abstratamente remissivas – bem assim como a falta da própria fundamentação, constitui ilegalidade, suscetível de conduzir à anulação do ato em causa, mediante meios graciosos ou contenciosos[261].

3.13. O princípio da publicidade dos atos

O penúltimo princípio sobre o qual vamos debruçar a nossa atenção está intimamente relacionado com a última fase do procedimento tributário: a fase integrativa de eficácia. Como já foi referido, trata-se da fase em que o ato conclusivo do procedimento (o ato tributário *lato sensu*) já tem existência jurídica, mas, não obstante, ainda não está apto a produzir to-

---

[259] V., com interesse, acórdão do STA de 5 de junho de 2013, processo n.º 0867/13. A propósito do dever de fundamentação do cálculo de juros, v. acórdão do STA de 14 de fevereiro de 2013, processo n.º 0645/12: "...reconhecendo embora que a fundamentação da liquidação dos juros se tornaria imediatamente mais esclarecedora se contivesse não a remissão para a taxa de juro legal, mas a expressa e direta indicação desta (...), não nos convence a alegação da recorrente de que a remissão para a taxa de juro legal constante das notas de liquidação a tenha impedido de conhecer o (iter) cognoscitivo e valorativo percorrido pela Administração Tributária no cálculo dos juros compensatórios e menos ainda que tenha de algum modo obstaculizado os seus direitos de defesa, razão pela qual não procede a invocação do vício de falta de fundamentação da liquidação dos juros compensatórios, que se não verifica".
Adiante:
"A lei tributária, na concretização a que procede do direito constitucionalmente garantido à fundamentação dos atos administrativos (artigo 268.º n.º 3 da Constituição da República), admite especificamente que esta se faça de forma sumária...".
[260] Cfr. acórdãos do STA de 15 de novembro de 2006, processo n.º 0875/06 e de 3 de maio de 2017, processo n.º 0427/17. Cf., ainda, acórdão do TCA-N de 11 de novembro de 2004, processo n.º 00035/04 e vasta jurisprudência aí citada.
[261] Cfr. art.º 99.º, alínea c), do CPPT.

dos os seus efeitos jurídicos, apenas o podendo fazer quando esta última fase estiver concluída.

A maior parte das vezes, o ato integrativo de eficácia é somente um ato de publicidade, destinado a dar conhecimento ao(s) interessado(s) do conteúdo da decisão procedimental. Assim, o princípio em análise pretende significar, tão somente, o seguinte: todos os atos administrativos e tributários devem ser publicitados, pelo que nenhuma decisão do procedimento poderá produzir efeitos sem que o seu destinatário tenha, ou possa ter, dela conhecimento.

O referido ato de publicidade pode consistir quer num ato geral (publicação), quer num ato individual (notificação).

Vejamos separadamente cada uma das hipóteses.

a) Publicidade mediante publicação

Embora não seja o mais comum, pode dar-se o caso de o ato conclusivo do procedimento ser publicitado mediante um ato geral, no sentido em que os seus destinatários não estão individualizados. Em geral, a publicidade de um ato desta espécie é efetuada mediante a correspondente publicação num meio oficial de acesso generalizado e de difusão alargada. Pense-se, por exemplo, nos atos legislativos ou regulamentares que são publicitados no Diário da República.

Em procedimento tributário, as coisas passam-se de modo um pouco diferente. Poucos são os procedimentos cujo ato final não seja um ato administrativo – de natureza individual, portanto –, pelo que também poucos serão os procedimentos que não sejam comunicados mediante notificação ao interessado. Contudo, no procedimento de orientações genéricas é o que se passa. Este é um procedimento que termina com a emanação de uma circular administrativa, circular esta que deverá ser dada a conhecer mediante a sua inserção numa base de dados, organizada especificamente para o efeito[262]. Do mesmo modo, no âmbito do procedimento de informações vinculativas, estas devem ser publicadas no prazo de 30 dias por meios eletrónicos, salvaguardando-se os elementos de natureza pessoal do contribuinte[263].

---

[262] Cfr., a propósito, art.ᵒˢ 55.º e 56.º do CPPT.
[263] V. art.º 68.º, n.º 17, da LGT.

b) Publicidade mediante notificação – o regime das notificações em matéria tributária

α) Noção e tipos de notificação

Na grande maioria das situações, a publicidade é efetivada através da comunicação individual de um ato ao seu interessado[264], podendo tal comunicação individual, como é sabido, revestir a forma de notificação ou de citação. Contudo, em termos rigorosos, e de acordo com a noção de procedimento tributário que adotamos, apenas as notificações têm relevância procedimental tributária estrita, pois as citações apenas relevarão no contexto de um processo (jurisdicional) de execução fiscal (ou então no âmbito de outros processos, aos quais se aplicam por remissão as regras do CPTA).

A notificação, de acordo com o CPPT (art.º 35.º, n.º 1), é o ato pelo qual se leva um facto ao conhecimento de uma pessoa (ou se chama alguém a juízo) e poderá revestir a forma de notificação pessoal ou notificação não pessoal, consoante, respetivamente, seja ou não feita de "viva voz", na própria pessoa do notificando. A notificação não pessoal, por seu lado, poderá ser feita por meio de éditos (notificação edital) ou por via postal.

Se, eventualmente, estivermos a falar do sujeito passivo tributário, torna-se extremamente importante conhecer o seu *domicílio fiscal*, cuja comunicação é obrigatória, assim como a sua modificação, sendo esta absolutamente ineficaz – isto é, não produz efeitos em relação à Administração tributária, não lhe sendo, portanto, oponível – se não for devidamente comunicada[265]. Quanto aos sujeitos passivos não residentes, existe uma obrigação de nomeação de um representante residente em

---

[264] Porém, importa observar que o ordenamento jurídico prevê e tolera, com cobertura jurisprudencial, situações nas quais a aludida comunicação individual não tem que se verificar de modo expresso. Tal acontece, designadamente, em matéria de taxas de propina, considerando-se que o valor respetivo terá fixado em momento anterior e que será possível ao obrigado aceder a tal informação – de resto, disponível no acto de inscrição – e proceder ao atempado pagamento. V. acórdão do TCA-Norte de 13 de julho de 2017 (ou 29 de julho de 2017 – o acórdão disponibilizado na base de dados www.dgsi.pt refere-se a duas datas), processo n.º 00206/16.0BECBR.

[265] Cfr. art.ºs 19.º, n.ºs 3 e 4, da LGT e 43.º, n.º 2, do CPPT.

território nacional, constituindo a sua falta uma contra-ordenação fiscal punível com coima[266].

Por outro lado, na medida em que as comunicações podem ser efetuadas por transmissão eletrónica de dados (via *e-mail*), alguns sujeitos são obrigados a possuir caixa postal eletrónica para efeitos fiscais. Tais sujeitos são os seguintes[267]:
- Sujeitos passivos do IRC com sede ou direção efetiva em território português;
- Estabelecimentos estáveis de sociedades e outras entidades não residentes;
- Sujeitos passivos residentes enquadrados no regime normal do IVA.

Nesse seguimento, devem comunicá-la à AT no prazo de 30 dias a contar da data do início de atividade ou da data do início do enquadramento no regime normal do IVA, quando o mesmo ocorra por alteração.

Em relação ao ato tributário propriamente dito, poder-se-ia levantar a questão de saber se a notificação tem *efeito constitutivo* ou *efeito meramente declarativo*. No primeiro caso, o ato tributário não existirá enquanto a notificação não for efetuada, o que vale por dizer que tal notificação (comunicação) se configuraria como uma condição de existência do ato e a consequência jurídica da sua ausência seria a inexistência (ou eventualmente a invalidade). No segundo caso, o ato tributário já existiria, limitando-se a notificação a declarar a sua existência e a torná-lo apto a produzir efeitos jurídicos, pelo que já estaríamos perante uma condição de eficácia, e o valor negativo aqui em causa já seria a ineficácia. A questão é resolvida de forma inequívoca, neste segundo sentido, pelo CPPT no art.º 36.º, n.º 1, de acordo com o qual "os atos em matéria tributária que afetem os direitos ou interesses legítimos dos contribuintes só produzem efeitos em relação a estes quando lhes sejam validamente notificados", prescrevendo igualmente a LGT (art.º 77.º, n.º 6) que a eficácia da decisão depende da notificação.

---

[266] Cfr. art.ºˢ 19.º, n.º 5 da LGT 124.º do RGIT. Todavia, nos termos do n.º 8, essa imposição não é aplicável em relação a não residentes em Estados membros da União Europeia ou certos Estados do Espaço Económico Europeu, pois nestes casos a designação de representante é facultativa (o mesmo acontecendo com os residentes que se ausentem para aqueles Estados).
[267] Cfr. art.º 38.º, n.º 9, do CPPT e art.º 19.º, n.º 10, da LGT.

Por isso, e como já acima se salientou, a evitação das notificações constitui uma corrente forma de fugir ao cumprimento das obrigações em matéria tributária, materializando verdadeiros casos de *evasão fiscal formal*.

β) O regime das notificações em matéria tributária

Pois bem. Dissemos acima que os atos devem ser "validamente notificados".

O que significa esta expressão?

Significa, tão somente, que existem requisitos que as notificações – elas próprias, e não apenas os atos a que respeitam – devem observar para ser válidas, devendo-se distinguir (i) requisitos formais e (ii) requisitos materiais ou substanciais. Analisemo-los, tendo presente que a maioria das notificações em matéria tributária assume a forma de notificações postais, pois as notificações pessoais e editais apenas terão lugar excecionalmente (isto é, quando a lei expressamente o preveja ou quando a entidade que a elas proceder o considere adequado)[268]/[269].

i) Requisitos formais. Prendem-se, naturalmente, com a forma que deve revestir a notificação e aqui três situações devem ser distinguidas:

– A notificação de atos ou decisões suscetíveis de alterarem a situação tributária dos contribuintes (v.g., a comunicação da alteração de um regime em sede de imposto, a comunicação de que o contribuinte deixa de estar isento) ou a convocação para assistirem ou participarem em atos ou diligências, devem ser efetuadas mediante carta registada com aviso de receção[270]. Neste caso, a notificação considera-se efetuada na data em que o aviso de receção for assinado pelo próprio. Se o aviso for assinado por terceiro presente no domicílio, a notificação tem-se por efetuada

---

[268] Cfr. art.º s 38.º, n.ºs 5 e 6, do CPPT. A respeito das diferentes formas de comunicação postal, v.g "carta registada" e respetivos contornos, v. acórdãos do STA de 29 de maiode 2013, processo n.º 0472/13 e de 15 de fevereiro de 2017, processo n.º 0329/15. Quanto às exigências constitucionais na matéria, v. acórdão do Tribunal Constitucional n.º 130/02.

[269] Quanto às notificações em matéria tributária feitas a mandatários (v.g., advogados) e a pessoas coletivas, cfr., respetivamente, art.ºs 40.º e 41.º do CPPT.

[270] V. art.º 38.º, n.º 1, do CPPT.

na pessoa do notificando, presumindo-se que esse terceiro lhe entregou a carta[271];
- A liquidação de impostos periódicos – isto é, aqueles cujo facto constitutivo não tem natureza ocasional – feita no prazo legalmente previsto, deverá ser efetuada por simples via postal[272];
- Todos os outros atos deverão ser comunicados por carta registada, que, assim, parece configurar-se como a regra nesta matéria[273]. Neste caso, a notificação considera-se efetuada no 3.º dia posterior ao do registo (ou no primeiro dia útil seguinte a este, quando esse 3.º dia não seja útil)[274].

ii) Requisitos substanciais. Aqui já estamos a referirmo-nos ao conteúdo das notificações e, de acordo com o art.º 36.º, n.º 2, elas deverão sempre conter:
- A decisão;
- Os fundamentos da decisão;
- A indicação da entidade que o praticou (com indicação de eventual delegação ou sub-delegação de competências)
- Os meios de defesa; e
- O prazo de reação contra o ato notificado.

Na falta ou vício dos requisitos referidos, o interessado pode requer (gratuitamente) a notificação dos elementos que tenham sido omitidos ou a passagem de uma certidão que os contenha. Tal requerimento pode ser feito no prazo de 30 dias, ou no prazo de reclamação, recurso

---

[271] V. art.º 39.º, n.º 3, do CPPT. Quanto às situações de devolução ou não assinatura do aviso de receção, vale o n.º 5 do mesmo artigo, nos termos do qual: "Em caso de o aviso de receção ser devolvido ou não vier assinado por o destinatário se ter recusado a recebê-lo ou não ter levantado no prazo previsto no regulamento dos serviços postais e não se comprovar que entretanto o contribuinte comunicou a alteração do seu domicílio fiscal, a notificação será efetuada nos 15 dias seguintes à devolução por nova carta registada com aviso de receção, presumindo-se a notificação se a carta não tiver sido recebida ou levantada, sem prejuízo de o notificando poder provar justo impedimento ou a impossibilidade de comunicação da mudança de residência no prazo legal". V., a respeito, acórdão do TCA-S de 10 de novembro de 2016, processo n.º 09865/16.
[272] Assim, art.º 38.º, n.º 4, do CPPT.
[273] V. art.º 38.º, n.º 3, do CPPT. Neste caso, no da liquidação de impostos periódicos feita no prazo previsto legalmente, e no processo de execução fiscal, as notificações ainda poderão ser feitas por *via eletrónica*, (art.º 38.º, n.º 9, CPPT).
[274] Cfr. art.º 39.º, n.º 1, do CPPT.

ou impugnação que caiba da decisão em causa, se tal prazo for inferior aos 30 dias[275]. Usando desta faculdade – trata-se de uma faculdade, não de um dever –, o prazo para reagir (graciosa ou contenciosamente) contra o ato lesivo conta-se a partir da (nova) notificação dos requisitos que haviam sido omitidos ou da passagem de certidão que os contenha. Além disso, a existência de eventuais vícios na notificação (por exemplo, a indicação errada do meio de defesa que o interessado pode utilizar) não confere ao destinatário qualquer direito especial daí decorrente (v.g., a possibilidade de utilizar o meio erroneamente indicado) que não seja o de lançar mão do expediente referido[276]. Repare-se que este mecanismo de aperfeiçoamento ou correção tem exclusivamente por objeto atos da administração, não se destinando a suprir as deficiências de comunicação de outro tipo de atos, designadamente de atos processuais, praticados no âmbito de processos judiciais[277].

Nos casos em que está em causa suprir as deficiências das notificações, quando a Administração tributária não der satisfação às pretensões formuladas nesse sentido ao abrigo do art.º 37.º do CPPT, os Tribunais têm entendido que a *intimação para a prestação de informações, consulta de processos ou passagem de certidões* (art.º 104.º do CPTA, aqui aplicável a título subsidiário) será o meio processual mais idóneo para ser utilizado[278].

Termine-se recordando, e como decorrência do que já referimos, que a ausência de notificação ou a notificação mal efetuada (na qual os requisitos de forma não foram cumpridos ou com ausência dos requisitos substanciais) terá como consequência a ineficácia do ato em causa e não a sua invalidade.

3.14. O princípio do duplo grau de decisão

Como já tivemos oportunidade de assinalar, a tutela adequada das posições jurídicas subjetivas emergentes dos procedimentos apenas será conseguida se for assegurada uma eficaz garantia de controlo jurisdicional das decisões administrativas, ou, o mesmo é dizer, os particulares

---

[275] Cfr. art.º 37.º do CPPT.
[276] Neste sentido, acórdãos do STA de 15 de setembro de 2010, processo n.º 0407/10, e de 7 de junho de 2017, processo n.º 0557/14.
[277] Assim, acórdão do STA de 13 de outubro de 2010, processo n.º 0493/10.
[278] V. acórdão do de 12 de setembro de 2012, processo n.º 0899/12.

apenas terão uma proteção suficiente e justa se lhes for dada a possibilidade de acesso aos Tribunais com o intuito de sindicar as decisões administrativas. Contudo, podem procurar essa sindicância igualmente ao nível administrativo, através das figuras de reclamação e recurso legalmente previstas.

Ora, ao nível da sindicância administrativa dos atos da própria Administração – e como forma de assegurar, na medida do possível, alguma celeridade para obter a última palavra – vigora uma importante limitação: a mesma pretensão do contribuinte não pode ser apreciada por mais de dois órgãos integrando a mesma cadeia hierárquica. Trata-se do princípio do *duplo grau de decisão*, cujo significado passa pelas ideias de que:

i) Apenas se poderá recorrer administrativamente uma vez;
ii) Após uma segunda decisão administrativa desfavorável, o ato tributário considera-se verticalmente definitivo e está aberta a porta para o controlo jurisdicional[279].

Este princípio, como se compreende, tem o seu âmbito de aplicação no quadro dos procedimentos petitórios – nos quais se *pede* algo: a anulação de um ato, a sua revogação, o reconhecimento de um benefício, etc. – e naqueles casos em que o particular, no seguimento de uma decisão desfavorável, e antes de recorrer ao Tribunal, procura uma "segunda opinião" dentro da Administração, quer essa "segunda opinião" seja obrigatória (recurso necessário)[280], quer o não seja (recurso facultativo)[281].

A este propósito prescreve o art.º 47.º do CPPT, no seu n.º 1 que "no procedimento tributário vigora o princípio do duplo grau de decisão, não podendo a mesma pretensão do contribuinte ser apreciada sucessivamente por mais de dois órgãos integrando a mesma Administração tributária", e, como modo de efetivar esse duplo grau, estabelece a regra de que "o pedido de reapreciação da decisão deve, salvo lei especial, ser

---

[279] Tal não significa, contudo, que o ato não pudesse já anteriormente ser objeto de controlo em Tribunal. Em matéria tributária, muitas vezes não se exige a definitividade vertical como condição prévia de acesso ao controlo jurisdicional (pense-se, por exemplo, no ato de liquidação, diretamente sujeito a tal controlo).
[280] Cfr., por exemplo, art.ºs 86.º, n.º 5 da LGT, e 117.º do CPPT.
[281] Cfr. art.ºs 67.º, n.º 1, e 76.º, n.º 1, do CPPT.

dirigido ao dirigente máximo do serviço ou a quem ele tiver delegado essa competência"[282]. Para estes efeitos, considera-se que a pretensão é a mesma em caso de identidade do autor e dos fundamentos de facto e de direito invocados (art.º 47.º n.º 2).

Se esta nova pronúncia administrativa continuar a ser desfavorável, não poderá ser emitida uma terceira, restando ao interessado a abertura da via contenciosa.

4. Os atores do procedimento

4.1. Pressupostos procedimentais

Ator procedimental é a pessoa ou entidade que intervém no procedimento, podendo ou não se assumir como parte. O conceito de parte – que abrange apenas os sujeitos *stricto sensu* da relação procedimental[283] – é, desta forma, mais restrito do que o de ator, uma vez que no âmbito deste último podem ainda ser integradas quaisquer pessoas que provem interesse legalmente protegido.

Para se intervir como ator ou parte num procedimento é necessário que se tenha personalidade e capacidade procedimental tributárias (capacidade de exercício). A personalidade procedimental consiste na suscetibilidade de poder intervir (seja a que título for) no procedimento e resulta da personalidade tributária – suscetibilidade de ser sujeito de relações tributárias materiais.

A capacidade procedimental tributária consiste na medida de direitos e vinculações que, num determinado momento, uma pessoa ou ente equiparado é suscetível de ter e de exercer pessoal e livremente. Diz a este respeito o art.º 3.º, n.º 2 do CPPT que "a capacidade (...) para o exercício de quaisquer direitos no procedimento tributário tem por base e por medida a capacidade de exercício dos direitos tributários" (substantivos). Completa a LGT dizendo que "salvo disposição

---

[282] Cfr. ainda art.º 66.º, n.º 2, do CPPT.

[283] Naturalmente que os sujeitos ativo e passivo da relação procedimental não se confundem com os sujeitos ativo e passivo da relação tributária material controvertida. Por exemplo, o sujeito passivo desta última (contribuinte) pode configurar-se como o sujeito ativo (propulsor) da relação procedimental que se constitui com a instauração de uma reclamação graciosa. V., a respeito, acórdão do STA de 6 de fevereiro de 2013, processo n.º 0839/11.

legal em contrário tem capacidade tributária quem tiver personalidade tributária"[284].

Desta forma, a personalidade tributária – que, como é sabido, não depende da personalidade jurídica – está na base da atribuição quer da personalidade procedimental tributária, quer da capacidade procedimental tributária.

Para terminar, resta acrescentar, com relevância para esta questão do exercício de direitos no procedimento, e apenas para os atos que não tenham natureza pessoal, que os interessados podem conferir mandato – a advogados, advogados-estagiários e solicitadores – quando se suscitem ou discutam questões de Direito[285].

4.2. Legitimidade no procedimento – a legitimidade em geral

Com a verificação dos requisitos relativos à personalidade e capacidade procedimental tributárias, tem-se em vista assegurar que quem intervém no procedimento possa fazê-lo. Com o requisito da legitimidade, procura-se que estejam no procedimento os verdadeiros interessados na discussão da questão em causa.

Assim, é necessário que estejam presentes as pessoas que são titulares dos direitos e estão adstritas aos deveres que compõem o objeto imediato da relação material ou controvertida. O ato conclusivo do procedimento só produz, em princípio, efeitos entre as partes, logo, é de pressupor que sejam estas as verdadeiras interessadas, pois se não se estiver perante o(s) verdadeiro(s) sujeito(s) da relação controvertida, o referido ato não produz o seu efeito útil, porque ele(s) não será(o) atingido(s).

A legitimidade tem de ser apreciada a partir da utilidade ou do prejuízo que da (im)procedência do meio utilizado possa advir face aos termos em que o autor configura o direito invocado. Desta forma, não se torna difícil concluir que o conceito de legitimidade assume sempre um

---

[284] V. art.º 16.º, n.º 2, da LGT. Quanto ao exercício de direito procedimentais tributários por parte de incapazes e entidades sem personalidade jurídica, cfr. art.º 16.º, n.º 3, da LGT, e 3.º, n.º 3, do CPPT. Quanto às manifestações de desconcentração das pessoas coletivas (v.g., sucursais, filiais), cfr. art.º 4.º do CPPT. V. acórdãos do STA de 07 de maiode 2008, processo n.º 0200/08; de 21 de maio de 2008, processo n.º 0191/08, e de 15 de janeiro de 2014, processo n.º 0102/12.

[285] Cfr. art.º 5.º do CPPT.

carácter eminentemente instrumental ou acessório em face de um procedimento que redundará numa decisão de fundo proferida pelo órgão competente. Aliás, a relação de instrumentalidade, em rigor, até deverá ser perspetivada em função dessa decisão pois será sempre mediante ela que se averiguará se determinada pessoa ou ente é a pessoa ou ente legítimo.

De um ponto de vista conceitual, legitimidade significará a "específica situação jurídica material" em que se encontra um sujeito em relação ao objeto de um determinado procedimento. Como já foi referido, será o conceito de legitimidade que esclarece acerca da titularidade das posições emergentes da relação material controvertida que se analisa.

Deste modo, quando se indaga se determinado contribuinte tem legitimidade para, por exemplo, reclamar da liquidação de um imposto, procura-se averiguar se é esse contribuinte o titular da situação jurídica subjetiva protegida pela norma em questão. Trata-se, por outras palavras, de saber quem são os sujeitos cuja participação é necessária para que a decisão em que termina o procedimento seja eficaz, ou, dito de outro modo, trata-se da determinação inequívoca dos sujeitos da relação de Direito material.

O que importa relevar é que, muitas vezes, essa titularidade só é vislumbrada com a decisão final que se pronuncia sobre o litígio, ou seja, só com o encerramento do procedimento é que se ficará a saber determinado sujeito é ou não é titular da posição jurídica que reclama.

Desta premissa, retirar-se-ão, necessariamente, as seguintes conclusões:

i) A legitimidade não é um "pressuposto", no sentido em que a sua falta não acarreta necessariamente um valor jurídico negativo para o procedimento: nem os atos procedimentais, nem o próprio procedimento são inválidos, mas apenas ineficazes em relação àqueles sujeitos;

ii) A legitimidade não é um requisito do conceito de parte, uma vez que se pode ser parte num procedimento sem se estar legitimado com uma posição substantiva (o que só se saberá no final – existe apenas uma aparência de titularidade);

iii) Por isso, a legitimidade parece assumir a natureza de elemento de eficácia (e não de validade) da pretensão.

4.3. As entidades com legitimidade procedimental tributária

De acordo com o artigo 9.º, n.º 1 do CPPT, têm legitimidade para participar no procedimento tributário:
- A Administração tributária;
- Os contribuintes (sujeitos passivos de imposto, incluindo "outros obrigados tributários");
- As partes nos contratos fiscais; e
- Outras pessoas que provem interesse legalmente protegido.

Analisemos cada um destes atores separadamente.

4.3.1. A Administração tributária

4.3.1.1. Noção de "Administração tributária" e enquadramento da sua atividade

Embora em abstrato a Administração tributária possa ser encarada como uma parte interessada no procedimento – ou seja, enquanto credor tributário que subordina a sua vontade a um interesse financeiro de arrecadação de receitas públicas e que, assim, é interessada numa determinada solução – o certo é que a correta captação do seu papel passa pela sua consideração como um ator procedimental isento, que aplica o Direito e prossegue o interesse público na sua vertente de justiça e verdade material. Basta lembrar o que acima dissemos acerca dos princípios da verdade material e da imparcialidade, entre outros.

Neste quadro, e para efeitos procedimentais tributários, a Administração tributária (AT) abrange as entidades previstas no art.º 1.º, n.º 3, da LGT, o qual, numa interpretação atualista, integra[286]:
- A Autoridade tributária e aduaneira (ATA), que integra as antigas DGCI, DGAIEC e DGITA)[287];
- Outras entidades públicas legalmente incumbidas da liquidação e cobrança de tributos;
- O Ministro das finanças ou outro membro do Governo competente, quando exerçam competências administrativas no domínio tributário;

---

[286] Cfr. art.º 27.º, n.ºˢ 2 e 3, do DL 117/2011, de 15 de dezembro.
[287] Quanto à natureza, missão e atribuições, órgãos, organização interna e outros aspetos juridicamente relevantes respeitantes à AT, v. DL 118/2011, de 15 de dezembro.

– Os órgãos competentes dos Governos regionais e das Autarquias locais quando exerçam competências administrativas no domínio tributário.

Tal como em qualquer outro domínio, também no domínio do procedimento tributário a atuação jurídica administrativa não é uma atuação livre, mas sim uma atuação vinculada, devendo-se sujeitar não apenas (i) à Constituição, mas também (ii) à Lei[288].

Analisemos separadamente cada um destes planos da atuação da Administração.

i) Em primeiro lugar, a Administração tributária deve obediência ao estatuído na Constituição (*princípio da constitucionalidade da atuação administrativa*). Neste plano, não obstante se deva reconhecer que a Constituição teve o cuidado de apontar, em geral, toda uma série parâmetros materiais conformadores da conduta dos agentes – legalidade, igualdade, proporcionalidade, justiça, imparcialidade, boa- fé –, estamos em crer que a exigência de constitucionalidade encontra a sua maior relevância em matéria de arranjos organizatórios de competências e em matéria de direitos fundamentais. No primeiro dos núcleos apontados, os maiores problemas poderão surgir no âmbito da delimitação das esferas de competência dos órgãos administrativos em face das esferas de competência dos órgãos jurisdicionais. Aqui vale um princípio de *reserva da função jurisdicional*, o que significa que toda e qualquer resolução de questões jurídicas deve ser, em última instância, levada a cabo por um

---

[288] A questão da atuação administrativa em geral (necessariamente vinculada) não se confunde com a do exercício em concreto dos poderes em que uma determinada competência se consubstancia. Aqui, convém recordar que duas hipóteses são possíveis:
a) ou o modo de exercício desses poderes está previsto e regulado na norma legal anterior, não deixando ao aplicador qualquer margem de escolha, e falamos em (exercício de) *poderes vinculados*;
b) ou o modo de exercício desses poderes não está previsto e regulado na norma legal anterior, deixando-se ao órgão administrativo uma certa margem de liberdade na altura da aplicação da lei ao caso em concreto, e falamos em (exercício de) *poderes discricionários em sentido amplo*. Naturalmente que no primeiro caso será mais eficaz um eventual controlo jurisdicional da atuação administrativa que, em princípio, deverá ser de excluir no segundo caso (ressalvados, obviamente, os aspetos relacionados com a vinculação genérica à Constituição e à lei).

Tribunal[289]. Quanto à vinculação constitucional em matéria de direitos fundamentais, valem todas as regras jurídicas respeitantes quer ao regime geral destes — v.g., universalidade, igualdade e acesso ao Direito para sua proteção — quer ao regime específico em matéria de direitos, liberdades e garantias: aplicabilidade direta, dupla vinculação e especiais cuidados quanto à sua restrição.

ii) Em segundo lugar, como apontamos, a Administração tributária deve obediência à lei. Naturalmente que o termo "lei" neste sentido deve ser entendido como a lei em sentido material, englobando, portanto, qualquer ato normativo de conteúdo geral e abstrato (lei, decreto-lei).

Desta dupla vinculação — à Constituição e à lei — poderá, por vezes, resultar um conflito real: *quid juris* se a Administração tributária se deparar com uma lei que seja inconstitucional (porque, por exemplo, restringe inconstitucionalmente um direito, liberdade ou garantia)? Desaplica a lei, dando prevalência à Constituição? Ou, pelo contrário, aplica a lei, ignorando a norma constitucional violada? A resposta a esta questão não pode ser apontada de uma forma linear mas, em todo o caso, parece que se pode indiciar uma regra neste segundo sentido — no da aplicação da lei, mesmo inconstitucional. Isto porque, como é sabido, os órgãos administrativos não têm, no âmbito do ordenamento constitucional português, prerrogativas de controlo da constitucionalidade, pelo que dificilmente seria de aceitar uma solução que lhes permitisse recusar a aplicação de uma norma com fundamento em desconformidade com a Constituição[290].

4.3.1.2. A fixação da competência da Administração tributária. A competência tributária

Para a Administração tributária agir (ou melhor, os seus órgãos), ela necessita de competência.

Entende-se por competência o conjunto ou complexo de poderes funcionais[291] legalmente afetos a um determinado órgão administrativo

---

[289] Cfr. art.º 202.º da CRP
[290] Cfr., todavia, art.º 271.º, n.º 3 da CRP.
[291] A expressão "poderes funcionais" pretende significar que os poderes em causa não são poderes do próprio titular do órgão, nem estão na sua disponibilidade, mas antes se tratam de poderes da pessoa coletiva em que tal órgão está integrado.

para este prosseguir as funções que lhe estão juridicamente atribuídas. Está aqui a ser feita referência à parcela de poder decisório que um determinado órgão possui em matéria tributária, tratando-se, no fundo, de procurar saber quem pode praticar determinados atos (ao contrário da legitimidade, em que se queria averiguar se determinada pessoa ou entidade podia ser parte – tendo ou não competência – do procedimento).

Em princípio, a competência do órgão da Administração tributária – que deve ser fixada por lei – determina-se no momento do início do procedimento, sendo irrelevantes as alterações posteriores[292]. Significa isto, por exemplo, que um requerimento deve ser dirigido ao órgão competente para a decisão no momento em que tal requerimento é apresentado, e não ao órgão que apenas se torna(rá) competente após uma alteração legislativa posterior[293].

4.3.1.3. Os fatores atributivos de competência tributária

A competência dos órgãos da Administração tributária não é atribuída em bloco nem é posteriormente exercida de uma forma igual por todos. Como se trata de uma competência por atribuição – o que quer dizer que nenhum órgão administrativo em específico tem a competência das competências, ou seja, nenhum pode criar e determinar as suas próprias competências – eles apenas poderão agir se e na medida em que a autorização anterior (legal) o possibilite e dentro dos limites desta autorização. Pode acontecer, por exemplo, que determinado órgão só seja competente para decidir acerca das matérias X e Y e não quaisquer outras; da mesma forma, pode acontecer que um outro órgão apenas possa agir dentro de uma circunscrição territorial determinada e não no âmbito espacial de abrangência de todo o ordenamento jurídico. Por isso, convém precisar os termos em que a autorização àquele órgão em específico é efetuada e, neste âmbito, podem ser distinguidos quatro diferentes planos: matéria, território, hierarquia e valor.

São, por outras palavras, os critérios em função dos quais a competência pode ser atribuída.

---

[292] V. art.º 10.º, n.º 5, do CPPT. Cfr. ainda art.º 5.º, n.º 1, do ETAF.

[293] Contudo, tal regra parece não excluir a possível convalidação do ato que é emanado por um órgão que não é competente no início, mas que o passa a ser posteriormente, ainda no decurso do procedimento. Tal solução decorreria de um princípio jurídico geral de *aproveitabilidade dos* atos e da aplicação supletiva do art.º 37.º, n.º 3 do CPA *in fine*.

a) A competência tributária em razão da matéria

Estamos aqui a procurar determinar os núcleos materiais dentro dos quais, ou no âmbito dos quais, a Administração tributária pode agir e será seguramente demasiado genérico afirmar que a Administração tributária exerce a sua competência *em matéria de* tributos. Contudo, ainda assim, é útil esta determinação, pois fica-se a saber que ela não a exercerá seguramente no âmbito criminal, cível, constitucional, urbanístico ou qualquer outro.

No sentido de precisar a expressão "matéria de tributos", o próprio legislador – numa enumeração não exaustiva[294] – aponta alguns núcleos relevantes de atuação, sendo de destacar as competências para:

- Liquidar e cobrar tributos[295];
- Proceder à revisão oficiosa dos atos tributários[296];
- Decidir petições e reclamações[297];
- Pronunciar-se sobre recursos hierárquicos[298];
- Reconhecer isenções ou outros benefícios fiscais[299];
- Receber e tratar as petições iniciais nos processos de impugnação judicial[300];
- Instaurar os processos de execução fiscal[301].

b) A competência tributária em razão do território

Sob o ponto de vista espacial, várias são as hipóteses de delimitação da competência da Administração tributária[302].

Assim, em primeiro lugar, podemos ver a competência determinada em função da área onde ocorreu o facto jurídico (ou seja, o facto ou acontecimento da vida real previsto na lei como sendo potencialmente desencadeador de um efeito jurídico). Por outras palavras, a competência territorial, nestes casos, é determinada pelo lugar de verificação

---

[294] Cfr. art.º 10.º, n.º 1, alínea j), do CPPT.
[295] Cfr. art.ºˢ 78.º e ss. do CPPT.
[296] Cfr. art.º 78.º da LGT.
[297] Cfr. art.ºˢ 68.º e ss. do CPPT.
[298] Cfr. art.ºˢ 66.º e 67.º do CPPT.
[299] Cfr. art.º 65.º do CPPT.
[300] Cfr. art.ºˢ 103.º e ss. do CPPT.
[301] Cfr. art.º 188.º do CPPT.
[302] Cfr. art.º 10.º, n.º 2, do CPPT.

do de um determinado facto, sendo competente para a prática do ato em causa o órgão da Administração tributária desse lugar, sendo irrelevante, por exemplo, o domicílio de quem o praticou[303].

Em segundo lugar, pode tal competência ser determinada em função da área da residência (domicílio ou sede do contribuinte)[304]. Nestas situações, será competente o órgão da Administração tributária que se localize na área onde reside o contribuinte.

Pode ainda a competência ser determinada em função da área da situação dos bens (*lex rei sitae*). Este critério– que tem como consequência o facto de que será competente para a prática de um ato tributário o órgão da Administração tributária localizado na área onde determinado bem se situa – tem o seu campo de aplicação por excelência no domínio dos impostos sobre a propriedade de bens imóveis[305].

Por fim, a competência pode ainda ser determinada em função da área onde se deve efetuar, ou efetuou, o ato tributário por excelência: a liquidação. Normalmente, este critério é utilizado nos denominados "procedimentos de segundo grau" (isto é, respeitantes a um outro ato) como a impugnação administrativa ou reclamação do ato de liquidação, ou o reconhecimento de um benefício fiscal[306].

Naturalmente que a aplicação de um ou outro destes critérios depende da escolha feita pelo legislador, pelo que apenas uma análise casuística nos permitiria dizer qual o órgão territorialmente competente no âmbito de um determinado procedimento. Além disso, a existência destes critérios não impede a existência de órgãos (os "serviços

---

[303] Tal verifica-se, nomeadamente, no que diz respeito à competência da Administração tributária para a aplicação de coimas (o que pressupõe, naturalmente, uma infração tributária). V. art.º 52.º, alínea b), do RGIT.

[304] É o caso, por exemplo, da competência dos serviços de finanças em matéria de IVA (art.º 77.º do CIVA) ou da competência para a prática de atos de inspeção tributária (art.º 16.º do RCPITA).

[305] É o que se passa, ainda a título de exemplo, em sede de imposto municipal sobre imóveis (IMI) no que diz respeito à organização e conservação das matrizes (art.º 78.º, n.º 1, do CIMI), à revisão oficiosa da liquidação (art.º 115.º, n.º 2, do CIMI ou à apreciação de reclamações (art.º 131.º do CIMI).

[306] Veja-se, por exemplo mais uma vez, o art.º 65.º, n.º 2 do CPPT, nos termos do qual "os pedidos de reconhecimento [de benefícios fiscais] serão apresentados nos serviços competentes para a liquidação do tributo a que se refere o benefício...".

centrais", compostos por inúmeras Direções de Serviços) cuja competência abrange todo o território nacional[307].

c) A competência tributária em razão da hierarquia

Para se aferir da competência de um determinado órgão tributário, a relação de hierarquia é sobretudo importante para efeitos de recurso das decisões. Com efeito, apenas após uma decisão ter sido tomada, e após o sujeito em questão não concordar com tal decisão, coloca-se o problema de saber *quem* vai reapreciá-la com o intuito, por exemplo, de a revogar ou de a anular. Assim sendo, quando *ab initio* se indaga qual é o órgão competente para se decidir e se conclui que, por exemplo, é o Secretário de Estado, tal pouco tem a ver com hierarquia, mas antes com competência determinada em função da matéria. Agora, se for dito que das decisões do Diretor Geral cabe recurso para o Secretário de Estado, aqui sim já é a noção de hierarquia que releva.

Um exemplo relativamente simples pode ser encontrado a partir da análise das situações de reclamação graciosa necessária (que termos ocasião de aprofundar adiante). Nestes casos, se a reclamação tiver por objeto um ato de autoliquidação ou de retenção na fonte, ela deve ser dirigida ao dirigente do órgão periférico regional da Administração tributária (direção distrital de finanças)[308], enquanto que se a reclamação tiver por objeto pagamentos por conta, já deve ser feita para o órgão periférico local (serviço de finanças)[309].

O estabelecimento de uma cadeia hierárquica depende da prévia definição e estruturação dos órgãos que a compõem, bem assim como do estabelecimento das suas competências, o que implica que apenas caso a caso – analisando as respetivas "leis orgânicas" – será possível saber quem é que hierarquicamente depende de quem. Ainda assim, no que respeita à Autoridade Tributária e Aduaneira, é possível identificar uma estrutura modelar que, de uma maneira geral, pode funcionar como regra. Tal estrutura, tendencial recorde-se, assenta na seguinte hierarquia:

---

[307] V., por exemplo, art.ᵒˢ 75.º do CIRS e 113.º do CIMI.
[308] Assim, art.ᵒˢ 131.º, n.º 1, e 132.º, n.º 3, do CPPT.
[309] Cfr. art.º 133.º, n.º 2, do CPPT

Titular	Órgão
Ministro (das finanças)	MINISTÉRIO (DAS FINANÇAS)
Secretário de Estado	SECRETARIA DE ESTADO
(Sub- secretário de Estado)	-
Diretor geral	DIREÇÃO GERAL
(Sub- diretor geral)	-
Diretor distrital (de finanças)	ÓRGÃO PERIFÉRICO REGIONAL[311] DIREÇÃO DE FINANÇAS
Chefe do serviço de finanças	ÓRGÃO PERIFÉRICO LOCAL[312] SERVIÇO DE FINANÇAS

Trata-se, em todo o caso, de uma estrutura demasiado simplificada e válida apenas para efeitos pedagógicos. De resto, importa não perder de vista que o próprio Ministério das Finanças prossegue as suas atribuições através de serviços integrados na administração direta do Estado (onde se integra a AT, por exemplo) de organismos integrados na administração indireta do Estado (como a Caixa Geral de Aposentações ou o Instituto de Gestão da Tesouraria e do Crédito Público), e de entidades integradas no sector empresarial do Estado[312].

d) A competência em razão do valor

Por último, determinado órgão da Administração também pode ser, ou não, competente para praticar certo ato, em função do valor da questão jurídica que lhe está subjacente. Esta competência em razão do valor, em geral, está associada à hierarquia dos órgãos em causa, de modo que é legítimo pensar que, em alguns casos, os órgãos de hierarquia superior são competentes para conhecer das causas de maior valor pecuniário ou patrimonial. Por exemplo, no quadro do processo de impugnação judi-

---

[310] Cfr., acerca de definição de *órgão periférico regional*, o art.º 6.º, n.º 3, do DL 433/99, de 26 de outubro (que aprova o CPPT), considerando-se como tal as direções de finanças e as alfândegas da AT.

[311] Cfr., acerca de definição de *órgão periférico local*, o art.º 6.º, n.º 1, do DL 433/99, de 26 de outubro, nos termos do qual aí se incluem os serviços de finanças, as delegações aduaneiras e os postos aduaneiros da Autoridade Tributária e Aduaneira.

[312] Cfr. atentamente DL 117/2011.

cial, se valor do processo não exceder o quíntuplo da alçada do Tribunal tributário de 1.ª instância, o dirigente do órgão periférico regional pode revogar, total ou parcialmente o ato impugnado; excedendo, essa competência será exercida pelo dirigente máximo do serviço[313].

Importa aqui referir que o valor de determinada causa é aferido pelos critérios traçados pelo próprio legislador – os quais, embora reportados apenas ao processo, podem aqui ser aplicáveis analogicamente (art.º 97.º – A do CPPT) –, que estabelece a regra de que quando seja impugnada uma liquidação, tal valor corresponde ao da importância cuja anulação se pretende.

4.3.1.4. Os conflitos de competência

Pode por vezes suceder que da aplicação dos critérios acima referidos surja um conflito de competências, que poderá ser um conflito positivo – dois ou mais órgãos consideram-se competentes para decidir – ou um conflito negativo – nenhum dos órgãos em causa se considera competente para decidir. Nestes casos, o legislador prevê uma nova série de critérios, mas agora para a resolução deste dissídio. Esses critérios são[314]:

- Os conflitos positivos ou negativos de competência entre diferentes serviços do mesmo órgão da Administração tributária são resolvidos pelo seu dirigente máximo;
- Os conflitos positivos ou negativos de competência entre órgãos da Administração tributária pertencentes ao mesmo ministério são resolvidos pelo ministro respetivo;
- Os conflitos positivos ou negativos de competência entre órgãos da Administração tributária pertencentes a ministérios diferentes são resolvidos pelo Primeiro-Ministro;
- Os conflitos positivos ou negativos da competência entre órgãos da Administração tributária do Governo central, dos Governos Regionais e das Autarquias locais são resolvidos pelos Tribunais Tributários.

Se da aplicação destes critérios não resultar uma conclusão convincente acerca de quem seja competente para a prática de um determi-

---

[313] Cfr. Art.º 112.º, n.ºs 1 e 2 do CPPT.
[314] Cfr. art.º 11.º do CPPT.

nado ato procedimental ou de um conjunto de atos, considera-se competente o órgão da Administração tributária da área do domicílio fiscal do sujeito passivo ou interessado, ou do seu representante legal[315].

4.3.1.5. A incompetência

O desrespeito das regras de atribuição de competência acima referidas desencadeia, naturalmente, uma reação adversa do ordenamento jurídico que, em casos normais, passará pela remessa das peças do procedimento para o órgão competente ou pela consideração do ato em causa como anulável.

Na verdade, pode acontecer que a entidade administrativa incompetente não chegue sequer a praticar qualquer ato procedimental. Nos casos de violação das regras atributivas de competência em função da matéria ou do território – por exemplo, se o sujeito passivo apresentar uma reclamação num serviço de finanças que não o da sua área de residência, quando esta seria a indicada – o órgão incompetente "é obrigado a enviar as peças do procedimento para o órgão da Administração tributária competente no prazo de quarenta e oito horas após a declaração de incompetência (...)". Nestes casos, o requerimento considera-se apresentado na data do primeiro registo e o interessado deverá ser devidamente notificado de tal remessa[316].

Mas também pode acontecer que a entidade incompetente pratique atos procedimentais, decidindo sem ter competência para tal. Nestas situações, o ato em causa pode ser atacado quer administrativamente (reclamação graciosa, recurso hierárquico, etc.), quer jurisdicionalmente (impugnação judicial), pois entende-se que existe uma ilegalidade suscetível de conduzir à sua anulação[317].

4.3.2. Os sujeitos passivos

Outra intervenção legítima no procedimento tributário pode ser levada a efeito pelos sujeitos passivos de imposto ou, como impropriamente se exprime o legislador, pelos "contribuintes".

---

[315] Cfr. art.º 61.º, n.º 4, da LGT.
[316] V. art.º 61.º, n.ºs 2 e 3, da LGT.
[317] Cfr. art.ºs 70.º, n.º 1, e 99.º, alínea b), do CPPT. V., por exemplo, acórdão do STA de 22 de março de 2017, processo n.º 0901/16.

Neste contexto, a primeira chamada de atenção não poderá deixar de ser feita precisamente no sentido de uma precisão linguística da maior importância, pois a confusão entre "sujeito passivo" e "contribuinte" não é aconselhável. O "contribuinte" será aquela pessoa ou entidade que está adstrita ao pagamento, em sentido económico, de um tributo. Por outras palavras será toda a pessoa ou entidade que suporta o fardo, encargo ou sacrifício patrimonial do imposto ou taxa, por exemplo. Neste sentido, tanto é contribuinte o titular de rendimentos prediais, como o apostador ganhador de um prémio, como o consumidor final de um bem que vê para si transferido o imposto sobre o consumo (repercussão *para diante*), como o estudante que paga as suas propinas. Qualquer um deles "contribui" para a satisfação das necessidades financeiras do Estado, sendo, nesta medida, qualquer um deles contribuinte.

Ora, não nos parece razoável admitir que seja neste sentido amplo que o legislador utilize o termo "contribuinte". Ele deverá antes ser utilizado apenas naquelas situações em que, em virtude de uma norma legal, alguém se encontra adstrito ao pagamento de um tributo. Se assim pensarmos, então ficarão de fora do conceito as situações de "contribuinte de facto" (casos de repercussão), apenas sendo de admitir as situações de "contribuinte de direito" ou sujeito passivo propriamente dito[318].

Em matéria de tributos, contudo, e como é sabido de outras sedes, deve ser feita a distinção entre dois tipos de sujeito passivo: (i) o sujeito passivo direto e (ii) o sujeito passivo indireto[319]:

i) O sujeito passivo direto será a pessoa ou entidade que tem uma relação pessoal e direta com o facto tributário (por exemplo, a pessoa relativamente à qual o legislador fiscal presume capacidade contributiva);

ii) O sujeito passivo indireto, será a pessoa ou entidade que, não tendo uma relação pessoal e direta com o facto tributário, vai, não obs-

---

[318] Em todo o caso, a generalização do termo é de tal magnitude que o mais curial será, no desenvolvimento das presentes *Lições*, e sem prejuízo de referência particular em sentido contrário, considerar uma tendencial sinonímia. Ainda assim, em termos linguísticos adequados, a expressão "contribuinte devedor" aplicar-se-á com mais propriedade no quadro do incumprimento da obrigação principal (pagamento), enquanto que a expressão "contribuinte faltoso" tem usualmente aplicação no incumprimento de obrigações acessórias.

[319] V. a respeito ROCHA, Joaquim Freitas, E SILVA, Hugo Flores, Teoria geral da relação jurídica tributária, Almedina, Coimbra, 2017, pp. 76 e ss..

tante, ser chamada pela lei a cumprir obrigações tributárias. Trata-se de uma categoria bastante abrangente e que engloba situações bastante diversas, como a substituição tributária, a sucessão tributária e a responsabilidade tributária.

Todos eles – sujeitos passivos diretos e indiretos – têm legitimidade para intervir no procedimento tributário, embora com regras de tempestividade distintas[320].

4.3.3. Outras entidades com legitimidade procedimental: as partes nos contratos fiscais e outras pessoas que provem interesse legalmente protegido

Por fim, o art.º 9.º refere-se às partes nos contratos fiscais e a outras pessoas que provem interesse legalmente protegido como tendo legitimidade para atuar no procedimento. No primeiro caso – partes nos contratos fiscais – está a ser feita referência, como é sabido, a figuras como as *avenças fiscais*, legalmente previstas[321], e aos respetivos sujeitos; no segundo, a toda uma série de "interessados" que, pelos mais diversos motivos e a título diverso, podem entrar num procedimento (por exemplo, a parte contrária num contrato em caso de aplicação de normas antiabuso; ou as entidades que se encontrem numa relação de domínio com o contribuinte, nos casos de acesso à informação bancária[322]).

5. Os procedimentos tributários em especial

§ único: sequência

Chegou agora o momento de nos debruçarmos sobre cada um dos procedimentos tributários em particular, procurando averiguar qual o seu

---

[320] A título de exemplo, pode-se referir que o sujeito passivo direto, em regra, pode reclamar graciosamente da liquidação dos tributos que lhe digam respeito no prazo de 120 dias a contar do termo do prazo de pagamento voluntário [art.ºs 70.º, n.º 1, e 102.º, n.º 1, alínea a), do CPPT]; já o responsável subsidiário pode reclamar no mesmo prazo, contado a partir da citação em processo de execução fiscal [cfr. art.º 102.º, n.º 1, alínea c), do CPPT e 22.º, n.º 5, da LGT].

[321] Cfr. art.º 37.º da LGT.

[322] Cfr. 63.º-B, n.º 7 da LGT.

regime jurídico, ou seja quais as regras que se aplicam a cada um deles. Não se pense, contudo, que basta o conhecimento destas regras para se compreender, com todo o alcance, cada procedimento. É que não pode aqui deixar de se trazer à análise o estudo que já foi efetuado atrás, quer quando analisamos as fases do procedimento em geral, quer quando analisamos os mais relevantes princípios procedimentais tributários, pois muitas das conclusões então tiradas a propósito de tais matérias revelar-se-ão agora de extrema utilidade. Por outras palavras, só um estudo sistematicamente enquadrado possibilitará a adequada captação das finalidades e formalidades de cada instituto procedimental.

Naturalmente que o nosso estudo não incidirá sobre todos os procedimentos existentes no ordenamento jurídico-tributário português. Razões de natureza temporal e pedagógica impedem-no. Ainda assim, procuraremos estabelecer um quadro tão completo quanto possível, tendo em conta, entre outros aspetos, a relevância prática das matérias.

Por outro lado, também se deve desde já chamar a atenção para o facto de que as opções de positivação e de inserção sistemática não ajudam. Se bem que a maior parte dos procedimentos está prevista no seu devido lugar – o CPPT –, não deixa de ser verdade que muitos deles encontram-se dispersos por inúmeros diplomas, muitos deles substantivos: a LGT, o CIRS, o CIRC, o CIVA, o RCPITA, o CIMI, o CIMT, etc. Em face desta dispersão, procuramos encontrar uma sistematização que permitisse a sua clara perceção, identificação e catalogação, tendo em vista, principalmente, o *papel nuclear* que desempenha a liquidação e cobrança dos tributos e as finalidades de cada procedimento.

Assim, entendemos dever-se distinguir (i) os procedimentos pré--liquidatórios, (ii) os procedimentos de liquidação e cobrança de tributos e (iii) os procedimentos de segundo grau ou impugnatórios.

Entre os procedimentos pré-liquidatórios – que naturalmente, e como a própria designação indicia, têm lugar, em regra, antes da liquidação de um qualquer tributo – distinguiremos os procedimentos de natureza informativa (desdobrando-os, consoante o destinatário da informação seja o contribuinte ou a Administração tributária) os procedimentos de avaliação, o procedimento de reconhecimento de benefícios fiscais, o procedimento de aplicação de norma antiabuso e o procedimento de ilisão de presunções.

Seguidamente, procederemos à análise dos procedimentos nucleares da técnica tributária: a liquidação e cobrança de tributos.

Depois, a nossa atenção recairá sobre os procedimentos que materializam meios de reação – quer do contribuinte quer da Administração – a um ato anterior, a um ato já praticado, sendo, por isso, adequada a denominação de procedimentos reativos, de segundo grau, ou impugnatórios.

Finalmente, e em face das especificidades que apresentam, debruçar-nos-emos sobre os denominados "procedimentos cautelares"

Deve-se salientar que os procedimentos através dos quais a Administração tributária aplica sanções (coimas) não são configuráveis como procedimentos tributários, pois as prestações em causa não têm natureza tributária, mas sancionatória. Daí não recair sobre eles a nossa atenção.

Insista-se na ideia de que esta sistematização assume objetivos eminentemente estruturais e pedagógicos, podendo a espaços não encontrar absoluta consonância com os critérios jurídico-legais

5.1. Procedimentos de natureza informativa

5.1.1. Procedimentos cujo destinatário da informação é o contribuinte

5.1.1.1. Procedimento de orientações genéricas

Já é um lugar comum afirmar que o Direito Tributário é um ramo de Direito cuja aplicação envolve inúmeras dificuldades. A par da incontornável "explosão legal" e dispersão administrativa, surge o hermetismo de muitos conceitos e institutos, que apenas um moroso e correto manejo das normas tributárias permite superar, e que amiúde é causado pelo facto de serem convocados conhecimentos de uma minuciosa base técnica (de raiz económico-contabilística).

A tudo isto deve-se acrescentar uma realidade de extrema relevância: a importação, pelo legislador tributário, de inúmeros conceitos oriundos de outros ramos de Direito, mas desprendidos do sentido que aí têm. Por outras palavras: muitas vezes as normas tributárias vão buscar conceitos aos códigos e compêndios administrativistas, civilistas ou penalistas, mas empresta-lhes um novo sentido. Assim se passa com conceitos como "salário", "fruto", "renda", transmissão", e muitos outros.

Ora, num quadro assim perspetivado, não será de estranhar que os destinatários das normas tributárias encontrem muitos obstáculos quando chega o momento da sua transposição do "mero estado legislativo" para o domínio da aplicação ao caso em concreto, dificuldades essas que passam, por exemplo, por não saber se uma determinada despesa pode ser deduzida no âmbito de um certo imposto; se um determinado sujeito pode ser considerado deficiente para efeitos de isenção; se uma determinada sociedade pode ser considerada como tendo um estabelecimento estável em território português.

Ora, com o objetivo de proceder, na medida do possível, a uma uniformização da interpretação e integração das normas tributárias existe o procedimento de orientações genéricas (art.os 55.º e 56.º do CPPT), no qual a AT, por sua própria iniciativa, emana diretivas ou quadros que devem presidir à aplicação de determinada norma ou conjunto de normas. Assim se vê que se trata de um procedimento que, ao contrário de quase todos os outros, não vai culminar na emanação de um ato tributário (de conteúdo individual e concreto), mas antes na emissão de um ato de conteúdo geral e abstrato: uma circular administrativa (ou ato equivalente)[323].

As orientações referidas devem ser emanadas pelo dirigente máximo do serviço em causa (ou funcionário em que ele tenha delegado essa competência) e a sua principal consequência jurídica consiste na *vinculação* – com eficácia prospetiva, nunca retroativa, em face do princípio constitucional da segurança jurídica e proteção da confiança – da Administração ao seu conteúdo. Não se trata, assim, de meros pareceres ou indicações de aplicação, mas de verdadeiras *normas sobre a aplicação de normas*, com efeito vinculativo. O próprio legislador prevê tal efeito ao prescrever, no art.º 68.º-A, n.º 1 da LGT, que a Administração tributária está vinculada às orientações genéricas constantes de circulares, regulamentos ou instrumentos de idêntica natureza emitidas sobre a interpretação das normas tributárias que estiverem em vigor no momento do facto tributário.

Não se vê assim como se pode negar a natureza normativa das mesmas. Podem ser normas com uma eficácia jurídica limitada à AT ("internas"), mas são *normas*.

---

[323] Cfr. art.º 55.º, n.º 3 do CPPT.

Contudo, para que os contribuintes em geral possam ter um atempado conhecimento das orientações genéricas emanadas, e para que estas possam ser efetivamente vinculativas, torna-se necessário ter delas conhecimento. Impõe-se, deste modo, publicitá-las.

A forma adequada de dar publicidade nestes casos é, nos termos da lei, mediante a criação e organização de uma "base de dados permanentemente atualizada" e de acesso gratuito, livre e direto, ou seja, sem a prévia exigência de palavras-chave ou códigos secretos[324].

Como se constata, não estamos aqui em presença de meras circulares informativas – mediante as quais o órgãos superior transmite aos inferiores dados de facto relevantes para o exercício da sua atividade (opiniões, tomadas de posição, recomendações) – ou diretivas – que impõem aos órgão inferiores objetivos concretos ou *standards* de eficácia –, mas sim de verdadeiras circulares normativas ou preceptivas, na medida em que impõem opções interpretativas de preceitos legais ou regulamentares ou desenvolvem algum aspeto destes[325]. Por conseguinte, produzem efeitos jurídicos vinculativos para os órgãos da Administração, que não podem praticar atos administrativos concretos em desconformidade com as orientações ditadas[326]. De resto, o conteúdo destas orientações pode mesmo acarretar consequências bastante gravosas: se o contribuinte entregar as suas declarações seguindo as instruções delas constantes e, mais tarde, conseguir a anulação do ato de liquidação subsequente, pode ter direito a juros indemnizatórios, pois considera-se que houve erro imputável aos serviços[327].

---

[324] Cfr. art.º 56.º, n.ºs 1 e 2 do CPPT. Em rigor, contudo, existe ainda outra forma de conhecimento das orientações genéricas, ou das circulares em que elas se incorporam: mediante um requerimento especificamente destinado a esse fim, formulado pelo interessado num procedimento e dirigido ao dirigente máximo do serviço em causa (art.º 56.º, n.ºs 3 e 4 do CPPT). Porém, podem surgir reservas quanto ao facto de saber se este procedimento se poderá aplicar a todas as orientações (como é nossa opinião) ou apenas àquelas que não visem a uniformização da interpretação e aplicação das normas tributárias e tenham um carácter mais pessoal (como parece indicar uma primeira leitura dos preceitos atrás referidos, pois não faria sentido a menção à expurgação dos "elementos de carácter pessoal" e à "inclusão na base de dados a que se refere o número 1" se estivéssemos a falar do mesmo tipo de orientações).

[325] Cfr., a respeito, acórdãos do STA de 31 de maiode 2006, processo n.º 026622 e de 17 de outubro de 2012, processo n.º 0583/12.

[326] Cfr. art.º 68.º-A, n.º 1 da LGT.

[327] Assim, art.º 43.º, n.º 1 e 2 da LGT. V., a propósito, acórdão do STA de 21 de março de 2007, processo n.º 01180/06.

Problemático por isso é que se considere que essas orientações genéricas constantes de circulares não possuem eficácia externa, na senda do defendido pelo Tribunal constitucional[328]. Reconhece o órgão máximo de jurisdição que "o administrado pode invocar, no confronto com a administração, o conteúdo da orientação administrativa publicitada e, se for o caso, fazê-lo valer perante os tribunais". Porém, adianta que tal sucede "ao abrigo do princípio da boa fé e da segurança jurídica" e não pelo seu valor normativo, acrescentando que "(o) administrado só as acata se e enquanto lhe convier", faltando-lhes força vinculativa heterónoma e não se impondo ao juiz senão pelo valor doutrinário que porventura possuam. Sendo certo que se trata de uma construção com um alcance limitado – saber se podemos estar perante uma norma *para efeitos de controlo da constitucionalidade*, e só para este fim – não deixa de causar alguma estranheza começar por se negar a eficácia externa e, depois, admitir a invocabilidade pelos administrados.

5.1.1.2. Procedimento de informações vinculativas

O procedimento de informações vinculativas tem como objetivo facilitar o cumprimento das obrigações tributárias, em face da abundância legislativa e regulamentar neste campo, e procura facultar aos contribuintes um meio expedito e eficaz de prestação de informações. Sob este ponto de vista, pode-se até afirmar que este procedimento mais não é do que uma densificação (adjetiva) do direito à informação, enquanto garantia dos contribuintes[329].

Trata-se de um procedimento que tem por objeto um pedido de informação que apenas pode recair sobre uma das seguintes realidades:
– Sobre a concreta situação tributária dos contribuintes; ou
– Sobre os pressupostos de quaisquer benefícios fiscais[330].

---

[328] Cfr. o importante acórdão do TC n.º 583/2009, disponível em http://www.tribunal constitucional.pt.

[329] Neste seguimento, prescreve o art.º 67.º, n.º 1, alínea c), da LGT, que "o contribuinte tem direito à informação sobre (...) a sua concreta situação tributária".

[330] Deve-se desde já notar que, quando o despacho recair sobre os pressupostos de qualquer benefício fiscal dependente de reconhecimento, os interessados não ficam dispensados de o requerer autonomamente nos termos da lei (art.º 57.º, n.º 2, do CPPT). Além disso, apresentado o pedido de reconhecimento de benefícios fiscais (cfr. art.º 65.º do CPPT) que tenha sido precedido do pedido de informação vinculativa, este ser-lhe-á apensado a requerimento do interessado, devendo a entidade competente para a decisão conformar-se com o

Por aqui se conclui que não se podem solicitar à Administração tributária informações, com carácter vinculativo, sobre problemas de geral ou natureza doutrinal que não tenham incidência num particular caso em concreto ou numa particular relação da vida, não se podendo aquela transformar, por esta via, num órgão parecerístico ou meramente consultivo.

Os pedidos de informação referidos – que deverão ser acompanhados da identificação dos factos cuja qualificação jurídico-tributária se pretenda – devem ser dirigidos por via eletrónica ao dirigente máximo do serviço, que é a entidade competente para proferir a decisão[331], e devem ser apresentados pelos próprios sujeitos passivos, por outros interessados (v.g., ex-cônjuges, ex-sócios) ou ainda pelos representantes legais de uns ou de outros[332]. Contudo, neste último caso, e como forma de evitar a cobrança indevida de honorários, importa salientar o que refere o art.º 68.º, n.º 5 da LGT: as informações (...) podem ser prestadas a advogados ou outras entidades legalmente habilitadas ao exercício da consultadoria fiscal acerca da situação tributária dos seus clientes devidamente identificados, mas serão obrigatoriamente comunicadas a estes.

A Administração tributária deverá (também por via eletrónica) dar uma resposta no prazo máximo de 150 dias[333], mas mediante solicitação justificada do requerente, a informação vinculativa pode ser prestada com carácter de urgência, no prazo de 75 dias, desde que o pedido seja acompanhado de uma proposta de enquadramento tributário. Neste último caso, a Administração tributária deve, no prazo máximo de 30 dias, notificar o contribuinte do reconhecimento ou não da urgência e, caso esta seja aceite, do valor da taxa devida, a ser paga no prazo de cinco dias[334].

Saliente-se que a proposta de enquadramento jurídico-tributário dos factos a que se refere o pedido de informação vinculativa urgente considera-se tacitamente sancionada como informação vinculativa se o

---

anterior despacho (na medida em que a situação hipotética objeto do pedido de informação vinculativa coincida com a situação de facto objeto do pedido de reconhecimento – cfr. art.º 57.º, n.º 3, do CPPT).

[331] V. art.º 68.º, n.º 1, da LGT. Para desenvolvimentos, v. portaria 972/2009, de 31 de agosto.
[332] V. art.º 68.º, n.º 4, da LGT
[333] Cfr. art.º 68.º, n.º 4, da LGT. V., abaixo, apartado 5.5.
[334] Cfr. art.º 68.º, n.ºs 2, 6 e 7, da LGT.

pedido não for respondido no prazo referido (com efeitos restritos especificamente aos atos e factos identificados no pedido e ao período de tributação em que os mesmos ocorram)[335].

Saliente-se igualmente que o incumprimento do prazo de resposta acima referido, quando o contribuinte atue com base numa interpretação plausível e de boa-fé da lei, limita a responsabilidade deste à dívida do tributo, abrangendo essa exclusão de responsabilidade as coimas, os juros e outros acréscimos legais[336].

Do mesmo modo, um silêncio da AT nesta sede pode significar a impossibilidade de recurso à norma geral antiabuso (infra mencionada)[337].

***

À resposta prestada ficam os órgãos administrativo-tributários vinculados nos seguintes termos:
- Em primeiro lugar, trata-se de uma vinculação *inter-partes*, não podendo a AT, apenas em relação ao caso em concreto objeto do pedido, proceder em sentido diverso da informação prestada, no sentido de acautelar as legítimas expectativas criadas no destinatário desta (*princípio da proteção da confiança*). Contudo, não é legítima a invocação, por qualquer outra pessoa, de uma eventual eficácia *erga omnes* da informação prestada. Importa assinalar ainda que a AT pode ser condenada numa sanção pecuniária a quantificar de acordo com as regras sobre a litigância de má fé em caso de atuar em juízo contra o teor de informações vinculativas anteriormente prestadas aos interessados (ou o seu procedimento no processo divergir do habitualmente adotado em situações idênticas: art.º 104.º, n.º 1 da LGT);
- Em segundo lugar, trata-se de uma vinculação sujeita a condição, na medida em que ela apenas se verifica a partir da notificação da informação[338];

---

[335] Assim, art.º 68.º, n.ºs 8 e 9, da LGT.
[336] Idem, n.º 18.
[337] Assim, art.º 63.º, n.º 8, do CPPT.
[338] Cfr. art.º 57.º, n.º 1, CPPT.

– Em terceiro lugar trata-se de uma vinculação relativa e não absoluta, no sentido em que a informação prestada cede perante uma decisão em contrário dos Tribunais[339]. Procura-se aqui, entre outras razões, assegurar a (inquestionável) independência dos órgãos jurisdicionais que, de outra forma, como que passariam também eles a estar sujeitos às prévias decisões administrativas que tivessem sido tomadas sobre um determinado caso em concreto.

Em termos temporais, as informações vinculativas não são um instituto pensado para vigorar *ad aeternum*, prevendo-se especificamente duas causas de cessação da sua vigência ("caducidade", lhe chama o legislador):
i) Em primeiro lugar, quando se verificar alteração superveniente dos pressupostos de facto ou de direito em que assentaram (para evitar informações que, entretanto, ficam sem objeto ou desconexas com o substrato material respetivo);
ii) Em segundo lugar, o decurso do lapso de quatro anos após a data da respetiva emissão, salvo se o sujeito passivo solicitar a sua renovação[340] (como modo de obviar as informações que se desatualizam com o tempo e que os serviços não tiveram, entretanto, oportunidade de reconsiderar).

Além disso, se uma determinada "questão de Direito relevante" tiver sido apreciada no mesmo sentido em três pedidos de informação, ou seja, previsível que o venha a ser, a Administração tributária deve proceder à conversão das informações vinculativas em circulares administrativas[341].

Por último, importa observar que o pedido de informação vinculativa é arquivado se estiver pendente ou vier a ser apresentada reclamação, recurso ou impugnação judicial que implique os factos objeto do pedido de informação[342].

De salientar ainda que, em ordem ao princípio constitucional da irrevogabilidade dos atos administrativos constitutivos de direitos

---

[339] Cfr. art.ºs 68.º, n.º 14, da LGT.
[340] V. art.º 68.º, n.º 15 da LGT.
[341] Assim, art.º 68.º-A, n.º 3, da LGT.
[342] V. art.º 68.º, n.º 12 da LGT.

I. O PROCEDIMENTO TRIBUTÁRIO

(outra importante densificação do princípio da segurança jurídica e proteção da confiança), as informações prestadas não poderão, *a posteriori*, ser alteradas nem revogadas com efeitos retroativos. Também não são impugnáveis ou recorríveis, uma vez que não incorporam qualquer ato lesivo[343].

5.1.2. Procedimentos cujo destinatário da informação é a Administração tributária

5.1.2.1. Procedimento de inspeção tributária

O primeiro grande procedimento de natureza informativa que cumpre estudar, e que é um dos que assume maior relevância prática é o procedimento de inspeção tributária.

Atenta a complexidade que o mesmo pode assumir, e tendo por objetivo contribuir para a clarificação da sua perceção e do seu entendimento jurídicos, entende-se por bem desdobrar a exposição nos seguintes núcleos analíticos: (i) enquadramento e localização temática, (ii) tipos ou espécies, (iii) sujeitos participantes e (iv) fases.

5.1.2.1.1. Enquadramento do procedimento de inspeção tributária

O procedimento de inspeção tributária – cuja disciplina jurídica essencial consta do Regime Complementar do procedimento de inspeção tributária e aduaneira (RCPITA), aprovado pelo DL n.º 413/98, de 31 de dezembro, e ao qual subsidiariamente se aplica o disposto na LGT, no CPPT, nos demais códigos e leis tributárias, na lei orgânica da Direcção-Geral dos Impostos e respetivos diplomas regulamentares e no CPA[344] – é um procedimento informativo (não sancionador: a AT não "castiga" contribuintes), que tem como objetivos (i) a observação das realidades tributárias, (ii) a verificação do cumprimento das obrigações tributárias e (iii) a prevenção das infrações tributárias[345].

Para a prossecução destes objetivos, a inspeção tributária – que deverá obedecer aos princípios da verdade material, da proporcionalidade,

---

[343] V. art.º 68.º, n.º 16 da LGT. Neste sentido, acórdão do STA de 08 de novembro de 2006, processo n.º 0382/06.
[344] Cfr. art.º 4.º do RCPITA.
[345] Assim, art.º 2.º, n.º 1, do RCPITA.

181

do contraditório e da cooperação[346] – compreende, entre outras, as seguintes atuações[347]:
- Confirmação dos elementos declarados pelos sujeitos passivos e demais obrigados tributários;
- Indagação de factos tributários não declarados pelos sujeitos passivos e demais obrigados tributários;
- Inventariação e avaliação de bens, móveis ou imóveis, para fins de controlo do cumprimento das obrigações tributárias;
- Realização de perícias ou exames técnicos de qualquer natureza;
- Promoção, nos termos da lei, do sancionamento das infrações tributárias.

Em termos jurídico-conceptuais precisos e se quiser dar-se aproveitabilidade aos termos utilizados pelo próprio legislador, cumpre distinguir o procedimento inspetivo – a cadeia ou sucessão de atos diversos com vista à produção do resultado administrativo final (relatório de inspeção) – e as ações inspetivas – os atos materiais de averiguação ou indagação da situação do visado –, sendo certo que as segundas fazem parte integrante do primeiro.

Antes ainda de avançar, importa realçar uma nota extremamente importante: sendo certo que, como se disse, a inspeção tributária tem natureza e finalidades meramente informativa (não sancionatórias), a verdade é que, em termos práticos, as consequências decorrentes de procedimentos inspetivos tributários podem ser bastante incómodas e gravosas: basta pensar, por exemplo, nas perturbações e constrangimentos relacionados com as alterações de horários, com o escalonamento de funcionários da empresa para tarefas não habituais, na indisponibilidade de livros de registo ou de contabilidade, na visibilidade e na afetação do bom nome, etc., etc. (além, evidentemente, dos atos finais dele decorrentes, como liquidações de impostos ou cessação de benefícios)[348].

5.1.2.1.2. Tipologia das inspeções tributárias

O procedimento de inspeção tributária pode ser classificado de acordo com vários critérios, importando salientar que tais classificações impli-

---

[346] V. art.º 5.º do RCPITA.
[347] Cfr. art.º 2.º, n.º 2, do RCPITA.
[348] V., por exemplo, acórdão do STA de 31 de janeiro de 2018, processo n.º 099/17.

cam consequências relevantes ao nível do tratamento jurídico subsequente.

Aplicando os mais relevantes critérios, é possível distinguir os seguintes tipos jurídicos de inspeção tributária:
i) Quanto às finalidades, existem os *procedimentos inspetivos de comprovação e verificação* – que são aqueles que procuram confirmar o cumprimento das obrigações dos sujeitos passivos e demais obrigados tributários – e os *procedimentos inspetivos de informação* – que são aqueles que incidem sobre o cumprimento dos deveres legais de informação ou de parecer[349];
ii) Quanto ao âmbito de abrangência material, distinguem-se os *procedimentos inspetivos gerais* – quando estiver em causa a situação tributária global ou o conjunto dos deveres tributários dos sujeitos passivos ou dos demais obrigados tributários –, dos *procedimentos inspetivos parciais* – quando estiver em causa apenas algum, ou alguns, tributos ou algum, ou alguns, deveres dos sujeitos passivos ou dos demais obrigados tributários[350];
iii) Quanto à respetiva propulsão ou impulso, podem verificar-se *procedimentos inspetivos de iniciativa administrativa* e *procedimentos inspetivos de iniciativa do sujeito passivo*[351].

---

[349] Cfr. art.º 12.º do RCPITA.
[350] Cfr. art.º 14.º do RCPITA.
[351] V. art.º 47.º da LGT e 27.º, n.º 2, do RCPITA. Na economia das presentes *Lições* a atenção primordial será dispensada ao primeiro tipo de procedimento inspetivo (de iniciativa administrativa). Em todo o caso, sempre se poderá adiantar alguns tópicos orientadores do regime jurídico das inspeções a pedido (iniciativa) do contribuinte, cujo regime jurídico consta, no essencial, do Decreto-Lei n.º 6/99, de 08 de janeiro. No contexto deste diploma, cumpre destacar:
– De um ponto de vista subjetivo, este tipo inspetivo tem por referência sujeitos passivos que disponham de contabilidade organizada (art.º 1.º, n.º 2);
– A inspeção pode ser requerida ao Diretor-geral pelo próprio sujeito passivo ou, com autorização expressa deste, por terceiro (art.º 2.º, n.º 1), devendo invocar e provar "interesse legítimo" (art.º 2.º, n.ºˢ 4 e 6);
– Trata-se de uma possibilidade onerosa, na medida em que é devido o pagamento de uma taxa pelo serviço prestado (art.º 4.º);
– As conclusões do relatório da inspeção vinculam a Administração tributária, não podendo esta proceder a novas inspeções com o mesmo objeto. Também não poderá praticar atos de liquidação que não tenham por fundamento as conclusões do relatório de inspeção (art.º 5.º, n.º 1 – v., também, art.º 47.º, n.º 1, da LGT). Todavia, a Administração tributária

iv) Quanto ao lugar da realização, existem *procedimentos inspetivos internos*, quando os atos de inspeção se efetuem exclusivamente nos serviços da Administração tributária, e *procedimentos inspetivos externos*, quando os atos de inspeção se efetuem, total ou parcialmente, em instalações ou dependências dos sujeitos passivos ou demais obrigados tributários, de terceiros com quem mantenham relações económicas ou em qualquer outro local a que a Administração tenha acesso[352].

A relevância destas classificações é incontornável, na medida em que as incidências jurídicas são diversas, consoante se esteja em presença de um ou outro tipo de inspeção. Apenas a título meramente exemplificativo, e com finalidades puramente pedagógicas – propósito nuclear das presentes *Lições* –, apontam-se os seguintes aspetos de regime:

i) Se a AT quiser alterar os fins, o âmbito e a extensão do procedimento, não o poderá fazer livremente, mas apenas mediante uma forma específica (despacho), e mediante adequada fundamentação e notificação à entidade inspecionada (sob pena de preterição de formalidades)[353];

ii) No procedimento de inspeção externa (e apenas neste):
   – Existe uma tendencial proibição de não repetição das inspeções em relação ao mesmo contribuinte, tributo e período de tributação, como decorrência das exigências do princípio da proporcionalidade ou da proibição do excesso[354];
   – O respetivo início deve ser notificado ao sujeito passivo ou obrigado tributário com uma antecedência mínima de cinco dias relativamente ao seu início[355];

---

pode, até à conclusão da inspeção, condicionar a eficácia vinculativa do relatório à revelação pelos sujeitos passivos dos dados incluídos no sigilo bancário (art.º 3.º, n.º 4).
– O contribuinte pode reclamar, recorrer ou impugnar os atos administrativo-tributários lesivos derivados do relatório de inspeção (art.º 6.º, n.º 1). Nestes casos, o efeito vinculativo do relatório só se produz a partir da resolução definitiva da reclamação, impugnação ou recurso (art.º 6.º, n.º 2).

[352] Cfr. art.º 13.º do RCPITA.
[353] Cfr. art.º 15.º, n.º 1, do RCPITA.
[354] Assim, 63.º, n.º 4, da LGT.
[355] Assim, art.º 49.º, n.ºˢ 1 e ss. do RCPITA.

– Exige-se sempre a credenciação dos funcionários (sendo que se consideram credenciados os funcionários da AT munidos de ordem de serviço emitida pelo serviço competente ou de cópia do despacho do superior hierárquico que determinou a realização do procedimento)[356];
– A notificação do seu início ao contribuinte faz suspender o prazo de caducidade da liquidação de tributos (permitindo à AT dispor de mais tempo para exercer os poderes inerentes a essa liquidação)[357].

Importa relevar que a qualificação dada pela AT ao procedimento em causa não é vinculativa. Significa isto, naturalmente, que o facto de a Administração designar certa inspeção como "meramente interna" não seignifica que o seja efetivamente, podendo o Tribunal proceder à requalificação[358].

5.1.2.1.3. Os atores do procedimento de inspeção tributária

a) A Administração tributária

Como sabemos, para poder praticar atos procedimentais válidos, e em obediência os imperativos de legalidade e da precedência de lei, os órgãos da Administração tributária necessitam de uma prévia atribuição competencial. Tal atribuição, em matéria de inspeção tributária, consta do art.º 16.º do RCPITA, nos termos do qual são competentes para a prática dos atos de inspeção tributária, os seguintes serviços da Autoridade tributária e aduaneira[359]:
– A *Unidade dos Grandes Contribuintes* (por nós abordada, de modo sumário, já de seguida), relativamente aos sujeitos passivos que de acordo com os critérios definidos sejam considerados como grandes contribuintes;
– As direções de serviços de inspeção tributária que, nos termos da orgânica da Autoridade Tributária e Aduaneira, integram a área

---

[356] V. art.º 46.º, n.ºs 1 e 2, do RCPITA.
[357] Cfr. art.º 46.º, n.º 1, da LGT.
[358] V. acórdão do TCA-Sul de 9 de março de 2017, processo n.º 05458/12.
[359] Quanto a eventuais incompatibilidades, cfr. art.º 20.º.

operativa da inspeção tributária, relativamente aos sujeitos passivos e demais obrigados tributários que sejam selecionados no âmbito das suas competências ou designados pelo Diretor-Geral da Autoridade Tributária e Aduaneira;
- As unidades orgânicas desconcentradas, relativamente aos sujeitos passivos e demais obrigados tributários com domicílio ou sede fiscal na sua área territorial.

Trata-se, esta, da competência abstrata para a intervenção no procedimento inspetivo, a qual repousa sobre os serviços referidos e não sobre quaisquer outros, públicos ou privados. Por aqui se conclui que não dispõem de competência para a prática de atos de inspeção tributária – e apenas a estes nos referimos, e não a atos de indagação em outras sedes –, por exemplo, nem as entidades policiais, nem os órgãos de investigação criminal, nem as entidades reguladoras, de fiscalização ou supervisão, nem as entidades privadas

Porém, além da referida *competência abstrata*, os órgãos da AT carecem igualmente de estar legitimados em concreto para, *naquela situação*, proceder a atos inspetivos, o que comporta a exigência de *credenciação*. Na verdade, o início do procedimento externo de inspeção depende da credenciação dos funcionários e do porte do cartão profissional ou outra identificação relevante, considerando-se credenciados os funcionários da AT munidos de ordem de serviço emitida pelo serviço competente, ou no caso de não ser necessária ordem de serviço de cópia do despacho do superior hierárquico que determinou a realização do procedimento ou a prática do ato[360]. De resto, a ausência do preenchimento deste importante requisito formal legitima os visados a opor-se aos atos de inspeção[361].

Convém igualmente salientar que, em homenagem ao princípio da confidencialidade já referido, "o procedimento da inspeção tributária é sigiloso, devendo os funcionários que nele intervenham guardar rigoroso sigilo sobre os factos relativos à situação tributária do sujeito passivo ou de quaisquer entidades e outros elementos de natureza pessoal ou confidencial de que tenham conhecimento no exercício ou por causa

---

[360] Cfr. art.º 46.º, n.ºs 1 a 3 do RCPITA. Nos termos do n.º 4, não será necessária ordem de serviço quando as ações de inspeção tenham por objetivo a consulta, recolha e cruzamento de elementos, o controlo de bens em circulação ou controlo dos sujeitos passivos não registados.
[361] Assim, art.º 47.º do RCPITA.

das suas funções". Este dever de sigilo não cessa com o termo das funções e transmite-se às entidades que tenham acesso, em virtude de deveres de comunicabilidade de dados, aos dados obtidos pela inspeção tributária[362].

b) Os sujeitos passivos
Embora o procedimento de inspeção tributária vise, em primeira linha e em abstrato, os sujeitos passivos em sentido restrito (sujeitos passivos diretos ou originários), são também atores do mesmo, além deles, os demais obrigados tributários – como os substitutos e responsáveis solidários ou subsidiários, as sociedades dominadas e integradas no regime especial de tributação dos grupos de sociedades, e os sócios das sociedades transparentes – e quaisquer outras pessoas que tenham colaborado nas infrações fiscais a investigar[363].

Ora, no contexto desse universo alargado de potenciais visados, quem pode ser, em concreto, inspecionado?

As pessoas ou entidades podem ser selecionadas na sequência de vários factos ou atos[364]:
i) Abrangência por critérios objetivos abstratamente fixados no Plano Nacional de Atividades da Inspeção Tributária a Aduaneira (PNAITA), que é um documento de natureza programática do qual constam as grandes linhas de atuação da AT neste domínio;
ii) Abrangência por critérios objetivos, abstratamente definidos pelo Diretor-geral, de acordo com necessidades conjunturais de prevenção e eficácia da inspeção tributária;
iii) Aplicação de métodos aleatórios;
iv) Existência de denúncia;
v) Verificação de desvios significativos ou de indícios de infração tributária no comportamento fiscal dos sujeitos;
vi) Solicitação de autoridade estrangeira no âmbito da cooperação internacional em matéria tributária;
vii) Iniciativa do próprio sujeito passivo ou de terceiro que prove interesse legítimo.

---

[362] Cfr. art.º 22.º do RCPITA.
[363] Cfr. art.º 2.º, n.º 3 do RCPITA.
[364] Cfr. art.º 27.º, n.ºs 1 e 2 do RCPITA. Quanto ao Plano Nacional de Atividades da Inspeção Tributária e Aduaneira (PNAITA), v. art.ºs 23.º e ss.

Em todos estes casos, como se compreende, o sujeito em questão deverá colaborar com a AT, estando investido num verdadeiro dever específico com esse sentido, resultando que a falta de colaboração ilegítima pode ter como consequência, não apenas a responsabilidade contraordenacional ou criminal da pessoa em causa, mas igualmente a aplicação de métodos indiretos de tributação[365]. Porém, a falta de colaboração poderá ser considerada legítima – e, consequentemente, não implicar as consequências desfavoráveis referidas – quando estiverem em causa atuações que impliquem[366]:

– O acesso à habitação do contribuinte;
– A consulta de elementos abrangidos pelo segredo profissional ou outro dever de sigilo legalmente regulado (salvo, naturalmente, os casos de consentimento do titular ou de derrogação do dever de sigilo bancário pela Administração tributária legalmente admitidos);
– O acesso a factos da vida íntima dos cidadãos;
– A violação dos direitos de personalidade e outros direitos, liberdades e garantias dos cidadãos (v.g., direito ao bom nome, à reputação, à deslocação, à reunião) nos termos e limites previstos na Constituição e na lei.

Nestes casos, a diligência só poderá ser realizada mediante autorização concedida pelo Tribunal da comarca – não pelo Tribunal administrativo e fiscal (TAF)!– competente com base em pedido fundamentado da Administração tributária.

§ **Especial referência à categoria dos "grandes contribuintes"**
Uma referência final, neste sub-apartado sistemático, para uma tentativa de introdução de algum *substrato de proximidade* no Direito tributário adjetivo, e em particular na inspeção tributária, quebrando a tradicional visão distante, rígida e autoritária da Administração: trata-se da consideração especial dispensada a certos contribuintes.

Sendo certo que a AT desenvolve a sua atividade inspetiva tendo sempre presentes os princípios da colaboração e da imparcialidade, a verdade é que a complexidade inerente ao crescente desenvolvimento

---

[365] Cfr. art.ᵒˢ art.º 32.º e 10.º do RCPITA.
[366] Cfr. art.º 63.º, n.º 5, da LGT.

de certas atividades empresariais e prestacionais (e a própria "relevância económica e fiscal" dos contribuintes), implica que, com cada vez maior frequência, certos atores requeiram um acompanhamento mais próximo, especializado e tendencialmente permanente. Tendo presente estas especiais necessidades, o legislador prevê a possibilidade de qualificação ou categorização como *grandes contribuintes*. Neste contexto, compete ao Diretor-geral da AT determinar os critérios que devem presidir a essa qualificação, o que pode passar, designadamente, pelo respetivo volume de negócios, tipo societário (v.g., SGPS's), quantitativo de impostos a pagar, integração em estruturas grupais, etc.[367].

Uma importante consequência decorrente da qualificação como *grande contribuinte* verifica-se ao nível da competência administrativa para a prática de atos, na medida em que, como regra, as competências atribuídas aos *órgãos periféricos regionais* (e.g., direções de finanças) e aos *órgãos periféricos locais* (e.g., serviços de finanças) devem ser exercidas pelo *órgão do serviço central da AT* a quem, organicamente, seja comtida como atribuição específica o respetivo acompanhamento e gestão tributárias (com exceção dos impostos aduaneiros e especiais de consumo)[368].

5.1.2.1.4. A tramitação do procedimento de inspeção tributária
Como qualquer procedimento, também a inspeção tributária, obedecendo a uma tramitação legalmente pré-estabelecida com o objetivo de produção de um determinado resultado do qual é instrumental, importa a observância de determinadas fases ou etapas estruturantes.

Procurar-se-á averiguar de seguida, de uma maneira pedagogicamente apropriada e cientificamente aceitável, qual o *iter* que, em geral, um procedimento inspetivo deve percorrer.

a) Fase preliminar
Desde logo, e antes de tudo o mais, uma fase preliminar, de natureza abstrata e preparatória, que tem em vista traçar o círculo objetivo e subjetivo dentro do qual todos os desenvolvimentos subsequentes se localizarão. Esta fase – que, em rigor, ainda não se pode verdadeiramente

---

[367] V. art.ºs 68.º-B da LGT e 12.º, n.ºs 2, 3 e 4, do RCPITA.
[368] Assim, art.º 6.º, n.º 4 do DL 433/99 (diploma de aprovação do CPPT, já acima referido). Quanto às competências em sede de IMI, v., n.º 5.

dizer que integre o procedimento inspetivo –compreende os seguintes momentos:

i) O planeamento abstrato, materializado na elaboração do plano nacional de atividades de inspeção tributária e aduaneira (PNAITA), que, como já se referiu, é um documento de natureza programática (aprovado pelo Ministro das Finanças, sob proposta do Diretor-geral) do qual constam as grandes linhas de atuação da AT neste domínio[369].

ii) A seleção e identificação concreta dos sujeitos passivos e demais obrigados tributários a inspecionar, de acordo com os critérios também já supra referidos[370];

iii) A preparação da inspeção, designadamente por via da recolha de toda a informação disponível sobre o sujeito passivo ou obrigado tributário em causa[371].

b) Comunicação prévia

Após essa antecâmara ou fase prévia, surge a comunicação do início do procedimento inspetivo ao visado. Trata-se de uma fase extremamente importante, na medida em que é a partir deste momento que o contribuinte (ou um terceiro) fica a saber que vai ser alvo de investigação para efeitos tributários e, além disso – e uma vez mais reiterando um aspeto já salientado –, com esta notificação, suspende-se o prazo que a AT tem para proceder à liquidação dos tributos (prazo de caducidade – 4 anos, em regra)[372]. Tal efeito suspensivo permitirá à AT dispor de mais tempo para exercer os poderes liquidatórios, os quais se podem considerar condicionados com a inspeção em curso, na medida em que ainda estarão a ser recolhidos elementos probatórios relevantes.

Neste particular, importa acentuar que, em geral, o visado deverá ser notificado com indicação da identificação do funcionário, dos elementos pretendidos no âmbito do procedimento de inspeção, da fixação do prazo, local e hora de realização dos atos de inspeção e da informação sobre as consequências da violação do dever de cooperação[373].

---

[369] Cfr. art.ºˢ 23.º e ss. do RCPITA.
[370] Cfr. art.º 27.º do RCPITA.
[371] Cfr. art.º 44.º, n.º 2, do RCPITA.
[372] Cfr. art.º 46.º, n.º 1, da LGT.
[373] Cfr. art.ºˢ 38.º e 37.º, n.º 2, do RCPITA.

Especificamente nas situações de inspeção externa – nas quais o visado deverá designar uma pessoa que coordenará os seus contactos com a Administração tributária e assegurará o cumprimento das obrigações legais[374] –, o início do procedimento deve ser notificado com uma antecedência mínima de 5 dias, relativamente a esse início, por *carta-aviso* elaborada de acordo com modelo aprovado pelo Diretor-geral, contendo os seguintes elementos[375]:
- Identificação do sujeito passivo ou obrigado tributário objeto da inspeção;
- Âmbito e extensão da inspeção a realizar;
- Um anexo com os direitos, deveres e garantias dos visados no procedimento de inspeção.

Note-se que esta notificação por carta-aviso (art.º 49.º do RCPITA) não se confunde com a data do início do procedimento de inspeção propriamente dito. Trata-se apenas de uma comunicação antecipada. O procedimento inicia-se com a notificação pessoal – em presença e com assinatura – do despacho ou da ordem de serviço respetiva (art.º 51.º, n.º 2, do RCPITA)[376].

Todo o procedimento deve, em regra, estar concluído no prazo máximo de 6 meses[377].

***

---

[374] Assim, art.º 52.º do RCPITA.

[375] Cfr. art.º 49.º, n.ºs 2 e 3, do RCPITA. A notificação ao contribuinte do despacho do início da ação de inspeção externa faz, nos termos do art.º 46.º, n.º 1, da LGT, suspender o prazo de caducidade da liquidação do tributo em causa (em princípio, 4 anos). Significa isto que, suspendido o prazo – e retomado adiante no mesmo ponto da contagem –, a AT acabará por ter mais tempo para liquidar os tributos. Contudo, nos casos em que a duração da inspeção externa ultrapasse o prazo de 6 meses após a notificação, tal suspensão cessa, passando-se a contar o prazo de caducidade desde o início.

[376] Cf. acórdão do STA de 12 de outubro de 2016, processo n.º 0879/15.

[377] Cf. art.º 36.º, n.º 2, do RCPITA. Quanto às possibilidades de prorrogação do prazo, v. n.ºs 3 e ss. Quanto às problemáticas situações em que a AT não encerra (devendo-o) um procedimento de inspeção, v. o já citado acórdão do STA de 31 de janeiro de 2018, processo n.º 099/17.

Porém, por razões relacionadas com a gravidade das situações subjacentes, com a salvaguarda do efeito útil do procedimento ou com a simplicidade ou praticabilidade das atuações, situações existem que justificam uma dispensa de notificação antecipada, consubstanciando verdadeiras *inspeções-surpresa*. Tais situações estão previstas no art.º 50.º do RCPITA, e são as seguintes:
- O procedimento vise apenas a consulta, recolha ou cruzamento de documentos destinados à confirmação da situação tributária do sujeito passivo ou obrigado tributário;
- O fundamento do procedimento for participação ou denúncia efetuada nos termos legais e estas contiverem indícios de fraude fiscal;
- O objeto do procedimento for a inventariação de bens ou valores em caixa, a recolha de amostras para perícia, o controlo de bens em regime aduaneiro económico ou suspensivo, a realização de testes por amostragem ou quaisquer atos necessários e urgentes para aquisição e conservação da prova;
- O procedimento consistir no controlo dos bens em circulação e da posse dos respetivos documentos de transporte;
- O procedimento se destine a averiguar o exercício de atividade por sujeitos passivos não registados;
- A notificação antecipada do início do procedimento de inspeção for, por qualquer outro motivo excecional devidamente fundamentado pela Administração tributária, suscetível de comprometer o seu êxito;
- O procedimento vise a avaliação do cumprimento de pressupostos de isenção que dependam do fim ou da utilização dada às mercadorias.

Nestes casos, a carta-aviso acima referenciada será entregue no próprio momento da prática dos atos de inspeção.

***

Deve ainda salientar-se que as notificações no contexto inspetivo deverão também obedecer às regras a seguir enunciadas[378].

---

[378] V. também, art.ºˢ 42.º e ss.

i) Quanto às pessoas singulares, deve-se observar o disposto no CPPT[379], com as seguintes adaptações:
   - Em caso de notificação na pessoa de empregado ou colaborador[380], deve remeter-se carta registada com aviso de receção para o domicílio fiscal do sujeito passivo ou obrigado tributário, dando-lhe conhecimento do conteúdo da notificação, do dia, da hora e da pessoa em que foi efetuada;
   - Nas situações tributárias comuns ao casal, notificar-se-á qualquer dos cônjuges. Porém, caso a atividade objeto de procedimento de inspeção seja exercida ou se relacione com apenas um dos cônjuges a notificação deve ser feita, preferencialmente, na sua pessoa, ainda que ambos os cônjuges sejam sujeitos passivos de IRS.

ii) Quanto às notificações das pessoas coletivas, ou entidade fiscalmente equiparada, vale o disposto no art.º 40.º do RCPITA, de onde constam as seguintes regras:
   - A notificação na pessoa de empregado ou colaborador far-se-á mediante a entrega do duplicado e a indicação que este deverá ser entregue a representante da pessoa coletiva;
   - Se o empregado, colaborador, ou representante do sujeito passivo ou outro obrigado tributário se recusarem a assinar a notificação, recorrerá o funcionário a duas testemunhas que com ele certifiquem a recusa, devendo todos em conjunto assinar a notificação, após o que se entregará duplicado desta à pessoa notificada.

iii) Quanto à notificação de entidades residentes no estrangeiro, aplicam-se as regras estabelecidas na legislação processual civil, com as necessárias adaptações, observando-se o que estiver estipulado nos tratados e convenções internacionais e, na sua falta, recorrer-se-á a carta registada com aviso de receção, nos termos do regulamento local dos serviços postais[381].

---

[379] Cfr. art.ºˢ 39.º do RCPITA e 35.º e ss. do CPPT.
[380] Trata-se, este, de mais um conceito indeterminado, que suscita muitas dificuldades de densificação mas que, em qualquer dos casos, há-de pressupor um nexo funcional e material relativamente forte com a entidade inspecionada, não se incluindo, por exemplo, funcionários de limpeza, seguranças, vigilantes, etc.
[381] Cfr. art.º 41.º do RCPITA.

A ausência de comunicação materializará, crê-se, uma preterição de formalidades essenciais, acarretando a invalidade (anulabilidade) dos atos resultantes do procedimento inspetivo. Porém, a este propósito, a jurisprudência tem entendido que, em determinadas circunstâncias, tal efeito invalidante não se verificará quando o interessado, não obstante, tome conhecimento do procedimento e do seu objeto a tempo de nele intervir (sendo, nomeadamente, ouvido antes da comunicação do relatório final). Em tais casos, a formalidade essencial "degrada-se" em formalidade não essencial[382].

c) Prática dos atos de inspeção
Após a comunicação ao interessado, e correspondente assinatura da ordem de serviço (nos termos do art.º 51.º, n.º 2, do RCPITA) inicia-se o procedimento.

Aqui, importa considerar que tipo de atos pode a AT praticar (dimensão material), onde podem esses atos ser praticados (dimensão espacial) e quando podem ser praticados (dimensão temporal).

α) A dimensão material dos atos inspetivos e em particular as medidas cautelares
No âmbito do procedimento de inspeção, a Administração apenas pode fazer uso das prerrogativas previstas na lei, sob pena de praticar atos inválidos, seja por ausência de atribuições, seja por incompetência. Neste quadro, o arsenal de atos que em concreto podem ser praticados pelos agentes de inspeção resultam da consideração combinada dos preceitos constantes da LGT e do RCPITA – particularmente o art.º 63.º do primeiro diploma e os art.ºˢ 28.º e 29.º do segundo –, sendo possível afirmar, de um modo tópico e linear, que tais agentes dispõem de:
  i) Direito de entrada e de permanência (*acesso geográfico*), na medida em que podem aceder sem constrangimentos às instalações, dependências ou outros locais da entidade inspecionada onde possam existir elementos relacionados com a sua atividade ou com a dos demais obrigados fiscais, sempre pelo período de tempo necessário ao exercício das suas funções. Esta prerrogativa inclui

---

[382] Assim, acórdãos do STA de 8 de maio de 2013, processo n.º 0841/11 e de 29 de junho de 2016, processo n.º 01095/15.

igualmente o direito à disposição de instalações adequadas ao exercício das funções em condições de dignidade e eficácia;
ii) Direito de acesso, requisição, exame e reprodução de elementos probatórios físicos relacionados com o âmbito da inspeção – daí a importância da sua delimitação *ab initio* –, nomeadamente livros e registos da contabilidade ou escrituração, recibos, faturas, talões, etc.
iii) Direito de acesso, requisição, exame e reprodução de elementos probatórios digitais, o que inclui, designadamente, a abertura dos computadores e a consulta e o teste de sistemas e registos informáticos;
iv) Direito de registo de dados, particularmente por via da contagem, inventariação física e avaliação de bens relacionados com a atividade dos contribuintes;
v) Direito à inquirição, tomando declarações dos sujeitos passivos, membros dos corpos sociais, técnicos oficiais de contas, revisores oficiais de contas ou de quaisquer outras pessoas, sempre que o seu depoimento interesse ao apuramento dos factos tributários;
vi) Direito de solicitar a colaboração de quaisquer entidades públicas (v.g., entidades policiais, empresas públicas, institutos públicos, notários, conservadores), particularmente mediante a requisição de documentos;
vii) Direito de solicitar a colaboração de certas entidades técnicas privadas (como técnicos oficiais de contas e revisores oficiais de contas) que prestem ou tenham prestado serviços aos inspecionados.

Todas estas atuações deverão – sempre, e nos termos do art.º 7.º do RCPITA – ser adequadas e proporcionais aos objetivos a prosseguir.

Com particular interesse no contexto das atuações dos agentes de inspeção tributária, recorta-se a matéria respeitante às medidas cautelares. Trata-se de meios jurídicos de atuação que têm por objetivo proporcionar uma tutela provisória relativamente a situações nas quais o decurso normal do tempo – e a demora associada às atuações procedimentais ou processuais – incrementam as possibilidades de, nada sendo feito, ocorrer um prejuízo grave ou de difícil reparação, particularmente para o Interesse público (embora, abstratamente, também se tematize a questão tendo por referência os interesses dos sujeitos passivos ou contribuintes). Pense-se, por exemplo, nas possibilidades de inviabilizar as atuações inspetivas adulterando dados informáticos, perdendo, desviando ou dissipando meios documentais ou colocando bens em nome de outra pessoa.

Embora o denominado *contencioso cautelar* seja objeto de referência, análise e estudo em outro quadrante sistemático[383], neste contexto da inspeção tributária, cumpre enfatizar que dois tipos de meios cautelares podem ser materializados (sempre com o propósito, repete-se, de evitar a ocorrência de um prejuízo grave ou de difícil reparação):

i) Por um lado, meios cautelares administrativos, os quais podem ser levados à prática pela própria Administração, atendendo aos princípios da proporcionalidade (estrita necessidade, adequação e ponderação quantitativa da medida em causa) e da obrigatoriedade de fundamentação, e têm como finalidade específica adquirir e conservar elementos de prova. Aqui se incluem[384]:
 – A apreensão de elementos documentais e suportes informáticos, comprovativos da situação tributária do sujeito passivo ou de terceiros;
 – A selagem de quaisquer instalações, apreensão de bens, valores ou mercadorias, sempre que se mostre necessário à demonstração da existência de um ilícito tributário[385];
 – A colocação de vistos em documentos.

ii) Por outro lado, meios cautelares judiciais, os quais apenas podem ser decretados pelo Tribunal, mediante pedido fundamentado da Administração tributária, e têm como finalidade específica assegurar a cobrança da receita tributária (em face de um fundado receio de frustração dos créditos fiscais ou de diminuição das garantias de arrecadação), ou evitar o extravio ou deterioração de documentos conexos com obrigações tributárias. Aqui se incluem[386]:

---

[383] Cfr. infra, II, 7.
[384] V. art.os 28.º, alínea g), e 30.º, n.os 1 e 2, do RCPITA.
[385] Note-se que as instalações seladas não deverão conter bens, documentos ou registos que sejam indispensáveis para o exercício da atividade normal da empresa, nomeadamente bens comercializáveis perecíveis no período em que presumivelmente a selagem se mantiver (art.º 30.º, n.º 4, do RCPITA).
[386] Cfr. art.º 31.º do RCPITA.

- O arresto de bens (apreensão, captura);
- O arrolamento de bens (inclusão num rol ou listagem).

β) A dimensão espacial dos atos inspetivos

A este respeito, rege o art.º 34.º do RCPITA, de acordo com o qual a regra é a de que, no que respeita aos procedimentos inspetivos externos, quando o procedimento de inspeção envolver a verificação de mercadorias, do processo de produção, da contabilidade, dos livros de escrituração ou de outros documentos relacionados com a atividade da entidade a inspecionar, os atos de inspeção podem realizar-se em um de dois locais:
i) Nas instalações ou dependências onde estejam efetivamente os tais elementos; ou
ii) Nas instalações ou dependências onde tais elementos devam legalmente estar.

Mediante solicitação, podem os atos de inspeção realizar-se noutro local.

Ora, uma leitura imediata do preceito normativo pode suscitar dificuldades de compatibilização com dimensões constitucionais essenciais em sede de direitos, liberdades e garantias. Com efeito, se em relação à parte da previsão normativa que se refere à possibilidade de os atos de inspeção se realizarem nos locais *onde devam* estar localizados os elementos fiscalmente relevantes não se suscitam problemas de maior – pois, na verdade, está-se em presença de locais referenciados como profissionais ou afins –, já em relação à parte da previsão normativa que se refere à possibilidade de os atos de inspeção se realizarem nos locais onde os mesmos estejam efetivamente, as coisas poderão não se passar do mesmo modo. Basta pensar que o visado pelo procedimento de inspeção pode – em desrespeito às normas legais – guardar os elementos contabilísticos num local do seu domicílio pessoal, blindado com a reserva constitucionalmente garantida.

Será certo que nestes casos, em que os funcionários poderão querer entrar *em casa* do contribuinte, uma aproximação prudente passaria pela concordância prática entre os bens jurídicos em consideração no caso em concreto: por um lado, o Interesse público inerente à satisfação de necessidades coletivas e à descoberta da verdade material (art.º 103.º, n.º 1 da CRP) – corporizado no dever de investigação da AT – e, por outro lado, o interesse individual de inviolabilidade do domicílio titulado pelo inspecionado (art.º 34.º da CRP). Na prática, essa concordância ou harmonização tenderá a pender para a valorização deste último, até pela consideração do regime constitucional dos direitos liberdades e garantias, regime esse que impõe a previsão normativa expressa para a restrição. Inexistente, no caso. Além disso, a própria LGT determina que o contribuinte pode legitimamente opor-se à prática de atos de inspeção quando os mesmos impliquem o acesso à sua habitação, apenas se admitindo a atuação administrativa quando precedida de autorização judicial (do Tribunal da comarca), na sequência de um pedido fundamentado da AT.

Naturalmente que nas situações de procedimentos inspetivos internos, estes problemas não se colocam, na medida em que, como se referiu supra, os atos em questão serão praticados nas próprias instalações da AT.

γ) A dimensão temporal dos atos inspetivos

Aqui, o art.º 35.º do RCPITA estabelece a regra de que os atos de inspeção se realizam no horário normal de funcionamento da atividade empresarial ou profissional, não devendo implicar prejuízo para esta.

Porém, esta regra de referência ao *horário normal* do inspecionado pode levantar problemas delicados de compatibilização com outras dimensões juridicamente relevantes, designadamente o próprio horário de funcionamento dos serviços administrativos de inspeção. Com efeito, *quid Iuris* se tal horário normal de funcionamento ou laboração não coincidir com este último, como sucederá, por exemplo, nos estabelecimentos de restauração ou de diversão noturna (v.g., bares, discotecas, clubes), em certas estruturas industriais (por exemplo, panificadoras), comerciais (mercados distribuidores) ou prestacionais (certas empresas de segurança)? Nestas situações, o legislador – procurando preservar o direito ao livre exercício da atividade económica constitucionalmente consagrado – foi relativamente cauteloso estabelecendo derrogações ao regime apontado, permitindo que, mediante acordo com os sujeitos passivos ou demais obrigados tributários e quando circunstâncias excecionais o justifiquem, poderão tais atos ser praticados fora desse horário.

De resto, não havendo consentimento do sujeito passivo ou do obrigado tributário em causa, a prática de atos de inspeção tributária fora do horário normal de funcionamento da atividade depende de autorização do Tribunal de comarca – uma vez mais, o Tribunal de comarca e não o TAF – competente.

d) As consequências do procedimento de inspeção tributária: o direito de audição e o relatório final.

Concluída a prática de atos de inspeção, e caso os mesmos possam originar atos tributários ou em matéria tributária desfavoráveis à entidade inspecionada, esta deve ser notificada, no prazo de 10 dias, do projeto de conclusões do relatório, com a identificação desses atos e a sua fundamentação[387]. Essa notificação deve fixar um prazo entre 15 e 25 dias para a entidade inspecionada se pronunciar e, após a prestação das declarações desta, será elaborado o relatório definitivo, assinado pelo funcionário ou funcionários intervenientes no procedimento, e que deve conter, tendo em atenção a dimensão e complexidade da entidade inspecionada, os seguintes elementos[388]:
- Identificação da entidade inspecionada, designadamente denominação social, número de identificação fiscal, local da sede e serviço local a que pertence;
- Menção das alterações a efetuar aos dados constantes nos ficheiros da Administração tributária;
- Data do início e do fim dos atos de inspeção e das interrupções ou suspensões verificadas;
- Âmbito e extensão do procedimento;
- Descrição dos motivos que deram origem ao procedimento, com a indicação do número da ordem de serviço ou do despacho que o motivou;
- Informações complementares, incluindo os principais devedores dos sujeitos passivos e dos responsáveis solidários ou subsidiários pelos tributos em falta;
- Descrição dos factos suscetíveis de fundamentar qualquer tipo de responsabilidade solidária ou subsidiária;

---

[387] Cfr. art.º 60.º do RCPITA. Note-se que se tiver sido decretado na pendência de procedimento de inspeção tributária um eventual arresto de bens, este fica sem efeito se a entidade inspecionada não for notificada do relatório de inspeção no prazo de 90 dias a contar da data do seu decretamento (art.º 137.º, n.º 2 do CPPT).
[388] V. art.º 62.º, n.º 3, do RCPITA.

– Acréscimos patrimoniais injustificados ou despesas desproporcionadas efetuadas pelo sujeito passivo ou obrigado tributário no período a que se reporta a inspeção;
– Descrição dos factos fiscalmente relevantes que alterem os valores declarados ou a declarar sujeitos a tributação, com menção e junção dos meios de prova e fundamentação legal de suporte das correções efetuadas;
– Indicação das infrações verificadas, dos autos de notícia levantados e dos documentos de correção emitidos;
– Descrição sucinta dos resultados dos atos de inspeção e propostas formuladas;
– Identificação dos funcionários que o subscreveram, com menção do nome, categoria e número profissional;
– Outros elementos relevantes.

Este relatório definitivo, em si, *não é* um ato administrativo propriamente dito, embora possa incorporar vários atos tributários (v.g., liquidações adicionais) ou atos administrativos em matéria tributária (v.g., revogação de benefícios fiscais). No que diz respeito aos seus efeitos jurídicos – isto é, à obrigatoriedade de a AT observar de futuro as suas conclusões –, duas hipóteses haverá a considerar:
i) Se o visado requerer ao Diretor-geral o sancionamento das conclusões (indicando as matérias sobre as quais o requerente pretenda que recaia sancionamento), o relatório produzirá efeitos vinculativos (*inter-partes*), não podendo a AT nos três anos seguintes proceder, relativamente à entidade inspecionada, em sentido diverso do teor das conclusões, salvo se se apurar posteriormente simulação, falsificação, violação, ocultação ou destruição de quaisquer elementos fiscalmente relevantes relativos ao objeto da inspeção[389]. Esse pedido de sancionamento poderá ser efetuado no prazo de 30 dias após a notificação das conclusões do relatório, considerando-se tal pedido tacitamente deferido se a Administração tributária não se pronunciar no prazo de 6 meses a contar da data da entrada do pedido[390].

---

[389] Cfr. art.º 64.º, n.ºˢ 1, 2 e 4, do RCPITA.
[390] Cfr. art.º 64.º, n.º 3, do RCPITA. A este propósito, e como já acima se salientou (v. supra I, 2.3., b), não pode deixar de se referir a aparente incongruência resultante da referência a

ii) Se o visado não requerer tal sancionamento, o relatório, em princípio, produzirá efeitos meramente informativos.

Como se pode ver, a exemplo do que sucede no quadro de outros procedimentos tributários (por exemplo, o procedimento de liquidação), também aqui é possível distinguir um sentido amplo e um sentido restrito dos termos utilizados. Com efeito, inspeção *lato sensu* significará todo o conjunto de atos englobados pelo procedimento referido, desde o planeamento até à notificação do relatório final; já a inspeção *stricto sensu* materializar-se-á no conjunto de atos inspetivos propriamente ditos, praticados na *fase instrutória*.

§ **Especial referência ao problema do aproveitamento de provas para efeitos de processo criminal**
Sobre a questão de saber se as provas obtidas de modo lícito durante um procedimento de inspeção tributária podem posteriormente ser aproveitadas para outros procedimentos ou processos, nomeadamente de natureza criminal ou contraordenacional já nos pronunciamos acima (2.2.2.), de modo que para lá remetemos. Recordemos apenas alguns dos pontos essenciais do debate:
i) Ao colaborar com a AT no seguimento do dever que lhe é legalmente imposto (por exemplo, apresentando documentos ou prestando declarações), e se os elementos que daí resultam puderem ser aproveitados mais tarde em sede de processo-crime, o contribuinte pode estar a fornecer contributos para a sua própria incriminação, o que poderá colidir com o seu direito ao silêncio e com as garantias constitucionais de não se acusar a si mesmo nem fornecer meios de prova que possam contribuir para a sua própria condenação;
ii) O TC português entendeu que princípio *nemo tenetur se ipsum accusare* não é absoluto, devendo ser compatibilizado com outras dimensões relevantes que merecem igual tutela jurídica;

---

este prazo de 6 meses, tendo em vista a alteração para 4 meses do prazo "normal" de conclusão do procedimento e de consideração para efeitos de indeferimento tácito (art.º 57.º, n.ºs 1 e 5 da LGT). Em termos jurídico-aplicativos, a proposta de solução poderá não ser unívoca, mas, pela nossa parte, prudentemente, aderimos à consideração dos 6 meses.

iii) Neste quadro, importa averiguar se estão observados os pressupostos de restrição de direitos, liberdades e garantias enunciados no artigo 18.º, n.º 2, da Constituição (nomeadamente, saber se as restrições em causa estão previstas na lei de forma expressa e se obedecem às exigências do princípio da proporcionalidade);
iv) Em resumo: entende-se que os elementos adquiridos no âmbito do procedimento tributário preenchem os pressupostos referidos e não constituem prova proibida e poderão ser amplamente contraditados no âmbito do processo penal;
v) Consequentemente, a utilização, em processo criminal de provas obtidas por uma inspeção tributária não viola qualquer norma ou princípio constitucional, designadamente o direito à não auto-incriminação.

5.1.2.2. Procedimento de acesso a informações bancárias

a) Enquadramento do sigilo bancário

Já acima nos referimos, aquando do estudo do princípio da confidencialidade, à existência de potenciais conflitos entre posições jurídicas constitucionalmente protegidas sob a forma de direitos fundamentais e à necessidade de compatibilizar tais posições mediante o recurso a instrumentos de sigilo. Pois bem, chegou o momento de nos debruçarmos sobre um problema idêntico, mas com um âmbito de aplicação, por assim dizer, oposto, na medida em que o dever de sigilo recai agora, não sobre a Administração tributária, mas sobre outros atores.

Os direitos aqui em conflito são, mais uma vez, o direito à reserva de intimidade da vida privada e familiar por um lado, o direito a uma justa repartição dos encargos públicos por outro, e ainda o Interesse público da solidez e confiança na atividade bancária. Paralelamente, poderão entrar em conflito os correspondentes meios de garantia de cada um desses direitos: do lado do primeiro e do terceiro, o direito dos contribuintes e dos bancos ao sigilo; do lado do segundo, o poder-dever de inspeção da Administração tributária.

O problema ganha particular relevo em sede de relações económicas e financeiras, onde, além de se pressupor que o regular funcionamento da atividade bancária pressupõe um clima de confiança nas instituições, é de admitir que "a situação económica do cidadão, espelhada na sua conta bancária, incluindo as operações activas e passivas nela registadas" faz parte da esfera da sua vida privada[391] e, por isso, não está sujeita a divulgação livre, mas antes a um regime de sigilo que impende sobre os membros dos órgãos de Administração e empregados das instituições de crédito e abrange a identidade dos clientes, as contas de depósito, os movimentos respetivos e as demais operações bancárias[392]. Como refere a jurisprudência, a imposição deste regime restritivo parece plenamente justificada – basta pensar que, mediante o acesso a dados bancários, pode ficar a saber-se quais as instituições (nomeadamente, políticas e religiosas) às quais terminada pessoa fez um donativo, quais as deslocações por si efetuadas, quais os locais onde pernoita ou onde toma refeições, quais as publicações que assina, etc.[393].

O dever de sigilo (ou, na perspetiva dos contribuintes, o direito ao sigilo) configura-se, deste modo, como a regra nesta matéria: os dados respeitantes às contas bancárias não devem ser divulgados pelas instituições respetivas a terceiros.

Contudo, existem exceções a tal regra, que se consubstanciam em verdadeiras derrogações ao sigilo bancário, ou seja, casos em que os dados referidos, não só podem, como devem ser divulgados.

Naturalmente, neste contexto, vamos debruçar-nos exclusivamente sobre as situações de derrogação desse sigilo por iniciativa ou pedido da Administração tributária que, no âmbito dos seus poderes de investigação e de inspeção, pode desenvolver todas as diligências necessárias

---

[391] Cfr. acórdão do TC n.º 278/95, disponível em http://www.tribunalconstitucional.pt.

[392] Pela sua importância para o estudo da matéria em análise, transcrevemos o disposto no art.º 78.º do DL 298/92 (Regime geral das instituições de crédito e sociedades financeiras):
Artigo 78.º – Dever de segredo
1 – Os membros dos órgãos de administração ou fiscalização das instituições de crédito, os seus colaboradores, mandatários, comissários e outras pessoas que lhes prestem serviços a título permanente ou ocasional não podem revelar ou utilizar informações sobre factos ou elementos respeitantes à vida da instituição ou às relações desta com os seus clientes cujo conhecimento lhes advenha exclusivamente do exercício das suas funções ou da prestação dos seus serviços.
2 – Estão, designadamente, sujeitos a segredo os nomes dos clientes, as contas de depósito e seus movimentos e outras operações bancárias.
3 – O dever de segredo não cessa com o termo das funções ou serviços.

[393] Para uma abordagem da evolução histórica da realidade, v. acórdão do STA de 26 de abril de 2006, processo n.º 0280/06.

ao apuramento da situação tributária dos contribuintes e proceder à solicitação e exame de todos os elementos suscetíveis de esclarecer a sua situação tributária, onde se incluem, também, os dados bancários. Fora da nossa análise, compreensivelmente, ficarão os casos em que tal dever de sigilo é, ou pode ser, derrogado por outras entidades, como órgãos de polícia criminal, comissões de inquérito, órgãos disciplinares, etc.

b) Derrogações ao sigilo bancário
Em princípio, o sigilo bancário só pode ser derrogado – ou, o mesmo é dizer, as informações por ele cobertas só podem ser fornecidas ou facultadas – mediante *autorização judicial*. É exatamente isto que nos prescreve o art.º 63.º, n.º 2 da LGT: "O acesso à informação protegida pelo segredo profissional ou qualquer outro dever de sigilo legalmente regulado depende de autorização judicial, nos termos da legislação aplicável (...)".

Esta é a regra.

Contudo, e o próprio preceito referido o admite expressamente, existem casos em que a Administração tributária pode aceder aos dados cobertos pelo sigilo bancário – que constem de documentos bancários[394] – sem dependência de tal autorização. Embora se possa constatar a existência de algumas *sobreposições de previsão* entre as diversas prescrições normativas, esses casos estão previstos no art.º 63.º-B da LGT e são simplificadamente os seguintes:
- Quando existam indícios da prática de crime em matéria tributária;
- Quando se verifiquem indícios da falta de veracidade do declarado ou esteja em falta declaração legalmente exigível;
- Quando se trate da verificação de conformidade de documentos de suporte de registos contabilísticos dos sujeitos passivos de IRS e IRC que se encontrem sujeitos a contabilidade organizada ou dos sujeitos passivos de IVA que tenham optado pelo regime de IVA de caixa;

---

[394] Para estes efeitos, e nos termos do n.º 10 do art.º 63.º-B da LGT, considera-se documento bancário qualquer documento ou registo, independentemente do respetivo suporte, em que se titulem, comprovem ou registem operações praticadas por instituições de crédito ou sociedades financeiras no âmbito da respetiva atividade, incluindo os referentes a operações realizadas mediante utilização de cartões de crédito.

- Quando o contribuinte usufrua de benefícios fiscais ou de regimes fiscais privilegiados, havendo necessidade de controlar os respetivos pressupostos;
- Quando estejam verificados os pressupostos para o recurso a uma avaliação indireta (particularmente, mas não só, manifestações de fortuna e acréscimos de património injustificados);
- Quando se verifique a existência comprovada de dívidas à administração fiscal ou à segurança social.

Além destes casos, o legislador consagra ainda a hipótese de acesso direto quando se trate de documentos bancários respeitantes a familiares ou terceiros que se encontrem numa relação especial com o contribuinte (por exemplo, um gerente em relação a uma sociedade inspecionada[395]). Porém, nestes casos, exige-se como pressuposto que pré-exista recusa da sua exibição ou de autorização para a sua consulta[396].

Neste quadro, importa colocar em evidência que, face à presunção de veracidade das declarações do contribuinte[397] cabe à Administração tributária o ónus de provar os pressupostos que alega (v.g., os concretos indícios da prática de crime em matéria tributária ou a real existência de factos indiciadores da falta de veracidade do declarado), impondo-se-lhe um *especial dever de fundamentação*. A este respeito, a jurisprudência é particularmente exigente, como se pode concluir do seguinte excerto[398]:

"Não é suficiente (...) que a Administração diga que existem indícios da prática de crime doloso ou da falta de veracidade do declarado. É sobretudo necessário que aponte os elementos em que apoia a sua conclusão, de modo a que a esta possa ser objetivamente apreciada e controlada, para que o Tribunal possa ajuizar sobre se o juízo administrativo se deve ter por objetiva e materialmente fundamentado.

Se não conseguir fazer a prova da realidade dos elementos em que apoiou o seu juízo ou se esses elementos se mostram insuficientes ou

---

[395] Neste sentido, acórdãos do STA, de 26 de abril de 2007, processo n.º 0187/07 e de 29 de setembro de 2010, processo n.º 0668/10. Quanto ao conceito de "familiar", para os presentes efeitos, v. acórdão do STA, de 09 de março de 2016, processo n.º 0138/16.
[396] Cfr. art.º 63.º-B, n.º 2 da LGT.
[397] V. art.º 75.º, n.º 1 da LGT.
[398] Cfr. Acórdão do TCA – N (secção CT) de 04 de novembro de 2004, processo n.º 00353/04.

inaptos para suportar tal juízo, a questão relativa à legalidade do seu agir terá que ser resolvida contra ela, uma vez que tem de ser ela a suportar a desvantagem de não ter cumprido o ónus de prova que sobre si impendia, de não ter convencido o Tribunal quanto à verificação dos pressupostos que lhe permitiam agir".

De resto, todas as informações (que podem respeitar não só ao sujeito passivo, mas também a entidades que com ele se encontrem numa relação de domínio[399]) deverão ser solicitadas – ou melhor, o correspondente pedido deverá ser formulado – pelo Diretor-geral, ou seus substitutos legais (sem possibilidade de delegação)[400], com expressa menção dos motivos concretos que as justificam.

Importa ainda colocar em evidência dois aspetos de regime que não podem ser negligenciados e que, inclusivamente, justificam a dispersão das situações acima referidas por dois números distintos do mesmo preceito[401]:

- Em primeiro lugar, em algumas dessas situações (as previstas no n.º 2 do art.º 63.º – B da LGT) o visado deve obrigatoriamente ser ouvido antes de o ato intrusivo ser levado a efeito, enquanto em outras situações (as previstas no número 1) se dispensa essa audição;
- Em segundo lugar, o visado pode reagir interpondo um recurso contencioso adequado[402] que, por norma, tem efeito meramente devolutivo em relação ao ato administrativo de acesso aos dados, embora em alguns casos (situações do n.º 2) possa ter efeito suspensivo.

Se o pedido da Administração tributária tiver sido formulado nos termos legais, três situações são, em abstrato, possíveis:

- Em primeiro lugar, pode acontecer a situação "normal", isto é, não patológica, verificando-se o fornecimento dos dados em causa;

---

[399] Cfr. art.º 63.º-B, n.º 7, da LGT.
[400] Cfr. art.º 63.º-B, n.º 4, da LGT.
[401] Cfr. art.º 63.º-B, n.º 5, da LGT.
[402] Cfr. art.ºs 146.º A , n.º 2, alínea a), e 146.º-B do CPPT.

- Em segundo lugar, pode verificar-se oposição ilegítima do sujeito passivo ou contribuinte[403], e poderão ser aplicados os métodos indiretos de avaliação;
- Em terceiro lugar, pode verificar-se falta de cooperação da entidade bancária. Neste caso, prescreve o art.º 90.º do RGIT (Regime geral das infrações tributárias) que a não obediência a ordem ou mandado legítimo regularmente comunicado e emanado é punida como crime de desobediência qualificada, com pena de prisão até dois anos ou de multa até 240 dias.

5.2. Procedimentos de avaliação

Avaliar significa fixar o valor de determinado bem ou conjunto de bens, para efeitos tributários.

Existem vários tipos de avaliações tributárias, sendo que a nossa atenção recairá apenas sobre aquelas que, do ponto de vista do Direito positivo, merecem maior saliência: a avaliação prévia (ponto 5.2.1.), a avaliação direta (5.2.2.) e a avaliação indireta (5.2.3.)[404].

5.2.1. Procedimento de avaliação prévia

O primeiro procedimento de avaliação sobre o qual vamos debruçar a nossa atenção tem uma dupla natureza avaliativa-informativa. Isto porque, por um lado, tem por intuito proceder à avaliação de bens ou direitos que constituem a base de incidência de qualquer tributo; por outro lado, visa fornecer ao sujeito passivo uma informação abstrata, fidedigna e vinculativa respeitante ao valor desses mesmos bens: *abstrata* porque, ao contrário das avaliações que estudaremos a seguir, não é efetuada propositadamente para efeitos de um ato de liquidação em concreto, mas pode ser utilizada para efeitos de vários atos de liquidação; *fidedigna* porque são utilizados critérios que, com bastante proba-

---

[403] As causas de oposição legítima estão previstas no art.º 63.º, n.º 5, da LGT (e excluem as situações em que a Administração tributária formula o pedido nos termos legais) e levam a que a diligência em causa só possa ser realizada com autorização do tribunal de comarca competente com base em pedido fundamentado da Administração tributária (art.º 63.º, n.º 6, da LGT).

[404] Para uma análise mais aprofundada por via de um excelente enquadramento, cfr. RIBEIRO, João Sérgio, "Tributação presuntiva do rendimento – Um contributo para reequacionar os métodos indiretos de determinação da matéria tributável", Almedina, Coimbra, 2010, em particular, pp. 152 e ss.

bilidade, permitirão o apuramento do valor real do bem ou direito em causa; finalmente, *vinculativa* porque a Administração tributária deverá respeitar esse valor durante um certo período de tempo, não podendo calcular tributos respeitantes a esses bens ou direitos com base num valor diferente. Pense-se, por exemplo, no proprietário de um terreno que solicita à Administração a fixação do seu valor para efeitos tributários. Se o valor encontrado neste procedimento for de 1000, não poderá, posteriormente, ser liquidado imposto (ou contribuição especial, ou taxa) a partir de um valor de 1300[405].

Quem tem legitimidade para instaurar este procedimento são, nos termos do art.º 58.º, n.º 1 do CPPT, os contribuintes com interesse legítimo e o principal efeito, como dissemos, consiste na vinculação da Administração tributária por um prazo de três anos, vinculação essa que apenas não se verificará se for interposta reclamação administrativa ou impugnação judicial do respetivo valor[406].

5.2.2. Procedimento de avaliação direta

A avaliação direta é um instrumento útil na busca da verdade material – que, como vimos, deve nortear todo o procedimento tributário – e, como resulta da própria lei (art.º 83.º, n.º 1 da LGT), tem por objetivo a determinação do *valor real* dos rendimentos ou bens sujeitos a tributação, podendo ser efetuada, consoante os casos, pela Administração tributária ou pelo sujeito passivo. Trata-se de um procedimento que diz respeito ao objeto mediato (*quid*) da relação jurídica tributária – por exemplo, o volume de negócios de um estabelecimento comercial, uma carteira de títulos ou um imóvel objeto de alienação ou cujos rendimentos estarão sujeitos a IRS; um terreno cujo valor patrimonial estará sujeito a imposto sobre o património ou a uma contribuição especial, etc. – e que se reveste da maior importância no sentido de atingir a verdadeira capacidade contributiva do sujeito passivo, na qual todos os impostos, e alguns outros tributos, devem assentar. Tal será conseguido, nomeadamente, através dos dados constantes das declarações apresen-

---

[405] Acerca dos critérios de avaliação dos prédios, cfr. art.ºˢ 14.º e ss. do CIMI e acerca das respetivas reclamações, art.ºˢ 130.º e ss. do mesmo diploma.
[406] Cfr. art.º 58.º, n.ºˢ 2 e 3 do CPPT.

tadas e/ou da contabilidade ou escrita, dados esses que se presumem verdadeiros e de boa-fé[407].

Por outro lado, e como já referimos, esta avaliação, ao contrário da avaliação prévia, tem em vista um concreto exercício tributário ou um concreto ato de liquidação.

Naturalmente que quando essa avaliação for efetuada pela Administração tributária, se pode levantar a questão de saber se o ato dela decorrente de fixação de valor pode ou não ser impugnado administrativamente e em Tribunal. A resposta adequada a esta questão passa pela consideração do carácter definitivo ou não desse ato. Assim:

(i) Sob o ponto de vista *horizontal*, uma primeira leitura do art.º 86.º, n.º 1 da LGT parece indicar que o ato de fixação de valor decorrente de uma avaliação direta é sempre um ato definitivo e, por isso, "suscetível de impugnação contenciosa direta". Significaria isto que para lançar mão da impugnação jurisdicional não se tornaria necessário esperar por qualquer ato decisório posterior que ainda se lhe seguisse. Contudo, uma leitura mais atenta e integrada deste preceito – recorrendo a um elemento *unificador* de interpretação (cfr. art.º 11.º da LGT) – pode conduzir a outra conclusão: na medida em que o art.º 54.º do CPPT determina que "(...) não são suscetíveis de impugnação contenciosa os atos interlocutórios do procedimento", poder-se-á legitimamente concluir que apenas nos casos em que à avaliação direta não se seguir qualquer ato jurídico (v.g., de liquidação) – porque, por exemplo, o contribuinte está isento – será aquela suscetível de controlo jurisdicional imediato. Aderimos a este último modo de ver o problema, de modo que se aceita que a avaliação direta apenas será jurisdicionalmente impugnável se for configurada como um ato horizontalmente definitivo.

(ii) Sob o ponto de vista *vertical*, o ato seguramente não se assume como verdadeiramente definitivo, pois a impugnação contenciosa "depende do esgotamento dos meios administrativos previstos para a sua revisão" (art.º 86.º, n.º 2 da LGT). Desta forma, antes de recorrer a Tribunal, o sujeito impugnante deverá auscultar a

---

[407] Cfr., uma vez mais, art.º 75.º, n.º 1 da LGT.

Administração tributária uma vez mais. De que forma? Basicamente, pedindo um segundo ato de avaliação – possibilidade que, por exemplo no caso de bens imóveis, se encontra prevista nos art.ᵒˢ 71 e ss. do CIMI – ou utilizar, se outro não existir, o procedimento de revisão dos atos tributários, previsto no art.º 78.º da LGT. Só após a decisão desfavorável no âmbito destes últimos procedimentos (isto é, decisão que mantenha o valor fixado em sede de primeira avaliação) é que se abre a via contenciosa.

5.2.3. Procedimento de avaliação indireta

a) Pressupostos da determinação da matéria tributável por métodos indiretos

Ao contrário do que acontece com a avaliação direta, o procedimento de avaliação indireta já não busca a efetiva verdade material, mas apenas uma "verdade material aproximada", pelo que se compreende o seu carácter excecional e subsidiário em relação àquela[408], significativo da ideia de que apenas se recorrerá à avaliação indireta quando a avaliação direta *não for absolutamente possível* ou conveniente. Utilizando as palavras dos Tribunais[409]: "(...) só quando a matéria tributável não puder ser apurada mediante a declaração do contribuinte, depois de corrigida, se for caso disso, é possível à Administração afastar-se dessa declaração e tributar o contribuinte mediante o uso de métodos indiretos".

Aqui, o objetivo já não será a determinação do valor real dos rendimentos ou bens sujeitos a tributação – porque, eventualmente, tal determinação não foi possível (devido a uma atuação de "má fé" do sujeito passivo) ou levaria à prática de inúmeros atos, registos contabilísticos e declarações por parte de sujeitos com rendimentos baixos e pouco habituados a estes giros mercantis –, mas a determinação do valor dos rendimentos ou bens tributáveis a partir de aproximações, indícios, presunções, padrões ou outros elementos.

Convém enfatizar a ideia de que, em nossa opinião, é o *objetivo imediato* da avaliação (ou a sua finalidade) o que permite distinguir os dois tipos referidos, e não quaisquer outros critérios como o conhecimento

---

[408] Cfr. art.º 85.º, n.º 1, LGT.
[409] Assim, acórdão do STA de 2 de fevereiro de 2006, processo n.º 01011/05.

ou não da origem, fonte ou base da riqueza do sujeito em questão (*critério dos rendimentos ocultos*). Assim sendo, a avaliação indireta abrange (i) não apenas os casos em que se conhece a origem da riqueza dos sujeitos, embora se "desconfie" da sua veracidade – o que acontece por exemplo nas situações que o legislador denominou como "impossibilidade de comprovação e quantificação direta e exata dos elementos indispensáveis à correta determinação da matéria tributável"; mas também (ii) os casos em que não se conhece de todo a origem da riqueza dos sujeitos, como será o que se passa nas situações em que os rendimentos declarados em sede de IRS se afastam para menos, sem razão justificada, de determinados padrões de rendimento.

Também o modo concreto como a avaliação se processa se afigurará irrelevante para efeitos classificatórios, aqui cabendo quer (i) as situações em que se recorre a aproximações feitas pela própria Administração tributária, como acontece quando esta usa margens médias de lucro, custos presumidos, valores de mercado, etc., quer (ii) as situações em que a aproximação é feita automaticamente a partir de padrões determinados diretamente pelo legislador, e em que a Administração não dispõe de margem valorativa.

A competência para a prática de atos de avaliação indireta, diferentemente do que acontecia na direta, apenas está nas mãos da Administração tributária – sobre quem recai o ónus da prova da verificação dos respetivos pressupostos, cabendo ao sujeito passivo o ónus da prova do excesso na respetiva posterior quantificação[410] –, isto é, apenas ela poderá indiciar ou presumir valores para efeitos de tributação, embora sempre com base em lei anterior que admita essa presunção. Tal lei deverá prever não só a tipificação (exaustiva) dos casos e pressupostos em que tal é possível, mas também o modo através do qual ela se efetiva.

Tais casos e pressupostos estão previstos no art.º 87.º da LGT e são:
- Aplicação do regime simplificado de tributação;
- Impossibilidade de comprovação e quantificação direta e exata dos elementos indispensáveis à correta determinação da matéria tributável de qualquer imposto;

---

[410] V. art.º 74.º, n.º 3 da LGT.

- A matéria tributável do sujeito passivo se afastar, sem razão justificada, da que resultaria da aplicação de determinados indicadores objetivos da atividade de base técnico-científica;
- Os rendimentos declarados em sede de IRS se afastarem significativamente para menos, sem razão justificada, de determinados padrões de rendimento;
- Os sujeitos passivos apresentarem, sem razão justificada, resultados tributáveis nulos ou prejuízos fiscais durante vários exercícios consecutivos;
- Existência de um acréscimo de património ou despesa de valor superior a € 100 000, verificados simultaneamente com a falta de declaração de rendimentos ou com a existência, no mesmo período de tributação, de uma divergência não justificada com os rendimentos declarados.

Como se pode constatar, não existe homogeneidade material no que diz respeito à seleção das situações em que é lícito à Administração tributária recorrer a métodos indiretos, pois os casos em que tal acontece revestem natureza bastante diferente. Ainda assim, um trabalho de indagação analítica permite-nos distinguir, basicamente, dois grupos de casos: um, constituído por uma situação não patológica (o regime simplificado de tributação), na qual o sujeito passivo em causa nada fez de desconforme, ou de presumivelmente desconforme, com o ordenamento jurídico, apenas se justificando o recurso a estes métodos por razões de ordem prática, de eficaz gestão corrente da atividade comercial ou de serviços e de simplicidade de cálculos; um outro grupo, constituído pelas restantes situações ("situações patológicas"), que diz respeito a casos em que o sujeito passivo introduz algum fator de ilicitude ou de desconfiança no procedimento tributário, nomeadamente porque violou os deveres de cooperação a que estava adstrito.

Antes do estudo de cada um desses pressupostos, convém ainda recordar que estamos aqui a falar de uma das mais importantes fases do procedimento de liquidação *lato sensu*: a fase da determinação da matéria tributável (que constitui a base à qual se vai, posteriormente, aplicar a taxa do tributo em causa). Como é sabido, tal determinação deve ser feita, em regra, a partir de uma base declarativa, ou seja, dos elementos fornecidos (declarados) pelo sujeito passivo, com base nos quais deve ser possível identificar as suas manifestações de riqueza ou de benefício. Contudo, ou porque tal declaração é inviável ou não oferece garantias suficientes de veracidade, a regra da determinação da matéria tributável com base em métodos declarativos cede perante a determinação da matéria tributável com base em métodos presuntivos (ou o princípio da verdade material cede perante uma ideia de verdade material aproximada). Em todo o caso, trata-se de meras presunções que admitem sempre prova em contrário[411].

Saliente-se ainda que, nos termos do art.º 77.º, n.ºs 4 e 5 da LGT "a decisão da tributação pelos métodos indiretos (...) especificará os motivos da impossibilidade da comprovação e quantificação direta e exata da matéria tributável, ou descreverá o afastamento da matéria tributável do sujeito passivo dos indicadores objetivos da atividade de base científica ou fará a descrição dos bens cuja propriedade ou fruição a lei considerar manifestações de fortuna relevantes, ou indicará a sequência de prejuízos fiscais relevantes, e indicará os critérios utilizados na avaliação da matéria tributável", e "em caso de aplicação de métodos indiretos por afastamento dos indicadores objetivos de atividade de base científica a fundamentação deverá também incluir as razões da não aceitação das justificações apresentadas pelo contribuinte (...)".

Importa também referir, a finalizar este ponto introdutório, que o recurso pela Administração a métodos indiretos de tributação não se confunde com o recurso a meras "*correções técnicas*", pois neste último caso o que se verifica é que essa mesma Administração limita-se a não aceitar os valores declarados pelo contribuinte nas suas declarações ou na sua contabilidade ou escrita – seja porque nela existem erros ou omissões, seja porque existe uma divergência na qualificação de atos, factos ou documentos com relevância para a liquidação do imposto – e "trabalha" esses elementos de um modo mais rigoroso, mas sem recorrer a qualquer presunção ou indício, antes lançando mão de meios diretos como as declarações fornecidas por terceiros ou uma análise mais atenta dos documentos do próprio. Está-se, portanto, e ainda, no domínio da avaliação direta[412].

---

[411] Cfr., embora referindo-se às normas de incidência *stricto sensu* mas materializando um princípio geral, art.º 73.º da LGT.

[412] A respeito do assunto, v. acórdão do TCA–N de 21 de outubro de 2004, processo n.º 00063/04.

Debrucemos a nossa atenção de seguida sobre os pressupostos do recurso à avaliação indireta.

α) **Situações não patológicas – a aplicação do regime simplificado de tributação**
Como se sabe, os sujeitos passivos de IRS que auferem rendimentos derivados de atividades de natureza empresarial (comerciais, industriais, agrícolas, silvícolas e pecuárias) e profissional (prestações de serviços, propriedade industrial, intelectual e *know-how*) são, em base de princípio, objeto de um conjunto de regras de cálculo do respetivo imposto baseadas na diferença entre rendimentos (ganhos, proveitos) e gastos (custos, perdas). Este é o denominado regime *normal* de tributação.

Contudo, por vezes, a aplicação de tal regime acarreta toda uma série de operações, registos, e demais obrigações que, em face do diminuto valor que as respetivas transações envolvem, se poderiam revelar como um fator de entrave do normal desenvolvimento das relações económico-financeiras. Com efeito, pense-se no advogado-estagiário que, no primeiro ano após a conclusão da sua licenciatura, aufere rendimentos quantitativamente pouco elevados e ao qual seria quase contraproducente exigir o cumprimento de obrigações declarativas e contabilísticas iguais às que se exigem a uma grande sociedade. Por outro lado, do ponto de vista da Administração tributária e dos seus órgãos de inspeção, os custos inerentes ao controlo exigível seriam possivelmente desmesurados, em vista dos fins que se atingiriam.

Para situações como esta, o legislador criou o denominado *regime simplificado de tributação*. Tal regime consiste basicamente num conjunto especial de regras de determinação dos rendimentos sujeitos a imposto, baseadas numa estimativa ou presunção legal, e cujo estudo suscita a resolução de dois problemas distintos: o de saber quais os sujeitos que a ele estão vinculados e o de saber como se calcula o imposto respetivo[413].

Quanto aos sujeitos, são abrangidos por este regime as pessoas singulares beneficiárias de rendimentos da categoria B, que, não tendo optado pelo regime de contabilidade organizada (o regime normal), não tenham ultrapassado na sua atividade, no período de tributação imedia-

---

[413] Para Maiores desenvolvimentos, cfr. RIBEIRO, João Sérgio, "Reflexões sobre o regime simplificado; a sua suspensão no domínio do IRC", in *Scientia Iuridica*, 320, Tomo LVIII, 2009, 669 e ss.

tamente anterior, um montante anual ilíquido de rendimentos desta categoria de € 200 000[414]:

Quanto ao cálculo do imposto, a determinação do rendimento tributário é feita através da aplicação dos coeficientes estabelecidos no artigo 31.º do CIRS.

β) **Situações patológicas**

1) **Impossibilidade de comprovação e quantificação direta e exata dos elementos indispensáveis à correta determinação da matéria tributável de qualquer imposto**

Este primeiro grupo de casos abrange as situações em que não é possível a comprovação nem direta – porque, por exemplo, não existe, devendo, contabilidade ou declarações do sujeito em causa – nem exata – porque, por exemplo, existindo elementos de contabilidade, tais elementos apresentam erros significativos – da base tributária.

Ora, na medida em que o legislador utiliza aqui vários conceitos indeterminados, e uma vez que estamos perante matérias de reserva *absoluta* de lei (no sentido de obrigatoriedade de fixação de todos os pressupostos de aplicação ao caso em concreto), sentiu-se a necessidade de precisar o respetivo significado. Assim, prescreve o art.º 88.º da LGT que a "impossibilidade de comprovação e quantificação direta e exata da matéria tributável", para efeitos de aplicação de métodos indiretos, pode resultar das seguintes circunstâncias (todas elas, recorde-se, patológicas, isto é que consubstanciam "anomalias e incorreções"), *quando inviabilizem o apuramento da matéria tributável*:

– Inexistência ou insuficiência de elementos de contabilidade ou declaração, falta ou atraso de escrituração dos livros e registos ou irregularidades na sua organização ou execução quando não supridas no prazo legal, mesmo quando a ausência desses elementos se deva a razões acidentais;

– Recusa de exibição da contabilidade e demais documentos legalmente exigidos, bem como a sua ocultação, destruição, inutilização, falsificação ou viciação;

---

[414] Cfr. art.º 28.º, n.º 2, do CIRS.

- Existência de diversas contabilidades ou grupos de livros com o propósito de simulação da realidade perante a Administração tributária e erros e inexatidões na contabilidade das operações não supridos no prazo legal;
- Existência de manifesta discrepância entre o valor declarado e o valor de mercado de bens ou serviços, bem como de factos concretamente identificados através dos quais seja patenteada uma capacidade contributiva significativamente maior do que a declarada.

Saliente-se, embora resulte desde logo do preceito, que não é suficiente a verificação destas realidades (por exemplo, a inexistência ou insuficiência de elementos de contabilidade) para o recurso aos métodos indiretos. Mais do que isso, torna-se indispensável a constatação de que a Administração ficou impossibilitada de, por forma direta e exata, determinar a matéria tributável, exigindo-se, assim, um nexo de causalidade - a demonstrar na fundamentação do ato administrativo - entre a falha do contribuinte (a violação dos seus deveres cooperativos) e a impossibilidade de avaliação direta. Se a falha existir, mas ainda for possível esta última, será ela que deve ser usada, sob pena de preterição de formalidades legais (*princípio da subsidiariedade da avaliação indireta*). Quer isto dizer, por outras palavras, que enquanto não se demonstrar a inviabilidade do recurso à comprovação e quantificação direta e exata, esta, mesmo tendo presente as falhas do contribuinte, deve ser utilizada, pois a Administração "encontra-se vinculada à realização da liquidação com base na declaração do contribuinte, sem prejuízo do direito que lhe é concedido de proceder ao controlo dos factos declarados" (introduzindo as eventuais correções técnicas acima referidas)[415].

Em todos estes casos, portanto, a Administração tributária recorre a métodos indiretos de avaliação, uma vez que a avaliação direta não é (ou melhor, não foi) possível. Neste contexto, a determinação da matéria tributável por métodos indiretos poderá ter em conta os seguintes elementos[416]:

- As margens médias do lucro líquido sobre as vendas e prestações de serviços ou compras e fornecimentos de serviços de terceiros;
- As taxas médias de rentabilidade de capital investido;

---

[415] Neste sentido, cfr. acórdão do TCA - N de 21 de outubro de 2004, processo n.º 00063/04.
[416] Cfr. art.º 90.º, n.º 1 da LGT.

- O coeficiente técnico de consumos ou utilização de matérias-primas e outros custos diretos;
- Os elementos e informações declaradas à Administração tributária, incluindo os relativos a outros impostos e, bem assim, os relativos a empresas ou entidades que tenham relações económicas com o contribuinte (*método das informações cruzadas*);
- A localização e dimensão da atividade exercida;
- Os custos presumidos em função das condições concretas do exercício da atividade;
- A matéria tributável do ano ou anos mais próximos que se encontre determinada pela Administração tributária (*método dos últimos exercícios corrigidos*);
- O valor de mercado dos bens ou serviços tributados; ou
- Uma relação congruente e justificada entre os factos apurados e a situação concreta do contribuinte.

2) A matéria tributável do sujeito passivo se afastar, sem razão justificada, da que resultaria da aplicação de determinados indicadores objetivos

Neste segundo grupo de casos – que parecem dizer respeito exclusivamente a sujeitos passivos que exerçam atividades empresariais (IRS, categoria B, e IRC), em face da existência de uma "atividade" –, já não estamos perante inexistência ou defeitos formais da contabilidade e das declarações, mas perante verdadeiros defeitos substanciais das mesmas, traduzidos no facto de serem apresentados valores que, embora formalmente possam estar corretos, se afastam de certos outros (objetivos) tidos como adequados. Tais valores adequados são os "indicadores objetivos de base técnico-científica", que deverão ser definidos anualmente, pelo Ministro das Finanças, após audição das associações empresariais e profissionais, e podem consistir em margens de lucro ou rentabilidade que, tendo em conta a localização e dimensão da atividade, sejam manifestamente inferiores às normais do exercício da atividade e possam, por isso, constituir fatores distorcidos da concorrência[417].

Prescreve aqui o legislador uma diretiva material ao poder regulamentar (do Ministro), ao indicar que este deverá atender não apenas à

---

[417] Cfr. art.º 89.º, n.º 2 da LGT.

conjuntura económica (os indicadores são anuais) mas igualmente à situação em concreto (deve-se atender à localização e à dimensão da atividade em causa).

Em todo o caso, a aplicação dos métodos indiretos com base neste fundamento apenas pode ser efetuada em caso de o sujeito passivo não apresentar na declaração em que a liquidação se baseia razões justificativas desse afastamento, e desde que tenham decorridos mais de três anos sobre o início da sua atividade, e não se pode tratar de um qualquer afastamento, mas apenas[418]:

- De mais de 30%, para menos, da matéria tributável por si declarada em relação à que resultaria da aplicação dos indicadores objetivos (e sem qualquer requisito temporal); ou
- De mais de 15%, para menos, durante três anos seguidos, da matéria tributável por si declarada em relação à que resultaria da aplicação desses mesmos indicadores objetivos.

Aqui, a aplicação dos métodos indiretos consubstancia-se na determinação da matéria tributável de acordo com os indicadores referidos.

3) Os rendimentos declarados em sede de IRS se afastarem significativamente para menos, sem razão justificada, de determinados padrões de rendimento

Este terceiro grupo de casos é parecido com o anterior, embora se refira apenas à tributação dos rendimentos de pessoas singulares e o parâmetro comparativo seja, não já a matéria tributável que resultasse da aplicação indicadores objetivos de base técnico-científica, mas de determinados "padrões de rendimento". Ainda assim, apesar desta última especificidade, entendemos, como já salientamos, que se está ainda em presença de um tipo de avaliação indireta[419], ao menos se for tida em consideração a abordagem que adotamos acima, isto é "avaliação indireta" como modo de busca da "verdade material aproximada", por oposição à verdade material *tout court* ou exata.

Trata-se aqui de "padrões de rendimento" substancialmente elevados e que permitam adquirir certo tipo de bens que, aos olhos do legis-

---

[418] Cfr. art.º 87.º, n.º 1, alínea c) da LGT.
[419] Neste sentido, acórdão do STA de 19 de maiode 2010, processo n.º 0734/09.

lador, se configuram como "manifestações de fortuna". De uma forma simples, o raciocínio do legislador terá sido o seguinte:

Contribuintes que apresentem ————→ presume-se que tenham
certas manifestações de fortuna   certo padrão de rendimentos

O que se passa é que, nestes casos, os contribuintes, evidenciando as referidas manifestações, faltaram, contudo, à verdade perante a Administração tributária.

Que manifestações de fortuna são essas?

Elas constam da tabela prevista no art.º 89.º-A, n.º 4 da LGT e são as seguintes:
- Imóveis de valor de aquisição igual ou superior a € 250.000;
- Automóveis ligeiros de passageiros de valor igual ou superior a € 50.000 e motociclos de valor igual ou superior a € 10.000;
- Barcos de recreio de valor igual ou superior a € 25.000;
- Aeronaves de turismo;
- Suprimentos e empréstimos feitos, no ano, de valor igual ou superior a € 50 000;
- Montantes transferidos de e para contas de depósito ou de títulos abertas pelo sujeito passivo em instituições financeiras residentes em país, território ou região sujeito a um regime fiscal claramente mais favorável, cuja existência e identificação não seja mencionada nos termos previstos no artigo 63.º-A[420].

---

[420] Para estes efeitos, devem-se ter em consideração (art.º 89.º-A, n.º 2 da LGT):
- Os bens adquiridos no ano em causa ou nos três anos anteriores pelo sujeito passivo ou qualquer elemento do respetivo agregado familiar;
- Os bens de que frua no ano em causa o sujeito passivo ou qualquer elemento do respetivo agregado familiar, adquiridos, nesse ano ou nos três anos anteriores, por sociedade na qual detenham, direta ou indiretamente, participação Maioritária, ou por entidade sediada em território de fiscalidade privilegiada ou cujo regime não permita identificar o titular respetivo.
- Os suprimentos e empréstimos efetuados pelo sócio à sociedade, no ano em causa, ou por qualquer elemento do seu agregado familiar;
- A soma dos montantes transferidos de e para contas de depósito ou de títulos.

Em relação a cada uma destas manifestações de fortuna, presume-se, em relação ao sujeito em causa, a titularidade de um determinado rendimento-padrão, que será de, respetivamente:
- 20% do valor de aquisição do imóvel;
- 50% do valor do automóvel ligeiro de passageiros no ano de matrícula, com o abatimento de 20% por cada um dos anos seguintes;
- Valor do barco de recreio no ano de registo, com o abatimento de 20% por cada um dos anos seguintes;
- Valor da aeronave de turismo no ano de registo, com o abatimento de 20% por cada um dos anos seguintes;
- 50% do valor anual dos suprimentos e empréstimos; e
- 100% da soma dos montantes anuais transferidos.

Em qualquer destas situações, pode-se recorrer a métodos indiretos de avaliação, desde que (i) falte a declaração de rendimentos ou (ii), existindo declaração, se verifique uma desproporção superior a 30%, para menos, em relação ao rendimento padrão referido[421], cabendo ao sujeito passivo o ónus da prova de que correspondem à realidade os rendimentos declarados e de que é outra a fonte das manifestações de fortuna evidenciadas (nomeadamente herança ou doação, rendimentos que não esteja obrigado a declarar, utilização do seu capital ou recurso ao crédito)[422].

---

[421] V. art.º 89.º-A, n.º 1, da LGT.
[422] *Idem*, n.º 3. A propósito do afastamento desta presunção, poderão suscitar-se as questões problemáticas de saber se uma eventual justificação parcial da origem dos rendimentos pode (i) afastar a aplicação deste método indireto de determinação e (ii) ser relevante no momento da fixação presuntiva do montante do acréscimo patrimonial não justificado sujeito a imposto, podendo ser "descontado". No que diz respeito ao primeiro dos problemas apontados (i), entendeu o STA – tendo por base uma situação em que o contribuinte apenas provou a proveniência de parte do preço que pagou por um imóvel e alegou que por via desta justificação parcial que já não existiria desproporção entre os rendimentos declarados e o rendimento padrão, inviabilizando-se a avaliação indireta – que "só deve dar-se relevância à justificação total do montante que permitiu a manifestação de fortuna", acrescentando que "a justificação meramente parcial não afasta a aplicabilidade da determinação indireta dos rendimentos globais (...)". Quanto ao segundo (ii), todavia, já entendeu que a justificação parcial há-de relevar para a fixação presuntiva do montante em causa, e que a quantificação do rendimento tributável deve ser igual ao padrão legal deduzido do montante justificado (no caso, o empréstimo bancário que o contribuinte demonstrou ter efetuado para a aqui-

I. O PROCEDIMENTO TRIBUTÁRIO

Recorrendo-se a tais métodos – o que pressupõe que o sujeito passivo não afastou a presunção –, considera-se que o sujeito auferiu:
- O rendimento padrão, ou
- Montante superior, se houver indícios fundados nesse sentido,

e, em ambos os casos, a quantia em causa será tributada, em sede de IRS, na categoria G (incrementos patrimoniais)[423]/[424].

Termine-se referindo que a decisão de fixação da matéria tributável, nestes casos, é da exclusiva competência do Diretor-geral da Autoridade Tributária e Aduaneira, ou seu substituto legal, sem possibilidade de delegação[425].

4) Os sujeitos passivos apresentarem, sem razão justificada, resultados tributáveis nulos ou prejuízos fiscais durante vários exercícios consecutivos

Neste grupo incluem-se aquelas situações que, porventura, maiores suspeitas podem suscitar aos olhos da Administração tributária: as situações de prejuízos fiscais (isto é, resultados negativos, em que os rendimentos são menores do que os gastos) sistemáticos e não justificados.

---

sição do imóvel em questão). Cfr., com mais desenvolvimentos – e com importante declaração de voto –, acórdão do STA de 19 de maio de 2010, processo n.º 0734/09.

[423] Cfr. art.ºs art.º 89.º-A, n.º 4, da LGT e 9.º, n.º 1, alínea d), do CIRS). Recorde-se que, nos termos do art.º 42.º deste último diploma, tal rendimento (presumido) não é passível de qualquer dedução, sendo englobado pelo sujeito passivo na sua totalidade.

[424] Cfr. a propósito, acórdão do STA de 17 de abril de 2013, processo n.º 0433/13, nos termos do qual "a determinação do rendimento com base numa aquisição concreta de um bem previsto na tabela do n.º 4 do art.º 89.º-A da LGT só pode ser feita uma vez, relativamente ao ano em que se verificou ou em qualquer um dos três anos seguintes". Em sentido discordante v., o voto de vencido da Conselheira Fernanda Maçãs, que considera que tal modo de ver as coisas "não encontra apoio nem na letra nem na razão de ser do preceito". Com esta solução – defende – "os contribuintes deixam de ter interesse em justificar as manifestações de fortuna, uma vez que a consequência será uma única tributação de 20% sobre o valor da aquisição do imóvel". "(...) O contribuinte pode até não justificar a manifestação de fortuna e nem declarar qualquer rendimento e acaba por ter um prémio: pagar imposto unicamente sobre 20% do valor da aquisição. Sem prejuízo de se entender que o legislador poderia eventualmente ter sido mais rigoroso, afigura-se que esta solução (...) esvazia por completo o preceito favorecendo a fraude e a evasão fiscal". V., ainda, acórdãos do STA de 23 de abril de 2014, processo n.º 0400/14, e de 12 de julho de 2017, processo n.º 0849/14.

[425] Cfr. art.º 89.º-A, n.º 6 da LGT.

Tem-se aqui em primeira linha de observação os sujeitos passivos de imposto que se dedicam, de um modo independente, a atividades de natureza empresarial (comercial, industrial ou agrícola) ou profissional (v.g., prestações de serviços) e parte-se do pressuposto de que se um desses sujeitos, continuamente e sem justificação, apresenta prejuízos à Administração tributária é porque ou não tem aptidão para o exercício da atividade em causa, devendo por isso introduzir-se um fator de responsabilização, ou está a faltar à verdade, justificando o recurso a métodos indiretos de tributação.

Contudo, para que o recurso a tais métodos seja legítimo, não se pode tratar de um qualquer prejuízo, mas apenas, e como resulta do que já dissemos, de "prejuízos continuados". Neste contexto, são abrangidos por tal conceito os resultados tributáveis nulos ou negativos durante três anos consecutivos (salvo nos casos de início de atividade, em que a contagem deste prazo se faz do termo do terceiro ano) ou em três anos durante um período de cinco.

5) **Existência de um acréscimo de património ou despesa de valor superior a € 100 000, verificados simultaneamente com a falta de declaração de rendimentos ou com a existência, no mesmo período de tributação, de uma divergência não justificada com os rendimentos declarados**

Finalmente, cumpre referir uma situação que, em rigor, pode já ter sido englobada em alguns dos casos anteriores, embora possam existir casos que justifiquem a autonomia. Trata-se, uma vez mais, de divergências, aqui entre os valores declarados e o acréscimo de património ou o consumo evidenciados pelo sujeito passivo no mesmo período de tributação. A "desconfiança" a que já aludimos ganha aqui particular relevo, suspeitando-se que o sujeito passivo não cumpriu cabalmente com os seus deveres de cooperação, inutilizando a presunção de boa-fé de que gozam as suas declarações. Incluem-se aqui, por exemplo, os casos em que o sujeito, não declarando os seus rendimentos ou apresentando uma divergência não justificada, adquire bens imóveis de montante igual ou superior a € 250 000[426].

---

[426] Cfr. acórdão do STA de 15 de setembro de 2010, processo n.º 0660/10.

Em tal caso, cabe-lhe a si a comprovação de que correspondem à realidade os rendimentos declarados e de que é outra a fonte das manifestações de fortuna ou o acréscimo de património ou o consumo evidenciados, sendo que, se tal contraprova não for adequadamente feita, fica sujeito a tributação por presunções ou indícios.

b) Controlo da aplicação dos métodos indiretos

Convém recordar o facto de que, em todos estes casos, está do lado da Administração tributária o ónus da prova de que estes pressupostos se verificam.

Ainda convém chamar a atenção para o facto de que, apesar de a avaliação indireta ser efetuada pela Administração tributária, o sujeito passivo não é totalmente alheado do ato de fixação de valor. Ele deve participar, quer no ato de avaliação indireta (exercendo o seu direito de audição antes da fixação final do valor em causa), quer, mais tarde e se for caso disso, no ato de na revisão da avaliação indireta[427].

Fixado pela Administração o valor dos rendimentos ou bens tributáveis a partir de indícios, presunções ou outros elementos, levanta-se a questão da suscetibilidade de colocar em crise esse valor, quer sob o ponto de vista gracioso (administrativo) quer sob o ponto de vista contencioso (jurisdicional).

Sob o primeiro ponto de vista, há a dizer que o procedimento adequado será o pedido de revisão da matéria tributável fixada por métodos indiretos[428], sobre o qual nos debruçaremos aquando do estudo dos procedimentos impugnatórios (art.os 91.º e ss. da LGT).

Já sob o ponto de vista jurisdicional, devem-se distinguir as seguintes situações:
- O ato de avaliação indireta é seguido de um ato de liquidação; ou
- O ato de avaliação indireta não é seguido de qualquer ato de liquidação (porque, por exemplo, o sujeito passivo beneficia de uma isenção ou foram apurados, na avaliação, prejuízos fiscais).

---

[427] Cfr. art.os 60.º, n.º 1, alínea d), 82.º, n.os 3 e 4, e 91 da LGT.
[428] Este procedimento impugnatório apenas não poderá ser utilizado nos casos de aplicação do regime simplificado de tributação em que não sejam efetuadas correções (com base noutro método indireto). Aqui, o mais adequado parece ser a reclamação graciosa da respetiva liquidação.

No primeiro caso, uma vez que à avaliação indireta ainda se lhe vai seguir um outro ato – que, esse sim, será *horizontalmente definitivo* – não existe a possibilidade de impugnação contenciosa direta, apenas se admitindo a impugnação deste segundo ato; já no segundo caso, uma vez que ele se configura como o ato final da cadeia procedimental, tal impugnação contenciosa, sob este ponto de vista, já é possível[429].

Todavia, ainda importa averiguar se, verticalmente, tal definitividade também existe. Igualmente aqui, duas situações devem ser distinguidas:
- Quando se pretende atacar o ato de fixação indireta de valor por ter alegadamente havido um erro na quantificação ou nos pressupostos (acima referidos), o recurso a Tribunal ainda não é possível (considerando-se que falta uma condição de procedibilidade, existindo uma exceção dilatória que obsta ao conhecimento do mérito da causa), devendo previamente ser intentado pedido de revisão da matéria tributável [430];
- Em todos os outros casos, o recurso a Tribunal será de imediato admissível.

5.3. Procedimento de reconhecimento de benefícios fiscais

a) Pressupostos do reconhecimento de um benefício fiscal

Trata-se, este, de um procedimento que assenta num recorte temático específico, na medida em que tem o seu campo de aplicação num determinado e localizado núcleo material: os desagravamentos ou benefícios fiscais. Por isso, antes de iniciar o seu estudo, convém recordar dois aspetos nucleares de Direito tributário substantivo[431]:
- Primeiro, que os benefícios fiscais podem ser classificados em automáticos ou dependentes de reconhecimento. Os primeiros "resul-

---

[429] V. art.º 86.º, n.º 3, da LGT.
[430] Assim, art.ºˢ 86.º, n.º 5, 91.º e ss. da LGT e 117.º CPPT. V., também, acórdãos do STA de 27 de fevereiro de 2013, processo n.º 01216/12 e de 17 de junho de 2015, processo n.º 01722/13.
[431] Como é sabido, nos termos da lei, são benefícios fiscais as "medidas de carácter excecional instituídas para tutela de interesses públicos extrafiscais relevantes que sejam superiores aos da própria tributação que impedem" e, neste seguimento, consideram-se benefícios fiscais, entre outros, as isenções, as reduções de taxas, as deduções à matéria coletável e à coleta, e as amortizações e reintegrações aceleradas (art.º 2.º do EBF).

tam direta e imediatamente da lei, os segundos pressupõem um ou mais atos posteriores de reconhecimento"[432].
- Para além disso, vale um princípio geral de *transitoriedade dos benefícios*, previsto no art.º 2.º do EBF. A intenção legislativa terá sido, aqui, a de sujeitar a concessão desses benefícios a uma avaliação periódica e impedir a sua transformação em autênticos privilégios injustificados, violadores dos princípios da igualdade, capacidade contributiva e verdade material.

Tendo presente este quadro básico, fácil se torna compreender o alcance do procedimento de reconhecimento de benefícios fiscais. Trata-se de um procedimento em que, por iniciativa dos interessados (os beneficiários), se solicita, à Administração tributária, mediante requerimento, o reconhecimento de um benefício. Mais precisamente, o pedido deve ser efetuado ao serviço competente para a liquidação do tributo a que tal benefício se refere[433], e deve ser instruído com o cálculo, quando obrigatório, do benefício requerido e a prova da verificação dos respetivos pressupostos. Constata-se, deste modo, que a regra de acordo com a qual "o ónus da prova dos factos constitutivos dos direitos (...) recai sobre quem os invoque" tem aqui plena aplicação[434].

b) Consequências do reconhecimento de um benefício fiscal
O serviço competente emitirá um despacho de deferimento ou de indeferimento, reconhecendo ou não o benefício pretendido[435]. Tal despacho (i) é irrevogável (*princípio constitucional da irrevogabilidade dos atos administrativos constitutivos de direitos*), embora possa ser suspenso[436], e (ii) tem efeito meramente declarativo (e não constitutivo) do direito ao benefício em causa – o art.º 12.º do EBF refere expressamente que, em regra, o direito aos benefícios fiscais deve reportar-se à data da verifi-

---
[432] Assim, art.º 5.º do EBF.
[433] Cfr. art.º 65.º, n.º 2, do CPPT.
[434] V. art.º 74.º da LGT.
[435] Saliente-se que o reconhecimento não poderá ser concedido "quando o sujeito passivo tenha deixado de efetuar o pagamento de qualquer imposto sobre o rendimento, a despesa ou o património e das contribuições relativas ao sistema da segurança social" e desde que a dívida em causa "sendo exigível, não tenha sido objeto de reclamação, impugnação ou oposição e prestada garantia idónea, quando devida" (art.º 13.º do EBF).
[436] Os casos de suspensão estão previstos no art.º 14.º, n.ºs 5 e 6, do EBF.

cação dos respetivos pressupostos, ainda que esteja dependente de reconhecimento –, o que significará que os seus efeitos se poderão produzir retroativamente (devendo, por exemplo, ser restituído o que houver sido eventualmente tributado até ao reconhecimento).

Além disso, e quanto às obrigações formais, o interessado, após a concessão, passa a estar sujeito ao ónus de facultar à Administração todos os elementos necessários ao controlo dos pressupostos dessa atribuição, sob pena de o benefício ficar sem efeito[437]. Aqui, a Administração nada tem de fazer, nomeadamente mediante ações inspetivas, para sancionar o contribuinte, bastando-lhe apenas constatar o incumprimento do ónus da prova.

Por último, observe-se que do despacho de indeferimento do pedido de reconhecimento do benefício pode o destinatário recorrer hierarquicamente[438].

5.4. Procedimento de aplicação de norma antiabuso

Tal como sucedia no âmbito do procedimento acabado de analisar, também aqui se está em presença de um procedimento que tem na sua base uma matéria de Direito substantivo específica: a denominada "norma geral antiabuso". Não será certamente esta a localização adequada para proceder a um estudo jurídico enquadrado de tal norma; em todo o caso, entende-se que uma brevíssima referência há-de ser feita, sob pena de incompreensão do procedimento em análise.

Trata-se de uma disposição normativa incluída na LGT (art.º 38.º, n.º 2) que pretende materializar uma reação do ordenamento ao fenómeno da *evasão fiscal*, cominando com ineficácia no âmbito tributário as "construções ou séries de construções" que não sejam "genuínas" ou sejam realizadas com abuso de forma jurídica, com a finalidade principal ou predominante de obtenção de vantagens fiscais[439].

Em termos mais simples e lineares: os contribuintes ou obrigados tributários utilizam os atos e contratos "normais" de Direito privado (por exemplo, contratos-promessa, contratos de permuta, atos de reestruturação empresarial, etc.), não para prosseguir os fins típicos de Direito

---

[437] Cfr. 65.º, n.º 5, CPPT.
[438] V. art.º 65.º, n.º 4, do CPPT.
[439] Para estes efeitos, uma construção não é genuína quando não tiver na sua base por razões económicas válidas que reflitam a respetiva substância económica [art.º 38.º, n.º 3, alínea a)].

privado, mas antes para obter poupança tributária abusivamente. Nestes casos, prescreve a lei que se desconsidera a vantagem fiscal obtida (por exemplo, a isenção ou o regime de tributação mais baixo, que de outro modo não seria conseguido). Como frequentemente se refere, é uma espécie de "bomba atómica" nas mãos da AT, que implode as vantagens que o contribuinte ilegitimamente procura obter.

Em termos de procedimento tributário, parece que se pode afirmar que se está em presença de um procedimento pré-liquidatório, até porque o próprio art.º 63.º, n.º 1 do CPPT refere expressamente que "a liquidação dos tributos com base na disposição antiabuso constante do n.º 2 do artigo 38.º da lei geral tributária segue os termos previstos neste artigo". Seja como for, ao menos abstratamente, pode considerar-se a hipótese de aplicação deste procedimento após uma liquidação já efetuada, corrigindo-a.

Assim, sempre que a AT entender que existe uma das referidas construções com abuso de forma jurídica e com propósitos de obtenção de uma vantagem fiscal ilegítima – e sempre após (i) notificação para audição prévia e (ii) autorização pelo dirigente máximo do serviço (ou funcionário em quem ele tiver delegado essa competência[440]) –, utiliza este procedimento, começando por elaborar um projeto de decisão devidamente fundamentado, e no qual devem constar designadamente[441]:

i) A descrição da construção ou série de construções realizadas;
ii) A demonstração de que a construção ou série de construções foi realizada com a finalidade principal ou predominante de obter uma vantagem fiscal não conforme com a sua finalidade essencial;
iii) A identificação dos negócios ou atos que correspondam à substância ou realidade económica, bem como a indicação das normas de incidência que se lhes aplicam.

O visado (contribuinte), podendo ser ouvido, tem o direito de exercer o contraditório, apresentando provas pertinentes.

Após isso, a liquidação será feita tendo em consideração os resultados probatórios apurados.

---

[440] Cf. art.º 63.º, n.º 7 do CPPT.
[441] Cfr. art.º 63.º, n.º 3, do CPPT.

Importa enfatizar que a disposição antiabuso não é aplicável se o contribuinte tiver solicitado à administração tributária informação vinculativa sobre os factos que a tiverem fundamentado e a administração tributária não responder no prazo de 150 dias[442].

5.5. Procedimento de ilisão de presunções

Sendo o Direito Tributário um *Direito de sobreposição*, não consegue ele evitar os excessos decorrentes do princípio da autonomia da vontade, sendo as condutas elisivas dos contribuintes um problema a combater.

Uma das formas que o legislador tributário encontrou no âmbito dessa luta desigual foi o recurso a presunções. Sabe-se que inúmeras vezes, não sendo possível atingir a efetiva verdade material, o sistema tributário contenta-se com uma *verdade material aproximada*, que constitui como que um mal menor, em face da possibilidade de evasão e fraude. Como exemplos deste tipo de presunções – *legais* ou normativas, não se confundindo com as presunções efetuadas pela Administração, por exemplo no âmbito da avaliação indireta –, podem apontar-se os seguintes:

- No âmbito do IRS, presume-se que os contratos de mútuo e as aberturas de crédito são remunerados[443];
- Ainda no âmbito do mesmo imposto, e para efeitos de mais-valias, nos casos de contrato-promessa de compra e venda ou de troca, presume-se que o ganho é obtido logo que verificada a tradição ou posse dos bens ou direitos objeto do contrato[444];
- No quadro do IVA, presumem-se adquiridos os bens que se encontrem em qualquer dos locais em que o sujeito passivo exerce a sua atividade[445];
- Em sede de IMT, se eventuais novos possuidores de bens imóveis não apresentarem os títulos da sua posse, presume-se que os bens foram adquiridos a título gratuito (liquidando-se o correspondente imposto do selo)[446].

---

[442] Assim, art.º 63.º, n.º 8, do CPPT.
[443] Assim, art.º 6.º, n.º 2 do CIRS.
[444] V. art.º 10.º, n.º 3, alínea a) do CIRS. Cfr. acórdãos do TCA–N de 21 de outubro de 2004, processo n.º 00092/04 e do STA de 13 de julho de 2016, processo n.º 01624/15.
[445] Cfr. art.º 86.º do CIVA.
[446] Cfr. art.º 29.º, n.º 3, do CIMT.

Ora, como já deixamos assinalado, as presunções consagradas nas normas de incidência tributária admitem sempre prova em contrário[447] e existe um procedimento especificamente pensado para o efeito, previsto no art.º 64.º do CPPT.

Refere o n.º 1 deste último preceito que "o interessado que pretender ilidir qualquer presunção prevista nas normas de incidência tributária deverá para o efeito, caso não queira utilizar as vias da reclamação graciosa ou impugnação judicial de ato tributário que nela se basear, solicitar a abertura de procedimento contraditório próprio".

Em rigor, o legislador coloca ao alcance dos contribuintes (em sentido lato) dois meios para ilidir a presunção em causa:
- Ou colocando em causa o ato tributário que se basear nessa presunção (em princípio, mediante a reclamação graciosa ou a impugnação judicial do mesmo);
- Ou recorrendo a este procedimento em específico.

Por outro lado, e face à redação do preceito, pode colocar-se o problema de saber se este procedimento apenas se aplica quando estejam em causa presunções relativas a "normas de incidência tributária", ou se também pode ser aplicado em outras situações, como, por exemplo, presunções relativas a benefícios fiscais. O princípio do acesso ao Direito e a salvaguarda das garantias essenciais dos contribuintes parecem apontar neste último sentido.

De qualquer forma, este procedimento será instaurado no órgão periférico local da área do domicílio ou sede do contribuinte, da situação dos bens ou da liquidação, mediante petição do contribuinte dirigida àquele órgão, acompanhada dos respetivos meios de prova e a petição considera-se tacitamente deferida se não lhe for dada qualquer resposta no prazo de 6 meses, salvo quando a falta desta for imputável ao contribuinte[448].

Havendo resposta, duas situações há a distinguir:
- O interessado consegue ilidir a presunção prevista na norma tributária, afastando, eventualmente, a tributação respetiva; ou

---

[447] Cfr. art.º 73.º da LGT.
[448] V. art.º 64.º, n.ᵒˢ 2 e 3, do CPPT

– O interessado não consegue ilidir a presunção prevista na norma tributária, e duas sub-hipóteses se colocam:
  • Se os prazos de reclamação e impugnação do ato tributário ainda não tiverem decorrido, a decisão produz efeitos retroativos (fracos), podendo abranger os atos tributários pendentes;
  • Se os prazos de reclamação e impugnação do ato tributário já tiverem decorrido, a decisão produz efeitos apenas prospetivos.

5.6. Procedimento de liquidação

O termo "liquidação" pode, em Direito tributário, ser entendido em sentidos diversos, pelo que cumpre, antes de tudo o mais, proceder à análise de tais sentidos.

Assim, em primeiro lugar e sob o ponto de vista semântico, pode-se fazer referência a uma liquidação em sentido amplo e a uma liquidação em sentido restrito. No primeiro sentido, entende-se por liquidação o conjunto de atos, juridicamente enquadrados, que têm por objetivo a determinação e quantificação da obrigação tributária, abrangendo quer as atuações da Administração tributária (aplicação de métodos indiretos ou indiciários, aplicação das taxas de imposto, cálculo das deduções devidas, etc.), quer as atuações dos contribuintes ou de terceiros (declarações, por exemplo) nesse sentido. Já em sentido restrito, a liquidação consubstancia-se no ato que torna uma concreta obrigação líquida e exigível, e diz respeito, a maior parte das vezes, à aplicação de uma taxa à matéria coletável[449], sendo neste sentido que se poderá discutir a sua natureza constitutiva ou meramente declarativa (tese genericamente aceite) em relação à obrigação de pagamento.

Por outro lado, sob o ponto de vista temporal, pode-se estar perante uma *liquidação provisória*, uma *liquidação definitiva* ou uma *liquidação adicional*. A liquidação provisória é aquela que é feita com base nos elementos declarados pelos sujeitos passivos ou por terceiros e que está sujeita a uma averiguação e controlo posterior, constituindo um meio de pro-

---

[449] O legislador utiliza quer um quer outro dos sentidos apontados. Assim, por exemplo, quando, no art.º 59.º do CPPT, refere que "o procedimento de liquidação instaura-se com as declarações dos contribuintes", está a referir-se à liquidação em sentido amplo; Já quando, no art.º 75.º do CIRS refere que "a liquidação do IRS compete à ATA", refere-se à liquidação em sentido estrito. Cfr., ainda, art.ºs 89.º e ss. do CIRC; 19.º do CIVA; 113.º do CIMI e 19.º do CIMT.

piciar receitas rápidas para os cofres do Estado, uma vez que pode dar origem a um pagamento antecipado (pagamento por conta ou retenção na fonte com a natureza de pagamento por conta). A liquidação definitiva já é um verdadeiro ato (impugnável) da Administração tributária de natureza definitiva, unilateral e positiva e que inicia e é pressuposto do procedimento de cobrança. Por seu lado, a liquidação adicional surge na sequência de uma revisão do ato tributário de liquidação definitiva e pode ter como origem fundamentos diversos, como erros nas declarações apresentadas, apuramento de imposto superior ao entregue, etc.

Finalmente, tendo em atenção os sujeitos que nela intervêm, pode-se distinguir uma *autoliquidação* e uma *heteroliquidação*.

- No primeiro caso, estamos perante um ato típico da chamada "tributação de massas" que é levado à prática pelo próprio sujeito passivo e que, em rigor, envolve dois passos: por um lado, a comunicação da riqueza auferida e dos dados necessários à sua comprovação (mediante declaração em modelo normativamente aprovado) e, por outro lado, a quantificação da obrigação tributária propriamente dita através de uma série de operações de cálculo que a lei prescreve. Nesta modalidade, a qualificação e quantificação da matéria tributável está nas mãos do próprio que a aufere – ou de alguém que com ele mantenha relações relevantes[450] –, resultando o montante de tributo a pagar ou a receber daquilo que ele próprio avalia e estima[451].
- No segundo caso (heteroliquidação) estamos em face de um ato de liquidação que é feito por entidade diversa do sujeito passivo (a Administração tributária ou um terceiro).

---

[450] V., neste sentido, acórdão do STA de 15 de fevereiro de 2006, processo n.º 026622,.
[451] No âmbito do nosso ordenamento tributário, os casos mais visíveis de autoliquidação de impostos estão consagrados em sede de IRC [art.º 89.º, alínea a) do CIRC], de IVA (art.º 27.º, n.º 1 do CIVA) e de Imposto de selo (art.º 23.º, n.º 1 do respetivo Código). Já em matéria de taxas, são inúmeros os diplomas que consagram este procedimento, fazendo impender sobre os próprios devedores o encargo qualificativo e quantificativo da obrigação tributária. Apenas a título exemplificativo, refira-se o caso da taxa de justiça (art.º 8.º, n.º 1, do Regulamento das custas judiciais).

Ora, quando nos referimos ao procedimento de liquidação, sem mais, estamo-nos a querer reportar à liquidação em sentido amplo, definitiva e efetuada pela Administração tributária.

Tal procedimento, como de resto nos refere a própria lei (art.º 59.º do CPPT) "instaura-se com as declarações dos contribuintes ou, na falta ou vício destas, com base em todos os elementos de que disponha ou venha a obter a entidade competente".

A obrigação de apresentação de declarações – que, como se sabe, integra o objeto imediato da relação jurídica tributária, sob a forma de obrigações acessórias[452] – materializa-se juridicamente num dever de natureza:

i) Pública, em face dos objetivos do procedimento tributário e da tributação em geral (arrecadar receitas com vista à realização de despesas para satisfazer necessidades financeiras);

ii) Formal ou adjetiva, em face da obrigação principal, material e substantiva a que está adstrito o sujeito passivo (a obrigação de pagamento);

iii) Não necessária, pois o procedimento de liquidação pode ser instaurado sem o seu cumprimento[453]; e

iv) Provisória, no sentido em que as declarações podem ser retificadas, quer pelo sujeito que as apresentou, quer pela AT.

A propósito deste último aspeto convém, desde agora, fazer uma breve referência a uma matéria que teremos oportunidade de retomar noutra sede: a das divergências entre a declaração e a realidade. Tais divergências são genericamente tratadas pela doutrina e pela lei sob a designação de "erros na declaração"[454] e são genericamente agrupadas em duas categorias: os erros de facto, que abrangem divergências de na-

---

[452] Cfr. art.º 30.º, n.º 1, alínea b) e 31.º, n.º 2 da LGT.

[453] Cfr art.º 59.º, n.º 7 do CPPT, nos termos do qual "sempre que a entidade competente tome conhecimento de factos tributários não declarados pelo sujeito passivo e do suporte probatório necessário, o procedimento de liquidação é instaurado oficiosamente pelos competentes serviços".

[454] Linguisticamente, parece-nos preferível a expressão "vícios" no lugar de "erros". Se outras razões não houvesse, a primeira das expressões sempre seria suscetível de abarcar quer as situações de vícios na formação da vontade (erro-vício), quer as situações de divergência entre a vontade e a declaração (reserva mental, simulação, etc.), enquanto a segunda não parece possuir tal abrangência.

tureza material e aritmética com a realidade ("errónea quantificação") e os erros de Direito, que abarcam quer as situações de má qualificação jurídica das realidades ("errónea qualificação"), quer as situações de má aplicação das normas jurídicas.

Existindo declarações e inexistindo qualquer espécie de vícios nas mesmas, a liquidação em sentido próprio (quantificação do tributo a pagar) deverá ser feita com base em tais declarações. É isto que nos diz o art.º 59.º, n.º 2 do CPPT: "o apuramento da matéria tributável far-se-á com base nas declarações dos contribuintes, desde que estes as apresentem nos termos previstos na lei e forneçam à administração tributária os elementos indispensáveis à verificação da sua situação tributária".

Havendo vícios, prescreve o art.º 59.º, n.º 3, do CPPT que as declarações podem ser substituídas nos prazos aí estabelecidos.

5.7. Procedimento de cobrança

A cobrança, enquanto procedimento autónomo, consiste no conjunto de atos (administrativos) materiais conducentes à arrecadação da receita tributária e que, em regra, têm como correspetivo, do lado do contribuinte, o ato de pagamento. Pode assim afirmar-se que cobrança e pagamento do tributo são as duas faces da mesma moeda, distinguindo-se apenas pelo sujeito que leva a cabo a respetiva atuação material.

Tal como a liquidação, também a cobrança pode ser classificada de acordo com diversos pontos de vista.

Em primeiro lugar, podemos estar perante uma *cobrança voluntária*, quando lhe corresponde um ato voluntário e espontâneo do sujeito passivo, ou *cobrança coerciva*, quando é efetuada, como a própria designação indica, de uma forma coerciva – através da execução do património do devedor –, mais precisamente mediante a instauração de um processo de execução fiscal, a decorrer junto dos Tribunais tributários. A cobrança voluntária, por sua vez, pode ser efetuada dentro ou fora do prazo legal, e, neste último caso, acrescem à dívida tributária juros de mora[455]/[456].

---

[455] V. art.ºs 44.º, n.º 1 da LGT e 86.º, n.º 1 do CPPT.
[456] Em rigor, não se pode dizer que tenha sido esta a classificação acolhida pelo legislador. Este, embora referindo-se ao pagamento, parece equiparar a cobrança voluntária à cobrança dentro do prazo legal, supondo que toda a cobrança efetuada para além deste prazo é coerciva. Cfr., a propósito, o art.º 84.º do CPPT: "Constitui pagamento voluntário de dívidas

Os prazos de pagamento voluntário dos tributos, prescreve o art.º 85.º, n.º 1 do CPPT, são regulados nas leis tributárias[457].

Em segundo lugar, pode-se referir uma *cobrança imediata* e uma *cobrança mediata*. A primeira será aquela que é efetuada pela Administração tributária[458] junto do próprio devedor do tributo em sentido estrito (o sujeito passivo direto), enquanto a segunda será aquela cobrança que é efetuada junto de uma outra entidade distinta daquele (sujeito passivo indireto). A este propósito, fala-se em substituição tributária, cuja mais evidente forma de efetivação, como se sabe, consiste na retenção na fonte do tributo devido[459].

Em termos de competência, a cobrança dos tributos deve ser efetuada pelas entidades administrativas que a lei reguladora do tributo em causa designar[460].

Pois bem. Dissemos acima que "em regra" à cobrança do tributo corresponde o pagamento, da parte do sujeito passivo. Contudo, nem sempre assim acontece, pois:
– Por um lado, pode não se verificar um pagamento integral, mas apenas um pagamento em prestações. Refere a este respeito o art.º 42.º, n.º 1, da LGT que "o devedor que não possa cumprir integralmente e de uma só vez a dívida tributária pode requerer o pagamento em prestações, nos termos que a lei fixar", acrescentando o art.º 86.º, n.º 2, do CPPT que "o contribuinte pode, a partir do termo do prazo de pagamento voluntário, requerer o pagamento em prestações nos termos das leis tributárias"[461];

---

de impostos e demais prestações tributárias o efetuado dentro do prazo estabelecido nas leis tributárias".

[457] Nos casos em que as leis tributárias não estabeleçam prazo de pagamento, este será de 30 dias após a notificação para pagamento efetuada pelos serviços competentes (art.º 85.º, n.º 2 do CPPT).

[458] Quanto à cobrança de receitas por entidades diferentes da Administração tributária, v. art.º 95.º do CPPT.

[459] Cfr., art.º 20.º da LGT.

[460] Assim, art.º 79.º do CPPT.

[461] Contudo, tal possibilidade de pagamento em prestações não se aplica às dívidas de recursos próprios comunitários e, nos termos da lei, às quantias retidas na fonte ou legalmente repercutidas a terceiros ou ainda quando o pagamento do imposto seja condição da entrega

- Por outro lado, pode extinguir-se a dívida por dação em pagamento, quer antes – no âmbito de processo conducente à celebração de acordo de recuperação de créditos do Estado – quer depois de instaurada a execução, e em pedido (sem efeito suspensivo) dirigido ao ministro ou órgão executivo de que dependa a Administração tributária[462];
- Além disso, ainda pode suceder que se esteja perante uma compensação de créditos tributários, nos termos dos art.º 89.º, 90.º, ou 90-A do CPPT.

5.8. Procedimentos impugnatórios (de segundo grau)

5.8.1. Procedimento de revisão da matéria tributável fixada por métodos indiretos

a) Pressupostos do pedido de revisão

Estamos aqui perante um procedimento impugnatório utilizado nas situações em que se pretende questionar graciosamente o ato de fixação da matéria coletável com recurso a métodos indiretos (ato esse relativamente ao qual já dedicamos a nossa atenção). O objetivo principal deste procedimento será o estabelecimento de um acordo quanto ao valor da matéria tributável a considerar para efeitos de liquidação e terá legitimidade para o desencadear o sujeito passivo do tributo em questão, em requerimento fundamentado dirigido ao órgão da Administração tributária da área do seu domicílio fiscal e apresentado no prazo de 30 dias contados da data da notificação da decisão (de fixação do valor por métodos indiretos)[463]. É de salientar que este prazo não deve ser entendido como demasiado curto, pois, em princípio, o sujeito passivo já podia prever o ato de fixação, uma vez que deve ter sido exercido o direito de audição nos termos do art.º 60.º, n.º 1, alíneas d) e e) da LGT.

---

ou transmissão dos bens (art.º 42.º, n.º 2 da LGT). Situação parecida com a do texto é aquela em que o sujeito passivo solicita a possibilidade de efetuar pagamentos por conta da dívida que tem com a Fazenda Nacional. V., a propósito, art.º 86.º, n.ºs 4, 5 e 6, do CPPT.
[462] V. art.ºs 87.º e 201.º do CPPT.
[463] Cfr. art.º 91.º, n.ºs 1 e 2, da LGT.

Trata-se, além disso, de um pedido não sujeito a custas ou encargos, embora em algumas situações possa estar o contribuinte que o interpôs sujeito a um agravamento da coleta[464].

Este pedido de revisão – que tem efeito suspensivo da liquidação do tributo[465] e que não pode ser utilizado em todas as situações de recurso a métodos indiretos, pois excluem-se os casos de regime simplificado de tributação (quando não sejam aplicadas correções com base noutro método – art.º 91.º, n.º 1 da LGT) e de avaliação da matéria coletável baseada em manifestações de fortuna (art.º 89.º-A, n.º 7 da LGT) – pode ser apresentado com fundamento em *ilegalidade*, nomeadamente:
- Errónea quantificação da matéria coletável[466];
- Não verificação dos pressupostos de determinação indireta da matéria coletável[467].

Não pode, contudo, ser utilizado este procedimento nas situações de meras correções aritméticas que resultem de imposição legal, ou questões de Direito cujos fundamentos de reclamação não sejam relativos aos pressupostos de determinação indireta da matéria tributável[468].

Por outro lado, importa colocar em evidência que este pedido de revisão é necessário nos casos de impugnação judicial com os fundamentos acima descritos (errónea quantificação da matéria coletável ou não verificação dos pressupostos de determinação indireta da matéria coletável)[469].

b) Tramitação e consequências jurídicas

Após a interposição do pedido de revisão – no qual o sujeito passivo deve indicar um perito, que agirá como seu autêntico *representante*

---

[464] Cfr. art.º 91.º, n.ºˢ 8, 9 e 10, da LGT.

[465] V. art.º 91.º, n.º 2, da LGT. Este efeito suspensivo verifica-se até à decisão do procedimento de revisão, "pois com esta e independentemente de qualquer outra diligência ou formalidade (...) se torna definitiva a quantificação da matéria coletável necessária à consequente e até então suspensa liquidação do imposto em causa". Cfr. acórdãos do STA de 30 de outubro de 2002, processo n.º 01073/02 e de 19 de abril de 2012, processo n.º 0964/11.

[466] Cfr. art.ºˢ 92.º, n.º 1, LGT e 117.º do CPPT.

[467] Cfr. art.ºˢ 91.º, n.º 14, da LGT *a contrario* e 117.º do CPPT.

[468] Assim, art.º 91.º, n.º 14, da LGT.

[469] V. art.º 117.º, n.º 1, CPPT

I. O PROCEDIMENTO TRIBUTÁRIO

legal[470] – a Administração tributária designará no prazo de 8 dias um perito seu e marcará uma reunião entre este e o perito indicado pelo contribuinte a realizar no prazo máximo de 15 dias. Note-se que quer o sujeito passivo quer a Administração tributária podem igualmente solicitar a nomeação de um perito independente[471]/[472].

Depois disso, surge a fase do debate contraditório e da decisão deste procedimento. Dissemos no início que o objetivo era o estabelecimento de um acordo (entre os peritos) quanto ao valor da matéria tributável a considerar para efeitos de liquidação. Ora, havendo tal acordo, o tributo será liquidado com base na matéria coletável acordada que, caso seja diferente da matéria inicialmente fixada, deverá ser fundamentada[473]. Deve-se salientar que a existência de acordo *inviabiliza a suscetibilidade de impugnação judicial posterior da liquidação*[474].

---

[470] Assim, v., por exemplo, acórdão do TCA-Sul de 18 de junho de 2015, processo n.º 07452/14. Não obstante esse inequívoco nesso de representação, salienta-se neste acórdão (em consonância com anterior jurisprudência) que "(...) não pode considerar-se o sujeito passivo vinculado pelo acordo que seja obtido em sede de procedimento de revisão da matéria colectável, sempre que se demonstre que o representante não agiu dentro dos limites dos seus poderes de representação ou que agiu em sentido contrário a estes poderes".

[471] Assim, art.º 91.º, n.º 4, da LGT. Quanto ao regime de faltas à reunião referida e às eventuais reuniões subsequentes, v. art.º 91.º, n.ºs 5, 6 e 7 da LGT. Acerca da constitucionalidade do n.º 5 (que consagra um "regime de desistência"), cfr. acórdão do STA de 06 de junho de 2007, processo n.º 00190/04.

[472] Tais peritos são escolhidos nos termos do art.º 91.º, n.º s 11, 12 e 13 (peritos da Administração tributária) e 93.º e 94.º (peritos independentes), da LGT. A este propósito, refere o TCA-S, num acórdão datado de 16 de novembro de 2004, processo n.º 0615/04: "A não intervenção do perito independente reconduz-se a um vício de forma, por preterição de uma formalidade essencial, estando essa formalidade instituída para assegurar as garantias de defesa dos interessados contribuinte e AT, por forma a garantir a justeza e correção do ato final do procedimento". Contudo, "havendo acordo, e tratando-se de um trâmite destinado a assegurar os interesses de ambas as partes é possível a sua degradação em formalidade não essencial, quer dizer que a preterição não implica necessariamente a invalidade do ato final". V. igualmente, acórdão do STA de 19 de novembro de 2015, processo n.º 08241/14 (onde se reitera a ideia da preterição de formalidade essencial, nos casos de falta da nomeação de perito independente, requerida pelo contribuinte).

[473] Cfr. art.º 92.º, n.ºs 3 e 4 da LGT.

[474] Assim, art.º 86.º, n.º 4 da LGT. V., também, acórdão do STA de 15 de setembro de 2010, processo n.º 062/10. Todavia, como aí se refere, "não quer isto dizer que seja proibida, em absoluto, a impugnação da liquidação efetuada com base no acordo, pois este regime pressupõe, naturalmente, a validade do acordo e a sua oponibilidade ao contribuinte. Ficará

Pelo contrário, se não for atingido tal acordo, o órgão competente para a fixação resolverá segundo o seu prudente juízo, tendo em conta as posições dos peritos. Se houver perito independente, a decisão deverá obrigatoriamente fundamentar a adesão ou rejeição do seu parecer, sendo esta decisão, ou a liquidação – entretanto suspensa –, suscetível de reclamação graciosa ou impugnação judicial[475]:
- Com efeito suspensivo, se o parecer do perito independente e do contribuinte forem no mesmo sentido e oposto à decisão da Administração tributária;
- Sem efeito suspensivo nos restantes casos.

Em todo o caso, e como já dissemos, não haverá sujeição a qualquer encargo em caso de indeferimento, sem prejuízo de agravamento de 5% da coleta nos casos em que se verificarem cumulativamente as circunstâncias do art.º 91.º, n.º 9 da LGT.

5.8.2. Procedimento de revisão dos atos tributários

Este procedimento diz respeito àquelas situações em que o ato tributário – que, para estes efeitos não será apenas o ato de liquidação, mas igualmente pode abranger os atos de fixação (direta ou indireta) da matéria tributável, em face da letra do próprio art.º 78.º da LGT, nomeadamente dos seus n.ºs 4 e 6 –, oficiosamente ou a pedido do sujeito passivo, vai ser reapreciado *pelo próprio órgão que o praticou*, nisto se afastando de outros procedimentos impugnatórios, designadamente do procedimento de reclamação graciosa que adiante será analisado.

Este procedimento encontra a sua razão de ser na circunstância de todo o procedimento tributário estar subordinado ao princípio da verdade material, o que implica que quando a Administração tributária deteta a existência de um erro, ela tem por imperativo legal o dever de efetuar a correção do mesmo, ainda que tal não lhe seja solicitado (embora lho possa ser). É certo que a possibilidade de revisão, naturalmente, irá alargar a precariedade do ato tributário no ordenamento jurídico, pois este não se considerará imutável enquanto o prazo de revisão

---

aberta, assim, a possibilidade de impugnação da liquidação efetuada com base no acordo invocando ilegalidade procedimental que afete a sua validade".
[475] Cfr. art.º 92.º, n.ºs 7 e 8, da LGT.

não decorrer, não sendo invocável a criação de uma certeza ou convicção na esfera jurídica dos atores procedimentais. Mas compreende-se que assim seja. Nestes casos, para além do bem *segurança jurídica* a curto prazo, há que ter presente o bem *verdade material*, pelo que se tornava imperioso encontrar nesta sede uma *concordância prática* entre ambos.

De toda a forma, em abstrato, a revisão pode ser efetuada a favor da Administração tributária – por exemplo, com base em novos elementos não considerados na liquidação, mas sempre dentro do prazo de caducidade – ou a favor do sujeito passivo.

Nos casos de revisão a favor da Administração tributária, o que se passa, a maior parte das vezes, é uma *liquidação adicional*, cuja possibilidade vem prevista em várias normas dos diversos códigos fiscais[476], mas que, em rigor, não se configura como um verdadeiro instrumento impugnatório ao dispor dos contribuintes.

Tal já poderá ser o caso da revisão efetuada a favor do sujeito passivo, prevista no art.º 78.º da LGT[477]. Independentemente de se saber se tal revisão tem ou não a natureza de uma verdadeira reclamação graciosa (uma vez que o prazo pode ser coincidente e a sindicância pode culminar com a anulação do ato tributário), deve-se assinalar que, quanto à legitimidade abstrata, ela pode desencadeada pela Administração tributária ou pelo sujeito passivo.

O sujeito passivo pode desencadear este procedimento, invocando qualquer ilegalidade, no prazo da reclamação graciosa, ou seja, 120 dias[478]. Trata-se, na prática, de aplicar o regime geral da anulabilidade dos atos, regime esse, como se sabe, que impõe um prazo relativamente apertado de invocação. A limitação aos 120 dias é um corolário do princípio da segurança jurídica, corporizado na estabilidade dos atos de liquidação de tributos, pois a possibilidade de utilização do regime da revisão do ato tributário com prazos largos e como meio de impugnação de atos de liquidação já há muito estabilizados teria como consequência a total supressão dos prazos de impugnação e reclamação. Nestes caso (pedido do contribuinte no prazo de reclamação), a revisão poderá ter *efeitos suspensivos* nos mesmos termos que a reclamação graciosa, isto é,

---

[476] Cfr., por exemplo, art.ºs 89.º do CIRS, 99.º do CIRC, 92.º do CIVA ou 31.º do CIMT.
[477] V., também, art.ºs 93.º do CIRS, 103.º do CIRC e 98.º do CIVA.
[478] Assim, art.º 78.º, n.º 1, da LGT.

mediante a apresentação de garantia idónea ou o deferimento da sua isenção[479].

Por seu lado, a Administração tributária pode desencadear este procedimento com fundamento em *erro imputável aos serviços* e no prazo de 4 anos se o tributo já houver sido pago (caso em que a revisão do ato pode determinar alterações nos fluxos financeiros estaduais e mesmo dificuldades de tesouraria no âmbito da execução do orçamento do Estado) ou a todo o tempo se não o houver sido (casos em que as dificuldades acima referidas não existirão)[480]. Deve-se entender que não pode ser aqui utilizado qualquer outro fundamento ou argumento, nomeadamente a ilegalidade do ato impugnado, pois se tal possibilidade fosse admitida poderia significar a introdução de um grave desequilíbrio em sede de harmonia do sistema –duplicando as garantias de defesa do contribuinte – e de fatores de insegurança jurídica.

Finalmente, deve ser salientada uma "válvula de escape" que o sistema consagra para situações absolutamente excecionais: a possibilidade de revisão com base em *injustiça grave e notória*. Prescreve a este propósito o art.º 78.º, n.º 4 que, quando se esteja em presença de um tal fundamento – cuja materialização não se pode reconduzir a ilegalidades, mas apenas às situações de mérito, conveniência ou oportunidade, em que a AT goza de um espaço autónomo de valoração e apreciação (discricionariedade *lato sensu*), sob pena de sobreposição ou esvaziamento do n.º 1 – o dirigente máximo do serviço pode autorizar, excecionalmente, nos três anos posteriores ao do ato tributário a revisão da matéria tributável (desde que o erro não seja imputável a comportamento negligente do contribuinte)[481].

***

Convém salientar que o facto de a lei estabelecer um prazo de 120 dias para o contribuinte pedir, por sua iniciativa, a revisão do ato tributário, não significa que ele não possa, no prazo da revisão oficiosa

---

[479] V., a propósito, acórdão do STA de 5 de dezembro de 2018, processo n.º 0261/18.9BEVIS.
[480] A expressão "a todo o tempo" deve ser entendida como respeitante a qualquer momento até ao termo do prazo de prescrição da obrigação tributária. Cfr. acórdão do STA de 18 de novembro de 2015, processo n.º 01509/13.
[481] Cfr. art.º 78.º, n.º 4, da LGT.

(recorde-se: em princípio 4 anos), pedir esta (embora – aspecto importante! – com fundamento em erro de facto e não em ilegalidade). Com efeito, a revisão oficiosa também se pode fundamentar num pedido dos contribuintes, até porque o art.º 78.º, n.º 7, da LGT refere que "interrompe o prazo de revisão oficiosa (...) o pedido do contribuinte dirigido ao órgão competente da administração tributária para a sua realização". Por conseguinte, e um tanto estranhamente, tratando-se de uma "revisão oficiosa", a mesma pode ser feita a pedido do contribuinte. Nestes casos, porém, o acima mencionado efeito suspensivo já não se verificará (pois já não existirá "identidade" com a reclamação graciosa, como sucedia nos casos de revisão por iniciativa do contribuinte propriamente dita[482]).

O deferimento do pedido de revisão poderá, em abstrato, ter como efeito:
– A anulação do ato tributário com eficácia *ex tunc*, com a consequente restituição do tributo que haja sido pago, seja por via da passagem de uma nota de crédito a favor do contribuinte, seja por via da compensação com dívidas a que este eventualmente esteja adstrito[483];
– A sua revogação, que poderá ter eficácia *ex nunc*;
– A sua reforma, mantendo-se o mesmo ato, mas procedendo-se à expurgação da parte viciada; ou
– A sua conversão, que consistirá, *grosso modo*, na substituição do ato primitivo por um outro (já a sua ratificação, suprindo um vício de incompetência, poderá resultar inviável, na medida em que o ato revisivo é efetuado pela mesma entidade que praticou o ato inicial).

Além destas consequências, poderão ser devidos juros indemnizatórios a favor do contribuinte quando (i) a Administração tenha procedido oficiosamente à anulação de um ato tributário e não tenha nos 30 dias posteriores à sua decisão restituído o tributo já pago pelo contribuinte[484] ou (ii) o contribuinte tenha solicitado essa revisão e ela se efe-

---

[482] V., uma vez mais, acórdão do STA de 5 de dezembro de 2018, processo n.º 0261/18.9BEVIS.
[483] Cfr., por exemplo, art.º 93.º, n.º 3, do CIRS.
[484] V. art.º 43.º, n.º 3, alínea b), da LGT. *A contrario*, conclui-se que nas situações em que a Administração proceda à revisão oficiosa e anule um ato tributário, restituindo o tributo de seguida, não há lugar a juros indemnizatórios. Saliente-se que a jurisprudência tem entendido – e parece-nos que bem – que a revogação efetuada pela Administração ao abrigo do

tuar mais de um ano após o seu pedido (salvo se o atraso não for imputável à Administração)[485].

5.8.3. Procedimento de reclamação graciosa

a) Enquadramento jurídico

O procedimento de reclamação graciosa constitui o procedimento impugnatório por excelência, uma vez que tem por objetivo a anulação total ou parcial dos atos tributários (sendo este o pedido principal: art.º 68.º do CPPT[486]), com fundamento em ilegalidade dos mesmos. Vale isto por dizer que sempre que o contribuinte tenha diante de si um ato tributário (de natureza unilateral, definitiva e impositiva, um ato de liquidação) que considere desconforme com o ordenamento jurídico, deve lançar mão deste expediente administrativo.

Deve-se alertar desde já para o facto de que, em princípio, este procedimento não tem efeito suspensivo da liquidação que se está a reclamar[487], o que quer dizer que o contribuinte, mesmo reclamando, deve proceder ao pagamento do tributo em causa, sob pena de, daí a algum tempo, se poder confrontar com um processo de execução fiscal contra si instaurado. Porém, e como já se observou em momento anterior das *Lições*, tal efeito suspensivo pode ser conseguido se for prestada garantia adequada, a qual deve (i) ser requerida pelo contribuinte juntamente com reclamação, e (ii) prestada no prazo de 10 dias após a notificação para o efeito pelo órgão periférico local competente. Nestes casos, pode defender-se que a simples apresentação do requerimento com a garantia

---

artigo 112.º do CPPT, na sequência de uma impugnação judicial deduzida pelo contribuinte, não pode considerar-se como sendo efetuada por iniciativa da Administração, por ter antes resultado de iniciativa deste. Isto porque, caso contrário, conferir-se-ia a essa mesma Administração a possibilidade de evitar o pagamento de juros indemnizatórios nos casos em que ocorre um erro que lhe é imputável, bastando para tal limitar-se a revogar o ato no prazo da sua contestação. Assim, acórdão de 17 de novembro de 2010, processo n.º 0467/10.

[485] V. art.º 43.º, n.º 3, alínea c) da LGT. Neste caso, são devidos juros indemnizatórios apenas decorrido um ano após o pedido respetivo e não desde a data do pagamento da quantia liquidada [assim, acórdão do STA, de 6 de junho de 2007, processo n.º 0606/06]. De resto, se a revisão se efetuar no prazo de um ano, ou após isso quando o atraso não for imputável à Administração, não serão devidos juros indemnizatórios.

[486] Quanto à cumulação de pedidos, v. art.ºˢ 71.º e 74.º do CPPT.

[487] V. cfr. art.º 69.º, alínea f), do CPPT.

"tem a virtude de suspender o procedimento de cobrança" e evitar a instauração imediata de execuções[488], pelo menos até à apreciação e eventual indeferimento do mesmo.

***

Nos casos mais comuns, a reclamação deve ser *apresentada* pelo contribuinte, pelos substitutos ou pelos responsáveis[489], sob forma escrita (embora, em casos de manifesta simplicidade, o possa ser oralmente[490]) junto do serviço periférico local (serviço de finanças) da área do domicílio ou sede do contribuinte, da situação dos bens ou da liquidação, embora seja *dirigida* ao órgão periférico regional (direção de finanças)[491], cujo dirigente é competente para decidir. Verifica-se, assim, uma dualidade competencial quanto ao órgão a quem entregar e quanto ao órgão que vai decidir a reclamação.

De salientar ainda que pode haver apresentação mediante transmissão eletrónica de dados (n.º 7 do art.º 70.º do CPPT).

A instauração da reclamação faz interromper o prazo de prescrição da obrigação tributária[492].

b) Fundamentos da reclamação

Como dissemos, a reclamação graciosa visa a anulação de atos tributários.

Pois bem, com que fundamentos podem os atos tributários ser anulados em sede de reclamação?

Nos termos do art.º 70.º do CPPT, "a reclamação graciosa pode ser deduzida com os mesmos fundamentos previstos para a impugnação judicial", estando estes últimos previstos, de forma não exaustiva, no art.º 99.º do mesmo código. De acordo com este artigo, constitui fundamento de reclamação "qualquer ilegalidade". Trata-se aqui – como já tivemos oportunidade de mencionar quando nos referimos à classificação dos atos da administração tributária – de um conceito operativo de

---

[488] Cfr. acórdão do STA de 8 de fevereiro de 2017, processo n.º 0177/15.
[489] Quanto à possibilidade de coligação, v. art.ºs 72.º e 74.º do CPPT.
[490] Cfr. art.º 70.º, n.º 6, do CPPT.
[491] Cfr. art.º 73.º, n.º 1, do CPPT.
[492] Cfr. art.º 49.º, n.º 1, da LGT.

ilegalidade que significa, *amplissimamente*, desconformidade com o ordenamento jurídico. Assim, qualquer ato tributário que, por qualquer motivo, se entenda violar normas jurídicas (constitucionais, internacionais, legais ou regulamentares) será, para estes efeitos, entendido como um ato ilegal. De modo a preencher uma cláusula tão aberta, o próprio legislador fornece pistas acerca do que se deva entender por ilegalidade, podendo-se destacar:
- A errónea qualificação e quantificação dos rendimentos, lucros, valores patrimoniais e outros factos tributários;
- A incompetência;
- A ausência ou vício da fundamentação legalmente exigida;
- A preterição de outras formalidades legais;
- A caducidade do direito à liquidação;
- A duplicação da coleta;
- A inexistência do facto tributário.

Procurando densificar alguns desses fundamentos, cabe dizer:
i) A *errónea qualificação* dos factos tributários diz respeito, como o próprio nome sugere, àquelas situações em que a Administração tributária usou uma deficiente qualificação jurídica dos mesmos. Pense-se, por exemplo, num caso em que o sujeito passivo auferiu um rendimento de capitais, mas que, contudo, é qualificado pela Administração tributária como uma mais-valia. Ou auferiu uma pensão que foi erradamente qualificada como rendimento do trabalho dependente;
ii) Já a *errónea quantificação* diz respeito a questões técnicas de cariz contábil, tais como as questões relacionadas com o cálculo de uma indemnização para efeitos de sujeição a imposto; com a consideração de um determinado número de meses de pensões, rendas ou salários; ou com a quantificação a partir de métodos indiretos.
iii) A incompetência, tem por referência, evidentemente, a violação das normas aferidoras da competência da Administração tributária, (já por nós *supra* analisadas);
iv) A ausência ou o vício da fundamentação legalmente exigida, verificar-se-á quando não existir, devendo, fundamentação do ato tributário ou quando os respetivos requisitos não estiverem verificados (matéria igualmente já por nós estudada);

v) A preterição de outras formalidades legais, tem natureza mais residual e diz respeito a situações como a inexistência de informação pelos serviços de fiscalização, as irregularidades da composição e funcionamento das comissões, a inexistência da ata de uma reunião de peritos, a falta de nomeação ou de notificação do vogal dos contribuintes[493], a preterição do direito de audição, etc. Trata-se, naturalmente, de formalidades essenciais ao procedimento, suscetíveis de inquinar o ato final com o vício de ilegalidade, e não de simples formalidades não essenciais ou irrelevantes as quais, apesar de terem sido praticadas, não relevam no conteúdo ou na forma da decisão final, admitindo-se a validade do ato em causa, por força do *princípio da aproveitabilidade dos atos*[494];

vi) A caducidade terá lugar quando a AT ultrapassa o prazo que tem ao seu dispor para proceder à liquidação dos tributos (art.º 45.º da LGT);

vii) A duplicação da coleta existirá quando, estando pago por inteiro um tributo, se exigir da mesma ou de diferente pessoa um outro de igual natureza, referente ao mesmo facto tributário e ao mesmo período de tempo[495];

---

[493] V., por exemplo, acórdão do STA de 11 de dezembro de 1996, processo n.º 018956, nos termos do qual a falta de notificação do vogal "tem como consequência que a comissão não pode reunir nem deliberar" e "constitui preterição de formalidades legais, inquinando de ilegalidade a deliberação saída da reunião da Comissão que também não se mostra regular na sua composição e funcionamento". Mas já a falta de notificação do ato tributário não se poderá aqui incluir. A este propósito, refere o mesmo STA (acórdão de 08/10/97, processo n.º 019886) que a notificação de um ato tributário é um ato exterior a este, e por isso, os vícios que afetem a notificação, podem determinar a invalidade desta e a consequente ineficácia do ato (tributário) mas não afetam a sua validade, como constitui jurisprudência corrente, nunca podendo por isso, ao seu arrimo, anularem-se as liquidações em causa. V., por fim, acórdão do TCA-S de 27 de abril de 2017, processo n.º 1284/08.1BESNT.

[494] V. acórdão do TCA-S de 16 de novembro de 2004, processo n.º 0615/04 (já *supra* citado), no âmbito o qual se aduz que a não intervenção do perito independente requerido pelo contribuinte reconduz-se a uma preterição de uma formalidade essencial, embora a mesma, em certas situações, se possa degradar em não essencial. V. igualmente, e uma vez mais, acórdão do STA de 19 de novembro de 2015, processo n.º 08241/14.

[495] V. art.º 205.º do CPPT e acórdãos do STA de 12 de janeiro de 2005, processo n.º 0949/04; do TCA-N de 8 de novembro de 2012, processo n.º 01128/05.6BEPRT, e do TCA-S de 10 de novembro de 2016, processo n.º 09190/15.

viii) A inexistência do facto tributário verifica-se em casos de violação das normas de incidência tributária ou sobre o conteúdo de benefícios fiscais. Este fundamento "(...) radica na não ocorrência da situação real causa da liquidação propriamente dita e, em consequência, na não incidência e [ou, diríamos nós] isenção do tributo (...)"[496].

c) Tempestividade

No que diz respeito ao prazo, podemos dizer que existe um prazo-regra para a interposição da reclamação graciosa e vários prazos excecionais.

O prazo-regra é de 120 dias a contar do termo do prazo para pagamento voluntário[497]. Trata-se, naturalmente, de um prazo de natureza procedimental ou extraprocessual, contando-se de modo corrido e nos termos da LGT[498].

Excecionalmente, a reclamação poderá ser interposta no prazo que estiver fixado em alguma outra norma que regule as reclamações, aplicando-se o princípio *"lex specialis derogat generali"*[499].

De salientar que a interposição da reclamação graciosa não prejudica um posterior prazo para a interposição da impugnação judicial, uma vez que é possível usar esse meio processual após o indeferimento da primeira.

d) Tramitação do procedimento

Quanto à tramitação, a reclamação é, como dissemos, apresentada no órgão periférico local, que instaurará o respetivo procedimento. Após isso, esse mesmo órgão procederá à instrução[500], em prazo não superior a 90 dias, com os elementos que tiver ao seu dispor – que, em princípio, se reduzirão a provas de base documental[501] – e será elaborada proposta fundamentada da decisão.

Salvo quando a lei estabeleça em sentido diferente, a entidade competente para a decisão da reclamação graciosa é o *dirigente do órgão peri-*

---

[496] Cfr. acórdão do STA de 12 de dezembro de 1990, processo n.º 012991.
[497] Cfr. art.º 70.º, n.º 1 e 102.º, n.º 1, alínea a) do CPPT.
[498] Cfr. art.º 57.º, n.º 3 da LGT
[499] Cfr., por exemplo, art.ºs 131.º, n.º 1; 132.º, n.º 3, e 133.º, n.º 2, do CPPT.
[500] Cfr. art.º 73.º, n.º 2, do CPPT.
[501] Cfr. art.º 69.º, alínea e), do CPPT.

férico regional da área do domicílio ou sede do contribuinte, da situação dos bens ou da liquidação ou, não havendo órgão periférico regional, o dirigente máximo do serviço[502].

Uma nota extremamente importante deve agora ser recordada: se a decisão for desfavorável, o sujeito que reclamou deve ser notificado do projeto de decisão para exercer o seu direito de audição, oralmente ou por escrito, num prazo de 15 dias, podendo a Administração tributária alargar este prazo até o máximo de 25 dias em função da complexidade da matéria[503].

Após isso, sucede a fase da decisão, e devem-se, neste passo, distinguir as situações (i) em que o órgão competente se pronuncia sobre a reclamação interposta e (ii) aquelas em que tal pronúncia não existe.

i) Nas situações em que órgão decisor se pronuncia sobre a pretensão do contribuinte, pode fazê-lo num de dois sentidos, embora sempre com inexistência de caso julgado[504]:
   – Ou deferindo a sua pretensão (deferimento expresso), sendo, em consequência, o ato tributário anulado total ou parcialmente, devendo-se apagar os seus efeitos com eficácia *ex tunc*, restituindo-se o que haja sido prestado e, caso se prove ter havido erro imputável aos serviços, pagando-se juros indemnizatórios desde a data do pagamento[505];
   – Ou indeferindo a sua pretensão (indeferimento expresso), caso em que o ato tributário se mantém no ordenamento jurídico, produzindo os seus efeitos, e podendo mesmo ser aplicado um agravamento à coleta quando se considere ter sido infundada[506].

---

[502] Assim, art.º 75.º, n.º 1, do CPPT.
[503] V. art.º 60.º, n.º 1, alínea b), e n.º 6, da LGT.
[504] Cfr. art.º 69.º, alínea c), do CPPT.
[505] Cfr. art.ºs 43, n.º 1, da LGT e 61.º, n.º 3, do CPPT. Cfr., ainda, acórdão do STA, de 6 de junho de 2007, processo n.º 0606/06. Por outro lado, como se refere no acórdão do STA de 18 de novembro de 2015, processo n.º 0699/15, "O ato tributário, enquanto ato divisível, tanto por natureza como por definição legal, é suscetível de anulação parcial. O critério para determinar se o ato deve ser total ou parcialmente anulado passa por determinar se a ilegalidade afeta o ato tributário no seu todo, caso em que o ato deve ser integralmente anulado ou apenas em parte, caso em que se justifica a anulação parcial".
[506] Cfr. art.º 77.º do CPPT.

ii) Nas situações em que o órgão decisor não se pronuncia (devendo-o fazer), também duas situações há a distinguir:
   – Ou se entende que a reclamação foi indeferida (indeferimento tácito), mantendo-se, portanto, o ato tributário;
   – Ou que a reclamação foi deferida (deferimento tácito), anulando-se o ato tributário, com os efeitos acima assinalados.

Em regra, considera-se que, em caso de silêncio da Administração, a reclamação é indeferida. Refere a este respeito o art.º 57.º, n.º 1 da LGT, que "o procedimento tributário deve ser concluído no prazo de quatro meses", acrescentando o n.º 5 do mesmo artigo que "o incumprimento do prazo referido no n.º 1, contado a partir da entrada da petição do contribuinte no serviço competente da Administração tributária, faz presumir o seu indeferimento para efeitos de recurso hierárquico, recurso contencioso ou impugnação judicial". No sentido da mesma solução, prescreve o art.º 106.º do CPPT que "a reclamação graciosa presume-se indeferida para efeito de impugnação judicial após o termo do prazo legal de decisão pelo órgão competente".

Contudo, existem alguns casos de deferimento tácito da reclamação graciosa, destacando-se, por exemplo, as situações de reclamação dos pagamentos por conta[507].

e) Impugnação da decisão

A via normal de colocar em crise a decisão administrativa de indeferimento da reclamação graciosa será a impugnação judicial, que, em regra, deverá ser apresentada no prazo 3 meses nos casos de indeferimento, expresso ou tácito[508]. Porém, podem prever-se prazos especiais, como sucede nos casos de reclamação prévia necessária por erro nos pagamentos por conta (situação na qual se determina um prazo de 30 dias[509]).

Contudo, o interessado poderá igualmente recorrer hierarquicamente, no prazo de 30 dias, do indeferimento da reclamação, e da decisão desfavorável do recurso hierárquico pode ser interposto – utilizando

---

[507] V. art.º 133.º, n.º 4, do CPPT.
[508] V. art.º 102.º, n.º 1, alíneas b) e d) do CPPT.
[509] Cfr. art.º 133.º, n.º 3 do CPPT.

a terminologia legal – recurso contencioso, salvo se de tal decisão já tiver sido deduzida impugnação judicial com o mesmo objeto[510].

A expressão "recurso contencioso" aqui utilizada deve ser entendida como referente ao processo de impugnação judicial, uma vez que, bem vistas as coisas, comportando a reclamação graciosa e o subsequente recurso hierárquico a apreciação da legalidade de atos de liquidação, o meio processual adequado para impugnar contenciosamente a decisão proferida em recurso é a impugnação judicial[511]. Esta última, no caso de indeferimento expresso do recurso hierárquico, pode ser deduzida no prazo de três meses a contar da notificação[512], ao passo que no caso de indeferimento tácito, pode ser deduzida no prazo de três meses a contar do momento em que o recurso se considera tacitamente indeferido[513].

De um ponto de vista da *teoria da impugnação*, significa esta solução que, diferentemente do que acontece no contencioso administrativo em sentido restrito[514], é possível, no contencioso tributário, a impugnação contenciosa do conteúdo de atos meramente confirmativos (que são aqueles que se limitam a manter, sem alteração, a situação jurídica já definida pelo ato confirmado, não introduzindo qualquer modificação relevante naquela situação e, nessa medida, não trazendo nenhuma ofensa ao direitos ou interesses legalmente protegidos do administrado).

f) As reclamações graciosas necessárias

Nos termos que temos vindo a descrever, a reclamação graciosa apresenta-se como um meio de carácter impugnatório ou recursivo e com natureza facultativa, podendo o contribuinte dela lançar mão se assim o entender ou, alternativamente, utilizar a impugnação judicial com o mesmo fim.

Todavia, as coisas nem sempre assim são.

Existem situações em que o sujeito passivo, se quiser utilizar a via judicial, deve primeiro esgotar a via administrativa, lançando mão dos

---

[510] Cfr. art.º 76.º, n.º 1 e 2 do CPPT.
[511] Cfr. art.º 97.º, n.º 1, alínea d), do CPPT. V., também, acórdãos do STA de 21 de março 2007 (processo n.º 01073/96), 30 de maiode 2007 (processo n.º 0340/07), e 12 de junho de 2007 (processo n.º 0288/07).
[512] Assim, art.º 102.º, n.º 1, alínea e), do C.P.P.T.
[513] Assim, art.º 102.º, n.º 1, alínea d), do C.P.P.T.
[514] Cfr. art.º 53.º do CPTA.

meios graciosos que o legislador coloca ao seu dispor, conseguindo a *definitividade vertical* do ato e, só então, abrindo o canal contencioso. Fala-se, a este respeito, em *reclamações necessárias* que, antecedendo logicamente o recurso a Tribunal, também são designadas por *reclamação prévias*[515].

Em matéria tributária, são várias as situações que assumem relevância quando se trata de averiguar quais os casos que obrigam o interessado a esgotar os meios administrativos.

Analisemos, num exercício meramente exemplificativo[516], algumas delas separadamente[517].

α) **Reclamação em caso de autoliquidação**
Já atrás nos referimos a este tipo de liquidação. Trata-se, como vimos, e em termos simples, de um conjunto de situações no âmbito das quais o próprio sujeito passivo procede à declaração, quantificação e entrega da obrigação tributária, impendendo sobre si próprio o dever de cálculo do tributo devido.

Ora, em situações como estas pode acontecer que esse mesmo sujeito passivo que efetuou as operações referidas constate mais tarde que não as efetuou convenientemente, seja porque omitiu determinados proveitos ou custos, seja porque avaliou mal a situação de facto em que estava integrado ou até porque, pura e simplesmente, fez mal as contas. Compreende-se que, se tal suceder, ele possa impugnar em Tribunal a liquidação feita por si próprio, no sentido de, sendo caso disso, pagar menos imposto ou receber um reembolso maior.

---

[515] Com tais reclamações necessárias não se confundem as formalidades necessárias prévias à apresentação das próprias reclamações, como sucede, por exemplo, em matéria de IVA, âmbito no qual se exige que, antes da impugnação administrativa, sejam apresentadas as declarações corretivas pertinentes (art.º 97.º, n.º 2 do CIVA). Porém, sobre as devidas cautelas com que tais exigências devem ser interpretadas – designadamente, com o sentido de que não se deve impor ao contribuinte a apresentação de uma "liquidação a zeros" quando o mesmo impugna precisamente com base no argumento de que não há liquidação de IVA a efetuar – v. acórdão do STA de 8 de março de 2015 (ou 8 de abril, atendendo à discrepância na versão publicada eletronicamente), processo n.º 01920/13.

[516] Na verdade, vários outros casos de reclamações necessárias existem, como, por exemplo, o previsto no art.º 140.º, n.º 2, do CIRS.

[517] Para desenvolvimentos, cfr. CARVALHO, Cláudio, *As reclamações prévias em matéria tributária*, in *Scientia Iuridica*, LVII, 314, Braga, 2008, 285 e ss.

Sucede que o legislador não lhe permite o acesso direto à via contenciosa, obrigando-o a esgotar primeiro os canais administrativos, impondo-lhe a utilização da reclamação graciosa. Refere o art.º 131.º, n.º 1, do CPPT: em caso de erro na autoliquidação, a impugnação será obrigatoriamente precedida de reclamação graciosa dirigida ao dirigente do órgão periférico regional da Administração tributária, no prazo de 2 anos após a apresentação da declaração.

Porquê a consagração desta solução e porque não permitir, desde logo, a impugnação judicial?

Parece que se pode encontrar um argumento convincente na ideia de que, nestas situações, em rigor, ainda não existe propriamente um conflito de pretensões entre o credor tributário e o sujeito passivo que justifique a entrada em cena de um órgão jurisdicional. Com efeito, até ao momento da autoliquidação, se as coisas decorrerem de acordo com a normalidade, a Administração ainda não manifestou por forma alguma a sua vontade e, consequentemente, ainda nada fez que possa eventualmente lesar o contribuinte. Assim sendo, justifica-se que, antes de ingressar em Tribunal, esta questão mereça uma apreciação por parte daquela e, porventura, a liquidação feita seja alvo de uma correção que satisfaça as pretensões do interessado. Desta forma, dá-se também operatividade ao princípio da economia dos meios processuais, não inundando o Tribunal com questões que podem ser resolvidas em outras sedes.

Apenas assim não será se o fundamento impugnatório consistir exclusivamente em matéria de Direito (v.g., interpretação de conceitos indeterminados) e a autoliquidação tiver sido efetuada de acordo com orientações genéricas emitidas pela Administração tributária. Nestes casos, a reclamação já terá natureza facultativa, pois os argumentos acima expostos não terão aqui aplicabilidade (a Administração já se "pronunciou" sobre a matéria)[518].

Em qualquer dos casos, havendo indeferimento da reclamação, o contribuinte pode sempre intentar a impugnação judicial subsequentemente.

---

[518] Cfr. o que dissemos atrás acerca do procedimento de orientações genéricas (art.ºs 55.º e 56.º do CPPT). V., ainda, acórdão do STA de 31 de maiode 2006, processo n.º 026622.

β) Reclamação em caso de retenções na fonte

Outra reclamação graciosa que reveste natureza necessária relaciona-se com os casos de retenção na fonte.

Trata-se de uma das situações de substituição tributária, no âmbito da qual, por razões várias – ténues ligações do sujeito com o ordenamento português (não residentes), anonimato, sigilo, gestão de tesouraria do Estado, etc. –, o tributo é entregue ao credor, não pela pessoa em relação à qual se verifica a capacidade contributiva (substituído), mas por uma outra pessoa (substituto).

Será o que sucede, por exemplo, com o IRS que incide sobre os salários, onde a entidade que procede ao seu pagamento ou colocação à disposição, amputa uma determinada percentagem, entregando a quantia respetiva nos cofres do Estado.

As retenções na fonte, como sabemos de outras sedes, podem ter natureza definitiva ou provisória (a título de pagamento por conta), consoante estejam ou não sujeitas a acertos posteriores derivados do englobamento dos rendimentos.

No que diz respeito à sua impugnação judicial, cumpre distinguir as situações em que ela é efetuada pelo substituto e aquelas em que ela é efetuada pelo substituído.

i) A impugnação judicial efetuada pelo substituto justifica-se quando este entrega imposto superior ao devido – tendo efetuado retenção a mais –, sendo que, em circunstâncias normais, o montante entregue a mais deveria ser descontado nas entregas seguintes da mesma natureza. Contudo, se tal correção não for possível (porque, por exemplo, não existem mais entregas nesse ano), o substituto deve reclamar graciosamente e só após o indeferimento desta reclamação é que poderá impugnar judicialmente[519].

ii) Já a impugnação efetuada pelo substituído, será obrigatoriamente precedida de reclamação nos casos de retenções a título definitivo. Nas retenções a título de pagamento por conta, o acerto será feito a final, com a liquidação definitiva resultante do englobamento dos rendimentos anuais.

Quer num caso, quer no outro, as razões que acima apontamos a respeito das autoliquidações parecem ter aqui plena aplicabilidade e,

---

[519] Cfr. art.º 132.º, n.º 3, do CPPT.

também quer num caso quer no outro, a reclamação não apresenta carácter necessário se os atos houverem sido praticados em consonância com as orientações genéricas da Administração[520].

χ) **Reclamação em caso de pagamentos por conta**
A terceira situação em que a reclamação é necessária respeita aos pagamentos por conta do imposto devido a final. Estes são entregas pecuniárias antecipadas impostas por lei a determinados sujeitos passivos – por exemplo, os titulares de rendimentos da categoria B, em sede de IRS – com o objetivo de proporcionar um pagamento e uma arrecadação faseados do montante de imposto a pagar que, a final, seria substancialmente mais elevado[521].

Quando considerados indevidos, tais pagamentos por conta são suscetíveis de impugnação judicial com fundamento em erro sobre os pressupostos da sua existência ou do seu quantitativo, sendo que tal impugnação depende, também aqui, de prévia reclamação graciosa para o órgão periférico local da Administração tributária competente, no prazo de 30 dias[522]. De resto, caso a reclamação seja expressamente indeferida, o contribuinte poderá impugnar em Tribunal, no prazo de 30 dias.

Finalize-se dizendo que este é um dos poucos casos (excecionais, portanto) em que se prevê um *deferimento tácito*: nos termos do art.º 133.º, n.º 4, do CPPT, "decorridos 90 dias após a sua apresentação sem que tenha sido indeferida, considera-se a reclamação tacitamente deferida".

δ) **Reclamação em matéria de classificação pautal, origem ou valor aduaneiro das mercadorias**
Outra situação em que se exige o prévio esgotamento das vias administrativas, mediante a interposição de uma reclamação graciosa com vista à abertura da posterior via jurisdicional ou contenciosa, tem um âmbito material de aplicação muito complexo, denso e específico, cuja menção pormenorizada ficaria aqui deslocada. Trata-se de um conjunto de matérias de Direito aduaneiro (conjunto de normas jurídicas relacionadas com, por exemplo, importações de mercadorias provenientes de

---

[520] Assim, art.º 132.º, n.º 6, do CPPT
[521] Assim, art.º 133.º da LGT.
[522] Cfr. art.º 133.º, n.ᵒˢ 1 e 2, do CPPT.

Estados não pertencentes à UE) como sejam as atinentes à classificação pautal dessas mercadorias (isto é, a sua localização na pauta aduaneira comum), à sua origem ou ao seu valor aduaneiro[523]. Sem entrar em pormenorizações excessivas – até porque a seriedade científica obriga ao reconhecimento das limitações cognoscitivas –, apenas se refere o preceituado no recentemente introduzido art.º 133.º-A do CPPT: "A impugnação judicial de atos de liquidação que tenha por fundamento a classificação pautal, a origem ou o valor aduaneiro das mercadorias *depende de prévia reclamação graciosa* prevista no presente Código." (realce nosso).

Essa reclamação graciosa segue as regras específicas previstas no art.º 77.º-A do CPPT.

ε) **Taxas locais**
Finalmente, cumpre mencionar, igualmente de modo sumário, uma outra matéria na qual se exige reclamação graciosa prévia necessária: as taxas criadas pelas Autarquias locais. A este respeito, vale o prescrito no art.º 16.º, n.º 5 do Regime geral das taxas das Autarquias locais (Lei 53-E/2006).

Em termos práticos, o contribuinte, munícipe ou freguês que tenha intenções de impugnar judicialmente, por exemplo, a liquidação de uma taxa exigida pelo Município pela instalação de uma banca num mercado, ou uma taxa de publicidade, ou uma taxa devida pelo licenciamento de uma atividade ou pela utilização de uma parcela do domínio público para instalar uma esplanada ou um quiosque, não se pode dirigir diretamente a Tribunal, antes deve esgotar a via administrativa de reclamação, nos termos do referido art.º 16.º.

5.8.4. Procedimento de recurso hierárquico
O recurso hierárquico é uma garantia administrativa que, em geral, consiste em solicitar ao superior hierárquico da entidade que praticou um ato uma nova apreciação deste. Em abstrato, tal apreciação tanto pode incidir sobre a legalidade como sobre o mérito do ato apreciado, aqui se distinguindo de outros meios procedimentais, como a reclamação graciosa, acabada de analisar. Em consequência, o objetivo da interposição

---

[523] Cfr. art.ᵒˢ 56.º e ss. do Código aduaneiro da União.

de tal recurso tanto poderá ser (i) a anulação do ato, como (ii) a sua revogação.

Quanto às suas relações com a posterior possibilidade de controlo jurisdicional, o recurso hierárquico – de resto, tal como a reclamação graciosa – pode ser necessário ou facultativo:
- O recurso hierárquico será necessário quando seja indispensável para atingir a via contenciosa, ou seja, quando o interessado não puder recorrer a Tribunal sem, previamente, ter interposto o recurso. Trata-se de exigir ao contribuinte uma segunda audição administrativa, de modo a chegar até uma autoridade cujos atos sejam, esses sim, sujeitos a controlo em Tribunal[524];
- Diferentemente, o recurso hierárquico será facultativo quando não seja indispensável para atingir a via contenciosa, podendo o interessado recorrer a Tribunal, mesmo que não recorra hierarquicamente.

Quanto à projeção do recurso sobre os efeitos do ato recorrido podemos estar perante um recurso com efeitos meramente devolutivos ou um recurso com efeitos suspensivos:

---

[524] Deve-se ter presente que a exigência de recurso hierárquico necessário para abrir a via contenciosa pode, em certa perspetiva, ser entendida como inconstitucional, na medida em que (i) se estaria a violar os direitos de acesso aos Tribunais e de recurso contencioso e (ii) a Constituição, atualmente, não exige a definitividade dos atos para que estes possam ser sujeitos a controlo em Tribunal. Quem assim pensa, advoga que cabe sempre recurso contencioso do ato administrativo (tributário) com eficácia externa, mesmo que não verticalmente definitivo, e assenta tal raciocínio nos seguintes argumentos:
1) A supressão do recurso hierárquico necessário favorecerá a celeridade processual;
2) A supressão do recurso hierárquico necessário assegura o máximo respeito pelas garantias dos particulares, que, para além de se poderem prevalecer imediatamente da via contenciosa, continuarão a poder interpor recurso hierárquico (facultativo).

Em sentido oposto, pode-se entender que a exigência de que o recurso contencioso seja precedido de recurso hierárquico necessário – tendo em vista a formação de um ato administrativo verticalmente definitivo – não viola a Constituição, até porque a exigência de recurso hierárquico necessário proporciona à Administração Pública a possibilidade de revogar atos com base em juízos de mérito, o que beneficia os administrados, pois o recurso contencioso é de mera legalidade.

Pela nossa parte, a pedra de toque residirá na circunstância de não se fechar a porta da possibilidade futura de recurso a Tribunal. Se após a interposição do recurso hierárquico, mesmo que necessário, é possível o acesso a Tribunal, então a exigência de recurso necessário e definitividade vertical não será inconstitucional. V., a propósito, acórdão do TC n.º 499/96.

– O recurso terá efeito meramente devolutivo se a sua interposição não impede o ato recorrido de continuar a produzir os seus efeitos;
– Pelo contrário, o recurso terá efeito suspensivo se a sua interposição impede, até à decisão, que o ato recorrido produza efeitos.

Em princípio (isto é, caso não exista norma em contrário), e nos termos do art.º 67.º, n.º 1 do CPPT, os recursos hierárquicos, têm natureza meramente facultativa e efeito devolutivo[525]. Isto pressupõe que o ato administrativo anterior é um ato verticalmente definitivo, diretamente sindicável, e que quaisquer atos subsequentes – como o despacho proferido no âmbito do recurso hierárquico – são meramente confirmativos[526]. Nestes casos (recorde-se: recurso facultativo e efeito devolutivo), o recurso hierárquico funciona como uma espécie de "filtro administrativo", tentando-se evitar o recurso imediato a Tribunal e dando ao superior hierárquico a possibilidade de revogar o ato do inferior hierárquico.

Por outro lado, e tal como acontecia com a reclamação graciosa, a interposição do recurso hierárquico faz interromper o prazo de prescrição das obrigações tributárias (art.º 49.º, n.º 1 da LGT).

No que diz respeito às regras de competência, o recurso hierárquico – que deverá ser entregue junto do órgão recorrido no prazo de 30 dias a contar da notificação do ato de que se recorrer – será dirigido ao mais elevado superior hierárquico do autor do ato (art.º 66.º, n.º 2, do CPPT e 80.º da LGT), em homenagem ao (já por nós referido) princípio do duplo grau de decisão.

Por outro lado, as decisões sujeitas a recurso hierárquico serão:
– Todas aquelas em que a lei prevê expressamente essa possibilidade, como, por exemplo, nos casos de reclamação graciosa indeferida (art.º 76.º, n.º 1 do CPPT) ou de não reconhecimento benefícios fiscais (art.º 65.º, n.º 4 do CPPT);
– Aquelas em que a lei não prevê qualquer outra possibilidade de controlo administrativo, como parece ser o caso, por exemplo, das correções meramente aritméticas da matéria tributável resultantes de imposição legal (art.º 91.º, n.º 14 da LGT).

---

[525] Como exemplo de um recurso hierárquico com efeito suspensivo, pode apontar-se o previsto no art.º 83.º, n.º 2 do CIVA. Para um caso de recurso hierárquico necessário, v. art.º 67.º, n.º 3 do CPPT.
[526] V. acórdão do TCA – Sul, de 8 de abril de 2003, processo n.º 05366/01.

Quanto à decisão, se houver deferimento do recurso, o ato recorrido, em princípio, será anulado ou revogado, ao passo que se esse mesmo recurso for indeferido, o ato recorrido mantém-se, abrindo-se a via contenciosa (ação administrativa).

Recorde-se, mais uma vez, que se a decisão for desfavorável, o sujeito que recorreu deve ser notificado do projeto de decisão para exercer o seu direito de audição, oralmente ou por escrito, num prazo de 15 dias, podendo a administração tributária alargar este prazo até o máximo de 25 dias em função da complexidade da matéria[527].

5.9. Pedido de redução de coimas tributárias

O procedimento em epígrafe, não obstante a denominação, a convocação de coordenadas atinentes ao Direito contraordenacional, e a consagração positiva em diploma de natureza penal (lato *sensu* – o RGIT, nos seus art.os 29.º e 30.º), consistirá num verdadeiro procedimento tributário, ao qual se deverão aplicar a regras constantes da LGT e do CPPT. Ainda assim, atendendo à circunstância de que se tratará de um procedimento *sui generis* e com escassa componente jus-tributária, apenas os respetivos traços essenciais de regime serão aqui sublinhados[528].

***

O pedido de redução de coimas tributárias surge como antecâmara do procedimento contraordenacional tributário propriamente dito (não se confundindo com este)[529], podendo afirmar-se como um meio sim-

---

[527] V. art.º 60.º, n.º 1, alínea b) e n.º 6 da LGT.
[528] Para desenvolvimentos, v. POLÓNIA-GOMES, Joana, *A Colaboração dos Obrigados Fiscais no Direito das Contraordenações Tributárias: Dispensa, atenuação e redução de coimas*, Almedina, Coimbra, 2018, pp. 153 e ss.
[529] O procedimento contraordenacional tributário materializa o conjunto de atos, ordenados sequencialmente, com vista à aplicação de uma sanção em decorrência da presumível prática de uma infração tributária sob a forma de contraordenação (estas últimas, tipificadas nos art.os 108.º e ss. do RGIT). Trata-se de um verdadeiro procedimento, com feição administrativa, e cujas fases essenciais são as seguintes (de modo resumido e abreviado):
– *Fase da iniciativa*, a qual se consubstancia com o ato de *instauração* por parte da entidade administrativo-tributária competente (art.º 67.º do RGIT). A instauração ocorre, naturalmente, após o conhecimento da possível infração por parte da AT, conhecimento esse que pode resultar de fontes ou proveniências diversas (art.os 56.º e ss. do RGIT) – denúncia

ples de redução de uma eventual sanção pecuniária a aplicar, por via da regularização da respetiva situação tributária (cumprimento das obrigações tributárias que deram origem à infração[530]). Tal "sanção pecuniária", bem entendido, será uma coima e nunca uma multa, na medida em que este procedimento apenas se aplica em situações de prática de contraordenações tributárias e não de crimes. O objetivo será persuadir o infrator a consciencializar-se da falha cometida, a tomar a iniciativa de a declarar, e a afastar os efeitos nefastos da mesma.

Para tal, o interessado deverá apresentar um requerimento antes mesmo de a AT iniciar o procedimento contraordenacional respetivo, requerimento do qual constará o pedido de pagamento com redução. Em termos temporais, aplicam-se as seguintes regras:

> por pessoa ou entidade externa; auto de notícia elaborado pelo funcionário que tomou pessoalmente o respetivo conhecimento; participação interna por outro funcionário, na sequência de uma inspeção tributária ou outro procedimento (como o acesso a dados bancários ou a liquidação); ou comunicação do próprio infrator.
>
> – *Fase instrutória* (art.os 69.º e ss. do RGIT), no âmbito da qual se levarão à prática os atos de investigação e de busca da verdade material que possam fundar ou não uma imputação dos factos ao(s) autor(es). Neste passo, o "dirigente do serviço tributário competente" – que é quem conduz esta fase – analisará os elementos de prova que repute adequados (prova documental, testemunhal, pericial, etc.), devendo ser asseguradas ao arguido todas as possibilidades de audição, defesa e contraprova. Importa sublinhar que o mesmo tem, assim o entendendo, *direito ao silêncio*, não devendo o exercício deste direito ser entendido como reconhecimento da prática dos factos.
>
> – *Fase decisória* (art.os 76.º e ss. do RGIT), que, como se compreende, será o momento em que o órgão administrativo-tributário competente emana a sua vontade, seja no sentido de aplicação de uma coima ou outra sanção, seja no sentido do arquivamento do procedimento.

O ato administrativo de aplicação de sanção contraordenacional pode ser objeto de recurso contencioso (jurisdicional), no prazo de 20 dias após a respetiva notificação (art.º 80.º do RGIT), iniciando-se então o denominado "processo contraordenacional tributário" (quanto à suscetibilidade e necessidade de prestação de garantia para obter o respetivo efeito suspensivo – eventualmente em violação do *princípio da presunção de inocência* –, v. acórdão do TCA-Sul, de 15-11-2011, Processo n.º 04847/11).

[530] Cf. art.º 30.º, n.º 3, do RGIT. Sempre que a regularização da situação tributária não dependa de tributo a liquidar pelos serviços, vale como pedido de redução a entrega da prestação tributária ou do documento ou declaração em falta. Nestes casos, se o pagamento das coimas com redução não for efetuado ao mesmo tempo que a entrega da prestação tributária ou do documento ou declaração em falta, o contribuinte é notificado para o efetuar no prazo de 15 dias, sob pena de ser levantado auto de notícia e instaurado processo contraordenacional (assim, n.os 4 e 5 do art.º 30.º do RGIT).

i) Se esse pedido for apresentado nos 30 dias posteriores ao da prática da infração e não tiver sido levantado auto de notícia, recebida participação ou denúncia ou iniciado procedimento de inspeção tributária, o montante a pagar será reduzido para 12,5% do montante mínimo legal;
ii) Já se esse pedido for apresentado após os 30 dias posteriores ao da prática da infração, mas ainda sem ter sido levantado auto de notícia, ter sido recebida participação ou denúncia ou ter-se iniciado um procedimento de inspeção tributária, o montante a pagar será reduzido para 25% do montante mínimo legal;
iii) Por fim, se esse pedido for apresentado após isso e após início de procedimento inspetivo, mas até ao termo deste (e a infração for meramente negligente), a redução será para 75% do montante mínimo legal.

Em qualquer dos casos, exige-se o pagamento do tributo em falta, sem o qual o procedimento contraordenacional será instaurado[531].

Em situação de indeferimento (expresso ou tácito, de acordo com o prescrito da LGT[532]) – e na medida em que se trata de um ato administrativo em matéria tributária que não comporta a apreciação da legalidade de um ato de liquidação –, o interessado poderá lançar mão do recurso hierárquico ou da ação administrativa, nos termos gerais.

Evidentemente que se o pedido for deferido, a coima é paga nos montantes reduzidos.

Na verdade, pode até acontecer uma situação ainda mais favorável: pode não ser aplicada coima alguma quando o agente seja uma pessoa singular e quando, nos cinco anos anteriores, o mesmo não tenha (i) sido condenado por decisão transitada em julgado em processo de contraordenação ou crime por infrações tributárias, (ii) beneficiado de pagamento de coima com redução nos termos aqui descritos e (iii) beneficiado da dispensa de coimas prevista no artigo 32.º do RGIT[533].

---

[531] V. art.º 30.º, n.ºs 1 e 4, do RGIT.
[532] Cf. art.º 57.º da LGT.
[533] Cf. art.º 29.º, n.º 4, do RGIT.

5.10. Procedimentos cautelares

Por último, cumpre fazer referência a determinados meios procedimentais, por natureza urgentes, que têm por objetivo salvaguardar a posição da Administração tributária e garantir os créditos tributários, naquelas situações em que existe um fundado receio de (i) frustração da sua cobrança ou (ii) destruição ou extravio de documentos ou outros elementos necessários ao apuramento da situação tributária dos sujeitos passivos e demais obrigados tributários.

São os denominados procedimentos cautelares (art.º 51.º da LGT), que são verdadeiros procedimento adotados pela Administração, e podem consistir em:
- Apreensão de bens, direitos ou documentos (por exemplo, a apreensão de veículos ou mercadorias)[534];
- Retenção de prestações tributárias a que o contribuinte tenha direito.

Num caso ou no outro, deve respeitar-se o princípio da proporcionalidade e a decisão administrativa é suscetível de controlo jurisdicional, mediante impugnação – a apresentar no Tribunal tributário, no prazo de 15 dias após a sua realização ou o seu conhecimento efetivo pelo interessado, quando posterior – com fundamento em qualquer ilegalidade[535].

Procura-se aqui dar apenas um enquadramento muito básico destas matérias.

---

[534] Questão controvertida pode ser a de saber se a apreensão de um veículo na sequência da prática de uma contra-ordenação consubstancia um procedimento cautelar com vista à satisfação de um crédito tributário cuja cobrança se julga duvidosa (regulado no CPPT) ou um ato de apreensão praticado no âmbito de um processo contra-ordenacional (previsto no RGIT). A diferença é assinalável: se for considerado um procedimento cautelar, a contagem do prazo para a impugnação, conta-se nos termos do CPPT (onde o prazo é de 15 dias e seguido); já se for considerado um ato do processo de contra-ordenação, tal prazo conta-se nos termos do RGIT (onde, atenta a aplicação subsidiária da disciplina geral das contra--ordenações – art.ᵒˢ 79.º e 80.º –, o prazo é de 20 dias e se suspende aos sábados, domingos e feriados). O STA – acórdão de 13 de setembro de 2006, processo n.º 0736/06 – entendeu que se está em presença de uma matéria à qual se aplica o CPPT.
[535] Cfr. art.º 144.º do CPPT.

Num momento mais avançado das presentes *Lições*, essas matérias serão objeto de desenvolvimentos e reflexões de natureza mais aprofundada[536].

---

[536] Cfr. *infra* o apartado respeitante ao "Contencioso cautelar" (II, 7.).

Parte II
O processo tributário

1. Enquadramento do processo tributário
Dedicamos toda a parte I da nossa análise ao estudo do procedimento tributário. Chegou agora o momento de nos debruçarmos em particular sobre a outra vertente da aplicação normativa em matéria tributária – aquela vertente que diz respeito aos Tribunais: o processo tributário.

Já tivemos oportunidade de referir o que entendemos, para estes fins, por processo tributário: o processo tributário será o conjunto de atos concretizadores e exteriorizadores da vontade dos agentes jurisdicionais tributários (Tribunais tributários). Deste modo, apenas concebemos processos tributários no âmbito dos Tribunais tributários, pelo que apenas neste quadro nos referiremos de seguida[537].

Dissemos igualmente que esta noção de processo é uma noção operativa (e pedagógica) por nós proposta e que se encontra fortemente associada a uma componente protectora e garantística das posições jurídicas dos contribuintes.

Tal componente garantística do processo ou contencioso tributário efetiva-se através dos seguintes traços essenciais:
   – O processo tributário apresenta-se como um contencioso pleno;

---

[537] Para uma noção diferente de processo (processo enquanto conjunto de documentos), cfr., no âmbito da legislação tributária, os art.ᵒˢ 26 e ss. do CPPT.

– O processo tributário apresenta-se como um contencioso de legalidade.

Vejamos em que medida.

1.1. O processo tributário como um contencioso pleno

Dizer que estamos perante um contencioso pleno significa, neste contexto, a afirmação de uma *tutela jurisdicional efetiva*, o que passa pelo cumprimento, por parte do ordenamento, de duas exigências fundamentais:

i) Em primeiro lugar, a disponibilização de meios jurisdicionais *em número suficiente*, meios esses que permitam ao que ao lesado defender-se em todas as situações em que a sua esfera jurídica se encontre afetada. Aqui se incluem quer as situações em que existe uma atuação administrativa danosa (contencioso de segundo grau ou "contencioso por ação"), quer as situações em que essa atuação, devendo existir, não existe (contencioso de primeiro grau ou "contencioso por omissão"). Neste sentido, *contencioso pleno* significa *contencioso completo*, por oposição a um contencioso lacunoso ou deficitário;

ii) Em segundo lugar, a disponibilização dos *meios certos e adequados* à resolução do litígio em causa, pois não basta a existência de muitos meios ou instrumentos processuais, sendo igualmente crucial que os mesmos se revelem aptos a tutelar os bens jurídicos e interesses subjacentes a cada relação conflitual levada ao juiz.

Vejamos melhor estes imperativos de completude e adequação.

1.1.1. A completude do contencioso e as quatro exigências constitucionais

A Constituição, a este respeito, exige – uma autêntica *imposição legiferante* – que o legislador ordinário consagre, sob pena de inconstitucionalidade, quatro tipos de meios processuais (art.º 268.º, n.º 4): (i) meios de reconhecimento de direitos ou interesses legalmente protegidos em matéria tributária; (ii) meios impugnatórios de atos lesivos; (iii) meios que obriguem a Administração a agir (determinação da prática de atos administrativos legalmente devidos); e (iv) meios cautelares adequados.

Uma análise juridicamente adequada permite abstratamente concluir que estas exigências constitucionais estão cumpridas e que, por tal motivo, os administrados / contribuintes dispõem de um arsenal processual suficientemente vasto, seja em termos de qualidade seja em termos de quantidade, para fazer valer as suas diferentes pretensões em juízo. Questão diversa – que não merecerá aqui a nossa atenção por se desviar dos propósitos de umas *Lições* – é a de saber se tais meios processuais funcionam na prática e são operativos em concreto e se a tutela efetivamente dispensada é eficaz, célere e justa.

Vejamos então, separadamente, cada uma dessas exigências e procuremos averiguar quais os meios processuais tributários que as complementam.

a) A exigência de meios de reconhecimento de direitos ou interesses

Em primeiro lugar, exige o legislador constituinte instrumentos em juízo que permitam obter o reconhecimento de direitos ou interesses legalmente protegidos em matéria tributária. Está aqui a pensar-se naquelas situações em que determinado contribuinte entende ser titular de determinada situação jurídica abstrata (direito ou interesse legalmente protegido), mas que não vê esta última convenientemente identificada ou compreendida pela Administração tributária, que não pratica os atos administrativos ou tributários consentâneos com tal situação.

Pense-se, por exemplo, na situação em que o contribuinte entende ser portador de determinado estatuto jurídico (v.g., deficiência ou grau de deficiência, situação económica difícil, unido de facto), que lhe confere uma isenção ou redução de imposto, embora a Administração entenda em sentido contrário (i. é., não existir tal estatuto) e liquide sempre o tributo em conformidade com este seu entendimento.

Nestas situações, o lesado, de modo a que a tutela da sua pretensão jurídica não seja deficitária, deve poder intentar em Tribunal uma ação de modo a obter uma sentença (de simples apreciação) na qual se efetive o reconhecimento do direito e, por tal via, vincular a Administração futuramente.

Ora, tal ação está prevista no art.º 145.º do CPPT e denomina-se "ação para reconhecimento de direitos ou interesses legalmente protegidos em matéria tributária".

A primeira exigência constitucional está, portanto, cumprida.

Uma nota mais, apenas: embora a ligeireza do exemplo acima dado não o permita concluir, deve-se observar que este meio tem sido entendido como absolutamente subsidiário em relação a todos os outros, o que significa que apenas pode ser utilizado quando constitua a última *ratio* da tutela efetivamente dispensada àquele sujeito em concreto. Por outras palavras: apenas quando os outros meios não se revelarem adequados poderá este ser utilizado.

Contudo, não aprofundaremos este ponto neste momento, pois teremos ocasião de voltar a este aspeto adiante, aquando do estudo em concreto dos meios processuais.

b) A exigência de meios de impugnação de atos lesivos
Em segundo lugar, exigem-se meios que permitam impugnar atos lesivos.

Adiantamos desde já que estamos em presença do mais significativo conjunto de ações da litigiosidade tributária e que vários são os meios que dão cumprimento a esta exigência: o processo de impugnação judicial (art.^{os} 99.º e ss. do CPPT), o "processo de derrogação do sigilo bancário" (art.º 146.º-B do CPPT), a oposição à execução fiscal (art.^{os} 203.º e ss. do CPPT), a reclamação dos atos do órgão da execução (art.º 276.º do CPPT), etc.

Nestes casos, o processo tributário apresenta-se como um processo recursivo ou de segundo grau (contencioso de anulação), na medida em que apenas se recorre a Tribunal após ter sido praticado um anterior ato lesivo por parte da Administração tributária e com o objetivo de o anular (ato de liquidação, ato de acesso a documentos bancários, ato de penhora, etc.). A entrada de um processo num Tribunal tributário apresenta-se assim, muitas vezes, não como uma ação instaurada *ex novum* pelo contribuinte, mas antes como um recurso interposto por este de um ato da Administração tributária (alegadamente) inválido.

A este propósito, refere o art.º 95.º, n.º 1, da LGT que o "interessado tem o direito de impugnar ou recorrer de *todo o ato lesivo* dos seus direitos e interesses legalmente protegidos, segundo as formas de processo prescritas na lei" (sublinhado nosso). Para estes efeitos, consideram-se lesivos, nomeadamente, os seguintes atos (administrativo-tributários) já por nós estudados e cuja referência será porventura agora melhor compreendida (art.º 95.º, n.º 2):

– A liquidação de tributos;
– A fixação de valores patrimoniais;

- A determinação da matéria tributável por métodos indiretos quando não dê lugar a liquidação;
- O indeferimento, expresso ou tácito, de reclamações, recursos ou pedidos de revisão;
- O agravamento à coleta resultante do indeferimento de uma reclamação;
- O indeferimento de pedidos de isenção ou de benefícios fiscais;
- Os atos praticados na execução fiscal.

Causa em geral necessária, então, do acesso a um Tribunal tributário será a existência de um litígio, que, por sua vez, decorre da existência de um ato administrativo ou tributário lesivo. Tal ato deverá ser atual, e não passado (porque já resolvido por acordo, em sede administrativa[538]), nem futuro ou eventual (porque ainda não foi proferida a última palavra da Administração tributária[539]).

c) A exigência de meios de determinação da prática de atos legalmente devidos

Em terceiro lugar, postula-se a exigência de meios de determinação da prática de atos legalmente devidos.

Têm-se aqui em vista as situações em que a Administração não atuou dentro de terminado prazo legalmente fixado, devendo ter atuado. Se o contencioso tributário apenas dessa guarida a atuações lesivas, nestes casos, em que a Administração não atua, a esfera jurídica do contribuinte ficaria "a descoberto" e a tutela dispensada não seria efetiva.

As coisas não são assim, contudo.

Estabelece o art.º 147.º, n.º 1 do CPPT: em caso de omissão, por parte da Administração tributária, do dever de qualquer prestação jurídica suscetível de lesar direito ou interesse legítimo em matéria tributária, poderá o interessado requerer a sua intimação para o cumprimento desse dever junto do Tribunal tributário competente.

---

[538] Cfr., por exemplo, art.º 86.º, n.º 4, *in fine* da LGT.
[539] Cfr., a propósito, art.º 54.º do CPPT, nos termos do qual "salvo quando forem imediatamente lesivos dos direitos do contribuinte ou disposição expressa em sentido diferente, *não são suscetíveis de impugnação contenciosa os atos interlocutórios do procedimento*, sem prejuízo de poder ser invocada na impugnação da decisão final qualquer ilegalidade anteriormente cometida" (sublinhado nosso).

Por exemplo, conceba-se a situação em que a Administração se recusa a efetuar a devolução, legalmente devida e perfeitamente reconhecida, de determinado tributo pago no estrangeiro por parte do sujeito passivo.

O interessado pode, através deste, meio obter desde logo o que pretende, ou seja, a vinculação da Administração a, em prazo fixado pelo Tribunal, restituir a quantia devida.

O legislador ordinário, uma vez mais, cumpriu o mandato constitucional, não incorrendo em inconstitucionalidade por omissão[540].

d) A exigência de meios cautelares adequados

Finalmente, a imposição legiferante refere-se a "meios cautelares adequados".

Dois segmentos de análise podem aqui ser vislumbrados.

Em primeiro lugar, e como se sabe, em determinadas circunstâncias (havendo fundado receio de frustração da cobrança dos créditos tributários ou de destruição ou extravio de documentos ou outros elementos necessários ao apuramento da situação tributária dos visados), o credor tributário pode adotar providências cautelares para garantia das suas pretensões jurídicas. Pode, designadamente, proceder à apreensão de bens ou documentos ou à retenção de prestações tributárias a que o contribuinte tenha legalmente direito[541].

Ora, nestes casos, exige-se que o visado possa ter ao seu dispor meios adequados de reação, meios esses que, aqui mais do que em outras situações, deverão ser muito céleres e eficazes, atenta a gravidade da ofensa (legítima ou ilegítima) ao seu património. A forma mais visível de reação encontra-se no art.º 144.º do CPPT, que determina que "as providências cautelares adotadas pela Administração tributária são impugnáveis (...) com fundamento em qualquer ilegalidade", sendo tal impugnação dirigida ao Tribunal tributário competente.

Portanto, e uma vez mais, o legislador ordinário seguiu a incumbência determinada pelo legislador constituinte e colocou ao dispor do

---

[540] Cfr., a respeito do tema, acórdãos do STA de 10 de janeiro de 2007, processo n.º 0722/06; de 07 de março de 2007, processo n.º 06/07; de 17 de fevereiro de 2016, processo n.º 0613/15, e do TCA-S de 10 de novembro de 2016, processo n.º 399/16.7BELLE.
[541] Cfr. art.º 51.º da LGT.

lesado (ou potencial, eventual, lesado) instrumentos reativos normativamente convenientes.

Mas mais do que isso: colocou ao seu dispor também a possibilidade de requerer ele próprio ao Tribunal a adoção de medidas cautelares contra a Administração (sem ser em "resposta", como acima) – pode, por exemplo, pedir que determinado ato da Administração que, supostamente, lhe venha a causar prejuízo grave e irreparável, veja a sua eficácia suspensa. Tal possibilidade está prevista no art.º 97.º, n.º 3, alínea a), do CPPT.

1.1.2. A adequação dos meios processuais

Porém, como se disse, além do cumprimento de exigências quantitativas ou de número (no sentido apontado) – exigindo-se que o legislador e o sistema consagrem meios de reação em número suficiente, sob pena de lacunosidade –, impõem-se igualmente exigências qualitativas ou de espécie, exigindo-se a consagração de meios certos, idóneos e adequados.

Aqui, o que se pretende é que para cada direito exista uma ação apropriada, que, à partida, deverá ser *aquela e nenhuma outra*, e será neste sentido que a LGT determina que "a todo o direito de impugnar corresponde o meio processual mais adequado de o fazer valer em juízo" (art.º 97.º, n.º 2). Para que tal suceda, entende-se que cada um dos meios processuais previstos deve, não apenas conter as regras de legitimidade e competência ajustadas ao tipo de partes que estão em litígio (*adequação subjetiva*, por exemplo, não desconsiderando fatores como a residência, a localização das atividades, a situação dos bens, o local da prática do facto impugnado, etc.), mas também prever modos de intervenção processual (apresentação da petição, defesa, resposta, etc.) que se mostrem congruentes com os fins a atingir (*adequação teleológica*). Também não deve ser perdida de vista a necessidade de tais meios permitirem obter uma decisão em prazo razoável (adequação temporal), o que não acontece se os meios previstos legalmente – mesmo que em número suficiente – se revelam burocráticos, excessivamente morosos, e cheios de atos inúteis.

Caso estas demandas não se revelem cumpridas, poder-se-á falar num contencioso eventualmente numeroso, mas não num contencioso pleno, por lhe faltar a qualidade da adequação. As ações e os processos previstos, mesmo que muitos, não servirão de muito.

1.2. O processo tributário como um contencioso de legalidade

Além de pleno, o contencioso tributário apresenta-se também como um contencioso no qual se vai discutir a legalidade de um ato. Ficam, deste modo, e em princípio, fora do seu âmbito de indagação as questões atinentes ao mérito e oportunidade da atuação administrativa, naqueles casos em que esta não é exclusivamente vinculada (ou seja, naqueles casos em que não estamos perante uma reserva *absoluta* de lei, no sentido já estudado).

Com efeito, nas situações em que o criador normativo confere à Administração espaços próprios de valoração [v.g., cláusulas de discricionariedade (as quais não se indentificam com meros conceitos indeterminados[542])] o Tribunal deve abster de se debruçar sobre as atuações correspondentes, na medida em que se entende que aquela goza aqui de um espaço de atuação insindicável.

Por exemplo, pense-se numa situação em que ao Secretário de Estado ou ao Ministro é atribuída legalmente a competência para reconhecimento a certas empresas multinacionais de um determinado benefício fiscal, ficando no seu "prudente juízo" a sua concessão em concreto ou não.

Este controlo de legalidade, na sua plenitude, não abrange apenas atos tributários *stricto sensu* (que são, como vimos, os atos de liquidação) – abrange qualquer ato administrativo em matéria tributária (ato lesivo, como por exemplo, reconhecimento ou não de um benefício, indeferimento de um pedido de pagamento em prestações, compensação de dívidas tributárias, despacho a ordenar a reversão de um processo de execução fiscal contra um gerente, etc.). O que difere é, posteriormente, o meio processual utilizado e, correspondentemente, as normas jurídico--processuais a aplicar. Na realidade, se estiver em causa uma liquidação (um verdadeiro e próprio ato tributário) o meio adequado de jurisdicionalmente a colocar em crise será o processo de impugnação judicial, ao passo que se estiver em causa um ato administrativo em matéria tributária que não se relacione com uma liquidação, utilizar-se-á outra forma de processo, designadamente a ação administrativa (que segue termos nos moldes do CPTA)[543].

---

[542] V. o que supra referimos em Introdução, 2.3., g) (atos vinculados e atos discricionários), particularmente no que concerne à distinção entre espaços discricionários e conceitos indeterminados.

[543] Cf. art.º 97.º, n.º 1, alínea p), do CPPT.

2. Princípios estruturantes do processo tributário

2.1. Enquadramento
Já tivemos oportunidade de nos debruçar cuidadosamente sobre alguns dos princípios que enquadram e moldam a atividade jurisdicional tributária quando fizemos referência às dimensões constitucionais desta. Então dissemos, entre outras coisas, que os Tribunais devem *ex officio*, desaplicar normas inconstitucionais (*princípio da constitucionalidade*); que são, e devem ser, em todas as ocasiões, órgãos objetiva e subjetivamente independentes (*princípio da independência*); que são os únicos órgãos com competência para dirimir litígios, proferindo a última palavra, em matéria tributária (*princípio da reserva da função jurisdicional*); e que são o órgão de salvaguarda e de garante por excelência das diversas garantias que densificam o *princípio da proteção jurídica*.

Agora, tendo presente este enquadramento constitucional, chegou o momento de analisar (brevemente) alguns dos princípios que então ficaram por analisar, observando, ainda, o seguinte:
- Alguns desses princípios já foram referidos a propósito do procedimento, não sendo de acrescentar especificidades, senão as resultantes da mudança de atores (o órgão decisor deixa de ser a Administração e passa a ser o Tribunal) – é o que se passa, designadamente, com o *princípio da proporcionalidade* ou da proibição do excesso;
- Outros princípios são já objeto de estudo exaustivo noutras sedes, nomeadamente em Direito processual civil, pelo que a sua referência exaustiva aqui seria repetitiva.

Façamos, então, uma breve referência a esses princípios.

2.2. Princípio da plenitude dos meios processuais
Já acima se mencionou esta matéria, embora não seja demais fazê-lo novamente, de modo mais abreviado.

Este é um dos corolários do direito de acesso ao Direito. Significa, numa formulação simples, que "a cada direito deve corresponder uma ação" ou, utilizando as palavras do legislador tributário, "a todo o direito de impugnar corresponde o meio processual mais adequado de o fazer valer em juízo" (art.º 97.º, n.º 2 da LGT).

Trata-se de uma das mais importantes garantias do Estado de Direito, pois de nada adiantaria consagrar ao nível substantivo posições jurídicas de vantagem aos contribuintes (sob a forma, por exemplo, de direitos subjetivos), se, posteriormente, tais posições jurídicas não fossem acompanhadas, ao nível adjetivo, de meios de tutela que as tornassem efetivas.

Como acabou de ser referido, o contencioso tributário pretende ser – e consegue sê-lo, entende-se aqui – um contencioso pleno, assegurando proteção jurídica adequada nas diferentes situações em que os atores lesados reclamam essa proteção, como sejam as situações de prática de atos intrusivos ou restritivos, ou omissões ilegais, por exemplo. Naturalmente que a escolha do meio processual juridicamente acertado não está dependente da seleção ou escolha feita pelo interessado, mas antes resulta do recorte jurídico-normativo que a cada meio é emprestado pelo criador normativo. Vale isto por dizer que a fórmula "a cada direito, uma ação" deve ser corrigida para "a cada direito, uma *determinada* ação", de resto no seguimento do que acertadamente vem alertando a jurisprudência dominante do STA[544].

2.3. Princípio da justiça (verdade material)
Trata-se, também aqui – já assim o era no procedimento –, de uma das mais importantes linhas condutoras no que diz respeito aos objetivos do processo.

Não obstante o processo se configure, numa primeira linha, como uma garantia indispensável para a tutela e proteção de posições jurídicas abstratos, não se pode deixar de reconhecer que também é um fundamental meio para atingir a verdade na tributação, não sendo de estranhar, por isso, que seja reconhecido aos juízes a possibilidade de investigar, em termos de meios e diligências, para além do que for alegado pelas partes, devendo "realizar ou ordenar todas as diligências que considerem úteis ao apuramento da verdade" (art.º 13.º, n.º 1 do CPPT).

No âmbito da tarefa judicatória de composição do litígio em concreto, o julgador deve privilegiar a justiça inerente à solução definitiva do conflito (a resolução do fundo da questão), dando-lhe prevalência sobre soluções meramente formais ou processuais. Contudo, tal não pode significar que ele faça tábua rasa das normas processuais, conduzindo o processo ao sabor de *palpitações* ou *impulsos* momentâneos e aderindo a uma "jurisprudência de interesses".

---

[544] V., por exemplo, acórdãos do STA de 16 de dezembro de 2015, processo n.º 01704/13, e de 2 de junho de 2010, processo n.º 0118/10.

2.4. Princípio da cooperação

Tal como no procedimento, também no processo, os atores estão obrigados a um dever de cooperação recíproca, dever esse que, por perpassar todo o processo, se configura como um autêntico princípio deste.

Se bem que este princípio se aplique a todos os atores processuais, sem dúvida que tem um campo de incidência mais apropriado em relação às partes no processo. Por isso refere o art.º 99.º da LGT não apenas que "os particulares estão obrigados a prestar colaboração nos termos da lei de processo civil" (n.º 2), mas igualmente que "todas as autoridades ou repartições públicas são obrigadas a prestar as informações ou remeter cópia dos documentos que o juiz entender necessários ao conhecimento do objeto do processo (n.º 3)[545].

Em matéria de sanção, prevê o art.º 104.º da LGT, no seu n.º 1 – preceito que também já supra se mencionou, aquando da análise dos procedimentos informativos– que "a Administração tributária pode ser condenada numa sanção pecuniária a quantificar de acordo com as regras sobre a litigância de má fé em caso de atuar em juízo contra o teor de informações vinculativas anteriormente prestadas aos interessados ou o seu procedimento no processo divergir do habitualmente adotado em situações idênticas", para acrescentar no seu n.º 2 que também "o sujeito passivo poderá ser condenado em multa por litigância de má fé, nos termos da lei geral".

2.5. Princípio da celeridade

Tal como o procedimento, também o processo deve ser concluído e decidido num prazo razoável. Refere, a este respeito, o art.º 97.º, n.º 1, da LGT que "o direito de impugnar ou de recorrer contenciosamente implica o direito de obter, *em prazo razoável*, uma decisão que aprecie, com força de caso julgado, a pretensão regularmente deduzida em juízo e a possibilidade da sua execução". Por seu lado, o art.º 96.º, n.º 1 do CPPT prescreve que " o processo judicial tributário tem por função a tutela plena, efetiva e *em tempo útil*, dos direitos e interesses legalmente protegidos em matéria tributária" (sublinhados nossos).

Como bem se entende, o valor *celeridade*, neste particular âmbito do processo, procura ser a âncora que assegura a viabilidade das pre-

---

[545] V. ainda art.º 13.º, n.º 2 do CPPT.

tensões, não apenas do credor tributário (Interesse público) – que assim vê limitada a possibilidade de privação do ingresso ou receita –, mas também do obrigado tributário – que verá a sua esfera jurídica restringida de um modo temporalmente mais balizado.

Para cumprir em tempo útil tais desideratos, a lei impõe ao juiz um prazo de duração máxima do processo que poderá ser de dois anos ou de 90 dias, contados "entre a data da respetiva instauração e a da decisão proferida em 1.ª instância que lhe ponha termo".

O prazo máximo de dois anos aplica-se aos seguintes processos (art.º 96.º, n.º 2 do CPPT):
- Impugnação da liquidação dos tributos;
- Impugnação da fixação da matéria tributável, quando não dê origem à liquidação de qualquer tributo;
- Impugnação do indeferimento das reclamações graciosas;
- Impugnação dos atos administrativos em matéria tributária que comportem a apreciação da legalidade do ato de liquidação;
- Impugnação do agravamento à coleta;
- Impugnação dos atos de fixação de valores patrimoniais;
- Ações para o reconhecimento de um direito ou interesse em matéria tributária;
- Recurso dos atos praticados na execução fiscal;
- Oposição à execução, embargos de terceiros e outros incidentes e a verificação e graduação de créditos;
- Recurso contencioso do indeferimento ou da revogação de benefícios fiscais, quando dependentes de reconhecimento da Administração tributária, bem como de outros atos administrativos relativos a questões tributárias que não comportem apreciação da legalidade do ato de liquidação;
- Outros meios processuais previstos na lei.

Já o prazo de 90 dias aplica-se nos seguintes casos (n.º 3):
- Impugnação das providências cautelares adotadas pela Administração tributária;
- Providências cautelares de natureza judicial;
- Meios acessórios de intimação para consulta de processos ou documentos administrativos e passagem de certidões;

– Produção antecipada de prova;
– Intimação para um comportamento.

Por outro lado, prevê o art.º 177.º do CPPT que "a extinção da execução [fiscal] verificar-se-á dentro de um ano contado da instauração, salvo causas insuperáveis, devidamente justificadas".

Não obstante, neste particular, entende a jurisprudência que a infração ao princípio da celeridade processual não integra qualquer nulidade, apenas sendo suscetível de acarretar, em abstrato, responsabilidade de carácter disciplinar[546] (e – pergunta-se – eventual direito ao ressarcimento de prejuízos decorrentes de incumprimentos temporais injustificados?).

Ainda neste âmbito, deve ser enfatizado que alguns processos, atendendo ao tipo de bens jurídicos ou interesses que subjazem ao respetivo litígio, revestem-se de *celeridade acrescida*, e têm – sempre por determinação legal – natureza necessariamente urgente, o que significa, entre outras considerações, que os seus termos correm em férias judiciais e os atos da secretaria são praticados no próprio dia com precedência sobre quaisquer outros[547]. É o que se passa, por exemplo, com os processos de impugnação das medidas cautelares (art.ᵒˢ 143.º, n.º 2, e 144.º, n.º 3, do CPPT), os recursos em matéria de derrogação do sigilo bancário pela AT (art.º 146.º – D), ou as reclamações dos atos do órgão de execução fiscal (art.º 278.º, n.º 6).

2.6. Princípio do inquisitório

Também já tivemos oportunidade de nos debruçar sobre este princípio a propósito da atividade administrativa-tributária salientando que o seu significado essencial residia na ideia de secundarização do papel da vontade das partes, enquanto princípio oposto ao do dispositivo ou da disponibilidade.

Pois bem. Aqui, no âmbito do processo tributário, o sentido não é muito diferente, significando que o Tribunal ou o juiz podem – e por vezes devem (*princípio da oficiosidade*) – praticar os atos processuais que entendam convenientes para o apuramento da verdade material.

---

[546] V. acórdão do STA de 28 de março de 1996, processo n.º 031496.
[547] Assim, art.º 36.º, n.º 2 do CPTA. Quanto aos recursos v. art.º 657.º, n.º 4, do CPC (dispensa de vistos por parte do juiz relator).

Este princípio está intimamente relacionado com os poderes de procura, seleção e valoração dos factos relevantes, não estando o julgador limitado às provas que as partes apresentarem ou requererem, podendo oficiosamente realizar toda e qualquer diligência de prova[548]. Por exemplo, num processo de execução fiscal no qual se ordena a reversão contra um responsável subsidiário, impõe-se ao Tribunal uma "investigação apurada e persistente" no sentido de saber se o património do devedor originário era ou não insuficiente à altura em que a reversão é ordenada.

Contudo, tal possibilidade há-de ser temperada com algumas fronteiras: o juiz não pode, designadamente, investigar factos não alegados pelas partes e, muito menos, servir-se deles na decisão final (a não ser que sejam factos de conhecimento oficioso – cfr. art.ᵒˢ 13.º, n.º 1, *in fine*, do CPPT e 99.º, n.º 1, da LGT), dizendo-se que vale a este propósito um princípio de correspondência entre a pronúncia e a pretensão: aquela há-de ter uma referência, ainda que tão só virtual ou implícita, a esta última.

De resto, o princípio em análise "reporta-se à prova e não à sua alegação", não podendo, por essa razão, consistir num meio para suprir insuficiências verificadas na alegação dos factos e na invocação das questões[549].

Por outro lado, o Tribunal não está obrigado a levar a averiguação de facto mais longe do que a que seja requerida para dar resposta às questões que lhe cumpre decidir, nomeadamente não tem que ordenar a produção de toda a prova requerida, mas tão-só daquela que considere relevante para estabelecer a factualidade que considere necessária à decisão a proferir[550].

Uma das consequências do princípio do inquisitório é a de que o juiz poderá incorrer em omissão de pronúncia naquelas situações em que não emite Direito em relação a questões em que o deveria ter feito. Deve salientar-se, todavia, que "questões" e "argumentos" não são a mesma realidade. O Tribunal, devendo embora "resolver todas as questões que as partes tenham submetido à sua apreciação", não está vinculado a apreciar todos os argumentos utilizados pelas partes, do

---

[548] V. acórdão do TCA-S de 29 de junho de 2004, processo n.º 01261/03. V., ainda, acórdão do TCA-N de 30 de março de 2017, processo n.º 00450/12.0BEVIS.
[549] V. acórdãos do STA de 14 de fevereiro de 2013, processo n.º 049/13 e do TCA-S de 22 de outubro de 2015, processo n.º 08843/15.
[550] V. acórdão do TCA–S de 19 de fevereiro de 2002, processo n.º 4845/01.

mesmo modo que não está impedido de, na decisão, usar considerandos por elas não produzidos[551].

2.7. Princípio do contraditório

De acordo com este princípio, as partes no processo devem ser convocadas para nele intervir, dando o seu contributo para a descoberta da verdade material, sempre que alguma questão relevante surja. Este é um instrumento privilegiado para atingir a igualdade processual entre as partes, chamando-as a pronunciar-se nos momentos nucleares.

Por exemplo, no processo de impugnação judicial, após a petição inicial apresentada pelo contribuinte – onde ele deverá, desde logo, indicar as provas necessárias –, o juiz ordena a notificação do representante da Fazenda Pública para, no prazo de 90 dias, contestar e solicitar a produção de prova adicional (art.º 110.º, n.º 1 do CPPT). Do mesmo modo, mas numa fase já mais adiantada do processo, "ordenar-se-á a notificação dos interessados para alegarem por escrito" (art.º 120.º do CPPT).

Contudo, e apesar de este princípio ser um dos mais importantes ao nível prático, mesmo a chamada das partes ao processo tem limites, pois elas não são chamadas a pronunciar-se "a propósito de tudo e de nada". Entende a jurisprudência que quando estiverem em causa decisões que exigem, tão somente, a resolução de "questões jurídicas de solução evidente", é de prescindir do contributo que podem fornecer tais opiniões das partes[552].

2.8. Princípio da aquisição processual

O princípio da aquisição processual diz-nos que o material necessário à decisão e levado ao processo por uma das partes – sejam alegações, sejam motivos de prova – pode ser tomado em conta para todos os efeitos processuais, mesmo a favor da parte contrária àquela que o aduziu.

Todo esse material, a partir do momento em que é carreado para o processo, entende-se como adquirido para este, e, por via disso, passa a pertencer à "comunidade dos sujeitos processuais"[553].

---

[551] V. acórdão do STA de 21 de setembro de 2010, processo n.º 04203/10.
[552] Cfr. acórdãos do STA de 6 de dezembro de 2000, processo n.º 024081 e do TCA-S de 28 de abril de 2016, processo n.º 09251/15.
[553] V. acórdãos do TCA–S de 8 de maiode 2003, processo n.º 00290/03, e de 27 de janeiro de 2009, processo n.º 02543/08.

2.9. Princípio da plenitude da assistência do juiz

Trata-se, este, de um princípio que se relaciona com a ideia de permanência do juiz, associada à continuidade, à memória, e à estabilidade que devem subjazer à apreciação das provas necessárias à boa decisão.

De acordo com o mesmo, e em termos simples, o juiz que assiste à produção de prova dever ser o mesmo que aplica o Direito aos factos, não se admitindo uma cisão entre "juiz de instrução" e "juiz de decisão":

Na verdade, em contencioso tributário, trata-se de uma dimensão principiológica que não assume a relevância e a importância que assume em outros âmbitos processuais – designadamente, o comum ou civilístico (*lato sensu*) – no quadro dos quais pode existir distinção entre julgamento das matérias de facto e julgamento de Direito ou, por outros termos, uma fase onde são produzidas as provas (fase de "audiência") e uma outra em que se decide (sentença). Na verdade, no processo civil, poderia não ser o mesmo juiz a estar presente nos dois momentos, não havendo contacto direto ou imediação entre o magistrado "final" e a prova (por exemplo, decorrente da audição de uma testemunha meses ou anos atrás).

Porém, em contencioso tributário, e particularmente no contexto do processo de impugnação judicial, a referida distinção tende a esbater-se, pois "as decisões sobre os factos e sobre a aplicação do Direito são tomadas em conjunto, aquando da elaboração da sentença".

Em todo o caso, a exigência tem consagração legal expressa (art.º 114.º, n.º 2, in fine, do CPPT) e deve considerar-se incontornável, sem prejuízo de pontuais dificuldades que a mesma possa suscitar (por exemplo, quando existe "desaforamento" ou a remessa de processos para prolação de sentença por equipas especiais ou extraordinárias de Magistrados)[554].

---

[554] Para proveitosos desenvolvimentos, v. acórdão do STA de 03 de julho de 2019, processo n.º 0499/04.6BECTB 01522/15.

2.10. Princípio do duplo grau de jurisdição

O princípio do *duplo grau de jurisdição* significa que o mesmo litígio, no âmbito do mesmo processo, não pode, salvo casos muito excecionais, ser objeto de mais de duas decisões por parte de dois Tribunais diferentes. Assim entendido, este princípio funciona como um limite ao direito de recorrer, na medida em que determinada sentença apenas pode ser objeto de *um recurso*, o que quer dizer que, atingido o segundo grau de jurisdição (TCA ou STA, consoante os casos), não existe mais possibilidade de recorrer.

Este princípio não se encontra taxativamente previsto numa determinada norma, resultando a sua positivação da conjugação de várias normas atributivas de competências. Como o estudo de tais normas apenas será feito adiante, por agora importa reter o que de essencial e básico apresenta o regime dos recursos (jurisdicionais) em matéria tributária.

Assim, das decisões do Tribunal tributário (primeiro grau de jurisdição) cabe recurso (que será o segundo grau de jurisdição):
– Para o Tribunal Central Administrativo (TCA – secção de contencioso tributário), quando o fundamento do recurso consistir em matéria de facto, acompanhada ou não de matéria de direito [art.º 38.º, alínea a) do ETAF]; ou
– Para o STA (também para a secção de contencioso tributário: recurso *per saltum*), quando o fundamento do recurso consistir exclusivamente em matéria de Direito [art.º 26.º, alínea b) do ETAF].

Quanto às decisões do TCA:
– Proferidas em primeiro grau de jurisdição, cabe recurso para o STA [art.º 26.º, alínea a) do ETAF];
– Proferidas em segundo grau de jurisdição, *são irrecorríveis*.

Note-se que para estes efeitos é indiferente que no segundo grau de jurisdição o Tribunal se pronuncie pela primeira vez sobre determinada questão relativa ao mesmo litígio. Entende a jurisprudência que continua a ser uma decisão proferida em segundo grau de jurisdição porque este último "não flutua ao sabor do conhecimento primário ou secundário de certa ou certa questão". Além disso, o objeto do recurso jurisdicional é a própria decisão – sentença ou acórdão – e não, diretamente, as questões nela equacionadas[555].

---

[555] Neste sentido, acórdão do STA de 26 de abril de 2007, processo n.º 0195/07.

Resta acrescentar que todas estas hipóteses estão ainda dependentes da prévia possibilidade de recurso, pois algumas decisões são irrecorríveis, pelo facto de o valor da causa não atingir a necessária alçada (*princípio da sucumbência*)[556].

3. Os atores do processo tributário

3.1. Ator e parte no processo
Para que o processo tenha lugar e se desenrole, num sentido ou em outro, com uma configuração ou com outra, é necessário que se leve a efeito toda uma série de atuações por parte de pessoas ou entidades diversas. É necessário, designadamente, que alguém apresente uma petição; que alguém conteste; que alguém apresente provas; que alguém assegure as garantias de legalidade; que alguém resolva o litígio, etc.

Ora, as pessoas ou entidades que intervêm no processo podem, de um modo geral, ser designadas por "atores processuais".

Convém, desde já, esclarecer que "ator processual" e "parte processual" não são sinónimos. A parte é a pessoa que apresenta uma determinada pretensão a Tribunal ou a pessoa contra quem tal pretensão é apresentada. Por exemplo, no processo de impugnação judicial, serão partes o impugnante (v.g., contribuinte) e a Administração tributária; no processo de execução fiscal serão a Administração tributária e o executado (contribuinte); na ação para reconhecimento de um direito ou interesse legalmente protegido em matéria tributária serão aquele que invoque a titularidade do direito ou interesse a reconhecer e a Administração tributária.

Já o ator processual será qualquer interveniente no processo, o que incluirá, além das partes, outras entidades como, por exemplo, o Ministério Público ou o próprio Tribunal.

Naturalmente que, para que tal intervenção seja possível, é necessário que se tenha legitimidade.

---

[556] Cfr. art.º s 105.º da LGT, 6.º do ETAF e 280.º, n.º 4 do CPPT.

3.2. Legitimidade para intervir no processo

3.2.1. A legitimidade em geral
Já tivemos oportunidade de nos debruçar sobre o problema da legitimidade aquando do estudo do procedimento tributário. Neste momento, parece oportuno para lá remeter – com as devidas adaptações – relembrando, todavia, que a legitimidade não é um "pressuposto", no sentido em que a sua falta não acarreta necessariamente um valor jurídico negativo[557]. Em todo o caso, a jurisprudência tem considerado que a falta de legitimidade pode ser uma exceção dilatória que, se não for sanada, impede o conhecimento do mérito da questão.

Refere o art.º 9.º, n.º 4, do CPPT que têm legitimidade para intervir no processo tributário os contribuintes, incluindo substitutos e responsáveis, outros obrigados tributários, as partes dos contratos fiscais, quaisquer outras pessoas que provem interesse legalmente protegido, o Ministério Público e o representante da Fazenda Pública. A este propósito, e numa solução relativamente à qual manifestamos algumas reservas principiológicas, tem-se entendido que, sendo acolhido constitucionalmente um modelo subjetivista, funcionalmente estruturado para a tutela jurisdicional efetiva dos direitos e interesses dos administrados (e não para tutela de bens jurídicos objetivos constitucionalmente protegidos – e aqui residem as nossas reservas e a nossa tendencial discordância), tem-se entendido, dizia-se, que apenas as pessoas ou entidades diretamente intervenientes e potencialmente lesadas nas relações subjacentes respetivas dispõem de legitimidade para intervir no processo[558].

3.2.2. As entidades com legitimidade processual tributária

3.2.2.1. Os sujeitos passivos
A respeito dos sujeitos passivos e outras pessoas equiparadas – mesmo que não sejam pessoas em sentido jurídico – já nos referimos aquando do estudo dos sujeitos procedimentais, pelo que para lá remetemos, com as necessárias adaptações.

---

[557] V., a respeito, acórdão do STA de 15 de setembro de 2010, processo n.º 0407/10.
[558] Assim, por exemplo, acórdão do STA de 17 de novembro de 2010, processo n.º 0624/10.

Devem ter-se presentes neste ponto os contornos dos conceitos de personalidade judiciária e capacidade judiciária.

A propósito da primeira, refere o CPPT, no seu art.º 3.º, n.º 1 que "a personalidade judiciária tributária resulta da personalidade tributária", o que significa, entre outras coisas, que não é atributo prévio da personalidade judiciária tributária – como o não é da personalidade tributária – a personalidade jurídica (pense-se, por exemplo, nas heranças jacentes)[559].

Já quanto à capacidade judiciária, prevê o n.º 2 do supracitado preceito que ela "tem por base e por medida a capacidade de exercício dos direitos tributários", estabelecendo-se em outros preceitos do código algumas regras especiais relativas a esta matéria, de entre as quais se podem destacar:

- Os incapazes só podem estar em juízo por intermédio dos seus representantes, ou autorizados pelo seu curador, exceto quanto aos atos que possam exercer pessoal e livremente (art.º 3.º, n.º 3);
- As sucursais, agências, delegações ou representações podem intervir no processo judicial tributário, mediante autorização expressa da administração principal, quando o facto tributário lhes respeitar (art.º 4.º);
- É obrigatória a constituição de mandatário nos tribunais tributários, nos termos previstos no CPTA (art.º 6.º, n.º 1, do CPPT);
- As entidades desprovidas de personalidade jurídica, mas que disponham de personalidade tributária – bem assim como as pessoas coletivas que não dispuserem de quem as represente – são representadas pelas pessoas que, legalmente ou de facto, efetivamente as administrem (art.º 8.º).

3.2.2.2. A Administração tributária – o representante da Fazenda Pública

Um dos atores processuais que desempenha um papel mais ativo no desenrolar dos diversos processos é o representante da Fazenda Pública.

Começa por prescrever de uma forma genérica o art.º 53.º do ETAF que "a Fazenda Pública defende os seus interesses nos tribunais tribu-

---

[559] Cfr. art.º 2.º, n.º 2 do CIRC. V. também, acórdão do STA de 2 de junho de 2004, processo n.º 01865/03.

tários através de representantes seus", para depois, de uma maneira mais densa, acrescentar o CPPT (art.º 15.º, n.º 1) que compete ao representante da Fazenda Pública nos tribunais tributários:
- Representar a Administração tributária e, nos termos da lei, quaisquer outras entidades públicas no processo judicial tributário (v.g., processo de impugnação judicial) e no processo de execução fiscal;
- Recorrer e intervir em patrocínio da Fazenda Pública na posição de recorrente ou recorrida;
- Praticar quaisquer outros atos previstos na lei.

Para exercer as suas competências, deve o representante da Fazenda Pública (RFP) "requisitar às repartições públicas os elementos de que necessitar e solicitar, nos termos da lei, aos serviços da Administração tributária as diligências necessárias" (art.º 15.º, n.º 2, do CPPT).
Por outro lado, essas competências podem-se materializar em atos de diversa natureza e em diversas fases do processo, podendo-se destacar:
- A contestação (da petição inicial), bem assim como a solicitação de produção de provas adicionais no processo de impugnação judicial[560];
- A promoção da extinção desse mesmo processo em caso de revogação do ato impugnado[561];
- O pedido do arresto de bens quando haja fundado receio da diminuição de garantia de cobrança de créditos tributáveis[562];
- O pedido do arresto de bens no âmbito do processo de execução fiscal, quando haja justo receio de insolvência ou de ocultação ou alienação de bens[563];
- O pedido do arrolamento de bens quando haja fundado receio de extravio ou de dissipação[564];
- A contestação da oposição no processo de execução fiscal[565];
- A interposição de recurso das sentenças dos Tribunais tributários de primeira instância[566].

---

[560] Cfr. art.º 110.º, n.º 1, do CPPT.
[561] V. art.º 112.º, n.º 4, do CPPT.
[562] Cfr. art.º 136.º do CPPT.
[563] Cfr. art.º 214.º do CPPT.
[564] Cfr. art.º 140.º do CPPT.
[565] V. art.º 210.º do CPPT.
[566] V. art.º 280.º, n.º 1, do CPPT.

Quem é, junto de cada Tribunal, o RFP?
Nos termos do art.º 54.º, n.º 1 do ETAF, a representação da Fazenda Pública compete:
- Nas secções de contencioso tributário do Supremo Tribunal Administrativo e dos Tribunais Centrais Administrativos, ao Diretor-geral da Autoridade Tributária e Aduaneira que pode ser representado pelos respetivos Subdiretores-gerais ou por trabalhadores em funções públicas daquela Autoridade licenciados em Direito;
- Nos Tribunais tributários, ao Diretor-geral da Autoridade Tributária e Aduaneira, que pode ser representado pelos Diretores de finanças e diretores de alfândega da respetiva área de jurisdição ou por funcionários daquela Autoridade licenciados em Direito.

Não obstante o exposto, e na decorrência do que já foi sendo dito a respeito de outros quadrantes temáticos, importa frisar que existem casos de representação de interesses tributários por entidade diversa do *Representante* que temos vindo a aludir. Assim sucede, por exemplo:
- Quando estejam em causa receitas fiscais lançadas e liquidadas pelas Autarquias locais, a representação é efetuada por licenciado em Direito ou por advogado designado para o efeito pelas mesmas[567];
- Em litígios envolvendo Institutos públicos e outras entidades, como a Caixa Geral de Depósitos, o Instituto da Vinha e do Vinho, o Instituto do Emprego e da Formação Profissional, o Instituto de Financiamento e Apoio ao Desenvolvimento da Agricultura e Pescas (IFADAP), a Administração do Porto de Lisboa (APL), etc., as respetivas competências são exercidas pelo mandatário judicial que o credor em causa designar[568];

---

[567] V. art.º 54.º, n.º 3, do ETAF.
[568] V. art.º 15.º, n.º 3, do CPPT. Quanto à insuscetibilidade de o RFP representar em Tribunal a Caixa Geral de Depósitos, v. acórdão do STA de 5 de dezembro de 2012, processo n.º 0914/12. No que respeita ao Instituto da Vinha e do Vinho, ao Instituto do Emprego e da Formação Profissional, e ao Instituto de Financiamento e Apoio ao Desenvolvimento da Agricultura e Pescas – IFADAP, v. acórdão de 6 de fevereiro de 2013, processo n.º 01155/11, e jurisprudência aí referida (e, mais recentemente, de 13 de abril de 2016, processo n.º 01068/14). Quanto à representação da APL – Administração do Porto de Lisboa, S. A., v., acórdão do STA de 16 de dezembro de 2015, processo n.º 01455/15. Por fim, defendendo a possibilidade, por parte do RFP, de representação em juízo (oposição à execução fiscal) no

– Nas situações de recurso das decisões de derrogação do sigilo bancário, a representação [*rectius*: oposição] deve considerar-se efetuada pelo próprio Diretor Geral[569].

3.2.2.3. O Ministério Público

O Ministério Público assume, sem dúvida, um papel muito mais discreto em relação ao desempenhado por outros intervenientes processuais, embora seja um papel de extrema importância e relevância, até porque é, nos termos da Constituição, o "defensor da legalidade".

Em termos de recorte normativo-constitucional, como se sabe, trata-se de uma magistratura caracterizada por um *poliformismo funcional,* significativo da ideia de que as suas atuações no plano jurídico se distribuem por diversos domínios: desde a ação penal, até à defesa da legalidade, passando pela representação do Estado, dos incapazes ou dos incertos. Todavia, apesar dessa abrangência de atuações, de um ponto de vista orgânico-funcional, caracteriza-se por uma relativa unidade organizativa, pois, salvo no caso dos Tribunais militares, o Ministério Público está estruturado uniformemente em todas as jurisdições.

No que particularmente diz respeito ao Direito tributário, historicamente, a defesa dos interesses financeiros e dominiais do Estado foi uma das primeiras atribuições do Ministério Público. Contudo, com o ETAF, autonomiza-se a representação da fazenda pública como instituição e conferem-se ao primeiro missões mais restritas de controlo da aplicação da lei por parte dos Tribunais tributários. Pode-se assim dizer que ficou desonerado de todas as situações jurídicas que o qualificariam como parte processual.

Na realidade, atualmente, refere o art.º 51.º do ETAF que "compete ao Ministério Público representar o Estado, defender a legalidade democrática e promover a realização do interesse público, exercendo, para o efeito, os poderes que a lei lhe confere". Realce-se que o referido poder de representação do Estado deve ser entendido como abrangendo exclusivamente o Estado corporizado na Administração direta, na medida em que as entidades da Administração indireta, como os Institu-

---

quadro de cobrança coerciva de portagens devidas a concessionárias (BRISA), v. acórdão do STA de 31 de maio de 2017, processo n.º 042/17 (embora advogando a defesa, não da BRISA, mas da AT).

[569] Assim, art.º 146.º-B, n.º 4, do CPPT.

tos públicos, as Autarquias locais ou as Associações públicas, gozando de personalidade jurídica própria, veem a sua representação judicial a cargo dos órgãos estatutários ou institucionais próprios[570].

De entre os restantes poderes conferidos por lei ao Ministério Público no âmbito processual tributário, podem-se destacar os de:
- Representar os ausentes, incertos e incapazes[571];
- Exercer (antes de proferida a sentença) o "direito de vista" no processo de impugnação judicial, no âmbito do qual se pode "pronunciar expressamente sobre as questões de legalidade que tenham sido suscitadas no processo ou suscitar outras nos termos das suas competências legais"[572];
- Pronunciar-se antes da decisão de qualquer incidente processual (assistência, habilitação e apoio judiciário)[573];
- Interpor recurso das sentenças dos Tribunais Tributários de primeira instância[574].

Em termos subjetivos, o Ministério Público é representado (art.º 52.º do ETAF):
- No Supremo Tribunal Administrativo, pelo Procurador-Geral da República, que pode fazer-se substituir por Procuradores-gerais--adjuntos;
- No Tribunal Central Administrativo, por Procuradores-gerais--adjuntos;

---

[570] Cfr., a respeito, acórdão do TC n.º 1/96.
[571] Cfr. art.º 14.º, n.º 1, *in fine*, do CPPT.
[572] Cfr. art.os 14.º, n.º 2, e 121.º do CPPT. Uma questão que se poderia aqui suscitar é a de saber se a solução de conferir vista ao Ministério Público apenas antes de ser proferida a "decisão final" (art.º 14.º do CPPT) não se configura como demasiado restritiva. Nomeadamente, poder-se-ia perguntar se tal vista não seria adequada para todas as questões controvertidas, ainda que não se materializem em tal carácter finalístico. Por outro lado, importa sublinhar que devem existir exceções à regra da obrigatoriedade de audição, a saber:
- Quando seja evidente o fundamento da decisão (particularmente nos casos de decisão liminar); e
- Quando o princípio da igualdade das partes processuais impede uma dupla oportunidade de pronúncia sobre o objeto do processo, o que acontece quando o Ministério Público assume a representação de uma das partes (ausentes, incapazes, incertos) ou interpõe recurso jurisdicional, adotando a veste de recorrente.

[573] Cfr. art.º 127.º, n.º 3 do CPPT.
[574] V. art.º 280.º, n.º 1 do CPPT.

– Nos Tribunais tributários (primeira instância), por Procuradores da República e por procuradores-adjuntos.

3.3. O Tribunal

3.3.1. Jurisdição tributária e competência dos Tribunais tributários. Termos da distinção

O estudo dos atores do processo tributário não ficaria completo sem a óbvia e necessária referência ao Tribunal.

Neste particular, e mais uma vez, deve ser chamado à colação o importante princípio da *reserva da função jurisdicional*, significativo da ideia de que os litígios em matéria tributária devem ser resolvidos, em última instância, por um Tribunal ou juiz (art.º 202.º da CRP).

Para que um Tribunal possa resolver uma questão tributária – ou melhor, um litígio emergente de uma questão tributária – torna-se necessário, em primeiro lugar, que estejamos perante a ordem jurisdicional correta e, em segundo lugar que, dentro de tal ordem, estejamos perante o Tribunal competente.

É certo que uma leitura apressada das coisas pode levar a uma confusão conceitual e a uma relação de sinonímia entre a noção de competência de um Tribunal e a de jurisdição. Contudo, uma análise mais atenta e juridicamente mais adequada levará obrigatoriamente a concluir em sentido diverso, pois quando falamos em jurisdição, estamo-nos a referir a um conceito tendencialmente qualitativo, ao passo que o conceito de competência nos reporta para uma realidade quantitativa.

Na realidade, a jurisdição será o poder de julgar, ao passo que a competência nada mais é do que a parcela de jurisdição de que cada Tribunal é titular.

Assim, antes de prosseguirmos, afinemos estes importantes conceitos.

a) Jurisdição

A própria jurisprudência dos Tribunais tributários pode revelar-se extremamente útil neste domínio. O TCA refere que a jurisdição fiscal (*lato sensu* = jurisdição tributária) abrangerá "todas as questões administrativas de natureza fiscal", e estas são não só (i) as resultantes de resoluções autoritárias que imponham aos cidadãos o pagamento de quaisquer prestações pecuniárias, com vista à obtenção de receitas destinadas à satisfação de encargos públicos dos respetivos entes impositores, como as que (ii) os dispensem ou isentem delas, como ainda, numa perspetiva mais abrangente, (iii) as respeitantes à interpretação e aplicação das normas de Direito fiscal"[575].

Mais precisamente, são abrangidos pela jurisdição tributária a apreciação de litígios que tenham por objeto questões relativas (art.º 4.º, n.º 1, do ETAF):
- A tutela de direitos fundamentais, bem como dos direitos e interesses legalmente protegidos dos particulares diretamente fundados em normas de direito (administrativo ou) fiscal ou decorrentes de atos jurídicos praticados ao abrigo de disposições de direito administrativo ou fiscal;
- A fiscalização da legalidade das normas e demais atos jurídicos emanados por pessoas coletivas de direito público ao abrigo de disposições de direito (administrativo ou) fiscal, bem como a verificação da invalidade de quaisquer contratos que diretamente resulte da invalidade do ato administrativo no qual se fundou a respetiva celebração;
- A fiscalização da legalidade de atos materialmente administrativos, praticados por quaisquer órgãos do Estado ou das Regiões autónomas, ainda que não pertençam à Administração Pública;
- A fiscalização da legalidade das normas e demais atos jurídicos praticados por sujeitos privados, designadamente concessionários, no exercício de poderes administrativos;
- A execução das sentenças proferidas pela jurisdição administrativa e fiscal.

Por outro lado, está, nomeadamente, excluída do âmbito da jurisdição administrativa e fiscal a apreciação de litígios que tenham por objeto a impugnação de (art.º 4.º, n.ºs 3 e 4 do ETAF):
- Atos praticados no exercício da função política e legislativa;
- Decisões jurisdicionais proferidas por Tribunais não integrados na jurisdição administrativa e fiscal;
- Atos relativos ao inquérito e instrução criminais, ao exercício da ação penal e à execução das respetivas decisões.

---

[575] V. acórdão do TC n.º 372/94, e do TCA–S de 19 de janeiro de 1999, processo n.º 64019

II. O PROCESSO TRIBUTÁRIO

Em termos estruturais[576], consagra-se um esquema piramidal, de acordo com o qual, no âmbito do patamar de base vale a *regra da segregação*, existindo de um lado, Tribunais administrativos de círculo e, do outro, Tribunais tributários. Porém, já nos dois patamares superiores consagrou-se a *regra da agregação*, existindo, em cada um deles, Tribunais que são simultaneamente tributários e administrativos, com uma secção para cada uma das áreas. Em consonância com tudo isto, pode-se dizer que fazem parte da jurisdição administrativa e tributária – em contraposição à jurisdição cível, criminal, marítima, etc.– (ou seja, são "Tribunais administrativos e fiscais" – art.º 8.º do ETAF) os seguintes:

- Os Tribunais tributários e os Tribunais administrativos de círculo (v. art.ºs 45.º e ss. ETAF), sendo que – no que particularmente aqui interessa – os primeiros podem ser desdobrados em juízos especializados, quando o volume ou a complexidade do serviço o justifiquem. Assim, podem ser criados juízos de grande, média ou pequena instância tributária, os quais, em termos gerais, decidirão respetivamente dos litígios de elevado, médio ou pequeno valor (consoante este ultrapasse 10 vezes, 2 vezes, ou não ultrapasse, o valor da alçada dos Tribunais da Relação)[577];
- O Tribunal Central Administrativo – TCA (v. art.ºs 31.º e ss. do ETAF);
- O Supremo Tribunal Administrativo – STA (v. art.ºs 11.º e ss. do ETAF).

Como se adiantou, o TCA encontra-se estruturalmente dividido em duas secções: a secção de contencioso administrativo e a secção de contencioso tributário (art.º 32.º, n.º 1 do ETAF), podendo cada uma destas secções dividir-se em sub- secções (n.º 2). Já o STA funciona por secções e em plenário (art.º 12.º, n.º 1 do ETAF), sendo as secções as de contencioso administrativo e de contencioso tributário, que funcionam em formação de três juízes ou em pleno (n.º 2)[578].

---

[576] V., a respeito, o nosso *Modelos jurisdicionais tributários – uma abordagem de direito comparado*, in *Scientia Jurídica*, Tomo LXII – N.º 332 – Maio-agosto de 2013;

[577] Assim, art.ºs 9.º, 9.º-A e 49.º-A do ETAF.

[578] Quanto à sede e área de jurisdição dos Tribunais referidos, cfr. DL 325/2003, disponível em http://dre.pt.

***

Em termos de composição ou formação, a regra é a de que os Tribunais tributários funcionam com *juiz singular*[579]. Esta regra apenas poderá ser excecionada, tanto quanto conseguimos captar, nas seguintes situações:

i) Quando o Tribunal está desdobrado e funciona em juízo de grande ou média instância[580];

ii) Quando se coloque uma questão de Direito nova que suscite dificuldades sérias e se possa vir a colocar noutros litígios, caso em que o presidente do Tribunal pode determinar que o julgamento se faça com a intervenção de todos os juízes do Tribunal, sendo o quórum de dois terços[581].

b) Competência

Contudo, para que uma lide possa ser julgada, é necessário que estejamos, não só perante a ordem de Tribunais adequada, mas que estejamos também, dentro desta, perante o Tribunal competente. Utilizando mais uma vez a jurisprudência do TCA, podemos dizer que competência dos Tribunais equivale aos limites dentro dos quais cada Tribunal pode exercer a função jurisdicional – é o modo como entre todos os Tribunais se reparte e divide o poder jurisdicional[582].

Todavia, a competência de um Tribunal é uma realidade complexa que pode ser aferida em função de vários critérios. Assim, falamos em competência interna e em competência internacional e, dentro da primeira, em competência interna em razão da matéria, em razão da hierarquia, em razão do território e em razão do valor. Por razões de comodidade didática, vamo-nos debruçar apenas sobre a competência interna e vamos analisar sucessivamente cada um dos seus fatores aferidores.

Antes, porém, convém chamar a atenção para o facto de que esta competência dos Tribunais da jurisdição administrativa e fiscal "fixa-se no momento da propositura da causa, sendo irrelevantes as modificações de facto e de direito que ocorram posteriormente" (art.º 5.º,

---

[579] V. art.º 46.º, n.º 1 do ETAF.
[580] Cfr. art.º 49.º-A, n.º 4, *a contrario*, do ETAF.
[581] Cfr. art.º 46.º, n.º 2 do ETAF.
[582] V. acórdão do TCA–S de 19 de janeiro de 1999, processo n.º 64019.

n.º 1 do ETAF). A fixação é feita por lei e deve ter em atenção o *princípio da conveniência material*, significativo da ideia de que o legislador deve procurar "adaptar o órgão à função, assegurando a idoneidade funcional do juiz, através de uma relação de pertinência o mais apropriada possível entre ele e a matéria da causa de que deve conhecer"[583].

3.3.2. A competência dos Tribunais tributários

3.3.2.1. Competência em razão da matéria

Se bem que já saibamos que os Tribunais tributários são competentes para apreciar "todas as questões administrativas de natureza fiscal", importa precisar o que por tal se deve entender, e o estudo mais aprofundado das competências dos Tribunais tributários (aqui podemos dizer: de primeira instância) pode revelar-se bastante útil.

Tais Tribunais são competentes para conhecer, nomeadamente (art.º 49.º do ETAF), das *ações* para reconhecimento de direitos ou interesses legalmente protegidos em matéria tributária[584], dos *pedidos* de declaração de ilegalidade de normas administrativas em matéria fiscal de âmbito regional ou local e ainda de vários *recursos*, como os:
- Recursos de atos liquidação de tributos (incluindo o indeferimento das reclamações a eles respeitantes);
- Recursos de atos de fixação de valores patrimoniais e de determinação da matéria tributável (quando suscetíveis de impugnação judicial autónoma); e
- Recursos de atos praticados no processo de execução fiscal.

Ações, *pedidos* e *recursos* são assim, pedagogicamente falando, as palavras-chave quando se trata de procurar recortar o domínio competencial material dos Tribunais tributários.

Mais problemática poderá ser a questão de saber se o referido artigo 49.º do ETAF se pode configurar como uma regra de competência genérica "a favor" dos Tribunais tributários ou, pelo contrário, se é uma

---

[583] Cfr. acórdão do Tribunal de conflitos de 18 de dezembro de 2003 processo n.º 02/03.
[584] Aqui, apesar de o ETAF apenas se referir aos "direitos ou interesses legalmente protegidos em matéria fiscal", será de entender que se quererá abranger todos os direitos ou interesses legalmente protegidos em matéria tributária, uma vez que uma interpretação sintonizada com o art.º 145.º (entre outros) do CPPT assim o impõe.

regra de competência específica, recortada dentro do âmbito mais vasto da competência atribuída aos Tribunais administrativos e fiscais; neste último caso, a referida competência genérica – "a favor" dos Tribunais administrativos de círculo (TAC's) – estaria prevista no art.º 44.º, do mesmo ETAF. A questão é relevante do ponto de vista prático, na medida em que podem surgir litígios em matéria fiscal que não constem do elenco legal tipificado no art.º 49.º, como por exemplo, os dissídios decorrentes de responsabilidade civil no âmbito de procedimentos ou processos tributários. O STA inclinou-se, não unanimemente, no sentido da natureza material específica do preceito, advogando que tudo o que nele não se incluísse, seria abarcado pela competência dos TAC's, numa solução que juridicamente se aceita, mas que entendemos que poderia ser reponderada[585].

3.3.2.2. Competência em razão do território
Trata-se aqui de saber *onde* é que uma determinada ação deve ser intentada, e o CPPT (art.º 12.º) determina a regra de que a competência territorial do Tribunal tributário se afere (i) em função da área do serviço periférico local (e.g., serviço de finanças)[586] onde se praticou o ato objeto de impugnação – por exemplo, nos casos de processos de impugnação judicial ou de recurso contencioso *stricto sensu* –, ou (ii) do domicílio ou sede do executado, nos casos da execução fiscal.

3.3.2.3. Competência em razão da hierarquia
Aqui, indaga-se como se procede à distribuição legal da competência entre os vários Tribunais desta jurisdição, devendo-se sucessivamente distinguir – em função da matéria que é objeto do processo, do tipo de ato ou da categoria da autoridade que o praticou – os Tribunais tributários, o TCA e o STA (secções de contencioso tributário).

Assim, quanto aos primeiros, compete-lhes conhecer, como Tribunal de ingresso, todas as questões jurídico-tributárias relativamente às quais a competência não esteja reservada nem ao TCA nem ao STA.

---

[585] Cf. acórdão do STA de 9 de maio de 2012, processo n.º 0862/11 e declarações de voto anexas.

[586] Acerca da noção de serviço periférico local e de serviço periférico regional, v. art.º 6.º do diploma de aprovação do CPPT (DL 433/99, de 26 de outubro) e quanto às regras de determinação do serviço periférico local competente, v. o que dissemos *supra* acerca da competência territorial da Administração tributária.

Por sua vez, o TCA (Secção de contencioso tributário) pode conhecer questões quer em primeiro grau de jurisdição, quer em sede de recurso (art.º 38.º, n.º 1 do ETAF):
- Quanto às primeiras, ganham relevo os recursos dos atos administrativos praticados por membros do Governo respeitantes a questões fiscais[587] e os pedidos de declaração de ilegalidade de normas administrativas em matéria fiscal de âmbito nacional;
- Já quanto às segundas, a referência deve ser feita aos recursos das decisões Tribunais tributários (salvo, naturalmente, os casos de recurso *per saltum* diretamente do Tribunal tributário para o STA, nos casos em que o fundamento do recurso seja exclusivamente matéria de direito).

Por fim, quanto ao STA, devem ser distinguidas as suas competências em sede de plenário e em sede de secção de contencioso tributário (pleno ou formação de 3 juízes). Assim, de um modo muito simplificado:
- O Plenário – que é composto pelo Presidente, pelos vice-presidentes e pelos três juízes mais antigos de cada uma das secções (art.º 28.º do ETAF) – é competente para conhecer dos conflitos de jurisdição entre Tribunais administrativos de círculo e Tribunais tributários ou entre as secções de Contencioso Administrativo e de Contencioso Tributário (art.º 29.º do ETAF);

---

[587] Pela sua importância, transcrevemos um excerto de uma decisão do TCA-S de 11 de novembro de 2003, processo n.º 00606/03.: "Porque o ato recorrido foi praticado pelo Subdiretor-Geral dos Impostos, o qual não é membro do Governo, a competência em razão da hierarquia para conhecer do recurso também não é deste Tribunal Central Administrativo. Note-se que membros do Governo são, de acordo com o art.º 183.º n.º 1 da Constituição da República Portuguesa [na versão de então], são o Primeiro Ministro, os Ministros, os Secretários e os Subsecretários de Estado. É certo que, como realça a Recorrente, o ato recorrido foi praticado no uso de poderes delegados pelo Ministro das Finanças que, inquestionavelmente, é membro do Governo. Não significa isso, no entanto e contrariamente ao que pretende a Recorrente, que a competência seja deste Tribunal Central Administrativo. Na verdade, nos termos do disposto no art.º 7.º do ETAF [de então], «A competência para o conhecimento dos recursos contenciosos é determinada pela categoria da entidade que tiver praticado o ato recorrido, ainda que no uso de delegação de poderes». Assim, não cabendo a competência para conhecer do recurso nem ao Supremo Tribunal Administrativo nem ao Tribunal Central Administrativo, a mesma está cometida aos tribunais tributários de 1.ª instância".

- O Pleno da Secção de contencioso tributário (art.º 27.º do ETAF) é hierarquicamente competente para conhecer, entre outros, dos recursos de acórdãos proferidos pela Secção em primeiro grau de jurisdição e dos recursos para uniformização de jurisprudência;
- Finalmente, a Secção de contencioso tributário em formação "normal", é competente para conhecer, (art.º 26.º do ETAF):
  • em primeiro grau de jurisdição, dos recursos dos atos administrativos praticados pelo Conselho de Ministros em matéria fiscal e dos conflitos de competência entre tribunais tributários, e
  • em segundo grau de jurisdição, nomeadamente, dos recursos das decisões do TCA proferidas em primeiro grau de jurisdição e dos recursos das decisões dos tribunais tributários com exclusivo fundamento em matéria de direito.

3.3.2.4. Competência em razão do valor

Como será compreensível, alguns Tribunais (principalmente os superiores) não poderão apreciar todos os tipos de questões jurídico-tributárias que lhes sejam apresentadas para resolução. Por razões de justiça e de celeridade, ficarão de fora as denominadas "bagatelas jurídicas", isto é, questões que, por causa do seu diminuto valor económico e aparente insignificância jurídica, não devem ser levadas a determinado Tribunal, sob pena de os órgãos jurisdicionais serem enxameados com todo o tipo de pequenezas que os atolarão em trabalho e retirarão tempo para a resolução de outras questões, essas sim, bastante mais relevantes. Em consequência, os Tribunais superiores apenas apreciarão questões cujo valor assuma uma determinada relevância económica, fixada de acordo com os critérios discricionários do legislador.

Além disso, em determinados tipos de processo – pense-se, por exemplo, no processo civil ou administrativo – a forma que este virá a revestir (v.g., ordinária, sumária ou sumaríssima) também depende, em larga medida, do valor da causa.

Por estes motivos fixa-se uma *alçada*.

Ora, na medida em que em processo tributário *stricto sensu* não se distinguem formas processuais em razão do valor, essa alçada será relevante apenas para outros fins, a saber:
i) Para efeitos de obrigatoriedade de constituição de advogado[588];

---

[588] V. art.º 6.º, n.º 1, do CPPT.

ii) Para efeitos de fixação de custas;
iii) Para efeitos de apreciação da questão por um Tribunal superior, ou seja, para fins de recurso.

Neste último sentido, pode-se afirmar que a alçada de um Tribunal tributário será o valor a partir do qual se pode recorrer da decisão desse Tribunal ou, dito de outra forma, o valor máximo da causa que um determinado Tribunal tributário conhece sem possibilidade de recurso ordinário, sendo relevante para estes efeitos a lei em vigor ao tempo em que seja instaurada a ação (art.º 6.º, n.º 6 do ETAF).

Para a determinação do valor da causa, valem as regras constantes do art.º 97.º-A do CPPT, a saber:
- Quando seja impugnada a liquidação, o da importância cuja anulação se pretende;
- Quando se impugne o ato de fixação da matéria coletável, o valor contestado;
- Quando se impugne o ato de fixação dos valores patrimoniais, o valor contestado;
- No recurso contencioso do indeferimento total ou parcial ou da revogação de isenções ou outros benefícios fiscais, o do valor da isenção ou benefício.;
- No contencioso associado à execução fiscal, o valor correspondente ao montante da dívida exequenda ou da parte restante, quando haja anulação parcial, exceto nos casos de compensação, penhora ou venda de bens ou direitos, em que corresponde ao valor dos mesmos, se inferior.

Quando haja apensação de impugnações ou execuções, o valor é o correspondente à soma dos pedidos.

***

Neste particular, começa por referir o art.º 6.º do ETAF, no seu n.º 1, que "os tribunais da jurisdição administrativa e fiscal têm alçada". Esta referência, aparentemente óbvia, merece saliência em virtude do facto de o anterior ETAF prever exatamente a regra oposta, isto é a regra de que os Tribunais desta ordem não teriam qualquer alçada.

Tal alçada é calculada a partir do valor que está previamente estabelecido para os Tribunais judiciais de 1.ª instância, embora alguma inabilidade do legislador se tenha revelado aqui como fator de especial incerteza, pois acabou por deixar permanecer no ordenamento jurídico duas normas de teor literal e alcance contraditórios e excludentes entre si:
- Por um lado, o art.º 6.º, n.º 2, do ETAF (diploma já revisto e inalterado neste particular) prescreve que a alçada dos Tribunais tributários (primeira instância) corresponde a um quarto da que se encontra estabelecida para os Tribunais judiciais de 1.ª instância. Ora, sendo a alçada destes no valor de € 5000, fácil se torna concluir que a alçada dos Tribunais tributários, caso se aplicasse esta norma, seria de € 1250;
- Por outro lado, o art.º 105.º da LGT estabelece que "A alçada dos tribunais tributários corresponde àquela que se encontra estabelecida para os tribunais judiciais de 1.ª instância", de onde decorre que o valor aqui em consideração seria substancialmente superior (€ 5000).

Neste particular, tem entendido a jurisprudência que, com a entrada em vigor da Lei n.º 82-B/2014, ocorreu a revogação tácita da norma contida no n.º 2 do artigo 6.º do ETAF, e a circunstância de o ETAF ter sido republicado em 2015 não significará que esse artigo 6.º "tenha visto a sua vigência reestabelecida"[589]. Em conformidade, começa a ser pacífico o entendimento de que o valor a considerar para efeitos de alçada dos Tribunais tributários (primeira instância) é € 5 000. De todo o modo, a insegurança aplicativa era desnecessária.

A partir do exposto, e procurando simplificar esta matéria, pode estabelecer-se o seguinte apontamento conclusivo e sumariado[590]:

---

[589] Cfr. acórdãos do STA de 24 de fevereiro de 2016, processo n.º 01291/15 e de 05 de julho de 2017, processo n.º 0445/17.

[590] Importa igualmente referir que a alçada do Tribunal Central Administrativo corresponde à que se encontra estabelecida para os Tribunais de relação e, nos processos em que exerçam competências de 1.ª instância, a alçada do Tribunal Central Administrativo e do Supremo Tribunal Administrativo corresponde, para cada uma das suas secções, respetivamente, à dos Tribunais Administrativos de Círculo e à dos Tribunais Tributários (art.º 6.º, n.º 5 do ETAF). A alçada dos tribunais administrativos de círculo corresponde àquela que se encontra estabelecida para os tribunais judiciais de 1.ª instância (art.º 6.º, n.º 3 do ETAF).

– Causas de valor igual ou inferior a € 5000 são insuscetíveis de recurso para Tribunal superior;
– Causas de valor superior a € 5000 são suscetíveis de recurso para Tribunal superior.

3.3.3. A incompetência dos Tribunais tributários

A violação das regras e critérios aferidores de competência determina, claro está, a incompetência do Tribunal em questão.

Tal será o caso, por exemplo, do processo de impugnação judicial instaurado junto do TCA ou do Tribunal tributário não pertencente à área geográfica do serviço periférico local da prática do ato impugnado, ou ainda da submissão da resolução de um conflito de jurisdição a um Tribunal tributário (primeira instância).

A constatação da incompetência, como se compreenderá, obstará a que o Tribunal incompetente tome conhecimento do mérito da questão. Poderá não implicar, contudo, uma cega recusa em conhecer as peças processuais que já foram entretanto produzidas, sendo de lembrar aqui o que dissemos acerca do princípio da economia dos atos processuais, devendo-se evitar a repetição de atos que possam, eventualmente, ser aproveitados. Por isso, as consequências da incompetência poderão ser várias, para o que se torna útil classificar – como, de resto o próprio legislador fez – a classificação em "graus", consoante a gravidade da falta em causa.

Neste sentido, distingue-se a incompetência absoluta e a incompetência relativa.

3.3.3.1. Incompetência absoluta

Um Tribunal tributário será absolutamente incompetente quando sejam violadas as regras fixadoras da competência em razão da matéria e em razão da hierarquia (art.º 16.º, n.º 1 do CPPT).

Em tais casos, a incompetência deve ser conhecida *ex officio* pelo próprio Tribunal (art.º 16.º, n.º 2 do CPPT). Assim, por exemplo, se uma determinada ação é interposta no Tribunal tributário quando o deveria ser no Tribunal Administrativo de Círculo – caso em que existe uma violação das regras fixadoras da competência em razão da matéria – ou um determinado recurso é interposto para o TCA quando o deveria ser para o STA (porque o respetivo fundamento versa exclusivamente sobre matéria de Direito ou porque o ato administrativo em matéria fiscal em causa foi praticado por um membro do Conselho de Ministros) – casos em que existe uma violação das regras fixadoras da competência em razão da hierarquia – o Tribunal perante o qual a questão é suscitada tem o dever oficioso de levantar a questão da incompetência e daí retirar as devidas ilações. Não se trata, como está bom de ver, de um poder que esteja nas mãos desse Tribunal, que ele possa ou não exercer, mas antes de um verdadeiro *dever* de conhecimento, estando a tal obrigado. De resto, a não apreciação da competência do Tribunal – quando ele a tal está obrigado – é causa de nulidade da sentença, nos termos do artigo 125.º do CPPT.

Os outros atores processuais (os "interessados", como por exemplo os sujeitos passivos de imposto, o Ministério Público e o Representante da Fazenda Pública) não estando vinculados a este dever – o que pode levantar alguma perplexidade no que diz respeito ao Ministério Público, em face das incumbências que lhe estão constitucional e legalmente atribuídas (designadamente, a defesa da legalidade democrática e a promoção da realização do Interesse público) – têm, contudo, o poder de dar a conhecer, arguindo ou suscitando, este tipo de incompetência. Podem fazê-lo até ao trânsito em julgado da decisão final.

Tomando o Tribunal conhecimento da incompetência absoluta, de modo oficioso ou de modo provocado, deve ele, com prioridade sobre qualquer outra questão, declará-la.

3.3.3.2. Incompetência relativa
Por outro lado, um Tribunal tributário será relativamente incompetente quando sejam violadas as regras fixadoras da competência em razão do território (art.º 17.º, n.º 1 do CPPT).

Esta incompetência relativa é de conhecimento oficioso, podendo em regra ser arguida ou conhecida até à prolação da sentença em 1.ª instância (art.º 17.º, n.º 2).

No processo de execução fiscal, a incompetência territorial do órgão de execução só pode ser arguida ou conhecida oficiosamente até findar o prazo para a oposição, implicando a remessa oficiosa do processo para o serviço considerado competente, no prazo de 48 horas, notificando-se o executado.

Para além disso, a decisão judicial de incompetência implica a remessa oficiosa do processo, por via eletrónica, ao tribunal tributário ou administrativo competente, no prazo de 48 horas[591].

4. O objeto do processo tributário (remissão)

Já a respeito do procedimento foi referida a questão do respetivo objeto[592]. Salientou-se nessa altura que o termo ou enunciado linguístico "objeto" poderia ser entendido num duplo sentido, de objeto jurídico (enquanto questão jurídica principal sujeita a apreciação e decisão) ou material (a omissão ou o ato sobre o qual incidem essa apreciação e decisão). Ora, em termos de processo, a abordagem não será significativamente distinta, valendo uma ideia de aproveitabilidade das noções então expostas, sem embargo de algumas notas poderem ser salientadas:
  i) A "questão jurídica" no âmbito do processo assume natureza eminentemente conflitual, na medida em que se pressupõe sempre que a convocação do Tribunal é efetuada no sentido de solucionar um dissídio, uma oposição de vontades ou um conflito de pretensões;
  ii) Nesse suposto sentido, a CRP prescreve que compete aos Tribunais administrativos e fiscais o julgamento das ações e recursos contenciosos que "tenham por objeto" – quererá dizer "por objetivo" ou "por finalidade"? – dirimir os litígios emergentes das relações jurídicas administrativas e fiscais[593].

Assim sendo, o objeto jurídico do processo tributário poderá ser, por exemplo, a legalidade de determinado ato de liquidação, de determinado ato de acesso a informações ou documentos bancários ou de determinada avaliação. Tal objeto, também aqui, é fixado a partir das peças apresentadas pelas partes, particularmente pela petição inicial apresentada pelo autor, onde se individualiza o respetivo pedido – o qual pode ser ampliado[594] – e causa de pedir. Porém, e em abono dos propósitos

---

[591] Cf. art.º 18.º, n.º 1, do CPPT.
[592] Cfr. supra, I, 2.1., b).
[593] Assim, art.º 212.º, n.º 3, da CRP.
[594] A respeito do tema da ampliação do pedido em matéria tributária, v., por exemplo, acórdão do STA de 15 de maio de 2013, processo n.º 01476/12. Aí se refere que em processo de impugnação judicial é admissível a ampliação do pedido e da causa de pedir, nos termos do disposto no artigo 63.º do CPTA, ex vi do artigo 2.º, alínea e), do CPPT, sempre que se

de rigor conceitual que devem sempre nortear o discurso jurídico, cumpre precisar que nem sempre o objeto processual cognoscível se reduz à apreciação da questão jurídica apresentada pelas partes nos respetivos meios petitórios. Basta pensar que o juiz é igualmente convocado a aferir a verificação ou não dos denominados pressupostos processuais (v.g., competência, legitimidade) ou a decidir questões prévias, de modo que, na verdade, só uma parte restrita do objeto do processo se identifica com o litígio subjacente em causa.

5. O formalismo processual

5.1. As fases do processo, em geral

Tal como sucede em relação ao procedimento, também em relação ao processo é possível identificar um conjunto de fases típicas que, com maiores ou menores desvios, se verificam em qualquer tramitação que decorra em Tribunal. Convém salientar que não estamos ainda a estudar a tramitação relativa a um determinado meio processual em particular, mas aquela que, tendencialmente, se verifica em todos eles.

Assim, e como já é sabido de outras sedes, qualquer processo terá, em princípio, as seguintes fases:
- Iniciativa, que normalmente está a cargo do sujeito passivo/contribuinte (como sucede, por exemplo, no processo de impugnação judicial, ou na oposição à execução fiscal);
- Resposta da contraparte, mediante contestação (designadamente por parte da Fazenda Pública);
- Instrução, onde são carreados para o processo os elementos de prova;
- Alegações;
- Vista ao Ministério Público; e
- Sentença.

Será conveniente alterar para a circunstância de que, não obstante se estar em presença de processos, de natureza indubitavelmente juris-

---

verifiquem factos supervenientes para o impugnante que lhe proporcionem a tomada de conhecimento de vícios de que não podia conhecer no momento da apresentação da petição inicial.

dicional, e que conduzirão, também indubitavelmente, a decisões da mesma natureza, tal não significa que todos os atos inseridos nas fases mencionadas devam ser praticados em Tribunal. A entrega da petição inicial constitui um bom exemplo do que acaba de ser dito, pois, na realidade, existem casos em que a mesma deve obrigatoriamente ser entregue em tribunal (por exemplo, recurso de medidas cautelares administrativas ou recurso de atos de derrogação do sigilo bancário[595]); casos em que deve obrigatoriamente ser entregue na AT (no serviço de finanças, como sucede com a oposição à execução ou a reclamação dos atos do órgão de execução[596]); e casos de possibilidade de escolha ente um e outro dos locais (como acontece no processo de impugnação judicial[597]). Se existe fundamento para tal diversidade de regimes, é questão que não deve ser aqui tratada...

Este é, recorde-se, um quadro geral das referidas fases. Maiores e necessários desenvolvimentos serão efetuados aquando do estudo de cada meio processual em particular. Por agora, importa averiguar quais as consequências jurídicas do incumprimento deste formalismo, o que faremos no apartado seguinte.

Antes disso, porém, será conveniente chamar a atenção para um aspeto de regime introduzido recentemente no ordenamento jurídico-tributário português, que se prende com a finalidade de evitar a dispersão de meios jurisdicionais. Permite o novo art.º 105.º, n.º 1, do CPPT que nos casos em que, num mesmo Tribunal, sejam intentados mais de 10 processos (ou interpostos recursos de decisões relativas a mais de 10 processos), seja dado andamento apenas a um deles e se suspenda a tramitação dos demais. Para que tal aconteça, torna-se indispensável que sejam todos respeitantes ao mesmo tributo, se arguam os mesmos vícios, e haja possibilidade de a decisão ser efetuada com base na aplicação das mesmas normas a situações de facto do mesmo tipo.

5.2. As nulidades processuais

Os desvios do formalismo processual efetivamente seguido em relação ao formalismo processual prescrito na lei constituem, quando a lei o

---

[595] Cf., respetivamente, art.ºˢ 144.º, n.º 2, e 146.º-B, n.º 1, do CPPT.
[596] Cf., respetivamente, art.ºˢ 207.º, n.º 1, e 277.º, n.º 2, do CPPT
[597] Cf. art.º 103.º, n.º 1, do CPPT.

declare ou quando possa influir no exame ou na decisão da causa, uma nulidade processual[598]. De um modo mais específico, pode afirmar-se que para que exista uma nulidade processual é necessário que se verifiquem dois requisitos cumulativos:
  i) Um desvio em relação à tramitação prevista na lei, seja por via da prática de um ato que a lei não admita, seja por via da omissão de um ato ou de uma formalidade que a lei exija;
  ii) Que haja um nexo de influência entre a irregularidade cometida e a boa decisão da causa.

Este segundo requisito revela-se de suma importância, pois mediante a sua verificação, atesta-se da real gravidade ou não de determinado afastamento em relação ao previsto na lei, desvalorizando-se as situações em que, não obstante um desvio, ele não é suficientemente significativo para o culminar com o regime da invalidade mais intensa. Por exemplo, a falta de produção de prova (v.g., inquirição de testemunhas) pode não constituir nulidade alguma, na medida em que incumbe ao juiz avaliar se já tem ao seu dispor todos os elementos relevantes para decidir e se pode conhecer de imediato do pedido, sem que haja produção instrutória suplementar[599].

Refira-se que algumas nulidades são de tal modo graves que o próprio legislador as considera insanáveis, podendo ser oficiosamente conhecidas ou deduzidas a todo o tempo, até ao trânsito em julgado da decisão final[600]. Tal verifica-se nos seguintes casos[601]:
  – Ineptidão da petição inicial;
  – Falta de informações oficiais referentes a questões de conhecimento oficioso no processo;
  – Falta de notificação do despacho que admitir o recurso aos interessados, se estes não alegarem.

Além disso, a verificação da nulidade tem por efeito a invalidação dos termos subsequentes do processo que dela dependam absoluta-

---

[598] Cfr., a propósito, art.º 195.º do CPC.
[599] Cfr. art.º 113.º do CPPT.
[600] V. art.º 98.º, n.º 2, do CPPT.
[601] V. art.º 98.º, n.º 1, do CPPT.

mente, embora se deva, em obediência a uma ideia de aproveitabilidade e economicidade dos atos, aproveitar as peças úteis ao apuramento dos factos[602].

No que diz respeito ao modo de arguição, duas hipóteses abstratas se podem referir: por um lado, mediante reclamação dirigida ao próprio Tribunal *a quo*[603], ou, por outro lado, por via do recurso da decisão final, solução à qual maioritariamente tem o STA aderido[604].

Por fim, no culminar do tratamento deste tópico, cabe salientar que as nulidades processuais propriamente ditas (tramitacionais) não se confundem com as nulidades das decisões que vierem a ser proferidas no processo, respeitando as primeiras a vícios da tramitação e as segundas a vícios da própria sentença (por exemplo)[605].

6. Os meios processuais (contencioso tributário)

6.1. Introdução

6.1.1. Âmbito do contencioso tributário. Sequência

São vários os meios processuais colocados ao dispor dos sujeitos da relação tributária para assegurar a efetivação das posições jurídicas subjetivas (*maxime* direitos subjetivos) desta emergentes.

Pode-se a este respeito afirmar que a escolha ou distinção de tais meios deve ser feita em função da finalidade que se pretende atingir, podendo ser encontradas formas processuais que visam a anulação de atos tributários, a execução do património de devedores de prestações tributárias, o acautelamento de condutas de dissipação patrimonial, a derrogação de regras de sigilo bancário, a impugnação de providências cautelares adotadas pela Administração tributária, etc. Contudo, e apesar de o arsenal processual tributário ser aparentemente extenso, acaba

---

[602] Assim, art.º 98.º, n.º 3, do CPPT.
[603] Cfr. 196.º do CPC, subsidiariamente aplicável por via do art.º 2.º do CPPT.
[604] V. acórdãos do TCA-S de 19 de outubro de 2004, processo n.º 07203/02, e de 29 de junho de 2010, processo n.º 4080/10.
[605] V., por exemplo, acórdãos do STA de 5 de julho de 2012, processo n.º 873/11, de 5 de julho de 2017, processo n.º 0574/15, e de 17 de maio de 2017, processo n.º 0302/17.

por se revelar adequado, em termos formais, às necessidades que se procura satisfazer.

Antes, porém, de procedermos ao estudo um pouco mais pormenorizado de algumas dessas formas processuais[606], limemos algumas arestas respeitantes ao uso da terminologia nestes domínios.

a) "Processo judicial tributário" e "impugnação"

Comecemos pela expressão "processo judicial tributário".

Parece-nos esta uma expressão linguisticamente inapropriada. O legislador utiliza-a para pretender abranger todas as situações em que a intervenção do Tribunal, em matéria tributária, é necessária. É o que se passa, nomeadamente, nos art.os 97.º, n.º 1, do CPPT e 101.º da LGT. Parece-nos que a simples referência a "processo tributário" seria suficiente, e deveria abranger todo o meio processual e não apenas as situações em que a intervenção jurisdicional, no âmbito da respetiva tramitação, seja reclamada. Caso contrário, o "processo de execução fiscal" deixaria de ser um processo nos casos em que se não verificassem oposições, incidentes ou outras atuações que reclamam intervenção do Tribunal.

Outro conceito que poderá necessitar de um afinamento é o de *impugnação*.

Impugnar significa, neste contexto, colocar em crise, solicitar a fiscalização ou a sindicância de determinada atuação ou omissão com a qual não se concorda, podendo-se impugnar um comportamento através de uma dupla via:
- Ou recorrendo às vias administrativas, falando-se em *impugnação administrativa*, a qual pode revestir várias formas, como por exemplo, as reclamações, os recursos, ou as revisões;
- Ou recorrendo aos Tribunais, falando-se em *impugnação judicial* ou (mais rigorosamente) *jurisdicional*, embora a tradição aponte unanimemente para a primeira destas expressões.

---

[606] Por razões de ordem didática, como se poderá facilmente compreender, não se pode, no ensino universitário atual, proceder nem a um estudo muito detalhado de cada uma dessas formas, nem tão pouco a um estudo exaustivo que as acolha a todas. Desta forma, tentaremos debruçar a nossa atenção apenas sobre aquelas que, do ponto de vista da incidência prática, nos parecem mais interessantes e úteis.

Naturalmente que neste momento é este segundo tipo de impugnação (a judicial) que nos interessa particularmente, uma vez que as impugnações administrativas já foram objeto da nossa atenção aquando do estudo dos procedimentos tributários, em especial dos chamados procedimentos impugnatórios.

A impugnação judicial, portanto, num sentido amplo, abrangerá todos os meios processuais que têm por objetivo autorizar ou fiscalizar uma atuação ou não atuação administrativa tributária, dos quais se destacam:
- O processo de impugnação judicial;
- O recurso contencioso (ação administrativa);
- A ação para o reconhecimento de direitos ou interesses legalmente protegidos em matéria tributária;
- A impugnação de providências cautelares adotadas pela Administração tributária.

Num sentido restrito, contudo, dirá apenas respeito ao chamado *processo de impugnação judicial*, que é o meio jurisdicional adequado para, junto dos Tribunais tributários, apreciar a legalidade de um ato de liquidação ou de um ato conexo.

b) "Impugnação judicial" ou "impugnações judiciais"

Se, em modo aproximativo, é possível afirmar-se que o processo de impugnação judicial é um meio processual que tem por objetivo a anulação de atos tributários, a verdade é que uma consideração e uma análise mais aprofundadas implicam algumas precisões de raciocínio e de linguagem que importa não descurar.

Desde logo, levanta-se a questão de saber se será correto falar em "processo de impugnação judicial" ou em "processos de impugnação judicial", na medida em que se pode legitimamente levantar a questão de saber se todas as situações nas quais o termo "impugnação" é utilizado reúnem entre si substrato identitário suficiente para uma consideração unitária ou se, pelo contrário, apenas se verifica coincidência linguística e, em alguns casos, legislativo-sistemática, e na verdade existem é muitas formas distintas e completamente diferentes entre si.

De um modo que parece juridicamente aproveitável, dir-se-á que uma simples passagem pelos preceitos normativos constantes da LGT e, principalmente, do CPPT permitirá concluir pela existência de uma única forma processual denominada impugnação, não obstante essa forma assumir diversas configurações (por exemplo, ao nível dos prazos ou dos fundamentos) consoante o tipo de ato que esteja a ser impugnado. Isto porque, do próprio ponto de vista sistemático, este último diploma é perentório ao abrir, dentro do titulo III ("Processo judicial tributário") um único capítulo (II) dedicado *ao* – e não *aos* – processo de impugnação. Dentro deste único capítulo abrem-se posteriormente vários tipos impugnatórios, como de seguida se verá.

Enfim, e em resumo, será sustentável afirmar que o elemento sistemático de interpretação se revelará decisivo e imporá a adoção da *tese da unicidade*, no sentido de considerar a existência de apenas um processo de impugnação judicial.

Agora, o que se verifica também é que nos desdobramentos jurídico-normativos subsequentes se impõe a conclusão de que tal processo não se resume à mera ou simples apreciação da validade de atos tributários de liquidação *stricto sensu* (atos de liquidação, como se sabe), sendo patente a intenção legislativa de abrir o mesmo a um conjunto de outros atos, embora todos estes sempre relacionados, de modo mais ou menos direto, com os primeiros. Neste seguimento, constata-se que o processo de impugnação judicial pode ter como objeto, além dos atos de liquidação (onde se incluem, naturalmente, os de auto-liquidação[607]), os seguintes atos em matéria tributária[608]:

– Atos de fixação da matéria tributável (horizontalmente definitivos);
– Atos de fixação de valores patrimoniais[609];
– Atos administrativos em matéria tributária que comportem a apreciação da legalidade do ato de liquidação[610];
– Atos de agravamento à coleta[611];
– Atos de retenção na fonte[612];
– Atos de pagamento por conta[613].

---

[607] Cfr. art.º 131.º do CPPT.
[608] Cfr., em geral, art.º 97.º, n.º 1, do CPPT.
[609] Cfr. art.º 134.º do CPPT.
[610] Cfr. art.º 76.º, n.º 2, do CPPT.
[611] Cfr. art.º 77.º, n.º 3, do CPPT.
[612] Cfr. art.º 132.º do CPPT.
[613] Cfr. art.º 133.º do CPPT.

c) Recurso contencioso
Por outro lado, e uma vez que em muitos casos o chamamento do Tribunal tributário pressupõe uma atuação administrativa prévia (com pontuais exceções) a impugnação judicial configura-se como um recurso do ato que resulta dessa atuação, falando-se, a tal propósito, em *recurso contencioso*. Contudo, também aqui devem ser distinguidos um sentido amplo e um sentido restrito:
- Em sentido amplo, *recurso contencioso* significa o meio processual adequado para sindicar jurisdicionalmente um ato administrativo (tributário), abrangendo todos os meios processuais em que tal aconteça;
- Em sentido restrito, porém, deve ser entendido como o meio processual adequado para sindicar um ato administrativo tributário, mas em que não esteja em causa a apreciação da legalidade de um ato de liquidação ou de um ato que comporta a apreciação da legalidade de um ato de liquidação[614], como será o que acontece, por exemplo, quando o ato a impugnar seja um ato de indeferimento ou de revogação de isenções ou outros benefícios fiscais, quando dependentes de reconhecimento da Administração tributária. Será, aqui, sinónimo de ação administrativa[615].

Tendo em atenção estas referências, abordaremos o processo tributário de acordo com a seguinte sequência:
i) Em primeiro lugar, dedicaremos a nossa atenção aos tradicionalmente designados "meios processuais principais", e entre estes, sucessivamente:
- O processo de impugnação judicial (ao qual será dedicada a maior parcela de atenção),
- O recurso contencioso dos atos administrativos em matéria tributária que não envolvam a apreciação da legalidade do ato de liquidação,
- A ação para reconhecimento de um direito ou interesse legalmente protegido em matéria tributária,

---

[614] Deve-se entender que o ato que recusa a apreciação da legalidade da liquidação, não se debruçando sobre esta, é suscetível de recurso contencioso e não de impugnação judicial, uma vez que o Tribunal apenas sindicará o cumprimento da lei da parte do agente administrativo.
[615] V. art.º 97.º, n.º 1, alínea p), do CPPT.

- O processo de execução fiscal, e
- Outros meios processuais (v.g., intimação para um comportamento, processos respeitantes à derrogação do sigilo bancário pela AT).

ii) De seguida, debruçar-nos-emos sobre outros meios processuais que assumem um carácter marcadamente secundário, como sejam os relativos ao contencioso cautelar;
iii) Finalmente, faremos referência aos recursos das decisões dos Tribunais tributários (recursos jurisdicionais).

Nos desenvolvimentos deste percurso de análise, o foco analítico, abarcando todos os meios referidos, incidirá com maior impulso no processo de impugnação judicial, por ser – pode dizer-se – o meio mais comum na jurisdição tributária. Por esse motivo, algumas das considerações que a respeito desse processo se expendem (por exemplo, os efeitos da decisão) podem, em geral, ser adaptadas aos restantes.

6.1.2. A escolha do meio processual adequado e o dever de correção do processo (convolação)

Antes ainda de avançarmos, uma última referência (sumária) deve aqui ser feita.

Em face do vasto arsenal de meios processuais, pode suceder que o interessado, por razões várias – que podem ir desde o desconhecimento da lei, à pouca familiaridade com a matéria tributária ou ao uso de conceitos indeterminados por parte do legislador que pode introduzir alguma incerteza jurídica – não proceda à escolha do meio processual adequado e conveniente à prossecução dos seus objetivos. Pode, por exemplo, intentar uma ação para reconhecimento de direitos quando, na realidade, deveria intentar um processo de impugnação judicial; ou propor uma impugnação judicial, quando o meio acertado seria o recurso contencioso *stricto sensu* ou *ação administrativa*.

Nestes casos, a lei impõe ao Tribunal um verdadeiro dever de cooperação, determinando que este ordene a correção do processo para a forma adequada[616], de modo a permitir que o eventual lesado não saia

---

[616] Cfr. art.º 97.º, n.º 3 da LGT e art.º 98.º, n.º 4 do CPPT. V., ainda, acórdãos do STA de 08 de julho de 2009, processo n.º 0530/09, e de 12 de outubro de 2016, processo n.º 0424/16.

prejudicado apenas pela má escolha do instrumento de defesa. Trata-se da figura da *convolação*.

Não se trata, contudo, de um dever abrangente e sem balizas, que obrigue o Tribunal – e apenas deste aqui se fala – a corrigir todos os absurdos processuais que lhe apareçam pela frente. Uma análise da jurisprudência do STA permite tendencialmente concluir que existem limites ao dever referido, não sendo o mesmo aplicável, nomeadamente, quando a improcedência ou a intempestividade da petição sejam manifestas[617], ou aos diversos pedidos formulados correspondam diferentes formas processuais[618].

Será o que acontece, por exemplo, quando o contribuinte, em sede de processo de impugnação judicial (destinado à anulação de atos tributários), solicita ao Tribunal tributário o arquivamento dos autos respeitante a um inquérito por prática de infrações fiscais.

Do mesmo modo, parece não ser de admitir, como regra, a convolação de processo em procedimento ou vice-versa.

6.2. Processo de impugnação judicial

6.2.1. Natureza e âmbito e do processo

Em modo de aproximação, pode dizer-se que o processo de impugnação judicial é um meio processual, exclusivo da jurisdição tributária, que tem por objetivo a anulação total ou parcial de atos tributários. Como se pode ver, estamos aqui perante uma garantia dos contribuintes que visa exatamente o mesmo que visava a reclamação graciosa, com a diferença de que esta decorria exclusivamente perante a Administração – daí se tratar de uma garantia administrativa – e não, como é o caso do meio que agora estudamos, perante o Tribunal.

Sobre a articulação de tal reclamação com o processo em análise diremos algo adiante. Por agora, importa debruçar a nossa atenção sobre

---

[617] Cfr., por exemplo, acórdão do STA de 6 de março de 2013, processo n.º 01234/12. Entre outros, podem ainda referir-se os acórdãos do STA de 14 de fevereiro de 2013, processo n.º 014/13; de 30 de janeiro de 2013, processo n.º 0820/12 e de 3 de maio de 2017, processo n.º 0649/16.

[618] Refere a respeito o STA (acórdão de 10 de abril de 2013, processo n.º 1159/12), que é pressuposto da convolação que toda a ação passe a tramitar segundo a nova forma processual e não apenas quanto a algum dos seus fundamentos.

dois importantes aspetos deste processo: (i) a sua natureza e (ii) o seu objeto.

i) Quanto à natureza do processo de impugnação judicial, pode-se levantar a questão de saber se estamos perante uma verdadeira ação ou um mero recurso. A consideração neste último sentido parte do entendimento de que a impugnação judicial mais não seria do que uma continuação do procedimento administrativo de liquidação e cobrança dos tributos, acontecendo apenas a circunstância de que tal procedimento teria culminado num ato supostamente inválido. Contudo, este não parece ser o entendimento correto, uma vez que, em rigor, com a impugnação judicial discute-se um verdadeiro conflito de interesses, e com a respetiva petição inicial nasce, de facto, uma ação (um processo) autónoma(o).

ii) No que ao seu objeto diz respeito, levanta-se o problema de saber se o processo de impugnação judicial tem por objeto a relação jurídica tributária, ou antes o ato tributário, *maxime* o ato de liquidação. Embora do ponto de vista do contribuinte fosse mais vantajosa esta última visão – pois "anulavam-se" todos os efeitos jurídicos produzidos no âmbito daquela relação jurídica, e não apenas os efeitos de um único ato em concreto – o certo é que, indubitavelmente, é o ato de liquidação (ou equiparado) o seu objeto.

Como se disse, o processo de impugnação pode ter por referência vários atos, podendo até levantar-se a questão de saber se não se deveria antes falar em "impugnações". Ainda assim, e por razões de comodidade expositiva e discursiva, ter-se-á por referência, ao menos inicialmente (neste apartado 6.2.), os atos de liquidação. Para o fim, deixar-se-ão as menções aos restantes tipos de atos (6.2.8.).

6.2.2. Relações com a reclamação graciosa

Como dissemos, com a instauração de um processo de impugnação judicial visa-se a anulação de um ato tributário. Ora, como bem nos recordamos, esta é precisamente a mesma finalidade que presidia à reclamação graciosa[619]. Assim sendo, cumpre perguntar: será que o legislador, num ato de distração, colocou ao dispor do contribuinte dois meios – um admi-

---

[619] Cfr. art.º 68.º do CPPT.

nistrativo, e um jurisdicional – que visam precisamente o mesmo e relativamente aos quais ele pode escolher simultânea a indiferentemente? Será, assim, que o contribuinte pode:
i) Utilizar os dois meios aos mesmo tempo?
ii) Utilizar a impugnação judicial após ter perdido a reclamação graciosa? Ou
iii) Utilizar a reclamação graciosa após ter perdido a impugnação judicial?

Sobre estes problemas debruçar-nos-emos de seguida.

Deve-se começar por observar que, naturalmente, o legislador não colocou ao dispor dos contribuintes dois meios com os mesmos objetivos e absolutamente iguais, apenas com a diferença de que um decorre perante órgãos administrativos e o outro perante órgãos jurisdicionais. Não se poderia aceitar, designadamente, que pudesse ser usado um ou outro, ao sabor das conveniências casuísticas, pois a tal opor-se-ia quer a congruência do sistema garantístico, quer o princípio da economia de meios que a este deve presidir. Muito menos se poderia aceitar que se usassem os dois simultaneamente – numa atuação do género "atirar o barro à parede"–, com vista a obter num o que, eventualmente, não se obteria no outro. Assim, reclamação e impugnação são duas garantias distintas, com igualmente distintos espaços de atuação, apesar de terem em comum os objetivos (como vimos, a anulação de atos tributários), os fundamentos ("qualquer ilegalidade"), a inexistência de efeito suspensivo da respetiva liquidação[620] e, em certa medida, os prazos (em regra, 120 e 90 dias). Contudo, distinguem-se nos seguintes aspetos, em geral condensados no art.º 69.º do CPPT, em referência à reclamação graciosa:
– O processo de impugnação é caracterizado por uma tramitação formalizada e mais lenta – embora sempre tendo em atenção um princípio de economia e celeridade –, enquanto a reclamação é caracterizada pela "simplicidade de termos e brevidade das resoluções", bem assim como pela "dispensa de formalidades essenciais". Neste seguimento, enquanto o procedimento tributário deve ser concluído no prazo de 4 meses e os respetivos atos devem ser praticados, em regra, no prazo de 8 dias[621], o processo "não deve ter

---

[620] Cfr. art.ºs 69.º, alínea f) e 103.º, n.º 4 do CPPT. V., ainda, art.º 134.º, n.º 7.
[621] V. art.º 57.º da LGT.

duração acumulada superior a dois anos contados entre a data da respetiva instauração e a da decisão proferida em 1.ª instância que lhe ponha termo" (art.º 96.º, n.º 2 do CPPT)[622];
- Enquanto no processo são admitidos os "meios gerais de prova" (art.º 115.º, n.º 1, do CPPT), na reclamação existe uma "limitação dos meios probatórios à forma documental e aos elementos oficiais de que os serviços disponham" [art.º 69.º, alínea e)][623];
- Por outro lado, as decisões do processo (sentenças) fazem caso julgado, o que, obviamente, não acontece com as decisões do procedimento, que são atos administrativos [alínea c)];
- Finalmente, enquanto no processo existe, nos termos legais, a sujeição a custas judiciais[624], a reclamação é caracterizada pela "isenção de custas" [alínea d)][625].

Posto isto, cumpre averiguar como se procede à articulação entre ambos os meios.

Deve-se assinalar, neste particular, que a instauração de uma reclamação graciosa não preclude o direito de interposição da impugnação judicial. Admite-se, com efeito, que, depois de decidida a reclamação – em sentido desfavorável para o contribuinte – ainda possa ser instaurada a impugnação. De resto, a solução contrária seria violadora do princípio constitucional do acesso o Direito (art.º 20.º da CRP) e poderia mesmo violar o princípio da reserva da função jurisdicional (art.º 202.º da CRP), pois estar-se-ia a admitir que a última palavra na resolução de um litígio fosse subtraída aos Tribunais.

Vejamos agora o que pode acontecer se correrem simultaneamente a reclamação e a impugnação em relação ao mesmo ato, ou seja se o con-

---

[622] V. art.º 96.º, n.º 2, do CPPT. Contudo, em alguns casos especiais, e como já observamos, tal prazo é de 90 dias (cfr. art.º 96.º, n.º 3, do CPPT).

[623] Por aqui já se vê que, por exemplo, se o contribuinte quiser anular um ato de liquidação e o único meio probatório de que dispõe é o recurso a testemunhas, não poderá, em princípio, utilizar a reclamação graciosa, mas sim o processo de impugnação judicial.

[624] Cfr. art.º 122.º, n.º 2, do CPPT, nos termos do qual "o impugnante, se decair no todo ou em parte e tiver dado origem à causa, será condenado em custas e poderá sê-lo, também, em sanção pecuniária, como litigante de má fé".

[625] Sem prejuízo, também já o sabemos, do "agravamento da coleta", aplicado a título de custas (art.º 77.º do CPPT.

tribuinte instaura ao mesmo tempo uma e outra, ou uma na pendência da outra.

As soluções, em abstrato, poderiam divergir consoante os fundamentos apresentados fossem os mesmos ou não. Contudo, tal parece não acontecer. Ainda assim, cumpre distinguir:
i) Interposição da impugnação judicial após ter sido apresentada a reclamação graciosa. Vale aqui a regra da apensação, prescrevendo, a este respeito, o art.º 111.º, n.º 3 do CPPT: "caso haja sido apresentada, anteriormente à receção da petição de impugnação, reclamação graciosa relativamente ao mesmo ato, esta deve ser apensa à impugnação judicial, no estado em que se encontrar, sendo considerada, para todos os efeitos, no âmbito do processo de impugnação." Em face desta redação legislativa, tal regra parece valer quer para os casos em que os fundamentos são os mesmos, quer para os casos em que os fundamentos são diversos, numa solução divergente com a prevista anteriormente (em que, se previa, consoante os casos, a remessa imediata para Tribunal, ou a suspensão da reclamação).
ii) Interposição da reclamação graciosa após ter sido interposta a impugnação judicial. Neste caso, a regra continua a ser a da apensação. Diz o n.º 4 do citado preceito: "caso, posteriormente à receção da petição de impugnação, seja apresentada reclamação graciosa relativamente ao mesmo ato e com diverso fundamento, deve esta ser apensa à impugnação judicial, sendo igualmente considerada, para todos os efeitos, no âmbito do processo de impugnação".

6.2.3. Os fundamentos do processo (remissão)
Acerca dos fundamentos da impugnação judicial remetemos para o que já dissemos a propósito dos fundamentos da reclamação graciosa, na medida em que, como já o sabemos, eles identificam-se plenamente (art.ºs 70.º, n.º 1 e 99.º do CPPT).

A título de referência, lembremos o carácter operativo do conceito de ilegalidade (desconformidade com a ordem jurídica) e a natureza não exaustiva dos fundamentos apresentados na lei[626].

---

[626] Apenas porque a questão tem sido recorrentemente colocada, saliente-se que a prescrição da dívida não constitui vício invalidante do ato de liquidação e, por isso, não serve de fundamento à impugnação. Assim, entre outros, acórdão do STA de 18 de junho de 2013,

Talvez se justifique apenas uma breve menção a um dos fundamentos mais recorrentes nesta sede – a prescrição da obrigação tributária.
Entende o STA:
"A prescrição da dívida resultante do ato tributário de liquidação não constitui vício invalidante desse ato e por isso não serve de fundamento à respetiva impugnação, nem é nela de conhecimento oficioso. A circunstância da prescrição ser de conhecimento oficioso no processo de execução fiscal, não legitima que no processo de impugnação possa ter a mesma natureza".

Releva, entre outros motivos, o facto de a questão central que aqui se discute é a validade do ato impugnado e não a exigibilidade da obrigação nele contida.

Importa também recordar que, nos termos do art.º 117.º do CPPT a impugnação dos atos tributários com base em erro na quantificação da matéria tributável ou nos pressupostos de aplicação de métodos indiretos depende, em princípio, de prévia apresentação do pedido de revisão da matéria tributável (art.º 91.º da LGT).

6.2.4. Tempestividade

Embora também já tenhamos feito referência aos prazos em que a impugnação judicial deve ser interposta – pelo menos alguns deles – impõe-se, agora, uma análise mais pormenorizada dos mesmos.

De modo a melhor compreendermos as regras de tempestividade que aqui relevam, talvez seja aconselhável distinguir duas situações: por um lado, (i) aquelas em que a impugnação é intentada, por assim dizer, *ab initio*, ou seja, como modo de reação inicial e primeiro contra o ato tributário potencialmente inválido; por outro lado, (ii) as situações em que a impugnação não é o primeiro meio de reação do contribuinte, mas antes o segundo, surgindo no seguimento de uma reclamação graciosa indeferida.

Vejamos, então.

i) Quando o contribuinte decide, desde logo, atacar o ato potencialmente inválido e lesivo diretamente em Tribunal, mediante a apre-

---

processo n.º 0217/13. V., também, acórdão do TCA-N de 16 de março de 2017, processo n.º 01892/15.4BEBRG.

sentação de uma impugnação judicial, terá de o fazer no prazo de 3 meses (art.º 102.º, n.º 1 do CPPT), contados[627]:
- A partir do termo do prazo para pagamento voluntário, se o ato que se pretende sindicar jurisdicionalmente é seguido de um ato cobrança validamente notificado,
- A partir da notificação, se o ato que se pretende sindicar jurisdicionalmente não é seguido de um ato cobrança, como sucede, por exemplo, nos casos em que se apuram prejuízos fiscais,
- A partir do conhecimento, se o ato que se pretende sindicar jurisdicionalmente, sendo lesivo, não estiver abrangido nos casos anteriores, ou
- A partir da citação do responsável subsidiário, em sede de processo de execução fiscal[628].

ii) Quando o contribuinte decide atacar o ato potencialmente inválido e lesivo após ter reclamado graciosamente (e este meio ter sido, naturalmente, indeferido), o prazo regra (recorda-se que existem prazos especiais[629]) a observar será igualmente o de 3 meses, contados:
- Da notificação, no caso de a reclamação ter sido indeferida expressamente [art.º 102.º, n.º 1, alínea b) do CPPT];
- Da formação da respetiva presunção, nos casos de indeferimento tácito[630].

Como adiante referiremos[631], na medida em que aqui não está em causa a prática de atos no processo judicial propriamente dito, à contagem destes prazos aplicam-se regras substantivas (previstas no Código civil[632]). As mais importantes consequências são:

---

[627] Nos termos do art.º 102.º, n.º 4, do CPPT, o prazo referido no texto não prejudica a existência de outros. Deve-se salientar igualmente que se o fundamento for a nulidade, a impugnação pode ser deduzida a todo o tempo (art.º 102.º, n.º 3, do CPPT).
[628] Cfr. art.º 22.º, n.º 5, da LGT.
[629] Cfr., por exemplo, art.º 131.º e ss. do CPPT.
[630] Cfr. art.º 106.º do CPPT e 57.º, n.ºˢ 1 e 5, da LGT.
[631] V. infra IV, 1.3.2., a).
[632] Assim, art.º 20.º, n.º 1, do CPPT. Cfr., ainda, art.º 57.º, n.º 3 da LGT. Por último, v., por exemplo, acórdãos do STA de 30 de janeiro de 2013, processo n.º 951/12 e de 22 de maiode 2013, processo n.º 0405/13 e acórdão do TCA-S de 19 de novembro de 2015, processo n.º 09059/15.

- O dia em que o evento ocorre (por exemplo, o termo do prazo de pagamento voluntário ou a notificação) não se conta e o prazo começa a correr no dia seguinte ao da verificação do evento;
- O prazo conta-se de forma contínua;
- Se o prazo terminar em domingo ou dia feriado, o termo do prazo transfere-se para o primeiro dia útil seguinte, pelo que o ato poderá ser praticado até esse dia ;
- Se o ato tiver de ser praticado no Tribunal – por exemplo, a apresentação da petição inicial – e o prazo terminar em dia em que os Tribunais se encontrem encerrados em virtude do decurso do período de férias judiciais, o termo do prazo transfere-se para o primeiro dia útil seguinte ao fim das férias judiciais.

6.2.5. A tramitação

6.2.5.1. Iniciativa: a petição inicial

O processo de impugnação judicial inicia-se com a apresentação da petição de impugnação (petição inicial) por parte do sujeito com legitimidade para o fazer – o sujeito passivo originário de imposto, o substituto, o sucessor ou o responsável, consoante os casos –, e na qual ele solicita ao Tribunal a anulação do ato lesivo em causa (em princípio, um ato tributário de liquidação), com fundamento em ilegalidade[633].

Tal petição, cuja interposição faz o interromper o prazo de prescrição do tributo em causa[634], deve ser[635]:
- Apresentada no Tribunal tributário competente (de acordo com os critérios já estudados) ou no serviço periférico local onde haja sido

---

[633] Quanto à coligação (sujeitos) e à cumulação de pedidos, cfr. art.º 104.º e 105.º do CPPT. É importante salientar que nos casos em que a cumulação se afigure inapropriada, não deve o Tribunal rejeitar liminarmente a petição, mas antes ordenar a notificação do impugnante para, nos termos do disposto nos art.º 4.º, n.º 3 do CPTA, *ex vi* art.º 2.º, alínea c), do CPPT, e no prazo de dez dias, esclarecer o pedido que quer ver apreciado. Só no caso do impugnante nada dizer, poderá o Tribunal absolver a Fazenda Pública da instância, sem prejuízo do impugnante poder, nos termos do disposto no artigo 4.º, n.º 4 do CPTA, interpor nova impugnação no prazo de 30 dias, a contar do trânsito em julgado da decisão, considerando-se apresentada na data de entrada da primeira. Assim, acórdão do STA de 24 de janeiro de 2007, processo n.º 0667/06. V., ainda, a respeito do tema da coligação, acórdãos de 14 de fevereiro de 2013, processo n.º 01067/12 e de 6 de março de 2013, processo n.º 01327/12
[634] Cfr. art.º 49.º, n.º 1, da LGT.
[635] Cfr. art.º 103.º do CPPT.

ou deva legalmente considerar-se praticado o ato. Neste último caso – i. é, a petição ser apresentada no serviço de finanças, o qual apenas desempenha, neste âmbito material, a função de serviço recetor das petições dirigidas ao Tribunal –, deve o órgão administrativo-tributário em causa proceder ao seu envio ao Tribunal tributário competente no prazo de cinco dias (após o pagamento da taxa de justiça inicial). De salientar que é possível, em lugar da apresentação direta, o envio da petição por correio sob registo (para as entidades acima referidas, naturalmente), considerando-se a data deste como aquela em que, para todos os efeitos, o ato foi praticado;
– Dirigida ao juiz do Tribunal competente;
– Articulada; e
– Elaborada em triplicado (art.º 108.º do CPPT).

Quanto à substância, ela deverá conter[636]:
i) A identificação do ato impugnado;
ii) A identificação da entidade que praticou esse ato;
iii) O pedido, que consiste no efeito jurídico que se pretende obter (a anulação do ato);
iv) A causa de pedir, que "no contencioso tributário de anulação consiste nos vícios específicos que se invocam para obter o pretendido efeito invalidante do ato impugnado"[637];
v) A exposição dos factos que fundamentam o pedido; e
vi) A indicação do valor da causa ou a forma como se pretende a sua determinação (a efetuar pelos serviços competentes da Administração tributária)[638].

Existindo, por parte do Tribunal, dúvidas sobre o sentido e alcance dos enunciados utilizados pelo impugnante na respetiva petição, esta deverá ser interpretada de acordo os princípios comuns à interpretação das declarações negociais, ou seja, procurando buscar o sentido que um declaratário normalmente diligente pode e deve apreender dos seus termos verbais, "postergando interpretações meramente ritualistas e formais". Sendo razoável e viável, deve seguir-se uma ideia de utilidade

---

[636] Cfr. art.º 108.º, n.ºs 1 e 2, do CPPT.
[637] V. acórdão do TCA-S de 14 de maio de 2002, processo n.º 1707/99.
[638] Cfr. art.º 97.º-A do CPPT.

"de modo a potenciar sempre que possível a emissão de pronúncias de mérito"[639] (princípio da aproveitabilidade dos atos). De resto, a petição inicial será inepta quando falte ou seja ininteligível a indicação do pedido ou da causa de pedir, o pedido esteja em contradição com a causa de pedir, ou se cumulem causas de pedir ou pedidos substancialmente incompatíveis[640].

Nestes casos, e como consequência da ineptidão, todo o processo será nulo[641], constituindo uma exceção dilatória[642], e é absolvida a Fazenda Pública da instância[643]. Todavia, atente-se que tal declaração de nulidade pode não ser imediata ou automática, pois a jurisprudência tem entendido – no que nos parece ser uma visão demasiado "protetora" do contribuinte e desresponsabilizante dos atores processuais que o representam – que não são relevantes para determinar a nulidade da petição meras deficiências de qualificação jurídica, não devendo ser julgada inepta a petição na qual, não obstante a falta de rigor técnico na formulação do pedido (por exemplo, pedir a revogação de um ato e não a sua anulação), este dá a conhecer o efeito jurídico que se pretendia obter por intermédio do Tribunal. Na verdade, entende o STA que "não impondo a lei os termos ou expressões a utilizar na formulação do pedido, haverá que afastar a exigência de fórmulas sacramentais, rígidas ou insubstituíveis em tal matéria"[644].

Além disso, nos casos de pedidos incompatíveis – acima referidos –, e por força da aplicação supletiva do art.º 4.º do CPTA, impõe-se que o Tribunal ordene a notificação do impugnante para, no prazo de dez dias, esclarecer o pedido que quer ver apreciado e só no caso de ele nada dizer, deve ser a Fazenda pública absolvida da instância[645]. Além disso, o impugnante sempre pode interpor nova impugnação no prazo de 30 dias, a contar do trânsito em julgado da decisão, considerando-se as petições apresentadas na data de entrada da primeira[646].

---

[639] V. acórdão do STA de 13 de outubro de 2010, processo n.º 0241/10.
[640] Cfr. art.º 186.º, n.º 2, do CPC, *ex vi* art.º 2.º, alínea e), do CPPT.
[641] Cfr. art.º 98.º, n.º 1, alínea a) do CPPT.
[642] Cfr. art.º 577.º, alínea b), do CPC.
[643] Cfr. art.º 576.º, n.º 2 do CPC.
[644] Cfr. acórdãos do STA de 26 de abril de 2007, processo n.º 01202/06, e de 17 de maio de 2017, processo n.º 0362/17.
[645] Cfr. art.º 4.º, n.º 3 do CPTA, *ex vi* art.º 2.º, alínea c), do CPPT.
[646] *Idem*, n.º 4. Cfr., ainda, acórdão do STA de 24 de janeiro de 2007, processo n.º 0667/06.

Por fim, é importantíssimo notar que, juntamente com a petição, deverá o impugnante, *desde já*, e nos termos do art.º 108.º, n.º 3 do CPPT, indicar os meios de prova de que se pretende socorrer, sob pena de mais tarde o não poder fazer (*princípio da preclusão*)[647].

Deve igualmente, se assim o entender, requerer a prestação de garantia, com o objetivo de atribuir efeito suspensivo à impugnação[648].

6.2.5.2. Defesa: a contestação

Após a apresentação da petição inicial, nos termos, local e prazos descritos, e após a sua distribuição dentro do Tribunal, deve o juiz notificar a contra-parte, mais precisamente o representante da Fazenda Pública, para responder. Estamos, como é bom de ver, na fase da defesa, ato material que ganha corpo através de uma peça processual denominada contestação. Aqui, no prazo de 3 meses (prazo geral) após a notificação do juiz, deve aquele representante[649] contestar e solicitar a produção de prova adicional, em relação à que já foi solicitada pelo impugnante[650].

Como sabemos, em geral, o demandado – neste caso, a Administração tributária ou Fazenda Pública – pode defender-se por impugnação ou por exceção. No que particularmente à defesa por impugnação diz respeito, poder-se-ia colocar a seguinte questão: pode tal defesa ser feita "em bloco", negando de uma forma global e unitária todos os factos aduzidos pelo autor-impugnante? Ou, pelo contrário, deve tal defesa ser feita facto a facto (ou artigo a artigo, uma vez que a petição deve ser articulada), recaindo sobre o impugnante um ónus de impugnação especificada? O código limita-se, neste ponto, a conceder ao juiz um espaço discricionário, no âmbito do qual ele "aprecia livremente" a situação referida[651], podendo, se assim o entender, considerar os factos não impugnados como provados, não provados, etc.

Com a contestação, o Representante da Fazenda Pública remete ao tribunal, por via eletrónica, o processo administrativo – aqui, no sentido

---

[647] Cfr., em outro contexto todavia, acórdão do STA de 23 de abril de 2013, processo n.º 0522/13.
[648] Cfr. art.º 103.º, n.º 4, do CPPT. Para desenvolvimentos, v. supra, Introdução, 5.3.
[649] Cfr. art.º 54.º do ETAF.
[650] Cfr. art.º 110.º, n.º 1, do CPPT.
[651] Cfr. art.º 110.º, n.º 7 do CPPT.

de *dossier*, documentação – que lhe tenha sido enviado pelos serviços, para todos os efeitos legais[652].

Por outro lado, a falta, de todo, de contestação por parte do representante da Fazenda Pública "não representa a confissão dos factos articulados pelo impugnante" (art.º 110.º, n.º 6), solução que bem se compreende, em face da natureza pública, coativa e indisponível dos bens e direitos em litígio.

6.2.5.3. Decisão pré- instrutória ou preliminar

Após a contestação (ou na sua ausência), e ainda antes de se passar à fase da instrução – a fase que, normalmente, se lhe seguiria – três rumos distintos pode tomar o processo. Assim:

i) Em primeiro lugar, pode o ato em causa ser *revogado*, no prazo de 30 dias, pelo dirigente do órgão periférico regional – caso o valor do processo não exceda o valor da alçada do Tribunal tributário de 1.ª instância – ou pelo dirigente máximo do serviço – caso exceda esse valor[653]. Se tal acontecer, em princípio, a instância é julgada extinta, e sem custas, por inutilidade superveniente, a não ser que se trate de mera revogação parcial do ato em análise, ou que o juiz entenda que a instância deve prosseguir para apreciação de um eventual pedido indemnizatório suscitado[654]. Esta possibilidade de revogação, além de poder constituir um importante fator de

---

[652] Assim, art.º 110.º, n.º 4, do CPPT. Sem prejuízo, o juiz pode, a todo o tempo, ordenar ao serviço periférico local a remessa, por via eletrónica, do processo administrativo, mesmo na falta de contestação do representante da Fazenda Pública (n.º 5).

[653] Cfr. art.º 112.º, n.ºs 1 e 2 do CPPT. Note-se que, nos termos do n.º 3 do referido art.º 112.º, se o ato impugnado for revogado parcialmente, o órgão que procede à revogação deve, em 3 dias, notificar o impugnante para, no prazo de 10 dias, se pronunciar, prosseguindo o processo se o impugnante nada disser ou declarar que mantém a impugnação. Por outro lado, nessa mesma situação (revogação parcial), deve o representante da Fazenda Pública ser notificado, podendo este contestar no prazo de 30 dias. 112.º, n.º 5 do CPPT.

[654] Cfr., por exemplo, acórdão do STA de 22 de março de 2006, processo n.º 0773/05. Recorde-se que esta revogação administrativa não pode ser considerada uma "anulação oficiosa por iniciativa da Administração Tributária", para efeitos do que dispõe a alínea b) do n.º 3 do artigo 43.º da LGT. Isto porque, tendo a anulação tido lugar apenas depois de apresentada a impugnação judicial, tal significa que o ato tributário foi revogado já no âmbito processual e não verdadeiramente por iniciativa administrativa. Admitir o contrário significaria conferir ao autor do ato a possibilidade de evitar o pagamento de juros indemnizatórios nos casos em que ocorre um erro que lhe é imputável, bastando para tal limitar-se a revogar o

celeridade e des-jurisdicionalização – retirando do Tribunal uma questão evitável – materializa uma "oportunidade que o legislador intentou dar à autoridade competente, para que esta pudesse resolver a controvérsia posta ao Tribunal, numa tentativa de evitar uma certa deterioração da imagem da administração que um desfecho contencioso para ela desfavorável sempre acarreta" [655].

ii) Em segundo lugar, pode o juiz proferir um *despacho de aperfeiçoamento* ou de correção. Com efeito, refere o art.º 110.º, n.º 2 que "o juiz pode convidar o impugnante a suprir, no prazo que designar, qualquer deficiência ou irregularidade" [656], no que consiste uma afloração do princípio da cooperação.

iii) Em terceiro lugar, pode o juiz, após vista ao Ministério Público – mas sem necessidade de notificar as partes de tal decisão [657]–, *conhecer de imediato do fundo da questão* em análise. Tal acontecerá se a questão for apenas de Direito ou, sendo também de facto, o processo fornecer os elementos necessários[658]. Porém, refere o STA, neste contexto, que um eventual indeferimento liminar "é um

---

ato no prazo da sua contestação. Cfr. acórdão do STA de 17 de novembro de 2010, processo n.º 0467/10.

[655] Cfr. acórdão do STA de 14 de fevereiro de 2002, processo n.º 022169.

[656] Da mesma forma, prescreve o art.º 97.º, n.º e da LGT que "ordenar-se-á a correção do processo quando o meio usado não for o adequado segundo a lei".

[657] V., a respeito, acórdão do TCA–S de 19 de outubro de 2004, processo n.º 07203/02, onde se pode ler: "A lei não impõe qualquer despacho em que o juiz exprima o seu juízo sobre a possibilidade ou impossibilidade de conhecimento imediato do pedido, juízo que fica implícito na tramitação que imprimir ao processo: se ordenar a realização de qualquer diligência de prova, quer ela tenha sido requerida pelo impugnante ou pela Fazenda Pública, quer o faça ex officio, é porque entende que o processo ainda não reúne as condições para conhecer do pedido; se proferir sentença de imediato, é porque entende desnecessária a produção de prova. (...). Aliás, qual seria a utilidade desse despacho? Se o juiz entende conhecer imediatamente do pedido, não vemos por que há-de proferir despacho a anunciar que o vai fazer e só depois conhecer do pedido, ao invés de fazê-lo de imediato. Tal despacho não teria utilidade alguma, nem sequer a de dar a conhecer ao impugnante e à Fazenda Pública que não houve lugar à produção de prova. É que as partes, logo que notificadas da sentença, facilmente se podem aperceber de que não houve fase de instrução, quer porque não foram notificadas da prática de quaisquer diligências instrutórias, quer porque não foram notificadas para alegar nos termos do art.º 120.º do CPPT, quer porque na sentença não existirá qualquer referência àquelas diligências na apreciação crítica dos elementos de prova que o juiz utilizou para formar a sua convicção".

[658] Cfr. art.º 113.º, n.º 1, do CPPT.

mecanismo a usar com cautela, só devendo ter lugar quando da simples apreciação do pedido formulado resulte com força irrecusável e sem margem para dúvidas que este não pode proceder", e se afigure inútil qualquer diligência instrutória posterior[659].

6.2.5.4. A instrução

A fase seguinte é a fase da instrução – aquela fase em que são carreados para o processo os elementos de prova necessários para a tomada de decisão por parte do juiz.

Como é sabido, as provas "têm por função a demonstração da realidade dos factos"[660] e, em função destes últimos, podem assumir natureza muito diversa (v.g., documentos, depoimentos, inspeções).

No que diz particularmente respeito ao arsenal probatório no processo de impugnação judicial – e diferentemente do que acontece em sede de reclamação graciosa – são admitidos os meios gerais de prova[661], merecendo particular destaque[662]:

i) A prova documental, seja mediante documentos autênticos (os que são "exarados, com as formalidades legais, pelas autoridades públicas nos limites da sua competência"), seja mediante documentos particulares (os restantes), desde que o juiz lhe atribua relevância probatória. Refira-se a este propósito que a genuinidade de qualquer documento deve ser impugnada no prazo de 10 dias após a sua apresentação ou junção ao processo[663].

ii) A prova testemunhal, que resulta da transmissão ao Tribunal, por certas pessoas – que não poderá exceder o número de 3 por cada facto e 10 por cada ato tributário impugnado –, de informações de facto que interessam à decisão da causa[664].

---

[659] Assim, acórdão do STA de 23 de novembro de 2005, processo n.º 0612/05. Acerca da consideração do indeferimento liminar como um elemento de proteção em face da "litigância persecutória e aleatória" ("processos infundamentados ou mesmo absurdos"), v. acórdão do TC n.º 160/2007.
[660] Cfr. art.º 341.º do CC.
[661] V. art.º 115.º, n.º 1, do CPPT.
[662] Para especificidades de regime, cfr. os diversos números dos artigos 115.º a 119.º do CPPT.
[663] V. art.º 115.º, n.º 4, do CPPT.
[664] Cfr. art.º 118.º, n.º 1, do CPPT. V., a propósito, acórdão do TCA – N de 21 de outubro de 2004, processo n.º 00063/04.

iii) A prova pericial, que já diz respeito não à simples perceção de factos (como as testemunhas), mas também à apreciação ou valoração dos mesmos. Neste caso, torna-se indispensável que a apreensão dos factos assente sobre conhecimentos especiais de base científica, técnica ou experiencial que o Tribunal não possui, estando na disponibilidade deste (oficiosamente ou a requerimento) recorrer ou não a este tipo de prova[665].

Como já foi referido, vale aqui, ou melhor vale *também* aqui, o princípio segundo o qual o juiz pode praticar e ordenar a prática das diligências de produção de prova – diligências essas que serão efetuadas no Tribunal[666] – que entenda convenientes para o apuramento da verdade material (*princípio do inquisitório*), não estando limitado ao material apresentado pelas partes. De resto, o juiz pode mesmo entender não levar à prática as diligências probatórias requeridas pelas partes (v.g., inquirição de testemunhas, audição de um perito) – e sem estar a incorrer em nulidade processual –, na medida em que lhe incumbe avaliar se já tem ao seu dispor todos os elementos relevantes para decidir e, sendo caso disso, ter conhecimento já imediato da questão[667].

Além disso, o juiz goza de prerrogativas de *livre apreciação das provas*, o que significa que o mesmo pode valorá-las de modo amplo, considerando o seu próprio modo de entender e percecionar a realidade – designadamente, apelando a parâmetros de racionalidade e a regras da experiência –, sem, contudo, introduzir na fundamentação aspetos absolutamente subjetivos ou respeitantes a convicções pessoais. Neste particular, têm os Tribunais entendido que "[s]e a decisão do julgador, devidamente fundamentada, for uma das soluções plausíveis, segundo as regras da lógica, da ciência e da experiência, ela será inatacável, visto ser proferida em obediência à lei que impõe o julgamento segundo a livre convicção"[668]. Por conseguinte, pode o juiz credibilizar ou não credibilizar determinado depoimento; atribuir maior ou menor preponderância ao resultado de uma peritagem; ou interpretar certas atuações num sen-

---

[665] Cfr. art.º 116.º, n.ºs 1 e 2, do CPPT.
[666] Cfr. art.º 114.º do CPPT.
[667] V. acórdão do STA de 14 de setembro de 2016, processo n.º 0946/16.
[668] Assim, acórdão do TCA-N de 15 de outubro de 2015, processo n.º 00942/07.2BEPRT.

tido ou em outro. Repete-se, contudo: sem introduzir na fundamentação subjetivismos ou convicções pessoais.

Importa notar que a referência ao "juiz", neste contexto, traz ínsita a aplicação do *princípio da plenitude da assistência*, já atrás analisado, e nos termos do qual o magistrado que assiste à produção de prova dever ser o mesmo que mais tarde prolata a sentença e aplica o Direito aos factos[669].

Esta é uma das fases mais importantes de todo o processo, na qual o impugnante/contribuinte, mais do que em qualquer outra fase, deverá lançar mão de todas as armas processuais legítimas de que disponha, na medida em que se da prova produzida resultar a fundada dúvida sobre a existência e quantificação do facto tributário, deverá o ato impugnado ser anulado (*in dubio contra fiscum*)[670].

6.2.5.5. Alegações

Finda a produção da prova, segue-se uma fase que era tradicionalmente obrigatória e que passou a eventual, fruto de recentes alterações legislativas: as alegações[671].

Com efeito, nos termos do art.º 120.º do CPPT, a notificação para as partes alegarem por escrito fica dependente da verificação de uma de duas condições:

i) Haja sido produzida prova que não conste do processo (*dossier*) administrativo; ou

ii) O Tribunal o entenda necessário.

Em tais casos, ordenar-se-á a notificação dos interessados para alegarem por escrito no prazo simultâneo fixado pelo juiz, a fixar entre 10 a 30 dias (poder *discricionário* deste).

---

[669] V. art.º 114.º, in fine, do CPPT. V., supra, II., apartado 2.9.
[670] V. art.º 100.º, n.º 1, do CPPT e acórdão do TCA-Sul de 18 de junho de 2015, processo n.º 07452/14. Sobre as denominadas "provas diabólicas" (como as provas de factos negativos) v. acórdãos do STA de 05 de julho de 2012, processo n.º 0286/12; do TCA-N de 14 de março de 2013, processo n.º 00997/12.8BEPRT; ou do TCA-S de 19 de fevereiro de 2013, processo n.º 06372/13.
[671] Cfr. art.º 3.º da Lei 118/2019 que alterou, entre muitos outros, o art.º 120.º do CPPT.

Trata-se de uma fase na qual se procurará, através da discussão crítica – escrita, nunca oral – das provas entretanto produzidas (em Tribunal, recorde-se), "separar o trigo do joio", isto é, os factos que se podem considerar provados e os que não se podem, de modo a que o juiz possa captar com plenitude a realidade que lhe é colocada à frente e possa decidir de uma forma inequívoca. Visa-se possibilitar aos interessados pronunciarem-se criticamente sobre a apreciação das provas, com vista ao julgamento, e sobre as questões jurídicas que são objeto do processo, constituindo as alegações o encerramento da fase da discussão da causa na 1.ª instância[672].

Será importante salientar que, de acordo com a jurisprudência do STA, o facto de as partes terem tido oportunidade de se pronunciar sobre os documentos apresentados pela parte contrária, não dispensa as alegações[673]. Além disso, quase será desnecessária a referência ao facto de que, neste momento, já não é permitida a produção de prova a requerimento das partes – não são se trata de produção de prova, mas de "argumentação"[674] –, embora se admita que o possa ser por iniciativa do juiz (*princípio do inquisitório*).

A falta de alegações motivada pela ausência de notificação para a sua apresentação, podendo ter influência na decisão final, é fundamento de nulidade processual[675].

Naturalmente, e relacionado com o anteriormente dito, não haverá lugar à notificação para alegações nas seguintes situações:
i) Se o juiz conhecer imediatamente do pedido;
ii) Se toda a prova constar do processo (*dossier*) administrativo; ou
iii) Se o Tribunal o entender desnecessário.

6.2.5.6. Vista ao Ministério Público
Antes da prolação da sentença, e após as alegações terem sido apresentadas – ou decorrido o respetivo prazo – "o juiz dará vista ao Ministério

---

[672] Assim, acórdãos do STA de 17 de maio de 2017, processo n.º 0302/17, e do TCA – S de 19 de outubro de 2004.
[673] Assim, acórdão do STA de 02 de junho de 2010, processo n.º 026/10
[674] Assim, declaração de voto da Conselheira Ana Paula Lobo, anexa ao acórdão do STA de 03 de julho de 2019, processo n.º 0499/04.6BECTB 01522/15.
[675] V., uma vez mais, acórdão do STA de 02 de junho de 2010, processo n.º 026/10.

Público para, se pretender, se pronunciar expressamente sobre as questões de legalidade que tenham sido suscitadas no processo ou suscitar outras nos termos das suas competências legais"[676].

Acerca desta importante fase – onde se evidencia de uma forma particularmente expressiva o relevantíssimo papel do Ministério Público enquanto defensor da legalidade e do Interesse público – várias observações merecem saliência:
- Em primeiro lugar, e como diz o próprio CPPT (art.º 121.º, n.º 2), se o Ministério Público suscitar questão que obste ao conhecimento do pedido, serão ouvidos o impugnante e o representante da Fazenda Pública[677];
- Em segundo lugar, aberta a vista, o Ministério Público pode requer uma nova diligência. Se for o caso, e tal diligência for deferida pelo juiz e depois levada a efeito – o que pode não acontecer, pois o juiz não está obrigado a tal[678] – impõe-se, antes da sentença, uma nova vista ao Ministério Público. Caso tal não aconteça – i. é, o juiz profere decisão sem nova vista – estaremos perante um caso de nulidade da sentença, que poderá ser arguida aquando do recurso desta[679].
- Além disso, defende a jurisprudência que o Ministério Público pode também arguir vícios novos[680]. Neste caso, está o juiz obrigado a pronunciar-se expressamente sobre tais vícios, sob pena de nulidade da sentença por omissão de pronúncia[681].

6.2.5.7. Sentença
Finalmente, serão os autos conclusos para decisão do juiz, que proferirá sentença, que deverá ser posteriormente notificada (no prazo de 10 dias) ao Ministério Público, ao impugnante e ao representante da Fazenda Pública[682].

---

[676] V. art.º 121.º, n.º 1, do CPPT.
[677] V. acórdãos do STA de 6 de março de 2013, processo n.º 0842/12 e de 14 de setembro de 2016, processo n.º 0946/16.
[678] Cfr. acórdão do STA de 4 de março de 1998, processo n.º 020830.
[679] Assim, acórdão do STA de 18 de junho de 2003, processo n.º 0807/03.
[680] Cf. acórdãos do STA de 31 de outubro de 2000, processo n.º 025516 e de 15 de maio de 2013, processo n.º 01021/12.
[681] Neste sentido, acórdãos do STA de 5 de novembro de 1997, processo n.º 021043 e de 15 de março de 1998, processo n.º 020830.
[682] V. art.os 122.º, n.º 1, e 126.º do CPPT.

Esse juiz, de acordo com a jurisprudência, não tem que ser o mesmo que presidiu à instrução[683].

Nos termos do art.º 123.º, "a sentença identificará os interessados e os factos objeto de litígio, sintetizará a pretensão do impugnante e respetivos fundamentos, bem como a posição do representante da Fazenda Pública e do Ministério Público, e fixará as questões que ao tribunal cumpre solucionar". Além disso, deve o juiz discriminar, de uma forma fundamentada, a matéria provada da não provada.

A sentença será nula se[684]:
- Faltar a assinatura do juiz;
- Não forem especificados os fundamentos (de facto e de Direito) da decisão[685];
- Houver oposição entre os fundamentos e a decisão[686];
- O juiz não se pronunciar sobre questões que deva obrigatoriamente fazê-lo (v.g., por serem de conhecimento oficioso);
- O juiz se pronunciar sobre questões que não deva conhecer (excesso de pronúncia).

No que diz respeito ao seu conhecimento, a falta da assinatura do juiz pode ser suprida oficiosamente ou a requerimento dos interessados, enquanto for possível obtê-la, devendo o juiz declarar a data em que

---

[683] Assim, acórdão do TCA-S de 12 de julho de 2017, processo n.º 415/12.1BEBJA.

[684] V. art.º 125.º, n.º 1, do CPPT.

[685] Sobre o dever de fundamentação, v. acórdãos do STA de 16 de janeiro de 2013, processo n.º 0343/12; de 6 de março de 2013, processo n.º 0828/12; de 6 de maio de 2015, processo n.º 01340/14, e acórdãos do TCA-S de 19 de fevereiro de 2015, processo n.º 05336/12 e de 10 de novembro de 2016, processo n.º 09865/16. Neste particular (lê-se nesta última decisão), constitui jurisprudência reiterada e constante do STA, que "apenas a absoluta falta de fundamentação" – e não também a fundamentação medíocre, insuficiente, incongruente ou contraditória – é geradora de nulidade da decisão, sendo que "aqueles outros vícios poderão afetar o seu valor doutrinal, sujeitando-a ao risco de ser revogada no recurso, mas não determinando a respetiva nulidade".

[686] Em referência específica a estes casos refere o STA (acórdão de 28 de julho de 2010, processo n.º 0477/10: "Entre os fundamentos e a decisão não pode haver contradição lógica; se, na fundamentação da sentença, o julgador seguir determinada linha de raciocínio, apontando para determinada conclusão, e, em vez de a tirar, decidir noutro sentido, oposto ou divergente, a oposição será causa de nulidade da sentença". V. também, do mesmo Tribunal, acórdão de 12 de maio de 2016, processo n.º 01441/15.

assina[687], ao passo que as restantes causas de nulidade da sentença, devem ser arguidas pelas partes.

Observe-se que a oposição entre os fundamentos e a decisão não se confunde com o erro na subsunção dos factos nem com o erro na interpretação das normas. Na verdade, nas situações em que o juiz entende – porventura erroneamente – que dos factos apurados resulta determinada consequência jurídica e esta sua convicção é retirada direta ou indiretamente da fundamentação, encontramo-nos perante a distinta figura do *erro de julgamento*[688].

No que particularmente concerne ao excesso de pronúncia, acima referido, deve salientar-se que apenas releva para tal fim a parte dispositiva da sentença e não a sua fundamentação. Significa isto que quando a lei se refere a "questões" que o juiz não deva conhecer não tem em vista nem abrange os argumentos ou razões jurídicas invocadas pelas partes – até porque esse mesmo juiz é livre na qualificação jurídica dos factos –, mas "reporta-se apenas às pretensões formuladas ou aos elementos inerentes ao pedido e à causa de pedir"[689]. Como situação que materializa um tal excesso pode apontar-se, por exemplo, o conhecimento por parte do juiz do mérito da questão após ter concluído pela existência de uma exceção dilatória. Neste caso, o Tribunal tinha apenas de absolver da instância, estando-lhe vedado o conhecimento do mérito da impugnação[690].

A partir daqui, e como se compreende, extingue-se o poder jurisdicional do juiz em relação ao litígio. De facto, dirimido o conflito, e porque o poder jurisdicional só está conferido ao juiz como mero instrumento legal para o decidir, deixa de estar habilitado a partir do momento em que já o exerceu.

Esta regra encontra o seu fundamento no princípio da segurança jurídica e na ideia de que "só assim se pode estruturar um sistema ordenado de recursos, pois, de contrário, ficaria por saber que reconside-

---

[687] Cfr. art.º 125.º, n.º 2 do CPPT.
[688] V. acórdão do STA de 6 de maio de 2015, processo n.º 01340/14.
[689] Neste sentido, acórdãos do TCA-S de 12 de outubro de 2004, processo n.º 00093/04 e de 20 de outubro de 2009, processo n.º 03206/09.
[690] Cfr. n.º 2 do artigo 576.º do CPC, aplicável *ex vi* da alínea e) do art.º 2.º do CPPT, e acórdãos do STA de 2 de junho de 2010, processo n.º 0154/10 e de 6 de novembro de 2014, processo n.º 01751/13.

ração da anterior decisão haveria de ser elegida para objeto do recurso". Por outras palavras, a possibilidade de livre alteração do decidido por banda do juiz seria "de todo em todo intolerável, sob pena de criar a desordem, a incerteza, a confusão".

Além disso, propicia-se que o juiz, interiorizando a consciência de que apenas pode exercer o poder de decidir a questão de uma vez, o faça com acrescidas cautelas e com ponderação de todas as regras legais[691].

6.2.6. Os efeitos da decisão (execução do julgado)
Como dissemos, o processo de impugnação judicial visa a anulação de atos tributários.

Estamos, portanto, em presença de um contencioso anulatório, no âmbito do qual a *tutela é indireta*, ou seja, não se opera pela restauração direta da situação individual do lesado, mas apenas mediante a posterior e necessária atuação da Administração, que deve tomar as providencias adequadas para que a decisão do Tribunal produza os seus efeitos[692].

Precisemos os contornos desta afirmação.

Em caso de procedência da pretensão do sujeito passivo, a ideia de caso julgado e o princípio constitucional da prevalência das decisões judiciais acarretam que sobre a Administração impendam dois deveres[693]:
i) Em primeiro lugar, o dever de reconstituir a legalidade do ato ou situação objeto do litígio – trata-se de fazer com que o ato impugnado desapareça do ordenamento e que as coisas voltem a ser repostas no estado em que se encontrariam se tal ato não tivesse sido praticado. Tal passa, em particular, pela restituição da quantia que ao contribuinte foi indevidamente exigida e que ele satisfez. Naturalmente que, em face da factualidade do caso em concreto e tendo em conta as regras de tempestividade (v.g., prazos de caducidade), a Administração pode praticar um novo ato (agora, legal) que ocupa o lugar do anulado. Não pode é, contudo, praticar um ato idêntico ao anterior, sob pena de violar o caso julgado. Refere a este

---

[691] V., a respeito, acórdão do STA de 24 de janeiro de 2007, processo n.º 0159/06 e de 3 de fevereiro de 2010, processo n.º 01018/19.
[692] Cfr. acórdãos do STA de 20 de outubro de 2004, processo n.º 01076/03 e de 11 de outubro de 2006, processo n.º 01121/05.
[693] Cfr. art.os 205.º, n.º 2, da CRP e 100.º da LGT.

respeito a jurisprudência que "se os vícios detetados no ato pelo tribunal são de ordem formal, a Administração pode renová-lo, o que, na prática, se traduz na produção de um novo ato que ocupa o lugar do anulado e que deve respeitar a forma antes desobedecida. Mas se, ao invés, a anulação assentou na verificação de vícios de natureza substancial (...), a Administração, para honrar o julgado, não pode voltar a socorrer-se do mesmo quadro normativo. Se o fizer reincide na mesma ilegalidade; além de, desta feita, incorrer noutra, ao desrespeitar o caso julgado"[694].

ii) Em segundo lugar, o dever de, sendo caso disso, pagar juros indemnizatórios para compensar o contribuinte pela privação dos meios monetários que foi obrigado a entregar ao Fisco. Estes juros são devidos quando se prove que houve *erro imputável aos serviços* – em situações nas quais a AT tinha possibilidade de escolha[695] – de que resulte pagamento da dívida tributária em montante superior ao legalmente devido, e não dependem da existência de qualquer sentença que expressamente os preveja, pois trata-se de uma obrigação que se constitui pelo simples facto de o ato tributário ter sido anulado[696]/[697].

Contudo, importa salientar que a prevalência do caso julgado não pode significar a existência de *sentenças impositivas*, através das quais o Tribunal imponha condutas reconstitutivas à Administração. Uma vez

---

[694] Assim, acórdão do STA de 11 de outubro de 2006, processo n.º 01121/05.
[695] V. acórdão do STA de 30 de janeiro de 2019, processo n.º 0564/18.2BALSB.
[696] V. art.º 43.º, n.º 1 da LGT. Saliente-se que muito embora o preceito refira as expressões "reclamação graciosa" e "impugnação judicial" estas "não devem ser interpretadas literalmente, mas sim extensivamente, por forma a abranger outros meios administrativos e contenciosos que os sujeitos passivos têm ao seu dispor para impugnação dos atos de liquidação" (assim, acórdãos do STA de 03 de maiode 2006, processo n.º 0350/06 e TCA-S de 26 de junho de 2014, processo n.º 07726/14). Refira-se que, igualmente, pode haver lugar ao pagamento de juros moratórios (art.º 102.º, n.º 2 da LGT); a respeito destes, v. acórdãos do STA de 07 de março de 2007, processo n.º 01220/06 e do TCA-S de 28 de abril de 2016, processo n.º 08784/15.
[697] Quanto à possibilidade de cumulação de juros indemnizatórios e moratórios sobre a mesma quantia e relativamente ao mesmo período de tempo, o STA inverteu aquela que constituía a sua posição (por exemplo, ínsita no acórdão de 06 de fevereiro de 2013, processo n.º 01114/12), passando a admitir expressamente tal possibilidade – cfr. acórdão do STA de 07 de junho 2017, processo n.º 0279/17.

que se trata aqui de um contencioso de mera anulação, ao Tribunal "compete apenas aferir da legalidade das liquidações impugnadas e, caso entenda que as mesmas enfermam de vício que determina a sua anulação, anulá-las"[698]. Não pode, no seguimento da decisão, determinar quais os procedimentos a seguir pela Administração na reconstituição da legalidade.

Se eventualmente, se vier a constatar que a Administração não adotou todos os comportamentos pertinentes para esse fim, então deve-se lançar mão do meio processual de execução de julgados para garantir a execução integral da sentença[699].

6.2.7. Os incidentes

Após a análise da tramitação, por assim dizer, regular do processo de impugnação judicial, impõe-se agora uma referência, ainda que breve, a algumas tramitações acessórias ou laterais daquela, mas que nela podem influir – os incidentes. Estes mais não são do que enxertos ou conjuntos de atos destacáveis de um processo, resolvidos autonomamente.

Em qualquer processo, e no âmbito da tentativa de resolução da questão principal – aquela que leva as partes a Tribunal (v.g., a apreciação da legalidade de um ato tributário) – pode surgir outra questão que com ela se relaciona e que se assume como prejudicial, no sentido em que a solução a dar àquela depende da prévia solução a dar a esta. Tal questão prejudicial pode ser designada por questão "incidental" e, na medida em que é resolvida autonomamente, convoca o nascimento de uma tramitação própria que se designa por "incidente". Deste modo, características marcantes de um incidente são (i) a acessoriedade em relação à questão principal e (ii) a autonomia da respetiva tramitação.

Embora a teoria geral do processo conheça outros[700], o legislador, em processo de impugnação judicial, autonomizou três incidentes (art.º 127.º, n.º 1 do CPPT):

i) O incidente de *assistência*. Trata-se aqui de permitir a intervenção no processo de alguém que tem um interesse indireto na reso-

---

[698] Cfr. acórdão do TCA-S de 26 de outubro de 2004, processo n.º 02465/99.

[699] V. o que dissemos surpa, Introdução, apartado 3.3. (A força das decisões jurisdicionais e a execução de julgados).

[700] Como, por exemplo, os incidentes de incompetência relativa, falsidade, ou verificação do valor da causa.

lução do litígio em causa. O assistente não pretende fazer valer uma pretensão sua, mas está antes interessado que o sujeito a quem assiste (o assistido) tenha ganho na causa. Este incidente poderá verificar-se nos seguintes casos (nos quais a sentença produzirá caso julgado face ao assistente relativamente ao objeto da impugnação – art.º 129.º do CPPT):
- Intervenção do substituto nas impugnações deduzidas pelo substituído;
- Intervenção do substituído nas impugnações deduzidas pelo substituto;
- Intervenção do responsável subsidiário nas impugnações deduzidas pelo contribuinte (i. é, sujeito passivo originário).

Importa destacar que este incidente de assistência não é permitido no processo tributário com o mesmo âmbito e amplitude com que vigora no processo civil. Na verdade, aqui (processo tributário), só é facultado em sede de impugnação judicial, e não em qualquer outro processo, além de não ser admitido a intervir todo o "titular de uma relação jurídica cuja consistência prática ou económica dependa da pretensão do assistido" – como refere o art.º 326.º, n.º 2, do CPC – mas tão somente quem se encontre numa das situações acima referidas (substituto, substituído, ou responsável subsidiário)[701].

ii) O incidente de *habilitação*. Este incidente pode verificar-se quando haja necessidade de uma alteração subjetiva da instância. Nos termos do CPPT, tal pode acontecer quando, no decurso do processo, falecer o impugnante e o sucessor pretenda impor a sua posição processual (art.º 130.º).

iii) O incidente de *apoio judiciário*, nos termos gerais do princípio de acesso ao Direito e aos Tribunais[702].

---

[701] Cfr., a propósito, acórdão do STA de 10 de janeiro de 2007, processo n.º 01001/06.

[702] Como se sabe, tal princípio destina-se a promover que a ninguém seja dificultado ou impedido, em razão da sua condição social ou cultural, ou por insuficiência de meios económicos, de conhecer, fazer valer ou defender os seus direitos. A proteção jurídica daqui resultante – que reveste as modalidades de consulta jurídica e de apoio judiciário – pode ser requerida, em geral, pelas pessoas que demonstrem não dispor de meios económicos bastantes para suportar os honorários dos profissionais forenses, e para custear os encargos normais de uma causa judicial.

Após o incidente ter sido suscitado (por exemplo, mediante uma petição ou um requerimento), o juiz dispõe de um prazo de 15 dias para responder, devendo o Ministério Público ser ouvido obrigatoriamente antes da decisão (art.º 127.º, n.ᵒˢ 2 e 3 do CPPT).

Em tudo o resto, os incidentes serão processados e julgados nos termos do Código de Processo Civil (art.º 128.º do CPPT).

6.2.8. Especial referência à impugnação judicial de atos distintos do ato de liquidação

Até ao momento, neste sub-segmento de estudo, tem-se dedicado a atenção à impugnação judicial incidente sobre atos de liquidação ou atos tributários em sentido restrito. Todavia, foi dito que esta forma processual pode ter por objeto outras espécies de atuações administrativas no domínio tributário, como, por exemplo, os atos administrativos em matéria tributária que comportem a apreciação da legalidade do ato de liquidação.

Pois bem. Ainda que de um modo breve e conciso, importa efetuar uma referência apartada a estas situações, enfatizando todavia que, segundo se entende no contexto destas *Lições*, não se trata de reconhecer outros processos impugnatórios, mas ainda e somente o mesmo tipo

---

Em termos de tramitação, a concessão do apoio judiciário compete ao juiz da causa para a qual é solicitada, constituindo um incidente do respetivo processo e admitindo oposição da parte contrária, e o respetivo pedido deve ser formulado nos articulados da ação a que se destina ou em requerimento autónomo, quando for posterior aos articulados, ou a causa ou não admita. O requerente deve alegar sumariamente os factos (v.g., os rendimentos e remunerações que recebe, os seus encargos pessoais e de família e as contribuições e impostos que paga) e as razões de direito que interessam ao pedido, oferecendo logo todas as provas. Além disso, o prazo que estiver em curso no momento da formulação do pedido interrompe-se por efeito da sua apresentação e reinicia-se a partir da notificação dos despachos que dele conhecer. Formulado o pedido de apoio judiciário, o juiz profere logo despacho liminar, e não sendo indeferido o pedido, a parte contrária é citada ou notificada para contestar. Tal contestação é deduzida no articulado seguinte ao do pedido, ou não havendo, em articulado próprio, no prazo de cinco dias, devendo com a contestação ser oferecidas todas as provas. As decisões proferidas em qualquer tipo de processo ou jurisdição que concedam ou deneguem o apoio judiciário admitem recurso, em um só grau, independentemente do valor do incidente e tal recurso, quando interposto pelo requerente, tem efeito suspensivo da eficácia da decisão, subindo imediatamente e em separado, sendo o seu efeito meramente devolutivo nos demais casos.

processual incidente sobre distintos atos e, por causa disso, revestindo uma configuração jurídico-processual distinta.

Neste contexto, cabe distinguir:
i) Impugnação judicial de atos de fixação da matéria tributável horizontalmente definitivos, isto é não seguidos de um ato de liquidação [97.º, n.º 1, alínea b) do CPPT] – a título de exemplo, basta pensar que o obrigado tributário pode não concordar com o resultado de um ato de fixação – por métodos diretos ou indiretos – de prejuízos fiscais da sua atividade empresarial em sede de IRS (categoria B) ou IRC. Nestes casos, deverá questionar esse ato desde logo – ainda que não veja a sua esfera jurídica gravada com qualquer ato de liquidação ou exigência de pagamento –, de modo a não ser eventualmente prejudicado no reporte a que possa ter direito;
ii) Impugnação judicial de atos administrativos em matéria tributária que comportem a apreciação da legalidade do ato de liquidação [97.º, n.º 1, alínea d) do CPPT] – trata-se de considerar aqueles atos que, não incidindo diretamente sobre uma liquidação (daí que sejam qualificados como atos administrativos em matéria tributária), acabam por tê-la por referência, na medida em que o que verdadeiramente se questiona é o valor de um tributo a pagar. Assim acontece, por exemplo, quando o contribuinte pretende aceder à via jurisdicional após o indeferimento de um recuso hierárquico interposto no seguimento do indeferimento de uma reclamação graciosa[703];
iii) Impugnação judicial de atos de fixação de valores patrimoniais [97.º, n.º 1, alínea f) do CPPT] – aqui, tem-se principalmente em vista os atos de fixação de valor em sede de tributos sobre o património (IMI, IMT, certas taxas, contribuições especiais, etc.), designadamente, avaliações às quais pode não se seguir liquidação de tributo. Em tais casos, o interessado – ainda que não seja convocado a pagar quantia alguma –, pode querer questionar jurisdicionalmente esse valor, até porque, se o não fizer, o mesmo poderá consolidar-se no ordenamento e servir de base no futuro a várias liquidações. As regras específicas deste tipo impugnatório estão previstas no art.º 134.º do CPPT, sendo de destacar a ausência de

---

[703] Cfr. art.º 76.º, n.º 2, do CPPT.

efeito suspensivo e a necessidade de esgotamento dos meios administrativos prévios (n.º 7) e as regras específicas para impugnar as incorreções nas inscrições matriciais (n.ºˢ 3 e ss.)[704];

iv) Impugnação judicial de atos de agravamento à coleta, nas situações em que o contribuinte utiliza os meios administrativos de reação de modo considerado infundado pela AT [97.º, n.º 1, alínea e) do CPPT][705]. Neste particular, não pode deixar de se censurar a redação legal constante no art.º 77.º, n.º 3 do CPPT, que quase "convida" o Tribunal a efetuar um controlo do mérito da decisão administrativa de aplicação do agravamento.

Por fim, não pode deixar passar-se em claro o facto de que também são suscetíveis de impugnação judicial os atos de auto-liquidação[706], de retenção na fonte[707], de pagamento por conta[708], casos em que, como regra, se exige o esgotamento da via de reclamação administrativa, motivo pelo qual se remete para o que supra se disse a tal propósito[709].

6.3. O recurso contencioso dos atos administrativos em matéria tributária que não comportem a apreciação da legalidade do ato de liquidação (ação administrativa)

A primeira menção que deve ser feita no momento de se proceder ao estudo e à análise deste meio processual diz respeito exatamente à sua denominação, pois trata-se de um meio que tem ainda por referência uma linguagem herdada dos quadros terminológicos provenientes da antiga legislação administrativa.

Na realidade, o recurso contencioso já não existe com essa denominação, tendo sido "substituído" pela ação administrativa. É este, precisamente, o sentido da remissão atualística prevista no art.º 191.º do CPTA, nos termos do qual: "A partir da data da entrada em vigor deste Código, as remissões que, em lei especial, são feitas para o regime do recurso

---

[704] V., a respeito, art.º 13.º, n.º 3, do CIMI.
[705] Cfr. art.ºˢ 77.º, n.º 3, do CPPT ou 91.º, n.º 7, da LGT.
[706] Cfr. art.º 131.º do CPPT
[707] Cfr. art.º 132.º do CPPT.
[708] Cfr. art.º 133.º do CPPT.
[709] Cfr. I, 5.8.3., f).

contencioso de anulação de atos administrativos consideram-se feitas para o regime da ação administrativa".

***

A ação administrativa é um meio processual que está disciplinado nos art.ᵒˢ 37.º e ss. do CPTA e que tem como objeto, entre outras, questões jurídicas relacionadas com o exercício de poderes de autoridade materializados na emissão de atos administrativos (individuais e concretos) ou regulamentos (normas administrativas, gerais e abstratas)[710]. Na sua abrangência compreende especificamente – e entre bastantes outras pretensões – (i) os processos de impugnação de atos administrativos e normas regulamentares e (ii) os processos dirigidos à condenação da Administração à emissão desse tipo de atos.

Especificamente em matéria tributária, esta ação administrativa é particularmente utilizada por parte dos contribuintes ou outros interessados nas situações em que esteja em causa a apreciação de atos administrativos relativos a questões tributárias que *não comportem* a apreciação da legalidade do ato de liquidação (por exemplo, o ato de revogação de isenções ou de outros benefícios fiscais, ou um despacho de sujeição a determinado regime de tributação)[711]. Aqui, a remissão para o contencioso administrativo em sentido restrito parece ter pleno cabimento, principalmente se for tida em consideração a circunstância de que, diferentemente do que acontece no âmbito do processo de impugnação acima analisado, não se verifica nesta sede qualquer especialidade relevante em face do Direito processual administrativo, pois o ato sindicado não deixa de se configurar como um ato administrativo perfeitamente indiferenciado[712].

---

[710] Para maiores e profícuos desenvolvimentos, úteis na compreensão destas matérias e pressupostos na teleologia destas *Lições*, v. ALMEIDA, Mário Aroso de, *Manual de Processo Administrativo*, Almedina, Coimbra, reimpressão da 3.ª edição, 2017; BRITO, Wladimir, *Lições de Direito processual administrativo*, 2.ª edição, Coimbra editora, Coimbra, 2008, 87 e ss.; e FONSECA, Isabel Celeste, *Direito processual administrativo – roteiro prático*, 3.ª edição, Almeida & Leitão, Lda, Porto, 2011, 101 e ss..

[711] Cfr. art.º 97.º, n.º 1 alínea p) e n.º 2 do CPPT. V., a respeito, acórdãos do STA de 8 de novembro de 2006, processo n.º 0382/06 e de 3 de maio de 2017, processo n.º 0777/16.

[712] Cfr. acórdão do STA de 2 de maio de 2007, processo n.º 01128/06.

Nesta conformidade, o pedido será, em princípio e na maior parte das situações, a anulação do ato administrativo respetivo ou a declaração da sua nulidade ou inexistência jurídica[713], e a ação deverá ser proposta no prazo de 3 meses a contar da notificação do mesmo[714].

Em termos de tramitação (e ainda tendo por referência o caso mais recorrente de impugnação de atos administrativos), a instância constitui-se com a propositura da ação, e esta considera-se proposta logo que a petição inicial seja recebida na secretaria do Tribunal ao qual é dirigida. Essa petição deve mencionar (entre outras realidades)[715]:
- A identificação do ato jurídico impugnado;
- O órgão que o praticou;
- O pedido;
- Os factos essenciais que constituem a causa de pedir e as razões de Direito que servem de fundamento à ação;
- O valor da causa;
- Os meios de prova que tem intenção de utilizar.

Recebida a petição, incumbe à secretaria promover oficiosamente a notificação da Administração tributária para contestar no prazo de 30 dias[716], devendo esta deduzir, de forma articulada, toda a matéria relativa à defesa e juntar os documentos destinados a demonstrar os factos cuja prova se propõe fazer. Como regra, a falta de impugnação especificada não importa aqui confissão dos factos articulados pelo autor, mas o Tribunal aprecia livremente essa conduta para efeitos probatórios[717].

Findos os articulados, o processo é concluso ao juiz, o qual poderá, nomeadamente:
- Proferir despacho pré-saneador (por exemplo, com o objetivo de suprimento de insuficiências ou imprecisões verificadas)[718];
- Proferir despacho saneador (designadamente se entender que deve conhecer total ou parcialmente do mérito da causa);

---

[713] Cfr. art.os 37.º, n.º 1, e 50.º do CPTA.
[714] Cfr. art.os 58.º, n.º 1, alínea b), do CPTA.
[715] Cfr. art.os 78.º, n.os 1 e 2, do CPTA.
[716] Cfr. art.os 81.º e 82.º do CPTA.
[717] Cfr. art.º 83.º, n.º 4, do CPTA.
[718] Cfr. art.º 87.º do CPTA.

– Convocar uma "audiência prévia"[719];
– Encetar uma tentativa de conciliação ou mediação[720].

Posteriormente, no âmbito da instrução, o juiz pode ordenar as diligências de prova que considere necessárias para o apuramento da verdade[721].

Posteriormente, e consoante as circunstâncias que rodeiam o caso, poderá proceder-se à realização de uma audiência final (que culminará com alegações orais) – quando haja prestação de depoimentos de parte, inquirição de testemunhas ou prestação de esclarecimentos verbais por peritos –, ou a simples apresentação de alegações escritas, no caso de outras diligências de prova[722].

Encerrada a audiência final, apresentadas as alegações escritas, ou decorrido o respetivo prazo, o processo é concluso ao juiz, para ser proferida sentença no prazo de 30 dias[723].

6.4. Ação para reconhecimento de um direito ou interesse em matéria tributária

Como já tivemos oportunidade de dizer, o contencioso tributário é um contencioso pleno, no sentido em que procura dar seguimento à exigência constitucional de tutela jurisdicional completa (art.º 268.º, n.º 4).

Por isso se compreende que o processo de impugnação judicial e a ação administrativa, não sendo suficientes para proteger os particulares sempre que a sua esfera jurídica é afetada – pois ficam fora do seu âmbito de aplicação, por exemplo, os casos em que existe uma omissão administrativa lesiva –, devam ser complementados com outros meios que incluam as situações que não são por si abrangidas. Tal meio poderá ser a ação para reconhecimento de um direito ou interesse em matéria tributária.

Neste caso, procura-se obter do Tribunal apenas o reconhecimento de determinado estatuto jurídico ou direito (v.g., o estatuto de portador

---

[719] Cfr. art. 87.º-A, do CPTA. Deve notar-se que, nos termos do art.º 87.º-B, tal audiência pode não se realizar.
[720] Assim, art.º 87.º-C, do CPTA.
[721] Cfr. art.º 90.º do CPTA.
[722] Cfr. art.ᵒˢ 91.º, n.º 1, e 91.º-A, do CPTA.
[723] Cfr. art.º 94.º do CPTA.

de deficiência para efeitos fiscais; o estatuto de sujeito abrangido pelo regime "X" ou "Y" de determinado tributo; o estatuto de "empresa em situação económica difícil"; o estatuto de "consumidor final"; o direito a receber juros, etc.), pressupondo-se que o mesmo não tem vindo a ser reconhecido pela Administração tributária.

Exemplificando: se o contribuinte procura obter da parte da Administração o reconhecimento de um estatuto de deficiente para efeitos de IRS, estatuto esse que continuamente lhe vem sendo negado – sendo-lhe sempre liquidado aquele imposto sem ser considerado como tal –, o meio mais adequado para a "obrigar" a assumir essa situação jurídica é o recurso à via contenciosa por meio desta ação.

Por aqui se vê que são três, entre outras, as notas distintivas deste meio processual:
i) É uma autêntica ação, instaurada *ex novum* no Tribunal tributário, não tendo, portanto, natureza recursiva, assumindo as características de uma verdadeira ação declarativa de simples apreciação (o interessado não está a colocar em crise nenhum ato lesivo anterior);
ii) Tem atrás de si um comportamento, positivo ou negativo (por ação ou por omissão), de não reconhecimento administrativo;
iii) Tem por finalidade a definição futura de situações jurídicas semelhantes.

Assim sendo, a distinção em relação aos meios impugnatórios até agora analisados (processo de impugnação judicial e ação administrativa) é patente: nestes últimos, tem-se em vista a correção de uma situação passada (atos já praticados) por via da sua anulação, declaração de nulidade ou inexistência; aqui, procura-se encontrar uma solução para vinculação futura, fixando um arsenal de efeitos completamente novos, mas sem bulir com situações passadas.

Não se trata, nem se pode tratar, de uma duplicação dos mecanismos contenciosos utilizáveis[724], nem eles estão numa relação de alternatividade, não podendo o particular optar por um ou por outro, por um em

---

[724] A este propósito, cfr. acórdão do TC n.º 435/98, disponível em http://www.tribunal constitucional.pt.

seguida do outro ou por um porque precludiu o prazo do outro[725]. O seu âmbito de aplicação e objetivo são perfeitamente distintos e diferenciados: atos tributários lesivos e respetiva anulação, no caso do processo de impugnação *lato sensu*; falta de reconhecimento de uma situação jurídica e necessidade de fixação de direitos ou interesses, no caso do meio ora em referência[726].

***

Ora, este meio processual em análise terá natureza subsidiária e só será efetivo se "os demais meios processuais postos por lei à disposição do administrado/contribuinte (...) se revelarem porventura inadequados à (...) garantia constitucional da tutela judicial efetiva"[727]. Aliás, o próprio CPPT é sensível a este aspeto, ao referir no n.º 3 do seu art.º 145.º que "as ações apenas podem ser propostas sempre que esse meio processual for o mais adequado para assegurar uma tutela plena, eficaz e efetiva do direito ou interesse legalmente protegido". Em conclusão, sempre que o contribuinte puder utilizar outro meio, como o processo

---

[725] Refere, por exemplo, o STA, num acórdão de 17 de maiode 2006, processo n.º 01252/05: "(...) Daí que se recuse a este meio processual a função de uma segunda garantia de recurso aos tribunais, perdida a primeira pela preclusão do respetivo prazo". V., ainda, acórdãos do STA de 6 de maio de 2015, processo n.º 01949/13, e de 17 de outubro de 2012, processo n.º 0295/12.

[726] O referido no texto não prejudica, entende o STA, a cumulação de pretensões, designadamente, a possível utilização simultânea desta ação para apreciação de vários pedidos, v.g., de reconhecimento de um estatuto e de anulação de ato de tributação. De facto refere-se no acórdão de 2 de junho de 2010, processo n.º 0118/10, que "quando justificadamente o contribuinte pretende a definição judicial dos seus direitos em matéria tributária para além da mera impugnação contenciosa de atos de liquidação, não há obstáculo a que utilize a ação para reconhecimento de um direito ou interesse legítimo em matéria tributária, em que cumule com o pedido de anulação de atos os pedidos que entender adequados. Esta adequação processual [prossegue-se adiante] da ação para reconhecimento de um direito ou interesse legítimo em matéria tributária não implica, naturalmente, que os pedidos formulados tenham viabilidade de procedência, nem significa que o interessado possa ganhar direitos de impugnação que já tenham caducado, mas as questões de saber se esses pedidos devem ou não proceder têm a ver com o mérito da ação e não com a forma de processo adequado para os apreciar, que não pode deixar de ser a ação para reconhecimento de um direito ou interesse legítimo em matéria tributária".

[727] Cfr. acórdão do TC n.º 435/98, e acórdão do STA de 29 de janeiro de 2003, processo n.º 01514/02.

de impugnação judicial, deverá fazê-lo, pois, este sim, será o "meio adequado" para tutelar a sua posição jurídica.

O impulso processual (propositura) está a cargo de "quem invoque a titularidade do direito ou interesse a reconhecer" (art.º 145.º, n.º 1 do CPPT), no prazo de 4 anos após a constituição do direito ou o conhecimento da lesão do interessado (n.º 2).

Quanto à tramitação, segue "os termos do processo de impugnação, considerando-se na posição de entidade que praticou o ato a que tiver competência para decidir o pedido" (n.º 4). Atenta a sistematização que adotamos, e uma vez que já debruçamos a nossa atenção sobre tal matéria, para lá remetemos, neste particular.

Apenas será de salientar que, na fase da iniciativa (petição inicial), se torna indispensável a identificação da parte contra quem é proposta a ação. Se tal não acontecer, não se sabe quem é que o autor pretende que reconheça o direito ou interesse em causa, e estaremos perante uma "ação sem partes", devendo a petição ser indeferida por ineptidão[728].

6.5. Processo de execução fiscal

6.5.1. Enquadramento e natureza

O processo de execução fiscal é um meio processual que tem por objetivo realizar um determinado direito de crédito, na maior parte das situações um tributo. Trata-se de uma verdadeira ação[729] – embora com uma forte componente não jurisdicional, pois muitos atos são praticados por órgãos administrativos – que é instaurada com base num título formal (título executivo), dotado de coatividade e definitividade, que declara de uma forma fundamentada o valor da dívida em causa.

De um modo geral, o processo executivo é enformado por uma ideia de preferência do direito do credor (*favor creditoris*): porque o devedor não cumpriu a sua obrigação, o processo executivo envolve um ato (penhora) mediante o qual são desapossados do seu património alguns

---

[728] Neste sentido, acórdão do STA de 11 de junho de 1997, processo n.º 021386.
[729] Cfr. o art.º 103.º, n.º 1 da LGT. Sobre as dificuldades inerentes à respetiva qualificação jurídica, v. o nosso *Sobre a natureza jurídica dos atos praticados em execução fiscal*, in *Execução fiscal* (e-book), Centro de Estudos Judiciários, Lisboa, 2019, pp. 35 e ss, disponível em http://www.cej.mj.pt/cej/recursos/ebooks/Administrativo_fiscal/eb_ExecucaoFiscal.pdf

bens, bens esses que são posteriormente entregues ao órgão da execução e vendidos, revertendo o produto da venda para o credor.

Quanto às dívidas que podem ser cobradas em processo de execução fiscal, elas deverão ser (i) certas – no sentido em que não existem dúvidas quanto aos sujeitos devedores nem quanto à natureza e conteúdo das prestações em que as mesmas se materializam–, (ii) líquidas – no sentido em que não existem dúvidas quanto ao respetivo montante – e (iii) exigíveis – no sentido em que não existem dúvidas quanto ao momento para serem reivindicadas –, o que se afere em face do título executivo em causa. Importa por isso notar que, em princípio, não se discutirão no processo de execução questões atinentes à validade (legalidade) da dívida, devendo estas questões considerar-se já resolvidas, ou porque pacíficas, ou porque o sujeito em causa não as levantou no tempo apropriado (mediante reclamação graciosa ou impugnação judicial) ou ainda porque, tendo-as levantado, não teve sucesso.

***

Importa ainda evidenciar que as diferenças relativamente ao processo de execução dito "comum" são assinaláveis, não apenas do ponto de vista do objeto e dos fins (atendendo à natureza das quantias a cobrar), mas igualmente do ponto de vista da tramitação formal. Basta pensar, por exemplo, e entre outras especificidades [vantagens?], no seguinte:
- Os fundamentos de defesa por parte do executado são bastante mais restritos em sede executiva tributária do que em sede executiva comum, como se pode constatar por via da comparação dos respetivos preceitos disciplinadores[730];
- Na execução fiscal existe um prazo máximo – sendo certo que meramente ordenador ou disciplinador – de um ano para a duração máxima do processo, o que não acontece na execução comum[731];
- Enquanto que no âmbito do processo de execução fiscal podem, em princípio, ser penhorados bens apreendidos por qualquer outro Tribunal (art.º 218.º, n.º 3 do CPPT), o inverso já não se verifica, uma vez que o CPC determina que pendendo mais de uma execução

---

[730] Respetivamente, art.os 204.º do CPPT e 728.º e ss. do CPC.
[731] Cf. art.º 177.º do CPPT.

sobre os mesmos bens, a execução em que a penhora tiver sido posterior deverá ser sustada (suspensa)[732]/[733].

Os principais intervenientes neste processo são, seguramente, o órgão de execução fiscal – que, como melhor se verá *infra*, nuns casos serão os serviços da ATA e, em outros casos, serão serviços próprios de cobrança das diferentes entidades credoras (Autarquias, Institutos Públicos, Universidades públicas, etc.) – e o executado, podendo nele igualmente intervir, consoante os seus desenvolvimentos, o juiz, outros credores, o representante da Fazenda Pública, ou o Ministério Público, entre outros.

Deve igualmente assinalar-se que ao Tribunal está reservado um papel relativamente limitado no desenvolvimento deste processo, podendo-se falar, a propósito, em *desjurisdicionalização*. Com efeito, e como teremos oportunidade de ver melhor, o juiz apenas será chamado a intervir quando se levante um litígio ou um conflito de pretensões, como por exemplo, nos casos de oposição à execução, embargos, reclamações, etc.[734]. Se tal dimensão conflitual não se verificar, toda a tramitação executiva pode impulsionar-se (nascer), desenvolver-se e extinguir-se nos quadros da Administração tributária, dando alguma razão a quem considera que, na verdade, se está aqui, não em face de um processo, mas antes de um procedimento.

A este conjunto de tópicos se voltará adiante, num momento próximo.

***

Após estas considerações introdutórias, importa averiguar quais são as dívidas que, em concreto, são suscetíveis de cobrança por meio deste instrumento processual.

---

[732] V. art.º 794.º, n.º 1 do CPC.
[733] Acerca da conformidade constitucional do n.º e do art.º 218.º do CPPT, v. acórdão do STA de 16 de dezembro de 2010, processo n.º 0806/10.
[734] Cf. art.º 151.º do CPPT. Em termos de competência, considera-se investido o Tribunal tributário da área do domicílio ou sede do devedor (mas, sede ou domicílio do devedor originário, não dos eventuais devedores subsidiários – neste sentido, v. acórdão do STA de 21 de outubro de 2015, processo n.º 01131/14).

6.5.2. O objeto do processo de execução fiscal

É comum a ideia de que o processo de execução fiscal é o meio processual adequado para proceder à cobrança coerciva das dívidas ao Estado.

Contudo, trata-se de uma ideia que só aproximadamente está correta, pois um adequado enquadramento desta questão deve ter presente que é inexato afirmar (i) que todas as dívidas ao Estado são cobradas mediante um processo de execução fiscal (não o sendo, por exemplo, determinadas coimas e outras sanções pecuniárias fixadas em sentenças ou acórdãos dos Tribunais comuns); e (ii) que o processo de execução fiscal apenas diz respeito a dívidas ao Estado (ele também pode ter por "objeto" dívidas a outras pessoas coletivas de Direito público e mesmo alguma relativamente às quais a qualificação jurídica é incerta).

Neste quadro, as dívidas que podem ser cobradas mediante um processo de execução fiscal são, nos termos do art.º 148.º do CPPT, as respeitantes a[735]:

i) Tributos (incluindo impostos aduaneiros, especiais e extrafiscais, e taxas), demais contribuições financeiras a favor do Estado, adicionais cumulativamente cobrados, juros e outros encargos legais;

ii) Coimas e outras sanções pecuniárias fixadas em decisões, sentenças ou acórdãos relativos a contra-ordenações tributárias, salvo quando aplicadas pelos Tribunais comuns;

iii) Coimas e outras sanções pecuniárias decorrentes da responsabilidade civil determinada nos termos do Regime Geral das Infrações Tributárias;

iv) Outras dívidas ao Estado e a outras pessoas coletivas de Direito público que devam ser pagas por força de ato administrativo;

v) Reembolsos ou reposições.

Ora, um elenco assim apresentado envolve, desde logo, duas dificuldades primaciais:

– Por um lado, as dificuldades inerentes aos contornos nem sempre bem definidos de certas figuras, relativamente às quais se questiona se serão ou não verdadeiros tributos (contribuições, tarifas, preços, etc.);

---

[735] Quanto à cobrança coerciva de dívidas à Segurança social, v. DL n.º 42/2001.

– Por outro lado, as dificuldades inerentes à utilização de uma fórmula tão vaga como "outras dívidas ao Estado e a outras pessoas coletivas de direito público que devam ser pagas por força de ato administrativo".

No que particularmente a estas últimas diz respeito, as dificuldades surgem da cumulação pelo legislador de conceitos indeterminados: "outras dívidas" – sem especificar quais – e "outras pessoas coletivas de Direito público" – também sem dizer quais. A este propósito, é seguro que o processo de execução fiscal apenas poderá ser utilizado se uma lei prévia o tiver consagrado e, geralmente, tal possibilidade especial – e tendencialmente mais vantajosa, como acima se procurou demonstrar – é admitida no diploma legal que aprova a lei orgânica da pessoa coletiva de Direito público em questão. Nestes casos, a representação processual, em princípio, caberá, não à AT, mas ao órgão interno respetivo, através de mandatário judicial[736].

Em certos casos, há que reconhecer, o legislador cuida de identificar claramente o tipo reditício a cobrar por via do processo executivo fiscal, sendo que, aí, não restam grandes dúvidas (como acontece em relação, por exemplo, a certas quantias devidas a inúmeros institutos públicos, prevendo-se nos respetivos estatutos as regras de cobrança). Em outros casos, porém, tal esforço não existe e aqui os Tribunais tributários têm procurado efetuar um cirúrgico trabalho de depuração – bastante complexo em determinadas situações – intentando admitir em sede executiva fiscal apenas as receitas públicas que manifestamente caibam na previsão normativa, colocando à parte as que manifestamente não revestem natureza tributária e que *abusivamente* procuram utilizar este meio processual.

Da conjugação dos dados legais e desse trabalho jurisdicional, tem resultado que se incluem no objeto do processo em análise, os seguintes ingressos públicos, entre outros[737]:

---

[736] Neste sentido, acórdãos do STA de 03 de fevereiro de 2010, processo n.º 01161/09 e de 26 de abril de 2012, processo n.º 0638/11.

[737] Assim, acórdão do STA de 10 de abril de 2013, processo n.º 015/12. V. ainda, entre bastantes outros, acórdãos do STA de 6 de fevereiro de 2013, processo n.º 01155/11 e jurisprudência aí referida; de 13 de março de 2013, processo n.º 080/13; de 3 de abril de 2013, processo n.º 1262/12; de 10 de abril de 2013, processo n.º 1220/12; de 18 de junho de 2013, processo n.º 1380/12; de 28 de outubro de 2015, processo n.º 0125/14; de 04 de novembro de 2015,

- Todos os impostos, taxas e contribuições especiais de natureza indiscutível (ainda que não estaduais, designadamente as devidas a Institutos públicos, a entidades do sector público empresarial ou a Autarquias locais, como as derramas ou as taxas municipais);
- Dívidas à Segurança Social (designadamente, contribuições sociais, taxas, adicionais, juros, reembolsos, reposições, restituições, subsídios e financiamentos de qualquer natureza, coimas e outras sanções pecuniárias, custas e outros encargos legais)[738];
- Importâncias devidas em execução de decisões condenatórias do Tribunal de Contas, bem como emolumentos e demais encargos fixados pelo mesmo[739];
- Quantias devidas a título de portagem e coimas por portagem não paga;
- Quantias devidas a título de propina em estabelecimentos de ensino superior público[740];
- Quantias recebidas no âmbito das comparticipações do Fundo social europeu[741];
- Os créditos (!?) devidos ao IAPMEI – Agência para a Competitividade e Inovação, I. P. ou ao Instituto Português de Qualidade[742].

processos n.º 0124/14 ou n.º 0177/14; de 28 de outubro de 2015, processo n.º 0604/15; e de 11 de novembro de 2015, processo n.º 0898/15.

[738] V. DL n.º 42/2001, que disciplina juridicamente o processo de execução de dívidas à segurança social.

[739] Cf. art.º 8.º da Lei 98/97 (Lei de organização e processo do Tribunal de Contas – LOPTC).

[740] V. acórdãos do STA de 22 de abril de 2015, processo n.º 01957/13, e dfo TCA-N de 13 de julho de 2017, processo n.º 00206/16.0BECBR.

[741] V. DL 158/90. Cf., a respeito, acórdão do TC n.º 440/00 (disponível em www.tribunalconstitucional.pt), onde é defendida a tese da "analogia substancial (se não mesmo "identidade") entre os subsídios do FSE e as comparticipações saídas do Orçamento do Estado", acrescentando-se, e bem, adiante: "É, porém, manifesto que o facto de certos créditos (...) poderem ser cobrados através do processo mais expedito da execução fiscal não os converte em impostos, nem sequer torna necessário que os mesmos sejam tratados como impostos".

[742] Cf., respetivamente, art.ºs 14.º do DL 266/2012 e art.º 13.º do DL 71/2012. A perplexidade gráfica expressa no texto deriva do facto de não se vislumbrar nas referências legislativas respetivas qualquer restrição ao uso do processo de execução fiscal, principalmente tendo presente que entre tais "créditos" podem figurar importâncias que pouco ou nada têm de tributário ou sequer financeiro-público (v. os art.ºs 9.º dos referidos diplomas, nos quais constam "o produto da venda de bens e serviços", os "rendimentos de bens próprios", "o produto resultante da edição ou venda de publicações", ou " [q]uaisquer outras receitas que lhe sejam

Já as quantias referentes a créditos devidos a uma empresa concessionária municipal – portanto, em que o serviço é prestado, não por gestão direta do município, nas por concessão a uma empresa privada (que fica, por essa via, investida na prossecução de Interesses públicos, como acontece, por exemplo, nos casos de fornecimento de água) – entende essa mesma jurisprudência que a forma de cobrança adequada não será o processo executivo fiscal, mas as vias comuns ou privatísticas, designadamente o processo de injunção, quando observados os respetivos requisitos legais de aplicabilidade. Isto porque – entende o Tribunal de Conflitos –, por um lado, o contrato celebrado entre o prestador do serviços (concessionária) e os consumidores finais será um mero contrato privado de consumo e, por outro lado, a concessionária, sendo uma entidade privada, não pode emitir títulos executivos[743].

***

Antes de avançar no sentido da abordagem de outros quadrantes temáticos, impõe-se trazer à consideração umas breves palavras quanto às coimas.

Como se sabe, uma coima consiste numa quantia pecuniária exigida a título sancionatório em consequência da prática de uma infração contra-ordenacional (diferentemente das multas que, mantendo a mesma natureza pecuniária sancionatória, são exigidas em consequência da prática de crimes) e o essencial da sua disciplina jurídica – para o que aqui mais interessará – consta do RGIT.

Naturalmente se compreende que nem todas as coimas podem ser cobradas coercivamente por meio do processo de execução fiscal, apenas o podendo ser as que, os termos do referido preceito (art.º 148.º do CPPT) preencham dois pressupostos: (i) primeiro, que digam respeito

---

atribuídas por lei, contrato ou outro título"). Pergunta-se se nestas situações, não será de admitir alguma desconexão entre o meio processual e a quantia exequenda, utilizando-se abusivamente o primeiro e, consequentemente, violando-se o princípio da adequação material. De resto, situações houve nas quais o criador normativo teve o cuidado de separar e identificar devidamente os créditos que poderiam ou não ser cobrados por via deste meio processual, como aconteceu com o (entretanto extinto) Instituto Portuário e dos Transportes Marítimos – cf. DL 257/2002, no seu art.º 28.º, n.º 3.

[743] Assim, acórdão do Tribunal de Conflitos de 21 de janeiro de 2014, processo n.º 044/13.

a infrações tributária e (ii) segundo, que sejam aplicadas pelos tribunais tributários, quando tal é possível nos termos do procedimento contra-ordenacional respetivo. Assim, ficam, ou deveriam ficar, apartadas da cobrança por este meio, quer as coimas devidas por infrações de natureza não tributária (por exemplo, ambientais, urbanísticas, estradais...), quer as que, ainda que tributárias, sejam aplicadas por Tribunais comuns.

Em qualquer caso, e diversamente do que se passa com as coimas, as multas não podem ser exigidas através do meio aqui em análise.

6.5.3. Pressupostos formais – o título executivo

Contudo, para que a execução tenha sucesso não basta que diga respeito às dívidas supra mencionadas. Como se sabe, uma condição de natureza formal necessária à instauração de um processo de execução é a existência de um *título executivo*. Tal compreende-se, na medida em que, na execução, torna-se necessária a existência, *ab initio*, de um comprovativo de que a dívida subjacente existe, e que existe em termos legais, pois em princípio não se discutirão os aspetos atinentes à legalidade da dívida exequenda durante o processo.

Ora, para efeitos tributários, e nos termos do art.º 162.º do CPPT, só podem servir de base à execução fiscal os seguintes títulos executivos, emitidos por entidades públicas[744]:
- Certidão de dívida (extraída do título de cobrança);
- Certidão de decisão exequível proferida em processo de aplicação das coimas;
- Certidão do ato administrativo que determina a dívida a ser paga;
- Qualquer outro título a que, por lei especial, seja atribuída força executiva.

Nos casos mais comuns – cobrança de tributos, v.g., impostos –, o processo de execução será instaurado com base numa certidão de dívida. Refere a este propósito o art.º 88.º, n.º 1 do CPPT que "findo o prazo de pagamento voluntário estabelecido nas leis tributárias, será extraída pelos serviços competentes certidão de dívida com base nos elementos

---

[744] No sentido em que as entidades privadas não podem emitir títulos executivos (devendo recorrer, por exemplo, ao processo de injunção), v., novamente, acórdão do Tribunal de Conflitos de 21 de janeiro de 2014, processo n.º 044/13.

que tiverem ao seu dispor". Tais certidões – que, repete-se, servirão de base à instauração do processo de execução fiscal – serão assinadas e autenticadas[745] e deverão conter os seguintes elementos (n.º 2):
- A identificação do devedor, incluindo o número fiscal de contribuinte;
- A descrição sucinta, situações e artigos matriciais dos prédios que originaram as coletas;
- O estabelecimento, local e objeto da atividade tributada;
- O número dos processos;
- A proveniência da dívida e o seu montante;
- O número do processo de liquidação do tributo sobre a transmissão, identificação do transmitente, número e data do termo da declaração prestada para a liquidação;
- Os rendimentos que serviram de base à liquidação, com indicação das fontes;
- Os nomes e as moradas dos administradores ou gerentes da empresa ou sociedade executada;
- Os nomes e as moradas das entidades garantes da dívida e tipo e montante da garantia prestada;
- Os nomes e as moradas de outras pessoas solidária ou subsidiariamente responsáveis;
- Quaisquer outras indicações úteis para o eficaz seguimento da execução.

Em todos os casos, os títulos executivos deverão conter os seguintes requisitos, sob pena de ineficácia do título, e nulidade do processo [art.º 165.º, n.º 1, alínea b) do CPPT):
- A menção da entidade emissora ou promotora da execução e respetiva assinatura (que poderá ser efetuada por chancela);
- A data em que foi emitido;
- O nome e domicílio do ou dos devedores;
- A natureza e proveniência da dívida e indicação do seu montante;

---

[745] A assinatura das certidões de dívida poderá ser efetuada por chancela ou outro meio de reprodução devidamente autorizado por quem as emitir, podendo a autenticação ser efetuada por aposição do selo branco ou, mediante prévia autorização do membro do Governo competente, por qualquer outra forma idónea de identificação da assinatura e do serviço emitente (n.º 3 do art.º 88.º).

– A data a partir da qual são devidos juros de mora e a importância sobre que incidem.

Os títulos executivos devem ser emitidos por via eletrónica – exceto nos tributos não informatizados, casos em que ainda se continua a utilizar a emissão manual – e, quando provenientes de entidades externas, devem, preferencialmente, ser entregues à Administração tributária por transmissão eletrónica de dados, valendo nesse caso como assinatura a certificação de acesso[746].

O título executivo permite reafirmar o carácter certo, líquido e exigível da dívida subjacente, não sendo permitido questionar nesta altura a legalidade em concreto do ato tributário.

6.5.4. A dupla natureza dos atos de execução e o princípio constitucional da reserva do juiz

Sendo o processo de execução fiscal um processo com características atípicas – na medida em que nele concorrem ou podem concorrer momentos administrativos e momentos jurisdicionais –, será natural que nele sucedam atos ou atuações de natureza diversa. Tais atos ou atuações devem ser distinguidos (i) do ponto de vista subjetivo, tendo em atenção a natureza da entidade que os praticou; (ii) do ponto de vista teleológico-finalístico, tendo em vista os respetivos fins.

Vejamos.

i) Do ponto de vista subjetivo, podem ser encontrados no processo de execução fiscal quer atos praticados pelos *órgãos da Administração tributária* – como, por exemplo, a instauração da execução, a citação do executado, a penhora, a autorização para pagamento em prestações, ou a graduação de créditos – quer atos praticados pelo *Tribunal*, como sejam a decisão sobre a eventual oposição à execução, sobre as reclamações que possam versar sobre atos administrativos praticados no processo, sobre os possíveis incidentes ou sobre os embargos.

ii) Do ponto de vista finalístico, verifica-se a existência de atos de *natureza administrativa* no sentido clássico do termo, emanados no âmbito da função aplicativa, produtores de efeitos jurídicos com

---

[746] Cfr. n.º 3 do art.º 163.º do CPPT.

natureza individual e concreta, como, por exemplo, o deferimento ou indeferimento de um pedido de dação, a reversão da execução contra um responsável subsidiário, ou a extinção da própria execução, e atos de *natureza jurisdicional*, quando estiver em causa a resolução definitiva (última palavra) de um litígio ou de um conflito de pretensões, como, por exemplo, a decisão da oposição ou da reclamação da graduação de créditos.

Em termos práticos, do cruzamento destas coordenadas subjetivas e objetivas resulta que abstratamente podem ser pensáveis no desenvolvimento sequencial do processo de execução fiscal vários tipos de atos, a saber:
- Atos praticados pela Administração tributária, com natureza administrativa, que deveria ser, de resto, a situação mais frequente;
- Atos praticados pelo Tribunal com natureza administrativa, como será o caso de alguns atos de trâmite ou com natureza meramente "processual";
- Atos praticados pelo Tribunal com natureza jurisdicional, quando esteja em causa a resolução definitiva de um litígio.

Compreensivelmente, e nem poderia ser de outro modo, não é admissível a prática de atos jurisdicionais (verdadeiros atos jurisdicionais, de resolução de diferendos jurídicos) pela administração, em decorrência das exigências do princípio constitucional da *reserva da função jurisdicional* ou *"reserva do juiz"*[747].

A respeito de tal princípio, algumas considerações se imporão, ainda que correndo o risco de eventual repetição com o que ficou dito na Introdução das presentes *Lições*.

***

Como se referiu, a reserva do juiz materializa a exigência de que *apenas os tribunais* podem dirimir, em modo definitivo, litígios ou oposições de pretensões[748], resultando constitucionalmente inadmissível a atri-

---

[747] Cf. art.º 202.º, n.º 1, da CRP.
[748] Cfr. o já antigo acórdão do TC n.º 449/93, disponível em http://www.tribunalconstitucional.pt.

buição, ainda que legal, da prática de atos jurisdicionais a outros órgãos, designadamente administrativos. Dizendo o mesmo por outras palavras: está constitucionalmente vedada a prática de atos de natureza jurisdicional por órgãos administrativos, pelo que se pode afirmar a regra de que *qualquer* resolução de um conflito de pretensões – em matéria tributária ou em qualquer outra matéria – deve ser efetuada, em última palavra, por um Tribunal.

Nesta medida, poderia revelar-se problemática – e seria seguramente inconstitucional – a atribuição ao órgão de execução fiscal da competência para a resolução definitiva de diferendos, ainda para mais sendo o próprio uma das entidades envolvidas no mesmo, integrando a respetiva estrutura hierárquica. Por tal motivo se compreende que a apreciação das oposições (art.ᵒˢ 203.º e ss. do CPPT) ou das reclamações (art.ᵒˢ 276.º e ss.) – bem assim como dos incidentes e embargos – deva ser obrigatoriamente efetuada por um juiz do Tribunal tributário[749]. Já atos como uma penhora, a apreciação de um pedido de pagamento em prestações, a reversão do processo contra um gerente ou administrador de empresas ou a graduação de créditos poderão ser praticados por um órgão administrativo, os quais, não obstante serem atos lesivos e intrusivos da esfera jurídica dos respetivos visados (violando direitos vários como o direito de propriedade ou o direito ao bom nome) não são ainda atos conflituais. Poderão vir a sê-los no futuro, caso os destinatários se insurjam contra os mesmos – momento em que se poderá recorrer a Tribunal –, mas não o são no momento da respetiva prática[750].

---

[749] Por isso prescreve o art.º 151.º n.º 1 do CPPT que "[C]ompete ao tribunal tributário de 1.ª instância da área do domicílio ou sede do devedor originário, depois de ouvido o Ministério Público (...), decidir os incidentes, os embargos, a oposição, incluindo quando incida sobre os pressupostos da responsabilidade subsidiária, e a reclamação dos atos praticados pelos órgãos da execução fiscal". Quando a execução deva correr nos Tribunais comuns, cabe a estes o integral conhecimento das questões referidas (n.º 2).

[750] Neste contexto, o Tribunal Constitucional, no seu acórdão n.º 80/2003 já teve ocasião de se debruçar sobre o problema da (in)constitucionalidade das normas que, na legislação tributária, atribuem à Administração tributária a competência para a instauração e prática de outros atos no âmbito da execução fiscal. Começa por se salientar nesse acórdão, com referência a outra jurisprudência, que considerando-se o processo de execução fiscal "nuclearmente jurisdicional", ele envolve, na sua tramitação, a prática de muitos atos que não devem ser necessariamente praticados por um juiz, podendo-o ser por um funcionário embora sempre salvaguardando a possibilidade de recurso ou reclamação para aquele. Pode ler-se, nomeadamente:

Por conseguinte, o juiz desempenha sempre um *papel recursivo*, e pode com propriedade afirmar-se que o contencioso jurisdicional em sede de execução fiscal é um contencioso marcadamente anulatório ou cassatório, pois visa-se precisamente a anulação de um ato lesivo anterior praticado pela administração. Note-se que a "anulação" referida deve aqui ser entendida num sentido amplo, como sinónimo de "invalidação" (e não mera "anulabilidade" de um ato singular), pois em muitas situações pode tratar-se de um tipo de controlo que desemboca mesmo na extinção do próprio processo executivo.

Questão diferente da referida – e que não colide, ao menos diretamente, com a reserva da função jurisdicional – é a da natureza procedimental ou processual dos atos em questão, consoante se insiram num procedimento ou num processo. Aos primeiros, independentemente de serem praticados por um órgão administrativo ou por um órgão jurisdicional, aplicar-se-ão as disposições constantes da LGT, do CPPT (normas procedimentais) ou do CPA, e aos segundos as disposições constantes do CPTA ou do CPC. E a distinção é relevante, bastando atentar nas seguintes consequências (todas elas já devidamente referidas em momento anterior das presentes considerações, a propósito de outras temáticas ou questões):

- A comunicação dos atos em sede de procedimento deve obedecer às disposições constantes dos art.ºs 36.º e ss. do CPPT, enquanto que a correspondente a atos inseridos em processos estará submetida às exigências do CPC (aplicáveis por remissão do art.º 2.º do CPPT);
- A notificação de atos lesivos e "inesperados" praticados num procedimento deve ser obrigatoriamente precedida de notificação para o exercício do direito de audição, o que não acontece com a prática de atos lesivos no processo;
- Do ponto de vista da sindicância, os atos lesivos praticados num procedimento são passíveis de impugnação administrativa (reclamação

---

"O que a Constituição da república garante (art.º 103.º, n.º3) é que «ninguém pode ser obrigado a pagar impostos (...) cuja liquidação e cobrança se não façam nos termos da lei», nela se compreendendo, evidentemente, tanto a cobrança voluntária como coerciva. Os atos de cobrança têm, pois, de fazer-se a coberto da lei. Mas dessa exigência constitucional não resulta que os atos que integram o processo de execução fiscal hajam de ser sempre praticados por um juiz".

administrativa ou graciosa, recurso hierárquico, etc.), não o sendo os que se inserem num processo, suscetíveis apenas de impugnação jurisdicional.

Pois bem, a este propósito, e em rigor, a solução parecer-nos-ia clara: aos atos praticados pela administração ou no âmbito desta (necessariamente não jurisdicionais) aplicar-se-iam as disposições do procedimento, e aos atos praticados pelo Tribunal ou no âmbito deste (jurisdicionais ou não) aplicar-se-ia as disposições processuais.

Sucede, porém, que no quadro do ordenamento tributário português, quer os enunciados legais, quer a doutrina maioritária, quer a jurisprudência, têm considerado que no desenvolvimento do processo de execução fiscal é possível identificar, da parte da administração, atos procedimentais e atos processuais (embora não jurisdicionais), atendendo ao facto de que numas situações a mesma atua na vertente de credor da relação tributária subjacente, e em outras situações atua na vertente de órgão exequente e "auxiliar do juiz"[751]. Na prática, as soluções têm passado por aplicar aos atos da administração com natureza procedimental as disposições substantivas, e aos atos da administração com natureza processual as disposições adjetivas.

Cremos que, sem embargo de se fundar em pressupostos que se podem aceitar – pois em verdade muitas vezes a AT não é o credor (e.g., propinas, portagens, taxas municipais) –, se trata de um conjunto de soluções que complicam mais do que facilitam. Crê-se que seria mais vantajoso considerar somente a proveniência orgânica do ato e, em consequência, aplicar-lhe o regime correspondente: substantivo-procedimental se o ato fosse praticado por um órgão administrativo e adjetivo-processual se o ato fosse praticado por um Tribunal, ainda que este não estivesse a exercer funções jurisdicionais.

---

[751] V., numa abordagem exaustiva, BASTOS, Nuno, *O efeito suspensivo das reclamações das decisões do órgão de execução fiscal à luz das recentes alterações ao respetivo regime*, in Tutela cautelar no contencioso tributário, Centro de estudos judiciários, Lisboa, 2016, pp. 39 e ss., e jurisprudência aí referida, disponível em http://www.cej.mj.pt/cej/recursos/ebook_administrativo_fiscal.php. Do ponto de vista jurisprudencial v., com proveito, acórdão do STA n.º 5/2012 (uniformizador de jurisprudência), disponível em https://dre.pt/web/guest/pesquisa/-/search/192415/details/maximized.

Trata-se esta, contudo, de uma mera consideração teórica e académica. A jurisprudência inclina-se claramente (e parece que pacificamente) em sentido diverso[752].

Seja como for, ganha clara saliência uma das notas marcantes do processo de execução fiscal: a *desjurisdicionalização*, exigindo-se a intervenção do juiz ou do Tribunal apenas para aquelas situações em que, em geral, se está perante a existência de um litígio.

Isto assumido, terá chegado o momento de procurar perceber quem é que pode "estar" no processo de execução fiscal, em cada um dos seus lados, ativo e passivo. Por outras palavras: quem tem, no mesmo, legitimidade.

6.5.5. Legitimidade para intervir no processo de execução fiscal

Neste apartado, considerar-se-á, em primeiro lugar, quem pode figurar no processo a título de exequente ("lado ativo").

6.5.5.1. Legitimidade para intervir como exequente

Em termos amplos, será exequente a entidade de Direito público que promove a execução, seja impulsionando-a, seja conduzindo-a, levando à prática os atos essenciais à realização do Direito do credor. Nesta medida, será o exequente quem instaura o processo, quem cita o executado, quem convoca os credores, quem, enfim, materializa em atos (muitas vezes, atos administrativos) a vontade executiva.

É sinónimo de "órgão de execução".

A partir de tudo quanto antecede, pode-se sem dificuldade concluir que *credor tributário* e *exequente* não se confundem:
– Por um lado, existe o credor da quantia em questão, que tanto poderá ser o Estado central (*Fazenda Pública, Fisco, "Finanças"*, etc.)[753],

---

[752] Para desenvolvimentos, v., uma vez mais, o nosso *Sobre a natureza jurídica* ..., cit., 35 e ss.

[753] Convém ter presente, contudo, que nos casos de sub-rogação, a Fazenda Pública vê a sua posição de credora ocupada por outra pessoa. Como se sabe, o terceiro que proceda ao pagamento das dívidas tributárias de um determinado contribuinte pode passar a ocupar a posição da *Fazenda*, com todas as vantagens que tal implica. Tal terceiro pode, nomeadamente, continuar a beneficiar das garantias e privilégios respeitantes à dívida e utilizar o processo de execução fiscal para proceder à cobrança coerciva dessa dívida (art.º 92.º, n.º 1 do CPPT). Para tal, deve ele, cumulativamente (art.º 41.º, n.º 2 da LGT): (i) requerer a declaração de sub-rogação, e (ii) obter autorização do devedor ou provar interesse legítimo. Posterior-

como qualquer outra pessoa coletiva de Direito Público, ainda que por atribuição (Instituto, Autarquia, entidades privadas concessionárias etc.). Será, em qualquer caso, a pessoa a favor de quem reverte o produto da cobrança a efetuar; e
- Por outro lado, existe o órgão da execução fiscal (exequente em sentido próprio), que é o órgão administrativo (integrante da ATA, de uma Autarquia, de um Instituto público, da Segurança social etc.) que vai conduzir o processo de execução.

A distinção é de extrema importância e relevância, pois existem inúmeras situações em que o credor em causa não dispõe de serviços próprios de cobrança e "utiliza" o aparato organizatório da ATA para proceder à arrecadação coativa das quantias que lhe são devidas. Pense-se, por exemplo, na cobrança de quantias devidas a concessionárias de autoestradas a título de portagem, ou nas muitas taxas em dívida a Autarquias de menor dimensão.

Em termos orgânicos e mais específicos, em regra, a instauração e os atos da execução são praticados no órgão da AT designado, mediante despacho, pelo dirigente máximo do serviço respetivo[754].

6.5.5.2. Legitimidade para intervir como executado

Já no que concerne ao lado passivo da relação processual, podem ser sujeitos a execução fiscal um leque bastante alargado de pessoas ou entidades, na medida em que, como se sabe, o próprio conceito de sujeito passivo tributário (da relação substantiva) também é um conceito bastante "elástico" e abrangente. Neste sentido, podem ser executados tributários, entre outros, os seguintes sujeitos:
- O próprio sujeito passivo direto ou originário, isto é, aquele que tem uma relação pessoal e direta com o facto tributário (o sujeito que, ele próprio, auferiu os rendimentos, praticou o ato de alienação, é titular do património, auferiu o serviço, utilizou o domínio privativamente público, etc.);

---

mente, "o despacho que autorizar a sub-rogação será notificado ao devedor e ao terceiro que a tiver requerido" (art.º 91.º, n.º 4, do CPPT).

[754] Cf. art.º 150.º, n.º 2, do CPPT. Cf., porém, o n.º 3, em referência aos casos em que não tenha existido tal designação. Quanto às possibilidades de delegação, v. n.º 5.

- Os sujeitos não originários contra os quais reverte a execução, como sejam os responsáveis tributários por dívidas de outrem – onde se incluem, por exemplo, os gerentes e administradores de sociedades, os substitutos tributários, os gestores de bens e direitos de não residentes, etc. –, os funcionários com intervenção no processo de execução fiscal, alguns terceiros adquirentes de bens, antigo possuidores, fruidores ou proprietários de bens, etc.[755].

Como se sabe, a *reversão* é um ato administrativo mediante o qual se opera uma alteração subjetiva da instância, em termos de a execução fiscal que foi instaurada contra uma pessoa se "virar", por motivos vários (v.g, insuficiência patrimonial do contribuinte), contra outra(s) pessoa(s)

De seguida, serão trazidos à análise alguns aprofundamentos desta matéria[756].

a) O processo de execução instaurado contra o sujeito passivo originário

Naturalmente que o caso "normal", quanto à legitimidade para intervir na relação processual como executado, será aquele em que é o próprio sujeito passivo originário do tributo a ser chamado. Estamo-nos a referir às situações em que o sujeito passivo, por exemplo de IRS, não tendo dentro do prazo para pagamento voluntário procedido à entrega do dinheiro – ou bens avaliáveis em dinheiro – nos cofres do Estado, vê contra si instaurado um processo de natureza executiva.

Neste particular, em termos de legitimidade, nada mais há a salientar que não resulte já da teoria geral dos sujeitos da relação tributária e das regras de Direito processual civil executivo, pelo que para lá se remete.

Contudo, essa remissão não pode deixar de ser feita sem se ter em atenção as seguintes particularidades:

- Se, no decurso do processo de execução, falecer o executado, são válidos todos os atos praticados, nos termos da lei, pelo cabeça-de-casal, independentemente da habilitação de herdeiros[757];

---

[755] Para desenvolvimentos em termos substantivos, v. ROCHA, Joaquim Freitas da e SILVA, Hugo Flores da, *Teoria Geral da Relação Jurídica Tributária*, Almedina, Coimbra, 2017.
[756] Quanto à responsabilidade dos sujeitos depositários dos bens penhorados, v. art.º 233.º do CPPT.
[757] V. art.º 154.º do CPPT.

- Se o executado falecer e ainda não se tiverem efetuado partilhas, citar-se-á, respetivamente, consoante esteja ou não a correr inventário, o cabeça-de-casal ou qualquer dos herdeiros para pagar toda a dívida, sob cominação de penhora em quaisquer bens da herança[758];
- Se o executado falecer e, posteriormente, se verificar a partilha entre os seus sucessores, cada um dos herdeiros será citado, pelo órgão da execução fiscal, em relação à parte que, proporcionalmente, cada um deles deve pagar[759];
- Os herdeiros incertos serão citados por editais[760].

b) A reversão do processo de execução fiscal

α) Reversão em caso de responsabilidade tributária

Como se sabe, e como resulta da teoria geral dos sujeitos da relação jurídica tributária, as dívidas tributárias podem ser exigidas ao sujeito passivo direto ou originário – aquela pessoa que tem uma relação pessoal e direta com o facto tributário e que, em geral (numa terminologia aceitável mas que deve ser utilizada sob algumas reservas) é denominada por "contribuinte"–, ou ao sujeito passivo indireto ou não originário. Ora, um dos casos de sujeito passivo não originário é, precisamente, o dos responsáveis tributários.

Existe *responsabilidade tributária* quando o património do sujeito passivo originário é insuficiente para satisfazer o crédito tributário e verifica-se a necessidade de se lhe juntar um ou mais patrimónios de outras pessoas, designadas pelo legislador. Assim, a responsabilidade tributária configura-se como uma garantia pessoal sob a forma de *fiança legal*:
- Uma fiança, porque se acrescenta ao património (insuficiente) do sujeito originário o património de um terceiro "fiador" (ou de vários terceiros). Por conseguinte, em sentido rigoroso, apenas faz sentido falar em responsabilidade tributária quando é um terceiro a responder por dívidas de outrem, nunca quando alguém responde pelas suas próprias dívidas.
- Além disso, é uma fiança legal, pois ela apenas se verificará quando a lei o disser.

---

[758] Cfr. art.º 155.º, n.º 4, do CPPT.
[759] Assim, art.º 155.º, n.ºs 1 e 4, do CPPT
[760] Cfr. art.º 155.º, n.º 4 do CPPT.

Adiante veremos alguns casos em que a lei determina a responsabilidade tributária por dívidas de outrem. Por agora, lembremos algumas regras básicas, também previstas legalmente, para que tal responsabilidade possa operar, nomeadamente:

i) Em princípio, a responsabilidade tributária por dívidas de outrem é apenas subsidiária, pelo que somente nos casos em que a lei o disser, além de subsidiária, poderá também ser solidária[761];

ii) Acresce que, para que haja responsabilidade, tem de existir um ato administrativo: a "reversão" do processo de execução fiscal, que havia sido instaurado contra o sujeito originário[762];

iii) Essa reversão apenas se poderá efetivar quando o património do devedor originário não exista ou seja manifestamente insuficiente para satisfazer o crédito tributário (dívida exequenda e acrescido), pelo que o responsável subsidiário goza de um *privilégio de excussão prévia*[763]. Neste particular, o princípio do inquisitório impõe, quando for caso disso, uma investigação aprofundada, no sentido de saber se o primeiro ainda dispõe de bens suficientes no seu património.

iv) Essa reversão opera mediante *citação* e depende de *audição* do responsável subsidiário[764].

Após este breve enquadramento, lembremos então alguns casos em que alguém pode ver o seu património executado por dívidas tributárias de outrem, o mesmo é dizer, alguns casos em que a lei prevê responsabilidade tributária (subsidiária):

– Administradores, diretores e gerentes e outras pessoas que exerçam, ainda que somente de facto, funções de administração ou gestão[765], incluindo membros dos órgãos de fiscalização, revisores oficiais de contas e técnicos oficiais de contas, subsidiariamente res-

---

[761] V. art.º 22.º, n.º 4 da LGT. Cfr., por exemplo, art.º 24.º, n.º 1 da LGT.

[762] Cfr. art.º 23.º, n.º 1 da LGT.

[763] Cfr. art.º 23.º, n.º 2 da LGT.

[764] Cfr. art.º 23.º, n.º 4 da LGT.

[765] Importa observar que, para os presentes efeitos, não se deve equiparar o administrador da insolvência (que é um "cargo processual") ao administrador ou gerente previsto no art.º 24.º da LGT (que é um cargo "contratual"). Entre outras considerações no sentido de negar essa equiparação, releva a circunstância de o primeiro se encontrar vinculado ao princípio *par conditio creditorum*. Quanto à insucetibilidade de se poder extrair a partir da lei uma presunção

ponsáveis em relação v.g., à sociedade em causa, cujo património é insuficiente (art.º 24.º da LGT);
- Titular de estabelecimento individual de responsabilidade limitada (EIRL), em relação ao estabelecimento (art.º 25.º da LGT);
- Liquidatários das sociedades, em relação às sociedades (art.º 26.º da LGT e 156.º do CPPT);
- Gestores de bens ou direitos de não residentes, em relação a estes (art.º 27.º da LGT);
- Substituto em relação ao substituído (art.º 28.º, n.º 2, da LGT e 159.º do CPPT);
- Funcionários que intervierem no processo de execução fiscal, em relação ao sujeito originário (art.º 161.º do CPPT).

Em todos estes casos, "quando a execução reverta contra responsáveis subsidiários, o órgão da execução fiscal mandá-los-á citar todos, depois de obtida informação no processo sobre as quantias por que respondem". Por outro lado, deve-se observar que "a falta de citação de qualquer dos responsáveis não prejudica o andamento da execução contra os restantes"[766].

Além disso, e numa solução de constitucionalidade duvidosa (tendo em vista o *princípio da proibição do excesso*), prevê-se que "se o pagamento não for efetuado dentro do prazo ou decaírem na oposição deduzida, os responsáveis subsidiários suportarão, além das custas a que tenham dado causa, as que forem devidas pelos originários devedores"[767].

β) Reversão em outras situações

O legislador prevê ainda outras situações em que a execução poderá reverter contra outras pessoas.

Uma delas é a reversão em casos de sequela. Estas são situações que se distinguem das anteriores, pois aqui não existe qualquer garantia especial pessoal para cumprimento da obrigação tributária – na medida em que não se acrescenta ao património (insuficiente) do contribuinte qualquer outro património – mas apenas uma garantia especial real,

---

de gerência de facto a partir da gerência de Direito, v. acórdão do TCA-S de 28 de fevereiro de 2019, processo n.º 357/09.8BELRS.
[766] Cfr. art.º 160.º, n.ºˢ 1 e 2, do CPPT.
[767] V. art.º 160.º, n.º 3, do CPPT.

respeitante a um determinado bem ou a um conjunto determinado de bens. Por conseguinte, não se pode, em rigor, falar em responsabilidade tributária por dívidas de outrem. É o que se passa nos casos previstos no art.º 157.º do CPPT. Diz o n.º 1 deste preceito que: "[n]a falta ou insuficiência de bens do originário devedor ou dos seus sucessores e se se tratar de dívida com direito de sequela sobre bens que se tenham transmitido a terceiros, contra estes reverterá a execução, salvo se a transmissão se tiver realizado por venda em processo a que a Fazenda Pública devesse ser chamada a deduzir os seus direitos."

Está aqui a ser feita referência àquelas situações em que o credor tributário tem o direito de sequela – isto é, de "perseguir" o bem onde quer que ele se encontre – relativamente a determinados bens que constituem a base de um tributo. Se for o caso, e se o devedor do tributo, primeiro titular do bem, o transmitir a terceiro – e se o seu património for insuficiente –, a execução reverterá contra este, sendo o bem referido, na esfera jurídica desse terceiro, considerado como um património autónomo que responde pela dívida tributária. A confirmar esta última conclusão, temos o n.º 2 do citado preceito, que refere que "os terceiros só respondem pelo imposto relativo aos bens transmitidos *e apenas estes podem ser penhorados* na execução, a não ser que aqueles nomeiem outros bens em sua substituição e o órgão da execução fiscal considere não haver prejuízo" (sublinhado nosso).

Tal reversão, compreensivelmente, apenas não se verificará se a transmissão do bem ao terceiro se tiver realizado por venda em processo a que a Fazenda Pública devesse ser chamada a deduzir os seus direitos.

Outra situação em que se prevê a reversão do processo de execução fiscal sem existência de responsabilidade tributária é a prevista no art.º 158.º do CPPT. Refere o n.º 1 que: "[s]e, nos impostos sobre a propriedade mobiliária ou imobiliária, se verificar que a dívida liquidada em nome do atual possuidor, fruidor ou proprietário dos bens respeita a um período anterior ao início dessa posse, fruição ou propriedade, a execução reverterá, nos termos da lei, contra o antigo possuidor, fruidor ou proprietário". Aqui, trata-se de uma situação que muitas vezes surge no seguimento de uma oposição à execução, com sucesso, por parte do devedor originário, com o fundamento previsto no art.º 204.º, n.º 1, alínea b) ("ilegitimidade da pessoa citada por esta não ser o próprio devedor que figura no título ou seu sucessor ou, sendo o que nele figura, não ter sido, durante o período a que respeita a dívida exequenda, o possuidor dos bens que a originaram, ou por não figurar no título e não ser responsável pelo pagamento da dívida"). Nestes casos – em que a execução tinha sido instaurada contra um determinado contribuinte, e em que este se opôs alegando que não era à data o possuidor dos bens –, verifica-se como que uma "correção, por via executiva, do ato tributário, quanto ao respetivo sujeito passivo"[768].

c) Reação ao despacho que ordenar a reversão

Acabamos de ver alguns casos em que o processo de execução fiscal, tendo inicialmente sido instaurado contra uma pessoa, reverte mais tarde contra outras, prosseguindo os seus termos. A reversão consiste, assim, num ato levado a efeito pela Administração tributária mediante despacho, através do qual se verifica, nos termos da lei, uma alteração subjetiva da instância.

Questão que, neste contexto, poderá levantar alguns problemas, é a de saber como poderá a pessoa contra a qual a execução reverte (o novo executado) reagir a tal despacho, designadamente nos casos em que ele entenda que a reversão não poderá ter lugar porque, por exemplo, ainda não está totalmente excutido o património do devedor originário.

Aqui, em abstrato, duas situações serão possíveis:
– Ou se entende que a pessoa em causa poderá reagir a tal despacho mediante uma oposição à execução fiscal, argumentando que é parte ilegítima na execução [art.º 204.º, n.º 1, alínea b), do CPPT];
– Ou se entende que o meio de reação adequado é a reclamação para o Tribunal tributário prevista no art.º 276.º do CPPT.

Embora a letra da lei não o indicie[769], e haja decisões jurisprudenciais em sentido contrário[770], entendemos que o mais adequado será considerar a reclamação o meio acertado de reação a tal despacho. Entre outros motivos, corroboram nesse sentido a ideia de que o que está aqui

---

[768] V. acórdão do TC n.º 507/02, e bibliografia aí citada, disponível em http://www.tribunalconstitucional.pt.
[769] Cfr., por exemplo, art.º 151.º, n.º 1, do CPPT.
[770] Cfr., por exemplo, acórdãos do STA de 27 de outubro de 2010, processo n.º 0328/10, e de 11 de maio de 2016, processo n.º 034/14.

em causa, antes de um processo de execução mal revertido (que, é certo, também existe), é um despacho ilegal, que deve ser autonomamente atacado, de modo a erradicar os seus efeitos e a afastá-lo do ordenamento jurídico. De resto, pode sempre suceder que o pedido de sindicância do ato de reversão tenha por fundamento uma realidade não incluída no elenco das causas de oposição, o que limitaria fortemente o direito de acesso à justiça, caso se entendesse que este seria o único meio utilizável. Por outro lado, o princípio da aproveitabilidade dos atos poderá ter aqui uma palavra a dizer: a oposição à execução tem por objetivo, em princípio, extinguir o processo em relação ao oponente, enquanto na reclamação a única coisa que será de exigir será a anulação do despacho recorrido, proferindo-se, se for caso disso, um novo despacho, prosseguindo o processo e aproveitando-se todos os outros atos.

6.5.6. A questão da apensação de execuções

Antes ainda de avançar no sentido do conhecimento do *iter* processual em que a execução fiscal se materializa, será conveniente uma menção, mesmo que breve, aos problemas que podem surgir nos casos de pluralidade de execuções, isto é, casos em que contra o mesmo executado podem correr várias execuções fiscais por dívidas distintas.

A este propósito, prescreve o art.º 179.º, n.º 1, do CPPT a regra da *apensação*.

A apensação consiste no ato do órgão de execução fiscal que determina a tramitação conjunta de duas ou mais execuções fiscais, podendo ocorrer a pedido do executado ou oficiosamente, quando o órgão respetivo o entender conveniente. Importante é as execuções "se encontrarem na mesma fase" (o que não deve ser entendido de modo absolutamente literal ou excessivamente formalístico – como sinónimo de "mesmo momento exato" –, mas em sentido tendencial).

Que vantagens poderão decorrer da apensação que justifiquem que o executado a requeira?

Desde logo, as possibilidades de poupança em taxas de justiça, tendo em presença a dedução de uma única oposição em relação a todas as execuções apensadas, em vez de tantas oposições quantas as execuções separadas. Mas não apenas. Salientam-se também as possibilidades de aceder a determinados regimes jurídicos benéficos, do ponto de vista da sua esfera jurídica, regimes que dependerão do valor da dívida exequenda e dos quais não poderia usufruir em caso de inexistência de apensação, como sucede, por exemplo, em matéria de pagamento em prestações (nas situações em que, se a dívida exequenda exceder determinado valor, é possível o alargamento do número de prestações mensais até 5 anos – 60 prestações)[771]. Além disso, relevam igualmente as possibilidades de limitação de penhoras – atendendo ao facto de que uma só pode bastar (art.º 217.º do CPPT), em lugar de várias, respeitantes a vários débitos – ou de acesso ao recurso jurisdicional – considerando que o valor das execuções isoladamente pode não atingir a alçada do Tribunal, ao contrário do que pode suceder em caso de apensação (art.º 279.º, n.º 4).

Já do ponto de vista do o órgão de execução fiscal, assumem destaque os ganhos em termos de simplificação administrativa e uniformização de procedimentos, evitando-se a prática de atos redundantes.

Em qualquer caso, a apensação não se fará quando possa prejudicar o cumprimento de formalidades especiais ou, por qualquer outro motivo, possa comprometer a eficácia da execução[772].

O indeferimento do pedido de apensação – bem assim como o ato de desapensação, nos casos em que a lei o prevê (art.º 179.º, n.º 4 do CPPT) – pode ser objeto de sindicância jurisdicional por via da reclamação prevista no art.º 276.º do CPPT (reclamação dos atos do órgão de execução)[773].

6.5.7. Tramitação do processo de execução fiscal

6.5.7.1. Instauração da execução

O processo de execução fiscal inicia-se com a respetiva instauração. Trata-se de um ato de natureza administrativa (simples "operação material") – daí se falar, a propósito desta fase, do seu carácter não contencioso – que vai provocar toda a tramitação subsequente em que o processo se vai materializar, e mais não é do que a remessa do título exe-

---

[771] Cfr. art.º 196.º, n.º 5, do CPPT.
[772] Assim, art.º 179.º, n.º 3 do CPPT.
[773] Cfr., por exemplo, acórdãos do STA de 14 de setembro 2011, de 21 de março de 2012, de 28 de novembro de 2012 e de 16 de janeiro de 2013, respetivamente, processos n.ºs 242/11, 867/11, 840/12 e 292/12.

cutivo ao órgão da execução. Refere a este propósito o art.º 10.º, n.º 1, alínea f) do CPPT, que "aos serviços da Administração tributária cabe (...) instaurar os processos de execução fiscal (...)".

Utilizando as palavras do Tribunal Constitucional[774], o ato de instauração da execução fiscal mais não corresponde do que à apresentação do título executivo, por parte do credor tributário, na repartição de finanças. Em tal momento, será lavrado despacho, no(s) próprio(s) título(s) ou numa relação deles – despacho esse que terá uma funcionalidade equivalente a uma fórmula de "execute-se" – e proceder-se-á ao respetivo registo[775]. Não se exige, por conseguinte, a apresentação de qualquer requerimento ou petição.

A instauração e os atos da execução são praticados no órgão da administração tributária designado, mediante despacho, pelo dirigente máximo do serviço. Na falta de designação, a instauração e os atos da execução são praticados no órgão periférico regional da área do domicílio ou sede do devedor[776].

Nos quadros do sistema tributário atual, o ato de instauração assume frequentemente a natureza de *ato informático*, na medida em que o mesmo se realiza automaticamente, decorrido o prazo de pagamento voluntário sem que tenha havido o cumprimento por parte do respetivo sujeito adstrito. Por outras palavras: mal decorra o termo legal de pagamento voluntário, o próprio "sistema informático", sem a intervenção de uma vontade humana direta, pode assumir uma ordem previamente incorporada nesse sentido e pode instaurar o processo. Não se trata, em todo o caso, de uma vontade não humana, como em momento anterior das presentes *Lições* já se tentou demonstrar. A máquina, por si só, não decide.

Mais problemática poderá ser a questão dessa mesma instauração se poder verificar estando ainda a decorrer os prazos legais de defesa do contribuinte incumpridor. Na verdade, é muito frequente que a execução seja instaurada ainda dentro do prazo de impugnação judicial (em regra, três meses, como se viu), dando origem a uma situação, no mínimo, estranha: o contribuinte – que, abstratamente pode ter razão (não obstante a *presunção de legalidade* dos atos da AT e o correspondente *privilégio de execução prévia*) – vê o seu património gravado com um processo

---

[774] Cfr. acórdão n.º 80/2003, disponível em http://www.tribunalconstitucional.pt.
[775] V. art.º 188.º, n.º 1 do CPPT.
[776] V. art.º 150.º do CPPT.

intrusivo e agressivo, sem que tenha tido (ainda) a possibilidade de se defender.

É, de facto, uma situação estranha, mas não é violadora das dimensões essenciais do ordenamento, nem inconstitucional.

Com efeito, o Tribunal Constitucional já assumiu perentoriamente a conformidade constitucional dessa possibilidade (instauração "prematura" da execução), referindo que a mesma não impede o contribuinte de exercer, no próprio processo executivo, os meios de defesa que considere convenientes (v.g., oposição à execução), obtendo eventualmente o efeito suspensivo do mesmo, mediante a prestação de garantia idónea ou requerendo a respetiva isenção[777]. Os seus direitos ficarão, assim, "devidamente acautelados"

6.5.7.2. Citação do executado

Instaurada a execução, segue-se, nos termos do referido art.º 188.º do CPPT, uma das mais importantes fases do processo: a citação do executado.

a) Funções da citação

Nos termos do art.º 35.º, n.º 2 do CPPT, a citação é o ato destinado a dar conhecimento ao executado de que foi proposta contra ele determinada execução ou a chamar a esta, pela primeira vez, pessoa interessada (como, por exemplo, os responsáveis subsidiários). Trata-se de um dos momentos fundamentais e nucleares em toda a dinâmica do processo de execução fiscal, pois é a partir daqui que o executado vai poder reagir, sendo que tal reação se pode consubstanciar, numa primeira abordagem, em uma de três atitudes[778]: opor-se à execução, requerer o pagamento em prestações, ou requerer a dação em pagamento.

Do mesmo modo, em relação ao responsável subsidiário, a citação faz também começar a correr o prazo para o pagamento da dívida (ficando isento de juros de mora e custas), a dedução de oposição, a apresentação de reclamação graciosa, de pedido de revisão da matéria tributável ou de impugnação judicial[779].

---

[777] V., a respeito, acórdão do Tribunal Constitucional n.º 332/01.
[778] Cfr. art.º 189.º, n.ºˢ 1, 2 e 3 do CPPT.
[779] Cfr. art.ºˢ 23.º, n.º 5 e 22.º, n,.º 5 da LGT. Quanto ao pedido de revisão da matéria tributável (relativamente ao qual se podem suscitar dúvidas no respeitante à admissibilidade neste

A citação assume uma tal importância que, em primeiro lugar, a sua ocorrência interrompe o prazo de prescrição dos tributos (art.º 49.º, n.º 1 da LGT) e, em segundo lugar, a sua falta, nos termos do art.º 165.º, n.º 1, alínea a), do CPPT, constitui uma nulidade insanável no processo. Esta nulidade pode ser conhecida oficiosamente ou pode ser arguida mediante um meio autónomo: um "requerimento de arguição de nulidade da citação"[780] (mas não em sede de oposição à execução, pois a sua verificação não conduz à extinção desta, como acontece na oposição[781]).

b) Exigências legais da citação
À semelhança do que sucede com as notificações – sobre as quais já debruçamos o nosso estudo –, para que a citação possa produzir os seus efeitos, é necessário que seja feita nos termos legalmente previstos, cumprindo os requisitos de forma e de substância que para cada caso são exigidos. A tais requisitos faremos referência de seguida.

α) Exigências formais
Sob o ponto de vista formal, em processo de execução fiscal, a citação – que não tem necessariamente de ser feita na pessoa do executado pois, como refere o art.º 190.º, n.º 5 do CPPT, poderá ser feita na pessoa do seu legal representante – pode materializar-se num ato pessoal, postal ou edital. A este respeito, e em face da redação das disposições do CPPT, nomeadamente dos artigos 190.º, 191.º e 192.º, quer parecer que a regra será a citação pessoal, funcionando as citações postal e edital como exceções, quer para aqueles casos ou em que o processo tem diminuto valor, quer para aqueles em que a pessoa a citar não é encontrada.

Vejamos, então, os casos em que cada uma das citações poderá ocorrer e, uma vez que a citação pessoal é determinada por exclusão de partes, vejamos, em primeiro lugar, as outras situações.

i) Citação postal. Este tipo de citação verifica-se em todos os processos (exceto casos de responsabilidade subsidiária, em que a citação será sempre pessoal) cuja quantia exequenda não exceda 500

---

contexto), v. acórdãos do STA de 17 de março de 2011, processo n.º 0876/09 e de 13 de julho de 2015, processo n.º 0732/14.

[780] Cfr. acórdãos do STA de 6 de março de 1996, processo n.º 019775, e do TCA-S de 3 de novembro de 2009, processo n.º 03417/09.

[781] Neste sentido, acórdão do STA de 28 de fevereiro de 2007, processo n.º 0803/04.

unidades de conta[782], sendo que o postal em questão poderá ser simples ou registado: simples, quando a quantia exequenda não for superior a 50 unidades de conta; registado, nos restantes casos (sem exceder, obviamente, 500 unidades de conta). Num impulso contemplador das novas tecnologias comunicativas, o legislador prevê que a citação postal poderá ser efetuada para o domicílio fiscal eletrónico, *valendo como citação pessoal*[783]. Nesta situação, as citações efetuadas para o domicílio fiscal eletrónico consideram-se efetuadas no quinto dia posterior ao registo de disponibilização daquelas no sistema de suporte ao serviço público de notificações eletrónicas associado à morada única digital ou na caixa postal eletrónica da pessoa a citar. A presunção só pode ser ilidida pelo citado quando, por facto que não lhe seja imputável, a citação ocorrer em data posterior à presumida e nos casos em que se comprove que o contribuinte comunicou a alteração da morada nos termos do artigo 43.º, do CPPT[784]. Em todos estes casos, se o postal não vier devolvido – ou, sendo devolvido, não se indicar a nova morada do executado – e em caso de não acesso à caixa postal eletrónica, proceder-se-á logo à penhora. Se, na diligência da penhora, houver possibilidade, citar-se-á o executado pessoalmente, com a informação de que, se não efetuar o pagamento ou não deduzir oposição no prazo de 30 dias, será designado dia para a venda, que não poderá suceder antes de decorridos 30 dias sobre o termo daquele prazo[785].

ii) Citação edital. Esta citação, é efetuada por meio de éditos afixados no órgão da execução fiscal da área da última residência do citando e nesta última residência (ou sede), além de publicados em dois números seguidos de um dos jornais mais lidos nesse local ou

---

[782] Cfr. art.º 191.º, n.º s 1 e 3, do CPPT.
[783] V. art.º 191.º, n.º 4, do CPPT e acórdão do STA de 11/de outubro de 2017, processo n.º 0203/17. A consideração da citação como *pessoal* é importante para vários fins, designadamente para efeitos de início de contagem do prazo para oposição à execução (art.º 203.º, n.º 1, do CPPT).
[784] Cfr. art.º 191.º, n.ºs 6 e 7, do CPPT.
[785] Cfr. art.º 193.º, n.ºs 1, 2 e 4 do CPPT.

no Portal das Finanças[786], e terá lugar nos casos previstos no art.º 192.º, n.º 4, a saber:
- Desconhecimento da residência;
- Prestada a informação de que a pessoa reside em parte incerta;
- Devolução de carta ou postal com a indicação de não encontrado.

iii) Por último, a citação pessoal (que deverá ser feita nos termos do CPC[787]), terá lugar em todos os outros casos – i. é, execuções cuja quantia exequenda exceda 500 unidades de conta e o paradeiro do executado seja "conhecido" –, e obrigatoriamente nos casos de responsabilidade subsidiária, independentemente do valor da dívida exequenda, quando houver necessidade de proceder à venda de bens, ou quando o órgão de execução fiscal a considerar mais eficaz para a cobrança da dívida[788].

É importante observar que nas execuções de valor superior a 500 unidades de conta (excluem-se, portanto, os casos de citação postal), quando o executado não for encontrado, o funcionário encarregado da citação deverá averiguar se o executado possui bens penhoráveis. Se for o caso, proceder-se-á logo à penhora[789].

Nos termos do no n.º 6 do art.º 190.º do CPPT, "sem prejuízo do disposto nos números anteriores, só ocorre falta de citação *quando o respetivo destinatário alegue e demonstre* que não chegou a ter conhecimento do ato por motivo que não lhe foi imputável" (sublinhado nosso).

---

[786] Cfr. art.º 192.º, n.ºˢ 7 e 8 do CPPT.

[787] V. art.º 192.º, n.º 1, do CPPT. Uma decorrência desta remissão é a circunstância de que, tendo lugar a citação pessoal do executado em processo de execução fiscal, de acordo com o regime previsto no CPC (cfr. art.º 225.º), ao prazo para a prática do ato subsequente pelo executado (dedução de oposição à execução, requerimento de pagamento em prestações ou de dação em pagamento) acrescerão, sendo o caso, as dilações previstas no art.º 245.º do CPC. Por exemplo, no caso de o oponente ter sido citado através de terceiro, ao prazo de oposição (30 dias) deve fazer-se acrescer uma dilação de cinco dias, nos termos do disposto no art. 245.º, n.º 1, alínea a), do CPC, pelo que, atento o disposto no art.º 142.º do mesmo código ("quando um prazo perentório se seguir a um prazo dilatório, os dois prazos contam-se como um só"), a contagem faz-se como se o prazo fosse um único de 30 e cinco dias. Cfr. Acórdãos do TCA-S de 27 de janeiro de 2004, processo n.º 01053/03 e do STA de 19 de abril de 2017, processo n.º 0214/17.

[788] V., uma vez mais, art.º 191.º, n.º 3, do CPPT.

[789] Cfr. art.º 194.º do CPPT.

β) Exigências substanciais

Sob o ponto de vista material ou substancial, a citação – que deverá ser sempre acompanhada de cópia do título executivo – deve conter a nota indicativa do prazo para a oposição ou para a dação em pagamento, bem como a indicação de que a suspensão da execução e a regularização da situação tributária dependem da efetiva existência de garantia idónea ou da obtenção de autorização da sua dispensa[790].

6.5.7.3. A reação do executado

Como dissemos, a citação comunicará ao devedor que ele poderá deduzir oposição à execução, requerer o pagamento em prestações ou a dação em pagamento[791].

Os dois últimos pedidos, em princípio, serão alternativos, mas nada impede que sejam deduzidos cumulativa e simultaneamente, embora o pedido de pagamento em prestações fique suspenso até decisão do pedido de dação. Por outro lado, se os bens oferecidos em dação não forem suficientes para o pagamento da dívida exequenda, pode o excedente beneficiar do pagamento em prestações[792].

Vejamos especificadamente cada uma das situações.

6.5.7.3.1. Dedução de oposição

a) Pressupostos genéricos – prestação de garantia e direito a indemnização

A oposição é o ato processual mediante o qual o executado pode colocar em crise a pretensão executiva do credor tributário. Adiante veremos que não o poderá fazer com todos os fundamentos que entender, mas, por agora, importa reter alguns aspetos essenciais do regime da oposição.

Deve-se começar por assinalar que, contrariamente ao que parece indicar o art.º 212.º do CPPT ("a oposição suspende a execução, nos termos do presente Código"), a oposição não tem, por si só, efeitos suspensivos da execução. Apenas o terá se for prestada garantia adequada ou idónea, ou a penhora garanta a totalidade da dívida e do acrescido – é

---

[790] Assim, art.º 190.º do CPPT. Quanto à indicação dos meios de reação, v. acórdão do STA de 20 de fevereiro de 2013, processo n.º 01147/12.
[791] V. art.º 189.º, n.º 1, do CPPT.
[792] Cfr. art.º 189.º, n.ºs 4 e 5 do CPPT.

este o alcance da parte final do preceito referido, que necessita de articulação com outros normativos[793]. Se for o caso, interposta a oposição, o processo não poderá seguir para as fases seguintes, eventualmente para venda.

Tal a importância dos assuntos, e, não obstante se tratar de núcleos temáticos ou materiais já anteriormente abordados, justifica-se uma revisitação dos mesmos[794].

***

As garantias – que nem sempre são acessíveis e fáceis de conseguir – têm como principal finalidade acautelar o crédito tributário na pendência do processo e, por isso, devem ser "idóneas". Entende o legislador que essa idoneidade se pode verificar quando o executado apresenta garantia bancária, caução, seguro-caução, penhor ou hipoteca, embora admita "qualquer meio suscetível de assegurar os créditos do exequente"[795].

Assim sendo, se o executado, opondo-se à execução (ou mesmo antes disso, uma vez que ele pode prestar garantia antecipada[796]), não pretende ver o seu património afetado ou onerado, desde já deve diligenciar no sentido de conseguir um ou mais dos meios referidos – sendo notificado para tal e dispondo de um prazo de 15 dias para o fazer[797] – e fica com a segurança de que o processo pára nesse momento e até à resolução da sua oposição.

Pode ainda, se for acaso disso e se assim o entender, invocar a dispensa de prestação de garantia, na petição em que formula a oposição[798]. A este propósito, o legislador entende que a garantia pode ser dispensada em duas situações:

i) A sua prestação causar prejuízo irreparável; ou
ii) Seja manifesta a falta de meios económicos revelada pela insuficiência de bens penhoráveis desde que não existam fortes indícios

---

[793] Cfr., nomeadamente, art.ºˢ 169.º, n.ºˢ 1 e 5, do CPPT e 52.º, n.ºˢ 1 e 2, da LGT.
[794] Cfr. o que *supra* dissemos, Introdução, 6.3. ("A inexistência de efeito suspensivo e a necessidade de prestação de garantia adequada").
[795] Cfr. art.º 199.º, n.ºˢ 1 e 2, do CPPT.
[796] Cfr. art.º 169.º, n.º 2, do CPPT.
[797] Cfr. art.º 169.º, n.º 7, do CPPT.
[798] V. art.º 199.º, n.º 3, do CPPT.

de que a insuficiência ou inexistência de bens se deveu a atuação dolosa do interessado[799].

Deve assinalar-se que o entendimento jurisprudencial dominante tem defendido que nos casos em que existem dois executados responsáveis solidários que deduzam oposições contra a mesma execução e em que só um deles presta garantia, devem os efeitos suspensivos da garantia prestada sobre a execução estender-se ao outro executado oponente[800].

Por último saliente-se que (i) se o executado tiver provimento na sua oposição e (ii) a garantia se tenha mantido por período superior a três anos, poderá ele ser indemnizado pelos prejuízos entretanto sofridos[801].

b) Requisitos da oposição

O ato jurídico de oposição, enquanto meio processual adequado para concretização do direito de resistência constitucionalmente previsto (art.º 103.º, n.º 3 da CRP), deve observar determinadas exigências. Vejamos sumariamente quais.

α) Requisitos materiais

A oposição à execução *só* pode ter por base os seguintes fundamentos (tratando-se, portanto, de um elenco taxativo, embora não fechado, ao menos numa primeira leitura)[802]:
- Inexistência do imposto, taxa ou contribuição nas leis em vigor à data dos factos a que respeita a obrigação ou, se for o caso, não estar autorizada a sua cobrança à data em que tiver ocorrido a respetiva liquidação;
- Ilegitimidade da pessoa citada por esta não ser o próprio devedor que figura no título ou seu sucessor ou, sendo o que nele figura, não ter sido, durante o período a que respeita a dívida exequenda, o possuidor dos bens que a originaram, ou por não figurar no título e não ser responsável pelo pagamento da dívida[803];

---

[799] Cfr. art.º 52.º, n.º 4, da LGT.
[800] Cfr. acórdão do STA de 8 de maiode 2013, processo n.º 0593/13.
[801] Cfr. art.º 53.º, n.º 1, da LGT. O requisito dos três anos de manutenção da garantia não se exige se houver erro imputável aos serviços. V., ainda, art.º 171.º do CPPT.
[802] V. art.º 204.º, n.º 1, do CPPT. Cfr. acórdão do TC n.º 1171/96, disponível em http://www.tribunalconstitucional.pt.
[803] V., a respeito dos administradores e gerentes, art.º 208.º, n.º 2.

- Falsidade do título executivo, quando possa influir nos termos da execução[804];
- Prescrição da dívida exequenda;
- Falta da notificação da liquidação do tributo no prazo de caducidade;
- Pagamento ou anulação da dívida exequenda;
- Duplicação de coleta[805];
- Ilegalidade da liquidação da dívida exequenda, sempre que a lei não assegure meio judicial de impugnação ou recurso contra o ato de liquidação;
- Quaisquer fundamentos não referidos nas alíneas anteriores a provar apenas por documento, desde que não envolvam apreciação da legalidade da liquidação da dívida exequenda, nem representem interferência em matéria de exclusiva competência da entidade que houver extraído o título.

Como se pode constatar, não é possível, salvo em casos muito excecionais, questionar em processo executivo e em sede de oposição, a legalidade da dívida exequenda ("ilegalidade em concreto"), até porque esta já se considera certa, líquida e exigível, tendo, em princípio, decorrido já os respetivos prazos de reclamação, revisão e impugnação. Porém esta regra da insusceptibilidade do questionamento da legalidade em sede executiva deve ser interpretada em termos flexíveis, pois o ordenamento reconhece situações que, num ou noutro sentido, se podem configurar como desvios à mesma. Pense-se, nas seguintes circunstâncias:
- Pode ser invocada a "ilegalidade em abstrato" [alínea a) do art.º 204.º do CPPT], consubstanciada nas circunstâncias de inexistir a lei em vigor à data dos factos ou a autorização para a cobrança. As realidades, ainda assim, não se confundem, pois aqui ("ilegalidade em abstrato") a ilegalidade não fulmina diretamente no ato de liquidação, mas sim a própria lei que lhe subjaz que, porventura,

---

[804] Cfr., a propósito, acórdãos do TCA-S de 26 de outubro de 2004, processo n.º 00227/04, e de 17 de março de 2016, processo n.º 05361/12.

[805] A este propósito, entende-se que haverá duplicação de coleta quando, estando pago por inteiro um tributo, se exigir da mesma ou de diferente pessoa um outro de igual natureza, referente ao mesmo facto tributário e ao mesmo período de tempo (art.º 205.º, n.º 1, do CPPT).

violará normas de hierarquia superior (CRP, normas de Direito europeu ou internacional ou mesmo normas legais)[806];
- Pode ser invocada a legalidade da liquidação da dívida exequenda, sempre que não seja assegurado meio de impugnação ou recurso contra o ato de liquidação [alínea h)]. Estas situações ocorrem, por exemplo, quando o executado não foi previamente notificado deste último, situação não rara em matéria de coimas. Entende aqui a jurisprudência dominante que não é o processo de execução fiscal a sede própria para efetuar tal diligência comunicativa, pois, em rigor, o executado não apenas se teria visto privado da atempada possibilidade de impugnar a decisão condenatória, como também não disporia de elementos suficientes para "poder aquilatar" da falsidade ou veracidade do título executivo, ou verificar se estão devidamente contabilizados os juros de mora, o montante exequendo, etc.[807].

Por conseguinte, em ocorrências como as acabadas de apontar, podem, efetivamente, ser suscitadas questões atinentes à "legalidade" *lato sensu*. Trata-se, em qualquer caso, de situações excecionais.

No que diz respeito à cláusula aberta prevista na última alínea do art.º 204.º do CPPT ["quaisquer fundamentos (...) desde que não envolvam apreciação da legalidade da liquidação da dívida exequenda..."], tem a jurisprudência entendido que aqui se subsumem, entre outras, situações nas quais o executado se opõe com base na instauração indevida da execução (porque o obrigado tributário apresentou garantia idónea ou lhe foi deferido o respetivo pedido de isenção)[808]. Do mesmo modo, é de admitir a invocação do vício na comunicação de atos (notificações, citações) numa língua diferente da que o destinatário compreende (e que não seja a língua oficial do Estado em causa)[809].

---

[806] Cfr., a respeito, acórdão do STA de 7 de fevereiro de 2007, processo n.º 0619/06.

[807] Cfr., por exemplo, acórdãos do STA de 3 de dezembro de 2014, processo n.º 042614; e de 6 de maio de 2015, processo n.º 0228/15; do TCA-N de 14 de junho de 2017, processo n.º 01452/16.2BEBRG e do TCA-S de 15 de dezembro de 2016, processo n.º 09453/16.

[808] V. acórdão do STA de 8 de fevereiro de 2017, processo n.º 0177/15. V., ainda, acórdão do TCA-S de 15 de dezembro de 2016, processo n.º 09453/16.

[809] Assim, NETO, Dulce, *A competência internacional dos tribunais tributários ao abrigo do mecanismo de assistência mútua entre Estados-membros da UE em matéria de cobrança de créditos fiscais*, in *Contraordenações tributárias e temas de direito processual tributário*, Centro de Estudos Judiciários,

A finalizar, convém ainda notar que, nos termos do art.º 175.º do CPPT, a prescrição e a duplicação da coleta deverão ser conhecidas oficiosamente pelo juiz.

Por outro lado, se o oponente, na sua peça processual, colocar questões de Direito privado, pode o Tribunal tributário "remeter a apreciação dessas questões para os tribunais comuns, sobrestando na decisão da oposição até que aqueles tribunais as decidam, e julgando, depois, a oposição em conformidade"[810].

β) Requisitos formais

A oposição é um ato formal. Deverá ser feita através de uma petição – a ser apresentada no órgão da execução fiscal onde pender a execução[811] –, que será elaborada em triplicado, e juntamente com a qual o executado oferecerá todos os documentos, arrolará testemunhas e requererá as demais provas[812]/[813].

Além disso, não pode ser esquecida a indicação do valor da causa ou do processo, o qual deve ser certo e expresso em moeda legal, representando a utilidade económica imediata do pedido. Naturalmente que se compreende esta exigência, pois é a partir desse valor que se determina a recorribilidade da decisão a proferir pelo Tribunal tributário.

Ora, sendo certo que tal indicação deve ser feita por uma declaração explícita nesse sentido, não o é menos que se houver afirmações de que se deduza, com toda a probabilidade, qual o valor que o oponente atribui à oposição, não haverá obstáculo a que seja este considerado, sendo o que sucede, por exemplo, se é utilizada a fórmula "valor do processo: o da quantia exequenda". Neste caso, entende a jurisprudência que a exigência no final da petição do número de Euros em questão seria impor um "rigorismo formulário inadmissível", sendo, portanto, redundante e desnecessária nova declaração expressa sobre o valor da causa[814].

Lisboa, 2016, disponível em http://www.cej.mj.pt/cej/recursos/ebook_administrativo_fiscal.php, p. 54.

[810] Assim, acórdão do STA de 29 de novembro de 2000, processo n.º 025177.

[811] Cfr. art.º 207.º, n.º 1, do CPPT.

[812] Assim, art.º 206.º do CPPT.

[813] Quanto às possibilidades de coligação (de executados), v. art.º 206.º-A do CPPT.

[814] Assim, acórdãos do STA de 10 de novembro de 2010, processo n.º 0557/10, e de 27 de janeiro de 2016, processo n.º 0789/15.

γ) Requisitos temporais

Do ponto de vista temporal, há a assinalar que a petição de oposição à execução fiscal deve, nos termos do art.º 203.º, n.º 1, do CPPT, ser interposta no prazo de 30 dias, que serão contados da *citação pessoal*; da primeira penhora; da data em que tiver ocorrido facto superveniente; ou do conhecimento deste pelo executado[815].

Trata-se, aquele, de um prazo processual[816].

c) Tramitação do processo de oposição

Após ter sido recebida pelo órgão competente, a petição deverá ser autuada e no prazo de 20 dias remetida para o Tribunal (art.º 208.º do CPPT)[817]. Por aqui se vê que o processo só haverá de prosseguir para uma fase judicial se o executado deduzir oposição, pois nas outras situações o processo ou se extingue ou prossegue perante os órgãos da Administração tributária para penhora e eventual venda.

Recebido o processo, o juiz do Tribunal tributário de primeira instância poderá proferir *despacho de indeferimento liminar* (nas situações de intempestividade, não alegação de fundamentos admissíveis, manifesta improcedência ou não junção de documento quando tal seja absolutamente necessário[818]) ou notificar o representante da Fazenda Pública para, no prazo de 30 dias, contestar[819].

A partir daqui, e como refere o art.º 211.º, n.º 1, seguir-se-ão os termos estabelecidos para o processo de impugnação judicial (isto é, instrução, alegações, vista ao Ministério Público e sentença), pelo que para lá se remete[820].

Transitada em julgado a sentença que decidir a oposição – e, obviamente, em caso de insucesso da pretensão do executado – o processo

---

[815] V. acórdãos do STA de 30 de janeiro de 2013, processo n.º 0820/12 e de 22 de fevereiro de 2017, processo n.º 0706/16. É de salientar que, havendo vários executados, os prazos correrão independentemente para cada um deles (art.º 203.º, n.º 2 do CPPT).

[816] V. acórdão do STA de 5 de junho de 2013, processo n.º 0868/13.

[817] Nesta fase, a lei confere a esse mesmo órgão da Administração fiscal a possibilidade de revogar o ato em questão (art.º 208.º, n.º 2, CPPT).

[818] V. art.ºs 209.º e 204.º, n.º 1, alínea i) do CPPT

[819] Cfr. art.º 210.º do CPPT.

[820] Sobre a eventual omissão de vista ao Ministério Público (nesta sede), v. acórdão do TCA-N de 29 de outubro de 2015, processo n.º 00585/11.6BEBRG.

será devolvido aos órgãos da Administração tributária, para que se proceda aos termos subsequentes[821].

Caso a oposição seja deferida, normalmente extingue-se a execução[822].

6.5.7.3.2. Requerimento de dação em pagamento

O instituto da dação, como é sabido, consiste numa forma de extinção das obrigações tributárias mediante a qual o devedor entrega ao credor uma coisa diferente da inicialmente estabelecida. Aqui, no lugar do pagamento em dinheiro, procura-se assegurar o pagamento através de outros bens, móveis ou imóveis.

Tal dação deve ser requerida e é autorizada mediante despacho.

Vejamos os termos essenciais em que o requerimento deve ser efetuado e o despacho deve ser proferido.

Para que seja autorizada a dação, o art.º 201.º, n.º 1, do CPPT, exige dois pressupostos essenciais (além, obviamente, do pressuposto básico de estar a decorrer a execução[823]):
- Em primeiro lugar, o executado deverá oferecer uma descrição pormenorizada dos bens dados em pagamento; e
- Em segundo lugar, os bens dados em pagamento não devem ser de valor superior à dívida exequenda e acrescido (salvo os casos de se demonstrar a possibilidade de imediata utilização dos referidos bens para fins de interesse público ou social, ou de a dação se efetuar no âmbito do processo conducente à celebração de acordo de recuperação de créditos do Estado)[824].

---

[821] V. art.º 213.º do CPPT.
[822] Sobre as possibilidades de suspensão em caso de deferimento da oposição, v. acórdão do STA de 16 de dezembro de 2015, processo n.º 0361/14. V., ainda, declaração de voto da Conselheira Dulce Neto, aposta ao acórdão do STA de 8 de fevereiro de 2017, processo n.º 0177/15.
[823] Não obstante, pode ser requerida a dação antes de instaurada a execução fiscal. Cfr., a propósito, art.º 87.º do CPPT.
[824] Em caso de aceitação da dação em pagamento de bens de valor superior à dívida exequenda e acrescido, o despacho que a autoriza constitui, a favor do devedor, um crédito – de natureza intransmissível e impenhorável – no montante desse excesso, a utilizar eventualmente nas seguintes situações:
– Em futuros pagamentos de impostos ou outras prestações tributárias,
– Na aquisição de bens ou de serviços no prazo de 5 anos, ou

Em termos formais, o pedido de dação deverá ser efetuado mediante requerimento a apresentar no órgão periférico local e a dirigir ao Ministro ou órgão executivo de quem dependa a Administração tributária legalmente competente para a liquidação e cobrança da dívida[825]. Após a apresentação do requerimento, três situações há a distinguir[826]:
  i) O dirigente máximo do serviço remete o processo para o órgão decisor, sem mais;
  ii) O dirigente máximo do serviço remete o processo para o órgão decisor, com a menção de que não há interesse em autorizar a dação; ou
  iii) O dirigente máximo do serviço solicita uma avaliação dos bens em causa. Esta avaliação deverá ser efetuada pelo valor de mercado dos bens, tendo em conta a maior ou menor possibilidade da sua realização, e as despesas inerentes "entram em regra de custas do processo de execução fiscal, devendo o devedor efetuar o respetivo preparo no prazo de 5 dias a contar da data da notificação, sob pena de não prosseguimento do pedido".

O requerimento para autorizar a dação em pagamento deverá ser apresentado no prazo de oposição à execução (a regra é o prazo de 30 dias a contar da citação).

A decisão sobre o pedido de dação em pagamento deve qualificar-se como um verdadeiro ato administrativo em matéria tributária – e não um simples ato de trâmite –, inserido no âmbito de um procedimento tributário autónomo, sendo-lhe assim aplicáveis os princípios gerais que regulam a atividade administrativa e as normas que a Lei Geral Tributária prevê para os procedimentos tributários, nomeadamente o direito de audição previsto no artigo 60.º[827].

– No pagamento de rendas.
Em todos estes casos, apenas será possível a constituição do referido crédito desde que as receitas correspondentes estejam sob a administração do Ministério ou órgão executivo por onde corra o processo de dação (art.º 201.º, n.º 9, do CPPT).
[825] Cfr. art.º 201.º, n.º 1, do CPPT.
[826] V. art.º 201.º, n.ºˢ 3, 5 e 6, do CPPT.
[827] Nesses precisos termos, acórdão do STA de 10 de abril de 2013, processo n.º 0441/13.

6.5.7.3.3. Solicitação do pagamento em prestações

O pagamento em prestações das dívidas tributárias, compreensivelmente, não funciona de uma forma automática, dependendo também de solicitação do interessado. Sob o ponto de vista material, o pagamento em prestações pode ser autorizado desde que se verifique que o executado, pela sua situação económica, não pode solver a dívida de uma só vez[828].

Por outro lado, o legislador, no n.º 2 do art.º 196.º, traça uma regra de abrangência negativa, ao prescrever que esta forma de pagamento não é aplicável às dívidas de recursos próprios comunitários e às dívidas respeitantes à falta de entrega, dentro dos respetivos prazos, de imposto retido na fonte ou legalmente repercutido a terceiros, salvo em caso de falecimento do executado[829].

É de salientar que a importância a dividir em prestações não compreende os juros de mora, que continuam a vencer-se em relação à dívida exequenda incluída em cada prestação e até integral pagamento (art.º 196.º, n.º 8).

Quanto às prestações propriamente ditas, em princípio, serão autorizadas num número máximo de 36 e o valor de qualquer uma delas não deve ser inferior a 1 unidade de conta[830] no momento da autorização (art.º 196.º, n.º 4). Contudo, em situações de "notória dificuldade financeira e previsíveis consequências económicas para os devedores", poderá ser alargado o número de prestações mensais até 5 anos, se a dívida exequenda exceder 500 unidades de conta no momento da autorização, não podendo então nenhuma delas ser inferior a 10 unidades da conta (art.º 196.º, n.º 5). Quando, para efeitos de plano de recuperação a aprovar no âmbito de processo de insolvência ou de processo espe-

---

[828] Assim, art.º 196.º, n.º 4 do CPPT.

[829] Todavia, é excecionalmente admitida a possibilidade de pagamento em prestações de tais dívidas, sem prejuízo da responsabilidade contra-ordenacional ou criminal que ao caso couber, quando (i) o pagamento em prestações se inclua em plano de recuperação no âmbito de processo de insolvência ou de processo especial de revitalização, ou em acordo sujeito ao regime extrajudicial de recuperação de empresas em execução ou em negociação, e decorra do plano ou do acordo, consoante o caso, a imprescindibilidade da medida; ou (ii) quando se demonstre a dificuldade financeira excecional e previsíveis consequências económicas gravosas, não podendo o número das prestações mensais exceder 24 e o valor de qualquer delas ser inferior a 1 unidade de conta no momento da autorização (art.º 196.º, n.º 3).

[830] A unidade de conta processual (UC) é uma quantia em dinheiro, utilizada para fins processuais da mais variada natureza.

cial de revitalização, ou de acordo a sujeitar ao regime extrajudicial de recuperação de empresas do qual a administração tributária seja parte, se demonstre a indispensabilidade da medida, e ainda quando os riscos inerentes à recuperação dos créditos o tornem recomendável, a administração tributária pode estabelecer que o regime prestacional seja alargado até ao limite máximo de 150 prestações (n.º 6).

Finalmente, deve-se salientar que *a falta de pagamento sucessivo de três prestações, ou de seis interpoladas, importa o vencimento imediato das seguintes, se, no prazo de 30 dias a contar da notificação para o efeito, o executado não proceder ao pagamento das prestações incumpridas*, prosseguindo o processo de execução fiscal os seus normais termos. Além disso, a entidade que tiver prestado a garantia será citada para, no prazo de 30 dias, efetuar o pagamento da dívida ainda existente e acrescido até ao montante da garantia prestada, sob pena de ser executada no processo[831].

Sob o ponto de vista formal, o pagamento em prestações depende da interposição de um requerimento a dirigir, até à marcação da venda, ao órgão da execução fiscal, e onde o executado indicará a forma como se propõe efetuar o pagamento e os fundamentos da proposta[832].

Juntamente com tal requerimento, duas solicitações alternativas deverão ser formuladas.

Em primeiro lugar, poderá o executado "oferecer garantia idónea" (art.º 199.º, n.º1)[833], com o objetivo de procurar assegurar o direito de crédito do exequente. Tal garantia: (i) quantitativamente, e nos termos do n.º 6, será prestada pelo valor da dívida exequenda, juros de mora (até à data do pedido, com limite de 5 anos) e custas na totalidade, acrescida de 25% da soma daqueles valores; e (ii) temporalmente, será constituída para cobrir todo o período de tempo que foi concedido para efetuar o pagamento, acrescido de 3 meses, e deverá ser, em princípio, apresentada (não confundir com a respetiva solicitação) no prazo de 15 dias a contar da notificação que autorizar as prestações, salvo no caso de

---

[831] Cfr. art.º 200.º, n.ºs 1 e 2 do CPPT.

[832] V. art.ºs 197.º e 198.º do CPPT.

[833] Tal garantia idónea poderá, nos termos do preceito referido no texto (e do n.º 2 do mesmo artigo), assumir diversas formas como, por exemplo, garantia bancária, caução, seguro-caução, penhor ou hipoteca voluntária. De salientar que a entidade que prestar a garantia será chamada a efetuar o pagamento, logo que falte qualquer uma das prestações (art.º 200.º, n.º2).

garantia que pela sua natureza justifique a ampliação do prazo até 30 dias, prorrogáveis por mais 30, em caso de circunstâncias excecionais (n.º 7).

Em segundo lugar, poderá requerer a isenção da prestação de garantia (art.º 199.º, n.º3)[834].

Após receção e instrução dos pedidos com todas as informações de que se disponha, estes são imediatamente apreciados pelo órgão da execução fiscal ou, sendo caso disso, imediatamente remetidos após receção para sancionamento superior, devendo o pagamento da primeira prestação ser efetuado no mês seguinte àquele em que for notificado o despacho[835].

6.5.7.4. Penhora

6.5.7.4.1. Enquadramento do ato de penhora

Nos quadros da teoria geral do processo, a penhora vinha sendo tradicionalmente encarada como um ato de apropriação de bens do património do executado (bens imóveis, títulos, veículos, dinheiro, etc.) por parte do Tribunal[836]. Contudo, no presente contexto, e dada a específica configuração administrativo-jurisdicional da execução fiscal, tal ato de apropriação é levado a efeito pelo órgão da execução fiscal, através de um ato que assume a forma clássica de *mandado de penhora*. Trata-se de uma imprescindível fase do processo executivo, pois sem ela os bens do património do executado continuariam em termos plenos na esfera jurídica deste, e o órgão da execução jamais poderia proceder à sua venda, para consignar o produto ao exequente. Após a penhora, como se compreende, os bens passam a estar onerados, não podendo o executado deles dispor livremente.

Em processo de execução fiscal, e como se pode retirar no art.º 215.º, n.º 1, do CPPT, a regra será que a penhora se deve seguir à citação do executado (estudada no apartado anterior), nos casos em que, após

---

[834] Neste contexto, valerá como garantia para efeitos de isenção, a penhora já feita sobre os bens necessários para assegurar o pagamento da dívida exequenda e acrescido ou a efetuar em bens nomeados para o efeito pelo executado (cfr. art.º 199.º, n.º 4 do CPPT).
[835] Cfr. art.º 198.º, n.º 2 do CPPT.
[836] Cfr., a respeito de tal ato, acórdão do Tribunal de conflitos de 18 de dezembro de 2003, processo n.º 02/03.

esta, continue a não existir pagamento da quantia em dívida. Porém, casos existem em que a penhora pode mesmo ser efetuada sem que haja citação *efetiva* (isto é, a mesma pode ter sido enviada, mas não foi concretizada, executada, materializada na real pessoa do seu destinatário). Tal poderá suceder em duas situações[837]:
- Quando a citação tiver sido efetuada por via postal e o postal não vier devolvido ou, sendo devolvido, não indicar a nova morada do executado; ou
- Quando a citação tiver sido efetuada por via digital (transmissão eletrónica de dados), em casos de não acesso à caixa postal eletrónica.

Nestes casos, o contribuinte faltoso corre o risco de ver o seu património penhorado sem ter tido contacto efetivo (insiste-se: real, concreto, físico) com o processo de execução fiscal. De qualquer modo, adverte-se: está-se aqui a referir apenas a possibilidade de penhora, nada mais. O próprio legislador chama a atenção para o facto de que, nestas situações, "[a] realização da venda depende de prévia citação pessoal"[838].

Saliente-se igualmente que, em alguns dos casos pontuais, a penhora pode materializar-se num significativo avanço em relação ao fim do processo executivo, na medida em que se dispensa a fase da venda, por se revelar desnecessária: pense-se por exemplo, na penhora de dinheiro de uma conta bancária. Nestes casos, pode mesmo suceder que o processo, na prática, termine desde já, se não houver reclamações ou outros credores para convocar (fase seguinte).

Se, eventualmente, não forem encontrados bens penhoráveis no património do executado, o funcionário competente lavrará auto de diligência[839].

6.5.7.4.2. Bens suscetíveis de penhora e impenhorabilidades

Compreensivelmente, não se pode configurar o ato de penhora como um ato de conteúdo abstrato, que vai recair sobre todo o património do executado (todos os imóveis, todos os carros, todas as ações, todas as *contas bancárias*, etc.), de uma forma indiscriminada. Entre outras, razões de segurança jurídica e de salvaguarda da propriedade privada –

---

[837] V. art.º 193.º, n.º 1, do CPPT.
[838] Assim, art.º 193.º, n.º 2.
[839] V. art.º 236.º, n.º 1, do CPPT.

que têm em atenção a adequada proteção dos direitos do executado − impõem que a penhora incida sobre bens determinados, até porque tal determinação será decisiva, posteriormente, na fase da venda. Por outras palavras: impõe-se que sejam *nomeados* bens à penhora.

O direito de nomear bens à penhora considera-se sempre devolvido ao exequente, mas o órgão da execução fiscal poderá admitir que a penhora seja feita nos bens indicados pelo executado, desde que daí não resulte prejuízo [840].

Sob um prisma quantitativo, a penhora tem limites: será feita somente *nos bens suficientes para o pagamento da dívida exequenda e do acrescido*, mas, quando o produto dos bens penhorados for insuficiente para o pagamento da execução, esta prosseguirá em outros bens[841].

Qualitativamente, podem ser penhorados bens imóveis, bens móveis ou juntamente bens móveis e imóveis. De salientar, neste particular ponto − e reiterando um aspeto já anteriormente abordado −, que podem ser penhorados pelo órgão da execução fiscal os bens apreendidos por qualquer Tribunal, não sendo a execução, por esse motivo, sustada nem apensada[842].

Sob o ponto de vista da sucessão temporal, a penhora começará pelos bens cujo valor pecuniário seja de mais fácil realização e se mostre adequado ao montante do *crédito do exequente*, e, na sua falta, tratando-se de dívida com privilégio, pelos bens a que este respeitar, se ainda pertencerem ao executado[843]. Tal só não acontecerá se a dívida tiver garantia real onerando bens do devedor, caso em que por estes começará a penhora, que só prosseguirá noutros bens quando se reconheça a insuficiência dos primeiros para conseguir os fins da execução[844].

Ora, neste particular, o CPPT é particularmente regulamentador de formalidades, pelo que, em referência a alguns casos mais significativos, parece-nos suficiente a remissão para os preceitos respetivos, a saber[845]:

− Penhora de bens móveis em geral: art.º 221.º;

---

[840] Cfr. art.º 215.º, n.º 4 do CPPT.
[841] V. art.º 217.º do CPPT.
[842] V. art.º 218.º, n.º 3 do CPPT.
[843] Cfr. art.º 219.º, n.ºs 1 e 2, do CPPT.
[844] Assim, art.º 219.º, n.º 4, do CPPT.
[845] Quanto ao estabelecimento comercial, enquanto bem suscetível de coisificação e de penhora v. acórdão do STA de 14 de fevereiro de 2013, processo n.º 04/13.

- Penhora de bens imóveis: art.º 231.º;
- Penhora de automóveis de aluguer: art.º 222.º;
- Penhora de dinheiro ou valores depositados: art.º 223.º;
- Penhora de créditos: 224.º;
- Penhora de partes sociais ou quotas: art.º 225.º;
- Penhora de títulos de crédito: art.º 226.º;
- Penhora de abonos, vencimentos (funcionários públicos) ou salários (entidades privadas): art.º 227.º;
- Penhora de rendimentos: art.ºs 228.º e 229.º

Porém, independentemente destas especificidades, existem bens, ou partes de bens, *insuscetíveis de penhora*, por motivos vários: seja porque, em termos amplos, se pretende assegurar a dignidade da pessoa humana, seja porque, em termos mais restritos, se pretende garantir a cada um os meios necessários para obter independência económica e adequada subsistência individual e social. Em qualquer dos casos, trata-se de garantir e dar efetividade a determinadas dimensões constitucionais que poderiam perigar caso a oneração por esta via fosse possível (dignidade da pessoa humana, direito ao trabalho, direito à saúde, direito à habitação, direito à proteção na infância, velhice ou incapacidade, etc.).

O rol de impenhorabilidades consta do CPC, aqui aplicável a título subsidiário. Do vasto conjunto de regras ali constantes[846] – e além dos casos *patentes*, como os bens do domínio público (edifícios públicos, monumentos nacionais, estradas, linhas de caminho de ferro, rios, praias, etc.), os objetos destinados ao culto público, ou os túmulos –, salientam-se, com particular utilidade para a economia e propósitos das presentes lições, os seguintes bens insuscetíveis de ser penhorados, total ou parcialmente, consoante os casos:

- Dois terços da parte líquida dos vencimentos, salários, prestações periódicas pagas a título de aposentação ou de qualquer outra regalia social, seguro, indemnização por acidente, renda vitalícia, ou prestações de qualquer natureza que assegurem a subsistência do executado[847];

---

[846] Cf. art.ºs 735.º e ss. do CPC, *ex vi*, art.º 2.º do CPPT.

[847] Quanto são modo de cálculo da "parte líquida" dos vencimentos insuscetível de penhora, v. acórdão do STA, de 09 de janeiro de 2019, processo n.º 0969/18.9BELRS. No âmbito deste processo, questionava-se se essa "parte líquida" se refere (i) à totalidade do rendimento

- Os instrumentos de trabalhos e os objetos indispensáveis ao exercício da atividade ou formação profissional do executado (salvo se o próprio executado os indicar para penhora)[848];
- Os bens imprescindíveis a qualquer economia doméstica que se encontrem na casa de habitação efetiva do executado (alguns eletrodomésticos, mobiliário, etc.);
- Os instrumentos e os objetos indispensáveis aos deficientes e ao tratamento de doentes (cadeiras de rodas, muletas, utensílios ortopédicos, banheiras especiais, etc.);
- Na penhora de dinheiro ou de saldo bancário, o valor global correspondente ao salário mínimo nacional;
- Os objetos cuja apreensão careça de justificação económica, pelo seu diminuto valor venal;
- Os animais de companhia.

Uma nota importante nesta matéria deve ser reservada ao, já amiúde referido, princípio da proporcionalidade ou da proibição do excesso. A penhora, como ato intrusivo e restritivo que é, não pode deixar de se limitar ao necessário, ao adequado e à medida certa para assegurar a adequada coercibilidade do crédito tributário (ou equiparado) em causa. Não pode ir além daquilo que se revela – face aos circunstancialismos que rodeiam a situação em concreto – como a *medida certa*.

6.5.7.5. Convocação de terceiros

Após a penhora, segue-se a fase da convocação de terceiros. Trata-se do momento em que são chamados ao processo de execução fiscal várias pessoas determinadas, e inicialmente externas ao mesmo, para que possam, se for caso disso, reclamar os seus direitos[849].

---

auferido, deduzida dos encargos legais (e.g., fiscais e contributivos), ou (ii) à totalidade do rendimento auferido, deduzida de todos os encargos a que o executado se encontra vinculado, incluindo também, e designadamente, encargos parentais e empréstimos contraídos. O Tribunal decidiu – e bem, parece-nos – no primeiro dos sentidos apontados, defendendo a tese de um valor líquido objetivo e não de um "valor líquido no plano pessoal".

[848] Sobre a (in)aplicabilidade desta regra às pessoas coletivas, v. acórdão do TCA-N de 12 de novembro de 2015, processo n.º 01341/15.8BEPNF.

[849] V., a respeito, acórdãos do STA de 17 de abril de 2013, processo n.º 0235/13, e de 16 de dezembro de 2015, processo n.º 01704/13, nos quais se aborda a questão da omissão de notificação, por erro, de um credor que deveria ter sido notificado.

Essas pessoas são, por um lado, certos credores especiais e, por outro, o cônjuge do executado.

Constata-se aqui que o CPPT rejeitou a ideia de que todos os credores devem ser chamados, em posição paritária, ao processo de execução para reclamar os seus créditos. Pelo contrário: não apenas se constata que o exequente, por via da penhora efetuada, beneficia de uma *preferência* em relação aos demais, como também que apenas são chamados à execução determinados credores "especiais", e não os credores comuns. Neste seguimento, o art.º 239.º, n.º 1, do CPPT determina que, feita a penhora e junta a certidão de ónus, serão citados os *credores com garantia real*, relativamente aos bens penhorados, podendo eles reclamar os seus créditos no prazo de 15 dias após a citação (art.º 240.º n.º 1).

Além disso, também o *cônjuge do executado* o é, nos casos (i) em que pode requerer a separação patrimonial (execução para cobrança de coima fiscal ou com fundamento em responsabilidade tributária exclusiva de um dos cônjuges) ou (ii) quando a penhora incida sobre bens imóveis ou bens móveis sujeitos a registo.

Para além disso, os credores desconhecidos, bem como os sucessores dos credores preferentes, serão citados por éditos de 10 dias[850].

6.5.7.6. Verificação e graduação de créditos

Em caso de litígio entre os vários credores, o próprio órgão de execução fiscal (a própria Administração tributária, portanto) procede à verificação e graduação de créditos, notificando desta todos os credores que reclamaram créditos[851]. Este processo de verificação e graduação de créditos tem efeito suspensivo e nele apenas é admitida prova documental, seguindo-se as demais disposições do CPC[852].

Da decisão relativa à verificação e à graduação dos créditos em conflito, cabe reclamação dirigida ao Tribunal tributário, nos termos do art.º 276.º e ss. do CPPT (meio impugnatório que será oportunamente analisado num momento mais avançado das presentes *Lições*), reclamação essa com efeitos suspensivos e subida imediata[853].

---

[850] V. art.ºs 239.º, n.º 2 e 242.º do CPPT.
[851] V. art.º 245.º, n.º 2, do CPPT.
[852] Cfr. art.ºs 246.º e 245.º, n.º 1, do CPPT.
[853] Assim, art.º 245.º, n.º 4 do CPPT.

Evidentemente que os processo subidos a Tribunal serão depois devolvidos ao órgão de execução fiscal, após o trânsito em julgado da decisão[854].

Analisemos mais de perto os dois primeiros casos acima referidos (credores com garantia real e cônjuge do executado).

a) Credores com garantia real

Neste particular, pode levantar-se a questão de saber se os créditos que gozam de privilégio (mobiliário ou imobiliário) podem ser reclamados em execução fiscal.

Isto porque, numa determinada interpretação da disposição contida no n.º 1 do art.º 240.º do CPPT, a expressão "credores com garantia real" apenas se refere às situações que têm subjacentes direitos reais de garantia em sentido próprio e estrito, os quais serão, para estes efeitos, apenas o penhor, a hipoteca e o direito de retenção. Já os privilégios creditórios – que consistem, como se sabe, na faculdade que a lei, em atenção à causa do crédito, concede a certos credores, independentemente do registo, de serem pagos com preferência a outros[855] –, não sendo verdadeiros direitos reais de garantia mas qualidades do crédito, não seriam aqui abrangidos, e os respetivos titulares não deveriam ser chamados à execução fiscal.

A este propósito, o STA tem entendido, maioritariamente, que também os créditos privilegiados podem e devem ser reclamados, admitidos e graduados, com base nos seguintes argumentos:

- Em primeiro lugar, "assim o impõe a unidade do sistema jurídico, pois não faria sentido que a lei substantiva estabelecesse uma prioridade no pagamento do crédito e a lei adjetiva obstasse à concretização da preferência, impedindo o credor privilegiado de acorrer ao concurso";
- Em segundo lugar, se fosse de exigir ao credor privilegiado que, "para fazer valer o privilégio, obtivesse penhora ou hipoteca, seria deixar sem sentido útil o regime substantivo dos privilégios creditórios pois que, nesse caso, o respetivo crédito passaria a dispor de garantia real, sendo-lhe inútil o privilégio".

---

[854] Cfr. art.º 247.º, n.º 1, do CPPT.
[855] Cfr. art.º 733.º do CC.

Daí que se possa concluir que o art.º 240.º n.º 1 do CPPT "deve ser interpretado amplamente, de modo a terem-se por abrangidos na sua estatuição, não apenas os credores que gozam de garantia real, *stricto sensu*, mas também aqueles a quem a lei substantiva atribui causas legítimas de preferência, designadamente, privilégios creditórios"[856].

Outro problema delicado que pode surgir nesta fase do processo é o de saber se um credor que seja titular de um privilégio imobiliário geral, tem preferência em relação a um outro que seja titular de uma hipoteca sobre um determinado bem imóvel do mesmo devedor. Pense-se na situação hipotética em que determinado contribuinte está adstrito a duas dívidas: por um lado, é devedor ao Estado de quantias tributárias que gozam de privilégio imobiliário geral (por exemplo, dívidas de IRS[857]) e, por outro lado, é devedor a um banco de uma quantia que se encontra garantida por uma hipoteca sobre um bem imóvel abrangido por esse privilégio (uma casa que adquiriu mediante o recurso ao crédito). Neste caso, qual deve prevalecer e ser pago em primeiro lugar? O crédito do Estado ou o crédito do banco? Será que o privilégio sacrifica os demais direitos de garantia?

A questão coloca-se na medida em que o próprio Código civil delimita a respeito um regime fragmentário e lacunoso, desadaptado da realidade atual, pois assume que os privilégios creditórios imobiliários são sempre especiais, o que não é verdadeiro. Com efeito, estabelece o respetivo art.º 751.º que "os privilégios imobiliários são oponíveis a terceiros que adquiram o prédio ou um direito real sobre ele, e preferem à consignação de rendimentos, à hipoteca ou ao direito de retenção, ainda que estas garantias sejam anteriores". Todavia, prescreve igualmente o art.º 749.º, n.º 1, que "o privilégio geral não vale contra terceiros, titulares de direitos que, recaindo sobre as coisas abrangidos pelo privilégio, sejam oponíveis ao exequente". Ora, como acertadamente referiu o STA "sendo o privilégio imobiliário geral previsto no artigo 111.º do CIRS, simultaneamente, um privilégio imobiliário e um privilégio geral, seriam, à partida, potencialmente aplicáveis ambas as disposições"[858].

---

[856] Cfr. acórdão do STA de 13 de abril de 2005, processo n.º 0442/04. Em sentido contrário (inadmissibilidade de reclamação de crédito que goze de privilégio), cfr. acórdão do STA de 7 de julho de 2004, processo n.º 0612/04. Mais recentemente, acórdão do STA de 14 de fevereiro de 2013, processo n.º 021/13.

[857] Cfr. art.º 111.º do CIRS.

[858] Cfr. acórdão do STA de 07 de julho de 2004, processo n.º 0612/04.

O STA – assim como Tribunal Constitucional [859] – entendeu que o privilégio creditório não tem primazia nestes casos. Pode aqui argumentar-se que o credor hipotecário, que registou a hipoteca e que viu o seu crédito preterido por causa de um privilégio estaria a ser inconstitucionalmente lesado. Referiu a propósito o Tribunal Constitucional que "(...) o princípio da proteção da confiança, ínsito na ideia de Estado de direito democrático, postula um mínimo de certeza nos direitos das pessoas e nas expectativas que lhes são juridicamente criadas, censurando as afetações inadmissíveis, arbitrárias ou excessivamente onerosas, com as quais não se poderia moral e razoavelmente contar". Refere também que "o registo predial tem uma finalidade prioritária que radica essencialmente na ideia de segurança e proteção dos particulares, evitando ónus ocultos que possam dificultar a constituição e circulação de direitos com eficácia real sobre imóveis, bem como das respetivas relações jurídicas – que, em certa perspetiva, possam afetar a segurança do comércio jurídico imobiliário".

Ora, o particular que registou a sua hipoteca não pode ser confrontado com uma realidade que frustra a fiabilidade que o registo naturalmente merece. Daí que uma norma que confira determinado privilégio imobiliário não pode – sob pena de inconstitucionalidade nos termos descritos – ser interpretada no sentido de que esse privilégio prevalece em relação a hipotecas constituídas sobre o mesmo bem e registadas.

Por isso, prevalece a hipoteca[860]/[861].

b) Cônjuge do executado
Como se referiu, também o cônjuge do executado deve ser chamado à execução fiscal para, quando for caso disso – coimas ou dívidas tributárias da responsabilidade tributária exclusiva de um dos cônjuges ou ain-

---

[859] Cfr. acórdão n.º 362/2002, disponível em http://www.tribunalconstitucional.pt, relativo à pretensa inconstitucionalidade de uma determinada interpretação do art.º 111.º do CIRS.

[860] Ainda a propósito deste problema, v. acórdão do STA de 22 de novembro de 2006, processo n.º 0354/06.

[861] Acerca da questão de saber se os créditos que gozam de direito de retenção (por exemplo, por parte do beneficiário de uma promessa) devem ser graduados de forma prioritária em relação a créditos hipotecários constituídos e registados anteriormente, e concluindo no sentido afirmativo, cfr. acórdão do STA de 22 de novembro de 2006, processo n.º 0354/06. V., ainda, art.º 759.º do CC.

da quando a penhora incida sobre bens imóveis ou bens móveis sujeitos a registo – , requerer a separação patrimonial.

Quid Iuris se o cônjuge do executado vê penhorados bens seus e tal citação não ocorrer? Em abstrato, ele disporia de duas possibilidades de reação:
i) Em primeiro lugar, poderia deduzir o incidente de embargos contra a penhora que ofenda um bem do seu património[862]; ou
ii) Em segundo lugar, poderia arguir a nulidade do processo com fundamento em falta de citação, o que implica que os atos subsequentes, em princípio, se considerarão inválidos[863].

O STA entende que esta segunda é a melhor solução, como se pode retirar do seguinte excerto de um acórdão seu[864]: "[n]estes casos, não podendo o processo prosseguir sem a citação do cônjuge (art. 239.º, n.º 1, deste Código), seria incompreensível que se admitisse o cônjuge a deduzir embargos de terceiro, por ter a qualidade de terceiro (por não ter sido ainda citado), para, depois de constatada a falta da sua obrigatória citação, ter de a efetuar, retirando-lhe ao embargante a qualidade de terceiro, com a consequente ilegitimidade superveniente".

Adiante refere-se: "[s]endo a falta de citação, nestas situações, suscetível de prejudicar a defesa do citando, ela constituirá uma nulidade insanável de conhecimento oficioso a todo o tempo, pelo que o meio processual mais adequado para o cônjuge indevidamente não citado defender os seus direitos processuais será a arguição da correspondente nulidade, para, na sequência da citação obrigatória, exercer todos os poderes que a lei lhe confere".

Essa arguição da nulidade deve seguir como requerimento de incidente na própria execução, a ser apreciado pelo órgão de execução competente (cuja eventual decisão desfavorável poderá ser objeto de reclamação).

6.5.7.7. Venda dos bens penhorados
Finalmente, surge a última fase do processo executivo, aquela fase para onde, teleologicamente, todo o processo converge: a venda.

---

[862] Cfr. art.º 237.º, n.º 1 do CPPT.
[863] Cfr. art.º 165.º, n.º 1, alínea a) e n.º 2 do CPPT.
[864] Cfr. acórdão do STA de 29 de novembro de 2006, processo n.º 0174/06.

Em termos jurídico-definitórios, a venda pode ser considerada em dois sentidos distintos: (i) num sentido restrito como o ato em concreto de transferência coativa dos bens penhorados ("ato de venda"), ou (ii) num sentido amplo ("procedimento de venda"), enquanto sinónimo de tramitação conducente a tal ato, englobando o despacho da respetiva marcação, a publicitação (publicidade), a apresentação de propostas, a adjudicação, e a entrega do bem vendido, bem assim como as respetivas notificações aos interessados, quando for caso disso.

O ato de venda propriamente dito[865] realizar-se-á após o termo do prazo de reclamação de créditos[866] e, preferencialmente, deve ser feito por meio de leilão eletrónico, ou, na impossibilidade, por meio de propostas em carta fechada[867], com cumprimento do disposto no art.º 253.º do CPPT. Só tal não acontecerá quando o próprio CPPT determinar em sentido diverso (v.g., negociação particular)[868].

Além disso, a venda deverá ser publicitada "através da Internet" – sem prejuízo de outros meios de divulgação, por iniciativa do órgão da execução fiscal ou por sugestão dos interessados na venda – (art.º 249.º, n.º 1 e n.º 2) e em todos os meios devem ser incluídas as seguintes indicações (*idem*, n.º 5):
- Designação do órgão por onde corre o processo;
- Nome ou firma do executado;
- Identificação sumária dos bens;
- Local, prazo e horas em que os bens podem ser examinados;
- Valor base da venda;
- Designação e endereço do órgão a quem devem ser entregues ou enviadas as propostas;
- Data e hora limites para receção das propostas;
- Data, hora e local de abertura das propostas;

---

[865] Sob o ponto de vista da respetiva natureza jurídica, pode dizer-se que abstratamente é possível considerar o ato de venda (i) como um ato de Direito privado, equiparado ao contrato de compra e venda, ou (ii) como um ato de Direito público, praticado no quadro do exercício em concreto do poder jurisdicional. Em rigor, o mais acertado parece ser propender para a segunda orientação (natureza publicista), atenta a falta de vontade do executado, que obstaculiza a consideração privatística do ato translativo.
[866] Cfr. art.º 244.º, n.º 1, do CPPT.
[867] V. art.º 248.º, n.º 1, do CPPT.
[868] Cfr., por exemplo, art.º 252.º, nos termos do qual

– Qualquer condição prevista em lei especial para a aquisição, detenção ou comercialização dos bens.

Neste contexto, a publicidade do ato de venda reveste-se de uma importância inafastável, na medida em que apenas quando existe adequada divulgação podem os credores e outros potenciais interessados fazer valer as suas pretensões junto ao processo. Por conseguinte, pode dizer-se que vendas não publicitadas, ou não publicitadas de modo apropriado – isto é, de modo que possibilite a um normal destinatário tomar contacto cognitivo com a realidade subjacente, como acontece quando não existem editais, devendo –, assentam numa preterição de formalidade essencial cuja inobservância determina a nulidade do ato de venda, bem como dos atos consequentes[869].

Posteriormente, serão entregues, no local do órgão da execução fiscal onde vai ser efetuada a venda (art.º 251.º), as respetivas propostas e proceder-se-á ao ato de venda, determinando-se o valor-base de acordo com o art.º 250.º[870]. Deve-se salientar que nesta altura os titulares do direito de preferência na alienação dos bens devem ser notificados do dia e hora da entrega dos bens ao proponente, para poderem exercer o seu direito no ato da adjudicação[871].

***

Materializando a venda um ato coativo – e, em princípio, definitivo – de transferência e perda de propriedade, e atendendo à especial relevância que certos bens ou acervos patrimoniais assumem para o seu titular e para a manutenção da sua dignidade enquanto pessoa, o legislador entendeu revestir determinadas situações de um especial regime protetor e garantístico, como modo de evitar danos de difícil reparação. Neste seguimento, determina-se que quando estiver em causa um bem imóvel destinado (e "efetivamente afeto") exclusivamente a habitação própria e permanente do devedor ou do seu agregado familiar não se procederá

---

[869] Assim, acórdão do STA de 22 de outubro de 2015, processo n.º 08978/15. V., ainda, acórdão do STA de 9 de maio de 2012, processo n.º 0862/11, onde se discute a responsabilidade civil emergente de uma venda efetuada com preterição de formalidades.
[870] Quanto às exigências do próprio ato de venda, cfr. art.º 256.º do CPPT.
[871] Cfr. art.º 249.º, n.º 7 do CPPT.

à venda[872]/[873]. Note-se, em todo o caso: o imóvel em causa pode ser penhorado, e o mais natural é que o esteja já; porém, apesar de onerado com a penhora, o mesmo não pode ser vendido, procurando-se com esta restrição ao poder coativo tributário assegurar (uma vez mais) que não existem ofensas ao princípios constitucionais da dignidade da pessoa humana e da proporcionalidade, evitando situações nas quais o executado ou o seu agregado poderiam ficar privados do seu espaço vital , com a agravante de o poder ser em modo desproporcional, atendendo a que frequentemente a dívida tributária pode ser de montante substancialmente inferior ao do imóvel penhorado.

Este impedimento pode cessar a qualquer momento, a requerimento do executado[874].

De resto, enquanto durar o período de impedimento legal de realização da venda, e na medida em que durante o mesmo o credor tributário não pode exercer o seu direito de cobrança efetiva, o prazo de prescrição da obrigação tributária suspende-se[875].

***

A venda só poderá posteriormente ser anulada com os fundamentos previstos na lei, sendo de destacar[876]:
– Existência de algum ónus real que não tenha sido tomado em consideração e não haja caducado;
– Erro sobre o objeto;
– Algum dos fundamentos de oposição à execução, quando o executado o não pode apresentar no prazo normal.

---

[872] V. art.º 244.º, n.º 2, do CPPT. Todavia, esta limitação da possibilidade de venda não é aplicável aos imóveis cujo valor tributável se enquadre, no momento da penhora, na taxa máxima prevista para a aquisição de prédio urbano ou de fração autónoma de prédio urbano destinado exclusivamente a habitação própria e permanente, em sede de IMT (cfr. n.º 3 do referido preceito normativo).
[873] Para desenvolvimentos, v. BARBOSA, Andreia, *A proteção da casa de morada da família e da casa de habitação efetiva no processo de execução fiscal*, in Cadernos de Justiça Tributária, 14, CEJUR, Braga, 2016, pp. 3 e ss.
[874] Assim, art.º 244.º, n.º 6, do CPPT.
[875] Cfr. art.º 49.º, n.º 4, alínea d), da LGT.
[876] Cfr. art.º 257.º do CPPT.

A anulação poderá ser invocada no prazo de 90, 30 ou 15 dias, consoante os casos e, no caso mencionado acima em terceiro lugar, depende do reconhecimento do respetivo direito por decisão judicial[877].

Nos termos do art.º 257.º, n.º 4 do CPPT, o pedido de anulação da venda deve ser dirigido ao órgão periférico regional da AT que, no prazo máximo de 45 dias, pode deferir ou indeferir o pedido, ouvidos todos os interessados na venda. Decorrido tal prazo sem qualquer decisão expressa, o pedido de anulação da venda é considerado indeferido (n.º 5).

Como se pode ver, o regime da venda no âmbito do processo de execução fiscal foi especificamente delineado pelo legislador, afastando a aplicação supletiva de normas oriundas do processo comum ou civil. Esta especificidade de regime justifica-se, como facilmente se poderá aceitar, pelos fins inerentes à própria execução fiscal: fins de natureza pública (satisfação de necessidades coletivas), muitas vezes apenas possíveis de atingir por via da cobrança coerciva de dívidas de natureza tributária[878].

6.5.8. Vicissitudes do processo de execução fiscal: incidentes e suspensão da execução

Sendo certo que do ponto de vista do ordenamento o desejável será que o *iter* processual se desenrole integralmente nos termos legalmente previstos e *supra* descritos, a verdade é que a tramitação do processo executivo pode sofrer desvios ou ficar parada, em consequência da ocorrência de factos ou atos que a podem afetar. Nestes casos, a tramitação normal cede a introduzem-se trâmites anómalos que, sem deixar de ser legais, constituem afastamentos significativos.

Esses afastamentos podem materializar-se juridicamente em incidentes ou em causas de suspensão.

Vejamos em que termos.

6.5.8.1. Incidentes

Já a propósito do processo de impugnação judicial, nos referimos aos incidentes (tramitações acessórias ou laterais – mas influentes – de um

---

[877] Cfr., art.º 257.º, n.ºˢ 1 e 3 do CPPT. V., a respeito, acórdão do STA de 1 de setembro de 2010, processo n.º 0653/10.

[878] Cfr. acórdãos do STA de 28 de março de 2007, processo n.º 026/07 e acórdão do pleno da secção CT de 5 de julho de 2012, processo n.º 0873/11.

processo principal). Cumpre agora fazê-lo, ainda que de uma forma breve, em relação ao processo de execução fiscal.

Nos termos do art.º 166.º, n.º 1 do CPPT, são admitidos os seguintes incidentes[879]:
- Embargos de terceiros, naquelas situações em que um ato judicialmente ordenado de apreensão ou entrega de bens (como a penhora ou o arresto) ofender a posse ou qualquer outro direito incompatível de terceiro, entendido como aquele que não deva ser citado no processo executivo[880]. Neste sentido, pessoas como, por exemplo, os revertidos ou o cônjuge do executado não se devem considerar "terceiros" para estes fins, pois são citados – ou devem sê-lo – no âmbito do referido processo. Aos embargos aplicam-se, em regra, as disposições que disciplinam a oposição à execução[881], embora não se deva considerar que haja suscetibilidade de efeito suspensivo, atenta a literalidade dos artigos para os quais o art.º 212.º do CPPT implicitamente remete (designadamente o art.º 199.º);
- Habilitação de herdeiros, nos casos em que haja necessidade de uma alteração subjetiva da instância, por falecimento do sujeito principal; e
- Apoio judiciário, nos termos gerais.

Como já deixamos assinalado, o incidente de assistência não é permitido no processo tributário com o mesmo âmbito e amplitude com que vigora no processo civil, não se podendo falar em assistência em sede

---

[879] O incidente de falsidade de documentos, admitido, em termos gerais, no processo civil, não é conhecido em processo de execução fiscal. Neste, a genuinidade de qualquer documento deve ser impugnada no prazo de 10 dias após a sua apresentação ou junção ao processo, sendo no mesmo prazo feito o pedido de confronto com o original da certidão ou da cópia com a certidão de que foi extraída (art.º 115.º, n.º 4 *ex vi* art.º 166.º, n.º 2 do CPPT).

[880] Assim, acórdão do STA de 9 de abril de 2003, processo n.º 01838/02. Neste acórdão conclui-se, designadamente, que "quem for citado no processo de execução fiscal não tem a qualidade de terceiro para efeitos de embargos de terceiro". V., ainda, acórdãos do STA de 29 de novembro de 2006, processo n.º 0174/06 e do TCA-S de 5 de fevereiro de 2013, processo n.º 06153/12.

[881] No sentido em que tal remissão apenas se limita ao formalismo processual e já não a outras questões (v.g., legitimidade), cfr. acórdão do TCA-S de 16 de abril de 2002, processo n.º 6301/02. De salientar que a decisão de mérito proferida nos embargos de terceiro constitui caso julgado no processo de execução fiscal quanto à existência e titularidade dos direitos invocados por embargante e embargado (art.º 238.º do CPPT).

de execução fiscal, mas tão só no âmbito da impugnação judicial. Com efeito, se a vontade legislativa fosse no sentido de admitir em processo de execução fiscal os mesmos incidentes que são admitidos no processo civil, bastava-lhe não disciplinar a matéria e abrir a porta à aplicação supletiva do CPC, o que não foi feito, levando a presumir que se pretendeu consagrar uma disciplina mais restritiva neste âmbito[882].

6.5.8.2. Suspensão

A suspensão consiste, como o próprio conceito faz intuir, na paralisação momentânea dos trâmites da execução. Trata-se, bem vistas as coisas, de um importante "alívio" na esfera jurídica do executado que, assim, no mínimo, vê os atos de oneração ou restrição retardados.

As causas de suspensão da execução – que não se confundem com as causas de suspensão *de um dos atos* da execução, como a venda, por exemplo (art.º 264.º, n.º 4, do CPPT) – são várias e estão disseminadas ao longo de várias disposições normativas, nem sempre harmonizadas entre si, mas ainda assim é possível reconduzi-las a grupos abrangentes, com características distintivas relevantes. Tais grupos são:
 – Situações de regularização da situação tributária;
 – Situações de contencioso associado à legalidade da dívida;
 – Situações de contencioso associado à exigibilidade dívida;
 – Situações de insuficiência patrimonial e insolvência.

Importa esclarecer que a multiplicidade das situações tributárias e a *inflação legislativa* associada não permitem excluir outras causas suspensivas[883]. Ainda assim, crê-se que estes serão os mais relevantes, motivo pelo qual a atenção subsequente a eles será dedicada. Saliente-se igualmente que a suspensão da execução fiscal fora dos casos previstos na lei, quando dolosa, é fundamento de responsabilidade tributária subsidiária, dependendo esta da anterior condenação disciplinar ou criminal do responsável[884].

---

[882] Cfr., a propósito, acórdão do STA de 10 de janeiro de 2007, processo n.º 01001/06.
[883] Pense-se, por exemplo, nas situações em previstas no art.º 23.º, n.º 3, da LGT ("Caso, no momento da reversão, não seja possível determinar a suficiência dos bens penhorados por não estar definido com precisão o montante a pagar pelo responsável subsidiário, o processo de execução fiscal fica suspenso desde o termo do prazo de oposição até à completa excussão do património do executado").
[884] Cf. art.º 85.º, n.ºs 3 e 4, do CPPT.

Em regra, os contribuintes que obtenham a suspensão do processo de execução fiscal consideram-se como tendo a situação tributária regularizada, com todos os efeitos daí decorrentes[885].

Se, estando a execução suspensa, ela vier a prosseguir porque um terceiro sub-rogado na posição da Administração tributária o requis, será o executado disso notificado[886].

Vejamos, então, alguns casos de suspensão da execução.

***

6.5.8.2.1. Situações de regularização da situação tributária

O primeiro grupo de causas suspensivas do processo de execução fiscal relaciona-se com ocorrências que demonstram uma intenção do executado no sentido de resolver a situação devedora, procurando extinguir a obrigação tributária.

Neste contexto, cumpre falar em primeiro lugar do *pedido de pagamento em prestações*, já atrás analisado no contexto dos modos de reação do executado e relativamente ao qual o art.º 52.º da LGT é claro ao prescrever a virtualidade suspensiva. Como então se disse, é uma possibilidade que depende de solicitação do interessado, sobre o qual impende o ónus de demonstrar que, por causa sua situação económica, não pode solver a dívida de uma só vez. Tal requerimento pode ser efetuado até à marcação da venda e – para que se consiga a suspensão – deve ser acompanhado, ou do oferecimento de garantia idónea (nos termos do art.º 199.º, n.º 1 do CPPT), ou de pedido de isenção da prestação de garantia (art.º 199.º, n.º 3).

Em segundo lugar, cabe fazer referência ao instituto da compensação de dívidas, o qual consiste, como se sabe, numa forma jurídica de extinção das obrigações que se materializa na circunstância de duas pessoas serem simultânea e reciprocamente credor e devedor[887].

Pense-se, por exemplo, no executado por uma dívida de IVA que tem direito a receber um reembolso de IRS.

---

[885] Assim, art.º 169.º, n.º 12, do CPPT.
[886] Cfr. art.º 174.º, n.º 2, do CPPT.
[887] Cfr. art.º 169.º, n.º 5 do CPPT.

Sem grandes alongamentos, sempre se dirá que a compensação pode ser efetuada por iniciativa (pedido) do obrigado tributário (art.ᵒˢ 90.º e 90.º-A do CPPT), ou de modo oficioso, por iniciativa da própria AT (art.º 89.º do CPPT), embora, como se compreenda, o efeito suspensivo de execução aplica-se somente no primeiro caso, e no período temporal que medeia entre a apresentação do pedido e a subsequente decisão da AT.

De facto, quando é a própria AT a proceder à compensação, o crédito tributário respetivo extingue-se, extinguindo-se em princípio também a execução (na compensação total).

6.5.8.2.2. Situações de contencioso associado à legalidade da dívida

Aqui, está a ser feita referência a um conjunto alargado de situações nas quais a dívida tributária subjacente está, direta ou indiretamente, a ser objeto de litígio, justificando porventura a paragem da execução que a tem por objeto.

Pode aqui ser feita menção às seguintes situações:

i) Interposição de reclamação graciosa, impugnação judicial ou recurso judicial que tenham por objeto a legalidade da dívida exequenda – desde que esta não respeite a "recursos próprios comunitários" –, e desde que tenha sido constituída (pela Administração tributária) ou prestada (pelo sujeito passivo) garantia ou a penhora garanta a totalidade da dívida exequenda e acrescido[888];

ii) Início de um dos procedimentos de resolução de diferendos no quadro da Convenção de Arbitragem n.º 90/436/CEE, de 23 de julho, relativa à eliminação da dupla tributação em caso de correção de lucros entre empresas associadas de diferentes Estados membros, e nos mesmo termos acima referidos (ter sido constituída ou prestada garantia ou a penhora garanta a totalidade da dívida exequenda e acrescido);

---

[888] Cfr. art.º 169.º, n.ᵒˢ 1 e 11 do CPPT. Cfr. ainda art.ᵒˢ 195.º e 199.º. Pensa-se, nomeadamente, nas situações em que, nesta fase, é um responsável subsidiário (v.g., administrador ou gerente de uma sociedade) a interpor tal meio, nos termos do art.º 22.º, n.º 4 da LGT. Sublinhe-se que se não houver garantia constituída ou prestada, nem penhora, ou os bens penhorados não garantirem a dívida exequenda e acrescido, é ordenada a notificação do executado para prestar a garantia dentro do prazo de 15 dias. Se essa garantia não for prestada procede-se de imediato à penhora (n.ᵒˢ 6 e 7). Quanto à interposição de recurso hierárquico, v. acórdão do STA de 6 de fevereiro de 2013, processo n.º 066/13.

iii) Prestação de garantia após o termo do prazo de pagamento voluntário e antes da apresentação do meio gracioso ou judicial correspondente (v.g., reclamação, impugnação), desde que acompanhada de requerimento em que conste a natureza da dívida, o período a que respeita e a entidade que praticou o ato, bem como a indicação da intenção de apresentar meio gracioso ou judicial para discussão da legalidade da dívida exequenda[889];
iv) Interposição de ação judicial que tenha por objeto a propriedade ou posse dos bens penhorados (art.º 172.º do CPPT);
v) Penhora em caso de herança indivisa [art.º 232.º, alínea c), do CPPT].

6.5.8.2.3. Situações de contencioso associado à exigibilidade dívida

Neste quadro, inclui-se o modo por excelência de questionar a exigibilidade da dívida executiva e o próprio processo de execução – a oposição à execução.

Como já em momento anterior foi dedicada atenção a este meio processual, para lá se remete nos seus desenvolvimentos (prazos, fundamentos, etc.) re-salientando que, contrariamente ao que parece indicar o art.º 212.º do CPPT ("a oposição suspende a execução, nos termos do presente Código") a oposição não tem, por si só, efeitos suspensivos da execução, o que apenas acontecerá se for prestada garantia adequada ou a penhora garanta a totalidade da dívida e do acrescido.

Mencione-se igualmente que cabe aqui também referência à situação acima exposta de prestação de garantia após o termo do prazo de pagamento voluntário e antes da apresentação do meio de reação, neste caso a oposição (169.º, n.º 2).

6.5.8.2.4. Situações de insuficiência patrimonial e insolvência

Por fim, cumpre trazer à análise uma situação ou um grupo de situações que assume indiscutível relevância prática e que de modo algum poderia

---

[889] Cfr. art.º 169.º, n.º 2 do CPPT. De notar que tal requerimento dá início a um procedimento, o qual é extinto se, no prazo legal, não for apresentado o correspondente meio processual e comunicado esse facto ao órgão competente para a execução. Nesta situação, o sujeito passivo será citado para, no prazo de 30 dias, efetuar o pagamento da dívida e acrescido até ao montante da garantia prestada, sob pena de prosseguir a execução (cfr. n.ºs 3 e 4 do art.º 169.º do CPPT).

ser negligenciado no decurso das presentes *Lições*: a insuficiência patrimonial *lato sensu* que, em termos jurídicos, pode degenerar num estado de insolvência.

Nestas situações, em que o executado não cumpriu as suas obrigações tributárias, e aparentemente não as pode cumprir, devem ser distinguidas (i) as situações em que existe uma "simples" e fáctica insuficiência patrimonial e (ii) as situações em que a mesma encontra um certo revestimento jurídico e judicial por via da *declaração de insolvência*.

A "simples" insuficiência patrimonial pode conduzir à suspensão da execução fiscal por via da denominada "declaração em falhas" (que é uma espécie de "suspensão forçada"[890]), o que acontecerá nos casos seguintes:
- Auto de diligência que demonstre a falta de bens penhoráveis do executado, seus sucessores e responsáveis;
- Auto de diligência que demonstre ser desconhecido o executado e não ser possível identificar o prédio, quando a dívida exequenda for de tributo sobre a propriedade imobiliária; e
- Auto de diligência que demonstre encontrar-se ausente em parte incerta o devedor do crédito penhorado e não ter o executado outros bens penhoráveis.

Nestes casos, o processo suspende-se e prosseguirá, sem necessidade de nova citação e a todo o tempo, salvo prescrição, logo que haja conhecimento de que o executado, seus sucessores ou outros responsáveis possuem bens penhoráveis (*"regresso de melhor fortuna"*) ou logo que se identifique o executado ou o prédio[891].

À insolvência, e à sua repercussão no processo tributário de execução – no âmbito do qual não pode ser declarada[892] –, dedicaremos as considerações subsequentes[893].

---

[890] Cfr. art.ºs 272.º e ss. do CPPT.

[891] Cfr. art.º 274.º do CPPT.

[892] Cfr. art.º 182.º, n.º 1, do CPPT.

[893] Refira-se que, neste particular – como em vários outros –, o legislador tributário ainda não procedeu à necessária atualização linguística, continuando a referir-se a diplomas e institutos já não existentes (por exemplo: "falência"). Em face disto, impõe-se uma interpretação atualista dos preceitos do CPPT, tendo em vista o disposto no art.º 11.º, n.º 1, do DL 53/2004, que aprova o Código da insolvência e da recuperação de empresas, e que para este remete as antigas menções.

a) Enquadramento: a insolvência em geral

Como se sabe, a insolvência consiste num estado patológico no quadro do qual determinada pessoa se encontra impossibilitada de cumprir as suas obrigações vencidas, e a sua mais relevante e significativa disciplina jurídica consta do Código da insolvência e recuperação de empresas (CIRE). É importante enfatizar que a declaração de insolvência não afeta nem a personalidade jurídica civilística nem a personalidade tributária da entidade insolvente[894].

Diferente da insolvência enquanto estado, surge a insolvência enquanto modo processual (*processo de insolvência*) e neste outro ponto de vista, a insolvência consiste numa tramitação judicialmente enquadrada, de natureza executiva universal, que tem como finalidade a satisfação dos credores e cujas fases essenciais são, de um modo muito esquemático e ligeiro, as seguintes:

i) Fase da iniciativa, a qual pode ser desencadeada pelo próprio insolvente (apresentação à insolvência) ou, entre outras entidades, pelos seus credores (pedido de declaração de insolvência), perante o Tribunal[895]. Neste contexto, como se compreende, pode a própria AT requerer a insolvência de um devedor (embora, em termos práticos, tal não seja frequente, "preferindo" antes ser posteriormente chamada a reclamar os seus créditos)[896];

ii) Fase da apreciação liminar, no âmbito da qual o juiz pode indeferir liminarmente o pedido (quando a declaração de insolvência seja manifestamente improcedente, ou ocorram, de forma evidente, exceções dilatórias insupríveis de que deva conhecer oficiosamente) ou convidar o requerente ao aperfeiçoamento do pedido.

---

[894] Para uma abordagem constitucional aos variadíssimos efeitos restritivos decorrentes da insolvência ("situação de debilidade económica"), v. acórdão do Tribunal Constitucional n.º 532/2017.

[895] Cfr. art.ºs 18.º e ss. do CIRE. Importa salientar que em determinadas situações (titulares de empresa com conhecimento da impossibilidade de cumprir as suas obrigações vencidas: situação fáctica de insolvência) o próprio insolvente está obrigado a apresentar-se à insolvência.

[896] O CPPT não deixa dúvidas ao prescrever um dever claro de comunicação ao representante do Ministério Público competente das situações de inexistência ou fundada insuficiência patrimonial, de modo a que ele possa apresentar o pedido no Tribunal competente, sem prejuízo da possibilidade de apresentação do pedido por mandatário especial (cfr. art.º 182.º, n.º 2).

Ainda nesta fase, o juiz pode, em certas situações, declarar de imediato a insolvência[897];
iii) Fase da oposição, no âmbito da qual o devedor, após citado para o efeito, pode procurar demonstrar a sua solvência[898];
iv) Audiência de discussão e julgamento[899];
v) Sentença, na qual é declarada a insolvência, é nomeado o Administrador da insolvência – o qual ficará incumbido de cuidar dos interesses dos credores – e é fixado prazo para a reclamação de créditos por parte destes últimos[900].

Após a sentença declaratória da insolvência, podem ter lugar vários procedimentos de natureza executiva, como a realização de uma assembleia de credores, a verificação dos créditos, o pagamento aos credores ou a aprovação de um plano de insolvência que vise disciplinar os termos da liquidação ou da recuperação do insolvente.

***

Pois bem, no contexto daquele complexo de atos, o credor tributário poderá desempenhar um papel extremamente relevante, pois é sabido que as dívidas de natureza tributária ou equiparada (v.g., dívidas à segurança social) assumem, ou podem assumir, um significativo peso no cômputo global dos sujeitos insolventes.

Para que o credor tributário possa aqui ter possibilidades de intervenção, torna-se necessário conhecer os termos mediante os quais o seu chamamento ou convocação pode ser efetivado.

Sobre este tópico debruçar-nos-emos de seguida tendo por referência a Administração tributária, embora se saiba que o que for dito pode ser aplicado, a espaços, a outros credores tributários.

---

[897] Cfr. art.ᵒˢ 27.º e 28.º do CIRE.
[898] Cfr. art.ᵒˢ 29.º e 30.º do CIRE.
[899] V. art.º 35.º do CIRE.
[900] V. art.ᵒˢ 36.º e ss. do CIRE. V., ainda, art.ᵒˢ 52.º e ss. do CIRE. Reitera-se que o administrador da insolvência não pode, sem mais, ser assimilado a um gerente ou administrador para efeitos de responsabilidade tributária subsidiária (art. 24.º da LGT). Cfr. supra 6.5.5.2., b), α).

b) O chamamento da Administração tributária

Naturalmente que a AT apenas deverá ter intervenção no processo insolvencial quando o insolvente em causa tiver dívidas de natureza tributária (impostos, taxas, contribuições – e, como se vê, uma vez mais se convoca a necessidade de uma adequada noção de *tributo*), e resulte necessário reclamar os respetivos créditos.

Em termos gerais, pode dizer-se que, após a sentença que declara a insolvência, a regra será a citação da AT por meio de carta registada, pois é esta a forma expressamente prevista no art.º 37.º, n.º 5 do CIRE, nos termos do qual "[h]avendo créditos do Estado, de institutos públicos sem a natureza de empresas públicas ou de instituições da segurança social, a citação dessas entidades é feita por carta registada".

Naturalmente que a aplicação deste preceito pressupõe o conhecimento, no processo, das dívidas de natureza tributária (por exemplo, porque foi o próprio devedor a apresentar-se à insolvência e as declarou, nos termos do art.º 24.º do CIRE).

Porém, mesmo que as dívidas de natureza tributária não sejam conhecidas no processo (porque, por exemplo, foi um qualquer credor a requerer a insolvência, ignorando-as), parece que a regra continua a ser a citação, embora aqui já sem a exigência da observância formal da carta registada. Com efeito, nos termos do art.º 80.º, n.º 1 do CPPT "(...) em processo de execução que não tenha natureza tributária, é obrigatoriamente citado o diretor do órgão periférico regional da área do domicílio fiscal ou da sede do executado, para apresentar, no prazo de 15 dias, certidão de quaisquer dívidas de tributos à Fazenda Pública imputadas ao executado que possam ser objeto de reclamação de créditos, sob pena de nulidade dos atos posteriores à data em que a citação devia ter sido efetuada".

Assim (e embora se confessem algumas dúvidas sobre este nosso entendimento) parece que se pode alinhar a seguinte articulação normativa entre os preceitos:
- Às dívidas tributárias conhecidas no processo de insolvência aplica-se o art.º 37.º, n.º 5, do CIRE;
- Às dívidas tributárias não conhecidas no processo de insolvência, aplica-se o art.º 80.º do CPPT.

Em qualquer dos casos, o desconhecimento da declaração de insolvência por parte da AT será sempre injustificável e condenável, impondo-

-se aos agentes da AT (v.g., chefes dos serviços de finanças) o dever (não escrito, mas que resulta do princípio do inquisitório) de consulta do Diário da República e outros instrumentos, a fim de buscar anúncios de declaração de insolvência.

Quanto à falta de citação, sendo certo que o CIRE – diferentemente do que acontece com o CPPT – não a comina com nulidade, será de aceitar a verificação dessa consequência e a consequente possibilidade de arguição por parte da AT da invalidade dos posteriores atos de venda ou de pagamentos.

***

Após o chamamento ao processo de insolvência, várias consequências jurídicas se podem desencadear, sendo de destacar o duplo dever que impende sobre a AT: por um lado, suspender os processos de execução em curso e, por outro lado, reclamar os créditos no processo de insolvência.

Vejamos em que termos, nas alíneas sistemáticas subsequentes.

c) O efeito suspensivo e as suas consequências processuais

Declarada a insolvência, e no que diz respeito aos créditos vencidos antes desta, a AT terá que *sustar (suspender) a tramitação dos processos de execução fiscal pendentes*, bem assim como os que venham eventualmente a ser instaurados[901]. Por aqui se vê que a declaração de insolvência só por si não impede que novos processos de execução sejam instaurados relativamente a dívidas anteriores, embora se imponha a respetiva suspensão. Por outro lado, também parece curial defender que a simples iniciativa de insolvência (pedido) não tem efeito suspensivo da execução fiscal, sendo imprescindível a declaração da mesma.

Além disso, esses mesmos processos (suspensos) deverão ser avocados pelo Tribunal judicial competente e apensados ao processo de insolvência, onde o Ministério Público, ou mandatário especial consti-

---

[901] Cfr. art.º 180.º, n.º 1 do CPPT. V., também, acórdãos do STA de 14 de fevereiro de 2013, processo n.º 01011/12 e do TCA – Sul, de 27 de julho de 2017, processo n.º 1134/16.5BES. Note-se que quanto aos créditos (tributários) vencidos após a declaração de insolvência, não haverá suspensão da execução, seguindo esta os termos normais (n.º 6).

tuído para o efeito, reclamará o pagamento dos respetivos créditos[902]. Os objetivo serão "(...) concentrar no processo falimentar todas as questões relativas à responsabilidade patrimonial do insolvente e, paralelamente, proteger os bens pertencentes à massa insolvente (...)"[903].

Em termos simples e esquemáticos, os efeitos processuais necessários nesta fase são três:

Suspensão → Avocação → Apensação

d) A reclamação de créditos

Após a tríade de efeitos processuais referidos, deve seguir-se o momento no qual a AT procederá, a par dos demais credores, à reclamação dos seus créditos, para posteriormente se seguir a respetiva graduação.

Aqui, em rigor, a competência para tal reclamação repousaria no representante do Ministério Público a exercer funções no Tribunal onde corre termos o processo de insolvência. Para tal efeito, a AT – depois de citada, nos termos supra referidos – deverá emitir e enviar-lhe uma certidão contendo, além da natureza, montante e período de tempo de cada um dos tributos, outros elementos legalmente exigidos (v.g., data a partir da qual são devidos juros de mora)[904].

Porém, o próprio legislador abre a possibilidade de a AT constituir "mandatário especial" para o efeito de reclamação dos créditos (como, de resto, já o havia feito para fins de apresentação do próprio pedido de insolvência)[905].

Após isto, seguem-se os restantes termos previstos no CIRE (assembleia de credores, verificação e graduação dos créditos, pagamento aos credores, etc.), os quais não têm natureza tributária, de modo que a sua referência aqui se afiguraria deslocada, não obstante os inúmeros problemas que se podem suscitar, nomeadamente o problema de saber se

---

[902] Cfr. art.º 180.º, n.º 2 do CPPT.
[903] Assim, Dias, Sara Luís, *PER, insolvência e execução fiscal*, in *Temas de Direito Tributário 2017: insolvência, taxas, jurisprudência do TEDH e do TJ* (ebook), CEJ, Lisboa, 2017, p. 13, disponível em http://www.cej.mj.pt/cej/recursos/ebooks/Administrativo_fiscal/eb_TemasDireitoTributario2017_II.pdf (última consulta em 08 deabril de 2019).
[904] Cfr. art.º 80.º, n.º 3, do CPPT.
[905] Cfr. art.º 180.º, n.º 2, *in fine*, do CPPT. A propósito, v., igualmente, 182.º, n.º 2, *in fine*.

a AT pode aderir a um plano de recuperação do insolvente que envolva redução ou extinção das dívidas tributárias[906].

Findo o processo de insolvência, os processos que hajam sido avocados pelos Tribunal respetivo e que hajam de continuar – porque não satisfeito o crédito tributário –, serão devolvidos ao serviço de finanças competente[907].

6.5.9. Extinção da execução

O processo de execução fiscal pode-se extinguir por várias formas.

Em princípio – e uma vez mais estamo-nos a referir sobretudo aos casos em que estão em causa dívidas de natureza tributária – , tais formas são as seguintes (ressalvadas outras que a lei especialmente preveja, como a *prescrição* da obrigação subjacente[908]:

- Pagamento da quantia exequenda e acrescido, o qual pode revestir a forma de *voluntário* (art.ºˢ 264.º e ss. do CPPT[909]) ou de coercivo (no seguimento da penhora ou da venda – art.ºˢ 261.º a 263.º do CPPT)];

---

[906] A propósito desse tema, sempre se dirá que numa fase inicial, e sempre com forte oposição da AT, a jurisprudência concebia a intervenção desta última como a de um qualquer credor entre iguais, de modo que a mesma poderia ou deveria, como qualquer outro credor, perdoar ou reduzir os seus créditos. Posteriormente, o sentido decisório propendeu para sentido diverso, sustentando que um plano de insolvência (recuperação) não poderia colocar em causa os princípios fundamentais de Direito tributário, nomeadamente o princípio da indisponibilidade do crédito respetivo. Por conseguinte, passou a ser entendido, que os referidos planos não poderiam incorporar medidas que o reduzissem ou extinguissem. Na prática, tal entendimento tinha como consequência a inviabilidade dos mesmos, na medida em que em grande número de situações os créditos tributários eram bastante significativos.
Em termos legislativos, a Lei 55-A/2010 (que aprovou o Orçamento de Estado para 2012) pretendeu introduzir alguma certeza nesta matéria, por via de uma cláusula de blindagem e de supremacia normativa (art.º 30.º, n.º 3 da LGT), em termos de o referido princípio da indisponibilidade prevalecer sobre qualquer "legislação especial".
Contudo, entendemos, não o fez de modo absolutamente indiscutível, podendo inclusivamente ser questionada a conformidade constitucional de uma tal cláusula.

[907] Cfr. artigo 180.º, n.º 4 do CPPT.

[908] Cfr. art.º 176.º, n.º 1, do CPPT.

[909] Nos termos do art.º 23.º, n.º 5 da LGT, o responsável subsidiário fica isento de juros de mora e de custas se, citado para cumprir a dívida tributária principal, efetuar o respetivo pagamento no prazo de oposição. Contudo, tal pagamento não prejudica a manutenção da obrigação do devedor principal ou do responsável solidário de pagarem os juros de mora e as custas, no caso de lhe virem a ser encontrados bens (*idem*, n.º 6).

- Anulação da dívida (v.g., por procedência da oposição à execução – art.ºˢ 270 e 271.º do CPPT);
- Anulação do processo;
- Decurso do prazo de um ano, contado desde a sua instauração, "salvo causas insuperáveis" (art.º 177.º do CPPT).

Se estiverem em causa dívidas respeitantes a coimas ou outras sanções pecuniárias, o processo executivo pode também extinguir-se nos seguintes casos[910]:
- Morte do infrator (aqui se incluindo a dissolução de sociedades[911]);
- Amnistia da contra-ordenação;
- Prescrição das coimas e sanções acessórias;
- Anulação da decisão condenatória.

6.5.10. Causas de nulidade processual
Já por diversas ocasiões tivemos oportunidade de nos debruçar sobre as causas de nulidade do processo de execução fiscal, pelo que a sua referência neste momento tem propósitos meramente sistemáticos[912]. Como já se adiantou, as nulidades, neste contexto, materializam desvios do formalismo processual efetivamente seguido em relação ao formalismo processual prescrito na lei[913].

As nulidades em execução são qualificadas pelo legislador como "sanáveis" ou "insanáveis". Trata-se de uma dicotomia que encerra bastante de equívoco, na medida em que a insanabilidade "não significa a sua absoluta e abstrata impossibilidade de sanação", mas sim o facto de esta última (sanação) "não se produzir por mero decurso do tempo por falta da sua arguição ou conhecimento" dentro do processo. Enquanto o processo existir, poderão ser arguidas pelos interessados ou conhecidas de ofício em qualquer altura; findo o processo, e "transitada em julgado" a respetiva decisão, a nulidade consolida-se no ordenamento jurídico[914].

---

[910] Cfr. art.º 176.º, n.º 2, do CPPT.
[911] Cf. acórdão do STA de 21 de outubro de 2015, processo n.º 0610/15.
[912] V. a respeito, acórdão do STA de 17 de abril de 2013, processo n.º 0235/13.
[913] Cfr. *supra*, II., 5.2.
[914] Assim, SILVA, Hugo Flores, As nulidades do processo de execução fiscal, in (*ebook*), Lisboa, Centro de Estudos Judiciários, Lisboa, 2019, 88 e ss., em especial, 89, disponível em

De acordo com o art.º 165.º, n.º 1, do CPPT, constituem nulidades insanáveis em processo de execução fiscal a falta de citação, quando possa prejudicar a defesa do interessado, e a falta de requisitos essenciais do título executivo, quando não puder ser suprida por prova documental. Estas nulidades (i) têm por efeito a anulação dos termos subsequentes do processo que deles dependam absolutamente, aproveitando-se as peças úteis ao apuramento dos factos (*princípio da aproveitabilidade dos atos processuais*), (ii) são de conhecimento oficioso pelo Tribunal e (iii) podem ser arguidas até ao trânsito em julgado da decisão final[915]. Tal arguição poderá ser efetuada por meio de requerimento apresentado ao órgão de execução fiscal e, em caso de indeferimento expresso, reclamação para Tribunal nos termos do art.º 276.º do CPPT (em caso silêncio do órgão de execução, "a jurisprudência tem sustentado que a falta de decisão no prazo de 10 dias legitima a apresentação de incidente inominado na execução fiscal"[916]).

6.5.11. Reclamações das decisões do órgão da execução fiscal

6.5.11.1. Enquadramento

Após a digressão pelas várias fases do processo de execução fiscal, pode-se concluir que, em geral, se trata de um processo *sui generis*, na medida em que muitos dos atos que o compõem são atos praticados, não pelo Tribunal, mas por órgãos administrativos, nomeadamente pelo órgão da execução fiscal (que, recorde-se, nos termos do art.º 149.º do CPPT, é o serviço da Administração tributária onde deva legalmente correr a execução).

---

http://www.cej.mj.pt/cej/recursos/ebooks/Administrativo_fiscal/eb_ExecucaoFiscal.pdf. Sobre o "trânsito em julgado", v. a nota seguinte.

[915] Cfr. art.º 165.º, n.ºˢ 2 e 4 do CPPT. V., ainda, acórdão do STA de 17 de abril de 2013, processo n.º 0235/13. Como é fácil concluir, no processo de execução fiscal não existe propriamente um "trânsito em julgado", com exceção das situações em que o processo sobre a tribunal e este último profere uma decisão jurisdicional. Nesta medida, e seguindo a orientação de Hugo Flores da Silva, propugna-se uma "interpretação corretiva (...) no sentido de admitir a arguição das referidas nulidades até ao momento em que deixe de ser possível colocar em crise a decisão de extinção do processo de execução fiscal". V., uma vez mais, do autor, "As nulidades do processo de execução fiscal", cit., 90.

[916] Uma vez mais, e por último, Silva, Hugo Flores, "As nulidades do processo de execução fiscal", cit., 91 e ss.

Por outro lado, a ideia de plenitude do contencioso tributário impõe a garantia de defesa jurisdicional em todas as situações que se possam considerar lesivas de direitos ou interesses dignos de proteção legal. Neste sentido, prevê o art.º 103.º, n.º 2, da LGT o seguinte: "[é] garantido aos interessados o direito de reclamação para o juiz da execução fiscal dos atos materialmente administrativos praticados por órgãos da administração tributária (...)".

Em consonância, prevê o CPPT uma secção destinada particularmente a disciplinar o modo de reação contra atuações supostamente lesivas praticadas pelos órgãos administrativos no âmbito da execução fiscal (art.ºˢ 276.º e ss.). Não se trata, note-se, de um verdadeiro recurso jurisdicional, pois não estão aqui a ser sindicadas atuações de Tribunais; nem tão pouco se pode dizer que estamos perante um recurso contencioso (*lato sensu*), na medida em que a atuação aqui a ser analisada pelo Tribunal, sendo uma atuação administrativa, não se incorpora num procedimento, mas num processo.

Ora, talvez em face destas dificuldades de conceitualização e localização, o legislador adotou uma terminologia que pode ser, no mínimo, equívoca, mas que, em geral, se pode aceitar.

Fala o CPPT aqui em "reclamação".

Insistimos, contudo: uma reclamação que, não sendo nem uma coisa nem outra, tem um misto de recurso contencioso – pois trata-se do controlo de um ato de um órgão administrativo por parte do Tribunal – e de recurso jurisdicional – na medida em que o ato a ser controlado pelo Tribunal é um ato praticado num processo[917].

6.5.11.2. Regime normativo

A partir das considerações precedentes, facilmente se intui que a presente reclamação é revestida de um invólucro jurídico absolutamente *sui generis*, não sendo de modo algum confundida com outras reclamações já referidas nas presentes *Lições*. Quase se poderá dizer que a única semelhança em relação a estas (como a "reclamação graciosa") reside exclusivamente na designação, nada mais.

---

[917] Tendo em vista um fim específico – liquidação de custas judiciais –, o STA considera a reclamação em causa um incidente, baseando-se na "estrutural dependência" da mesma relativamente à própria execução, acrescentando que a "instauração da reclamação não constitui propriamente a introdução em juízo de um processo novo". Assim, acórdãos do STA de 20 de outubro de 2010, proc.º n.º 0655/10, e de 17 de novembro de 2010, processo n.º 0656/10.

Do regime jurídico da reclamação aqui em estudo salienta-se o seguinte:
i) Sob o ponto de vista orgânico, os atos suscetíveis de reclamação são aqueles que se exteriorizem mediante *decisões proferidas pelo órgão da execução fiscal* e outras autoridades da Administração tributária[918];
ii) Sob o ponto de vista material, devem ser atos que afetem os direitos e interesses legítimos do executado ou de terceiro.

Além disso, saliente-se que a reclamação em causa, embora seja dirigida ao Tribunal tributário – onde segue a forma de processo urgente[919] –, é apresentada no órgão da execução fiscal, no prazo de 10 dias após a notificação da decisão lesiva (ou supostamente lesiva) e deverá indicar expressamente os fundamentos e as conclusões[920]. Nesta altura, e também no prazo de 10 dias, o órgão da execução fiscal poderá revogar o ato reclamado[921]. Neste caso, compreensivelmente, ficando sem objeto a reclamação, esta extinguir-se-á.

***

Quanto à tramitação do processo propriamente dito, deve-se começar por observar que o Tribunal pode tomar ou não, de imediato, conhecimento da reclamação.

A regra é a *subida* diferida, o que em termos práticos significa que o Tribunal só conhecerá das reclamações quando, depois de realizadas a penhora e a venda, o processo lhe for remetido a final[922]. Significa isto que, em regra, apresentada a reclamação, a execução pode prosseguir os seus termos, podendo ser praticados atos inerentes à sua tramitação.

---

[918] V. art.º 276.º, n.º 1, do CPPT, e acórdão do STA de 23 de janeiro de 2013, processo n.º 01498/12. V., ainda, acórdão do TCA-N de 31 de março de 2016, processo n.º 02452/15.5BEPRT
[919] V. art.º 278.º, n.º 6, do CPPT.
[920] V. art.º 277.º, n.º 1, do CPPT.
[921] Cfr. art.º 277.º, n.º 2, do CPPT. Caso o ato reclamado tenha sido proferido por entidade diversa do órgão da execução fiscal, o prazo será de 30 dias (art.º 277.º, n.º3).
[922] Cfr. art.º 278.º, n.º1 do CPPT. Quanto à eventual inconstitucionalidade deste regime, cfr. acórdão do TC n.º 380/10, disponível em http://www.tribunalconstitucional.pt. e acórdãos do STA de 14 de julho de 2010, processo n.º 0547/10 (no âmbito do qual o referido vício não foi acolhido) e de 19 de abril de 2012, processo n.º 0293/12.

Contudo, existem casos de *subida imediata*, situações em que a reclamação interposta subirá no prazo de oito dias e será conhecida seguidamente, desde que se cumpra um requisito essencial: ter por fundamento um *prejuízo irreparável* – invocado direta ou indiretamente na reclamação – causado por qualquer das seguintes ilegalidades[923]:
   i) Inadmissibilidade da penhora dos bens concretamente apreendidos ou da extensão com que foi realizada;
   ii) Imediata penhora dos bens que só subsidiariamente respondam pela dívida exequenda;
   iii) Incidência sobre bens que, não respondendo, nos termos de direito substantivo, pela dívida exequenda, não deviam ter sido abrangidos pela diligência;
   iv) Determinação da prestação de garantia indevida ou superior à devida;
   v) Erro na verificação ou graduação de créditos (em consonância com o que acima referimos na fase da graduação de créditos em processo de execução fiscal).
   vi) Falta de fundamentação da decisão relativa à eventual apensação.

Importa observar que estes casos que consubstanciam um *prejuízo irreparável* devem ser entendidos em termos de *tipicidade aberta*, uma vez que devem ser admitidas todas as situações nas quais (i) a subida diferida faça o reclamante sofrer um prejuízo irreparável, bem como ainda aquelas (ii) cuja retenção tornaria a reclamação absolutamente inútil (que seria o que sucederia, por exemplo, num caso de indeferimento de pedido de dispensa de prestação de garantia, no seguimento do qual a eventual subida diferida da reclamação lhe retiraria qualquer efeito útil, pois que tal pedido visa, exatamente, obter a suspensão da execução e obstar à penhora dos seus bens)[924]. De resto, uma interpretação literal

---

[923] Cfr. art.º 278.º, n.º s 3 e 4 do CPPT. A respeito da invocação não expressa ou indireta, cfr. acórdão do STA de 18 de agosto de 2010, processo n.º 0639/10, onde se pode ler: "embora a reclamante não tenha expressamente invocado o prejuízo irreparável resultante da não subida imediata da reclamação, ele extrai-se sem grande esforço de interpretação do teor da petição".
[924] V. acórdãos do STA de 14 de julho de 2010, processo n.º 0547/10 e de 18 de agosto de 2010, processo n.º 0639/10 de 4 de maio de 2016, processo n.º 0304/16, , além do acórdão do TCA-S de 31 de março de 2016, processo n.º 09455/16. Cfr. ainda, acórdão do STA de 9

do preceito seria materialmente inconstitucional por violação do princípio da tutela judicial efetiva constitucionalmente previsto[925].

Por outro lado, não se trata de qualquer prejuízo, mas apenas de um que se possa qualificar como "irreparável" [*rectius*: *de difícil reparação*]. Como acertadamente refere o STA, "não está em causa (...) poupar o interessado a todo o prejuízo", não se devendo considerar irreparáveis, para este efeito, por exemplo, a eventual ilegalidade da instauração, a própria citação ou os prejuízos inerentes a qualquer execução, como os transtornos, incómodos ou inconvenientes próprios de um qualquer processo em Tribunal[926].

Além disso, a verificação ou não de tal requisito (existência do dito *prejuízo irreparável*) está a cargo apenas do Tribunal e não do órgão administrativo que praticou o ato recorrido (órgão de execução). Uma vez mais, refere a este propósito o STA: "tendo o interessado invocado prejuízo irreparável para sustentar a sua pretensão de subida imediata da reclamação, o órgão de execução fiscal, independentemente do juízo de valor que faça sobre a questão relativa ao prejuízo irreparável, *não poderá deixar de remeter os autos a Tribunal* para que dela conheça imediatamente (...), ainda que depois venha, em alguns casos, a concluir pela não verificação de uma situação que legitimasse essa subida imediata (sublinhado nosso)". O entendimento contrário – i. é, a atribuição ao autor do ato reclamado do poder de apreciação dos pressupostos da subida imediata da reclamação –, "frustraria o objetivo da tutela jurisdicional pretendida",

---

de agosto de 2006, processo n.º 0229/06. Refere a propósito o STA: "(...) mal se entenderia que a lei, admitindo alguém a rebelar-se contra uma decisão, permitindo a sua reapreciação por outra entidade, só propiciasse a avaliação da pretensão do interessado quando desta apreciação não pudesse resultar nenhum efeito útil. Seria o mesmo que dar com uma mão e tirar com a outra – além de assim se consagrar um meio de reação inconsequente, porque de todo desprovido de proveito".

[925] Cfr., uma vez mais, art.º 268.º, n.º 4 da CRP.

[926] Assim, entre outros, acórdão do TCA-S de 21 de setembro de 2010, processo n.º 04203/10. V., também, acórdão do TC n.º 380/10, disponível em http://www.tribunalconstitucional.pt. Deste acórdão, entre outras conclusões, pode retirar-se que "o artigo 278.º do Código de Procedimento e de Processo Tributário satisfaz as exigências de adequação, necessidade e proporcionalidade, condicionando temporalmente – mas não sacrificando – a efetividade da tutela jurisdicional contra atos lesivos, que é ressalvada pela subida imediata da reclamação quando a subida diferida criar um prejuízo que não seja remediável pela anulação dos atos processuais entretanto praticados".

qual seja o de impedir a produção de prejuízos irreparáveis resultantes da subida a final[927].

Nestas situações em que se invoca o dito fundamento e se verifica a subida imediata, poder-se-ia colocar a questão de saber se tal subida comporta ou não efeito suspensivo relativamente ao próprio processo executivo, perguntando-se se, na pendência da apreciação pelo Tribunal, o órgão de execução pode ou não continuar a praticar atos com vista à cobrança coerciva da dívida em causa.

A resposta não pode deixar de ser no sentido do *efeito meramente devolutivo*, atenta a inexistência de disposição expressa que consagre o efeito suspensivo geral[928]. Por conseguinte, o órgão respetivo pode, em abstrato, continuar a praticar atos de execução (até porque o processo continua fisicamente no serviço de finanças ou equivalente e sobe "por apenso"[929]). Porém, é claro que a reclamação com tal invocação (prejuízo irreparável) "suspende os efeitos do ato reclamado" (e apenas deste: art.º 278.º, n.º 6).

***

Em qualquer dos casos, com ou sem invocação de prejuízo irreparável, imediata ou diferidamente, a reclamação subirá a Tribunal (exceção feita, naturalmente, aos casos acima referidos de revogação do ato reclamado), aqui seguindo as regras dos processos urgentes[930]. Contudo, antes do conhecimento das reclamações por este, será notificado o representante da Fazenda Pública para responder, no prazo de 8 dias, e será ouvido o representante do Ministério Público, que se pronunciará no mesmo prazo[931].

Por último, refira-se que a invocação infundada do prejuízo irreparável pode ser entendida como uma "conduta processual claramente censurável", com o único objetivo de, provocando a imediata subida da

---

[927] Cfr. acórdãos do STA de 28 de julho de 2010 e do TCA-S de 21 de setembro de 2010, processos n.º 0596/10 e 04203/10, respetivamente.
[928] Até porque o legislador cuidou de estabelecer o efeito suspensivo em determinadas situações especiais – cfr. art.º 245.º, n.º 4, do CPPT.
[929] Cfr. art.º 97.º, n.º 1, alínea n) do CPPT. De igual modo, art.º 101.º, alínea d) da LGT.
[930] V. art.ºs 278.º, n.º 6, do CPPT e art.º 36.º, n.º 2, do CPTA.
[931] Assim, art.º 278.º, n.º 2 do CPPT.

reclamação ao Tribunal, impedir o regular prosseguimento da ação executiva e a oportuna satisfação do interesse do credor. Trata-se de sancionar os reclamantes que usam sem as necessárias cautelas um meio processual excecional, previsto só para situações limite. Nestes casos, nos termos do art.º 278.º, n.º 7 do CPPT, considera-se haver má fé, aplicando-se uma sanção pecuniária por esse motivo.

6.6. Intimação para um comportamento
Outro processo ao qual cumpre fazer uma referência é o processo de intimação para um comportamento. Trata-se de um meio processual de controlo de omissões – controlo esse, como já se observou, exigido pelo próprio legislador constituinte[932] –, que tem o seu campo de aplicação naquelas situações em que, presumivelmente, a Administração tributária se abstém da prática de um determinado ato, materializável numa prestação jurídica, suscetível de lesar direito ou interesse legítimo em matéria tributária[933].

Recordemos o exemplo que já apresentamos no decorrer destas *Lições* e que se subsumia à situação de a Administração se recusar a efetuar a devolução, legalmente devida e perfeitamente reconhecida, de determinado tributo pago por parte do sujeito passivo[934].

Nestas situações, poderá o interessado requerer a sua intimação para o cumprimento desse dever, em requerimento dirigido ao Tribunal tributário de primeira instância, e onde deverá identificar[935]:
– A omissão;
– O direito ou interesse legítimo violado ou lesado ou suscetível de violação ou lesão; e
– O procedimento ou procedimentos a praticar pela Administração tributária (v.g., um reembolso[936]).

Posteriormente, e como refere o n.º 4 do art.º 147.º do CPPT, "a administração tributária pronunciar-se-á sobre o requerimento do contri-

---

[932] V. art.º 268.º, n.º 4, da CRP e *supra*, II, 1.1., c). V., por último, acórdãos do STA de 23 de maio de 2007, processo n.º 0255/07 e de 31 de março de 2016, processo n.º 0411/15.
[933] V. art.º 147.º, n.º 1, do CPPT.
[934] V. acórdão do STA de 28 de outubro de 2015, processo n.º 01305/14.
[935] V. art.º 147.º, n.º 3, do CPPT.
[936] Cfr., por exemplo, acórdão do STA de 8 de maiode 2013, processo n.º 0666/12.

buinte no prazo de 15 dias, findos os quais o juiz resolverá, intimando, se for caso disso, a Administração tributária a reintegrar o direito, reparar a lesão ou adotar a conduta que se revelar necessária, que poderá incluir a prática de atos administrativos, no prazo que considerar razoável, que não poderá ser inferior a 30 nem superior a 120 dias".

Deve-se salientar que este processo tem natureza subsidiária, pois só é aplicável quando, vistos os restantes meios contenciosos previstos na lei – e apenas os meios contenciosos são aqui relevantes para este fim –, ele for o meio mais adequado para assegurar a tutela plena, eficaz e efetiva dos direitos ou interesses em causa. Por isso, este será o meio inadequado para, por exemplo, se pedir em Tribunal a condenação da Administração a anular uma liquidação ou para substituir uma liquidação por outra, uma vez que para estes fins o interessado terá ao seu dispor um arsenal garantístico mais apropriado, devendo usar o instrumento de impugnação judicial (além da reclamação graciosa ou da revisão, já por nós analisados)[937]. Do mesmo modo, as questões da existência e da exigência de determinado direito não podem aqui estar sujeitas a diferendos ou a dúvidas, encontrando-se perfeitamente pacificadas. Se não for o caso, então o meio processual próprio deverá ser a ação para reconhecimento de direito ou interesse legalmente protegido em matéria tributária[938]. Finalmente, também não será por esta via que se conseguirá a obtenção do pleno e integral cumprimento de decisões judiciais, mas antes por via da ação para execução de julgados[939].

De qualquer modo, não pode deixar de se concluir que, em face de situações de silêncio da Administração, este instrumento constitui por vezes a melhor forma de tutela para o contribuinte, em oposição por exemplo à impugnação judicial. Com efeito, caso lance este último instrumento, o máximo que conseguirá, em princípio, será a anulação do ato impugnado, nada lhe garantindo que a Administração aja em conformidade (por exemplo, lhe entregue o quantitativo de restituição em dívida), o que o obrigaria a interpor novo meio jurisdicional. Já se recorrer à *intimação* pode obter, logo, o que pretende, ou seja, a vinculação da Administração a, em prazo fixado pelo Tribunal, agir num certo sentido.

---

[937] Cfr. acórdão do STA de 10 de janeiro de 2007, processo n.º 0722/06
[938] Cfr. acórdão do STA de 23 de maiode 2007, processo n.º 0255/07.
[939] V. acórdão de 15 de maiode 2013, processo n.º 1317/12.

Além disso, não pode deixar de se constatar que este "é um processo expedito, isto é, mais ágil do que os demais", o que pode constituir razão para melhor tutelar os direitos ou interesses em causa, atenta a necessidade, para o interessado, de obter da Administração aquilo que ela não lhe prestou em devido tempo. Como refere o STA, neste caso, a melhor tutela pode equivaler à tutela mais rápida (ainda que propicie menor ponderação, pois o juiz decide de imediato, sem atender a grande arsenal probatório) [940].

Para finalizar, deve-se observar que, embora análogos, com este processo não se confundem nem o procedimento de requerimento de elementos em falta, nem o processo de intimação para a passagem de certidão — meio processual adequado para reagir contra o indeferimento de um pedido de passagem de certidão[941] –, pois os respetivos campos aplicativos são distintos[942].

6.7. Recurso da decisão administrativa de acesso a informações bancárias

Aquando do estudo dos procedimentos tributários em especial, tivemos oportunidade de nos debruçar sobre o procedimento de acesso a informações bancárias.

Dissemos então que, em algumas situações, a Administração tributária pode aceder a informações bancárias sem dependência de autorização judicial, materializando um ato intrusivo que pode colidir com as garantias constitucionalmente previstas de reserva e proteção dos dados da vida privada.

Ora, nessa conformidade, e como não poderia deixar de ser, as decisões da Administração tributária devem obedecer a certos requisitos, tornando-se imperativo, designadamente, que se encontrem adequadamente fundamentadas, e que, em alguns casos, sejam precedidas de audição do lesado. E havendo requisitos a cumprir, logicamente se há-de levantar o problema de saber o que acontece quando tal cumprimento não se verifica.

---

[940] Cfr. acórdão do STA de 7 de março de 2007, processo n.º 06/07.
[941] Assim, acórdão do STA de 28 de julho de 2010, processo n.º 0477/10.
[942] Cfr., a respeito, art.ᵒˢ 37.º, n.º 1 e 146.º, n.º 1 do CPPT. V., ainda, acórdão do STA de 17 de maio de 2006, processo n.º 0422/06.

Para este tipo de casos, prevê o art.º 63.º-B, n.º 5, da LGT, que as decisões administrativas referidas são suscetíveis de recurso judicial. Em articulação, o art.º 146.º-B do CPPT, vem densificar aquele preceito, prescrevendo as regras processuais que lhe dizem respeito.

Assim, começa por referir o n.º 1 que o recurso em causa é feito pelo visado através de petição, que deve ser apresentada no Tribunal tributário de 1.ª instância da área do seu domicílio fiscal, no prazo de 10 dias a contar da data em que foi notificado da decisão administrativa (n.º 2), e onde deve justificar sumariamente as razões da sua discordância. Juntamente com essa petição – e materializando uma restrição probatória que tem sido considerada como inconstitucional[943]/[944] –, prevê o legisla-

---

[943] Com efeito, a questão da inconstitucionalidade do segmento final do art.º 146.º - B, n.º 3 do CPPT não parece oferecer dúvidas ao TC. Na verdade, o Tribunal constitucional julgou-o – portanto, em processo de controlo concreto e com eficácia *inter-partes* – desconforme com a Constituição por violação do artigo 20.º, n.º 1, da Constituição, em conjugação com o princípio da proporcionalidade.
No âmbito do processo que deu origem ao acórdão n.º 681/2006 (disponível em http://www.tribunalconstitucional.pt), foi o órgão máximo da jurisdição constitucional confrontado com a questão de saber se tal preceito, na medida em que veda a possibilidade de o contribuinte produzir prova testemunhal no recurso da decisão da Administração tributária que determina o acesso à informação bancária para fins fiscais, viola ou não o direito de acesso aos Tribunais, consagrado no artigo 20.º, n.º 1, da Constituição. A decisão de inconstitucionalidade, que se aqui se acompanha, baseia-se, entre outros, nos seguintes tópicos argumentativos:
– O direito de acesso aos Tribunais compreende o direito a ver solucionados os conflitos por um órgão que ofereça garantias de imparcialidade e independência, e perante o qual as partes se encontrem em condições de plena igualdade no que diz respeito à defesa dos respetivos pontos de vista (direito a um processo equitativo);
– A vinculação do julgador ao princípio da igualdade, deve significar que as partes têm que dispor de idênticos meios processuais para litigar (princípio da igualdade de armas);
– Particularmente no domínio do contencioso tributário, exige-se um "quadro razoável de equilíbrio entre os poderes da administração tributária e os direitos dos contribuintes".
Por estes motivos, entende o TC que a limitação à prova documental na norma em causa importa uma lesão do direito à produção de prova ou do "direito constitucional à prova". É certo – e tal não deixa de ser reconhecido – que existe por parte do legislador uma liberdade de conformação processual, que lhe permite, em face das especificidades de cada tipo de processo, estabelecer regras restritivas, atinentes, por exemplo, a prazos (encurtando-os) ou a meios de provas (limitando-os), principalmente tendo em vista objetivos de eficácia, celeridade e economia processual. Contudo, tal liberdade não é absoluta e deve ser temperada, designadamente, com o princípio da proporcionalidade e os seus subprincípios da necessidade e adequação, o que leva a questionar se vedar em abstrato um meio de prova que, *in casu*, se pode revelar adequado à aclaração dos factos que fazem parte do objeto

dor que deverá juntar os documentos (apenas estes) que suportam a sua pretensão.

Posteriormente, será o órgão administrativo notificado para, querendo, deduzir oposição.

Em face do melindre destas situações, entende o legislador que se trata de um "processo urgente" (art.º 146.º-D, n.º 1 do CPPT), devendo a respetiva decisão judicial deve ser proferida no prazo de 3 meses a contar da data de apresentação do requerimento inicial (n.º 2).

De referir que, nos casos de deferimento do recurso, os elementos de prova entretanto obtidos não podem ser utilizados para qualquer efeito em desfavor do contribuinte (art.º 63.º-B, n.º 6, da LGT).

Saliente-se, por fim, que apenas nos casos em que estejam em causa documentos bancários relativos a familiares ou terceiros que se encontrem numa relação especial com o contribuinte este recurso terá efeito suspensivo (em todos os outros casos, consequentemente, terá efeito meramente devolutivo)[945].

6.8. Recurso da decisão de avaliação da matéria coletável com base em manifestações de fortuna

Outro procedimento que tivemos oportunidade de analisar foi o procedimento de avaliação indireta com base em manifestações de fortuna.

---

do processo não excede o necessário para a prossecução dos interesses em causa. Conclui-se que sim, pois "a impossibilidade de, *em qualquer caso* (sublinhado nosso), o contribuinte contestar através de prova testemunhal a veracidade da prova recolhida pela administração tributária não se encontra suficientemente ancorada com os referidos objetivos de eficácia, celeridade e economia processual". Acrescenta-se que se deve consagrar uma solução que permita uma ponderação de interesses e que admita a possibilidade de o juiz avaliar e decidir sobre a oportunidade de admissão de um determinado meio de prova no caso concreto (recusando-a se for considerada impertinente ou desnecessária). Porém, uma solução que não comporte uma restrição absoluta – "tratar-se-á, sempre, de uma limitação em concreto, e não de uma exclusão absoluta, e em abstrato".

[944] Após o acórdão referido na nota anterior (e outros de igual sentido), foi proferido pelo TC o acórdão n.º 759/2013, no qual foi declarada com força obrigatória geral a inconstitucionalidade da norma constante da parte final do n.º 3 do artigo 146.º-B do CPPT, quando aplicável por força do disposto no n.º 8 do artigo 89.º-A da Lei Geral Tributária (e apenas nestes casos), na medida em que exclui em absoluto a produção de prova testemunhal, nos casos em que esta é, em geral, admissível. Trata-se de um acórdão extremamente interessante e com proveitosa declaração de voto anexa (Conselheiro Pedro Machete).

[945] Cfr. art.º 63.º-B, n.º 5 da LGT.

Ora, o processo tributário em epígrafe relaciona-se exatamente com esse procedimento.

Com efeito, refere o art.º 89.º-A, n.º 7 da LGT que "da decisão de avaliação da matéria coletável pelo método indireto constante deste artigo [com base em manifestações de fortuna] cabe recurso para o tribunal tributário, com efeito suspensivo, a tramitar como processo urgente (...)".

De resto, como o n.º 8 do mesmo preceito manda aplicar, com as necessárias adaptações, as regras respeitantes ao recurso da decisão administrativa de acesso a informações bancárias (art.º 146.º-B do CPPT[946]), já analisado, pouco mais haverá a dizer do que deve ser feita para tais regras a consequente remissão. Aliás, o próprio n.º 5 do art.º 146.º-B o refere: "a regras dos números precedentes aplicam-se, com as necessárias adaptações, ao recurso previsto no artigo 89.º-A da Lei Geral Tributária".

6.9. Reclamações das decisões do órgão da execução fiscal (remissão)

Sobre o meio processual em epígrafe já nos debruçamos na fase final do estudo do processo de execução fiscal, pelo que para lá remetemos.

6.10. Meios processuais regulados pelo disposto nas normas sobre o processo nos Tribunais administrativos

Finalmente, cumpre fazer uma referência breve a alguns processos que, em rigor, não são processo tributários *stricto sensu*, apesar de formalmente previstos nas leis tributárias. Trata-se de processos para os quais o CPPT remete ou que devolve para as leis reguladoras do processo nos Tribunais administrativos (v.g., CPTA) e são genericamente referidos como os "meios processuais comuns" à jurisdição administrativa e tributária. Tal carácter comum deriva da sua natureza simbiótica ou mista, uma vez que, estando previstos no CPPT, podem (*rectius*: devem) ser interpostos nos Tribunais tributários, mas a sua disciplina jurídica está consagrada no CPTA.

---

[946] Recorde-se o acórdão do TC n.º 759/2013, acabado de citar no apartado sistemático anterior.

São eles:
i) O já estudado *recurso contencioso* (ação administrativa) do indeferimento ou revogação de isenções ou outros benefícios fiscais, bem como de outros atos administrativos relativos a questões tributárias que não comportem apreciação da legalidade do ato de liquidação [art.º 97.º, n.º 1, alínea p) e n.º 2 do CPPT][947];
ii) Os denominados *meios acessórios*, como sejam os de:
   - Intimação para consulta de processos ou documentos administrativos e passagem de certidões[948];
   - Produção antecipada de prova[949]; e
   - Execução de julgados[950].
iii) O processo de resolução de conflitos, particularmente os conflitos de competências entre Tribunais tributários e Tribunais administrativos e entre órgãos da Administração tributária do Governo central, dos Governos regionais e das Autarquias locais[951].

Além destes meios previstos no CPPT, poderá ser cogitável – e em nossa opinião, admissível –, a aplicação em matéria tributária da declaração da ilegalidade de uma norma emitida ao abrigo de disposições de Direito administrativo-tributário (uma exigência da própria Constituição, no seu art.º 268.º, n.º 5).

---

[947] Como já vimos, cabe impugnação judicial, quer da liquidação *stricto sensu*, quer dos atos administrativos em matéria tributária que comportem a apreciação da legalidade daquele primeiro ato. Já caberá recurso contencioso em sentido próprio (= ação administrativa) dos demais atos tributários que não comportem a apreciação da legalidade do ato de liquidação, sendo tal meio impugnatório "regulado pelas normas sobre processo nos tribunais administrativos".

[948] Cfr. art.ºs 97.º, n.º 1, alínea j) e 146.º, n.º 1, do CPPT. V., a respeito, o já referido acórdão do de 12 de setembro de 2012, processo n.º 0899/12, onde se exara o entendimento de acordo com o qual a *intimação para a prestação de informações, consulta de processos ou passagem de certidões* será aplicável, no procedimento tributário, aos casos em que está em causa suprir as deficiências das notificações, quando a Administração tributária não der satisfação às pretensões formuladas nesse sentido ao abrigo do art.º 37.º do CPPT. V., quando à divisão competencial entre os Tribunais administrativos e os Tribunais tributários, acórdão do TCA-Sul de 12 de março de 2015, processo n.º 11885/15.

[949] Cfr. art.ºs 97.º, n.º 1, alínea l), e 146.º, n.º 1, do CPPT.

[950] V. art.ºs 146.º, n.º 1, do CPPT e 157.º e ss do CPTA. Sobre a separação aplicativa entre a intimação para um comportamento e a ação para execução de julgado, v. acórdãos do STA de 15 de maio de 2013, processo n.º 01317/12 e de 9 de novembro de 2016, processo n.º 0829/16.

[951] V. art.º 97.º, n.º 3 do CPPT.

Repetimos: a disciplina jurídica destes instrumentos processuais está prevista fora das normas tributárias propriamente ditas, o que implica que as regras respeitantes a prazos, tramitações ou outros aspetos relevantes terão de ser procuradas no CPTA.

7. Contencioso cautelar

Após a análise minimamente pormenorizada dos meios processuais, pode assim dizer-se, mais extensos e pausados, chegou o momento de debruçarmos a nossa atenção sobre outros instrumentos processuais que, por razões várias, se devem configurar como vias mais céleres e agilizadas, na medida em que são especificamente pensados para casos de urgência ou premência, e que têm em vista a manutenção de determinada situação jurídica ou fáctica ou a antecipação dos efeitos de determinada decisão.

Estamos-nos a referir aos denominados *meios cautelares*, que mais não são do que meios de tutela que têm por objetivo garantir o efeito útil, em tempo, de determinadas atuações procedimentais ou processuais, no seguimento aliás da própria imposição constitucional nesse sentido[952]. Procura-se evitar lesões graves e irrecuperáveis que provavelmente surgiriam se tivesse de se esperar pela decisão final da tramitação em causa, por vezes necessariamente alongada e demorada.

Por exemplo, pense-se na situação em que a Administração tributária receia que, antes da instauração ou durante o processo de execução fiscal, o contribuinte venda os seus bens a outra pessoa, os doe, ou os destrua, de modo a não se encontrarem no seu património bens penhoráveis e, por esse modo, inviabilizar a penhora. Do mesmo modo, o contribuinte ou um terceiro podem querer evitar o acesso imediato aos seus dados pessoais, na sequência da apreensão de material informático no âmbito de uma inspeção.

Compreender-se-á sem dificuldade que nestas situações o sujeito intente paralisar os efeitos da atuação da contraparte, compreendendo-se igualmente que, em face da celeridade que se exige, não se pode pretender efetuar desde logo a prova adequada e completa dos direitos invocados, bastando a mera aparência da existência dos mesmos e a antevisão, em termos de prognose, do dano a que podem estar sujeitos.

---

[952] Cfr., uma vez mais, art.º 286.º, n.º 4 da CRP.

Pois bem, em termos de estrutura discursivo-sistemática, a abordagem que se segue começará por uma referência de natureza genérica e localizadora, na qual serão abordados os fundamentos e as características da tutela cautelar (bem assim como se tentará ensaiar um conceito juridicamente adequado), após o que se procurará elencar uma tipologia dos meios respetivos para, num passo seguinte, se procurar conhecer o regime concreto dos meios cautelares em matéria tributária. Por fim, serão dedicadas algumas linhas expositivas aos meios que os lesados têm ao seu dispor para reagir à adoção de meios cautelares pela Administração tributária[953].

7.1. Enquadramento: noção, fundamentos, pressupostos e características da tutela cautelar

Em termos de aproximação conceitual, as medidas cautelares podem ser definidas como instrumentos de tutela provisória de situações jurídicas, mantendo determinado estado ou efeito, ou antecipando-o. Procura-se por seu intermédio que o ordenamento reconheça que, em determinados casos, o simples decurso do tempo normal de duração de um procedimento ou processo convencional pode colocar em crise bens jurídicos ou posições jurídicas subjetivas relevantes, prejudicando seriamente (insiste-se: seriamente) os atores envolvidos no litígio. Por outras palavras: pressupõe-se que nestes casos exista sempre uma possibilidade real de ocorrência de um prejuízo grave ou de difícil reparação, provocado pela duração necessariamente longa de uma tramitação jurídica formal (chamamento de todos os interessados; carreamento, recolha e análise de todos os elementos probatórios, elaboração da decisão, etc., tudo em acumulação com centenas de outros litígios a ser analisados e resolvidos pelo mesmo instrutor ou decisor), reclamando-se uma decisão interina. Daí que a provisoriedade seja uma nota marcante, pois não se procura aqui resolver em definitivo determinado litígio, mas apenas oferecer aos envolvidos um arranjo jurídico temporário ou transitório, que evite, na altura, males maiores.

---

[953] Será conveniente realçar que, em rigor, na estrutura das presentes *Lições*, o estudo destes meios de natureza cautelar deveria ser feito mediante a integração no ponto 6 (uma vez que estamos a falar, ainda, de meios processuais). Sucede, porém, que por razões de simplicidade expositiva e de comodidade pedagógica, se entende por bem abrir um apartado autónomo.

Em matéria jurídico-tributária, a necessidade da sua existência é indiscutível, podendo afirmar-se que a consagração legal destes instrumentos de cautela assenta genericamente em dois alicerces distintos:
- Por um lado, o *princípio da prossecução do Interesse público* materializado na arrecadação de tributos necessários à satisfação de necessidades coletivas (defesa, segurança, saúde, educação, etc.) subjaz à consagração de instrumentos cautelares a favor da Administração tributária, compreendendo-se que esta, muitas vezes, procure impedir que os contribuintes (*lato sensu*) frustrem tais propósitos através de atuações desviantes;
- Por outro lado, os *princípios do acesso ao Direito e da tutela jurisdicional efetiva* subjazem à consagração de instrumentos cautelares a favor dos contribuintes, acautelando que estes não sejam desproporcionalmente onerados com atuações gravosas da AT que, gozando de um *privilégio de execução*, podem levá-las à prática de modo quase imediato.

Tendo em vista este substrato axiológico distinto, constata-se que aos instrumentos cautelares tributários será dispensado um regime jurídico-normativo distinto, consoante o tipo de interesse que estiver a presidir ao seu estabelecimento.

A tal regime será dedicada atenção adiante. Por agora, será conveniente colocar em evidência que, em geral, para que uma medida desta natureza possa ser efetivada vários pressupostos devem considerar-se verificados, a saber:
i) Em primeiro lugar, é sempre indispensável que exista um verosímil e plausível risco de dano em consequência da demora (*periculum in mora*). Assim sendo, o contribuinte ou a AT devem procurar demonstrar que a atuação da outra parte, por si só, pode colocar em crise de um modo sério e grave a estabilidade da sua esfera jurídica, introduzindo nesta um mal ou um prejuízo que dificilmente se reparará no futuro. Este requisito deve ser encarado de modo prudente e ajuizado, em termos de não se extremar a sua consideração: naturalmente que não se tratará de um mero ou simples transtorno ou incómodo motivado por uma demora normal ou pelo decurso do tempo (estes serão os riscos inerentes ao tráfico jurídico em geral), mas também não se exigirá uma lesão irrepa-

rável, bastando que se trate de uma lesão de difícil reparação[954]. Aliás, basta considerar que em matéria tributária, na maior parte dos casos, a potencial lesão tem natureza patrimonial e pecuniária (exigência de dinheiro, oneração de bens, etc.), de modo que dificilmente se poderá considerar absolutamente irreparável, pois restará sempre a possibilidade de ressarcimento ou compensação indemnizatória (possivelmente com exceção dos casos de violação de direitos, liberdades ou garantias de natureza pessoal, como o acesso à habitação do contribuinte, à sua correspondência, aos seus dados pessoais, etc.).

ii) Em segundo lugar, é necessário que se demonstre que, com elevada probabilidade, o direito ou interesse invocado por aquele a quem a medida cautelar aproveita existe no caso em concreto. Quer isto dizer que a AT ou o contribuinte devem suportar a sua pretensão de levar à prática a medida em causa mediante a demonstração clara de que a razão está do seu lado, embora não se exija desde já uma prova categórica e definitiva – estamos perante uma tutela de provisoriedade, recorde-se –, mas antes a apresentação de uma aparência fundada do direito (*fumus boni iuris*) que seja apta a proporcionar uma cognição sumária.

Por conseguinte, e a título exemplificativo, *periculum in mora* e *fumus boni iuris* constituem condições indispensáveis nas situações em que a AT pretenda efetuar o arresto dos bens do contribuinte para evitar a dissipação patrimonial, ou nas situações em que este pretenda obter a suspensão de eficácia de um ato de acesso a dados pessoais ou de revogação de um benefício fiscal.

Em todo o caso, além dos pressupostos ou condições referidos, um outro deve considerar-se omnipresente e incontornável: a observância do *princípio da proporcionalidade*. Com efeito, estando-se em presença de medidas com forte componente restritiva (seja qual for o sujeito afetado), torna-se indispensável a verificação dos requisitos gerais constitucionalmente exigidos, a saber: necessidade absoluta da medida, adequação da mesma aos fins que se pretende atingir e extensão não exagerada.

---

[954] Tem-se presente que o referido no texto divergirá do que pode resultar de uma interpretação literal do art.º 147.º, n.º 6 do CPPT.

Neste particular, o legislador foi repetidamente enfático, reiterando a imprescindibilidade da observância deste princípio e das suas densificações, seja invocando-o diretamente (art.º 30.º, n.º 1 do RCPITA); seja considerando-o condição de fundamentação (art.º 30.º, n.º 2 do RCPITA); seja determinando que "as providências cautelares devem ser proporcionais ao dano a evitar e não causar dano de impossível ou difícil reparação" (art.º 51.º, n.º 2 da LGT); seja ainda apelando para que a medida apenas se efetive quando "se mostre necessário à plena eficácia da ação inspetiva e ao combate à fraude fiscal" [art.º 30.º, n.º 1, alínea b) do RCPITA]; seja, por fim, indicando que a medida deve ser levada à prática "quando conveniente" [art.º 30.º, n.º 1, alínea c) do RCPITA].

A partir de quanto resulta exposto, facilmente se pode induzir que os instrumentos cautelares são marcadamente caracterizados pelas notas da provisoriedade e da instrumentalidade. *Provisoriedade*, na medida em que os seus efeitos são, por natureza, limitados no tempo, procurando apenas encontrar um arranjo passageiro no sentido de evitar males maiores. *Instrumentalidade*, na medida em que, não constituem eles próprios um fim em si mesmos, antes se encontrando anexados a um outro procedimento ou processo, este sim, de natureza principal. Trata-se de uma instrumentalidade relativa, mais visível no âmbito do procedimento do que do processo tributário, na medida em que neste último não se exige – ao contrário do que sucede, por exemplo, no âmbito do processo civil e do processo administrativo – que exista dependência formal de uma causa que tenha por fundamento o direito acautelado[955].

7.2. Tipologia dos instrumentos cautelares

O estudo juridicamente adequado dos instrumentos de tutela cautelar tributária não prescinde do estabelecimento de um conveniente quadro tipológico que permita individualizar esses instrumentos, identificar as suas mais marcantes características e, em face destas últimas, agrupá-los em categorias abrangentes (tipos).

Apenas desse modo se conseguirá perspetivar racionalmente este segmento do Direito, que tradicionalmente é encarado como desordenado e confuso, ao que não será alheia seguramente a natureza hesitante com que o próprio criador normativo procede ao desenho do regime

---

[955] Cfr., art.ᵒˢ 112.º e ss. do CPTA e 364.º do CPC. Neste último caso, todavia, convém relevar a importância da denominada "inversão do contencioso" (cfr. art.º 369.º do CPC).

jurídico aplicável, a começar pelas indefinições linguísticas ou terminológicas, umas vezes referindo-se a "medidas cautelares", outras a "providências cautelares".

Pela nossa parte, e para os presentes propósitos, procurará simplificar-se o arsenal linguístico, assumindo que a utilização dos termos "medida", "providência", ou outro, na maior parte das vezes não poderá senão ser encarada como fungível. Em termos práticos, está-se sempre em presença de instrumentos ou meios jurídicos que têm em vista um determinado fim, pelo que será esta a terminologia ("instrumento cautelar", "meio cautelar") a que daremos preferência, porque mais abrangente e menos suscetível de se prestar a equívocos.

Quais podem ser, então, as espécies ou tipos a considerar?

i) Quanto ao beneficiário (pessoa ou entidade a favor de quem aproveita ou beneficia em concreto), é possível identificar instrumentos cautelares a favor da Administração tributária, e instrumentos cautelares a favor dos contribuintes ou outros obrigados tributários. No primeiro grupo – no qual relevam as considerações de Interesse público supra referidas –, incluem-se, por exemplo, o arresto, a apreensão de bens ou a selagem de instalações, ao passo que no segundo – justificado pelo princípio da tutela jurídica efetiva –, assume especial destaque a suspensão de eficácia dos atos administrativos.

ii) Quanto aos efeitos, os instrumentos cautelares podem ter natureza antecipatória – cujo objetivo é, precisamente, antecipar ou precipitar para o momento presente determinado efeito jurídico ou material que apenas se verificaria (eventualmente) mais à frente no tempo (será o caso, por exemplo, das medidas de instrução probatória antecipada, ou de concessão antecipada de um benefício fiscal) – ou natureza conservatória – cuja finalidade é manter o estado presente de determinada situação jurídica ou fáctica (por exemplo, o arresto, evitando que se aliene ou oculte certo bem).

iii) Quanto ao modo de efetivação, distinguem-se os instrumentos cautelares que podem ser levados à prática diretamente pela AT (administrativos) e os instrumentos cautelares que, por meio de exigência legal nesse sentido, apenas podem ser levados à prática mediante intervenção e decisão jurisdicional (jurisdicionais). Neste último caso, é compreensível que a respetiva tramitação processual revista natureza urgente, garantindo-se que os respetivos atos corram em férias e com precedência em relação ao serviço do Tribunal que não tenha essa natureza[956].

iv) Quanto à previsão normativa, pode-se falar em instrumentos cautelares nominados ou inominados: os primeiros, estão previstos num tipo legal prévio e veem a sua tramitação e os seus efeitos desenhados por via legal; os segundos, não estão legalmente previstos e a respetiva tramitação e os efeitos são recortados pelo aplicador normativo no caso em concreto.

Ora, a partir da conjugação destes critérios e dos dados fornecidos pelo legislador no momento do recorte do regime jurídico-normativo aplicável a cada instrumento, torna-se viável apontar alguns traços de regime que funcionam como coordenadas identificadoras do sistema cautelar tributário português. Assim, pode afirmar-se que:
– Os instrumentos cautelares a favor da AT podem ter natureza administrativa ou jurisdicional, enquanto que os meios cautelares a favor dos contribuintes têm sempre natureza jurisdicional;
– Os instrumentos cautelares a favor da AT podem ser nominados ou inominados, enquanto que aqueles que favorecem os contribuintes são inominados;
– Quer a AT, quer os contribuintes podem ter ao seu dispor instrumentos antecipatórios e conservatórios.

Ora, após a consideração abstrata destes instrumentos ou meios, chegou a altura de se proceder ao seu estudo em concreto, procurando individualizar o respetivo regime jurídico normativo, utilizando os critérios tipológicos expostos.

7.3. O regime das medidas cautelares em matéria tributária
No seguimento da análise sistemática que foi proposta, chegou a altura de procurar conhecer o regime jurídico que é dispensado a cada um dos instrumentos cautelares tributários. Começar-se-á por estudar os que são efetivados a favor da AT (destinados a acautelar o Interesse público inerente à atuação desta – 7.3.1.) e, após isso, será dedicada atenção aos que são efetivados a favor dos contribuintes (destinados a conferir a

---

[956] V., a propósito, art.ºs 36.º, n.º 1, alínea f) e n.º 2 do CPTA.

estes uma tutela jurídica plena dos seus direitos e interesses legalmente protegidos – 7.3.2.). No âmbito dos primeiros (instrumentos a favor da Administração tributária) cumpre distinguir, por um lado, os que revestem natureza exclusivamente administrativa (7.3.1.1.) e os que revestem natureza jurisdicional, exigindo a intervenção do Tribunal e juiz tributário (7.3.1.2.).

7.3.1. Instrumentos cautelares a favor da Administração tributária

7.3.1.1. Instrumentos administrativos

Como se referiu, está-se aqui em presença de meios diretos, que não carecem de mediação jurisdicional.

Com efeito, no intuito de assegurar a garantia dos créditos tributários ou de adquirir e conservar a prova em procedimento inspetivo, a AT pode, de um modo direto e sem dependência de autorização ou decisão do Tribunal nesse sentido, levar à execução vários instrumentos de natureza cautelar. Se bem que o legislador, também aqui, não tenha sido particularmente esclarecedor – seja na tarefa de tipificação, seja no desenho do respetivo âmbito de abrangência e regime aplicável –, um esforço interpretativo consistente que convoque uma análise integrada dos diversos dispositivos permite identificar as seguintes medidas potencialmente aplicáveis[957]:

i) Em primeiro lugar, a apreensão, a qual terá como efeito mais significativo o desapossamento de determinado bem ou conjunto de bens, na sequência dos desenvolvimentos de um procedimento mais amplo, como por exemplo um procedimento de inspeção tributária, o controlo de bens em circulação para efeitos de IVA ou um procedimento contra-ordenacional tributário[958]. Os bens

---

[957] Cfr. art.ᵒˢ 52.º, n.º 3 da LGT e 30.º, n.º 1 do RCPITA.

[958] Cfr. art.º 73.º, n.º 1 do RGIT, nos termos do qual "a apreensão de bens que tenham constituído objeto de contra-ordenação pode ser efetuada no momento do levantamento do auto de notícia ou no decurso do processo pela entidade competente para a aplicação da coima, sempre que seja necessária para efeitos de prova ou de garantia da prestação tributária, coima ou custas". V., igualmente, os números seguintes do preceito (v.g., apreensão dos meios de transporte utilizados na prática das contra-ordenações e apreensão de dinheiro). Quanto ao controlo de bens em circulação, v. art.º 16.º do DL 147/2003. Quanto aos veículos, cfr. art.º 22.º do Código do Imposto único de circulação (CIUC).

aprendidos deverão ser sempre tributariamente relevantes e podem consistir em elementos de escrituração, *dossiers*, computadores, dispositivos de armazenamento de informação e dados (como *pen-drives*), viaturas automóveis, dinheiro, etc., dependendo do tipo de tributo em questão e da situação fáctica subjacente, e, em todos os casos, a medida terá como efeito, como se disse, o simples desapossamento (isto é, a retirada da posse) e não, evidentemente, a desapropriação dos bens, os quais continuam na titularidade do respetivo proprietário. Caso contrário, a restrição da propriedade considerar-se-á inadequada e violadora do princípio da proporcionalidade[959]/[960].

ii) Em segundo lugar, a retenção de prestações tributárias a que o contribuinte tenha direito, como sejam o caso de reembolsos ou restituições de tributos, os primeiros devidos nas situações de adiantamentos de imposto a título de pagamento por conta ou de retenção na fonte com essa natureza, os segundos devidos pela liquidação ilegal e consequente anulação do ato tributário respetivo[961]. Nestas situações, a AT pode "congelar" a devolução a que o contribuinte tem direito, como modo de garantir o cumprimento de outras obrigações tributárias.

iii) Em terceiro lugar, a selagem de instalações, particularmente armazéns, depósitos, entrepostos, arrecadações, frigoríficos, etc., onde estejam situados bens relevantes para efeitos de tributação (v.g., mercadorias objeto de transações sujeitas a IVA ou a impostos especiais sobre o consumo, como tabacos, medicamentos, combustíveis, produtos alimentares, etc.), de modo a procurar evitar a sua destruição ou dissipação[962].

---

[959] Cfr. art.ºs 51.º, n.º 3, da LGT e 30.º, n.º 1, alínea a), do RCPITA.
[960] Sempre que se proceda à apreensão de bens será lavrado o respetivo termo e serão autenticadas as fotocópias ou duplicados dos elementos apreendidos (art.º 30.º, n.º 3, do RCPITA).
[961] Cfr. art.º 51.º, n.º 3, *in fine* da LGT.
[962] Cfr. art.º 30.º, n.º 1, alínea b), do RCPITA. As instalações seladas não deverão conter bens, documentos ou registos que sejam indispensáveis para o exercício da atividade normal da empresa, nomeadamente bens comercializáveis perecíveis no período em que presumivelmente a selagem se mantiver. Além disso, sempre que for possível, os elementos com interesse para selar serão reunidos em local que não perturbe a atividade empresarial ou profissional, em divisão fixa ou em contentor, e fechados com dispositivo inviolável, desig-

iv) Em quarto lugar, a aposição de vistos em documentos, como forma de fixar no tempo ou cristalizar os seus conteúdos, para que se saiba que eventuais alterações ou correções foram introduzidas posteriormente[963].

Como se compreende, e no seguimento do que vem sendo exposto, exige-se a verificação cumulativa dos pressupostos relativos à demonstração da aparência fundada do direito da AT e do perigo que a demora ou delonga pode introduzir na tutela dos valores em causa. Importa precisar que, apesar de a LGT não se referir expressamente ao primeiro dos requisitos referidos, pode considerar-se a sua previsão indireta no segmento do art.º 51.º, que se refere aos "termos da lei" ("A administração tributária pode, nos termos da lei, tomar providências cautelares..."). Quanto ao *periculum in mora*, o mesmo concretiza-se, nos termos do mencionado preceito, na demonstração de que existe um fundado receio de frustração da cobrança ou de destruição ou extravio de documentos ou outros elementos.

7.3.1.2. Instrumentos jurisdicionais

Aqui, diferentemente do que sucedia no quadro do apartado anterior, está-se em presença de meios que apenas poderão ser executados se forem previamente enquadrados por uma decisão jurisdicional nesse sentido, após proposta da AT.

Prescreve a este respeito o CPPT que em processo tributário são admitidos dois instrumentos cautelares a favor do *Fisco*: o arresto e o arrolamento[964].

a) O arresto

O arresto consiste na apreensão de um bem ou de um conjunto determinado de bens, "congelando-os" temporariamente, com o objetivo de evitar a sua oneração ou disposição. Tratando-se de um simples meio de garantia patrimonial, resulta claro que com o arresto o sujeito visado (arrestado) não perde o direito de propriedade sobre os bens em causa,

---

nadamente através de fio ou fita envolvente lacrada nas extremidades com o selo do serviço que proceda à inspeção (n.ᵒˢ 4 e 5).

[963] Cfr. art.º 30.º, n.º 1, alínea c) do RCPITA.

[964] Cfr. art.º 135.º, n.º 1 do CPPT. No mesmo sentido, art.º 31.º, n.º 1 do RCPITA.

ficando apenas limitado na sua capacidade de exercício, considerando-se que eventuais atos de oneração ou de disposição que ele leve à pratica são ineficazes.

Em matéria tributária, é possível identificar dois momentos distintos de efetivação do arresto: (i) antes da instauração de um processo de execução fiscal ou (ii) na pendência deste.

Vejamos em que termos.

α) Arresto antes da instauração de um processo de execução fiscal

Na fase pré-executiva, para que o arresto possa ser decretado torna-se necessária a verificação dos seguintes pressupostos específicos:

i) O tributo estar já liquidado ou em fase de liquidação, o que, atenta a presunção de legalidade dos atos da AT, equivalerá à aparência fundada do direito desta ou à elevada probabilidade da sua existência (*fumus boni iuris*)[965].

ii) Existência de um fundado receio da diminuição de garantia de cobrança de créditos tributários (*periculum in mora*)[966]/[967].

---

[965] Para efeitos de densificação do enunciado "em fase de liquidação" o legislador foi manifestamente infeliz e confuso. Na verdade, no n.º 2 do art.º 136.º do CPPT, começa por referir que "nos tributos periódicos considera-se que o tributo está em fase de liquidação a partir do final do ano civil ou de outro período de tributação a que os respetivos rendimentos se reportem". Ora, importa não esquecer que existem tributos periódicos que não incidem sobre rendimentos (v.g., taxas devidas por certos serviços correntes). Nestes casos, pensa-se, impõe-se uma interpretação corretiva que dê efeito útil e pleno à norma, em termos de se ler "factos tributários" onde se lê "rendimentos". Como se não bastasse, no n.º 3, esse mesmo (?) legislador parece ignorar as taxas e as contribuições, referindo que nos impostos de obrigação única, o imposto considera-se em fase de liquidação a partir do momento da ocorrência do facto tributário. Aqui, impõe-se corrigir "impostos" por "tributos".

[966] Este fundado receio presume-se no caso de dívidas por impostos que o devedor ou responsável esteja obrigado a reter ou a repercutir a terceiros e não haja entregue nos prazos legais (art.º 136.º, n.º 5 do CPPT).

[967] A este propósito, v. acórdãos do TCA-S de 17 de dezembro de 2002, processo n.º 7471/02 e de 7 de abril de 2011, processo n.º 04668/11, nos termos dos quais o arresto constitui um meio conservatório da garantia patrimonial para aquelas situações em que o comportamento doloso ou negligente do devedor a faça perigar. Não poderá a Fazenda Pública requerer o arresto só porque está convencida de que o património do devedor é insuficiente para solver os seus créditos, tornando-se necessário que alegue e demonstre, além do mais, que o devedor teve um comportamento suscetível de provocar fundado receio de diminuição das garantias de cobrança desses créditos.

Em termos de tramitação, o arresto deve ser requerido pelo representante da Fazenda Pública ao Tribunal tributário de 1.ª instância da área do domicílio ou sede do executado, devendo aquele alegar em concreto os pressupostos acima referidos: os factos que demonstrem o tributo ou a sua provável existência e os fundamentos do receio de diminuição de garantias de cobrança, relacionando, também, os bens que devem ser arrestados[968].

Sendo decretado, e tratando-se de uma medida particularmente restritiva e gravosa, o arresto não pode perdurar indefinidamente, caducando – isto é, perdendo o seu efeito – quando a sua manutenção já não se afigure absolutamente necessária o que, aos olhos do legislador, se verifica nas seguintes situações[969]:

- Quando a dívida for paga;
- Quando o obrigado tributário prestar garantia adequada;
- Quando se apure, no procedimento ao abrigo do qual foi requerido, não haver lugar a qualquer ato de liquidação;
- Quando, havendo sido decretado na pendência de procedimento de inspeção tributária, o respetivo relatório não seja notificado em prazo razoável (legalmente previsto);
- Quando for desproporcional (v.g., excedendo o montante suficiente para garantir o tributo, juros compensatórios liquidados e o acrescido relativo aos 6 meses posteriores).

β) Arresto na pendência de um processo de execução fiscal

Em sede executiva, o regime jurídico subjacente ao decretamento do arresto não é substancialmente distinto do apontado acima, respeitante à fase pré-executiva. Simplesmente, os pressupostos serão distintos, até porque distinta é igualmente a situação fáctica subjacente.

No que à invocação da aparência fundada do direito da AT diz respeito, parece-nos que a simples instauração da execução fiscal será suficiente. Basta reparar que a exigência expressa de que o tributo esteja já liquidado nem sequer será absolutamente necessária, pois o carácter líquido da dívida constitui ele próprio um pressuposto lógico (e crono-

---

[968] Cfr. art.ᵒˢ 136.º, n.º 4, e 138.º do CPPT. Em tudo o resto, aplica-se o correspondentemente disposto no CPC (art.ᵒˢ 391.º e ss.).
[969] Cfr. art.º 137.º do CPPT.

lógico) desse processo. Este último, em si, já constitui indício bastante de que tal direito existe, pois não poderá ser instaurado se a dívida não for certa, líquida e exigível. Já a existência, aqui, de tributos "em fase de liquidação" considerar-se-á sem efeito útil.

De resto, o *periculum in mora* materializa-se aqui no "justo receio de insolvência"[970] ou de "ocultação ou alienação de bens"[971].

Verificados estes pressupostos, pode o Representante da Fazenda Pública requerer a medida junto do Tribunal tributário, a qual, no desenrolar da execução, deverá ser convertida em penhora[972].

Em tudo o mais, seguem-se os termos acima expostos.

b) O arrolamento

Além do arresto, a AT pode igualmente requerer o decretamento judicial da medida de arrolamento. O arrolamento consiste na descrição, avaliação e depósito de bens ou documentos, com o objetivo de os conservar, evitando-se a sua perda ou extravio, destruição ou dissipação.

Para que tal aconteça, e uma vez mais, torna-se indispensável que, em primeiro lugar exista uma aparência fundada do direito da AT. É certo que o CPPT (art.º 140.º) não prevê expressamente esta exigência, mas uma leitura integrada com a restante legislação tributária não deixa de a impor. Com efeito, prescreve o RCPITA que nestes casos, a requerente deve apresentar "prova sumária do direito relativo aos bens ou documentos que se pretendem arrolar".

Igualmente se exige, em segundo lugar, a demonstração do "perigo" em concreto, por via da exposição dos atos que fundamentem o receio de perda, extravio, destruição ou dissipação[973].

Procedimentalmente, o arrolamento pode ser requerido pelo representante da Fazenda Pública ao Tribunal tributário de primeira ins-

---

[970] O princípio da unidade do ordenamento jurídico imporá que neste contexto se exija a verificação de uma situação de insolvência nos termos do Código da insolvência e da recuperação de empresas (CIRE), e não de um simples estado aparente de dificuldade de pagamentos.
[971] Numa solução de conformidade constitucional duvidosa (por colocar em crise o princípio da proporcionalidade, na sua vertente de adequação), o legislador determina que estas circunstâncias presumem-se no caso de dívidas por impostos que o executado tenha retido ou repercutido a terceiros e não entregue nos prazos legais.
[972] Assim, art.º 214.º, n.º 3, do CPPT.
[973] Cfr. art.º 31.º, n.º 3, do RCPITA. V., ainda, art.º 29.º do CIS.

tância da área da residência, sede ou estabelecimento estável do contribuinte[974].

7.3.2. Instrumentos cautelares a favor do contribuinte

Naturalmente que o receio de lesões ou danos provocados pelas delongas procedimentais e processuais, também se podem verificar em relação às pretensões jurídicas tituladas pelos sujeitos passivos ou contribuintes, pelo que se impõe igualmente neste quadrante uma tutela adequada. De resto, a própria Constituição é clara ao determinar que é garantida aos administrados (contribuintes) a adoção de medidas cautelares adequadas (art.º 268.º, n.º 4).

7.3.2.1. Enquadramento e tipologia

Intentando dar seguimento a essa imposição constitucional, o legislador ordinário prevê a possibilidade de esses mesmo contribuintes requerem ao Tribunal o decretamento de providências cautelares que acautelem os seus direitos ou interesses legalmente protegidos[975].

Tais providências – que tanto podem revestir natureza antecipatória, como conservatória – são inominadas, o que implica, como se disse, que não estão sujeitas a uma tipologia normativo-legal pré-determinada e, em abstrato, podem abranger medidas materialmente muito distintas, como a suspensão de eficácia de um ato lesivo ou a concessão provisória de um benefício fiscal.

Ora, atento o carácter necessariamente *aberto*, porventura um modo minimamente seguro de conseguir uma tipologia satisfatória passará pelo recurso aos diplomas congéneres ou análogos, procurando recortar os instrumentos aí previstos e, na medida do possível, importá-los para o contencioso tributário. Trata-se, bem entendido, do recurso ao CPTA e ao CPC, de resto, subsidiariamente aplicáveis nesta sede, o primeiro aliás de modo bem, enfático[976].

Seja como for, importa relevar que o carácter inominado das medidas não significa uma total ausência de disciplina normativa por parte do

---

[974] Cfr. art.ᵒˢ 140.º do CPPT e 141.º do CPPT.
[975] Cfr. art.º 97.º, n.º 3, alínea a), do CPPT.
[976] Cfr., uma vez mais, art.º 97.º, n.º 3, alínea a), do CPPT. V., ainda art.º 2.º do mesmo diploma.

legislador, uma vez que este exige a verificação de determinados pressupostos para que possa haver o respetivo decretamento (desde logo, o seu decretamento jurisdicional).

A esta matéria dedicaremos atenção adiante.

Por agora, importa procurar conhecer quais os instrumentos de tutela cautelar de que podem os contribuintes ou obrigados tributários dispor, para o que recorreremos aos diplomas supramencionados.

O CPTA – primeiro diploma a surgir na ordem da subsidiariedade – prevê um elenco aberto (..."designadamente...") no qual se compreendem[977]:
- A suspensão da eficácia de um ato administrativo;
- A suspensão da eficácia de uma norma;
- A admissão provisória em concursos e exames;
- A atribuição provisória da disponibilidade de um bem;
- A autorização provisória para iniciar ou prosseguir uma atividade ou adotar uma conduta;
- A regulação provisória de uma situação jurídica, designadamente através da imposição à Administração do pagamento de uma quantia por conta de prestações alegadamente devidas ou a título de reparação provisória;
- O arresto;
- O embargo de obra nova;
- O arrolamento;
- A intimação para adoção ou abstenção de uma conduta por parte da Administração ou de um particular por alegada violação ou fundado receio de violação do Direito administrativo nacional ou do Direito da União Europeia.

Ora, será curial considerar que as medidas de admissão provisória em concursos e exames, de atribuição provisória da disponibilidade de um bem, de autorização provisória para iniciar ou prosseguir uma atividade ou adotar uma conduta ou do embargo de obra nova, terão diminuto ou mesmo nenhum relevo em matéria tributária. Além disso, dada a natureza das coisas, os contribuintes não poderão – ou muito dificilmente poderão – requerer o arrolamento ou o arresto de bens do credor tribu-

---

[977] Cfr. art.º 112.º, n.º 2 do CPTA.

tário. Por isso, a reflexão acerca da admissibilidade deverá ter por referência apenas as medidas restantes (suspensão da eficácia de um ato administrativo, suspensão da eficácia de uma norma, regulação provisória de uma situação jurídica e intimação para a adoção ou abstenção de uma conduta).

Por seu lado, o CPC – que também abre a possibilidade de existência de medidas inominadas ("não especificadas") – prevê os seguintes instrumentos de natureza cautelar[978]:
- Restituição provisória de posse;
- Suspensão de deliberações sociais;
- Alimentos provisórios;
- Arbitramento de reparação provisória;
- Arresto;
- Embargo de obra nova;
- Arrolamento.

Do elenco apresentado, facilmente se constata que não será ao nível da tipologia dos instrumentos cautelares de defesa dos contribuintes que o CPC terá grande valia subsidiária no domínio do contencioso tributário. Isto porque, ou esses instrumentos resultam aqui completamente inaplicáveis e desprovidos de sentido (como a suspensão de deliberações sociais; a atribuição de alimentos provisórios, o arresto de bens da AT, o arrolamento, ou o embargo de obra nova) ou a utilidade que os mesmos poderiam, abstrata e potencialmente, conferir ao contribuinte (por exemplo, a restituição provisória de posse de determinado bem entretanto desapossado) pode ser melhor conseguida por outros instrumentos, previstos quer no próprio contencioso tributário, quer no contencioso administrativo (cujo diploma disciplinador é, recorde-se, o primeiro na linha da subsidiariedade).

Pois bem.

Da breve reflexão acerca dos meios cautelares tipificados nos diplomas referidos (CPTA e CPC) e das possibilidades de aplicação dos mesmos ao contencioso tributário como modo de tutela das posições jurídicas dos contribuintes ou outros obrigados tributários, resulta que aquele que se revestirá de maior relevância será, porventura, a medida

---

[978] V. art.ºs 377.º e ss. do CPC.

conservatória de suspensão da eficácia de ato administrativo, pelo que será a este que se dedicará maior atenção. Sem prejuízo, sempre se adiantará que, pelo menos potencialmente, não será de descurar a possibilidade de requerer medidas antecipatórias, como a concessão provisória de um benefício fiscal ou a restituição antecipada de um tributo.

7.3.2.2. Em particular, o pedido de suspensão da eficácia de ato administrativo em matéria tributária

Com efeito, o mais recorrente instrumento cautelar favorável ao contribuinte será o *pedido de suspensão de eficácia* de determinado ato da Administração tributária, por via do qual aquele pretende a paralisação imediata dos efeitos lesivos por esta potencialmente provocáveis.

Convém enfatizar *ab initio* que um pedido dessa natureza não pode ter por referência um ato de liquidação, até porque o próprio ordenamento já prevê outro caminho para o conseguir: a reclamação ou a impugnação respetiva, acompanhada da prestação de garantia idónea ou do pedido de dispensa de prestação de garantia, devidamente fundamentado.

Do mesmo modo, se deve rejeitar a sua admissibilidade em sede de execução fiscal, como modo de a suspender em bloco, uma vez que os tipos suspensivos executivos estão sujeitos a uma tipicidade fechada (art.º 169.º do CPPT), sendo proibida tal suspensão fora desses casos[979].

Será igualmente problemática a admissibilidade de um pedido de suspensão de eficácia de atos concretos dessa execução, como uma penhora ou um ato de venda em processo executivo – em vista a prevenir a eventual aquisição do bem por um terceiro de boa-fé –, pois existe já prevista a possibilidade de reclamação para Tribunal, com subida imediata, desde que seja invocado prejuízo irreparável[980] (todavia, em relação a um deles – indeferimento do pedido de dispensa de prestação de garantia – poderá ser cogitável tal possibilidade, como se verá já de imediato).

Assim, em matéria tributária, e abstratamente, tal pedido de suspensão não poderá ter por referência um universo de atos muito alargado,

---

[979] Cfr.. art. 85.º, n.º 3 do CPPT.
[980] Cfr. art.ºs 276.º e 278.º, n.º 3, do CPPT.

podendo dizer-se que *de modo inquestionável* apenas os seguintes serão pensáveis[981]:
- Pedido de suspensão de eficácia do ato de revogação de um benefício fiscal, quando o contribuinte pretende desde logo evitar que uma isenção que vinha beneficiando lhe seja retirada;
- Pedido de suspensão de eficácia do ato de derrogação do sigilo bancário, nas situações em que pretende evitar o acesso imediato pela AT aos seus dados bancários.

Além disso, também se pode admitir tal hipótese quando estiver em causa um ato de indeferimento de um pedido de dispensa da prestação de garantia, pois nestes casos, "quem visse negado esse pedido teria que reclamar dessa decisão e, caso pretendesse a atribuição de efeito suspensivo, teria que praticar precisamente o ato cuja dispensa requereu: prestar a garantia". Consequentemente, nestes casos, "o único meio adequado à obtenção da suspensão do ato reclamado será a instauração de uma providência cautelar de suspensão de eficácia desse ato, fazendo a prova dos requisitos respetivos"[982].

Como se disse, nestes casos, o que se intenta é a introdução de um mecanismo inibitório da produção imediata de efeitos lesivos, funcionando o meio cautelar como uma espécie de congelamento da relevância jurídica do ato em causa, se bem que se deva ter sempre presente que tal congelante apenas colide com a sua eficácia e não com a sua existência ou validade. A *ratio* justificativa será sempre a mesma: a possível ocorrência de um prejuízo irreparável ou de difícil reparação.

Em termos práticos, requerida a suspensão da eficácia de um ato administrativo, a AT, recebido o duplicado do requerimento, não pode iniciar ou prosseguir a execução, salvo se, mediante resolução fundamentada, reconhecer que o diferimento da execução seria gravemente prejudicial para o Interesse público[983].

Observe-se que estes pedidos de suspensão de eficácia devem ser sempre encarados com as devidas cautelas, sob pena de se transforma-

---

[981] Lateralmente, pode questionar-se se será possível pedir a suspensão de eficácia dos efeitos de uma norma – não de um ato! –, *com eficácia concreta*, ao abrigo do disposto no art.º 130.º do CPTA, aqui eventualmente aplicável de modo subsidiário.
[982] V., literalmente, BASTOS, Nuno, *O efeito suspensivo das reclamações...*, cit., p. 65.
[983] Assim, art.º 128.º, n.º 1 do CPTA.

rem num expediente para contornar o efeito devolutivo que é reconhecido pela lei à maior parte das impugnações em matéria tributária. De resto, a admissibilidade generalizada de suspensões de eficácia neste domínio poderia significar uma séria contrariedade no plano das políticas financeiras e da estabilidade das finanças públicas, privando-se os entes públicos dos meios (financeiros, pecuniários) necessários à prossecução das suas atribuições nos mais diversos campos de atuação (saúde, educação, justiça, segurança, etc.).

7.3.2.3. Pressupostos específicos
Já supra se referiu que os pressupostos genéricos da adoção ou do decretamento de um instrumento de natureza cautelar são a demonstração do perigo de produção de um dano sério e grave (*periculum in mora*) e da elevada probabilidade da existência de um direito ou interesse em concreto (*fumus boni iuris*), além, naturalmente, da observância do *princípio da proporcionalidade* (nas suas dimensões constitutivas de necessidade, adequação e proporcionalidade *stricto sensu*). De resto, decorre deste último requisito a regra da subsidiariedade da providência, significativa da ideia de que ela apenas poderá ser decretada se outro meio não for mais idóneo para o mesmo fim.

Quando se trata de adotar um instrumento dessa natureza a favor do contribuinte, o alinhamento de raciocínio não difere substancialmente, efetuando-se uma remissão genérica para o CPTA [art.º 97.º, n.º 3, alínea a) do CPPT].

7.4. A impugnação das medidas cautelares adotadas pela Administração tributária
Como se viu, as medidas de natureza cautelar a adotar pela AT, de modo direto, poderão ser, eventualmente entre outras, a apreensão de bens, a retenção de prestações tributárias, a selagem de instalações e a aposição de vistos.

Ora, pode suceder que o visado ou lesado por estas medidas (o contribuinte ou outra pessoa ou entidade) queira colocar em crise a efetivação das mesmas, por as considerar desnecessárias ou desadequadas, por exemplo. De resto, do ponto de vista jurídico, a própria Constituição exigirá uma tutela completa também neste domínio, colocando ao dispor dos interessados um arsenal garantístico convenientemente satisfatório. Por tais motivos, a adoção desses meios ou providências cautelares está, naturalmente, sujeita a controlo jurisdicional, não se configurando, de modo algum, como um ato discricionário.

Neste contexto, é possível afirmar que existem dois distintos regimes impugnatórios (ambos distintos da *clássica* impugnação judicial, atrás estudada)[984]: por um lado, a impugnação das apreensões (art.º 143.º do CPPT) e, por outro lado, a impugnação das restantes medidas de cautela (art.º 144.º do CPPT).

Procuremos conhecê-los melhor, tratando se evidenciar desde já que ambos os meios impugnatórios têm natureza urgente – precedendo as diligências respetivas a quaisquer outros atos judiciais não urgentes – e devem estar concluídos no prazo máximo de 90 dias[985].

7.4.1. Impugnação dos atos de apreensão

A referência aos atos de apreensão efetuados pela AT já atrás foi efetuada, pelo que para lá agora se remete. Presentemente, importa evidenciar o modo de reação jurisdicional aos mesmos, salientando as seguintes dimensões:

i) Tipo processual e tempestividade: impugnação judicial específica e urgente, a apresentar no prazo de 15 dias a contar do levantamento do auto de apreensão ou da notificação do proprietário ou detentor do bem[986];

ii) Legitimidade: na medida em que estes atos podem colocar em crise direitos ou interesses legalmente protegidos relativamente a bens que facilmente mudam de esfera jurídica (bens cuja titularidade ou posse é instável, como veículos automóveis, bens alimentares, etc.), compreende-se que se preveja uma legitimidade impugnatória alargada. Neste sentido, permite-se a impugnação ao proprietário *ou detentor* dos bens apreendidos[987];

iii) Competência: Tribunal tributário de 1.ª instância da área em que a apreensão tiver sido efetuada[988];

---

[984] Cfr. art.º 135.º, n.º 2 do CPPT.
[985] Cfr. art.ºˢ 96.º, n.º 3 e 97.º, n.º 1, alínea g) do CPPT. Cfr. ainda art.º 144.º, n.º 3.
[986] Cfr. art.º 143.º, n.ºˢ 1, 2 e 5 do CPPT.
[987] Cfr. art.º 143.º, n.º 4.
[988] Cfr. art.º 143.º, n.º 3.

iv) Fundamento: violação de qualquer direito ou interesse legalmente protegido relativo ao bem ou bens apreendidos;
v) Objetivo: anulação ou revogação do ato de apreensão[989].

7.4.2. Impugnação de outras medidas cautelares

No que às restantes medidas cautelares concerne, as mesmas são impugnáveis junto do Tribunal tributário de 1.ª instância da área do serviço da AT que a tiver adotado, no prazo de 15 dias após a sua realização ou o seu conhecimento efetivo pelo interessado (quando posterior), e com fundamento em qualquer ilegalidade[990].

A impugnação – que não tem efeitos suspensivos, mas que inibe a AT de, até à decisão, praticar atos que possam comprometer os efeitos úteis do processo – é extremamente simples, e deve ser efetuada mediante a forma de requerimento, no qual se deve invocar as razões de facto e de direito que justificam a anulação total ou parcial da providência cautelar[991].

8. Os recursos das decisões dos tribunais tributários (recursos jurisdicionais)

O estudo do processo tributário não poderia ser encerrado sem uma última referência: aquela que deve ser feita à reapreciação jurisdicional das decisões dos Tribunais tributários.

8.1. Enquadramento e tipos de recursos

Em geral, o princípio constitucional da tutela jurisdicional efetiva (art.º 20.º da CRP) exige que sejam postos ao dispor dos eventuais lesados adequadas formas de reação às decisões jurisdicionais que os afetem. Tipologicamente, tais formas podem subsumir-se a reclamações – dirigidas ao mesmo órgão judicial que praticou o ato eventualmente lesivo – ou a recursos – dirigidos a um órgão judicial diferente, hierarquicamente superior. Em matéria tributária, a análise terá por referência exclusivamente os recursos, uma vez que as reclamações, na generalidade, quando

---

[989] Cfr., por exemplo, art.º 73.º, n.º 7 do RGIT.
[990] Assim, art.º 144.º, n.ºs 1 e 2 do CPPT.
[991] Cfr. idem, n.ºs 4 e 6. Saliente-se que no decurso da tramitação a AT é obrigatoriamente ouvida antes da decisão (n.º 5)

dirigidas ao Tribunal tributário, são interpostas de decisões administrativas (recorde-se o que dissemos a propósito, por exemplo, das reclamações das decisões do órgão da execução fiscal – art.º 276.º do CPPT).

Os recursos jurisdicionais são, assim, instrumentos legalmente previstos mediante os quais se solicita a um Tribunal superior uma reapreciação da decisão proferida por um Tribunal inferior.

Deve começar por se salientar que, no seguimento de jurisprudência uniforme, "os recursos jurisdicionais destinam-se a reapreciar as decisões proferidas pelos tribunais inferiores e não a decidir questões novas, não colocadas a esses tribunais". Não se pode assim, por via recursiva, criar decisões sobre matéria nova que não foi submetida ao veredicto do Tribunal que inicialmente tomou conhecimento da questão, salvo se o seu conhecimento pelo Tribunal superior for imposto por lei ou se estiver em causa matéria de conhecimento oficioso[992].

Neste contexto, o Tribunal de recurso encontra-se limitado em face das seguintes circunstâncias[993]:

i) Não pode conhecer de questão que não tenha sido apreciada e decidida na sentença recorrida, salvo se estiver em causa questão de conhecimento oficioso (*proibição do conhecimento de questão nova*);
ii) Em geral, não pode conceder ao recorrente mais do que ele pede no recurso (*proibição da ampliação do pedido*);
iii) Além disso, também não lhe deve poder dispensar uma solução jurídica mais desfavorável do que a constante da decisão impugnada (*proibição da reformatio in peius*).

Em geral, e em termos tipológicos, os recursos podem ser enquadrados em diversas estruturas classificatórias, das quais as mais significativas serão as que os distinguem em *recursos ordinários e extraordinários*, por um lado (de acordo com um critério temporal que tenha em consideração a interposição antes ou depois do trânsito em julgado da decisão em crise[994]), e *recursos substitutivos e cassatórios*, por outro (de acordo com um

---

[992] Assim, acórdãos do STA de 30 de janeiro de 2013, processo n.º 01152/12 e do TCA-S de 16 de dezembro de 2015, processo n.º 12585/15.

[993] Cfr., por exemplo, acórdão do STA de 16 de janeiro de 2013, processo n.º 01041/12.

[994] Importa observar que, de um ponto de vista abstrato, existem outros critérios para distinguir as espécies recursivas em questão, como, por exemplo, o critério do objeto de tutela subjacente (os recursos ordinários teriam por finalidade tutelar posições jurídicas subjetivas

critério que tenha em consideração a natureza dos poderes do Tribunal de recurso – poderes de substituição, reponderação e reexame, num caso, e meros poderes de revogação/anulação, e envio para baixo, no outro). Porém, o legislador tributário não é nem um pouco claro a este respeito, pois o CPPT não adianta uma sistematização ou estruturação adequadas que permita ao intérprete ou ao aplicador retirar conclusões convincentes, contendo apenas um conjunto de normas respeitantes ao âmbito e à tramitação dos recursos. Além disso, o legislador subsidiário (ETAF, CPTA e CPC) também não fornece grande ajuda, na medida em que não existe sintonia ao nível dos diversos diplomas. Basta referir que o CPC (art.º 627.º) até adianta um critério coerente (e uma sistematização clara), mas o mesmo não é posteriormente adotado pelo CPTA.

Ora, em face deste caos positivista, entende-se que no contexto da presente estrutura discursiva das *Lições* – de feição analítica, positivista e normativista – o melhor será optar por uma abordagem contínua ou consecutiva, isto é, sem desdobramentos expositivos ou sistemáticos de maior relevo. Por conseguinte, adotar-se-á um elenco linear dos recursos nos termos seguintes:

– Um *recurso comum*, que, para estes efeitos, será considerado como o meio jurisdicional corrente adequado para colocar em crise os atos jurisdicionais praticados nos processos tributários regulados no CPPT (art.º 279.º, n.º 1);
– Um recurso para *uniformização de jurisprudência* no domínio justributário (art.º 284.º do CPPT);
– Um recurso *excecional* de revisão, que, debaixo de pressupostos muito apertados e exigentes, tem por objetivo a revisão de decisões jurisprudenciais já transitadas em julgado (art.º 293.º do CPPT);

---

da parte lesada, enquanto que os recursos extraordinários teriam por finalidade tutelar bens jurídicos superiores e objetivamente considerados, como a segurança jurídica ou outros bens de ordem pública) ou o critério dos requisitos subjacentes (os recursos ordinários exigiriam apenas as correntes regras de sucumbência, ao passo que os recursos extraordinários exigiriam a verificação de outros requisitos acrescidos). A verdade é que estes critérios, além de não terem densidade teórica adequada – equivalendo antes a aspetos particulares de regime – não encontram no Direito positivo qualquer arrimo efetivo.

Por tais motivos, entende-se que o melhor será, no contexto das presentes *Lições*, desconsiderá-los.

– Um recurso excecional de *revista*, nas situações em que se suscitem dificuldades e em que se reclame uma resposta autorizada em face de uma questão *jurídico-socialmente fundamental* (art.º 150.º, do CPTA).

Deve observar-se que não incidiremos a nossa atenção sobre os recursos dos atos jurisdicionais que tenham por referência os meios processuais comuns à jurisdição administrativa e tributária (v.g., ação administrativa), pois estes inserem-se no *Direito processual administrativo*, sendo disciplinados pelas normas sobre processo nos Tribunais administrativos (constantes do CPTA)[995].

Será seguindo este elenco que subsequentemente abordaremos os núcleos temáticos.

8.2. O recurso comum

Os atos jurisdicionais (v.g., sentenças e acórdãos) emanados pelos Tribunais tributários no contexto de um processo tributário *stricto sensu* (por exemplo, processo de impugnação judicial, ação para reconhecimento de direito ou interesse legalmente protegido em matéria tributária, processos de derrogação do sigilo bancário, processo de execução fiscal) podem ser colocados em crise por via de um tipo de recurso, que aqui consideramos comum, o qual é disciplinado pelas normas constantes do próprio CPPT e, subsidiariamente, pelas normas disciplinadoras do recurso de apelação em processo civil[996].

Vejamos os seus contornos jurídico-normativos essenciais.

a) Dimensão objetiva (objeto do recurso e decisões recorríveis)

Quanto ao objeto, e em ordem a saber se uma determinada decisão do Tribunal tributário é suscetível de recurso, deve-se atender a dois aspetos distintos: (i) a natureza da decisão que se pretende impugnar e (ii) o valor da causa.

---

[995] Cfr. art.º 279.º, n.º 2 do CPPT.
[996] Cfr. art.ºˢ 279.º, n.º 1, alíneas a) e b), e 281.º do CPPT. Recorde-se que nos termos do artigo 4.º, n.º 1 do DL 303/2007 (que procede à revisão do regime de recursos em processo civil), as referências ao agravo interposto na primeira instância consideram-se feitas ao recurso de apelação.

i) No que diz respeito ao tipo de decisões, refere o art.º 279.º, n.º 1, do CPPT, que são suscetíveis de recurso os "atos jurisdicionais" praticados no processo tributário, o que leva a uma dupla consideração:
   α) em primeiro lugar, deve tratar-se de atos jurisdicionais, isto é, atos de resolução de conflitos de pretensões. Estão, por conseguinte, aqui incluídas quer as decisões "finais", no sentido genérico do termo – sentenças e acórdãos –, quer as decisões "intermédias" onde se suscitem conflitos – que, por via disso, assumem carácter destacável –, como sejam as decisões sobre incidentes, sobre a oposição, sobre os pressupostos da responsabilidade subsidiária, sobre a verificação e graduação definitiva de créditos, sobre a anulação da venda, etc. Excluídas da suscetibilidade recursiva estão, deste modo, as decisões onde tal conflito não surja – como será o caso de acordos e pactos processuais – e os despachos de mero expediente (i. é, aqueles que se destinam a prover ao andamento regular do processo, sem interferir no conflito de interesses entre as partes) ou discricionários (questões "confiadas ao prudente arbítrio do julgador")[997].
   β) em segundo lugar, tais atos jurisdicionais devem ser praticados no âmbito de um processo tributário. A este propósito é, no mínimo, equívoca a terminologia utilizada pelo legislador ao referir-se, não apenas aqui, mas em muitos outros locais, ao "processo judicial tributário" e ao "processo de execução fiscal", como se este também não fosse um "processo judicial". A razão de tal distinção parece residir na natureza *sui generis* do processo de execução, materializada na circunstância de grande parte da sua tramitação se desenrolar perante órgão administrativos. Contudo, e como já apontamos, quando está em causa a prática de atos jurisdicionais, a intervenção do Tribunal torna-se (constitucionalmente) obrigatória, pelo que o carácter "judicial" – ou melhor, jurisdicional – é incontornável.
ii) No que diz respeito ao valor da causa, prescreve o art.º 280.º, n.º 2, do CPPT que quando se esteja em presença de decisões que, em

---

[997] Cfr. art.ºˢ 630.º e 152.º, n.º 4, do CPC, aplicáveis subsidiariamente por força do art.º 2.º, alínea e) do CPPT.

primeiro grau de jurisdição, tenham conhecido do *mérito* da causa, o recurso apenas é admitido se dois pressupostos cumulativos estiverem verificados:
- Primeiro, que o processo tenha valor superior à alçada do tribunal de que se recorre, e
- Segundo, que a decisão impugnada seja desfavorável ao recorrente em valor superior a metade da alçada desse tribunal (sucumbência).

A noção de alçada já foi por nós referida, determinando o art.º 105.º da LGT que a mesma "corresponde àquela que se encontra estabelecida para os tribunais judiciais de 1.ª instância"[998].

Em todo o caso, é sempre admissível recurso, independentemente do valor da causa e da sucumbência, de decisões que perfilhem solução oposta relativamente ao mesmo fundamento de direito e na ausência substancial de regulamentação jurídica, com mais de três sentenças (tribunal singular, primeira instância) do mesmo ou de outro tribunal tributário[999].

b) Dimensão subjetiva (legitimidade para recorrer e instância de recurso)

Já sob o ponto de vista subjetivo, a regra é que tem legitimidade para recorrer quem, sendo parte principal na causa, tenha ficado vencido[1000]. Será o caso, por exemplo, do impugnante que vê a impugnação ser indeferida ou do executado que vê a sua oposição ou reclamação não ter provimento. Trata-se da consagração de um verdadeiro direito subjetivo que, todavia, admite desvios e restrições, nomeadamente através das possibilidades de renúncia ou aceitação expressa ou tácita da decisão desfavorável. Além disso, como acabou de se ver, em determinadas situações, a possibilidade recursiva fica dependente da sucumbência em determinado valor (art.º 280.º, n.º 2, do CPPT).

No que concerne à instância de recurso, cabe referir que as decisões dos Tribunais tributários de primeira instância – apenas a estas nos esta-

---

[998] Quanto às regras de determinação do valor da causa em matéria tributária, v. art.º 97.º - A do CPPT e supra, II, 3.3.2.4.
[999] V. art.º 280.º, n.º 3, do CPPT
[1000] Cfr. art.º 631.º, n.º 1, do CPC.

mos a referir – podem ser objeto de recurso apenas uma vez, em face do princípio do duplo grau de jurisdição.

Tal recurso pode ser interposto, (i) ora para o TCA, (ii) ora para o STA (recurso *per saltum*), consoante os casos.

i) Será interposto para o TCA (secção de contencioso tributário) quando o seu fundamento consistir em matéria de facto, acompanhada ou não de matéria de Direito. É o que resulta do disposto no art.º 38.º, alínea a) do ETAF, nos termos do qual "compete à Secção de Contencioso Tributário do Tribunal Central Administrativo conhecer (...) dos recursos de decisões dos tribunais tributários [de primeira instância], salvo o disposto na alínea b) do artigo 26.º".

O TCA, naturalmente, poderá dar provimento ao recurso, atendendo a pretensão do recorrente e, eventualmente, anulando a decisão recorrida ou, poderá não dar provimento ao recurso, mantendo a decisão recorrida. Num caso ou no outro, o TCA apresenta-se como a última instância recursiva, não sendo de admitir outro recurso, agora para o STA. Com efeito, refere a propósito o art.º 26.º, n.º 1 alínea a) do ETAF que "compete à Secção de Contencioso Tributário do Supremo Tribunal Administrativo conhecer (...) dos recursos dos acórdãos da Secção de Contencioso Tributário dos tribunais centrais administrativos, *proferidos em 1.º grau de jurisdição*" (sublinhado nosso).

ii) Será interposto para o STA (também para a secção de contencioso tributário) quando o recurso tiver por exclusivo fundamento matéria de Direito. Prescreve a este respeito a alínea b) do art.º 26.º do ETAF que "compete à Secção de Contencioso Tributário do Supremo Tribunal Administrativo conhecer (...) dos recursos interpostos de decisões dos tribunais tributários com exclusivo fundamento em matéria de direito".

Também neste caso, o Tribunal poderá dar ou não provimento ao recurso e funcionará como última instância.

Como se pode ver, é de extrema importância a delimitação dos fundamentos do recurso, devendo-se procurar saber se tais fundamentos versam sobre matéria de facto, matéria de Direito ou ambas, na medida em que, consoante os casos, o recurso deve ser interposto para um Tribunal ou para outro. Neste particular, pode-se entender, de uma forma geral, que se está perante "matéria de facto" quando o que se discute são ocorrências fenoménicas ou factos da vida real trazidos pelas partes para o processo – por exemplo, porque se entende que (i) os factos que foram considerados provados não o deveriam ser, (ii) não se consideraram provados factos que o deveriam ser ou (iii) a prova produzida foi insuficiente, impondo-se a realização de mais diligências –, enquanto "matéria de Direito" já dirá respeito à aplicação, interpretação e integração de normas jurídicas. A aferição num ou em outro sentido deverá ser feita a partir das conclusões das respetivas alegações, que fixam o objeto do recurso.

No que diz respeito aos poderes de apreciação do Tribunal *ad quem* (para o qual o recurso é interposto) é importante salientar que as prerrogativas de ampliação e reformulação da matéria de facto que são tituladas pelos Tribunais comuns em sede de processo civil, também são aqui aplicáveis por força do chamamento do art.º 662.º do CPC, *ex vi* art.º 2.º, alínea e) do CPPT. Na realidade, se a instância superior, após uma apreciação ponderada, entender que a decisão da matéria de facto constante da sentença recorrida se revela omissa e que, por conseguinte, se está perante uma crise da base factual, pode (i) retirar factos que se considerem não se dar como provados ou (ii) aditar ao probatório factos que se reputem essenciais para a decisão do recurso[1001]. Sendo caso disso, pode-se anular a decisão recorrida e ordenar a baixa do processo ao Tribunal *A quo*, para que aí se complete a instrução dos autos e se profira nova decisão em conformidade.

c) Dimensão processual

O recurso das decisões referidas – que, em princípio, tem efeito meramente devolutivo[1002] –, e para uma das instâncias referidas, deverá ser interposto pela parte vencida no processo, por meio de requerimento, no prazo de 30 dias contados da data da notificação da decisão[1003].

[1001] Cfr. acórdãos do TCA-S de 04 de maio de 2004, processo n.º 01092/03, e do STA de 02 de agosto de 2006, processo n.º 0571/06, e de 19 de dezembro de 2012, processo n.º 01354/12.

[1002] Cfr. art.º 286.º, n.º 2, do CPPT.

[1003] Cfr. art.º 280.º, n.ºs 1 e 2, do CPPT. Os recursos jurisdicionais nos processos urgentes serão apresentados por meio de requerimento juntamente com as alegações no prazo de 15 dias (art.º 283.º do CPPT).

Após isso, a secretaria promove oficiosamente a notificação do recorrido e do Ministério Público, salvo se este for recorrente, para alegações no prazo de 30 dias[1004]. Depois, o juiz ou relator aprecia os requerimentos apresentados e pronuncia-se sobre as nulidades arguidas e os pedidos de reforma, ordenando a subida do recurso se a tal nada obstar.

No recurso, deve o recorrente circunscrever com clareza o âmbito do litígio, através da explicitação das razões da sua dissidência com a decisão que impugna, recaindo sobre si dois distintos ónus:
i) Primeiro, o de alegar, sob pena de deserção do recurso;
ii) Segundo, o de formular conclusões da alegação, sob pena de não se tomar conhecimento do recurso. Se o recurso versar sobre matéria de Direito, as conclusões devem indicar:
   – As normas jurídicas violadas;
   – O sentido com que, no entender do recorrente, as normas que constituem fundamento jurídico da decisão deviam ter sido interpretadas e aplicadas;
   – A norma jurídica que, no entendimento do recorrente, devia ter sido aplicada (se estiver em causa erro na determinação da norma aplicável).

Para estes efeitos, e como (bem) acentua a Jurisprudência "(...) para que se considere suscitada uma questão em sede de recurso, não basta a referência, efetuada de passagem, nas alegações de recurso e respetivas conclusões, à violação de um princípio jurídico, exigindo-se que o recorrente individualize e concretize, de forma inequívoca, em que consiste a sua divergência com a decisão recorrida, concretizando as suas razões e formulando um pedido de decisão relativamente a uma concreta situação"[1005].

Estes ónus só se devem considerar satisfeitos quando o recorrente acaba a peça processual que apresenta com um pedido (anulação, alteração ou revogação da decisão do Tribunal *a quo*) e com a "enunciação de proposições que sintetizem com clareza, precisão e concisão os fundamentos ou razões jurídicas pelos quais se pretende obter o provimento do recurso". Tal não ocorrerá "se qualquer destinatário médio

---

[1004] Assim, art.º 282.º, n.º 3, do CPPT.
[1005] Assim, acórdão do STA de 3 de abril de 2013, processo n.º 0948/12.

ficar sem saber dos reais motivos pelos quais o recorrente se insurge contra o conteúdo e sentido da decisão da instância inferior"[1006].

Se não forem apresentadas conclusões, ou estas tiverem algum vício de incompletude ou obscuridade, o relator deve convidar o recorrente a apresentá-las, completá-las, esclarecê-las ou sintetizá-las, sob pena de não se conhecer do recurso, na parte afetada.

8.3. O recurso por oposição de acórdãos

O denominado "recurso por oposição de acórdãos" consiste num recurso que procura prosseguir objetivos relacionados com a concretização de dois princípios jurídico-constitucionais básicos: o princípio da segurança jurídica e da proteção da confiança, por um lado, e o princípio da igualdade, por outro.

Com feito, e em primeiro lugar, com este tipo recursivo procura-se assegurar que, dentro de determinados parâmetros tidos por aceitáveis, o sentido das decisões jurisprudenciais em matéria tributária não sofra oscilações imprevisíveis, acentuadas e injustificadas, as quais poderiam introduzir na esfera jurídica dos diversos atores e destinatários um fator de incerteza que lhes inviabilizaria a possibilidade de acautelar e prever efeitos jurídicos de um modo pensado e responsável.

Em segundo lugar, procura-se assegurar que, na medida do possível, não sejam introduzidas disparidades significativas no tratamento jurídico que é jurisdicionalmente dispensado aos atores envolvidos, em termos de se prever tratamento idêntico às situações relativamente às quais se possa dizer que existem circunstâncias subjacentes idênticas.

Na verdade, e em termos práticos, compreendem-se estas preocupações: quer os contribuintes em geral, quer principalmente os contribuintes que desenvolvem uma atividade de carácter empresarial ou prestacional devem saber com o que contar em termos de proteção jurídica dispensada pelos Tribunais, prevendo – repete-se: sempre na medida do possível, não se assegurando, de modo algum, um precedente vinculativo –, por exemplo, se determinado prazo é contado de um ou de outro modo, se determinado encargo é ou não fiscalmente dedutível, se determinada prestação é ou não qualificável como imposto ou como taxa.

[1006] V. acórdão do TCA-S de 12 de outubro de 2004, processo n.º 00081/04.

***

A interposição deste recurso carece da verificação cumulativa dos seguintes pressupostos[1007]:
i) *Contradição inconciliável* e *expressa* entre o acórdão recorrido e um outro acórdão (denominado "acórdão fundamento") sobre a mesma questão fundamental de Direito, o que, nos termos da jurisprudência mais significativa[1008] equivale a dizer que:
   - Ambos os acórdãos são proferidos pelos TCA's ou STA, nas respetivas secções de contencioso tributário, e no âmbito de processos tributários *stricto sensu*;
   - Se está em presença de uma oposição ao nível da decisão, e não meramente entre argumentos acessórios (*obiter dictum*);
   - Ambos os acórdãos em confronto assentam em situações de facto idênticas nos seus contornos essenciais;
   - Está em causa o mesmo fundamento de Direito; e
   - Não houve alteração substancial da regulamentação jurídica pertinente.
ii) Não ocorra a situação de a decisão impugnada estar em sintonia com a jurisprudência mais recentemente consolidada do STA[1009].

No que respeita aos termos operativos, exige o CPPT que a petição de recurso – a apresentar pelas partes ou pelo Ministério Público no prazo de 30 dias contados do trânsito em julgado do acórdão impugnado – seja acompanhada de alegação na qual se identifiquem, de forma precisa e circunstanciada, os aspetos de identidade que determinam a contradição alegada e a infração imputada ao acórdão recorrido.

O recurso será julgado pelo pleno da secção do STA, e a eventual decisão de provimento anula o acórdão recorrido e substitui-o, decidindo a questão controvertida, embora com efeitos restritos, não afetando

---

[1007] V., entre muitos outros, os seguintes acórdãos do STA: acórdão de 10 de abril de 2013, processo n.º 01277/12; de 5 de junho de 2013, processo n.º 099/13; de 5 de junho de 2013, processo n.º 01184/11; de 22 de fevereiro de 2017, processo n.º 01094/16; e de 5 de julho de 2017, processo n.º 01069/15.
[1008] V. acórdãos referidos na nota anterior.
[1009] Cfr. art.º 284.º, n.º 3, do CPPT.

qualquer decisão anterior àquela que tenha sido impugnada, nem as situações jurídicas ao seu abrigo constituídas[1010].

8.4. O recurso excecional de revisão

O recurso de revisão consiste num instrumento absolutamente excecional que, com o intuito de prossecução das exigências inerentes ao princípio da justiça material, tem por objetivo permitir a reapreciação das decisões jurisdicionais já transitadas em julgado.

Os fundamentos da revisão são, também eles, absolutamente infrequentes, não se devendo perder de vista que nestas situações se estão a colocar em crise algumas dimensões básicas do princípio da segurança jurídica (v.g., estabilidade do caso julgado). Tais fundamentos apenas podem ser os seguintes:

i) Deficiências na formação do material instrutório suficientemente fortes para destruir a prova feita e abalar a decisão recorrida em sentido mais favorável à parte vencida. Aqui, releva a falsidade de documento verificada em sentença transitada em julgado, ou o aparecimento de documento novo, sendo que esta novidade do documento terá de ser aferida em relação ao processo em que foi proferida a decisão a rever ("primeiro processo");

ii) Deficiências subjetivas, relacionadas com a falta ou a nulidade da notificação que origine um processo à revelia da parte vencida.

Como se disse, apenas podem ser objeto de revisão – com os fundamentos apontados – as decisões transitadas em julgado, e o respetivo recurso pode ser interposto por meio de requerimento a apresentar no Tribunal que proferiu a decisão a rever, no prazo de 30 dias a contar, consoante os casos, do trânsito em julgado da sentença que declarou a falsidade, da data do aparecimento do novo documento ou do conhecimento do facto superveniente. Tudo isto no prazo de 4 anos a contar do trânsito em julgado dessa decisão a rever[1011].

Se a revisão for considerada procedente, a decisão respetiva deve ser expulsa do ordenamento jurídico (mediante revogação), mas em todo o caso aproveitando-se a parte do processo subjacente que o fundamen-

---

[1010] Cfr. os diversos números do art.º 284.º do CPPT.
[1011] Cfr. art.º 293.º, n.º 3 do CPPT. Se a revisão for requerida pelo Ministério Público, o prazo de apresentação do requerimento é de 3 meses (n.º 4).

to da revisão não tenha prejudicado (*princípio da aproveitabilidade dos atos jurídicos*)[1012].

Naturalmente que se o pedido de revisão for considerado improcedente, a decisão recorrida mantém-se.

8.5. O recurso excecional de revista

Por fim, cumpre efetuar uma referência a um tipo recursivo que, não integrando o elenco dos recursos jurisdicionais que se podem qualificar como "tributários" em sentido próprio – pois não se está necessária e verdadeiramente a recorrer de uma decisão em processo tributário –, justifica uma menção autónoma, ainda que breve, em face da recorrência com que, recentemente, os Tribunais se têm com ele deparado. Trata-se do comummente conhecido como "recurso excecional de revista"[1013].

Consiste num tipo impugnatório jurisdicional que encontra o seu assento normativo no art.º 285.º do CPTT, e nos termos do qual, excecionalmente, pode haver recurso para o STA das decisões proferidas em 2.ª instância pelo TCA, quando esteja em causa a apreciação de uma questão que, pela sua relevância jurídica ou social, se revista de importância fundamental ou quando a admissão do recurso seja claramente necessária para uma melhor aplicação do Direito.

Em face do citado preceito, pode dizer-se que para que o recurso excecional de revista seja admitido se pressupõe uma de duas situações[1014]:

[1012] Cfr. art.º 701.º do CPC, *ex vi*, art.º 2.º do CPPT.

[1013] V., por exemplo, e entre muitos outros, os seguintes acórdãos do STA (secção de contencioso tributário):
– Acórdão de 16 de janeiro de 2013, processo n.º 01060/12;
– Acórdão de 30 de janeiro de 2013, processos n.º 01133/12 e 01283/12;
– Acórdãos de 6 de fevereiro de 2013, processos n.º 01033/12 e 01130/12;
– Acórdão de 14 de fevereiro de 2013, processo n.º 01046/12;
– Acórdãos de 6 de março de 2013, processos n.º 01091/12 e 01131/12;
– Acórdãos do STA de 11 de janeiro de 2017, processo n.º 0892/16;
– Acórdãos do STA de 8 de fevereiro de 2017, processo n.º 01326/16;
– Acórdãos do STA de 3 de maio de 2017, processo n.º 0121/17; ou
– Acórdãos do STA de 21 de junho de 2017, processos n.os 0404/17 e 0277/17.

[1014] V. jurisprudência referida na nota anterior. A decisão quanto à questão de saber se, no caso concreto, se preenchem os pressupostos referidos compete ao STA, devendo ser objeto de apreciação preliminar sumária, a cargo de uma formação constituída por três juízes

i) Em primeiro lugar, que se esteja em presença de uma questão que, pela sua relevância jurídica ou social, se revista de importância fundamental, o que se deve considerar verificado apenas e só quando essa questão "seja de complexidade superior ao comum em razão da dificuldade das operações exegéticas a efetuar, de enquadramento normativo especialmente complexo, ou da necessidade de compatibilizar diferentes regimes potencialmente aplicáveis".
ii) Em segundo lugar, que a admissão do recurso seja claramente necessária para uma melhor aplicação do Direito, designadamente "por se verificar divisão de correntes jurisprudenciais ou doutrinais, gerando incerteza e instabilidade na resolução dos litígios".

Em qualquer dos casos, entende-se, deve ter-se em vista, não o simples interesse teórico da questão, mas sim o seu interesse prático e objetivo. Além disso – utilizando as significativas expressões do órgão máximo da jurisdição administrativa e tributária –, não devem existir dúvidas sobre a "capacidade de expansão da controvérsia" ou a sua "vocação para ultrapassar os limites da situação singular", constituindo um *tipo* e podendo a revista representar uma orientação para a resolução de prováveis futuros casos.

Por isso se entende que não se trata da introdução de uma nova instância de recurso – por exemplo, para a correção de erros de julgamento – ou da (re)introdução de um terceiro grau de jurisdição, mas antes de uma "válvula de segurança do sistema", com o objetivo de garantir a uniformização do Direito (uma vez mais, como decorrência do princípio constitucional da segurança jurídica e da proteção da confiança)[1015].

---

de entre os mais antigos da Secção de Contencioso Administrativo (cf. art.º 150.º, n.º 6 do CPTA).

[1015] V., por fim, acórdão do STA de 03 de julho de 2019, processo n.º 0499/04.6BECTB 01522/15.

Parte III
Resolução alternativa de litígios em matéria tributária

§ único: sequência
Até ao momento, no quadro das denominadas *garantias dos contribuintes*, temos centrado o discurso tendo por referência os meios tradicionais de resolução de litígios em matéria tributária, entendendo-se por "tradicionais" aqueles meios que apresentam uma base exclusivamente legal e que se efetivam através de órgãos estaduais em sentido restrito, particularmente a própria Administração tributária e os Tribunais tributários ou fiscais. É o caso, como temos presente, das diversas reclamações, recursos, pedidos de revisão ou impugnações que o contribuinte pode lançar mão quando sente que os seus direitos ou interesses legalmente protegidos em matéria tributária são negligenciados ou diretamente violados.

Parece interessante, no presente momento, desviar ligeiramente o curso da análise e indagar se, além de tais formas reativas, se podem conceber meios alternativos de conhecimento e de resolução da litigiosidade tributária, entendendo-se estes, em oposição aos primeiros, como aqueles que não têm base exclusivamente legal e que não se efetivam através de órgãos estaduais *stricto sensu*. Por outras palavras, importa apreciar a questão de saber se os dissídios ou conflitos de pretensões emergentes das relações jurídicas tributárias podem ser solucionados (i) com base na concertação da vontade das partes ou (ii) através do apelo a órgãos que não se reconduzem ao Estado classicamente entendido.

Por exemplo, pense-se na possibilidade de o contribuinte e a Administração tributária poderem estabelecer de antemão, mediante uma espécie de *avença fiscal*, o montante de IRC a pagar durante os próximos 4 ou 5 anos, prevenindo-se eventuais litígios futuros, ou, na situação em que o litígio já surgiu, na possibilidade de o resolver através do recurso a árbitros, escolhidos, imparciais e independentes (*arbitragem fiscal*).

A este tema dedicaremos a presente parte das *Lições*.

Antes de avançar, contudo, importa ter presente dois aspetos essenciais:
– Em primeiro lugar, trata-se de um conjunto de questões que ainda não mereceram a atenção devida por parte do normador, o que significa que, muitas vezes, estaremos a falar em termos de prognose ou de antecipação, adotando uma postura *Iure constituendo* (exceção feita, naturalmente, ao regime da arbitragem tributária);
– Em segundo lugar, deve rodear-se todas as reflexões das máximas cautelas, na medida em que teremos de enquadrar a problematização no contexto dos princípios constitucionais tributários, questionando se estes não constituirão uma barreira impeditiva de novas soluções.

Tal a importância do assunto, começaremos por este último aspeto.

1. Desjurisdicionalização, matéria tributária e princípios constitucionais

Como se deve compreender, trata-se aqui de um conjunto de temas que ultrapassa em muito o âmbito tributário, convocando coordenadas, não apenas de outros âmbitos jurídicos (v.g., Direito constitucional, Direito administrativo, Direito privado) mas igualmente de outros segmentos do saber, como a teoria do conhecimento, a filosofia ou a sociologia.

Efetivamente, localiza-se o discurso no terreno das denominadas abordagens pós-modernas do Direito, significativas da ideia de um Direito *desracionalizado*, *descentrado* e *desestadualizado* que, por sua vez, busca raízes nas conceções filosóficas "neo-corporativistas" e nos sociologismos protetores das sensibilidades individuais e das culturas das minorias. De uma forma simplista e porventura superficial, pode-se afirmar que se defende, no âmbito destes sectores de pensamento, o afastamento do Estado enquanto realidade totalizante e massificadora, incapaz de, na ânsia de generalização e abstratização, reconhecer os verdadeiros problemas dos indivíduos, colocando-se em seu lugar os próprios interessados ou grupos que os representem, numa lógica de auto-referência e de auto-tutela. Paralelamente, procura-se desvalorizar a razão enquanto motor do conhecimento e chamar a atenção para a sensibilidade e a emotividade que subjazem a muitas decisões jurídicas, particularmente em matéria de tributos[1016].

Em termos estritamente jurídico-normativos – e apenas neste domínio nos moveremos – a atribuição da resolução de litígios tributários a entidades não estaduais pode encontrar sérios obstáculos quando tematizada no âmbito dos princípios constitucionais tributários. Dois princípios assumem aqui particular relevância: o princípio da reserva da função jurisdicional e o da indisponibilidade do crédito tributário.

Assim, e antes de avançar no sentido de aferir as possibilidades de aplicação destas ideias ao domínio tributário – e no intuito de se evitar que se encare estes problemas como uma questão de "modas" às quais é conveniente aderir –, convém observar que a tendência desjurisdicionalizadora não está isenta de críticas e de perigos.

Vejamos em que medida.

a) Princípio da reserva da função jurisdicional

Prescreve o legislador constituinte que "os tribunais são os órgãos de soberania com competência para administrar a justiça em nome do povo", para acrescentar logo de seguida que "na Administração da justiça incumbe aos tribunais assegurar a defesa dos direitos e interesses legal-

---

[1016] Com efeito, consegue-se sem esforço reparar que muitas tomadas de decisão normativas são menos motivadas por critérios lógicos e racionais e mais por critérios de "emotividade", "medo", ou análogos. Basta pensar nas subidas ou descidas das taxas dos impostos antes ou depois dos períodos eleitorais ou na realização de determinadas despesas públicas em consequência das reivindicações dos grupos de pressão e das represálias que estes possam levar a cabo. Do mesmo modo, se podem incluir aqui as *leis a pedido* de determinado grupo. Em todos estes casos, pode-se estar em presença de medidas que, do ponto de vista lógico, seriam desaconselháveis, mas que, do ponto de vista emotivo, são fortemente recomendáveis. O Direito pós-moderno pretende chamar a atenção exatamente para isso: a norma é cada vez menos – na sua perspetiva, claro – uma ordenação racional dos poderes e da vida em sociedade.

mente protegidos dos cidadãos, reprimir a violação da legalidade democrática e dirimir os conflitos de interesses públicos e privados"[1017].

Implícita a estas considerações estão as seguintes coordenadas fundamentais:

i) Administrar a justiça equivale a resolver conflitos de pretensões (i. é, obter a paz jurídica decorrente da resolução do conflito), não se enquadrando nesta referência as situações de jurisdição voluntária em que as partes estão ou chegaram a um acordo; e

ii) A tentativa de resolução desses conflitos denomina-se *atividade jurisdicional*, e é uma atividade subordinada ao Direito e aos dados fornecidos pelo ordenamento normativo, não se podendo considerar jurisdicionais os atos que se baseiam na convicção não jurídica (v.g., política, religiosa, sociológica) do órgão decisor.

Pode-se retirar destes enunciados um *princípio de reserva do exercício da função jurisdicional*, em termos de se entender que tal função apenas pode ser assegurada por órgãos que revistam a natureza jurídica de Tribunais e em cuja composição sejam apenas integrados juízes. Por outras palavras, pode-se afirmar que, face à CRP, em princípio, só os juízes é que podem administrar a justiça, e só os juízes é que podem julgar (monopólio do juiz), levantando problemas de constitucionalidade qualquer atribuição do poder de julgar a outras entidades públicas ou privadas.

Note-se que quando se diz que "só os juízes é que podem julgar", estamos a utilizar o termo "julgar" com uma conotação muito específica, sinónimo de proferir a última palavra acerca da resolução de determinada questão. Naturalmente que nada impede, e até será certamente o mais corrente e aconselhável, que órgãos administrativos também possam julgar, num determinado sentido, como será o que sucede, por exemplo, quando decidem as reclamações ou os recursos interpostos pelos administrados / contribuintes. Simplesmente, o que não podem é proferir a *última e irrecorrível palavra* acerca dos mesmos.

Neste quadro, para que um órgão determinado possa ser qualificado como Tribunal, e para que, em consequência, lhe seja reservada a função referida, torna-se indispensável que se verifique um exigente requisito: independência. Esta independência comporta duas vertentes ou

---

[1017] Cfr. n.º 1 e 2 do art.º 202.º da CRP.

dimensões: em primeiro lugar, é necessária a independência objetiva, no sentido de obediência estrita e exclusiva à lei e, em segundo lugar, terá de ser observada a independência subjetiva, cristalizada nas exigências de inamovibilidade e irresponsabilidade dos titulares dos órgãos jurisdicionais (juízes). Como está bom de ver, esta última dimensão não se verifica nos casos em que é a Administração a decidir reclamações ou recursos, uma vez que, aí, ela própria se configura como parte interessada e está sujeita aos deveres genéricos que integram a relação de hierarquia administrativa.

Ora, se as coisas assim são, então os conflitos tributários – isto é, os conflitos de pretensões que têm por referência relações jurídicas tributárias – apenas poderão ser decididos, em última palavra, pelos Tribunais tributários.

Esta é, todavia, uma leitura ortodoxa, parcial e demasiado rígida dos problemas em questão, não se revelando jurídico-normativamente como a mais adequada.

Na verdade, o mesmo legislador constituinte que prescreve o princípio da reserva do juiz adianta que "a lei poderá institucionalizar instrumentos e formas de composição não jurisdicional de conflitos"[1018], como que abrindo a porta à criação de eventuais esquemas alternativos de resolução da litigiosidade, como será o caso de "comissões de peritos", "grupos de arbitragem", "centros alternativos", etc. Por esta via, ao menos em abstrato, concebe-se a subtração ao Estado de um dos seus mais importantes redutos jurídicos: o poder jurisdicional.

Os problemas começam a surgir quando se traz ao discurso o argumento de que a devolução dos procedimentos de decisão normativa e dos modos de resolução de conflitos a favor de instâncias privadas, semi-privadas ou "privatizadas" pode significar a emergência de uma nova espécie de corporativismo e, em sucessão, a dominação da justiça por parte de grupos ou classes social e economicamente mais influentes. Com efeito, pode-se correr o risco de criar uma justiça à qual só os mais financeiramente favorecidos podem aceder, na medida em que apenas eles podem estar aptos a pagar as despesas e os honorários que os decisores (árbitros, peritos, etc.) cobram, além de que pode acontecer que as garantias de imparcialidade fiquem em perigo, em face da monetarização dos interesses.

[1018] V. art.º 202.º, n.º 4 da CRP.

b) Princípio da indisponibilidade do crédito tributário

Outra das objeções à aceitação das ideias acima referidas – desestadualização e desjurisdicionalização – advém dos sectores de pensamento que continuam a defender o carácter absoluto de dois princípios constitucionais clássicos em matéria tributária: o princípio da legalidade tributária e o princípio da indisponibilidade do crédito tributário. Até se pode afirmar que a absolutização destes princípios os materializa em duas metanarrativas típicas do pensamento tributário moderno: (i) os elementos essenciais da relação jurídica tributária só podem ser disciplinados por lei e (ii) o credor tributário não pode conformar por ato de vontade – seja em termos modificativos, seja em termos extintivos – o objeto da obrigação tributária, afirmando-se esta, por conseguinte, como uma obrigação exclusivamente *ex lege*.

Sendo assim, pouco ou nenhum espaço resta para conceber a resolução de litígios mediante a introdução de fatores de pactuação ou de ponderação, na medida em que tal resolução apenas poderia advir dos dados fornecidos pelo próprio legislador, tudo se resumindo a uma questão de boa ou má aplicação literal da lei.

c) Superação dos paradigmas clássicos

O que dizer em face das objeções suscitadas e referidas?

Parece-nos que não se deve entender que estes receios são impeditivos dos esquemas referidos.

No que diz respeito aos princípios da legalidade e indisponibilidade, é verdade que se as questões forem encaradas do modo como acima expusemos, pouco espaço resta para a existência de mecanismos apelativos da vontade pactuada, na medida em que se aceita que o Interesse público materializado na cobrança da prestação tributária – e mediatizado pelas atuações inspetivas da Administração – é um interesse absoluto e insuscetível de restrições, sejam elas de que natureza forem. Nestes termos, o Direito imperativo tributário como *Ius strictum* baseado no princípio da reserva absoluta de lei formal não abrirá qualquer fresta que permita a emergência de um Direito contratual tributário. Contudo, já há muito nos ensina a teoria da conflitualidade normativa que não existem princípios absolutos. De facto, além de se constatar que existem outros princípios de sinal contrário – como o princípio da eficiência e da celeridade da atuação administrativa e da igualdade (justiça) tributária –,

III. RESOLUÇÃO ALTERNATIVA DE LITÍGIOS EM MATÉRIA TRIBUTÁRIA

verifica-se que apenas uma leitura ponderada e harmonizante dos imperativos constitucionais pode conduzir a resultados normativamente satisfatórios e permitir a introdução de esquemas consensuais que liberem a Administração e o contribuinte da incerteza de uma discussão longa.

Quanto ao princípio da reserva do juiz, a análise vai no mesmo sentido. Pode ser mais vantajoso procurar conseguir uma "justiça aproximada" através de um acordo mediatizado por um árbitro, do que tentar a todo o custo atingir uma "justiça exata", que pode ser inalcançável, obrigando as partes a perder tempo em arrastados processos judiciais. Deve-se é conceber estas matérias como domínios ainda dentro do Direito e não como formas a-jurídicas de auto-tutela, afirmando, por conseguinte, que desjurisdicionalização não pode significar desjuridificação. Em nossa opinião, cabe sempre à lei o papel de fixar um adequado enquadramento normativo[1019].

2. Quadro tipológico dos meios alternativos de resolução da litigiosidade tributária

Assim sendo, assumindo que os obstáculos jurídicos não são intransponíveis, como se pode proceder ao estudo de tais meios alternativos de resolução de dissídios tributários?

Parece-nos que uma abordagem conveniente será a que passa pela distinção entre (i) meios preventivos e (ii) meios sucessivos de composição de litígios, nos termos seguintes:

i) Os meios preventivos são aqueles que ocorrem antes do surgimento de um eventual conflito entre os sujeitos da relação jurídica tributária e que têm por objetivo, precisamente, evitar o seu aparecimento, antecipando a composição de interesses e conformando-os de modo a que a vontade dos intervenientes resulte pactuada;

ii) Os meios sucessivos, pelo contrário, são aqueles que ocorrem já depois de o conflito ter surgido, tendo por finalidade principal a sua sanação. No âmbito destes meios sucessivos, devem ainda ser sub-distinguidas duas situações, consoante se intente resolver um conflito já surgido, mas ainda no decorrer de um procedimento

---

[1019] Para maiores desenvolvimentos, v. o nosso *Competência dos tribunais tributários, pós-modernidade jurídica e des-jurisdicionalização*, in *Scientia Iuridica*, Tomo LVI, n.º 310, 2007

tributário em curso ou, então, apenas após a conclusão deste. É aqui que se fala em autênticos meios alternativos de resolução de conflitos *stricto sensu*, pois é aqui verdadeiramente que se coloca a alternativa em relação à ida a Tribunal.

Será tendo em atenção estas divisões que procuraremos avançar na exposição.

2.1. Meios preventivos

Como dissemos, temos aqui em vista os modos jurídicos de evitar o surgimento de conflitos de pretensões em matéria tributária, atuando-se em sede pré-contenciosa e com o objetivo de impedir legitimamente que as partes cheguem a Tribunal. Em rigor, e bem vistas as coisas, não se poderá falar verdadeiramente em "justiça alternativa", uma vez que esta última pressupõe um dissídio já surgido e que será resolvido em sede distinta da habitual. Aqui, os problemas colocam-se a montante, debelando pela raiz uma eventual disputa de interesses que poderia vir a surgir e que poderia arrastar as partes para um demorado e custoso contencioso.

Ganham aqui especial destaque os instrumentos que, em matéria tributária, se poderão designar, de uma forma abrangente por "avenças tributárias". Trata-se de esquemas previstos legalmente mediante os quais se procede à determinação *antecipada e global* do objeto de tributação. Este *objeto*, entendido amplamente, tanto pode ser a matéria coletável, como a coleta, como o conteúdo das obrigações acessórias.

Por exemplo, pode-se convencionar previamente que determinada sociedade comercial residente, durante o prazo de 5 anos, verá a sua tributação em sede de IRC assentar numa matéria coletável fixa de € 20 000 anuais; ou que uma outra apenas ficará, por igual período, vinculada às obrigações declarativas e contabilísticas X e Y.

Contudo, esta é uma noção demasiado ampla e um tanto imprecisa de "avença". Sob a sua designação encobrem-se realidades várias e de contornos jurídico-normativos distintos que importa distinguir. Assim, em abstrato, pode-se conceber:
 i) Em primeiro lugar, acordos prévios celebrados entre o credor tributário e um *determinado contribuinte em particular*, tendo por referência um ou mais períodos de tributação, onde se podem incluir

institutos como as avenças fiscais *stricto sensu*, as denominadas promessas vinculativas, as atas com acordo, etc., tudo dependendo da configuração que o legislador lhes der em concreto. Em qualquer dos casos, trata-se de instrumentos jurídicos legais que visam estabelecer alguma segurança jurídica e financeira na esfera das partes – o contribuinte sabendo que, verificados certos pressupostos, tem de pagar e o credor tributário sabendo que vai receber *aquela quantia* – ou que ganham operatividade, por exemplo, em situações no âmbito das quais se verifica a existência de conceitos indeterminados, valorações complicadas, alterações bruscas de receitas ou despesas, medição de dados, etc.. Nestes casos, vai-se estabelecer um acordo expresso (escrito) com o contribuinte, fixando conceitos, rendimentos, valores patrimoniais, despesas ou o conteúdo de uma ou mais obrigações determinadas, prescrevendo-se o efeito vinculativo quando a situação de facto verificada futuramente coincidir (subsumir-se) à situação abstrata típica prevista no acordo. Como medida acauteladora, até se pode – embora não seja necessário – estabelecer que o devedor efetuará um depósito prévio que servirá de "adiantamento" das quantias futuras em dívida. Acessoriamente, pode-se também prescrever a renúncia de utilização de meios impugnatórios *daquela obrigação* no futuro[1020]. No quadro do ordenamento português, os *"acordos prévios sobre preços de transferência"*, previstos no art.º 138.º do CIRC, são o exemplo paradigmático deste tipo de meio alternativo[1021].

[1020] V., por exemplo, as promessas (*Zusage*) vinculativas, previstas nos § 204 e ss. da *Abgabenordnung* alemã; os *closing agreements* estabelecidos no *Internal Revenue Code* Norte-americano, title 26, subtitle F (*Procedure and Administration*), chapter 74 (*closing agreements and compromises*), Sec. 7121; ou ainda as *actas con acuerdo* do art.º 155.º da *Ley General Tributaria* espanhola. No contexto dos esquemas de "antecipação do conflito" – se bem que não incorporando qualquer acordo –, pode ainda desempenhar um papel importante a denominada *avaliação prévia com efeitos vinculativos para a Administração tributária*, prevista em Portugal no art.º 58.º do CPPT (cfr., ainda, art.º 91.º da *Ley General Tributaria* espanhola, embora aqui, diferentemente do ordenamento português, se preveja a possibilidade de o contribuinte propor valores e, por essa via, estabelecer um acordo). V., ainda o *Decreto Legislativo* de 19 de junho de 1997 ("*Disposizioni in materia di accertamento con adesione e di conciliazione giudiziale*"), disponível em http://www.camera.it/parlam/leggi/deleghe/97218dl.htm.

[1021] Trata-se de um acordo que tem por objetivo estabelecer, com carácter prévio, o método ou métodos suscetíveis de assegurar a determinação dos termos e condições que seriam normalmente acordados, aceites ou praticados entre entidades independentes nas operações

ii) Em segundo lugar, acordos prévios celebrados entre o credor tributário e *um conjunto alargado de contribuintes* – aqui, concebe-se a existência de pactos entre o credor tributário e vários devedores, num grupo mais ou menos alargado e representados em corpos diversos, tendo por base um critério de representatividade profissional (câmaras ou ordens de profissionais, por exemplo), geográfica (contribuintes residentes em certa circunscrição territorial, como uma Autarquia), social (associações de contribuintes casados, solteiros, unidos de facto, adotantes, etc.), empresarial (associações empresariais) ou outros. Estamos aqui diante de verdadeiras *convenções coletivas fiscais* ou convénios fiscais que, como acima, podem ser um importante fator de introdução de estabilidade e previsibilidade financeira e, por essa via, simplificar o conteúdo das obrigações tributárias e reduzir a conflitualidade. Estes convénios, além disso, poderão permitir igualmente a prossecução de objetivos profiláticos, através da realização de campanhas de sensibilização ou estudos planeados e direcionados para um sector económico fixo[1022].

2.2. Meios sucessivos/alternativos

No que diz respeito aos meios sucessivos, e ao contrário do que sucedia nos meios até agora analisados, já estamos a falar de modos de resolução da conflitualidade já surgida. Significa isto que, no momento que agora nos ocupa, os instrumentos preventivos ou não foram utilizados ou, tendo-o sido, resultaram ineficazes pois não conseguiram evitar que as partes desacordassem quanto a aspetos essenciais de modelação do conteúdo da relação tributária.

Como dissemos, cumpre distinguir dois sub-grupos de casos: por um lado, modos de resolução da conflitualidade que se desenrolam no âmbito de um procedimento tributário ainda em curso (meios intra-procedimentais) e, por outro lado, modos de resolução da conflitualidade

---

comerciais e financeiras. A sua eficácia jurídica é indubitável, pois não havendo alterações na legislação aplicável nem variações significativas das circunstâncias económicas e operacionais, a Direcção-Geral dos Impostos fica vinculada a atuar em conformidade com os termos estabelecidos no acordo.

[1022] V. art.º 92.º da *Ley General Tributaria* espanhola.

que apenas operam após a conclusão do procedimento tributário (meios alternativos em sentido próprio ou *stricto sensu*).

2.2.1. No decorrer de um procedimento tributário

O primeiro grupo de casos está pensado para abranger oposições de pretensões que surgem no decorrer de um procedimento liquidatório ou de um procedimento inspetivo, e podem-se materializar em acordos previstos e disciplinados legalmente (v.g., transação pré-judicial[1023]) que têm por finalidade, mediante concessões recíprocas, conseguir (i) a fixação de determinados valores patrimoniais que servirão de base à tributação, ou (ii) a conversão, redução, suspensão de eficácia ou revogação (= perdão fiscal) de um ato tributário ou ato administrativo em matéria tributária já praticado. Do mesmo modo, podem ser criados gabinetes ou comissões arbitrais, principalmente para resolver questões de facto ou de manifesta simplicidade jurídica.

Um exemplo desta última realidade pode ser mesmo encontrado entre nós na LGT, no âmbito do (já por nós abordado e estudado) procedimento de revisão da matéria coletável fixada por métodos indiretos. Com efeito, como nos recordamos, prescreve o art.º 92.º, n.º 1 que este é um procedimento que "assenta num *debate contraditório* entre o perito indicado pelo contribuinte e o perito da Administração tributária, com a participação do perito independente, quando houver, e visa o estabelecimento de um *acordo*, nos termos da lei, quanto ao valor da matéria tributável a considerar para efeitos de liquidação" (sublinhados nossos). Naturalmente que, havendo acordo, o tributo será liquidado com base no montante acordado, verificando-se uma vinculação bilateral ou co-responsabilização pela decisão tomada: a Administração não pode alterar o quantitativo acordado, e o contribuinte não pode impugnar a liquidação futura com base na ilegalidade da avaliação indireta[1024].

2.2.2. Após a conclusão do procedimento tributário

Diferentes das ocorrências anteriores são aquelas em que o conflito já surgiu, mas o procedimento tributário já terminou, pelo que não é mais possível, em base puramente administrativa, chegar a um entendimento.

[1023] Cfr., por exemplo, art.ºˢ 156.º – III e 171.º do Código Tributário Nacional Brasileiro.
[1024] Cfr., respetivamente, art.º 92.º, n.º 5 e 86.º, n.º 4, da LGT.

Nestes casos, a situação normal, e porventura única solução, seria o recurso a Tribunal.

Por este facto, não será incorreto afirmar que é verdadeiramente aqui que estamos em presença do fenómeno desjurisdicionalizador, já que é verdadeiramente aqui que se coloca a alternativa entre recorrer ou não recorrer ao Tribunal para resolver a questão. Devido a esta circunstância, denominamos estes meios de meios alternativos em sentido próprio ou *stricto sensu*; não que os outros o não sejam também, mas, bem vistas as coisas, até ao momento, o Tribunal ainda não se configurava como o primeiro plano das opções de composição de interesses tributários.

É possível vislumbrar neste quadro duas hipóteses possíveis de resolução alternativa: a *transação tributária* para-judicial, no âmbito da qual *os próprios interessados* buscam um acordo quanto ao objeto do litígio, ou a conciliação tributária, onde o acordo é conseguido (ou tentado) mediante a intervenção de terceiros. Neste caso, tal acordo poderá ter eficácia vinculativa, e falar-se-á em *arbitragem*, ou não vinculativa, e falar-se-á em *mediação* (não vinculativa)[1025]/[1026].

Em resumo, e fazendo um quadro abreviado das diferentes possibilidades teóricas abordadas, teríamos:

[1025] Cfr., por exemplo, *Internal Revenue Code* Norte-americano, title 26, subtitle F (*Procedure and Administration*), chapter 74 (*closing agreements and compromises*), Sec. 7123, b) (*alternative dispute resolution procedures*).

[1026] À margem do referido no texto situam-se as possibilidades de resolução de litígio *no decurso* de um processo em Tribunal, previstas, por exemplo, no art.º 112.º do CPPT, ou no § 79 da *Finanzgerichtsordnung* alemã (FGO). Em rigor, aqui, não se trata de des-jurisdicionalização.

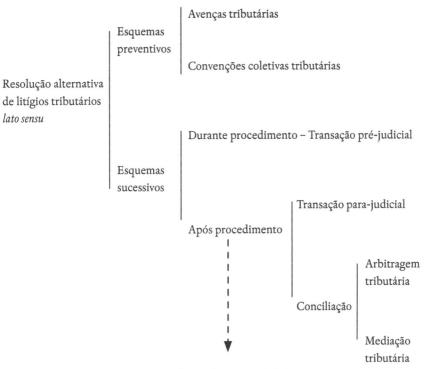

2.3. A localização da questão no âmbito do ordenamento tributário português

No que diz respeito à consagração em termos de Direito positivado, não se pode dizer que o ordenamento tributário português se tenha mostrado muito arrojado no estabelecimento de formas e esquemas alternativos de resolução da litigiosidade tributária. Na verdade, pode mesmo dizer-se que até há bem pouco tempo atrás prevalecia a ideia de um Direito tributário formal e impositivo, típico dos quadros clássicos, apenas temperado com algumas aportações mais flexibilizantes, das quais o referido estabelecimento de comissões de peritos ou a previsão de acordos prévios sobre preços de transferência constituíam exemplos esparsos.

Contudo, as coisas mudaram recentemente com a introdução do Regime jurídico da arbitragem em matéria tributária (doravante, abreviadamente, RJAT), por via do DL 10/2011.

Trata-se de um regime relativamente extenso e que pode suscitar algumas dúvidas interpretativas, e ao qual será dedicado o apartado subsequente.

Antes, porém, de fazer incidir a atenção especificamente sobre o regime arbitral, importa antecipar algumas ideias de base que perpassam toda a disciplina:
i) As normas de natureza procedimental ou processual dos códigos tributários, bem assim como as normas do CPTA, ETAF, CPA e CPC são aqui de aplicação subsidiária[1027];
ii) Os Tribunais arbitrais decidem sempre de acordo com o Direito constituído, sendo vedado o recurso à equidade[1028].

3. Em particular, a arbitragem tributária

3.1. Âmbito e objeto

A introdução deste modo alternativo de resolução da conflitualidade abrange os distintos tipos tributários existentes no ordenamento (impostos, taxas e contribuições especiais) e tem em vista essencialmente a prossecução de três distintas finalidades: por um lado, reforçar a tutela dos direitos e interesses legalmente protegidos dos sujeitos passivos, por outro lado, imprimir uma maior celeridade na resolução de litígios nestes domínios, e, simultaneamente, reduzir a pendência de processos nos Tribunais administrativos e fiscais. Um "litígio", aqui como em qualquer outro domínio jurídico, significará um conflito de pretensões, um dissídio ou uma oposição de interesses, pelo que se afastarão da consideração aquelas situações em que os interessados já chegaram a alguma espécie de acordo ou encontro de vontades.

No que diz respeito ao seu objeto, de um modo simplista, pode dizer-se que a arbitragem pode genericamente incidir sobre[1029]:
— Atos de liquidação de tributos (i.e., de quantificação da obrigação tributária em concreto);
— Atos equiparados à liquidação de tributos, como os de autoliquidação (por exemplo, em matéria de IRC), de retenção na fonte (por

---

[1027] V. art.º 29.º, n.º 1, do RJAT.
[1028] Assim, art.º 2.º, n.º 2, do RJAT.
[1029] Cfr. art.º 2.º, n.º 1, do RJAT.

exemplo, substituição tributária em IRS, em casos de rendimentos das categorias A ou B[1030]) e de pagamento por conta (como nas situações de trabalhadores independentes[1031]);
- Atos definitivos de avaliação (isto é, aos quais não se segue liquidação), como sejam os de fixação da matéria tributável (impostos sobre o rendimento) e de fixação de valores patrimoniais (impostos sobre o património).

Como se vê, trata-se de um elenco relativamente restrito, ficando de fora do seu âmbito de abrangência muitas questões jurídico-tributárias cuja resolução incumbe aos *Tribunais tributários* propriamente ditos, particularmente as que têm por objeto atos administrativos em matéria tributária que não comportem a apreciação da legalidade de atos de liquidação. Apenas a título exemplificativo, apontem-se os seguintes atos excluídos:
- Atos diretamente respeitantes a benefícios fiscais, particularmente os que incidem sobre o seu não reconhecimento, revogação ou suspensão;
- Atos praticados pelo órgão de execução fiscal, como a citação, a reversão, a penhora, o indeferimento do pedido de dação em pagamento ou pagamento em prestações, a graduação de créditos, etc.;
- Atos de acesso ou pedido de acesso a dados e documentos bancários;
- Atos de informação vinculativa;
- Atos de natureza cautelar.

De um ponto de vista teleológico, o recurso à arbitragem visará sempre a apreciação da legalidade dos atos referidos, o que pressupõe sempre um *vício de desconformidade com o ordenamento jurídico* (ilegalidade *stricto sensu* ou inconstitucionalidade, nos termos já atrás apontados), e traz assumida a ideia de que se está ainda em presença de um contencioso de legalidade (e não de mérito, oportunidade ou conveniência), apesar de desjurisdicionalizado.

[1030] Cfr., respetivamente, art.º 99.º e 101.º do CIRS.
[1031] V. art.º 102.º do CIRS.

3.2. O Tribunal arbitral

a) Estrutura e composição

São competentes para a resolução do litígio tributário os Tribunais arbitrais que funcionam sob a organização do Centro de Arbitragem Administrativa (CAAD)[1032].

De um ponto de vista estrutural, os tribunais tributários arbitrais podem funcionar de acordo com uma de duas composições[1033]:
- Árbitro singular, nos casos em que o valor do pedido não ultrapassa duas vezes o valor da alçada do Tribunal Central Administrativo, e o sujeito passivo opta por não designar árbitro. Nestas situações, o árbitro é designado por uma entidade pública – o Conselho Deontológico do Centro de Arbitragem Administrativa –, de entre a lista dos árbitros que compõem o Centro de Arbitragem Administrativa[1034];
- Tribunal coletivo, composto por três árbitros, nos restantes casos, ou seja, quando o valor do pedido ultrapassa duas vezes o valor da alçada do Tribunal Central Administrativo ou quando o sujeito passivo opta por designar árbitro (independentemente do valor do pedido). Aqui, os árbitros já serão designados[1035]:
    i) Pelo Conselho Deontológico do Centro de Arbitragem Administrativa, de entre a lista dos árbitros que compõem o Centro de Arbitragem Administrativa[1036]; ou
    ii) Pelas partes, cabendo a designação do terceiro árbitro, que exerce as funções de árbitro-presidente, aos árbitros designados ou, na falta de acordo, ao Conselho Deontológico do Centro de Arbitragem Administrativa, mediante requerimento de um ou de ambos os árbitros.

[1032] V. art.º 4.º, n.º 2 do RJAT. Cfr., a propósito, http://www.caad.org.pt
[1033] V. art.º 5.º do RJAT.
[1034] V. art.º 6.º, n.º 1 e 11.º, n.º 1 do RJAT. Quanto aos requisitos de designação dos árbitros, e respetivos impedimentos e deveres específicos, v. art.ºs 7.º e ss. do RJAT.
[1035] Cfr. art.º 6.º, n.º 2 do RJAT. Em caso de nomeação pelas próprias partes, os árbitros podem não constar da lista dos árbitros que compõem o Centro de Arbitragem Administrativa (*idem*, n.º 3).
[1036] Quanto ao procedimento de designação dos árbitros, v. art.º 11.º, n.º 1 do RJAT.

Daqui resulta, como facilmente se conclui, que sempre que o contribuinte opte por designar um árbitro, o Tribunal funcionará sempre em coletivo; ao invés, se o contribuinte não pretender designar árbitro, o Tribunal arbitral funcionará, consoante os casos, e de acordo com o respetivo valor do pedido, em estrutura singular ou coletiva.

b) Constituição
Enquanto modo alternativo de resolução conflitual, a arbitragem não opera automaticamente, mas apenas por iniciativa ou impulso dos interessados, especificamente dos contribuintes (o legislador refere-se a este propósito, equivocamente, a um "procedimento arbitral"). Tal impulso é feito mediante um "pedido de constituição de Tribunal arbitral", efetuado por requerimento, e materializa-se num direito potestativo que se reflete inelutavelmente na esfera jurídica da Administração e ao qual ela não se pode opor. Tal requerimento, para se considerar juridicamente aceitável, deve ser enviado por via eletrónica ao presidente do Centro de Arbitragem Administrativa (CAAD) e dele deve constar[1037]:
- A identificação do sujeito passivo, incluindo o número de identificação fiscal, e do serviço periférico local do seu domicílio ou sede;
- A identificação do ato ou atos objeto do pedido de pronúncia arbitral;
- A identificação do pedido de pronúncia arbitral;
- A indicação dos fundamentos do pedido (qualquer ilegalidade, nos termos do art.º 99.º do CPPT) e a exposição das questões de facto e de Direito objeto do mesmo;
- A indicação dos meios de prova (documental, testemunhal, pericial, etc.) e dos elementos de prova (documentos, declarações, pareceres, etc.);
- A indicação do valor da utilidade económica do pedido;
- O comprovativo do pagamento da taxa de arbitragem inicial (nos casos em que o sujeito passivo não tenha optado por designar árbitro) ou o comprovativo do pagamento da taxa de arbitragem (caso o sujeito passivo manifeste a intenção de designar o árbitro);
- A eventual intenção de designar árbitro.

[1037] Cfr. art.º 10.º, n.º 2 do RJAT.

Do ponto de vista das regras de tempestividade, tal pedido é apresentado[1038]:
- Em casos de liquidação ou ato equiparado – autoliquidação, retenção na fonte, pagamento por conta–, no prazo de 90 dias, contado a partir dos factos previstos no n.º 1 do artigo 102.º do CPPT (recordando, de um modo genérico, e consoante os casos: termo do prazo de pagamento voluntário, notificação do ato lesivo, citação do responsável subsidiário, ou formação da presunção de indeferimento tácito);
- Em caso de interposição de recurso hierárquico, no prazo de 90 dias, contado a partir da notificação da decisão ou do termo do prazo legal de decisão do mesmo;
- Nos restantes casos, no prazo de 30 dias, contado a partir da notificação dos atos.

O presidente do CAAD deve, no prazo de 2 dias a contar da receção do pedido, dar conhecimento do mesmo por via eletrónica à Administração tributária (ao qual, como se disse, esta não se pode opor)[1039].

Importa salientar que este é um processo não gracioso ou oneroso, na medida em que é devida uma taxa de arbitragem (fixada no Regulamento de custas no processo de arbitragem tributária), a qual deverá ser paga do seguinte modo[1040]:
- Quando o sujeito passivo não designa árbitro, deve pagar, na data do envio do pedido de constituição do Tribunal arbitral, uma taxa inicial, e a fixação do montante e eventual repartição das custas será efetuada na decisão que vier a ser proferida;
- Quando o sujeito passivo manifesta a intenção de designar árbitro, deve pagar, na data do envio do pedido de constituição do Tribunal arbitral, a taxa de arbitragem pela totalidade.

Note-se que a falta de pagamento atempado da taxa de arbitragem inicial ou da taxa de arbitragem total é causa impeditiva da constituição do Tribunal arbitral.

[1038] Cfr. art.º 10.º, n.º 1 do RJAT.
[1039] Assim, art.º 10.º, n.º 3, do RJAT.
[1040] V. art.º 12.º do RJAT,

c) Os efeitos jurídicos do pedido de constituição de Tribunal arbitral

De modo a que o recurso ao Tribunal arbitral seja encarado como um meio consciente e responsável de resolução da litigiosidade tributária, e não uma simples singularidade ou apenas mais uma tentativa de buscar a sorte, assacam-se ao pedido da respetiva constituição uma série de efeitos jurídicos responsabilizantes que não podem deixar de ser considerados relevantes. Neste seguimento, do ponto de vista do sujeito passivo, destacam-se:

i) No que diz respeito aos atos de liquidação e equiparados, a assimilação aos efeitos da apresentação de impugnação judicial, nomeadamente no que se refere à suspensão do processo de execução fiscal e à suspensão e interrupção dos prazos de caducidade e de prescrição da prestação tributária[1041];

ii) A preclusão do direito de reclamar, impugnar, requerer a revisão, ou suscitar pronúncia arbitral, com os mesmos fundamentos e sobre os atos objeto do pedido ou sobre os consequentes atos de liquidação (exceto se o Tribunal arbitral não se constituir ou o processo arbitral termine sem uma pronúncia sobre o mérito da causa)[1042].

Já do ponto de vista da Administração tributária, a constituição do Tribunal arbitral faz nascer na sua esfera jurídica o direito – exercido pelo dirigente máximo do serviço – de revogar, ratificar, reformar ou converter o "ato tributário", no prazo de 30 dias a contar do respetivo conhecimento (do pedido de constituição). Pode também praticar, quando necessário, um ato substitutivo. Materialmente, apesar de o legislador se referir a este propósito a "atos tributários", não parece que se deva entender esta expressão no seu sentido técnico (de ato de liquidação), mas no sentido amplo de "ato em matéria tributária"[1043]. Quanto tal competência for exercida, o dirigente máximo do serviço procede à notificação do sujeito passivo para, no prazo de 10 dias, se pronunciar.

Saliente-se por fim que passados os 30 dias acima referidos sem que se tenha exercido esta competência, a Administração tributária fica impossibilitada de praticar novo ato relativamente ao mesmo sujeito

---

[1041] V. art.º 13.º, n.º 5, do RJAT.
[1042] V. art.º 13.º, n.º 4, do RJAT.
[1043] Cfr. art.º 13.º do RJAT.

passivo ou obrigado tributário, imposto e período de tributação, a não ser com fundamento em factos novos[1044].

3.3. O processo arbitral

O processo arbitral é o conjunto ordenado de atos praticados após o seu início – o qual se verifica na data da constituição do Tribunal[1045] –, pelos respetivos atores institucionais.

3.3.1. Breve referência aos princípios

Já acima se referiu que este é um processo desjurisdicionalizado, na medida em que se "contorna" o recurso ao Tribunal convencional e se procura um meio alternativo de resolver um litígio em matéria tributária. Porém, também se disse que não é um processo desjuridificado, i. é, que corra à margem do Direito constituído, bem pelo contrário, trata-se de um mecanismo decisório que se encontra enformado por um conjunto de normas jurídicas (princípios e regras) cuja inobservância implica ilegalidade de procedimentos.

Ora, no que diz respeito particularmente aos princípios que coordenam o processo arbitral, não se pode dizer que eles sejam absolutamente novos em relação aos princípios processuais comuns aplicáveis nos Tribunais tributários convencionais, ressalvadas algumas compreensíveis especificidades, decorrentes da natureza alternativa deste meio. Por este motivo, a referência aos princípios nesta sede far-se-á de um modo meramente tópico, remetendo para o que já se disse a propósito do procedimento e do processo tributários tradicionais, enfatizando apenas as particularidades de regime.

Assim, constituem princípios estruturantes do processo arbitral tributário, entre outros[1046]:
– O princípio da cooperação e da boa fé processual;
– O princípio da igualdade das partes;
– O princípio do contraditório;
– O princípio da oralidade e da imediação;
– O princípio da publicidade das decisões.

[1044] Assim, art.º 13.º, n.º 3, do RJAT.
[1045] V. art.º 15.º do RJAT.
[1046] V. art.º 16.º do RJAT. O carácter não fechado do elenco apresentado resulta, bem vistas as coisas, da aplicação subsidiária das normas dos CPPT, CPTA e CPC, de acordo com o disposto no art.º 29.º, n.º 1, do RJAT.

Merece particular destaque, pelas especificidades que acarreta, o *princípio da autonomia de atuações*, o qual permite ao Tribunal uma substancial autonomia na condução do processo e na determinação das regras a observar com vista à obtenção, em prazo razoável, de uma pronúncia de mérito sobre as pretensões formuladas. Tal princípio densifica-se, designadamente, (i) no sub-princípio da *autovinculação formal* (prerrogativa de ser o próprio Tribunal a definir a tramitação processual a adotar) e (ii) no sub-princípio da *livre determinação das diligências de produção de prova*, as quais podem ser levadas à prática, não segundo regras de "prova tabelada", mas de acordo com as regras da experiência e a livre convicção do decisor (embora – insiste-se – sempre de acordo com critérios jurídicos).

Uma importante consequência deste princípio e das densificações referidas encontra-se no art.º 19.º do RJAT, de acordo com o qual a falta de comparência de qualquer das partes a ato processual, a inexistência de defesa ou a falta de produção de qualquer prova solicitada não obstam ao prosseguimento do processo e à consequente emissão de decisão arbitral com base na prova produzida.

3.3.2. Tramitação

A tramitação do processo arbitral tributário, enquanto conjunto de fases que compõem o *iter* decisório respetivo, é marcado fortemente pela informalidade e pela desregulação, na medida em que se valorizam as ideias de autonomia e liberdade, em contraposição às de rigidez e de vinculação. Contudo, importa enfatizar que tal não significa desjuridicização, pois as coordenadas essenciais do processo têm natureza jurídica e continuam a ser fixadas pelo Estado-legislador.

De um modo simples, pode afirmar-se que este processo é composto pelas seguintes fases:

i) Iniciativa – o requerimento contendo o pedido constituição do Tribunal arbitral, além de servir para isso mesmo (desencadear a sua constituição), vai servir igualmente de "petição inicial", pois como já se referiu, nele devem ser indicados, o(s) ato(s) impugnado(s), o pedido, os fundamentos e os meios de prova, entre outros elementos. No que particularmente diz respeito ao pedido, uma leitura conjugada e integrada dos preceitos do RJAT relativos ao âmbito decisório do Tribunal (art.º 2.º) e aos efeitos da decisão arbitral (art.º

24.º), parecem legitimar a conclusão de que o mesmo se pode materializar nas pretensões específicas de anulação, modificação ou substituição de um ato, ou condenação à prática de um ato legalmente devido em substituição do ato impugnado;

ii) Chamamento ao processo e contestação – após a receção do requerimento referido, o Tribunal então constituído notifica o dirigente máximo do serviço da Administração tributária para, no prazo de 30 dias, apresentar resposta e, caso queira, solicitar a produção de prova adicional. A falta de resposta não obstará ao prosseguimento do processo[1047];

iii) Primeira reunião – seguidamente, o Tribunal promove uma primeira reunião com as partes para[1048]:
 - Definir a tramitação processual a adotar;
 - Ouvir as partes quanto a eventuais exceções a apreciar e decidir antes de conhecer do pedido;
 - Convidar as partes a corrigir as suas peças processuais, quando necessário;
 - Comunicar às partes uma data para eventuais alegações orais, caso sejam necessárias;
 - Comunicar às partes uma data para a decisão arbitral, tendo em conta os limites legais.

iv) Instrução – nesta fase, serão produzidas as provas necessárias à formação da convicção do Tribunal, em ordem a proferir uma boa decisão. Recorde-se que valem aqui os postulados da livre determinação das diligências de produção de prova, da cooperação e boa fé recíprocos e do contraditório, entre outros.

v) Alegações – trata-se esta de uma fase eventual, mas que, a existir, deve ser marcada pela ideia de oralidade e imediação.

vi) Decisão – esta é a fase final do processo arbitral *stricto sensu*, aquela onde se procede à resolução do litígio e para a qual todo ele converge, devendo ser emitida e notificada às partes no prazo de 6 meses a contar da data do início da tramitação (isto é, data da constituição do Tribunal arbitral)[1049]. Note-se que o Tribunal pode determinar a prorrogação desse prazo por sucessivos períodos de

---

[1047] Cfr. art.ºs 17.º, n.º 1, e 19.º, n.º 1, do RJAT.
[1048] Cfr. art.º 18.º do RJAT.
[1049] Assim, art.ºs 21.º, n.º 1, e 15.º do RJAT.

2 meses, com o limite de 6 meses, comunicando às partes essa prorrogação e os motivos que a fundamentam[1050].

Em face da importância e relevância jurídico-normativa desta última fase, a ela dedicaremos de modo autónomo o apartado sistemático subsequente.

3.4. A decisão arbitral

De um ponto de vista jurídico, a primeira questão que poderia aqui ser suscitada seria precisamente a da natureza jurídica da decisão arbitral, em termos de se procurar saber se ela consubstancia um verdadeiro ato jurisdicional (sentença ou acórdão), ou, diferentemente, materializa um ato de natureza contratual. A este respeito, as dúvidas parecem dissipar-se com o revestimento jurídico que o legislador empresta ao ato em causa, equiparando-o às decisões jurisdicionais comuns, mormente em matéria de efeitos vinculativos para a Administração, pois, além da força de "caso julgado", outorga-se às decisões proferidas através da arbitragem indubitável força executiva.

A decisão, enquanto momento supremo de fixação de efeitos, deve ser rodeada de especiais cautelas e sujeita a apertados requisitos, não valendo aqui os princípios de liberdade de forma e procedimentos que vigoraram nas fases anteriores. Desde logo, determina-se que a mesma, além de indicar claramente o próprio sentido decisório, evidentemente, deve ser tomada por deliberação da maioria dos seus membros, e deverá identificar os interessados, os factos objeto de litígio, a síntese da pretensão e os respetivos fundamentos, bem assim como as razões de facto e de Direito que a motivaram[1051]. Estruturalmente, pode ser decomposta em pronúncias parciais, com eventuais votos de vencido, incidentes sobre as diversas questões suscitadas no processo (salvo nos casos de árbitro singular). Deve ainda conter a fixação do montante e a repartição pelas partes das custas, quando o Tribunal tenha sido constituído em formação singular ou em coletivo com árbitros designados pelo CAAD.

Em termos de conteúdo, naturalmente que a decisão dependerá do pedido efetuado, embora se possa afirmar que o mais comum será a anu-

---

[1050] Cfr. art.º 21.º, n.º 2, do RJAT.
[1051] V. art.º 22.º, n.ºs 1 e 3, do RJAT. Cfr. ainda art.º 123.º do CPPT aplicável ex vi art.º 22.º, n.º 2, do RJAT.

lação (por via da declaração de ilegalidade) de um ato tributário de liquidação, de ato equiparado ou de ato de avaliação.

Como se pretende – e bem – que a arbitragem seja uma forma de resolução de litígios tributários com o mesmo valor jurídico que o processo judicial, fácil se torna constatar que hão-de ser reconhecidos à decisão arbitral os mesmos efeitos que às sentenças dos Tribunais convencionais, particularmente em matéria de vinculação da Administração. Assim, após estabilizada no ordenamento jurídico por via do "trânsito em julgado" (insusceptibilidade no caso de interposição de recurso ou impugnação), a sentença arbitral vinculará prospectivamente e *inter partes*, devendo a Administração – até ao termo do prazo previsto para a execução espontânea das sentenças dos Tribunais judiciais tributários –, alternativa ou cumulativamente, consoante o caso e dependendo do(s) respetivo(s) pedido(s)[1052]:

- Restabelecer a situação que existiria se o ato objeto da decisão arbitral não tivesse sido praticado, adotando os atos e operações necessários para o efeito;
- Praticar o ato legalmente devido em substituição do ato objeto da decisão arbitral;
- Rever os atos que se encontrem numa relação de prejudicialidade ou de dependência com os atos objeto da decisão arbitral, alterando-os ou substituindo-os, total ou parcialmente;
- Liquidar as prestações tributárias em conformidade com a decisão arbitral ou abster-se de as liquidar;
- Proceder ao pagamento de juros indemnizatórios ou moratórios, nos termos da LGT e do CPPT.

Além disso, essa mesma Administração fica impedida de praticar novo ato relativamente ao mesmo sujeito passivo e período de tributação, salvo nos casos em que se fundamente em factos novos[1053].

Já o sujeito passivo ficará, nos mesmos termos, impedido de, com os mesmos fundamentos, reclamar, impugnar, requerer a revisão ou a promoção da revisão oficiosa, ou suscitar pronúncia arbitral sobre o ato impugnado ou sobre os consequentes atos de liquidação[1054].

[1052] Cfr. art.º 24.º, n.ºs 1 e 5, do RJAT.
[1053] Assim, art.º 24.º, n.º 4, do RJAT.
[1054] Assim, art.º 24.º, n.º 2, do RJAT.

Após a notificação da decisão arbitral, o Centro de Arbitragem Administrativa notifica as partes do arquivamento do processo, considerando-se o Tribunal arbitral dissolvido nessa data[1055].

Refira-se, por fim, que sempre que a decisão arbitral ponha termo ao processo sem conhecer do mérito da pretensão por facto não imputável ao sujeito passivo, os prazos para a reclamação, impugnação, revisão, promoção da revisão oficiosa, revisão da matéria tributável (ou para suscitar nova pronúncia arbitral) contam-se a partir da notificação da decisão arbitral[1056].

3.5. A colocação em crise da decisão arbitral (impugnação e recurso)

Apesar da nota de informalidade que se tem em vista introduzir com este instrumento de composição, e da relativa autonomia de conformação que perpassa o processo arbitral, a verdade é que não se trata de uma realidade desjuridificada (apesar de desjurisdicionalizada). Isto porque, como se referiu, existem dimensões essenciais que não podem deixar de ser observadas e requisitos insubstituíveis que não podem ser contornados, o que convoca necessariamente a ideia de que se torna necessário prever esquemas de controlo ou fiscalização da sua observância.

A este propósito, o legislador previu dois esquemas revisivos, direcionados a dois propósitos completamente distintos:
- Por um lado, quando se tem em vista controlar a decisão arbitral em si, nos seus aspetos competenciais, procedimentais, formais e estruturais, fala-se em *impugnação*;
- Por outro lado, quando se tem em vista controlar o mérito da decisão arbitral, isto é, o seu conteúdo decisório, fala-se em *recurso*.

Vejamos, sucessivamente, em que termos[1057].

[1055] Cfr. art.º 23.º do RJAT.
[1056] Assim, art.º 24.º, n.º 3 do RJAT.
[1057] Para desenvolvimentos, v. RUSSO, Anabela, *O regime de recurso e de impugnação da decisão arbitral*, in Contraordenações tributárias e temas de direito processual tributário, Centro de Estudos Judiciários, Lisboa, 2016, in http://www.cej.mj.pt/cej/recursos/ebook_adminis trativo_fiscal.php., pp. 81 e ss.

a) Impugnação

A impugnação da decisão arbitral depende de pedido – deduzido no prazo de 15 dias, contado da notificação daquela ou da notificação do "arquivamento do processo" (art.º 23.º do RJAT) – no sentido da sua anulação, dirigido ao Tribunal Central Administrativo (TCA), com base em qualquer dos seguintes fundamentos[1058]:
- Não especificação dos fundamentos de facto e de Direito que justificam a decisão;
- Oposição dos fundamentos com a decisão;
- Pronúncia indevida ou na omissão de pronúncia;
- Violação dos princípios do contraditório e da igualdade das partes.

Esta impugnação produz os seguintes efeitos[1059]:
i) Suspende a decisão arbitral recorrida (no seu todo ou em parte, dependendo do objeto do recurso);
ii) Quando interposta pela Administração, faz caducar a garantia que tenha sido prestada para suspensão do processo de execução fiscal;
iii) O recurso interposto pelo sujeito passivo faz cessar o efeito suspensivo da liquidação (art.º 26.º, n.º 2, do RJAT)

Por fim, refira-se que a este pedido de impugnação é aplicável, com as necessárias adaptações, o regime do recurso de apelação definido no Código do Processo dos Tribunais Administrativos (CPTA)[1060].

b) Recurso

Já o recurso da decisão arbitral tem em vista, como se disse, a sindicância do conteúdo da mesma.

Aqui, a regra é a da irrecorribilidade[1061].

Duas exceções, porém, permitem temperar este regime aparentemente penalizador (que visará, acima de tudo, evitar a deslocalização da pendência para jusante, o que aconteceria se os Tribunais administra-

---

[1058] V. art.º 28.º, n.º 1 do RJAT.
[1059] Assim, art.º 26.º do RJAT, aplicável por remissão do art.º 28,.º, n.º 2, do mesmo diploma.
[1060] Cfr. 27.º, n.º 2, do RJAT.
[1061] Para que não subsistam dúvidas, v. o preâmbulo do diploma que aprova o RJAT (DL 10/201, de 20 de janeiro), onde se lê expressamente: "[e]m quarto lugar, acolhe-se como regra geral a irrecorribilidade da decisão proferida pelos tribunais arbitrais".

tivos e tributários fossem inundados com litígios que, à partida, lhes haviam sido propositadamente subtraídos):
- Em primeiro lugar, recurso para o Tribunal Constitucional nos termos gerais, isto é, na parte em que recuse a aplicação de qualquer norma com fundamento na sua inconstitucionalidade ou que aplique norma cuja inconstitucionalidade haja sido suscitada[1062];
- Em segundo lugar, recurso para o Supremo Tribunal Administrativo (STA) quando a decisão esteja em oposição, quanto à mesma questão fundamental de Direito, com acórdão proferido pelo Tribunal Central Administrativo ou pelo Supremo Tribunal Administrativo (STA)[1063].

De resto, a interposição deste recurso tem os mesmos efeitos que os acima apontados a propósito da impugnação (suspensão da decisão, caducidade da garantia e cessação da suspensão da liquidação), pelo que para lá remetemos.

[1062] Cfr. art.os 25.º, n.º 1, do RJAT e 280,.º n.º 1 da CRP.
[1063] Cfr. art.º 25.º, n.º 2, do RJAT. V., ainda, art.º 152.º do CPTA.

Parte IV
Prazos
(a relevância do tempo na prática de atos no procedimento e processo tributário)

§ único: sequência
Quer tendo por referência a estabilidade do ordenamento normativo, quer tendo por referência a tutela das posições jurídicas subjetivas, a limitação temporal das situações com relevância jurídica apresenta-se como uma necessidade incontornável, tanto ao nível do Direito público como ao nível do Direito privado. Em termos práticos, a vida jurídica dá a conhecer várias formas em que tal limitação se pode materializar e que, de um modo genérico, perpassam todos os domínios, seja sob a forma de imposição de prazos para a prática de atos, seja sob a forma de determinação *ab initio* de um período para a vigência de uma lei, ou a fixação de um termo até ao qual certo facto é relevante. Em todos os casos, uma ideia é comum: decorrido o lapso temporal pré-determinado, a situação jurídica em causa, em princípio, deixa de estar a pairar num estado de incerteza e passa a ser caracterizada pela segurança, seja do ponto de vista negativo, extinguindo-se, seja do ponto de vista positivo, estabelecendo-se definitivamente.

Em termos de linguagem jurídica, as dificuldades inerentes à plurisignificatividade dos termos são assinaláveis, pois o legislador utiliza frequentemente o mesmo enunciado linguístico atribuindo-lhe significados distintos – não apenas de um ramo de Direito para outro, mas, inclusivamente, dentro do mesmo domínio –, o que implica que esta seja uma das matérias que maiores dificuldades tem suscitado aos juristas teóricos ou práticos. Assim sendo, antes de avançar no sentido de tentar compreender a relevância do fenómeno temporal no contexto das relações tributárias, importa estabelecer um quadro compreensivo minimamente esclarecedor que possibilite a apreensão em termos aceitáveis de conclusões válidas, o que passa, antes de tudo o mais, por um trabalho de fixação de terminologia e conceitos que impeça a confusão e a nebulosidade que envolvem termos como "revogação", "caducidade", "prescrição", "prazo", "suspensão", "interrupção" e outros.

Apenas após o estabelecimento de tal quadro, estaremos em condições de procurar perceber o alcance das soluções (nem sempre juridicamente adequadas, como veremos) preconizadas pelo legislador tributário.

1. A exigência de limitação temporal das situações jurídicas

1.1. Princípio da preclusão e exercício de direitos em geral

Na nossa perspetiva, o primeiro passo no sentido da clara identificação dos diversos tipos de relevância temporal das situações jurídicas consiste em fixar a ideia de que se devem separar, em termos de análise e problematização, as situações relacionadas com a criação normativa, por um lado, e com a aplicação normativa, por outro. Isto porque, como se intui, não há-de ser indiferente a perspetiva que se adote quando se está a falar do normador/legislador ou quando se está a falar do agente administrativo, dos Tribunais ou dos contribuintes, o que leva a que se possa afirmar que não se deve "meter no mesmo saco" um prazo (abstrato) relacionado com a vigência de uma lei ou de um regulamento e um prazo (concreto) relacionado com a prática de um específico ato.

No âmbito dos primeiros dos referentes apontados, é indesmentível que qualquer ordenamento atual é caracterizado por uma forte *pluralidade temporal*, no sentido em que nele se identificam estratos ou camadas sucessivas de normas que gradualmente se vão cumulando e sobrepondo, levando à consequência de que, em determinado momento, potencialmente, várias delas podem ser chamadas a disciplinar determinada situação jurídica. A concatenação ou articulação de todas elas afirma-se como um imperativo do princípio do Estado de Direito, na sua vertente de exigência da segurança jurídica e proteção da confiança, em particular mediante o sub-princípio da clareza e determinabilidade das normas, e a formulação de regras de vigência temporal dos enunciados normativos e das interpretações que deles podem irromper, resultando ou procurando resultar num sistema racionalmente compreensível e tendencialmente homogéneo. Mas não apenas. Também o princípio democrático impõe a exigência de que as normas não produzam efeitos indefinidamente no tempo, na medida em que tal poderia significar a limitação das gerações futuras pelas gerações passadas e pelos seus valores.

Resulta, assim, claro que ao criador normativo dois caminhos se lhe deparam se ele quiser prosseguir os propósitos apontados: por um lado, pode ir continuamente atualizando o arsenal normativo através da emanação de novas normas e procedendo à revogação, expressa ou tácita, das anteriores ou, por outro lado, estabelece *ab initio* um prazo de vigência das normas que, uma vez decorrido, determinarão a sua caducidade. Revogação e caducidade constituem, deste modo, duas formas de limitação temporal da produção de efeitos das normas jurídicas e dois instrumentos ao dispor do legislador (*lato sensu*) para atualizar o aglomerado em que o ordenamento se materializa e saneá-lo ou expurgá-lo das superfluidades que recorrentemente o caracterizam.

Mas não será esse seguramente o enfoque que mais nos interessará. No presente momento, centraremos a nossa atenção na relevância que o fator *tempo* apresenta no contexto da aplicação das normas aos casos em concreto. Aqui, as diferentes atuações em que se podem materializar tal aplicação – sejam atuações de entidades públicas, sejam atuações de entidades privadas – também não podem ser levadas a efeito indistintamente sob o ponto de vista temporal, mas antes devem estar balizadas por limitações que se afirmem mais ou menos certas e que as permitam encarar de uma forma minimamente segura. Neste contexto se compreende que determinados factos ou atos apenas relevem para o mundo do Direito no quadro de um lapso temporal preciso, findo o qual deixarão de se apresentar juridicamente importantes – podendo-se considerar saneados do ordenamento –, e que determinadas atuações apenas podem ser levadas a efeito pelos competentes sujeitos, também dentro de uma barreira temporal pré-estabelecida, decorrida a qual faz importar a preclusão do direito a atuar.

Esta relevância jurídica do tempo materializa-se na fixação de prazos delimitados e precisos para a prática de atos, o que, por sua vez, traz assumida a ideia de que o tempo pode e deve ser medido através de unidades pré-determinadas, como o ano, o mês, a semana, o dia, etc.. Aqui, podem ser vários os prazos com relevância jurídica: a título de exemplo, refira-se apenas a capital distinção entre prazo extintivo ou perentório e prazo suspensivo ou dilatório, o primeiro relevante porque certo direito se extingue ou deixa de poder ser exercido com o decurso do período de tempo e o segundo na medida em que certo direito só se constitui ou só se exerce após o decurso do período de tempo. Além disso, o cômputo do tempo – entendido como a forma como se conta o decurso do tempo – pode ter na sua génese a lei, a vontade das partes ou uma decisão judicial e pode classificar-se como um *cômputo natural* – que consiste em considerar o decurso do tempo momento a momento (dia, hora, minuto, segundo...) ou um *cômputo civil* – considerando o decurso do tempo em referência ao dia do calendário, irrelevando as unidades inferiores.

Por outro lado, a temporalidade jurídica manifesta-se, não apenas ao nível da constituição, modificação ou extinção de situações jurídicas (v.g., direitos subjetivos, interesses legalmente protegidos, expectativas jurídicas), mas igualmente ao nível do exercício em ato das pretensões emergentes dessas situações jurídicas, o que vale por dizer que o tempo apresenta relevância não apenas na vertente substantiva (extra-processual) das situações e institutos jurídicos, mas igualmente na sua vertente adjetiva (intra-processual). A título exemplificativo, basta pensar, respetivamente, na duração da situação de facto em que assenta a criação de um direito determinado (v.g., posse de determinado bem que pode potenciar uma aquisição por usucapião, situação de desemprego que pode estar na origem da atribuição de um subsídio, antiguidade numa determinada função que pode impulsionar uma progressão na carreira) ou no decurso do lapso temporal previsto para apresentar a contestação no âmbito de um processo a decorrer em Tribunal.

Da mesma forma, é importante notar que a essencialidade do prazo no mundo jurídico, e o consequente estabelecimento da ideia de preclusão – de acordo com a qual, decorrido um certo prazo, determinado ato já não pode ser praticado (*princípio da preclusão*) –, se relaciona, do ponto de vista finalístico, quer com motivações relacionadas com a tutela dos interesses individuais que subjazem a uma concreta relação jurídica – razões que poderemos designar por subjetivas, portanto (i) –, quer com motivações relacionadas com a configuração abstrata do ordenamento jurídico e independentes das concretas motivações particulares – razões objetivas (ii).

i) No que às primeiras diz respeito, parece inegável que, em matéria de prazos, dois bens jurídicos constitucionalmente relevantes e normativamente acolhidos devem ser tidos em consideração: a justiça material, por um lado, e a certeza jurídica, por outro. O problema é que, muitas vezes, estes bens jurídicos reclamam pretensão aplicativa de modo conflituante, em termos de a convocação de um poder inviabilizar a convocação do outro. De facto, enquanto o primeiro deles impõe que, em matéria de obrigações (*lato sensu*), estas devam ser *realizadas* nos precisos termos em que são assumidas, o que equivale a dizer que, a partir do momento em que se vincula, o sujeito passivo não se deve esquivar ao cumprimento, já o segundo exige que se as situações jurídicas (abstratos e passivas) não se perpetuem, não permitindo que sobre os sujeitos passivos/devedores fique a pairar para sempre o *cutelo* da adstrição ou que sobre eles incida um risco indefinido de exigência de cumprimento. Um ponto de equilíbrio, neste domínio, passa pela ideia de que a prolongada inatividade do titular faz presumir a intenção de renunciar ao direito.

ii) Já quanto às razões objetivas, salienta-se a necessidade de saneamento do ordenamento jurídico e da consequente expurgação deste de atos cuja relevância social já se pode considerar diminuta. Quer isto significar que o mundo do Direito não deve dedicar a sua atenção a manifestações e comportamentos desatualizados ou caducos, eliminando-os da consideração jurídica, para que seja aberto espaço para a disciplina de outras situações que, essas sim, reclamam atenção mais premente.

Estes dois conjuntos de motivações impõem ao legislador a obrigatoriedade de limitar temporalmente as ocorrências da vida e de estabelecer prazos, cujo decurso introduz uma nova situação ou modifica ou extingue uma situação existente. Por exemplo, é de admitir que o silêncio de um credor e a sua omissão prolongada no sentido de se ressarcir de uma quantia pode fazer presumir uma renúncia ao crédito, cominando-

-se a sua inércia com a impossibilidade de atuar judicialmente contra o devedor. Além disso, não deve ser perdido de vista que, mesmo processualmente, uma demanda litigiosa será inútil se for levada à prática muitos anos após a verificação de certo facto ou a prática de certo ato, pois as memórias dos mesmos estarão seguramente obscurecidas pelo tempo e as provas correm o risco de estar perdidas.

1.2. Princípio da preclusão e exercício de direitos em Direito tributário

Ora, se a imposição de limitação temporal é justificada no âmbito do Direito em geral, pode-se afirmar que mais ainda o será no âmbito do Direito tributário em particular. Aqui, todavia, relevam razões diversas das que presidem às soluções encontradas em outros domínios científicos, assumindo particular destaque os princípios constitucionais e legais específicos.

Desde logo, o princípio da indisponibilidade do crédito tributário, que impede que o silêncio do credor (Administração) se possa interpretar como uma renúncia do credor.

Mas não só. Também o princípio da capacidade contributiva se destaca, ao exigir que, através de limitações temporais, se não tributem capacidades contributivas já extintas, ao que se juntam os argumentos específicos de Direito financeiro e orçamental, particularmente os de que a inexistência de prazos limitativos levaria a uma acumulação de dívidas tributárias pendentes e prejudicaria a perceção de receitas atuais por causa do efeito de acumulação de dívidas fiscais, inviabilizando a estabilidade orçamental e a sustentabilidade do sistema.

Com se vê, em matéria de tributos, tanto ou mais do que em outros ramos de Direito, é de aceitar o princípio da preclusão e a introdução das garantias de certeza e segurança que o mesmo acarreta, estabelecendo-se prazos, cujo decurso introduz uma nova situação ou modifica ou extingue uma situação existente.

Porém, a compreensão do regime normativo inerente ao estabelecimento desses prazos não se retira facilmente dos dados jurídico-positivos e depende de um adequado enquadramento que passe, designadamente, pela fixação em bases sólidas de uma terminologia conveniente – afastando a polissemia de significados – e pelo estabelecimento de um quadro compreensivo minimamente esclarecedor. Tal quadro exige que se tenham em consideração os ensinamentos dos outros sectores da ciência do Direito, as experiências relevantes de Direito comparado – particularmente a *Abgabenordnung* alemã e a *Ley General Tributaria espanhola* – e a tematização dos problemas no âmbito da configuração da relação jurídica tributária.

Em termos de desenvolvimento da explanação e do discurso, e de modo a atingir a maior comodidade expositiva, iniciaremos a abordagem destas matérias pelo estudo dos prazos em geral (em matéria tributária, naturalmente), para, depois, debruçarmos a nossa atenção em alguns prazos específicos que são objeto de maior atenção também da parte do legislador – estamo-nos a referir, particularmente, aos prazos de prescrição e de caducidade, aos quais dedicaremos dois pontos sistemáticos autónomos.

1.3. Prazos em procedimento e processo tributário

1.3.1. Tipos de prazos (prazos substantivos e prazos adjetivos)

A abordagem mais proveitosa à temática dos prazos em matéria tributária é a que parte da distinção, já por nós efetuada, entre procedimento e processo tributário, assumindo, em termos simples, que se fala em procedimento quando estamos perante uma sequência de atos destinados à exteriorização de vontade de um órgão administrativo e em processo quando estamos perante uma sequência de atos destinados à exteriorização de vontade de um órgão jurisdicional.

Adotando esta distinção crucial, podem-se distinguir dois tipos de prazos tributários, reconhecidos e adotados pelo próprio legislador[1064]:
  – Os prazos adjetivos (ou processuais *stricto sensu*) são aqueles que dizem respeito à prática de atos *durante um processo já em curso*. São prazos judiciais, portanto: é o limite temporal para atuar *dentro* do processo. Será o caso, por exemplo, do prazo para a apresentação da contestação pelo representante da Fazenda Pública no decurso

---

[1064] Cfr. art.º 20.º do CPPT. Convém referir que se nada se disser em sentido contrário – isto é, se outros prazos não forem fixados – o prazo geral para a prática de atos (prazo supletivo) é de 8 dias no procedimento, e de 10 dias no processo. Cfr., a respeito, art.ºˢ 57.º, n.º 2 da LGT e 149.º do CPC.

do processo de impugnação judicial[1065] ou, no âmbito do mesmo, o prazo para requerer uma perícia[1066], ou ainda o prazo para a oposição à execução[1067];
- Os prazos substantivos são aqueles que não dizem respeito à prática de atos dentro do processo. São limitações temporais impostas em situações nas quais o Tribunal ainda não interveio, e tanto podem surgir âmbito de um procedimento tributário em curso – o prazo para a Administração tributária designar um perito[1068], para notificar a entidade inspecionada do projeto de conclusões do relatório da inspeção[1069] ou o prazo para o contribuinte exercer o direito de audição prévia[1070]–, como fora dele – o prazo para reclamar graciosamente[1071], deduzir recurso hierárquico[1072] ou impugnar judicialmente[1073].

A distinção é de uma importância extrema, pois é a partir dela que se determina a forma como o prazo em questão há-de ser contado: estando em causa um prazo de natureza substantiva, é aplicável, quanto à forma de contagem, o disposto no art.º 279.º do Código Civil, enquanto que aos prazos de natureza processual ou adjetiva é aplicável o regime previsto no Código de Processo Civil, particularmente nos art.ºs 137.º e ss.

Vejamos em que termos.

[1065] V. art.º 110.º do CPPT.
[1066] V. art.º 116.º, n.º 3, do CPPT.
[1067] Na medida em que a oposição funciona como uma espécie de contestação ao pedido executivo que se pretende fazer valer na execução fiscal, o prazo respetivo tem um carácter intraprocessual, sendo pois considerado de natureza judicial, porque desencadeado num processo já pendente de cariz judicial.
[1068] Cfr. art.º 91.º, n.º 3 da LGT.
[1069] V. art.º 60.º, n.º 1, do RCPITA.
[1070] Cfr. n.ºs 4 e 6, do art.º 60.º da LGT.
[1071] V. art.º 70.º, n.º 1, do CPPT.
[1072] *Idem*, art.º 66.º, n.º 2.
[1073] *Ibidem*, art.º 102.º, n.º 1.

1.3.2. O modo de contagem dos prazos

a) Prazos substantivos

O n.º 1 do art.º 20.º do CPPT determina que *os prazos do procedimento tributário e de impugnação judicial contam-se nos termos do artigo 279.º do Código Civil*.

Nestes casos, e na medida em que não está em causa a prática de atos no processo judicial propriamente dito, mas sim fora dele, nomeadamente no foro da Administração tributária, o legislador entendeu submeter as regras de contagem dos prazos respetivos ao regime previsto no art.º 279.º do Código Civil.

De destacar que a referência ao prazo de *impugnação judicial* deve ser entendida como respeitante ao prazo para a interposição/apresentação da mesma (art.º 102.º do CPPT) e não para a prática de atos num processo impugnatório já em curso. Neste último caso, e seguindo a orientação discursiva por nós exposta, o modo de contagem temporal será o previsto no CPC por se tratar de um prazo adjetivo ou intra-processual. Já o referido prazo de interposição tem natureza substantiva e deve ser contado nos termos do CC[1074].

Juntamente com este art.º 20.º do CPPT deve ser referido o art.º 57.º da LGT, particularmente o seu n.º 3, nos termos do qual "no procedimento tributário, os prazos são contínuos e contam-se nos termos do Código Civil". Retiram-se destes enunciados normativos duas importantes conclusões:

i) Em primeiro lugar, os prazos são contínuos, o que significa que não se suspendem nos sábados, domingos, feriados ou férias judiciais[1075];

[1074] Cfr., por exemplo, acórdãos do STA de 14 de março de 2007, processo n.º 0831/06 e do TCA-S de 8 de junho de 2017, processo n.º 638/090.BECTB.

[1075] Cfr., a propósito, art.º 28.º, da Lei da Organização do Sistema Judiciário – L 62/2013, de 26 de agosto –, nos termos do qual "as férias judiciais decorrem de 22 de dezembro a 3 de janeiro, do domingo de Ramos à segunda-feira de Páscoa e de 16 de julho a 31 de agosto". A propósito da aplicabilidade deste preceito aos Tribunais tributários, cfr. art.º 7.º do ETAF ("no que não esteja especialmente regulado, são subsidiariamente aplicáveis aos tribunais da jurisdição administrativa e fiscal, com as devidas adaptações, as disposições relativas aos tribunais judiciais").

ii) Em segundo lugar, tais prazos contam-se nos termos do art.º 279.º do CC. Destacando o que de mais relevante pode ser apontado, esta remissão implica que:
- Na contagem de qualquer prazo não se inclui o dia, nem a hora, se o prazo for de horas, em que ocorrer o evento a partir do qual o prazo começa a correr [alínea b)]. Por exemplo, nos termos do n.º 2 do art.º 66.º do CPPT, o recurso hierárquico deve ser interposto no prazo de 30 dias a contar da notificação do ato respetivo, perante o autor do ato recorrido. Ora, se o contribuinte tiver sido notificado hoje, por carta registada com aviso de receção, de um determinado ato de que pretenda interpor recurso hierárquico, o prazo de 30 dias para interpor o recurso só se inicia amanhã (quer seja um dia útil ou não), não contando o dia em que o evento ocorre (neste caso, a receção da notificação)[1076];
- O prazo que termine em domingo ou dia feriado transfere-se para o primeiro dia útil [primeira parte da alínea e)];
- Os domingos e dias feriados são equiparadas as férias judiciais, se o ato sujeito a prazo tiver de ser praticado em juízo [segunda parte da alínea e)], o que quer dizer que, se o termo do prazo coincidir com um dia em que os Tribunais se encontrem encerrados por motivo de férias judiciais, o termo do prazo transfere-se para o primeiro dia útil seguinte ao fim das férias judiciais. Por exemplo, a apresentação da petição inicial de impugnação judicial está sujeita às regras de contagem do prazo previstas no art.º 279.º do CC uma vez que, como vimos, se trata de um

---

[1076] No entanto, se o contribuinte tiver sido notificado por carta registada nos termos do n.º 3 do art.º 38.º do CPPT, antes do início da contagem do prazo temos de ter em atenção a presunção quanto ao dia em que ocorreu a notificação à luz do n.º 1 do art.º 39.º do CPPT. Com efeito, o legislador presume que a notificação se considera feita no 3.º dia posterior ao do registo pelo que, se o contribuinte tiver sido notificado hoje, por carta registada, este só se considera notificado (presunção Iuris tantum) de hoje a 3 dias. Nestes casos em que o legislador presume que a notificação apenas se considera feita no 3.º dia posterior ao do registo, como nos termos da alínea b), do art.º 279.º do CC, o dia em que o evento ocorre não se conta, o prazo para praticar o ato (ex. prazo de 30 dias para a interposição do recurso hierárquico) só começa a correr no 1.º dia (útil ou não) seguinte ao dia em que se presume feita a notificação. No entanto, e adiantando o que abordaremos de seguida no texto, se aquele 3.º dia não for um dia útil (ex. Sábado, Domingo ou feriado), então considera-se o contribuinte notificado no 1.º dia útil seguinte a este.

prazo de natureza substantiva. Todavia, nos termos do n.º 1 do art.º 103.º do CPPT, a petição de impugnação judicial é apresentada no Tribunal tributário competente ou no serviço periférico local onde haja sido ou deva legalmente considerar-se praticado o ato. Uma vez que a apresentação da impugnação judicial se traduz num ato dirigido ao poder jurisdicional, se o prazo para a sua apresentação terminar em dia em que estejam a correr as férias judiciais, o termo do prazo transfere-se para o primeiro dia útil seguinte às férias judiciais (mesmo que a petição tenha sido entregue nos serviços da Administração tributária, os quais não se encontram sujeitos ao período de férias judiciais).

Resumindo:
- O dia em que o evento ocorre não se conta;
- O prazo começa a correr no dia seguinte ao da verificação do evento;
- O prazo conta-se de forma contínua;
- Se o prazo terminar em domingo ou dia feriado, o termo do prazo transfere-se para o primeiro dia útil seguinte, pelo que o ato poderá ser praticado até esse dia ;
- Se o ato tiver de ser praticado no Tribunal e o prazo terminar em dia em que os Tribunais se encontrem encerrados em virtude do decurso do período de férias judiciais, o termo do prazo transfere-se para o primeiro dia útil seguinte ao fim das férias judiciais.

b) Prazos adjetivos

O n.º 2 do art.º 20.º do CPPT determina que *os prazos para a prática de atos no processo judicial contam-se nos termos do Código de Processo Civil.*

Como resulta do que já referimos, a referência por parte do legislador a um *prazo para a prática de atos no processo judicial*, significa que se está em presença, não de um prazo substantivo, mas sim de um prazo judicial ou processual, no sentido de intraprocessual, isto é surgido na *pendência* de um processo. Por tal motivo, terá todo o sentido que se apliquem à sua contagem, não as regras do art.º 279.º do CC, mas sim as regras dos art.ºˢ 137.º e ss. do CPC.

No essencial, essas regras são as seguintes:
i) Os prazos contam-se de forma contínua, suspendendo-se, no entanto, durante as férias judiciais. Todavia, tal suspensão não se efetiva (art.º 138.º, n.º 1):

- Se a sua duração for igual ou superior a 6 meses, ou
- Se estiverem em causa atos a praticar em processos que a lei considere urgentes.

ii) Quando o prazo para a prática do ato processual terminar em dia em que os Tribunais estiverem encerrados, transfere-se o seu termo para o primeiro dia útil seguinte (*idem*, n.º 2);

iii) Não se praticam atos processuais (por exemplo, a entrega de um requerimento na secretaria do Tribunal), nos dias em que os Tribunais estiverem encerrados, nem durante o período de férias judiciais (art.º 137.º, n.º 1);

iv) No entanto, estando em causa atos que se destinem a evitar dano irreparável, os atos processuais são praticados ainda que os tribunais estejam encerrados (*idem*, n.º 2).

1.4. Em particular, a prescrição e a caducidade em Direito tributário (aproximação)

Pois bem. Após termos captado, nos seus traços essenciais, o regime genérico inerente ao estabelecimento de prazos em matéria tributária, importa agora refinar um pouco a análise e debruçar a nossa atenção sobre alguns deles em particular.

No âmbito da nossa exposição, entendemos relevante fazer referência àqueles que são porventura os mais "conhecidos" prazos estabelecidos pelo legislador tributário: os (assim denominados) prazos de prescrição e de caducidade.

Procuremos enquadrá-los para, depois, estudar as suas especificidades.

É um dado inquestionável que no âmbito da relação jurídica tributária nascem muitas pretensões – exigir o pagamento do imposto, exigir juros indemnizatórios, exigir a apresentação da contabilidade, etc. – e muitas adstrições – pagar o imposto ou a taxa, pagar os juros indemnizatórios, manter a contabilidade organizada, etc. – para um e para outro dos sujeitos, o que obriga ao estudo dos diversos problemas de uma forma parcelar e não à consideração da relação tributária "como um todo" ou como um bloco uniforme. Estas *situações subjetivas* – que não se reconduzem na íntegra à técnica do direito subjetivo privado, desde logo porque o tradicional sujeito ativo (em termos simplistas, o Estado), mais do que um mero titular de direitos subjetivos (de arrecadação de receitas públicas), está investido em muitos poderes-deveres, em face da consagração de atuações oficiosas que não estão na livre disponibilidade da sua vontade (inspeção, aplicação de métodos indiretos, etc.) –, na medida em que não podem ser exercidas a todo o tempo, estão sujeitas a *prazos*, dentro dos quais o respetivo titular pode fazer valer a pretensão que o ordenamento lhe reconhece.

É neste contexto amplo que se fala, consoante os casos, em prescrição e em caducidade[1077].

No contexto desta multiplicidade, o legislador tributário entendeu que dois prazos em especial mereceriam atenção particularizada e um regime de contagem muito próprio e específico, ambos respeitantes a direitos titulados pelo do Estado/Administração tributária: *por um lado, o prazo para exercer o seu direito à determinação da dívida tributária através do procedimento de liquidação dos tributos (denominado prazo de caducidade – art.º 45.º da LGT), e, por outro lado, o prazo para exigir o pagamento das dívidas tributárias já liquidadas (prazo de prescrição – art.º 48.º da LGT)*. A particularidade vai a tal ponto que lhe dedica uma secção própria na LGT – se bem que sistematicamente muito mal inserida (no capítulo IV, respeitante à "extinção da relação jurídica tributária", quando a caducidade do direito à liquidação não extingue tal relação, mas apenas uma das pretensões que dela emerge!) –, o que tem motivado que grande parte da atenção dedicada a este instituto se debruce exclusivamente sobre estes direitos, esquecendo os restantes. Contudo, importa sublinhar que muitíssimos

---

[1077] A doutrina jusprivatista tem ensaiado vários critérios distintivos, sendo que os mais correntemente apontados são (i) o critério do objeto – de acordo com o qual a prescrição incidiria sobre direitos substantivos (v.g., direito de crédito, em oposição ao não uso, típico dos direitos reais) e a caducidade sobre direitos adjetivos ("direito de ação") –; (ii) o critério teleológico – nos termos do qual a prescrição tem por finalidade pôr termo a um direito que se supõe abandonado, ao passo que a caducidade visa preestabelecer o tempo a partir do qual certo direito pode ser exercido; e (iii) o critério da invocação – em termos de a caducidade poder ser conhecida oficiosamente, não carecendo de ser invocada pela parte a quem interessa, ao contrário da prescrição, que necessitaria sempre de invocação. Contudo, se bem repararmos, estes critérios distintivos não se apresentam satisfatórios, seja porque se referem a realidades que não são transponíveis para o Direito tributário (o abandono do direito, impedido pela ideia de indisponibilidade do crédito tributário), seja porque se referem a aspetos de regime, invertendo a análise lógica (está a denominar-se uma figura em face do regime que se lhe aplica, quando se deve fazer exatamente o oposto: depois de identificar a figura, é que saberemos qual o regime a aplicar).

outros prazos existem e também esses, naturalmente, podem originar preclusão da atuação do sujeito em causa.

Pode-se, assim, afirmar que quer a caducidade quer a prescrição são institutos jurídicos que geram, mediante decurso do tempo, efeitos extintivos sobre determinadas pretensões jurídicas. Neste particular, releva a inércia do titular do direito, que não quis ou não pode exercê-lo atempadamente e que, por esse motivo, fica impedido de o fazer a partir de determinada altura. Em termos jurídicos, a prescrição e a caducidade têm como principal consequência fulminar as pretensões jurídicas subjetivas já constituídas a partir do facto tributário, embora, rigorosamente, se possa dizer que estas ainda subsistem, se bem que em termos "anómalos". Na verdade, no âmbito de cada direito subjetivo é possível distinguir duas camadas de relevância, em referência ao seu relevo jurídico: a parte nuclear ou substantiva, que se identifica com o interesse que ordenamento normativo entende ser digno de proteção, e a parte adjetiva ou revestimento garantístico, que esse mesmo ordenamento confere ao titular para, em termos amplos, se poder defender de agressões, quando for caso disso. Com o tempo, em rigor, é esta segunda dimensão que fica afetada, com o consequente desfalque dos meios coercitivos, se bem que o interesse propriamente dito ainda se possa dizer que subsista. Por outras palavras, o decurso de um prazo transforma uma obrigação verdadeiramente jurídica numa mera obrigação "moral" ou de consciência. Por isso se diz que "completada a prescrição, tem o beneficiário [desta] a faculdade de recusar o cumprimento da prestação ou de se opor, por qualquer modo, ao exercício do direito prescrito"[1078].

Ora, afirmar que se extinguem pretensões jurídicas significa reconhecer que haverá tantos prazos de caducidade ou prescrição quantas as pretensões que devam ser exercidas dentro de determinado período de tempo. Não podemos, assim, falar em *prescrição* ou *caducidade* tributária, mas *prescrições* ou *caducidades*, em razão do número de prazos que o legislador tributário preveja. Em todos os casos, o regime é sensivelmente idêntico: decorrido o prazo, o titular da pretensão deixa de a poder exercer, considerando-se intempestiva a sua atuação.

Deste modo, e atendendo aos propósitos eminentemente expositivos e pedagógicos destas *Lições*, parece-nos que, mais importante do

---

[1078] Assim, art.º 304.º, n.º 1 do CC.

que entrar em discussões estéreis acerca das eventuais distinções entre "prescrição" e "caducidade", será relevante conhecer as realidades que lhe estão subjacentes e aplicar-lhes o regime jurídico-normativo adequado. Por este motivo, apesar de entendermos que é indiferente chamar uma coisa ou outra – trata-se sempre de prazos que devem ser respeitados e cujo decurso implica intempestividade de atuação (extinção por decurso do tempo) –, vamos continuar a utilizar os termos legislativos e designar por *caducidade o prazo para o credor liquidar a dívida tributária* e por *prescrição o prazo desse mesmo credor para cobrar a dívida tributária já liquidada*[1079].

De resto, em nossa opinião, trata-se apenas de uma questão de termos ou de palavras, uma vez que, na prática – e ressalvadas as especificidades de regime inerentes a cada situação –, a realidade é a mesma: decorrido o prazo, o titular deixa de poder exercer determinada pretensão jurídica, considerando-se intempestiva a sua atuação.

2. Prescrição[1080]

2.1. Objeto da prescrição e relevância do facto tributário

Em boa verdade, a prescrição é, em si, um facto jurídico, podendo afirmar-se que é um facto jurídico que influencia a relevância de outros factos jurídicos. É, além disso, um facto complexo, pois pressupõe a verificação simultânea de várias realidades: (i) a exigibilidade abstrata de uma pretensão (i. é, a suscetibilidade de o cumprimento da obrigação

---

[1079] Neste particular, e em termos de Direito comparado, serão de atentar as soluções mais claras acolhidas, por exemplo, pelo legislador tributário alemão e espanhol. O primeiro, no § 169, número (1), da *Abgabenordnung*, refere-se a um prazo para a liquidação (*Festsetzungsfrist*), considerando-o como sendo de prescrição (*Festsetzungsverjährung*); o segundo estipula no mesmo sentido, ao referir-se, no art.º 66.º da *Ley general tributaria*, aos *plazos de prescripción*, no âmbito dos quais se enquadram (i) *el derecho de la Administración para determinar la deuda tributaria mediante la oportuna liquidación* e (ii) *el derecho de la Administración para exigir el pago de las deudas tributarias liquidadas y autoliquidadas.*.

[1080] Para desenvolvimentos, e diversas referências bibliográficas, v. os diferentes textos integrados no e-book "Prescrição da obrigação tributária" (org. Margarida Reis), Centro de Estudos Judiciários (CEJ), Lisboa, 2019, disponível em http://www.cej.mj.pt/cej/recursos/ebooks/Administrativo_fiscal/eb_PrescricaoTributario.pdf. (última consulta em 08 de abril de 2019.)

poder ser pedido pelo titular é fundamental) ; (ii) a não atuação do titular; e (iii) o decurso do prazo prescricional[1081]. Por conseguinte, pode-se afirmar que o facto prescricional é, simultaneamente, um facto negativo e permanente: negativo, porque pressupõe um *non facere*, uma inação ou inércia do titular do direito; permanente, porque pressupõe a permanência de uma situação de facto (essa inércia ou inação).

O primeiro problema que pode ser levantado nesta sede é o de saber quais são as prestações que são abrangidas pela prescrição da obrigação tributária. Será que, decorrido o prazo de prescrição, se torna inexigível apenas o tributo devido? Ou, mais do que isso, será que a prescrição abrange igualmente outras prestações, como sejam as prestações relativas a juros, a coimas ou a dívidas de natureza privada mas relacionadas com a obrigação tributária (por exemplo, o exercício de direito de regresso por parte do devedor solidário que cumpre a obrigação "para além da parte que lhe compete")?

O problema é complexo e, na nossa perspetiva, apenas uma análise analítica – que faça a distinção entre as diversas realidades – e que capte os princípios essenciais de Direito tributário permite chegar a boas conclusões. Tal análise parece impor que o melhor critério continua a ser o da dupla coatividade que utilizamos atrás para identificar a figura do tributo, em termos de abranger na prescrição das obrigações tributárias todas as prestações financeiras que tenham natureza duplamente coativa, quer quanto ao modo de criação – prestações nascidas através de ato normativo e não de acordo ou contrato –, quer quanto à modelação do respetivo conteúdo – fixado imperativamente por ato normativo. Por conseguinte, em termos substanciais, são abrangidas pela prescrição tributária as seguintes situações:

– Os tributos propriamente ditos (impostos, taxas, contribuições);
– Os juros compensatórios[1082];
– Os juros moratórios[1083].

[1081] Além dos elementos referidos no texto, exige-se ainda, como veremos, a não ocorrência de atos interruptivos e a ausência de causas suspensivas.

[1082] Cfr. art.º 35.º da LGT. V., a respeito, acórdão do STA de 12 de fevereiro de 2003, processo n.º 02003/02, onde se pode retirar que, quanto aos juros compensatórios, comungando eles da natureza da dívida do tributo, o seu prazo e regime de prescrição são os mesmos do tributo a que disserem respeito.

[1083] Cfr. art.º 44.º da LGT. A este respeito, no acórdão do STA de 22 de maio de 2002, processo n.º 0126/02, pode ler-se: "a liquidação dos juros de mora está dependente do paga-

Inversamente, não são abrangidos pela "prescrição tributária" (regulada na LGT), mas pela prescrição "civil" ou "penal":
- As obrigações não tributárias suscetíveis de serem cobradas coercivamente no processo de execução fiscal[1084];
- O crédito decorrente do exercício do direito de regresso por parte do devedor solidário que paga o tributo ou acrescidos para além da parte que lhe compete;
- As multas ou coimas, que apesar de serem coativas não têm natureza financeira, mas sancionatória[1085].

Do mesmo modo, é de assinalar que a prescrição das obrigações tributárias tem influência no nascimento e desenvolvimento de vários procedimentos tributários que, por natureza, pressupõem um tributo "vivo", o que significa que não podem ter por referência uma obrigação tributária já prescrita. Será o caso, designadamente, dos procedimentos de informações vinculativas (art.º 57.º do CPPT), avaliação prévia (art.º 58.º CPPT) ou reconhecimento de benefícios fiscais (art.º 65.º do CPPT).

2.2. Regime normativo

O prazo de prescrição é, então, o tempo que o credor tem ao seu dispor para exigir uma obrigação tributária que já foi objeto de liquidação e, nos termos do n.º 1 do art.º 48.º da LGT, tal prazo é, salvo o disposto em norma especial, de oito anos [1086].

Antes de ser feita referência ao regime propriamente dito do instituto da prescrição tributária, é conveniente referir uma ideia fundamental e omnipresente que, apesar de poucas vezes referida, não deve em caso algum ser esquecida: a prescrição – tal como acontece com a

---

mento da obrigação principal quer quanto ao seu nascimento quer quanto ao período de tempo relativamente ao qual serão devidos. (...) E na situação concreta dos presentes autos encontrando-se prescrita a obrigação principal quando a executada foi notificada para pagar os juros de mora não podia renascer esta obrigação de pagamento destes juros de mora uma vez que já não existia a obrigação de pagamento da obrigação principal". V., § 232 da *Abgabenordnung*.

[1084] Cfr., por exemplo, acórdão do STA de 01 de outubro de 2003, processo n.º 0470/03, que se debruça sobre uma dívida respeitante ao pagamento de serviços telefónicos.

[1085] Cfr., por exemplo, art.º 34.º do RGIT.

[1086] Em termos de Direito comparado, v., por exemplo, § 228 da *Abgabenordnung*.

caducidade, que analisaremos de seguida – está sujeita ao princípio da legalidade tributária e da reserva da lei formal, como garantia dos contribuintes em matéria de impostos (art.º 103.º, n.º 2 da CRP). Significa isto que todas as soluções devem ser direta e normativamente modeladas pelo legislador tributário, não restando espaço, nem para a autonomia da vontade – v.g., atos de modificação dos prazos ou de renúncia aos mesmos –, nem para espaços livres ou discricionários de valoração, nem para integração de lacunas por analogia (v.g., com o Código civil)[1087].

Posto isto, vejamos, então, qual é esse regime.

2.2.1. Contagem do prazo

Comecemos pela contagem do prazo e pelo momento em que esta se inicia.

Em abstrato, e quanto a este problema, várias soluções primárias são possíveis: pode-se entender que se deve começar a contar o prazo de prescrição (i) a partir do momento da verificação do facto tributário; (ii) a partir do momento da comunicação do facto tributário ao credor (por exemplo, mediante a apresentação da declaração tributária); ou (iii) a partir da data do termo do prazo de pagamento voluntário.

Parece-nos que a data da comunicação ou declaração tributária será aqui irrelevante, na medida em que a exigibilidade do pagamento da obrigação tributária já liquidada não depende de tal facto comunicativo[1088]. Com efeito, se o credor tributário (v.g., Administração tributária) já liquidou a obrigação em causa é porque já tem conhecimento do respetivo facto genético, pelo que parece não fazer sentido depender o começo do prazo prescricional do momento da apresentação de dados ou declarações. O mesmo vale, por maioria de razão, nos casos de auto-liquidação. Resta considerar, então, as duas outras hipóteses apontadas, e qualquer delas é, abstratamente pensando, aceitável: ou se opta por estabelecer que o prazo de prescrição se inicia logo no momento da verificação do facto tributário ou termo do ano fiscal respetivo; ou se opta por estabelecer que tal prazo se inicia posteriormente com o momento

---

[1087] Cfr., por exemplo, de modo indubitável, acórdão do TC n.º 557/2018. V., ainda, acórdãos do TCA-S de 18 de março de 2003, processo n.º 07361/02, e 04 de julho de 2006, processo n.º 02598/99, e do STA de 26 de outubro de 2011, processo n.º 0354/11.

[1088] Naturalmente que se a liquidação ainda não se efetuou, não estamos perante um problema de prescrição, mas sim um problema de caducidade do direito à liquidação.

em que termina o prazo de pagamento voluntário. No primeiro caso, o prazo deverá ser mais alargado – para possibilitar as atuações do credor no sentido de liquidar e cobrar a dívida –, enquanto no segundo deverá ser mais curto, de modo a não perpetuar a situação de dívida subjacente (dívida essa, recorde-se, já liquidada e já pedida).

A opção do legislador, na LGT (art.º 48.º, n.º 1), foi no primeiro sentido, ao estipular que as dívidas tributárias prescrevem, salvo o disposto em lei especial, no prazo de oito anos, contados:
- Nos impostos periódicos, a partir do termo do ano em que se verificou o facto tributário;
- Nos impostos de obrigação única e nos impostos sobre o rendimento, quando a tributação seja efetuada por retenção na fonte a título definitivo, a partir da data em que o facto tributário ocorreu[1089].

Como se vê, o legislador tributário não acolheu a regra *actio nata*, de acordo com a qual a prescrição se começa a contar desde o dia em que o direito pode ser exercido.

Contudo, importa salientar que, em determinadas situações, a expressão "facto tributário" poderá levantar alguns problemas em termos de aplicabilidade, nomeadamente nos casos de tributos sujeitos a condição e a solicitação.

Quando a exigência dos tributos está dependente da verificação de uma condição, o prazo de prescrição apenas se começa a contar a partir do momento da verificação da condição (quando o tributo se torna *incondicional*). Compreende-se que assim seja, na medida em que enquanto a condição se não verificar, o tributo não é exigível, não se podendo dizer que haja uma obrigação de pagamento. Pense-se, por exemplo, no contribuinte que aliena um imóvel destinado à habitação e, com o produto da venda, adquire outro imóvel com o mesmo fim. Nestes casos, a exigência de IRS relativamente à mais valia em causa (categoria G), depende da inexistência de reinvestimento do produto da alienação respetivo, entre os 24 meses anteriores e os 36 meses posteriores contados da data da realização[1090]. Assim sendo, só após o decurso deste período

---

[1089] Nos termos do mesmo artigo, exceciona-se, quanto a este regime, o prazo de prescrição das obrigações tributárias respeitantes ao IVA (caso em que o prazo se começa a contar a partir do início do ano civil seguinte àquele em que se verificou a exigibilidade do imposto).
[1090] Cfr. art.º 10.º, n.º 5, do CIRS.

de tempo sem esse reinvestimento é que a prescrição deve começar a correr.

No que diz respeito aos tributos que estão dependentes de solicitação do sujeito passivo (por exemplo, pagamento de taxas relativas a atividades comerciais dependentes de licenciamento), o prazo deve-se começar a contar a partir do momento em que a pretensão é deferida. Se, eventualmente, o sujeito começar a exercer uma atividade sem o solicitar – devendo-o fazer –, será de considerar a data em que finaliza o prazo em que se deveria apresentar a solicitação.

2.2.2. Vicissitudes do prazo prescricional

Como temos vindo a observar, a prescrição equivale ao período de tempo que o credor tem ao seu dispor para exigir o cumprimento da obrigação tributária (já liquidada).

Todavia, pode acontecer que, em determinadas situações normativamente previstas, o prazo prescricional já iniciado deixe de se contar, seja porque algum motivo justifica uma pausa do mesmo, seja porque algum motivo justifica que se deve iniciar um novo prazo. Nestes casos, fala-se em interrupção e em suspensão do prazo prescricional.

Quer a interrupção quer a suspensão da prescrição consistem em efeitos jurídicos que, no pressuposto da verificação de determinados atos, têm como consequência a paralisação do prazo prescricional, mas com uma importante diferença entre ambas: a interrupção além de paralisar o prazo, tem como resultado inutilizar todo o tempo decorrido anteriormente, apagando o que já correu e iniciando-se, a partir daí ou num momento futuro – teremos ocasião de precisar este ponto, adiante –, um novo prazo; a suspensão, diferentemente, apenas tem o efeito paralisante, e, cessada a causa suspensiva, o prazo volta a correr do ponto onde estava, somando-se ao tempo posterior o que decorrera antes da suspensão.

Além deste regime típico, o que distingue ambas as figuras são os fundamentos que lhe estão subjacentes: no caso da interrupção, em regra, está-se em presença de um ato que, de uma forma mais ou menos inequívoca, demonstra que o débito não está esquecido e coloca em relevo a permanência ou subsistência do vínculo que une as partes – no nosso caso, a relação jurídica tributária – sendo que esse ato tanto pode ser praticado pelo sujeito ativo, como pelo sujeito passivo; já na suspensão, o que está em causa é a impossibilidade temporária de o credor poder atuar juridicamente no sentido de cobrar o seu crédito – por exemplo, porque se está a discutir a razão de ser da dívida, ou porque o único bem que poderia ser vendido em execução é a casa de morada de família (que merecerá especial proteção)[1091] –, o que motiva que não lhe possa ser oponível um correr do tempo que ele não pode evitar e que eventualmente seria aproveitado pelo devedor através de manobras processuais de diversão.

Esclarecido este relevante ponto, debrucemo-nos de seguida sobre o regime de uma e de outra das figuras apontadas, analisando as respetivas causas e âmbitos de abrangência, quer subjetivo (em relação a quem se projeta), quer objetivo (quais as dívidas abrangidas).

a) Interrupção da prescrição

α) Alcance do efeito interruptivo

Depois de iniciada a contagem, o prazo de prescrição interrompe-se sempre que forem praticados os seguintes atos:
– Citação do executado;
– Reclamação graciosa ou recurso hierárquico;
– Impugnação judicial;
– Pedido de revisão oficiosa da liquidação.

Por conseguinte, sempre que o contribuinte/sujeito passivo for chamado ao processo de execução fiscal pela primeira vez – através da citação – ou sempre que ele utilizar o arsenal garantístico, administrativo ou jurisdicional, que demonstre qualquer tipo de reação, o prazo já corrido fica inutilizado e inicia-se – não necessariamente a partir desse momento, como veremos – a contagem de um novo prazo (em regra, recorde-se: 8 anos). Nestes casos, como se vê, a atuação dos sujeitos da relação jurídica tributária, inequivocamente, dá a entender que o crédito ainda não satisfeito "continua vivo" e a ser reclamado, afastando concludentemente a ideia de esquecimento: a Administração tributária, citando o devedor para pagar; o contribuinte impugnando o ato baseador da tributação.

[1091] Cfr. o que dissemos supra, II. 6.5.7.7., a propósito da *paralisação da venda*, estando em causa a habitação própria e permanente do sujeito executado.

Todavia, a formulação aparentemente simples desta regra não deve esconder que vários problemas de imenso alcance prático se podem levantar. Sem preocupações de exaustão, pensemos apenas nos seguintes: (i) a citação inválida interrompe a prescrição? (ii) Podem-se admitir interrupções prescricionais sucessivas?

Vejamos[1092].

i) Como já se referiu em momento anterior, a citação "é o ato destinado a dar conhecimento ao executado de que foi proposta contra ele determinada execução ou a chamar a esta, pela primeira vez, pessoa interessada". Assim sendo, e contextualizando o problema, pode-se afirmar que a execução fiscal, só por si, não tem a virtualidade de interromper o prazo da prescrição, de modo que este continua a contar, apesar da instauração do processo executivo. Apenas num momento posterior – o da citação – é a que interrupção se verifica, pelo que somente aqui é que todo o prazo anteriormente decorrido se torna inutilizado. Contudo, e como se sabe, a citação, para ser juridicamente adequada, deve preencher uma série de requisitos quer de natureza formal (pessoal, por via postal ou edital), quer de natureza substancial (v.g., cópia do título executivo), sem os quais se pode questionar a sua validade. Nestes casos, levanta-se o problema de saber se o executado citado irregularmente também vê o prazo prescricional interrompido ou se este efeito tem por pressuposto a validade da citação. Pela nossa parte, inclinamo-nos para a primeira das situações. Uma solução convincente passa pelo aproveitamento do conteúdo de algumas das disposições contidas no CC, nomeadamente o n.º 3 do art.º 323.º, de acordo com o qual a "anulação da citação ou notificação não impede o efeito interruptivo (...)". Não se trata, repetimos, de integração de lacunas por analogia – que em matérias abrangidas pelo princípio da reserva de lei absoluta e formal, como é o caso, se revela problemática –, mas somente de considerar as disposições referidas como sendo a

---

[1092] Quanto à questão de saber se a citação do executado tem somente efeito instantâneo (de mera inutilização do tempo transcorrido, iniciando-se o novo prazo no momento do facto interruptivo) ou, adicionalmente, um efeito duradouro (que obsta a que o prazo de prescrição se reinicie até ao termo do processo de execução fiscal), v. em resumo, acórdão do STA de 17 de janeiro de 2018, processo n.º 01463/17 e jurisprudência aí citada.

materialização de um princípio geral de segurança jurídica e, assim, se considerarem aplicáveis a todo o ordenamento. De resto, se o intuito é demonstrar que o credor deseja exercer o direito e não torná-lo esquecido, o desiderato foi conseguido.

ii) O problema das interrupções prescricionais sucessivas coloca-se na medida em que são várias as causas interruptivas e pode-se dar a circunstância de várias delas se desencadearem. Pense-se, por exemplo, no contribuinte que deduz uma reclamação graciosa e, no seguimento do indeferimento desta, deduz um recurso hierárquico. Manifestando ambos os atos efeitos interruptivos, qual dos dois (senão ambos) é relevante para a inutilização do tempo decorrido e para recontagem do prazo? Atualmente, o legislador, no n.º 3 do art.º 49.º da LGT, não deixa espaço para dúvidas, prescrevendo claramente que " (...) a interrupção tem lugar uma única vez, com o facto que se verificar em primeiro lugar", o que significa a irrelevância, para estes efeitos, de eventuais factos interruptivos posteriores.

β) **Âmbito subjetivo da interrupção**
Outro problema que se deve aqui levantar é o do âmbito subjetivo do fenómeno interruptivo. Do ponto de vista dos sujeitos abrangidos, podem-se colocar os problemas de saber se a interrupção da prescrição apenas produz efeitos em relação ao sujeito passivo originário e singular da relação jurídica tributária ou se também o faz em relação a outros sujeitos, particularmente (i) os devedores solidários, (ii) os sucessores e os (iii) responsáveis subsidiários.

Desde já podemos adiantar que a resposta deverá ser afirmativa em todos os casos.

i) No que diz respeito aos devedores solidários, a interrupção opõe-se-lhes, na medida em que estamos em presença de pessoas que figuram como sujeitos passivos desde a constituição da relação jurídica tributária (pense-se, por exemplo, nas dívidas de IRS dos cônjuges), de modo que não se justificaria qualquer regime distintivo neste ou em outros pontos. Trata-se, *ab initio*, de uma obrigação única, que vincula uma pluralidade de pessoas (sempre as mesmas), e não do chamamento posterior de alguém para responder por dívidas de outrem.

ii) Nas situações de sucessão tributária – sucessão *mortis causa*, bem entendido – a solução não é diversa. Na realidade, o herdeiro que responder pelas dívidas tributárias do sujeito inicial, responde – até às forças da herança – nos precisos termos em que este respondia, pelo que qualquer facto interruptivo por este praticado (por exemplo, uma impugnação da liquidação) é-lhe oponível.

iii) Quanto aos responsáveis, os problemas já se colocam em sede executiva e deve-se dizer que se trata de uma questão com um alcance prático imenso, bastando trazer à reflexão, a título de exemplo, a situação comum dos administradores ou gerentes de uma sociedade contra os quais reverte a execução instaurada contra esta em virtude da sua insuficiência patrimonial. Ora, se a prescrição se interrompe pela citação do executado originário, começando a correr um novo prazo, cabe perguntar: também em relação aos responsáveis subsidiários se pode dizer que começou a correr um novo prazo a partir da citação? Ou, diferentemente, ainda está a correr o primeiro? Neste último caso, naturalmente, em relação a eles, a dívida extinguir-se-á primeiro. Neste ponto, deve-se considerar que a interrupção é oponível a todos os obrigados, sendo, de resto, esta a solução normativamente acolhida (art.º 48.º, n.º 2 da LGT), nos termos da qual "as causas de (...) interrupção da prescrição aproveitam igualmente ao devedor principal e aos responsáveis solidários ou subsidiários". E compreende-se que assim seja, pois, na verdade, sendo a relação jurídica tributária una, uma é também a obrigação existente e a dívida correspondente. A única circunstância que difere ambos os tipos de responsabilidade é o momento da concretização, verificando-se uma alteração subjetiva da instância motivada pelo despacho que ordena a reversão (aliás, é instaurado um único processo executivo)[1093]. Consequentemente, a citação daquele que figura como originário devedor faz interromper a prescrição não só em relação a ele, mas igualmente em relação aos devedores não originários, pelo que também em relação a estes começa a correr novo prazo prescricional. Contudo, uma exceção pode ser apontada a esta regra: se a

---

[1093] V. acórdãos do STA de 29 de junho de 2004, processo n.º 01194/03, e de 26 de agosto de 2015, processo n.º 01012/15; V., também, acórdãos do TCA-S de 30 de outubro de 2001, processo n.º 05853/01, e de 18 de março de 2003, processo n.º 07361/01.

citação do responsável subsidiário, em processo executivo, apenas for efetuada após o quinto ano posterior ao da liquidação, então, aqui, não lhe é oponível o efeito de interrupção, continuando a valer o prazo inicial de prescrição[1094]. Claro que, se tal suceder, em relação a tal responsável, a dívida prescreverá mais cedo, o que se pode justificar com a penalização da inércia da Administração tributária em dinamizar a execução e com a proteção da confiança das expectativas eventualmente adquiridas pelo devedor.

χ) Âmbito objetivo da interrupção

Finalmente, cumpre referir algumas palavras acerca da abrangência material ou substancial da interrupção. O problema que se coloca é o seguinte: nas situações em que estão em causa várias dívidas do mesmo sujeito, a ação interruptiva levada a efeito pelas partes abrange todas elas ou apenas aquela(s) que for(em) objeto do procedimento ou processo em causa? Exemplificando: se o contribuinte é devedor de imposto sobre as transações onerosas de bens imóveis relativamente a várias alienações realizadas no mesmo ano fiscal, a reclamação graciosa ou a impugnação judicial de uma delas interrompe a prescrição de todas ou apenas daquela que foi objeto desse meio reativo?

A regra, neste domínio é "cada facto, uma prescrição".
Significa tal que cada ação interruptiva há-de ter por referência o facto tributário (v.g., a alienação, a perceção do rendimento, o benefício retirado de um bem do domínio público) que lhe está subjacente e que constitui objeto do meio utilizado, e, logo, havendo várias dívidas do mesmo contribuinte, a interrupção da prescrição por impugnação de uma apenas se refere à impugnada, continuando todas as outras sujeitas ao prazo prescricional "normal"[1095].

Entre outras consequências, ressalta a de que o meio utilizado deve ser suficientemente esclarecedor, concreto e determinado, quanto ao

---

[1094] Cfr. art.º 48.º, n.º 3 da LGT.
[1095] Note-se que tal solução não fica prejudicada nas situações em que estão em causa impugnações de impostos cujo facto tributário abrange atuações tributárias diversificadas (v.g., IVA incidente sobre várias prestações de serviços efetuadas ao longo do ano), uma vez que, nestes casos, a interrupção da prescrição se dá em relação a todas as obrigações surgidas no mesmo período de liquidação.

objeto impugnado, valendo um *princípio de proibição das ações imprecisas*, pois se não for possível determinar com clareza qual a dívida ou dívidas que estão a ser alvo de sindicância administrativa ou jurisdicional, a interrupção não se produz.

b) Suspensão da prescrição

Diferente da interrupção da prescrição é a suspensão da mesma. Trata-se, também aqui, de uma paragem na contagem do prazo prescricional, embora neste caso, cessando a causa suspensiva, se aproveite o tempo já decorrido, não ficando este, como acontecia na interrupção, inutilizado.

Sem insistir em demasia nas razões justificativas de tal suspensão, sempre é conveniente recordar que se está aqui em presença de relações em que o credor, por motivos não relacionados com a sua inércia, não pode legitimamente exercer o seu direito. Prevêem-se aqui situações (i) em que está pendente uma discussão sobre a legitimidade material do crédito – ou seja, em que não é ainda *absolutamente certo* que *aquela* quantia seja devida e possa ser exigida –; (ii) situações em que os direitos executivos (como direito a proceder à venda do imóvel penhorado) se encontram, eles próprios, impedidos de ser realizados; ou (iii) situações em que o devedor está em fase de pagamento em prestações. Compreende-se que aqui a Administração tributária não possa exercer coativamente os seus poderes de cobrança da totalidade da dívida pois, nuns casos não se sabe se esta é exigível; em outros, o legislador entendeu por bem proteger ou blindar a morada de família e, em outros, o devedor *já está a pagar*. Ora, se a AT não pode atuar, é natural que não lhe possa ser assacada a inércia, e não lhe possa ser oposta a prescrição da dívida exatamente por não ter atuado. Em todo o caso, quando a causa cessar (por exemplo, quando o processo em tribunal terminar com decisão transitada em julgado) o prazo recomeça a ser contado do ponto em que parou.

Resta acrescentar um ponto fulcral: se a dívida estiver a ser discutida em sede administrativa ou jurisdicional (primeiro grupo acima apontado), a prescrição apenas se suspende se esse meio tiver, ele próprio, eficácia suspensiva em relação à cobrança da dívida, o que acontece quando o contribuinte apresenta garantia idónea e adequada. Se não for o caso, a prescrição continua a correr.

Tendo presente este quadro, são as seguintes as causas de suspensão do prazo de prescrição[1096]:
- Autorização para pagamento da dívida em prestações;
- Utilização de um meio reativo com efeito suspensivo da cobrança, nomeadamente reclamação graciosa, impugnação judicial, recurso, oposição à execução;
- Impedimento legal à realização da venda de imóvel afeto a habitação própria e permanente[1097].

A estes grupos de causas "tipicamente tributárias" acresce a instauração da ação de impugnação pauliana intentada pelo Ministério Público (art.º 49.º, n.º 3, alínea c).

Articulando estes dados com o que acima dissemos no respeitante à interrupção da prescrição, e a título meramente exemplificativo, temos que:
i) Se o contribuinte impugna judicialmente (ou reclama graciosamente de) uma dívida tributária, o prazo de prescrição interrompe-se nesse momento;
ii) Contudo, e embora em teoria se inicie um novo prazo, na prática, este pode não se começar desde logo a contar, pois se a impugnação ou a reclamação tiverem efeito suspensivo (porque foi prestada garantia) enquanto não houver decisão passada em julgado (ou decisão definitiva da reclamação) o prazo está suspenso. Logo,
iii) O novo prazo só se começa a contar no final do procedimento ou do processo.

[1096] Cfr. art.º 49.º, n.º 4 da LGT. A respeito da existência de causas de suspensão da prescrição e da caducidade fora da LGT, cf. acórdão do TC n.º 557/2018, que declarou inconstitucional, por violação do artigo 165.º, n.º 1, alínea i), da Constituição, a norma do artigo 100.º do Código da Insolvência e da Recuperação de Empresas, interpretada no sentido de que a declaração de insolvência suspende o prazo prescricional das dívidas tributárias imputáveis ao responsável subsidiário no âmbito do processo tributário. Entendeu o órgão máximo da jurisdição constitucional portuguesa que "... do ponto de vista do responsável subsidiário, a norma em crise cria uma *nova causa de suspensão da prescrição* (a insolvência de *outrem*), declarada em processo em que este *não é parte* e sem que o Governo haja sido para tal autorizado". Trata-se, portanto, de inconstitucionalidade orgânica e formal. Importa observar, como se enfatiza no próprio acórdão, que não está em causa a suspensão da prescrição das dívidas tributárias *exigíveis ao próprio devedor insolvente* no âmbito do processo tributário.
[1097] Recorde-se o disposto no art.º 244.º, n.º 2, do CPPT.

Finalmente, uma palavra para o âmbito subjetivo: tal como com a interrupção, as causas de suspensão da prescrição aproveitam igualmente ao devedor principal e aos responsáveis solidários ou subsidiários (art.º 48.º, n.º 2 da LGT).

2.2.3. Modificação dos prazos prescricionais

Um último problema que importa analisar diz respeito aos problemas que se podem suscitar com a sucessão de prazos prescricionais[1098]. Também aqui, contudo, a abordagem pode-se revelar problemática se não for adotada uma metodologia explicativa e convenientemente esclarecedora, correndo-se o risco de se captar apenas alguns traços de regime e, por essa via, deixar de lado muitas questões relevantes. Tal metodologia passa, em nossa opinião, por considerar as duas hipóteses abstratas de alteração de prazos de prescrição, embora, na verdade, apenas uma delas possa assumir efeitos jurídicos constitutivos plenos. Estamo-nos a referir às alterações por via legal e às alterações por via convencional ou contratual. Esta última, todavia, e como já resulta de tudo o que fomos dizendo, torna-se irrelevante para efeitos tributários, atenta a consideração de que os prazos de prescrição, dizendo respeito às garantias dos contribuintes, estão sujeitos ao princípio da reserva absoluta de lei formal, e às consequências de que apenas a lei do Parlamento ou o decreto-lei autorizado os podem disciplinar[1099]. Assim sendo, qualquer contrato, pacto, acordo, convénio ou outra manifestação de vontade privada que tenha por objeto a criação, modificação ou extinção de prazos de prescrição não produz efeitos jurídico-tributários.

Resta, então debruçar a atenção sobre a sucessão legal de prazos.

Em tais casos, em que a nova lei (em sentido amplo) prevê um novo prazo prescricional, mais longo ou mais curto, ou uma nova forma de contagem do mesmo, levanta-se o problema de saber se o novo prazo se aplica às situações jurídicas pendentes, cujos prazos já começaram a cor-

---

[1098] V., por exemplo, acórdãos do STA de 10 de julho de 2002, processo n.º 025933, de 10 de dezembro de 2014, processo n.º 0341/12, e acórdão do TCA-S de 4 de fevereiro de 2016, processo n.º 07214/13

[1099] Cfr. art.º 103.º, n.º 2 e 165.º, n.º 1, alínea i) da CRP. A propósito do tema, cfr. acórdãos do TCA-S de 18 de março de 2003, processo n.º 07361/02, e de 04 julho de 2006, processo n.º 02598/99.

rer, ou, diferentemente, apenas se aplica às situações ocorridas daí em diante, continuando as situações antigas a reger-se pelos prazos velhos. A questão é de relevantíssima importância prática, na medida em que, aplicando-se um ou aplicando-se o outro, a obrigação tributária já pode estar ou não extinta.

Pense-se no seguinte exemplo, simplificado e meramente académico: determinado facto tributário – por exemplo, a alienação onerosa de um bem imóvel, geradora de mais valias tributáveis – ocorreu no ano 2000, quando a lei existente previa um prazo de prescrição das obrigações tributárias de 20 anos. No início do ano seguinte, uma nova lei vem alterar tal prazo, fixando a prescrição em 10 anos e, passados uns meses, verificou-se uma nova alienação – um facto tributário – idêntica à ocorrida em 2000. Ora, quanto a este último facto, parecem não restar dúvidas: aplica-se a nova lei e a obrigação tributária correspondente, em termos simples, prescreverá em 2011 (2001 + 10 anos). Já a obrigação decorrente do primeiro facto tributário, pode estar sujeita a um regime distinto: se for aplicada a nova lei, prescreve em 2010 (2000 + 10 anos), se for aplicada a lei do momento da sua verificação, prescreve em 2020 (2000 + 20 anos). Neste caso, como se vê, a obrigação emergente da segunda alienação (posterior), prescreveria mais cedo (!).

Nestes casos, a solução mais plausível passa pela criação de uma norma de Direito transitório ou intertemporal que se destina a sanar os eventuais conflitos surgidos entre duas normas que preveem regimes normativos temporais distintos. Atualmente, a este respeito, o legislador tributário abdica de disciplinar diretamente o problema e efetua uma remissão para um dispositivo correspondente do Código Civil, prescrevendo o n.º 1 do art.º 5.º do Decreto-Lei n.º 398/98 (que aprova a LGT), que "ao novo prazo de prescrição aplica-se o disposto no artigo 297.º do Código Civil". Este último, por seu turno, estabelece o seguinte regime:
– Nas situações em que o prazo é reduzido[1100],
  • O novo prazo, mais curto, aplica-se às situações jurídicas já constituídas ou pendentes ("a lei que estabelecer, para qualquer efeito, um prazo mais curto do que o fixado na lei anterior é também aplicável aos prazos que já estiverem em curso");

[1100] Cfr. acórdãos do STA de 31 de janeiro de 2001, processo n.º 025498, 12 de fevereiro de 2003, processo n.º 02003/02, e 29 de junho de 2004, processo n.º 01194/03.

- Esse novo prazo de prescrição só se começa a contar a partir da entrada em vigor da nova norma;
- Só não será assim se, de acordo com o prazo antigo, mais longo, faltar menos tempo para a prescrição se efetuar ("a não ser que, segundo a lei antiga, falte menos tempo para o prazo se completar").

Por exemplo: supondo-se que a prática de um determinado facto tributário (FT) ocorre no ano 01, em que o prazo de prescrição é de 20 anos e que no ano 08 entra em vigor um novo prazo, mais curto, de 10 anos, será este último a ser aplicado e a obrigação correspondente prescreverá no ano 18 (ano 08 + 10 anos). Se fosse aplicado o prazo antigo, a prescrição só se verificaria no ano 21 (ano 01 + 20 anos).

Ano	Ano	Ano	Ano
01	8	18	21
(FT)			

|--|

             |_____Prazo de prescrição novo_____|

|_____Prazo de prescrição antigo_____|

- Nas situações em que o prazo é aumentado, também se aplica o novo prazo, mas "computar-se-á (...) todo o tempo decorrido desde o seu momento inicial"[1101].

[1101] Mesmo nas situações em que não se preveja qualquer disposição de Direito transitório, entendemos que as disposições contidas no art.º 297.º do CC mantêm plena aplicabilidade. Note-se que não se trata de aplicar analogicamente o regime civilístico a uma lacuna do Direito tributário, até porque tal aplicação se encontra vedada por operância do princípio da reserva absoluta de lei formal, mas tão somente de considerar que se trata de um conjunto de preceitos que densificam o princípio da segurança jurídica e da proteção da confiança – de acordo com o qual os destinatários das normas devem, com razoabilidade, poder prever os seus efeitos típicos – e, por essa via, assumem valor materialmente constitucional. Por isso, são aplicáveis a todo o ordenamento, na veste de solução material enformadora.
O que não se deve admitir, por juridicamente claudicante, é a solução que mande aplicar determinado prazo porque beneficia o contribuinte. Além de o fim do procedimento e do

2.2.4. Conhecimento administrativo e jurisdicional da prescrição
Em termos de "levantamento do problema", a prescrição tanto pode ser suscitada e apreciada em sede administrativa como em sede de Tribunal.
Vejamos como.

a) Conhecimento administrativo
A possibilidade de conhecimento administrativo poderia suscitar algumas dúvidas se fosse entendido que a atividade da Administração tributária tem por objetivo fundamental e estrito a tributação. Contudo, já vimos que não é assim. Na verdade, configurando-se o princípio da verdade material como o norteador de todos os objetivos da atuação procedimental, não resta espaço para conceber que o fim administrativo seja, neste domínio, "tributar a todo o custo". Pelo contrário, tal princípio, aliado ao princípio do inquisitório, obriga o agente administrativo a trazer ao procedimento *todos os elementos* necessários à descoberta da verdade material, mesmo que esses elementos obriguem a concluir em sentido diverso dos interesses financeiros do Estado. Em poucas palavras: a Administração não é defensora dos interesses financeiros públicos – esse é o representante da Fazenda Pública –, mas uma aplicadora da lei e defensora da verdade material que, nesta situação, não tem de conduzir à arrecadação da receita, uma vez que a conflituar existe o valor da segurança jurídica.

Como consequência, é de considerar que a prescrição deve ser oficiosamente conhecida por parte da Administração tributária – insistimos: mesmo contra os interesses financeiros/patrimoniais do Estado –, nomeadamente, em processo de impugnação judicial (por exemplo, no âmbito do art.º 112.º do CPPT) e em processo de execução fiscal.

Naturalmente que também deverá ser conhecida se o interessado o suscitar em sede de procedimento impugnatório.

---

processo tributário não ser proteger o contribuinte – como também não é tributá-lo a todo o custo – mas descobrir a verdade material ou resolver adequadamente o litígio e obter a paz jurídica, não deve ser perdido de vista que o benefício de um contribuinte pode prejudicar todos outros (contrariando o princípio constitucional da justa repartição dos encargos), tendo em vista os objetivos que a tributação visa prosseguir: a obtenção de receitas para a produção de bens públicos e bens semi-públicos. V., a propósito, acórdão do TCA-S 15 de novembro de 2005, processo n.º 00220/03.

b) Conhecimento jurisdicional

Já no que diz respeito à apreciação jurisdicional, duas formas de conhecimento do facto prescritivo podem ser perspetivadas: (i) por um lado, o conhecimento suscitado pelo próprio Tribunal de modo oficioso e, (ii) por outro lado, o conhecimento provocado pelas partes no decurso da tramitação de um processo.

Debrucemo-nos separadamente sobre cada uma das situações.

i) Em primeiro lugar, não restam dúvidas de que a prescrição deve ser conhecida oficiosamente pelo próprio julgador. Na verdade, tal resulta do enunciado literal do art.º 175.º do CPPT, nos termos do qual a prescrição será conhecida "oficiosamente pelo juiz se o órgão da execução fiscal que anteriormente tenha intervido o não tiver feito". Significa isto, como facilmente se depreende, que, mesmo que as partes (v.g., o contribuinte ou os responsáveis subsidiários) não tenham levantado o problema no decurso do processo executivo, o juiz, quando este último lhe chegue às mãos – nomeadamente nos casos em que, na respetiva tramitação, surja um conflito de pretensões, como uma oposição – deve *ex officio* suscitá-lo e, caso conclua que a prescrição efetivamente se verifica, determinar a extinção do direito do Estado à respetiva cobrança coerciva e consequente extinção da execução[1102].

ii) Mas, e em segundo lugar, também pode ser conhecida se suscitada pelas partes do (e no) processo. Aqui, as maiores questões são levantadas acerca da forma processual adequada no âmbito da qual tal suscitação pode ser levada à prática, nomeadamente, pergunta-se: em sede de processo de impugnação judicial ou em sede de execução fiscal[1103]?

[1102] Cfr., a respeito, por exemplo, acórdãos do TCA-S de 18 de março de 2003, processo n.º 07361/02, e do STA de 29 de junho de 2004, processo n.º 01194/03. Em sentido diverso, v., art.º 303.º do CC (nos termos do qual "o tribunal não pode suprir, de ofício, a prescrição; esta necessita, para ser eficaz, de ser invocada, judicial ou extrajudicialmente, por aquele a quem aproveita, pelo seu representante ou, tratando-se de incapaz, pelo Ministério Público").

[1103] Na verdade, e em abstrato, um outro problema poderia ser levantado, que é o de saber se a prescrição pode ser conhecida por via de ação – solicitando a declaração de que o crédito está já extinto – ou por via de exceção – impugnando um crédito que se faz valer contra o contribuinte. Contudo, apenas esta última via relevará, em face do carácter subsidiário da ação *para reconhecimento*, prevista no art.º 145.º do CPPT, que não deve ser usada quando outros meios forem mais idóneos a conseguir o objetivo pretendido.

α) A este respeito, a primeira conclusão a tirar é a de que, em princípio, a prescrição *não é* fundamento válido de impugnação judicial, "por não ter que ver com a legalidade do ato de liquidação, sendo-lhe posterior (...), mas apenas com a exigibilidade da obrigação criada com a liquidação". Contudo, em casos restritos, pode-se admitir a sua suscitação, nomeadamente nas situações em que o pagamento do tributo se não mostre efetuado – e só nestes – e também não tenha sido conhecido em sede da própria execução fiscal, tendo em vista apreciar a manutenção da utilidade no prosseguimento da lide de impugnação judicial. De facto, nestes casos, deixaria de ser juridicamente relevante continuar a discussão acerca da legalidade de um ato tributário, quando o respetivo devedor, por extemporaneidade, já não pode ser compelido coercivamente a satisfazê-la. Significa isto que, em rigor, "o conhecimento da prescrição da liquidação impugnada, em sede de impugnação judicial, só poderá ter como fim a extinção da instância por inutilidade superveniente da lide e isto pelo facto de a Fazenda Pública, (...), jamais poder exigir do contribuinte a obrigação tributária prescrita. Assim sendo, a verificação da prescrição não implica a anulabilidade do ato tributário – repete-se: não está em causa a legalidade deste –, antes extingue a obrigação tributária e, por conseguinte, o direito do Estado à cobrança[1104].

β) Em sede de processo de execução, diferentemente, a prescrição já pode ser suscitada e apreciada como regra, constituindo taxativamente um fundamento de oposição[1105]. Em tal caso, a sua verificação e conhecimento acarreta a extinção da execução, em vista da impossibilidade de exigência coerciva da dívida[1106].

[1104] V. acórdãos do TCA-S de 04 de julho de 2006, processo n.º 02598/99, e de 4 de junho de 2013, processo n.º 05799/12; e do STA de 31 de maio de 2006, processo n.º 0156/06; de 19 de outubro de 2016, processo n.º 087/16; e de 4 de novembro de 2015, processo n.º 0234/15. V., ainda, acórdão do STA de 18 de dezembro de 2002, processo n.º 01577/02, e jurisprudência aí referida.
[1105] Cfr. art.º 204.º, n.º 1, alínea d), do CPPT.
[1106] Assim, acórdãos do STA de 28 de maio de 2003, processo n.º 0426/03 e do TCA-S de 14 de abril de 2016, processo n.º 9494/16.

3. Caducidade

3.1. Enquadramento: a multiplicidade de prazos de caducidade

Em termos de exposição sistemática, até agora, temo-nos referido ao prazo do credor tributário para exigir o pagamento das dívidas tributárias já liquidadas (prazo de prescrição).

Chegou o momento de nos referirmos ao prazo para exercer o direito à liquidação (denominado *prazo de caducidade*).

Antes, porém, de nos debruçarmos sobre esta matéria, importa salientar que outros prazos existem e relativamente aos quais se pode também referir a figura da caducidade. Simplesmente acontece, como já tivemos ocasião de assinalar, que o legislador entendeu que este, por motivos vários, era merecedor de uma pormenorização ao nível da previsão que ultrapassa largamente a que é concedida aos restantes.

Apenas com propósitos metódicos e a título meramente exemplificativo – uma vez que muitíssimos outros prazos se preveem –, atentemos nas seguintes situações temporalmente limitadas, de resto já por várias vezes referidas nestas *Lições*:

- O silêncio da Administração tributária (ausência de resposta) durante 4 meses, contados a partir da entrada de uma petição do contribuinte, faz presumir o indeferimento desta, terminando – assim o entendemos – o direito/dever de decisão administrativa[1107];
- O contribuinte dispõe, em regra, do prazo de 3 meses para impugnar judicialmente a liquidação de um tributo e de 30 dias para apresentar a oposição à execução fiscal, findos os quais se extingue o seu direito de questionar jurisdicionalmente esse ato tributário ou de se opor ao processo executivo[1108];
- Igualmente, o representante da Fazenda Pública tem ao seu dispor 3 meses para contestar a petição inicial apresentada pelo contribuinte – ou solicitar produção de prova adicional –, findos os quais o seu direito também se extingue[1109];

[1107] Cfr. art.º 57.º, n.ºs 1 e 5, da LGT.
[1108] Cfr. art.ºs 102.º e 203.º do CPPT.
[1109] Cfr. art.º 110.º, n.º 1, do CPPT

- A Administração tributária dispõe, em regra, de 4 anos para exercer o direito de liquidação dos tributos, decorridos os quais, uma vez mais, tal direito deixa de poder ser exercido[1110];
- A partir do momento em que procede a uma avaliação prévia a pedido do contribuinte, a Administração fica vinculada ao valor fixado por um período de 3 anos, findo o qual cessa a vinculação referida[1111].

Pois bem, aparte estes, existe o prazo que a Administração tributária ou outro credor tributário tem ao seu dispor para liquidar os tributos.
A ele dedicaremos as considerações subsequentes.

3.2. Em particular, a caducidade do direito à liquidação

3.2.1. A relevância do ato liquidatório e o prazo geral de caducidade

Como é sabido, liquidar significa quantificar a obrigação tributária. Trata-se de um conjunto de operações materiais, praticadas pela Administração ou pelo contribuinte, vertidas num ato jurídico – o ato liquidatório – mediante o qual, no quadro delimitado pelas normas legais de incidência pessoal e real, se determina em concreto o objeto do tributo (matéria coletável) e o respetivo valor. No âmbito que agora nos ocupa, apenas nos interessarão as situações em que essa liquidação é levada a efeito pela Administração tributária, pois é a ela que o legislador dedica atenção particularizada, mediante a fixação de prazos de caducidade.

De modo a atingir uma maior clareza expositiva, atentemos no exemplo seguinte, bastante simplificado: determinado sujeito, no âmbito do contrato de trabalho que realizou com certa empresa, auferiu salários fixos mensais; além disso, no âmbito de uma atividade independente, praticou ao longo do ano vários atos remunerados de prestação de serviços; e, finalmente, alienou um conjunto de ações, realizando uma mais valia sujeita a IRS. Ora, a partir do momento em que recebe os rendimentos referidos, o sujeito em causa sabe que deve pagar o imposto respetivo, estando, desde o momento da realização do facto tributário,

---

[1110] Cfr. art.º 45.º da LGT.
[1111] Cfr. art.º 58.º, n.º 2 do CPPT.

investido na veste de sujeito passivo da relação jurídica tributária. Todavia, não sabe quanto é que deve pagar. E não o sabe por várias razões: em primeiro lugar, porque o imposto a pagar no final resulta do englobamento de todos os seus rendimentos auferidos ao longo do ano, pelo que é impossível saber a cada momento o montante da obrigação; em segundo lugar, porque na determinação do valor do imposto final a pagar são contabilizadas determinadas despesas (v.g., saúde, educação, amortização de empréstimos bancários) que apenas no final do ano se conhece na totalidade; em terceiro lugar, porque pode acontecer que o sujeito em causa já tenha feito adiantamentos por conta do imposto (pagamentos por conta ou importâncias retidas na fonte com essa natureza) que, naturalmente, deverão ser descontados a final, para não pagar imposto duas vezes. Pois bem: a liquidação serve exatamente para isso – para quantificar a obrigação tributária em concreto. Até ao momento da liquidação, o contribuinte sabe que deve pagar, mas não sabe quanto – está adstrito a uma obrigação inquantificada ou ilíquida; a partir de tal momento, a obrigação torna-se determinada e certa, sabendo ele já o *quantum* de imposto a entregar nos cofres do Estado[1112].

Nesta matéria, o normador fixou a regra no art.º 45.º da LGT: "o direito de liquidar os tributos caduca se a liquidação não for validamente notificada ao contribuinte no prazo de quatro anos".

Interessa sublinhar a relevância da fase integrativa de eficácia – e não apenas a fase constitutiva ou decisória – do procedimento tributário de liquidação: o que se exige que seja praticado dentro do prazo não é apenas o ato tributário, mas também a correspondente comunicação (notificação) ao contribuinte, pelo que tendo o primeiro sido praticado dentro dos referidos quatro anos, mas a notificação respetiva apenas depois disso, considera-se caducado o direito em causa. Interessa também referir que releva aqui apenas a notificação efetuada ao sujeito passivo originário, e não a que, necessariamente posterior, tenha sido efetuada aos eventuais responsáveis subsidiários[1113].

[1112] Como resulta do estudo já anteriormente efetuado, naturalmente que a liquidação não se confunde com a fase seguinte do procedimento tributário *lato sensu* que é a cobrança. Após a notificação daquela por parte da Administração tributária, o contribuinte dispõe de um prazo para efetuar o respetivo pagamento (ou, então, querendo, impugnar administrativamente ou jurisdicionalmente a liquidação).

[1113] Cfr. acórdão do STA de 02 de novembro de 2005, processo n.º 0361/05, e do TCA-N de 14 de janeiro de 2016, processo n.º 01651/06.5BEBRG.

Trata-se de um prazo razoável e que não deve ser entendido como sendo largo ou exagerado. Na verdade, não se deve perder de vista que a operação de liquidação, quando levada à prática pela Administração tributária, está sujeita a constrangimentos assinaláveis, na medida em que está dependente da colaboração dos sujeitos passivos e de terceiros, e das informações ou operações que estes tragam ao procedimento. Do ponto de vista fáctico, a Administração não consegue no mesmo ano verificar a veracidade do declarado nem as omissões dos contribuintes, compreendendo-se, por isso, que lhe seja atribuído um prazo alargado – embora não desproporcionalmente alargado , em virtude das limitações impostas pelo princípio da segurança jurídica (o contribuinte não pode viver sempre sujeito à dúvida sobre se o ato de liquidação vai ou não ser efetivado, além de que a própria atividade empresarial ressentir-se-ia de tal incerteza) – para liquidar o tributo e, se for o caso rever os atos tributários praticados.

Quatro anos é, então, o prazo geral que o credor tributário tem para efetuar a liquidação. Trata-se, contudo, e como acabamos de referir, de um prazo geral. Nada impede que outros prazos, maiores ou menores, sejam fixados, até porque o próprio legislador assim o prevê na parte final do preceito supra mencionado ["(...) quando a lei não fixar outro"][1114].

3.2.2. Regime normativo

A exemplo do que fizemos aquando da consideração do regime normativo inerente à prescrição, também aqui interessa salientar a importância do princípio da reserva da lei formal, como garantia dos contribuintes em matéria de impostos (art.º 103.º, n.º 2, da CRP). As exigências continuam a ser as mesmas, ou seja (repetindo o que dissemos): todas as soluções devem ser direta e normativamente modeladas pelo legislador tributário, não restando espaço, nem para a autonomia da vontade, nem para espaços discricionários, nem para integração de lacunas por analogia.

[1114] Um exemplo de distinto prazo de caducidade pode ser encontrado no Código do imposto de selo, onde, no n.º 1 do art.º 39.º se prevê expressamente: "[s]ó pode ser liquidado imposto nos prazos e termos previstos nos artigos 45.º e 46.º da LGT, salvo tratando-se das aquisições de bens tributadas pela verba 1.1 da Tabela Geral ou de transmissões gratuitas, em que o prazo de liquidação é de oito anos contados da transmissão ou da data em que a isenção ficou sem efeito, sem prejuízo do disposto nos números seguintes".

3.2.2.1. Contagem do prazo

Como acima referimos, o prazo geral para exercer o direito à liquidação dos tributos é de 4 anos.

Quanto ao início de contagem do mesmo, a LGT apenas se refere aos impostos e quanto a estes estabelece (n.º 4 do art.º 45.º) que tal prazo começa a contar-se:

- Nos impostos periódicos, a partir do termo do ano em que se verificou o facto tributário;
- Nos impostos de obrigação única, a partir da data em que o facto tributário ocorreu, exceto no imposto sobre o valor acrescentado e nos impostos sobre o rendimento quando a tributação seja efetuada por retenção na fonte a título definitivo, caso em que aquele prazo se conta a partir do início do ano civil seguinte àquele em que se verificou, respetivamente, a exigibilidade do imposto ou o facto tributário.

Como se vê, não foi acolhido o princípio *actio nata*, começando a contar-se o respetivo prazo, em regra, a partir do facto tributário e não a partir do momento em que o direito pode ser exercido.

Parece-nos que estamos em presença de um regime – além de lacunoso, pois parece ter-se esquecido dos tributos que não sejam impostos – consagrador de alguma injustiça, uma vez que indicia uma desigualdade de armas procedimentais e alguma incoerência normativa, principalmente se tivermos em vista que muitas vezes o credor está dependente da colaboração do contribuinte (por exemplo, em sede de IRS) e não pode atuar enquanto este não apresentar a respetiva declaração, nem enquanto não passar o prazo para ele o fazer. Verifica-se até que, em termos práticos, o prazo de caducidade do direito à liquidação acaba por ser o prazo legal (v.g., 4 anos) menos o tempo que a informação demora a chegar à Administração – por exemplo meio ano, uma vez que só em maio do ano seguinte é que a Administração terá conhecimento dos factos, podendo liquidar o tributo e, sendo caso disso, preparar procedimentos de inspeção.

Parece-nos que esta é uma solução de constitucionalidade duvidosa.

Procuremos demonstrar em que medida.

***

De acordo com o princípio *actio nata* acima referido, apenas a partir do momento em que o credor pode exercer o seu direito subjetivo de exigir a quantia em dívida é que o prazo prescricional deve começar a correr[1115]. Antes disso, entende-se que o prazo extintivo não deve correr porque, em boa verdade, não pode ser oposta ao credor qualquer inércia ou passividade, uma vez que ele ainda nada pode fazer.

Em matéria tributária, as considerações inerentes a este princípio são de uma relevância prática incontornável. Pense-se, por exemplo, na situação em que determinado contribuinte pratica um ato que gera um facto tributário – por exemplo, aliena onerosamente um bem imóvel e realiza com isso uma mais valia tributável –, mas não o declara à Administração tributária. Neste caso, e de acordo com o mencionado princípio, só a partir do momento em que esta toma conhecimento da alienação e da perceção da correspondente riqueza é que se começaria a contar o prazo de quatro anos de caducidade.

Todavia, as coisas não são assim.

Estabelece o legislador tributário, no art.º 45.º, n.º 4 da LGT, que a caducidade se começa a contar a partir do momento da ocorrência do facto – ou do final do ano respetivo –, o que gera a situação anómala de que o credor já vê a correr contra si um prazo que o obriga a atuar sendo que ele não sabe que tem de atuar! É importante sublinhar que esta ausência de conhecimento se deve à circunstância de que o contribuinte não cumpriu os seus deveres acessórios declarativos. Muito possivelmente, apenas passados uns meses ou anos é que a Administração tomará conhecimento do facto através de comunicações de entidades oficiais ou de fiscalizações cruzadas, podendo até acontecer que tal conhecimento nunca chegue.

É certo que sempre se poderia dizer o seguinte: na medida em que a Administração está vinculada a um princípio do inquisitório na tarefa de descoberta da verdade material, ela está obrigada a desencadear um procedimento de inspeção para descobrir essa verdade. Ainda assim, contudo, duas contra-objeções se podem apontar: primeiro, ela não saberia que contribuintes inspecionar (fá-lo-ia em relação a todos?), de modo que estariam a dispersar-se meios investigatórios que poderiam ser utilizados em outras situações (violando o princípio da eficiência e

---

[1115] Cfr., a propósito, o art.º 306.º, n.º 1 do CC.

da economia dos meio procedimentais); segundo, estar-se-ia, até certo ponto, a premiar-se o contribuinte faltoso, que não declara e que assim pensará que, quanto mais tarde a Administração descobrir o seu "negócio encoberto", melhor, pois menos tempo terá para lhe exigir o cumprimento da obrigação tributária. Em contraposição, o contribuinte cumpridor das obrigações declarativas fica sujeito – e bem – a um prazo de quatro anos durante os quais a dívida é exigível.

Neste particular, melhor andou o legislador civilístico que prevê que só começa a correr o prazo quando o credor pode exercer o seu direito, por exemplo, conhecendo-o. E até vai mais longe: se a dívida for ilíquida – que é o que acontece com a dívida tributária antes do ato tributário –, a prescrição começa a correr desde que ao credor seja lícito promover a liquidação, o que, em justiça, só acontece quando ele tem conhecimento, ou pode ter, da factualidade que lhe está subjacente.

Do ponto de vista estritamente jurídico, parece-nos que a solução da LGT é inconstitucional, pois viola o princípio da justiça na tributação (art.º 103.º da CRP), na medida em que condiciona – ou pode condicionar – gravemente o direito à perceção da receita pública por parte da Administração tributária. Além disso, é desadequada ao fim que se pretende atingir – a segurança jurídica – de modo que viola igualmente o princípio da proporcionalidade e contraria o princípio da igualdade, ao colocar a Administração numa posição desfavorável em relação aos contribuintes faltosos.

Ora, em face destes argumentos – e não obstante se reconhecer que o direito em causa, assim, se poderia tornar incaducável –, parece-nos que a melhor solução seria:

i) Quando houver obrigatoriedade de entrega de declaração ou comunicação de um ato ou de um facto, o prazo de caducidade deveria começar a contar-se quando ela se efetua (ou, quando muito, a partir do início do ano seguinte)[1116]. Aliás, nem é uma solução estranha em termos de Direito comparado. Basta pensar que

---

[1116] Numa posição que nos parece bastante acertada e razoável, a jurisprudência aderiu a esta ideia e temperou a solução legal. V., por exemplo, acórdão do TCA–N de 21 de outubro de 2004, processo n.º 00092/04, onde se pode ler:
"É que a caducidade do direito de liquidação, tal como a prescrição, constitui, de certo modo uma "punição" para o não exercício atempado do direito. Porém, o exercício do direito depende do conhecimento da sua existência por parte do seu titular. Ora, se a recorrente

o legislador alemão a adotou, em termos de se iniciar o prazo apenas quando a Administração está em condições de atuar[1117];

ii) Quando não houver obrigatoriedade de entrega de declaração ou comunicação de atos, o prazo de caducidade deverá começar a contar-se a partir do facto tributário ou facto análogo. É o que se passa, nomeadamente, nos tributos que assumem a forma de contribuições especiais[1118];

iii) No caso de tributos cuja exigência está sujeita a condição (por exemplo, a ausência de reinvestimentos futuros, como a construção, melhoramento ou ampliação de bens imóveis, etc.)[1119], o prazo de caducidade começa a contar-se quando a condição se verifica.

3.2.2.2. Vicissitudes do prazo de caducidade

Já nos referimos em momento anterior, à distinção entre interrupção e suspensão dos prazos e à relevância jurídico-normativa da respetiva ocorrência. Aproveitando o que então ficou dito, importa agora, tão somente, salientar as causas de suspensão do prazo de caducidade

---

não comunicou à Administração Tributaria, oportunamente, os factos que agora pretende serem-lhe favoráveis, aquela não poderia exercer o referido direito".
Adiante, acrescenta-se:
"A tese [contrária] viria premiar os contribuintes faltosos nos casos em que, havendo tradição, a não comunicassem à Administração Tributária e deixassem propositadamente passar o prazo de caducidade, só celebrando o contrato definitivo após decorrido esse prazo e confiando em que aquela não descobrisse a verificação do facto tributário".

[1117] Na verdade, o § 170 da *Abgabenordnung*, parece indiciar solução diversa, ao prescrever no número (1) a regra do momento do "nascimento do imposto" (*"Die Festsetzungsfrist beginnt mit Ablauf des Kalenderjahrs, in dem die Steuer entstanden ist"*). Todavia, a disposição seguinte (2) parece transformar em regra o que aparentemente seria a exceção (o momento da declaração).

[1118] Cfr., por exemplo, o art.º 14.º do DL n.º 51/95 (que aprova o Regulamento da Contribuição Especial, devida pela valorização de imóveis decorrente da construção da nova ponte sobre o rio Tejo), nos termos do qual "só poderão ser efetuadas ou corrigidas liquidações, ainda que adicionais, nos cinco anos seguintes àquele em que tiver sido emitida licença de construção ou de obra". V., ainda, os art.ᵒˢ 14.º e ss. do DL 54/95 (que aprova o Regulamento da Contribuição Especial, devida pela valorização de imóveis decorrente da realização da EXPO 98) e do DL n.º 43/98 (valorização dos imóveis beneficiados com a realização da CRIL, CREL, CRIP, CREP, travessia ferroviária do Tejo, troços ferroviários complementares, extensões do metropolitano de Lisboa e outros investimentos).

[1119] Cfr., por exemplo, art.º 10.º, n.º 5, do CIRS.

do direito à liquidação – não se preveem causas de interrupção –, referindo os seus aspetos essenciais de regime e abstendo-nos de maiores desenvolvimentos. Em todas estas situações estão em causa motivos que determinam uma impossibilidade temporária de o credor poder atuar juridicamente, o que motiva que não lhe possa ser oponível um correr do tempo que ele não pode evitar.

Essas situações, nos termos do art.º 46.º da LGT, são as seguintes[1120]:

i) Ação de inspeção externa – nas situações em que se o sujeito vai ser visado num procedimento de inspeção externa, o prazo da caducidade não se conta a partir da notificação ao contribuinte da ordem de serviço ou do despacho no início da mesma e até à sua finalização[1121] (portanto, não se conta *durante* a inspeção). Contudo, se tal finalização ocorrer no prazo de seis meses após essa notificação acrescido do período em que esteja suspenso o prazo para a conclusão do procedimento de inspeção, cessa o efeito suspensivo e conta-se o prazo desde o início, como se não tivesse havido suspensão;

ii) Litígio judicial de cuja resolução dependa a liquidação do tributo – quando estiver pendente em Tribunal uma ação/recurso que tenha por objeto ato ou facto do qual a liquidação dependa (v.g., uma situação jurídica laboral, um contrato, uma indemnização), o prazo de caducidade considera-se suspenso desde o início do processo até ao trânsito em julgado da decisão;

iii) Benefícios fiscais de natureza contratual – se o que está em causa são benefícios fiscais de natureza contratual, a caducidade não corre desde o início até à resolução do contrato ou durante o decurso do prazo dos benefícios;

iv) Benefícios fiscais de natureza condicionada – em caso de benefícios fiscais de natureza condicionada, tal caducidade suspende-se

---

[1120] A respeito da existência de causas de suspensão da prescrição e da caducidade fora da LGT, cf. acórdão do TC n.º 362/2015, que julgou inconstitucional, por violação do artigo 165.º, n.º 1, alínea i), da Constituição, a norma do artigo 100.º do Código da Insolvência e da Recuperação de Empresas, interpretada no sentido de que a declaração de insolvência suspende o prazo prescricional das dívidas tributárias imputáveis ao responsável subsidiário no âmbito do processo tributário.

[1121] Cfr. art.ºs 49.º e ss. do RCPITA.

desde a apresentação da declaração até ao termo do prazo legal do cumprimento da condição[1122];

v) Liquidação resultante de reclamação, impugnação ou pedido de revisão – em caso de o direito à liquidação resultar de reclamação, impugnação ou pedido de revisão, o prazo de caducidade suspende-se a partir da apresentação do meio impugnatório e até à decisão[1123];

vi) Apresentação do pedido de revisão da matéria coletável, até à notificação da respetiva decisão.

Em todos estes casos, insistimos, o prazo de caducidade não se conta, retomando-se do ponto em que estava quando cessar a causa suspensiva.

3.2.2.3. Modificação dos prazos de caducidade

Embora em abstrato sejam de considerar as hipóteses de alteração legal e voluntária dos prazos de caducidade, constata-se – a exemplo do que sucede, como vimos, com a prescrição – que, por via da atuação do princípio da reserva legal tributária, esta última não produz qualquer efeito jurídico.

No que diz respeito às alterações legais de prazos, pouco mais temos a acrescentar ao que anteriormente dissemos: a solução mais plausível passa pela criação de uma norma de Direito transitório ou intertemporal que se destina a sanar os eventuais conflitos surgidos entre duas normas que preveem regimes normativos temporais distintos e, também aqui, traz-se à colação o art.º 5.º do Decreto-Lei n.º 398/98 (que aprova a LGT), embora interesse neste particular o seu n.º 5: "o novo prazo de caducidade do direito de liquidação dos tributos aplica-se aos factos tributários ocorridos a partir de 1 de janeiro de 1998". Vigora, portanto, uma regra de prospetividade absoluta, não se aplicando o novo prazo de

---

[1122] A título exemplificativo, refira-se a exclusão de tributação em sede de IRS dos rendimentos provenientes da transmissão onerosa de bens imóveis destinados a habitação própria e permanente do sujeito passivo ou do seu agregado familiar, quando o respetivo valor de realização for reinvestido em determinadas condições (art.º 10.º, n.º 5, do CIRS).

[1123] Será o caso, por exemplo, do contribuinte que entende que deve ser abrangido por um regime determinado, e reage contra o ato de indeferimento efetuado pela Administração, que entende em sentido diverso. Neste caso, se a caducidade continuasse a correr, e se o indeferimento fosse anulado – devendo ser liquidado tributo de acordo com um outro regime –, a Administração poderia já não estar em tempo de efetuar a liquidação.

caducidade às relações jurídicas iniciadas debaixo de um facto tributário anteriormente ocorrido.

3.2.2.4. Conhecimento administrativo e jurisdicional da caducidade

Chegou agora o momento de nos debruçarmos sobre as possibilidades de conhecimento litigioso da caducidade e, tal como acontecia em relação à prescrição, pode-se aqui também afirmar que a suscitação tanto pode ocorrer em sede administrativa como em sede jurisdicional.

De resto, poucas são as especificidades aqui a apontar

a) Conhecimento administrativo

A este propósito, o que dissemos a respeito da exigência de conhecimento administrativo da prescrição continua a ter aqui plena aplicabilidade, pelo que para essa sede remetemos, insistindo apenas na relevância dos princípios da verdade material e do inquisitório.

Em termos práticos, significa esta ideia que, nas situações em que a Administração liquida o tributo – ou, melhor dizendo: notifica tal liquidação – após o prazo legalmente previsto, pode e deve, por sua própria iniciativa e sem esperar por impulso do interessado – embora possa atuar no seguimento deste –, revogar o ato exarado, nomeadamente através do procedimento de revisão oficiosa dos atos tributários (ou, sendo caso disso, anulando-o em reclamação graciosa).

b) Conhecimento jurisdicional

No que concerne à apreciação jurisdicional, sabemos que são dois os problemas que devem ser analisados: (i) a suscetibilidade de conhecimento jurisdicional oficioso e (ii) o meio processual adequado para levantar a questão.

i) A jurisprudência dominante tem entendido que a caducidade do direito à liquidação gera mera anulabilidade, pelo que não é de conhecimento oficioso, devendo, antes, ser invocada pelo contribuinte. Entende-se que se trata de uma ilegalidade, idêntica a outras ilegalidades, a necessitar de alegação na petição inicial, sob pena do seu conhecimento ficar precludido[1124].

[1124] Cfr. acórdãos do Supremo Tribunal Administrativo de 18 de maiode 2005, processo n.º 01178/04, e de 18 de janeiro de 2006, processo n.º 0680/05.

ii) Por se tratar de um problema relacionado com a legalidade da liquidação, o meio adequado para se efetivar o seu conhecimento judicial é o processo de impugnação judicial e não qualquer outro (v.g., oposição à execução fiscal)[1125].

[1125] A este propósito, no último acórdão supra citado pode ler-se: "Certo que se poderia duvidar de que assim fosse face ao que dispõe o art.º 204.º, n.º 1, alínea e) do Código do Procedimento e de Processo Tributário. Mas ainda assim caberia recordar que a falta de notificação da liquidação ali prevista, *apertis verbis*, de resto, é a que se integra ainda no prazo de caducidade do imposto e já não depois desta mesma ter ocorrido". Cfr., ainda, acórdão do Supremo Tribunal Administrativo de 31 de janeiro de 2001, processo n.º 025263.

PRINCIPAIS REFERÊNCIAS BIBLIOGRÁFICAS[*]

ALMEIDA, Mário Aroso, *Manual de processo administrativo* (reimp. da 3.ª edição), Almedina, Coimbra, 2017.

AMARAL, Diogo Freitas, *Curso de Direito Administrativo – Volume II* (reimp. da 3.ª edição), Almedina, Coimbra, 2017.

ANDRADE, J. C. Vieira, *A Justiça Administrativa (lições)*, 16.ª edição, Almedina, Coimbra, 2017.

AA.VV., "Prescrição da obrigação tributária" (org. Margarida Reis), Centro de Estudos Judiciários (CEJ), Lisboa, 2019, disponível em http://www.cej.mj.pt/cej/recursos/ebooks/Administrativo_fiscal/eb_Prescricao Tributario.pdf.

BARBOSA, Andreia, *A Prestação e a Constituição de Garantias no Procedimento e no Processo Tributário*, Almedina, Coimbra, 2017.

---- *A proteção da casa de morada da família e da casa de habitação efetiva no processo de execução fiscal*, in Cadernos de Justiça Tributária, 14, CEJUR, Braga, 2016, pp. 3 e ss.

BASTOS, Nuno, *O efeito suspensivo das reclamações das decisões do órgão de execução fiscal à luz das recentes alterações ao respetivo regime*, in Tutela cautelar

---

[*] As referências bibliográficas apenas abrangem obras e textos que foram efetivamente utilizados e que influíram decisivamente na construção do pensamento do autor e, tirando situações muito excecionais e perfeitamente justificadas – como, por exemplo, aquelas em que se entendem necessárias remissões imediatas para desenvolvimentos efetuados por outros –, não são vertidas ao longo do discurso, mas apenas nesta listagem final. O propósito é sempre o mesmo – tornar o discurso escorreito e deixá-lo ser o que ele pretende ser: *Lições*, como reflexo de um edifício científico-analítico de pensamento (e não o mostruário de um pretensioso repositório de erudição).

no contencioso tributário, Centro de estudos judiciários, Lisboa, 2016, disponível em http://www.cej.mj.pt/cej/recursos/ebook_administrativo_fiscal.php.

BIRK, Dieter, *Steuerrecht*, 15.ª edição, C. F. Muller, Heidelberg, 2012.

BRITO, Wladimir, *Lições de Direito processual administrativo*, 2.ª edição, Coimbra Editora, Coimbra, 2008.

CAETANO, Marcello, *Manual de Direito Administrativo*, Volume I (reimp. da 10.ª edição), Almedina, Coimbra, 2016.

---- *Manual de Direito Administrativo*, Volume II, 11.ª reimpressão (revista e atualizada da 10.ª edição), Almedina, Coimbra, 2013.

CALDEIRA, JOÃO DAMIÃO, *O procedimento tributário de inspecção: um contributo para a sua compreensão à luz dos direitos fundamentais*, in www.tributarium.net (teses).

CANOTILHO, J. J. Gomes, *Direito Constitucional e Teoria da Constituição*, (reimp. da 7.ª edição), Almedina, Coimbra, 2017.

CANOTILHO, J. J. GOMES e MOREIRA, Vital *Constituição da República Portuguesa anotada*, Volume I, 4.ª edição, Coimbra Editora, Coimbra, 2014.

CARVALHO, Cláudio, *As reclamações prévias em matéria tributária*, in *Scientia Iuridica*, n.º 314, 2008, Braga.

CASTRO, Anibal, *A caducidade na doutrina, na lei e na jurisprudência*, 3.ª edição, Petrony, Lisboa, 1984.

CUNHA, Paulo Ferreira da, *O procedimento administrativo*, Almedina, Coimbra, 1987.

DIAS, Sara Luís, PER, insolvência e execução fiscal, in Temas de Direito Tributário 2017: insolvência, taxas, jurisprudência do TEDH e do TJ (ebook), CEJ, Lisboa, 2017, disponível em http://www.cej.mj.pt/cej/recursos/ebooks/Administrativo_fiscal/eb_TemasDireitoTributario2017_II.pdf.

DELGADO, Carolina, *La prescripción de las infracciones y sanciones tributarias*, Thomson – Aranzadi, Navarra, 2003.

DOURADO, Ana Paula, *O Princípio da Legalidade Fiscal – Tipicidade, conceitos jurídicos indeterminados e margem de livre apreciação*, Almedina, Coimbra, 2007.

FELGUEIRAS, Luís António Sottomayor, *O Ministério Público no contencioso tributário*, Lisboa, Sindicato dos Magistrados do Ministério Público, 2014.

FERREIRA, Ricardo Matos, *Autonomia e limites da jurisdição tributária*, in www.tributarium.net (teses).

PRINCIPAIS REFERÊNCIAS BIBLIOGRÁFICAS

FIGUEIRAS, Cláudia Melo, *Arbitragem em matéria tributária: à semelhança do modelo administrativo?*, in www.tributarium.net (teses).
FONSECA, Isabel Celeste, *Direito Processual Administrativo – Roteiro Prático*, 3.ª edição, Almeida & Leitão, 2011.
----, *A Arbitragem Administrativa e Tributária*, 2.ª edição, Almedina, Coimbra, 2013.
GAMA, João Taborda, *Tendo surgido dúvidas sobre o valor das circulares e outras orientações genéricas...*, in Estudos em memória do Prof. Doutor J. L. Saldanha Sanches (org. Paulo Otero, Fernando Araújo, João Taborda da Gama), vol. III., Coimbra Editora, Coimbra, 2011, 157 e ss.
GONÇALVES, Pedro, *O acto administrativo informático*, in *Scientia Iuridica*, tomo XLVI, 1997, n.º 265/267, 47 e ss.
KLEIN, FRANZ, *Abgabenordnung (einschließlich Steuerstrafrecht)*, 11.ª EDIÇÃO, C. H. BECK, München, 2012.
LOUREIRO, João, *O procedimento administrativo. Entre a eficiência e a garantia dos particulares (algumas considerações)*, Coimbra Editora, Coimbra, 1995.
MARQUES, José Dias, *Prescrição extintiva*, Coimbra Editora, Coimbra, 1953.
MATOS, Pedro Vidal, *O princípio inquisitório no procedimento tributário*, Coimbra editora – Wolters Kluwer, Coimbra, 2010.
MORAIS, Rui, *A Execução Fiscal*, 2.ª edição (reimp.), Almedina, Coimbra, 2010.
----, *Manual de Procedimento e Processo Tributário* (reimp.), Almedina, Coimbra, 2016.
NABAIS, José Casalta, *A impugnação administrativa no direito fiscal*, in *Scientia Iuridica*, n.º 291, 2001, Braga.
----, *Direito Fiscal*, 9.ª edição, Almedina, Coimbra, 2016.
NETO, Dulce, *A competência internacional dos tribunais tributários ao abrigo do mecanismo de assistência mútua entre Estados-membros da UE em matéria de cobrança de créditos fiscais*, in Contraordenações tributárias e temas de direito processual tributário, Centro de Estudos Judiciários, Lisboa, 2016, disponível em http://www.cej.mj.pt/cej/recursos/ebook_administrativo_fiscal.php.
OTERO, Paulo, *Legalidade e Administração Pública – O Sentido da Vinculação Administrativa à Juridicidade*, Almedina, Coimbra, 2017.
PALMA, Rui Camacho, Jurisprudência recente do tribunal europeu dos direitos do homem em matéria tributária, in Temas de Direito Tributário 2017: insolvência, taxas, jurisprudência do TEDH e do TJ (ebook), CEJ,

Lisboa, 2017, disponível em formato digital em http://www.cej.mj.pt/cej/recursos/ebooks/Administrativo_fiscal/eb_TemasDireitoTributario2017_II.pdf (último acesso em 08 de abril de 2019).

Peixoto, João Pedro, *A Dispensa de Prestação de Garantia em Processo de Execução Fiscal e a Prova de Factos Negativos da Inexistência ou Insuficiência de Bens do Executado*, in www.tributarium.net (teses).

Pereira, Ricardo Rodrigues, *A troca de informações fiscais entre os Estados-membros da UE e a tutela jurídica dos contribuintes*, in www.tributarium.net (teses).

Pires, Manuel, Pires, Rita Calçada, *Direito fiscal*, 5.ª ed. (reimp.), Almedina, Coimbra, 2017.

Polónia-Gomes, Joana, *A Colaboração dos Obrigados Fiscais no Direito das Contraordenações Tributárias: Dispensa, atenuação e redução de coimas*, Almedina, Coimbra, 2018.

Queiró, Afonso, *Lições de Direito Administrativo*, Coimbra, 1959.

Quinto, Miguel, *A venda no processo de execução fiscal: natureza jurídica e efeitos*, in www.tributarium.net (teses).

Rescalvo, M. del Pilar, *La prescripción tributaria y el delito fiscal*, pub. Universidad Rey Juan Carlos, Madrid, 2004.

Ribeiro, João Sérgio, *Reflexões sobre o regime simplificado; a sua suspensão no domínio do IRC*, in Scientia Iuridica, 320, Tomo LVIII, 2009, 669 e ss.

-----, *Tributação presuntiva do rendimento – Um contributo para reequacionar os métodos indirectos de determinação da matéria tributável*, Almedina, Coimbra, 2010.

Ribeiro, Nuno Cerdeira, *O Controlo Jurisdicional dos Atos da Administração Tributária*, Almedina, Coimbra, 2014.

Rocha, Joaquim Freitas da, *Constituição, Ordenamento e conflitos normativos. Esboço de uma teoria analítica da ordenação normativa*, Coimbra editora, Coimbra, 2008.

----- *Protecção da confiança, procedimento e processo tributários*, in *Segurança e confiança legítima do contribuinte* (coord. Manuel Pires e Rita Calçada Pires), Ed. Universidade Lusíada, Lisboa, 2013.

----- *Direito Financeiro Local (Finanças Locais)*, 2.ª ed., CEJUR, Braga, 2014.

----- *Sobre a natureza jurídica dos atos praticados em execução fiscal*, in *Execução fiscal* (e-book), Centro de Estudos Judiciários, Lisboa, 2019.

Rocha, Joaquim Freitas da, e Caldeira, João Damião, *Regime Complementar do Procedimento de Inspecção Tributária (RCPIT) Anotado e Comentado*, Coimbra editora, Coimbra, 2013.

ROCHA, JOAQUIM FREITAS DA, e SILVA, HUGO FLORES DA, *Teoria Geral da Relação Jurídica Tributária*, Almedina, COIMBRA, 2017.

RODRIGUES, Benjamin, *A prescrição no Direito tributário*, in Vários AA, *Problemas fundamentais de Direito tributário*, Vislis, Lisboa, 1999.

RUSSO, Anabela, *O regime de recurso e de impugnação da decisão arbitral*, in Contraordenações tributárias e temas de direito processual tributário, Centro de Estudos Judiciários, Lisboa, 2016, disponível em http://www.cej.mj.pt/cej/recursos/ebook_administrativo_fiscal.php.

SANCHES, J. L. Saldanha, *Manual de Direito Fiscal*, Coimbra Editora, Coimbra, 2007.

SANTAMARÍA PASTOR, J., *Princípios de Derecho administrativo general*, I, Iustel, Madrid, 2004.

SERRA, Catarina, *A evolução recente do direito da insolvência em Portugal – enquadramento para uma discussão sobre o tema "insolvência e contencioso tributário"*, in Insolvência e contencioso tributário, Centro de estudos judiciários, Lisboa, 2017, disponível em http://www.cej.mj.pt/cej/recursos/ebook_administrativo_fiscal.php.

SILVA, Hugo Flores, *Privatização do sistema de gestão fiscal*, Coimbra Editora, Coimbra, 2014.

----, *O impacto da reforma do CPTA e do CPA no processo e procedimento tributário*, in Procedimento e processo tributário 2016, Centro de estudos judiciários, Lisboa, 2016, disponível em http://www.cej.mj.pt/cej/recursos/ebook_administrativo_fiscal.php.

SOARES, Rogério E., *Direito Administrativo*, Coimbra, 1978.

SOUSA, Jorge Lopes, *Código de Procedimento e de Processo Tributário Anotado e Comentado*, 4 volumes, Áreas Editora, Lisboa, 2011.

----, *Reflexões sobre a reforma da contencioso tributário*, in *Justiça Administrativa*, 54, 2005.

----, *Sobre a Prescrição da Obrigação Tributária – Notas Práticas*, 2.ª edição, Áreas Editora, Lisboa, 2010.

TAVARES, Carla Sofia Rocha, *Estudo sobre a reclamação dos actos proferidos em processo de execução fiscal*, in www.tributarium.net (teses).

TIPKE, Klaus e LANG, Joachim, *Steuerrecht*, 22.ª edição, Vlg. Otto Schmidt, Köln, 2015.

VEGA HERRERO, Manuela, *La prescripción de la obligación tributária*, Lex Nova, Valladolid, 1990.

VERAS, José, *A insolvência na jurisprudência do supremo tribunal administrativo*, in Insolvência e contencioso tributário, Centro de estudos judiciários,

Lisboa, 2017, disponível em http://www.cej.mj.pt/cej/recursos/ebook_administrativo_fiscal.php.

VERGUEIRO, Pedro, *A execução de julgados no Contencioso Tributário. Alguns apontamentos*, in Contencioso Tributário, Centro de estudos judiciários, Lisboa, 2015, disponível em http://www.cej.mj.pt/cej/recursos/ebooks/Administrativo_fiscal/Contencioso_Tributario.pdf.

XAVIER, Alberto, *Conceito e natureza do acto tributário*, Almedina, Coimbra, 1972.

----, *Manual de Direito Fiscal*, Manuais da Faculdade de Direito de Lisboa, Lisboa, 1981.

XAVIER, Alberto, (Colaboração de Clotilde Celorico Palma e Leonor Xavier), *Direito Tributário Internacional*, reimpressão da 2.ª edição atualizada, Almedina, Coimbra, 2017.

ÍNDICE

AGRADECIMENTOS	5
PLANO DA LIÇÕES	7
NOTAS IMPORTANTES	9
INTRODUÇÃO	11
1. O Direito tributário substantivo e o Direito tributário adjetivo	11
1.1. Termos da distinção	11
1.2. Uma noção adequada de *tributo*	12
1.3. Importância da denominação: Direito tributário e jurisdição tributária	14
1.4. O conteúdo do Direito Tributário adjetivo. Sequência	16
2. A atividade administrativa tributária	17
2.1. Noção de Administração tributária (AT) e enquadramento da sua atividade	18
2.2. A automatização da vontade administrativa e a questão dos "atos informáticos"	21
2.3. Noção e classificação dos atos da Administração tributária	23
a) Atos singulares (individuais) e atos gerais	24
b) Atos unilaterais e atos consensuais	25
c) Atos impositivos e atos não impositivos	27
d) Atos definitivos e atos não definitivos	28
e) Atos de primeiro grau e atos de segundo grau	30
f) Atos expressos e atos tácitos	31
g) Atos vinculados e atos não vinculados (discricionários)	32
h) Atos válidos e atos inválidos. Atos eficazes e atos ineficazes	34

2.4. Os atos tributários em particular (noção ampla e noção restrita). Importância da autonomização — 37
3. A jurisdição tributária — 39
   3.1. As finalidades e o enquadramento da jurisdição tributária — 39
   3.2. Dimensões constitucionais da jurisdição tributária — 42
        a) O princípio da constitucionalidade — 43
        b) O princípio da independência dos tribunais — 44
        c) O princípio da reserva da função jurisdicional em matéria tributária — 46
        d) O princípio da proteção jurídica — 47
        e) O princípio da reserva legal das garantias dos contribuintes — 48
   3.3. A força das decisões jurisdicionais e a execução de julgados — 49
      3.3.1. A inequívoca prevalência da decisão do juiz — 49
      3.3.2. A execução de julgados — 52
4. A privatização da atividade tributária. A *desadministrativização* e a intervenção dos privados — 55
5. As garantias dos contribuintes (primeira abordagem) — 57
   5.1. Garantias administrativas — 58
      5.1.1. Garantias administrativas não impugnatórias — 58
         a) Direito à informação — 58
         b) Direito de participação — 60
      5.1.2. Garantias administrativas impugnatórias — 62
         a) Direito de reclamação — 63
         b) Direito de recurso (administrativo) — 64
   5.2. Garantias jurisdicionais — 64
        a) Direito de ação judicial — 65
        b) Direito de oposição — 65
        c) Direito de recurso (jurisdicional) — 66
   5.3. A inexistência de efeito suspensivo e a necessidade de prestação de garantia adequada — 66
      5.3.3. Enquadramento – a prestação de garantia *versus* a constituição de garantia — 67
      5.3.4. Em especial, a prestação de garantias por parte dos contribuintes ou obrigados tributários. A questão da *idoneidade* da garantia — 69
   5.4. A utilização das garantias como modo de planeamento fiscal — 74
6. Caracteres essenciais do Direito tributário adjetivo — 76

7.	O sistema português de Direito Tributário adjetivo	77
	7.1. Evolução e antecedentes próximos	77
	7.2. Fontes normativas	80
	7.2.1. Espécies de fontes	80
	7.2.2. As insuficiências da legislação tributária	81
	7.2.3. Interpretação	85
	a) Relevância do princípio da verdade material	85
	b) Interpretação e dupla dimensão dos direitos fundamentais	87
	7.2.4. Integração	89
	7.2.5. Aplicação	90
	7.2.5.1. Aplicação no tempo	90
	7.2.5.2. Aplicação no espaço	93

PARTE I.   O PROCEDIMENTO TRIBUTÁRIO   97

1.	A noção de procedimento	97
	1.1. A necessidade de uma visão multidisciplinar	97
	1.2. O procedimento enquanto realidade jurídica	99
	1.3. Posição adotada	101
	1.4. Procedimento e processo	103
2.	As fases do procedimento, em geral	107
	2.1. Fase da iniciativa	107
	a) Espécies de iniciativa procedimental	108
	b) A questão do objeto do procedimento	110
	2.2. Fase instrutória	112
	2.2.1. O arsenal probatório em matéria tributária e o ónus da prova	112
	2.2.2. A questão da intercomunicabilidade probatória – a especial relação de tensão entre o procedimento tributário e o processo penal	115
	2.3. Fase decisória	119
	a) Decisão expressa – deferimento ou indeferimento expressos	120
	b) Decisão tácita – deferimento ou indeferimento tácitos	121
	2.4. Fase integrativa de eficácia	124
3.	Princípios aplicáveis ao procedimento tributário	125
	3.1. O princípio da legalidade da atuação administrativa	126
	3.2. O princípio da verdade material	127

	a) Enunciação	127
	b) Subprincípio da cooperação	128
	c) Desvios	130
3.3.	O princípio da vinculação de forma	131
3.4.	O princípio da celeridade	132
3.5.	O princípio da proibição do excesso	133
3.6.	O princípio da segurança jurídica e da proteção da confiança	134
3.7.	O princípio da disponibilidade e do inquisitório	136
	a) Princípio da disponibilidade	136
	b) Princípio do inquisitório	138
3.8.	Os princípios da participação e do contraditório	140
3.9.	O princípio da confidencialidade	141
3.10.	O princípio da imparcialidade – o dever de investigação da Administração tributária	145
3.11.	O princípio da obrigatoriedade de pronúncia e de decisão	146
3.12.	O princípio da obrigatoriedade de fundamentação da decisão	148
3.13.	O princípio da publicidade dos atos	150
	a) Publicidade mediante publicação	151
	b) Publicidade mediante notificação – o regime das notificações em matéria tributária	152
	α) Noção e tipos de notificação	152
	β) O regime das notificações em matéria tributária	154
3.14.	O princípio do duplo grau de decisão	156
4. Os atores do procedimento		158
4.1.	Pressupostos procedimentais	158
4.2.	Legitimidade no procedimento – a legitimidade em geral	159
4.3.	As entidades com legitimidade procedimental tributária	161
	4.3.1. A Administração tributária	161
	4.3.1.1. Noção de "Administração tributária" e enquadramento da sua atividade	161
	4.3.1.2. A fixação da competência da Administração tributária. A competência tributária	163
	4.3.1.3. Os fatores atributivos de competência tributária	164
	a) A competência tributária em razão da matéria	165
	b) A competência tributária em razão do território	165
	c) A competência tributária em razão da hierarquia	167

	d) A competência em razão do valor	168
	4.3.1.4. Os conflitos de competência	169
	4.3.1.5. A incompetência	170
4.3.2.	Os sujeitos passivos	170
4.3.3.	Outras entidades com legitimidade procedimental: as partes nos contratos fiscais e outras pessoas que provem interesse legalmente protegido	172

5. Os procedimentos tributários em especial 172
   § único: sequência 172
   5.1. Procedimentos de natureza informativa 174
      5.1.1. Procedimentos cujo destinatário da informação o contribuinte 174
         5.1.1.1. Procedimento de orientações genéricas 174
         5.1.1.2. Procedimento de informações vinculativas 177
      5.1.2. Procedimentos cujo destinatário da informação é a Administração tributária 181
         5.1.2.1. Procedimento de inspeção tributária 181
            5.1.2.1.1. Enquadramento do procedimento de inspeção tributária 181
            5.1.2.1.2. Tipologia das inspeções tributárias 182
            5.1.2.1.3. Os atores do procedimento de inspeção tributária 185
               a) A Administração tributária 185
               b) Os sujeitos passivos 187
   § Especial referência à categoria dos "grandes contribuintes" 188
            5.1.2.1.4. A tramitação do procedimento de inspeção tributária 189
               a) Fase preliminar 189
               b) Comunicação prévia 190
               c) Prática dos atos de inspeção 194
                  α) A dimensão material dos atos inspetivos e em particular as medidas cautelares 194
                  β) A dimensão espacial dos atos inspetivos 197
                  γ) A dimensão temporal dos atos inspetivos 198
               d) As consequências do procedimento de inspeção tributária: o direito de audição e o relatório final .... 199 / 201
         5.1.2.2. Procedimento de acesso a informações bancárias 202

		a) Enquadramento do sigilo bancário	202
		b) Derrogações ao sigilo bancário	204
5.2.	Procedimentos de avaliação		207
	5.2.1.	Procedimento de avaliação prévia	207
	5.2.2.	Procedimento de avaliação direta	208
	5.2.3.	Procedimento de avaliação indireta	210
		a) Pressupostos da determinação da matéria tributável por métodos indiretos	210
		α) Situações não patológicas – a aplicação do regime simplificado de tributação	214
		β) Situações patológicas	215
		b) Controlo da aplicação dos métodos indiretos	223
5.3.	Procedimento de reconhecimento de benefícios fiscais		224
		a) Pressupostos do reconhecimento de um benefício fiscal	224
		b) Consequências do reconhecimento de um benefício fiscal	225
5.4.	Procedimento de aplicação de norma antiabuso		226
5.5.	Procedimento de ilisão de presunções		228
5.6.	Procedimento de liquidação		230
5.7.	Procedimento de cobrança		233
5.8.	Procedimentos impugnatórios (de segundo grau)		235
	5.8.1.	Procedimento de revisão da matéria tributável fixada por métodos indiretos	235
		a) Pressupostos do pedido de revisão	235
		b) Tramitação e consequências jurídicas	236
	5.8.2.	Procedimento de revisão dos atos tributários	238
	5.8.3.	Procedimento de reclamação graciosa	242
		a) Enquadramento jurídico	242
		b) Fundamentos da reclamação	243
		c) Tempestividade	246
		d) Tramitação do procedimento	246
		e) Impugnação da decisão	248
		f) As reclamações graciosas necessárias	249
		α) Reclamação em caso de autoliquidação	250
		β) Reclamação em caso de retenções na fonte	252
		χ) Reclamação em caso de pagamentos por conta	253

	δ) Reclamação em matéria de classificação pautal, origem ou valor aduaneiro das mercadorias	253
	ε) Taxas locais	254
5.8.4.	Procedimento de recurso hierárquico	254
5.9.	Pedido de redução de coimas tributárias	257
5.10.	Procedimentos cautelares	260

PARTE II.   O PROCESSO TRIBUTÁRIO — 263

1.	Enquadramento do processo tributário	263
1.1.	O processo tributário como um contencioso pleno	264
1.1.1.	A completude do contencioso e as quatro exigências constitucionais	264
	a) A exigência de meios de reconhecimento de direitos ou interesses	265
	b) A exigência de meios de impugnação de atos lesivos	266
	c) A exigência de meios de determinação da prática de atos legalmente devidos	267
	d) A exigência de meios cautelares adequados	268
1.1.2.	A adequação dos meios processuais	269
1.2.	O processo tributário como um contencioso de legalidade	270
2.	Princípios estruturantes do processo tributário	271
2.1.	Enquadramento	271
2.2.	Princípio da plenitude dos meios processuais	271
2.3.	Princípio da justiça (verdade material)	272
2.4.	Princípio da cooperação	273
2.5.	Princípio da celeridade	273
2.6.	Princípio do inquisitório	275
2.7.	Princípio do contraditório	277
2.8.	Princípio da aquisição processual	277
2.9.	Princípio da plenitude da assistência do juiz	278
2.10.	Princípio do duplo grau de jurisdição	279
3.	Os atores do processo tributário	280
3.1.	Ator e parte no processo	280
3.2.	Legitimidade para intervir no processo	281
3.2.1.	A legitimidade em geral	281
3.2.2.	As entidades com legitimidade processual tributária	281
3.2.2.1.	Os sujeitos passivos	281

3.2.2.2. A Administração tributária – o representante
da Fazenda Pública ... 282
3.2.2.3. O Ministério Público ... 285
3.3. O Tribunal ... 287
3.3.1. Jurisdição tributária e competência dos Tribunais
tributários. Termos da distinção ... 287
a) Jurisdição ... 287
b) Competência ... 290
3.3.2. A competência dos Tribunais tributários ... 291
3.3.2.1. Competência em razão da matéria ... 291
3.3.2.2. Competência em razão do território ... 292
3.3.2.3. Competência em razão da hierarquia ... 292
3.3.2.4. Competência em razão do valor ... 294
3.3.3. A incompetência dos Tribunais tributários ... 297
3.3.3.1. Incompetência absoluta ... 297
3.3.3.2. Incompetência relativa ... 298
4. O objeto do processo tributário (remissão) ... 299
5. O formalismo processual ... 300
5.1. As fases do processo, em geral ... 300
5.2. As nulidades processuais ... 301
6. Os meios processuais (contencioso tributário) ... 303
6.1. Introdução ... 303
6.1.1. Âmbito do contencioso tributário. Sequência ... 303
a) "Processo judicial tributário" e "impugnação" ... 304
b) "Impugnação judicial" ou "impugnações judiciais" ... 305
c) Recurso contencioso ... 307
6.1.2. A escolha do meio processual adequado e o dever
de correção do processo (convolação) ... 308
6.2. Processo de impugnação judicial ... 309
6.2.1. Natureza e âmbito e do processo ... 309
6.2.2. Relações com a reclamação graciosa ... 310
6.2.3. Os fundamentos do processo (remissão) ... 313
6.2.4. Tempestividade ... 314
6.2.5. A tramitação ... 316
6.2.5.1. Iniciativa: a petição inicial ... 316
6.2.5.2. Defesa: a contestação ... 319
6.2.5.3. Decisão pré-instrutória ou preliminar ... 320

	6.2.5.4. A instrução	322
	6.2.5.5. Alegações	324
	6.2.5.6. Vista ao Ministério Público	325
	6.2.5.7. Sentença	326
6.2.6.	Os efeitos da decisão (execução do julgado)	329
6.2.7.	Os incidentes	331
6.2.8.	Especial referência à impugnação judicial de atos distintos do ato de liquidação	333
6.3.	O recurso contencioso dos atos administrativos em matéria tributária que não comportem a apreciação da legalidade do ato de liquidação (ação administrativa)	335
6.4.	Ação para reconhecimento de um direito ou interesse em matéria tributária	338
6.5.	Processo de execução fiscal	341
	6.5.1. Enquadramento e natureza	341
	6.5.2. O objeto do processo de execução fiscal	344
	6.5.3. Pressupostos formais – o título executivo	348
	6.5.4. A dupla natureza dos atos de execução e o princípio constitucional da reserva do juiz	350
	6.5.5. Legitimidade para intervir no processo de execução fiscal	355
	6.5.5.1. Legitimidade para intervir como exequente	355
	6.5.5.2. Legitimidade para intervir como executado	356
	a) O processo de execução instaurado contra o sujeito passivo originário	357
	b) A reversão do processo de execução fiscal	358
	α) Reversão em caso de responsabilidade tributária	358
	β) Reversão em outras situações	360
	c) Reação ao despacho que ordenar a reversão	362
	6.5.6. A questão da apensação de execuções	363
	6.5.7. Tramitação do processo de execução fiscal	364
	6.5.7.1. Instauração da execução	364
	6.5.7.2. Citação do executado	366
	a) Funções da citação	366
	b) Exigências legais da citação	367
	α) Exigências formais	367
	β) Exigências substanciais	370

6.5.7.3. A reação do executado 370
    6.5.7.3.1. Dedução de oposição 370
       a) Pressupostos genéricos – prestação de garantia
         e direito a indemnização 370
       b) Requisitos da oposição 372
         α) Requisitos materiais 372
         β) Requisitos formais 375
         γ) Requisitos temporais 376
       c) Tramitação do processo de oposição 376
    6.5.7.3.2. Requerimento de dação em pagamento 377
    6.5.7.3.3. Solicitação do pagamento em prestações 379
6.5.7.4. Penhora 381
    6.5.7.4.1. Enquadramento do ato de penhora 381
    6.5.7.4.2. Bens suscetíveis de penhora e
         impenhorabilidades 382
6.5.7.5. Convocação de terceiros 385
6.5.7.6. Verificação e graduação de créditos 386
    a) Credores com garantia real 387
    b) Cônjuge do executado 389
6.5.7.7. Venda dos bens penhorados 390
6.5.8. Vicissitudes do processo de execução fiscal: incidentes
    e suspensão da execução 394
    6.5.8.1. Incidentes 394
    6.5.8.2. Suspensão 396
        6.5.8.2.1. Situações de regularização da situação
            tributária 397
        6.5.8.2.2. Situações de contencioso associado
            à legalidade da dívida 398
        6.5.8.2.3. Situações de contencioso associado
            à exigibilidade dívida 399
        6.5.8.2.4. Situações de insuficiência patrimonial
            e insolvência 399
           a) Enquadramento: a insolvência em geral 401
           b) O chamamento da Administração tributária 403
           c) O efeito suspensivo e as suas consequências
              processuais 404
           d) A reclamação de créditos 405

	6.5.9.	Extinção da execução	406
	6.5.10.	Causas de nulidade processual	407
	6.5.11.	Reclamações das decisões do órgão da execução fiscal	408
		6.5.11.1. Enquadramento	408
		6.5.11.2. Regime normativo	409
6.6.	Intimação para um comportamento		414
6.7.	Recurso da decisão administrativa de acesso a informações bancárias		416
6.8.	Recurso da decisão de avaliação da matéria coletável com base em manifestações de fortuna		418
6.9.	Reclamações das decisões do órgão da execução fiscal (remissão)		419
6.10.	Meios processuais regulados pelo disposto nas normas sobre o processo nos Tribunais administrativos		419

7. Contencioso cautelar — 421

   7.1. Enquadramento: noção, fundamentos, pressupostos e características da tutela cautelar — 422
   7.2. Tipologia dos instrumentos cautelares — 425
   7.3. O regime das medidas cautelares em matéria tributária — 427
      7.3.1. Instrumentos cautelares a favor da Administração tributária — 428
         7.3.1.1. Instrumentos administrativos — 428
         7.3.1.2. Instrumentos jurisdicionais — 430
            a) O arresto — 430
               α) Arresto antes da instauração de um processo de execução fiscal — 431
               β) Arresto na pendência de um processo de execução fiscal — 432
            b) O arrolamento — 433
      7.3.2. Instrumentos cautelares a favor do contribuinte — 434
         7.3.2.1. Enquadramento e tipologia — 434
         7.3.2.2. Em particular, o pedido de suspensão da eficácia de ato administrativo em matéria tributária — 437
         7.3.2.3. Pressupostos específicos — 439
   7.4. A impugnação das medidas cautelares adotadas pela Administração tributária — 439
      7.4.1. Impugnação dos atos de apreensão — 440

        7.4.2. Impugnação de outras medidas cautelares   441
8. Os recursos das decisões dos tribunais tributários (recursos jurisdicionais)   441
   8.1. Enquadramento e tipos de recursos   441
   8.2. O recurso comum   444
   8.3. O recurso por oposição de acórdãos   450
   8.4. O recurso excecional de revisão   452
   8.5. O recurso excecional de revista   453

PARTE III.   RESOLUÇÃO ALTERNATIVA DE LITÍGIOS EM MATÉRIA TRIBUTÁRIA   455

§ único: sequência   455
1. Desjurisdicionalização, matéria tributária e princípios constitucionais   456
        a) Princípio da reserva da função jurisdicional   457
        b) Princípio da indisponibilidade do crédito tributário   460
        c) Superação dos paradigmas clássicos   460
2. Quadro tipológico dos meios alternativos de resolução da litigiosidade tributária   461
   2.1. Meios preventivos   462
   2.2. Meios sucessivos/alternativos   464
        2.2.1. No decorrer de um procedimento tributário   465
        2.2.2. Após a conclusão do procedimento tributário   465
   2.3. A localização da questão no âmbito do ordenamento tributário português   467
3. Em particular, a arbitragem tributária   468
   3.1. Âmbito e objeto   468
   3.2. O Tribunal arbitral   470
        a) Estrutura e composição   470
        b) Constituição   471
        c) Os efeitos jurídicos do pedido de constituição de Tribunal arbitral   473
   3.3. O processo arbitral   474
        3.3.1. Breve referência aos princípios   474
        3.3.2. Tramitação   475
   3.4. A decisão arbitral   477
   3.5. A colocação em crise da decisão arbitral (impugnação e recurso)   479

		a) Impugnação	480
		b) Recurso	480

PARTE IV.   PRAZOS   483
(a relevância do tempo na prática de atos no procedimento
e processo tributário)
    § único: sequência   483
1. A exigência de limitação temporal das situações jurídicas   484
   1.1. Princípio da preclusão e exercício de direitos em geral   484
   1.2. Princípio da preclusão e exercício de direitos em Direito
        tributário   488
   1.3. Prazos em procedimento e processo tributário   489
       1.3.1. Tipos de prazos (prazos substantivos e prazos adjetivos)   489
       1.3.2. O modo de contagem dos prazos   491
           a) Prazos substantivos   491
           b) Prazos adjetivos   493
   1.4. Em particular, a prescrição e a caducidade em Direito tributário
        (aproximação)   494
2. Prescrição   497
   2.1. Objeto da prescrição e relevância do facto tributário   497
   2.2. Regime normativo   499
       2.2.1. Contagem do prazo   500
       2.2.2. Vicissitudes do prazo prescricional   502
           a) Interrupção da prescrição   503
              α) Alcance do efeito interruptivo   503
              β) Âmbito subjetivo da interrupção   505
              χ) Âmbito objetivo da interrupção   507
           b) Suspensão da prescrição   508
       2.2.3. Modificação dos prazos prescricionais   510
       2.2.4. Conhecimento administrativo e jurisdicional da prescrição   513
           a) Conhecimento administrativo   513
           b) Conhecimento jurisdicional   514
3. Caducidade   516
   3.1. Enquadramento: a multiplicidade de prazos de caducidade   516
   3.2. Em particular, a caducidade do direito à liquidação   517
       3.2.1. A relevância do ato liquidatório e o prazo geral
           de caducidade   517

        3.2.2. Regime normativo   519
            3.2.2.1. Contagem do prazo   520
            3.2.2.2. Vicissitudes do prazo de caducidade   523
            3.2.2.3. Modificação dos prazos de caducidade   525
            3.2.2.4. Conhecimento administrativo e jurisdicional
                    da caducidade   526
                a) Conhecimento administrativo   526
                b) Conhecimento jurisdicional   526

PRINCIPAIS REFERÊNCIAS BIBLIOGRÁFICAS   529